다석 전기

다석 전기

류영모와 그의 시대

박영호 지음

교양인
GYOYANGIN

| 일러두기 |

1. 본문에 인용한 성경 구절은 《공동번역 성서》(1977년, 대한성서공회 발행)를 저본으로 삼았으며, 몇몇 구절에 한해 《성경전서 한글판 개역》(개역한글판)을 따랐다. 《개역한글판》을 따른 경우에는 따로 괄호 안에 '개역한글'로 표기하였다.
2. 류영모를 비롯해 본문에 등장하는 인물들의 나이는 만 나이이다. 간혹 세는나이로 적은 경우에는 '세는나이'임을 따로 표시했다.

| 머리말 |

　요즘에는 평균 수명이 80년에 이르지만 옛날에는 60년이었다. 그래서 환갑 잔치에는 생일상을 제사상으로 차렸다. 살아서 제사를 받았으니 이미 죽은 사람인 것이다. '세상 세(世)' 자는 '열 십(十)' 자를 세 번 포갠 글자로 30년을 나타낸 것이다. 자녀가 30살이 되면 어버이는 60살이 되어 죽는다. 그래서 30년의 의미가 깊다. 그래서 세대(世代)니 세상(世上)이라고 한다. 사람은 다 자라 어른이 되어서 30년을 살다가 간다는 뜻이 담겨 있다.
　류영모가 서울 종로에 있는 YMCA에서 연경반 강의를 할 때 말하기를 "내 말을 어렵다고 하는데 죽을 때 필요한 말이고 죽은 다음에 필요한 말이 되어서 그렇다. 30년, 40년이 그렇게 긴 게 아니다."라고 하였다. 그 말은 너희들도 30년, 40년이 지나면 죽을 나이가 되니 죽을 때 필요한 말을 지금 잘 들어 두라는 말이었다.
　스승 류영모가 1981년에 돌아갔으니 올해(2012)로 31년째가 된다. 한 세대가 지나갔으니, 그 말을 들을 때 30살이 못 되던 필자도 죽을 나이가 되었다. 아니 넘겼다. 스승의 그 목소리, 그 모습이 그립다. 이번에 누리의 빛이 되어주는 다석 류영모의 생애와 사상을 담은 전기를 증보하여 네 번째 출판하게 되었다. 첫 번째 홍익재 출판사(1985), 두 번째 문화일보 출판국(1996), 세 번째 두레 출판사(2001), 이번 네 번째는 교양인 출판사(2012)이다. 문화일보를 비롯하여 세 출판사 사장님들께 머리말을 빌려 감사의 인사를 드린다.

  류영모 스승이 살아 있을 때 해가 바뀌어 새해 인사를 갔으나 한 번도 큰절로 세배를 해본 적이 없다. 절할 곳은 하느님뿐이다. 사람에게는 절대로 절하지 말라는 주장이요, 고집이었다. 그리하여 절 대신 스승이 지은 시조 한 수를 외워 스승 앞에서 암송하였다. 스승은 듣고 나서 "아멘." 하고 화답해주었다. 오늘에 와서야 이 세상의 모든 잘못이 하느님 아닌 사람이나 서물(庶物)에 절을 하는 데 그 원인이 있다는 것을 알게 되었다. 절을 하는 대상이 절을 하는 사람의 신앙의 대상이 되고, 신앙의 대상이 된 것은 인생의 목표가 되기 때문이다. 사람들이 참으로 하느님을 신앙하고 목적으로 삼는다면 이 세상에 남이 있을 수 없다. 남이 없는데 적이 있을 수 없다. 사람들이 사람을 숭배하고 하느님을 받들지 않기에 지난 역사가 갈등과 분쟁의 역사가 된 것이다. 하느님을 신앙한다는 종교인들조차 대립과 갈등을 일으키고 있는데 말로만 하느님을 내세우지 속을 들여다보면 사람을 받들고 있다. 인류 역사에서 하느님을 바로 받든 이는 예수와 석가이다. 류영모는 이렇게 말하였다. "지극히 높은 데 계신 온전한 하느님 아버지께로 가자는 것이 예수(석가)의 인생관이라고 생각한다. 나도 이러한 인생관을 갖고 싶다. 이런 점에서 예수(석가)와 내가 관계있는 것이지 이밖에는 아무런 관계가 없다. 그런데 예수(석가)처럼 참으로 하느님을 사랑하는 이는 참 드물다."

  예수와 석가는 하느님(니르바나님)을 우러르라고 가르쳤는데, 예수와

다석 류영모. 동서고금의 종교와 철학에 능통했던 석학이자, 평생 진리를 좇아 구경각(究竟覺)에 이른 우리나라의 큰 사상가. 우리말로 철학을 한 최초의 사상가였다.

석가가 가르친 하느님은 바라보지 못하고 예수와 석가만 바라보고 있다. 석가가 비유해 말하기를 "달을 보라고 손가락으로 달을 가리키니 가리킨 달을 안 보고 손가락만 보는구나."라고 하였다. 예수와 석가가 다녀간 뒤에 사람들의 신앙이 그렇게 된 것이다. 다시 류영모가 사람을 바라보지 말고 하느님을 우러르라고 가르치고 갔다.

예수하고 우리하고 차원이 다른 게 아니다. 예수와 석가도 우리와 똑같다. 예수가 "나는 포도나무요 너희는 그 가지다."라고 말하였다고 해서 예수가 우리보다 월등한 게 아니다. 예수도 나중에는 제자들 보고도 나의 벗이라고 말하였다. 이 세상의 사람들은 누구나 사랑할 대상(님)을 찾는다. 마음의 기량(器量)이 높은 이는 사랑의 님이 영원절대의 하느님에게 가서야 진·선·미가 있다고 한다. 마음의 기량이 얕은 이는 이 땅의 작은 님으로 만족해버린다. 그런데 마음의 기량이 높아짐에 따라 사랑의 대상이 자꾸 높은 것으로 바뀐다. 마음의 기량이 예수나 석가처럼 높은 이는 사랑의 대상을 영원절대의 하느님에 둔다. 사람의 삶이란 나의 인생관을 자꾸 높이자는 것이다. 그리하여 하느님을 참나로 받들자는 것이다. 사람들이 인생관이 낮아 하느님을 하느님으로 깨닫지 못하니까 사람더러 하느님 되어 달라는 게 사람을 숭배하는 이유다. 예수와 석가를 절대자(하느님)의 자리에 올려놓고 신앙의 대상으로 삼는 것도 그 까닭이다.

온통이요 절대인 하느님을 사랑의 님으로 받들 때만이 사람 사이에 대립과 갈등과 분쟁이 사라지고 사랑과 기쁨과 평화의 누리가 온다. 그러지 않고는 지난 역사처럼 미움과 해침과 싸움이 이어질 수밖에 없다. 사랑의 님이 다르면 소격(疏隔)이 있을 뿐 소통(疏通)이 될 수 없기 때문이다.

일본이 사람인 천황을 우상화하고, 중국이 사람인 마오쩌둥을 우상화하고, 북한이 사람인 김일성을 우상화하는 동안에는 이 나라 둘레에 평화가 깃들기 어렵다. 작은 것은 얼굴에 난 뾰루지만 한 섬을 두고 큰 것은 어른 똥 무더기만 한 섬을 두고 서로 으르렁거리며 핏대를 세우고 있지 않은가? 진짜 임자인 하느님이 보시기에 그 꼴이 아름답게 보이겠는가? 서로 아우 먼저 언니 먼저 하고 겸양하면서 살아야 하느님이 보시기에 아름답지 않겠는가? 우리의 모든 노력이 다석 류영모의 말씀대로 각자의 인생관(사상)을 높이는 데 힘써야 할 까닭이 여기에 있다. 그리하여 이기주의, 가족주의, 지역주의, 민족주의, 국가주의를 초월한 우주인이 되자는 것이다. 맹자는 우주인을 대장부, 곧 하늘의 사나이라고 하였다. 류영모는 맹자의 대장부 글은 성경 말씀 안 될 게 없다고 말하였다.

"우주 넓은 곳에 있으며 우주 바른 자리에 서며 우주 바른 길을 걸어간다. 사람들이 알아주면 사람들과 함께 가며 알아주지 않으면 홀로 간다. 부귀가 그 뜻을 흔들지 못하며 빈천이 그 뜻을 바꾸지 못하며 위무(威武)가 그 뜻을 꺾지 못한다. 이를 대장부라 이른다."(《맹자》 등문공 하편)

류영모의 사상은 홀로서기를 두려워하지 않았다(獨立不懼). 류영모의 생애는 세상에 숨어 시름이 없었다(遯世無悶). 독립불구의 독창적인 사상이라 알아주는 이가 적었고, 둔세무민의 생애라 세상에 알려지지 않았다.

저자가 평생을 바쳐 다석 사상을 연구하고 알리게 된 숨은 동기가 여기에 있다. 이것이 저자의 하느님 사랑이요 인류 사랑이라고 보아준다면 더없이 고맙겠다.

2012년 10월
박영호

| 추천사 |

　동방의 성인 다석 류영모의 직제자들 대부분은 돌아갔거나 더러 생존해 있어도 노쇠한 까닭에 글을 쓸 수 없는 형편이다. 오직 막내 애제자 박영호 님 홀로 독야청청하여 스승을 알리는 책들을 이미 많이 펴냈고 지금도 매년 한 권씩 쓰고 있다. 엄청난 필력이다.
　박영호 님은 2001년 스승의 전기 《진리의 사람 다석 류영모》 상·하권을 펴낸 바 있는데, 이제 그것을 다시 손질하여 한 묶음 책으로 엮어낸다. 박영호 님은 스승이 손수 쓴 《다석일지》를 정독하고, 아울러 여러 지인들을 만나서 최대한 많은 자료를 수집하여 이 전기를 쓴 까닭에 다른 책에서는 볼 수 없는 일화들이 수두룩하다. 이 전기는 다석의 생애와 사상을 듬뿍 담고 있는 보물창고 같다. 그 숱한 일화들 가운데서 셋을 골라 예시하면 다음과 같다.
　다석은 전남 광주에서 자생한 개신교계 수도원인 동광원과 무려 25년간(1946~1971년) 돈독한 관계를 맺었다. 호세아 같은 성인으로 통하던 이세종(1880~1942년)의 영성에 감읍하여 그의 애제자 이현필(1912~1964년)이 만든 남녀 수도 단체가 동광원이다. 다석은 1946년 봄 광주

YMCA에 현동완과 함께 강연하러 내려갔다가 이현필을 만나서 깊이 사귀게 되었다. '동방의 성인' 다석과 '맨발의 성자' 이현필은 거룩한 친우가 되었다. 성인은 성인을 알아보는 법이니까. 이현필의 수제자 김준호(1924~2010년)는 스승이 귀천한 다음에도 1971년까지 다석을 동광원으로 모셔 강의를 들었다. 다석이 1971년 8월 10~16일까지 동광원에서 행한 강의가 《다석 마지막 강의》(교양인, 2010)라는 책으로 출간되어, 다석을 사랑하는 이들에게 큰 기쁨을 선사하고 있다. 김준호가 전북 완주에 동광원 분원을 세우고 싶다고 하자, 다석은 구기동 임야를 판 돈으로 임야 4만여 평과 300여 평 대지가 있는 집을 사서 동광원에 기증했다. 지금은 이곳에다 천주교 전주 교구에서 장애인 복지 시설인 '소화 진달네 집'을 세워 운영하고 있다.

두 번째 일화를 간략히 살펴보면 이렇다. 1928년 종로 YMCA 간사 현동완(1899~1963년)은 월남 이상재(1850~1927년)의 후임으로 다석을 발탁하여 연경반 강의를 맡겼다. 다석은 현동완이 귀천할 때까지 무려 35년간(1928~1963년) 연경반 강의를 계속했다. 성경뿐 아니라 불교·유교 경전과 자작 시편들도 풀이했는데, 연경반 강의 1년치(1956년 10월 17일~1957년 9월 13일)가 출간되어(《다석강의》, 현암사, 2006) 다석 사상 연구의 길잡이가 되고 있다. 1963년 현동완에 이어 YMCA 후임 총무가 된 전택부는 YMCA 회관을 새로 짓는다는 구실로 연경반 강의를 없애더니, 신축 후에도 다석을 초빙하지 않아서 다석의 연경반 강의는 절로 끝났다. 아마도 다석의 진취적 신앙관이 전택부 마음에 들지 않았기 때문일 것이다.

박영호 님은 다석의 가출 사건 전말을 길게 적었다. "1977년 6월 20일에는 류영모 혼자서 아침부터 집 근처에 있는 매바위 안골에 들어가 온종일 기도하였다. 6월 21일, 아침에 해 뜰 때쯤 한복에 두루마기까지 입고서

'나 어디 좀 간다.' 하고는 집을 나섰다. 이미 87살이어서 혼자서는 시내에 나가지 못할 나이였다. 그래서 가족들은 혼자 나가시면 길을 잃게 된다면서 어디를 가시는지 모시고 가겠다고 하였다. 류영모는 싫다고 하면서 차갑게 뿌리쳤다. 그래서 어쩔 수 없이 혼자 나가게 두었다. 며느리 유윤용이 용돈을 손수건에 싸서 주자 그것은 받았다. 6월 21일은 바로 한 해 중 해가 가장 길다는 하지(夏至)였다.

긴 하루가 다 지나고 저녁이 되어도 집을 나간 류영모는 돌아오지 않았다. 가족들은 걱정을 하면서 현관에서 노가장(老家長)이 들어서기만을 기다리면서 밤을 새웠다. 다음 날 가족들이 류영모가 갈 만한 곳을 찾아다녔으나 찾지 못하였다. 할 수 없이 경찰서에 가출인 신고를 하였다. 그래도 아무런 소식 없이 이틀이 지나갔다. 6월 23일에도 하루 종일 아무런 소식이 없었다.

그런데 밤 10시 반이 되어서 성북 경찰서 소속 방범대원이 집으로 찾아왔다. 그때는 전화가 없어 사람이 직접 오고 가면서 소식을 알릴 수밖에 없었다. 방범대원의 말이 성북 경찰서 관할인 북악산에 한 노인이 의식을 잃고 쓰러져 있다는 주민 신고가 들어왔는데 인상착의가 신고된 할아버지 같다는 것이었다. 경찰관이 현장으로 출동하였으니 데려올 것이라고 하였다. 그날 밤 12시가 지났을 때 성북 경찰서 소속 순경이 의식을 잃은 류영모를 업고 집으로 들어왔다. 의식은 없었으나 심장은 뛰고 있었다. 불빛에 보니 얼굴은 하지의 햇볕에 타서 새빨갛고, 옷은 때가 묻어 꾀죄죄하였다. 떠날 때 준 돈은 손수건에 그대로 들어 있었다.

집에 돌아온 지 3일이 지나서야 의식이 돌아왔다. 그리고 10일이 지난 후에 자리에서 일어났다. 그런데 겨우 걸을 만하게 회복되자 또 집을 나갔다. 그때는 가족이 멀리서 뒤를 따랐다. 구기동 변전소 앞에 이르자 힘이 없어서 더 걷지 못하고 주저앉았다. 그러기를 두 번이나 더 하였다."

다석이 가출한 까닭을 나는 이렇게 본다. 다석이 존경한 예수·톨스토이·간디 등이 모두 객사했다. 그래서 당신도 정신이 가물가물 조금이나마 남아 있을 때 객사를 하기로 작심한 게 아닌가 한다.

다석의 깊은 영성을 이해하려면 우선 이 전기부터 읽고 나서 《다석강의》, 《다석 마지막 강의》, 《다석일지》 순으로 나아가기 바란다. 추천사를 마치면서 그 옛날 아우구스티누스가 무화과나무 아래서 들었다는 신비스러운 소리를 옮겨 적는다. "집어 읽어라, 집어 읽어라."

2012년 10월 9일 한글날
정양모(다석학회 회장)

| 제3판* 머리말 |

요즘 다석 류영모(1890~1981)를 만나지 못한 것을 아쉬워하는 이가 도올 김용옥 교수만이 아니다. 《다석 류영모 명상록》을 읽은 많은 분들의 공통된 소리다. 돌아가신 지가 20년이 안 되었기에 40살이 넘은 분이라면 여유 있게 만날 수 있었기 때문이다. 그러나 참사람(眞人)을 알아보는 혜안이 없으면 내 앞에 있다 해도 알아보지 못하는 법이다.

더구나 류영모는 말하기를 "세상에 나타나려고 하지 말자. 오히려 깊이 숨으려고 하자. 숨는다는 것은 더 깊이 준비하고 훈련하는 것이다. 사람은 결국엔 하느님 아버지께 배워야 하는데 하느님 아버지는 은밀한 가운데에서만 만날 수 있는 것이다."라고 하였으며 또한 그렇게 살아왔다. 그러니 만나기가 어려울 수밖에 없었다.

언론인 이규행 회장은 "다석이 이승을 떠났을 때 부음(訃音) 한 줄 신문에 나지 않았다. 그의 위대한 사상에 비추어볼 때 매스컴의 허망함과 지식인들의 맹점을 고스란히 드러냈다고 해야 할 것 같다."는 자책의 말을 하였다.

---

* 《진리의 사람 다석 류영모》(두레, 2001)

떠나간 류영모를 위해서가 아니라 살아 있는 우리를 위하여 다석 사상이라는 등불을 높이 쳐들어야 하겠다. 그래야 그믐밤같이 어두운 세상을 걸어가는 우리의 앞길이 환히 보이지 않겠는가? 예수가 이르기를 "등불을 켜서 됫박으로 덮어 두는 사람은 없다. 누구나 등경 위에 얹어 둔다. 그래야 집안에 있는 사람들을 다 밝게 비출 수 있지 않겠느냐?"(마태오 5 : 15)라고 하였다.

다석 사상이란 등불을 더욱 멀리 비출 수 있도록 드높이는 데 20년 동안 안간힘을 썼으나 마음뿐 힘이 달렸다. 그래도 이제 그 반향이 우리나라 중진 종교·철학 교수에게서 나오고 있다.

"앞으로 다석 사상 연구가 진척되어 널리 알려지면 세계의 신학계가 놀랄 날이 반드시 오리라고 확신한다. 종교인들 특유의 아집과 독선과 배타를 깨뜨리기에 넉넉한 가르침이 있다."(정양모 교수)

"류영모는 기독교는 물론 유교·불교·도교의 진수를 파악하였을 뿐 아니라 더 나아가 진일보하여 새로운 차원의 진리의 빛을 내놓았다. 21세기에 다석 사상 이상의 신학 사상이 나오기 어려울 것이라 생각한다. 다석 류영모는 확실히 이 동방이 낳은 성자 중의 한 사람이다."(심일섭 교수)

"(다석 사상에서) 인간이 자신의 생활 세계에서 내몰았던 신(神)적인 것을 되찾아올 수 있는 가능성을 발견할 수 있으며 철두철미하게 세속화된 삶에 신적 차원이 들어설 수 있는 활동 영역을 열어놓았다. 신에 대한 인간의 실존적 관계 맺음을 새롭게 정립함으로써 새로운 종교성의 가능성을 보여준다."(이기상 교수)

그밖에도 이규행 회장은 "이 나라의 통일을 이루는 정신 문화의 공통분모로서 단군 정신과 다석 사상에 주목한다."라고 하였으며, 기독교계의 원로인 박재호 목사는 "세속화된 이 나라 기성 종교들이 거룩을 회복하기 위해서라도 다석 사상의 세례를 받을 필요가 있다고 생각한다."라고 말하였다.

다석 사상의 핵심을 한마디로 말하면 석가·예수의 사상이 왜곡되고 변질되기 전의 본모습을 찾은 것이다. 거짓나인 멸망의 몸생명으로 태어나 불안·공포·절망에 빠져 있는 사람들에게 참나인 영생의 얼생명을 깨닫게 하여 사랑·평안·기쁨의 삶을 찾도록 돕는 것이다.

그러한 삶의 변화를 다석 류영모의 삶을 통하여 배우며 깨닫게 하고자 다석 사상 전집 가운데 전기인 《진리의 사람 다석 류영모》를 이번에 출간하는 바이다.

저자의 집필을 항상 격려해주시는 류달영 박사님과 다석 사상 전집 출판을 위하여 정성을 기울인 두레 출판사의 신홍범 사장님과 교정을 성심껏 도와준 김성언, 장혜은 부부 선생님에게 고개 숙여 감사를 드리는 바이다.

2000년 12월 12일
박영호

| 제2판* 머리말 |

    사람이 장수하면 고무풍선이요 요절하면 비눗방울이다. 이 세상에 나온 사람은 누구나 띄워진 고무풍선처럼, 불어진 비눗방울처럼 떠돌아 다니다가 조만간에 꺼져 없어진다. 그래서 석가가 인생을 두고 이르기를 "일체의 상대적 존재는 꿈이요 헛봄이요 물거품이요 그림자요 이슬이요 번개와 같은 것이다."(금강경)라고 말하였다.

    28살 이전에 신명(身命)의 무상함을 깨달은 석가는 현명한 사람이다. 어리석은 사람들은 자신을 불사신으로만 여겨 죽는다는 사실을 잊고 성공이니 행복이니 영광이니 하면서 전도(顚倒)된 몽상에 빠져 있다. 그리하여 탐(貪)·진(嗔)·치(痴)의 짐승 노릇에 혈안이다. 일찍이 석가는 사람이 저지르는 짐승 노릇을 못할 짓인 업(業, 카르마)이라고 하였다.

    류영모는 이미 23살 때 신기루 같은 인생의 대몽(大夢)에서 깨어났다. 그리하여 어버이가 낳아준 이 몸뚱이가 거짓나이며 참나가 아닌 것을 깨달았다. 류영모는 이렇게 말하였다. "어머니의 뱃속에서 나온 것이 참나가 아니

---

*《다석 류영모의 생애와 사상》(문화일보, 1996)

다. 하느님께서 보내주시는 성령인 얼이 참나다. 영원한 생명인 얼의 나를 깨달아 생사의 제나(自我)에서 벗어나 자유로워야 한다. 얼의 나는 하느님의 아들로서 몸과 마음의 제나가 살거나 죽거나 상관없이 영원히 빛난다. 이것을 모르면 사람이 빛나고 힘 있게 살 수가 없다. 사람은 빛나고 힘 있게 살아야 한다."

영원한 생명인 진리의 나를 깨달은 것은 류영모가 처음이 아니다. 이미 그 옛날에 예수와 석가가 깨닫고 가르쳤다. 그래서 류영모도 말하기를 "예수와 석가에게 나타났던 영원한 생명이 나에게도 나타났다. 이것으로도 영원한 생명인 얼의 나는 시간과 공간을 초월하여 존재하는 것이 틀림없다."라고 하였다.

몸뚱이가 참나인 줄로 착각하고 있는 사람들은 몸뚱이의 짐승살이에 붙잡혀 얼의 나를 모른다. 얼의 나를 깨달아 하느님의 아들로 사는 이는 드물고도 드물다. 석가는 말하기를 사람은 땅의 흙처럼 많은데 진리의 나를 깨달은 사람은 손톱 위에 올려진 흙처럼 적다고 하였다.(《잡아함경》 조토경)

그러므로 이 나라에서 태어나 진리의 나를 깨달은 류영모의 생애와 사상은 고귀한 것이 아닐 수 없다. 《다석 류영모의 생애와 사상》은 류영모가 어떻게 어버이로부터 받은 멸망의 생명에서 하느님으로부터 받은 영원한 생명으로 솟났는지를 자세하게 구체적으로 밝히고자 애썼다. 영원한 생명인 진리의 나를 깨닫고자 한다면 참고가 될 것이다.

1971년 3월 13일에 저자의 소망에 따라 김흥호와 함께 스승 류영모의 생애에 대한 회고담을 처음으로 들었다. 그리고 10년 뒤 1981년 2월 3일에 스승 류영모는 세상을 떠났다. 그리하여 서둘러 1985년 《씨올 : 다석 류영모의 생애와 사상》(홍익재 출판사)을 출간한 바 있다. 저자는 그 뒤에도 계속 생애에 관한 자료를 모으고 사상에 대한 연구를 하여 왔다. 그리하여 이번에

85년도 판을 기초로 하였으나 완전히 새롭게 구성하고 모아진 자료를 보강하여 신고(新稿)의 전기를 내게 되었다.

새 전기가 나오는 데는 문화일보 남시욱 사장님, 이인원 부사장님, 그리고 강신구 출판국장님의 지원이 있었다. 저자로서 충심으로 감사를 드린다.

1996년 5월 30일
지은이 박영호

| 제2판 축간사 |

다석 류영모 선생을 어떤 사람은 기인(奇人) 또는 괴짜라고 말한다. 그의 생활이 보통 사람과 매우 달랐기 때문이다. 그런가 하면 어떤 사람들은 진인(眞人) 또는 성자(聖者)라 추앙한다. 그의 인격이 참되고 거룩하였기 때문이다. 다석 선생을 공자 못지않게 어진 분이라고 말한다 해도 선생의 인품을 잘 아는 사람으로서는 거부감 없이 수긍할 것이다.

내가 다석 선생을 처음 만나게 된 것은 1929년쯤으로 생각된다. 양정학교 재학 시절에 담임 선생님이던 김교신 선생의 정릉리 댁에서 열렸던 동기 성서연구 모임에서였다. 다석 선생은 160센티미터가 넘지 않는 작은 키에, 숱이 많지 않은 검은 수염을 길렀으며, 아주 소박한 한복 차림의 선비형 인물이었다. 그 자리에 함께한 함석헌, 김교신, 송두용 등 이른바 〈성서조선〉 동인들도 다석 선생 앞에서는 모두가 몸가짐과 말을 매우 조심하였다.

그후 김교신 선생과 함께 북한산 비봉 아래 구기리에 있는 다석 선생 댁을 방문한 적이 있다. 정원처럼 된 넓지 않은 과수원과 조용하고 소박한 서재가 인상적이었다. 대화 중에 내가 농학(農學)을 공부하면서 아직껏 농업(農業)이란 말의 순우리말을 모른다고 하였더니 다석의 대답이 "나도 아직

농업의 순수한 우리말을 찾아내지 못했는데, '열음질'이라고 한다면 어떨는지요?"라고 하였다. 열매를 열게 하는 일이 농업의 본질이므로 더 좋은 말을 아직까지도 생각해내지 못했다.

내가 다석 선생의 글을 처음 읽은 것은 〈성서조선〉 제100호(1937년 5월호) '고(故) 삼성(三醒) 김정식 선생'이란 제목의 추모문이었다. 그 글에는 '기독교인의 생애는 십자가에 기대서 덕을 보자는 것이냐? 그 일부분이나마 함께 짊어지자는 것이냐?'라는 부제가 붙어 있었다. 그 다음에 읽은 글은 호암 문일평에 대한 추도문이다. 그리고 1942년 2월호에는 '부르신 지 38년 만에 믿음에 들어감'이라는 신앙 고백이 실려서 큰 화제가 되었다. 그런데 바로 다음 달 3월호에 김교신이 쓴 '조와(弔蛙)'라는 권두문을 일제 경찰이 트집잡아 동인들과 많은 독자들이 구속되고 〈성서조선〉은 폐간되었는데, 이것이 '성서조선 사건'이다. 〈성서조선〉이 존속되었다면, 시를 섞어 가면서 쓰는 다석 특유의 문장으로 표현한 깊은 철학의 인생관, 세계관, 종교관이 연재되었을 것인데 지금도 생각하면 아쉽기 그지없다. 이 사건으로 다석과 필자도 함께 서대문 형무소에 수감되었다. 그후 1961년에 내가 국민운동본부장이 되어 일할 때에 이관구, 고재욱, 김활란, 김재준 등과 함께 다석 선생도 중앙위원으로 모신 적도 있다.

이제 나도 80대 중반을 넘어섰다. 그런데 세월이 흘러갈수록 김교신, 류영모 선생 같은 옛 어른들이 점점 더 높이 더 크게 보인다. 우리나라가 급속히 산업 사회로 바뀌면서 물질적으로는 크게 풍요해졌지만 사람들은 점점 짐승으로 변해 가는 오늘날 인간 사회의 윤리를 생각할 때에 지난날의 스승들이 찬란하게 빛나는 별 같은 존재였음을 느끼게 된다. 날이 갈수록 희미해지는 것이 아니라 더욱 분명하게 가슴속에 사무친다.

다석 선생이 세상을 떠난 뒤 범속한 나는 다석을 멀리서 마음속으로 받들어 왔다. 그러면서도 다석 선생의 높은 정신이 후세에 꽃피어야 할 것이라고 생각했다. 개인적으로나 민족적으로나 인류의 가장 큰 유산은 결국 정신적인 유산이라고 믿는다. 다석의 신념과 믿음의 값진 유산을 이 민족의 정신적 뿌리로 가꾸고, 나아가 국경과 시대를 넘어서서 인류의 유산으로 꽃 피우도록 힘쓰는 것이 지금의 염원이다.

그래서 몇 해 전에 다석이 생전에 아끼던 제자들과 함께 다석사상연구회를 만들어서 다석 사상을 선양하는 일을 도와 왔다. 나는 다행히 다석을 생전에 직접 뫼실 수 있었으며, 또 어려운 다석의 원전을 해독할 수 있는 제자들이 다석의 삶과 사상을 일반인들이 알기 쉽게 풀이한 책들을 최근에 내놓고 있다. 김흥호 교수는 다석의 일지(日誌)체 명상록을 해설한 《가온소리—다석 류영모의 명상록》의 원고 1만 5천 장을 탈고해 성천문화재단에서 발간에 착수하고 있고, 박영호 다석사상 연구위원은 문화일보사 간행으로 다석 전집을 완간하였다. 또한 다석사상연구회에서는 매년 정기적으로 다석 사상 강연회를 개최하고 있다.

이번에 다석전집 제 6, 7권으로 다석의 전기가 발간되니, 오랫동안 전기 발간을 기다려 온 한 사람으로서 나는 고마움을 말로 표현할 수가 없다. 일반인들이 다석의 생애와 사상을 가깝게 대할 수 있는 전기가 발간되어서 우리나라 지성계에 다석의 정신이 더욱 널리 알려질 수 있는 계기가 마련된 것이다.

다석 전집을 발간하고 있는 문화일보사에 거듭 감사드리며, 저자 박영호 형의 노고를 치하한다. 그는 젊은 시절 다석을 만나서 그의 가르침대로 전 생애를 바쳐 살아온 사람이다. 스승의 가르침대로 주경야독(晝耕夜讀)하여 갈고 닦은 속알이 이제 때를 만나 만개하는 것을 지켜보고 있다. 스승의 은혜에 진실로 보답하는 길을 꾸준히 실천하는 박 형이 미덥기 그지없다.

이 글을 쓰노라니 참의 한길을 함께 살고 간 다석과 김교신의 모습이 더욱 높이 우러러 보인다. 이 두 분은 물과 불 같은 사이가 되기 쉬운 정통 신앙과 비정통 신앙을 따랐고 또한 나이 차이가 11년이나 되지만 서로 믿고 아끼고 높이면서 험난하였던 역사의 가시밭길을 정정당당하게 살고 갔다. 우리 후손들도 이 큰 별들의 당당한 인생의 걸음걸이를 배워야 할 것이라는 생각이 간절하다.

1996년 6월
류달영

| 제1판* 머리말 |

 류영모의 생애는 함석헌이 써야 할 글이다. 함석헌은 류영모를 하늘같이 스승으로 받들었고 류영모는 함석헌을 목숨처럼 제자로 아꼈다.
 그런데 본의 아니게 천학비재(淺學菲才)한 필자가 류영모의 생애를 쓰게 된 것은 필자에게 영광스러운 일이기 앞서 심통(心痛)한 일이었다. 류영모의 생애를 어찌하여 함석헌이 써야 되는지를 밝힐 때는 손끝에 신이 났으나 어찌하여 함석헌이 쓸 수 없게 되었는지를 밝힐 때는 심장이 찢어지는 것 같았다.
 공자(孔子)처럼 사람 가르치기에 게으르지 아니한(誨人不倦) 스승 류영모는 필자가 그의 문하를 떠나겠다고 하자 필자에게 마침보람(졸업증)을 주었다. 그만큼 류영모는 제자를 알아주려 하였다. 왕안석(王安石)은 "사람 삶의 즐거움은 서로 그 마음을 알아주는 데 있다(人生樂在相知心)."라고 하였다.
 필자가 스승 류영모의 곁을 떠날 때 마음에 걸리는 것이 있었다. 이미 여

---

*《씨올 : 다석 류영모의 생애와 사상》(홍익재, 1985)

든 살이 넘은 스승의 생애를 챙기는 이가 없었다. 일생 나(私事)를 내세우는 일이 없어 누구도 말을 할 수 없었다.

빙공영사(憑公營私)하는 이들은 말할 것도 없고, 예수와 석가를 팔아먹는 이들에게 공(公)이란 가당치도 않다. 공인(公人)은커녕 사인(私人)도 못 되는 사인(邪人), 사인(蛇人)들이다.

사욕(私慾)을 버리고 진리에 몸과 마음을 바친 예수, 석가, 공자, 노자 같은 공인이 어디 있는가? 이들 못지않게 일생 동안 진리를 사모하고 진리를 실현한 류영모는 예수의 말대로 역사란 골고다 언덕에 들려야(公開) 할 공인이라 생각한다.

필자는 류영모의 아들 류자상(柳自相)에게 편지로 스승의 생애를 알 수 있도록 생전에 알아 둘 것은 알아 두고 챙겨 둘 것은 챙겨 두도록 감청(敢請)하였다.

그런데 회신은 뜻밖에 스승 류영모로부터 왔다.

집 자상(自相)에게 계시(啓示)를 석(夕)도 읽고 그것을 김흥호 교수께로 전하며 말씀하시기를 두 분이 통신(通信) 상상(相商)하시면 이 소석(小夕) 생의(生儀)에 한아님 뜻에 정반원근(正反遠近) 실황(實況)이 보일가 하므로 그리 했습니다.

그 뒤 필자를 찾아온 김흥호와 상의하여 1971년 3월 13일 스승의 81회 생일에 구기동으로 스승을 찾았다. 그리하여 김흥호와 필자 둘이 처음으로 스승의 생애 회고담을 듣게 되었다. 그때 스승의 말이 이러했다.

이렇게 하는 것이 권선(勸善)하는 것인데 권선도 지나치면 좋지를 못하지요. 옛 고을이 있었던 자리에는 지금도 선정(善政)하였다는 송덕비(頌德碑)가 즐비하게 서 있는 것을 보는데 아름답지를 못합니다.

이 글이 스승께 사은(謝恩)이 되고 한아님께 영광이 되기를 바란다. 그런데 똑똑히 밝힐 것은 이 글은 스승 류영모를 알리고자 함이 아니요, 류영모가 참생명으로 깨달은 절대자(하느님)를 참아버지로 깨닫는 데 이바지하기 위함이다.

이 글을 쓰는 데 애써 자료를 챙겨준 류자상, 김홍호, 주규식(周揆植) 여러분에게 감사한다. 또 스승에 대한 필자의 물음에 친절히 대답해준 함석헌, 전병호(全炳浩), 이상호(李相湖), 이동준(李東俊), 서영훈(徐英勳), 이성범(李晟範), 정인세(鄭寅世), 김준호(金俊鎬), 노평구(盧平久), 이진구(李瑨求), 조순명(趙淳明), 고봉수(高鳳壽), 그밖에 많은 여러분에게도 감사하며 이 책의 출판을 선뜻 맡아준 홍익재 출판사 윤백현 사장께도 감사하는 바이다.

                                        1985년 5월 1일
                                        다석의 제자 박영호 씀

차례

머리말 • 5
추천사(정양모, 다석학회 회장) • 10

제3판 머리말 • 14
제2판 머리말 • 17
제2판 축간사 • 20
제1판 머리말 • 24

1부 진리를 찾는 젊은이(1890~)

1장 어린 시절
진리의 사람 – 톨스토이, 간디, 류영모 • 35 | "나는 상놈이다." • 38
죽음 앞의 어린 시절 • 44 | 4살, 천자문을 떼다 • 50
소학교 입학 • 53 | 맹자를 벗으로 삼다 • 59

2장 기독교를 만나다
일본어를 배우다 • 65 | YMCA와의 첫 인연 • 71
연동교회 시절 • 78 | 경신학교에서 배우다 • 85
19살, 선생이 되다 • 92

3장 오산학교 교사

이승훈과 안창호의 만남 • 95 | 오산학교 과학 선생 • 102
여준, 신채호와의 만남 • 107 | 오산학교에 기독교를 전파하다 • 114
큰 사람 남강 이승훈 • 120 | 오산학교의 빛나는 별들 • 126

4장 도쿄 유학

톨스토이를 사숙하다 • 133 | 20살, 불경과 《노자》를 읽다 • 142
일본 유학생 • 146 | 도쿄에서 만난 조만식 • 149
우치무라 간조의 강연을 듣다 • 156

2부 기독교 밖의 기독교인(1915~)

5장 단독자

결혼에 대한 생각 • 165 | 편지로 성사된 혼인 • 169
첫날밤 행방불명 • 172 | 3남 1녀의 아버지 • 179
최남선, 이광수와의 교유 • 182 | 농부를 꿈꾸다 • 189
기독교를 받아들인 부모 • 192 | 스님에게 화엄경을 배우다 • 195

6장 오산학교 교장

부친, 3·1운동으로 옥고를 치르다 • 205
잿더미에서 부활한 오산학교 • 208 | 조만식의 후임 교장 • 215
철학자 교장의 기행 • 218 | 맹귀우목의 인연, 함석헌 • 221

7장 비정통 기독교인

하루를 일생처럼 살다 • 227 | YMCA 연경반 강의 35년 • 233

내 말은 이 세상에 쓸모가 없다 • 240 | 김교신과 〈성서조선〉 • 246
비정통 선언 • 251

3부 동서회통의 사상가(1928~)

8장 죽음 앞의 묵상

농부가 되고 싶은 사업가 • 263 | 수의 신비 • 269
이승훈과 류명근의 죽음 • 272 | 김정식을 추모하다 • 278
호암 문일평의 죽음 • 287 | 류영모를 스승으로 삼은 김교신 • 294

9장 농사짓는 은둔자

북한산 기슭으로 들어가다 • 299 | 이웃사촌 춘원 이광수 • 302
숨어 사는 즐거움 • 305 | 죽음과의 싸움 • 309
52살에 얻은 깨달음 • 312 | 김교신을 위해 쓴 깨달음의 글 • 319
"우리가 뉘게로 가오리까." • 326 | '나'가 죽어야 얼이 산다 • 341

10장 금욕의 삶

일일일식(一日一食)의 삶 40년 • 345 | 방 가운데 만리장성을 쌓다 • 351
잣나무 널판 위에서 앉고 자다 • 362 | 류영모의 건강 유지법 • 368

11장 '성서조선 사건'

창씨개명을 피한 지혜 • 375 | '성서조선 사건'으로 구속되다 • 378
검사가 머리를 숙이다 • 384 | 감옥에서 느낀 자유 • 389
일제에 무릎 꿇지 않은 이들 • 393 | 김교신의 죽음 • 396

4부 구경각을 얻은 현자(1943~)

12장 나는 우주인이다

북악산에서 천지인 합일을 깨닫다 • 403
우리는 지구호를 탄 우주여행자 • 409
다석을 아호로 쓰다 • 415 | 1945년, 은평면 자치위원장 • 424
공산주의에 반대하는 이유 • 430

13장 스승과 제자

정신의 아들 함석헌 • 435 | 십자가 신앙을 버린 함석헌 • 442
무교회 지도자의 오해 • 448 | 맨발의 성자 이현필 • 451
무학의 성인 이세종 • 455 | 토착 수도 공동체 동광원 • 461
이현필이 떠난 후 • 468

14장 우리 말글 속의 하느님

말 한마디 속에 진리가 숨어 있다 • 477 | 한글은 씨알을 위한 글자다 • 480
한글 놀이, 한글 철학 • 487 | 여러 경전을 우리말로 옮기다 • 494
《노자》와 《중용》을 완역하다 • 500 | 반야심경을 외우다 • 506
천부경의 수수께끼를 풀다 • 510 | 결별의 기도를 다시 옮기다 • 513

15장 동족상잔의 포화 속에서

2만 2천 일 기념식 • 519 | "상웅이, 자네는 내 아들이야." • 527
지극히 청빈한 삶 • 531 | 서울에서 6·25를 겪다 • 537
부산에서 피난살이를 하다 • 544
나라를 구할 것인가, 평화를 지킬 것인가 • 550
정치는 비뚤어진 것을 바로잡는 것 • 553

5부 얼을 가르치는 스승 (1955~1981)

16장 죽음 연습

"나는 1년 뒤 오늘 죽을 것이다." • 563 | 일기를 쓰기 시작하다 • 569
몸은 비눗방울 같은 것 • 573 | 죽음의 종이 되지 마라 • 579

17장 진리의 스승

스승을 닮으려 한 함석헌 • 583 | 70살 제자를 꾸짖다 • 589
벗이여, 아주 갔는가 • 595 | 참회의 눈물 흘린 함석헌 • 600
무등산에서 살고 싶다 • 604 | 빛고을 광주와의 인연 • 607
제자 김흥호, 서영훈 • 611 | 재건국민운동에 참여하다 • 616
35년 만에 끝난 연경반 강의 • 620 | 아들 자상의 귀거래 • 627

18장 얼나로 솟나다

70살, 죽음을 실습하다 • 631 | 3만 일을 살다 • 641
87살에 톨스토이처럼 가출하다 • 644 | 죽음을 기다리다 • 651
꺼져 가는 의식의 촛불 • 658 | 91년의 몸옷을 벗다 • 665
없이 계신 하느님에게로 • 670

■ 다석 류영모 연보 • 676

1부

진리를 찾는 젊은이

(1890~)

1장
어린 시절

진리의 사람 — 톨스토이, 간디, 류영모

류영모(柳永模)는 1890년 3월 13일(음력 경인년 2월 23일)에 태어났다. 류영모가 현대 인물 가운데 가장 존경하였으며, 사상적으로도 가장 일치한 사람은 레프 톨스토이와 마하트마 간디였다. 류영모가 태어난 1890년에 톨스토이는 62살이었고 간디는 21살이었다. 류영모는 톨스토이와는 20년 동안, 간디와는 58년 동안 같은 해와 달 아래에서 숨 쉬며 살았다. 세 사람이 함께 산 날은 류영모가 태어난 1890년 3월 13일부터 1910년 11월 7일 톨스토이가 죽을 때까지 20년 동안이다. 그러므로 이 세 사람은 동시대 사람이라고 할 수 있다. 류영모는 스스로 자신을 19세기 사람이라고 하였다. 톨스토이, 간디, 류영모는 19세기에 태어나서 20세기에 돌아간, 두 세기에 걸친 세 사람의 진인(眞人)이다.

류영모는 톨스토이나 간디와 외적인 교통은 없었다. 톨스토이와 간디 사이에는 편지가 두 번씩 오고 간 일이 있다. 그러나 세 사람은 얼의 나로서는 한 생명이다. 세 사람의 개체는 한 전선에 이어진 전구 세 개와 같다. 이들은 하느님으로부터 오는 얼의 빛을 온누리에 비추었다.

류영모는 류명근(柳明根, 당시 24살)과 김완전(金完全, 당시 27살) 사이에서 태어났다. 우리는 나를 낳은 이를 아버지, 어머니라고 한다. 사실은 아버지, 어머니의 생식기가 나를 낳았지만 생식기를 보고 아버지, 어머니라고 하지는 않는다. 하긴 사람들은 생식기를 만들어놓고 숭배하는가 하면 생식기처럼 생긴 자연석을 숭상하기도 한다. 산소에 세워놓는 망두석이 바로 생식기의 형상이다. 생식기는 아버지, 어머니의 몸에 달려 있다. 아버지, 어머니는 지구에 달려 있다. 지구는 태양계에 달려 있다. 태양계는 은하계에 달려 있다. 은하계는 무한한 허공에 달려 있다. 허공은 하느님에게 달려 있다. 아버지, 어머니가 아니라 하느님이 우리 사람을 낳은 것이다. 하느님을 아버지로 깨달은 이에게는 부모에 대한 효(孝)가 생식기 숭배 정도에 지나지 않는다. 노자(老子)는 "하느님은 뭇 오묘한 것이 나오는 오래(門)라(衆妙之門)."(《노자》 1장)라고 하였다.

류영모는 인생의 탄생을 이렇게 말하였다. "우리가 세상에 나온 것은 정말 어렵게 비집어서 나온 것입니다. 또 오고 싶은 세상이 아니라고 볼지 모르나 이 세상에 나온 것은 참으로 어려운 고비를 넘어서 겨우겨우 요나마 세상에 참여한 것입니다. 사람이 태어나기란 맹귀우목(盲龜遇木)으로 어려운 것입니다."

인도의 시인 타고르(Rabīndranāth Tagore)는 자신의 탄생을 두고 "내가 처음으로 이 생명의 문을 건너던 순간을 깨닫지 못하겠나이다. 한밤중 숲 속의 꽃봉오리와도 같이 이 거대한 신비(神秘)로 향하여 이 몸을 열어 젖히게 한 힘은 무엇이나이까?"(《기탄잘리》 95)라고 하였다.

그러나 나의 탄생이 선택받은 감사하고 신비한 일만이 아님을 알아야 한다. 류영모는 나의 탄생을 사변(事變)이라고 하였다.

내 몸이 태어난 것은 사변입니다. 이 사변이 없었으면 인생의 우주는 없었을 것입니다. 사변 중에 큰 사변은 인생이 태어난 것입니다. 평안하게 부모의 품 안에서 자라 따뜻한 이부자리에서 평생을 지내고 모두가 환영을 하고 모두가 즐거운 것만을 인생으로 알면 틀린 것입니다. 이 사변이 없었으면 배고프다는 것이 없었을 것이고, 자식이고 부모가 어디 있겠어요. 노골적으로 말해서 남녀 관계란 치정(癡情)인데 치정이 사람의 대(代)를 이어주어요. 어리석은 남녀의 혼인으로 인해서 우리가 오늘 여기에 있는 것입니다. 남녀가 깨끗하고 말쑥하였던들 우리는 나오지 않았습니다. 그러나 사람은 깨끗하고 말쑥할 수가 없고, 어떻게든지 삼독(三毒)이 나타납니다. 우리의 근본은 죄다 독(毒)입니다. 단세포인 정충(精蟲) 시대부터 '나'는 투쟁적이고 배타적이에요. 우리 어머니, 아버지의 노(怒)한 끄트머리로 나온 것이니 진생(瞋生)이 아닐 수 없어요. 나와서도 젖을 탐합니다. 탐욕으로 자라게 됩니다. 만일 우리가 탐욕이 없다면 나오지도 자라지도 못하였을 것입니다.

'나'의 탄생은 한없이 신비하면서 그지없이 추악한 것이다. 한없이 감사하면서 그지없이 원망스러운 일이다. 한없이 기쁘면서 그지없이 슬픈 것이다. 류영모는 '이 나가 누구인가? 이 나가 무엇인가?'를 생각하다가, 어버이 사이에서 태어난 나는 거짓나임을 깨닫게 되었다. "어머니 배 속에서 나온 나는 참나(眞我)가 아닙니다. 얼이 나입니다. 몸의 나는 흙덩어리요, 재 한 줌입니다. 그러나 얼사람은 한없이 강하고 한없이 큽니다. 놓아 두면 우주에 꽉 차고 움켜잡으면 가슴 세 치에 들어서는 이것이 호연지기(浩然之氣)의 나입니다."

얼의 나는 어버이를 거치지 않고 직접 하느님께서 하느님의 생명인 얼(성령)을 주신 것이다. 그래서 예수는 우로부터 나는 것이라고 하였다. 우로부터 났다고 하는 것은 하느님이 낳으셨다는 말이다. 하느님은 얼나(靈我)의 아버지이다. 그래서 예수는 하느님을 아버지라고 하였다. 류영모는 예수처럼 하느님이 아버지임을 깨달은 얼나의 사람이다. 톨스토이와 간디도 마찬가지로 얼나를 깨달은 사람들이다. 우리는 류영모의 삶을 통해 어버이가 낳은 제나(自我)의 사람에서 하느님이 낳은 얼나의 사람이 되는 과정을 살피려는 것이다. 멸망의 생명인 제나에서 영원한 생명인 얼나로 솟나는 것을 배우자는 것이다. 그렇지 않다면 이 눈코 뜰 새 없이 바쁜 세상살이에 지치고 고달픈데, 남의 생애를 알려고 할 것도 없고 알리려고 할 것도 없을 것이다.

사람이 사는 목적은 거짓나에서 참나를 깨닫고, 멸망의 생명에서 영원한 생명을 얻자는 것이다. 이를 이룬 사람이 참사람이다. 류영모가 바로 그러한 참사람이다.

"나는 상놈이다."

류영모가 태어난 곳은 옛 남대문 수각다리(水閣橋) 근처이다. 류영모의 아버지 류명근이 태어난 곳은 자하문 밖 부암동이다. 류영모의 고조부 때에 황해도에서 이곳으로 옮겨 왔다. 고조부와 그 이전의 선조들은 문화 류씨(文化 柳氏)의 본향인 황해도 구월산 아래에 있는 문화마을(황해도 신천군 문화면)에서 살았다. 그곳에는 아직도 문화 류씨 시조의 무덤과 사당이 있다.

류영모는 선조의 가계(家系)에 대해서 일기(《다석일지》)에 이렇게 적어놓았다.

내 위로 다섯 번째 갈림에 계시었던 류윤복(柳潤福) 할아버지께서 남의 고을살이(郡守職任)에 따라다녔고, 의령 남(宜寧 南)씨 할머님께서도 나라에서 호적할 때 남의 호적이나 대서(代書)하시게 되셨다고 전할 만큼 집안 살림이 어려우셨던지, 아드님 곧 내 고조되시는 류동식(柳東植), 할머니 남양 홍(南陽 洪)씨 내외분께서 시모님 남씨를 모시고 본향인 문화고을을 떠나신 듯합니다. 새 복지(福地)로 한성(漢城) 서북쪽 무계(武溪)와 삼계(三溪)의 협곡으로 잡으셨습니다. 내 5대 조부모님께서는 그 뒤에 아드님이 잡으신 복지로 오신 듯하므로 5대 조부모님 산소가 서교(西郊)에 있었고, 6대 조부모님 류성기(柳成起) 씨, 7대 조부모님 류준만(柳俊萬) 씨 함자는 장지(壯紙)에 묵서(墨書)한 고호적(古戶籍)에서 살폈을 뿐입니다. 준만(俊萬, 7대), 성기(成起, 6대), 윤복(潤福, 5대), 동식(東植, 고조), 덕신(德信, 증조), 무연(務連, 조부), 명근(明根, 부), 영모(永模).

류영모의 고조부인 류동식이 30대에 생계를 찾아 한양으로 옮겨 왔다. 그때가 조선조 영조(英祖, 조선 제21대 왕) 말경이었다. 류동식이 30살쯤이었다면 대개 1770년쯤이다. 정조(正祖, 조선 제22대 왕) 13년에 한성부(漢城府) 인구는 18만 9천 명이었다. 인구의 40퍼센트가량인 7만 6천 명이 한양 도성 밖에 살고 있었다. 옛날에도 흉년이 들면 살기 어려운 백성들이 한양으로 모여들어 주로 청계천변에 빈민촌을 이루었다. 그리하여 나라에서 빈민 구제책을 세우기도 하였다. 류영모 일가는 청계천 주변을 택하지 않고 산지(山地)를 택하여 자하문 밖에 자리를 잡았다. 역시 성 밖의 인구에 포함된다. 임진왜란 직전까지는 한양의 인구가 10만 명 선을 유지하였고, 정조 이후 조선조 말까지는 20만 명 수준을 유지하였다.

류영모는 유교(儒敎) 사상에서 온 씨족과 가족만을 지상(至上)으로 아는 생각 때문에 조선조가 멸망했다고 말하였다. 그리하여 선조의 족보 타령, 양반 타령을 아주 싫어했다. "이제 우리는 몇 대조 할아버지를 들추는 족보 타령은 집어치워야 해요. 내가 위대해야지 조상만 위대하면 무얼 해요. 조상은 위대한데 내가 망국지종(亡國之種)이라면 조상에게 불효입니다. 무슨 면목으로 조상을 들출 수 있습니까? 기독교가 처음 들어왔을 때 상민(常民)들이 많이 믿어 상놈의 종교라 하였어요. 이는 유교가 양반의 종교인 데 대해서 한 말이지요. 참 종교는 상놈의 종교가 되어야 해요. 종교가 귀족적이 되면 이미 영원한 정신을 잃은 것입니다."

1930년대에 학교 학적부(생활기록부)를 쓰는데 양반, 상민의 계층을 밝히는 신분란이 있었다. 학적부 신분란에 쓰려고 조사하는 가정환경조사서에도 반상(班常)을 밝히게 되어 있었다. 류영모는 자녀들의 가정환경조사서에 직접 평민(平民)이라고 적어 넣었다. 상놈이라 자처한 것이다. 문화 류씨는 왕건(王建)을 도와 고려를 세운 개국공신의 후예다. 조선왕조의 류성룡(柳成龍)이 보여주듯이 양반에 속한다.

류영모가 옛 수첩에 이렇게 써놓은 글이 있다. "이 상(常)놈. 심상(尋常)하게도 무상(無常)한 물신(物神). 이상(異狀)하게도 비상(非常)한 정신(精神)." 류영모는 참사람이 되려면 가장 미천한 자리에 서야 한다고 생각하였다. 예수와 석가가 무소유(無所有)의 삶을 산 것은 이 때문이다. 무소유의 삶이란 거지의 삶이다. 사회에서 거지보다 미천한 사람은 없다. 톨스토이가 러시아의 농민들이 입는 루바시카를 입고 농사를 지은 것도, 마하트마 간디가 불가촉천민 신분인 하리잔과 같이 웃통을 벗고 맨발로 다닌 것도 가장 미천한 자리에 서고자 함이었다. 예수가 "사실 사람들에게 떠받들리는 것이 하느님께는 가증스럽게 보이는 것이다."(루가 16:15)라고 한 것은 이른바 잘났다는 지배층 귀족을 나무라는 말이다. 양반의 우월

의식은 죄악이란 말이다. "상놈의 한이 골수에 사무친 나로서는 동학의 평등주의가 더할 수 없이 고마웠다."라고 말한 백범(白凡)은 '백정(白丁)'과 '범부(凡夫)'의 앞 글자를 따서 자신의 호를 '백범'이라고 했다. '못난 상놈'이라는 뜻이다. 류영모의 '이 상놈' 정신, 김구(金九)의 '나 백범' 정신을 품고 살아야 한다.

이 나라에서 가난하고 못난 놈들이 믿던 기독교가 어느 틈에 가멸어 잘난 귀족들의 종교가 되었다. 가난하고 지위 없는 사람들은 교회에서 밀려나 폭력이 지배하는 사이비 종교에 빠지고 있다. 폭력을 숭배하는 종교는 마피아보다 더 무섭다. 일본의 옴진리교가 그 실체를 우리에게 보여주었다. 중세 가톨릭은 귀족 종교와 폭력 종교의 혼합이었다. 종교 집단에 정치 집단처럼 위계가 있다는 것은 말이 안 된다. 스승과 제자가 있을 뿐이다. 예수는 마지막에는 스승의 자리도 버리고 제자들을 친구라고 하였다.

재산 없고 지위 없는 사람들의 마음을 평안하게 해주는 상놈의 종교가 되어야 한다. 예수가 말하기를 "나는 선한 사람을 부르러 온 것이 아니라 죄인을 부르러 왔다."(마태오 9:13)고 하였다. 우리는 언제나 "저희는 보잘것없는 종입니다."(루가 17:10)라고 해야 한다. 잘난 체하는 귀족은 멸망의 넓은 문으로 들어갈 뿐이다.

류영모의 고조 류동식이 출애굽을 하였지만, 그들을 반길 복지(福地)가 기다리고 있는 것은 아니었다. 아는 사람도 없고 가진 재산도 없이 천 리 타향에 와서 삶의 터전을 잡는다는 것은 옛날이나 지금이나 어렵기는 마찬가지다. 감히 사대문 성안은 꿈도 못 꾸고 자하문 밖 차일바위 아래 삼계동천(三溪洞天)에 삶의 닻을 내렸다. '동천(洞天)'이란 말은 '하늘 동네'라는 뜻이다. 요즘의 부암동은 아주 다르지만 그때는 달동네요 별동네였다. 그곳에서 몇 대에 이르도록 100여 년 동안 살았다.

류명근은 골바위 집에서 13살의 나이에 16살의 신부 김완전을 아내로 맞이하였다. 김완전은 수십 리 떨어진 박석고개 너머에서 시집을 왔다. 그때까지도 인왕산에서 범이 내려와 집에서 기르는 개를 곧잘 물어 갔다. 돼지우리도 굵은 밧줄로 그물을 엮어 덮어씌웠다. 범이 사람과 담배를 마주 피우자는 것이 아니라, 짐승을 같이 먹자는 것이었다. 김완전이 시집을 와서 이른 아침에 물동이를 이고 물을 길어 오는데, 돼지우리에 짐승이 웅크리고 엎드려 있다가 슬쩍 도망가는 것을 여러 번 목격하였다. 1890년까지 나라에는 호랑이를 잡는 방호군(防虎軍)이 있었다.

류명근은 어릴 때 서당 공부를 하였다. 류영모의 선조는 높은 벼슬은 못하였으나 무식한 사람은 없었다. 류명근은 자녀와 손자들에게 직접 《천자문》과 《동몽선습》을 가르쳤다. 류명근은 일찍부터 가계를 돕기 위하여 직업 전선에 나가 제화 재료상을 하였다. 그래서 구두의 모양을 갖추게 하는 구두골을 잘 만들었다. 나무를 깎아서 오리알을 만들기도 했는데 실물과 거의 같았다. 버리기가 아까워 구멍 난 양말을 깁는 데 오래도록 활용하였다. '경성피혁(京城皮革)'이라는 상호였는데, 조계사 근처 예전 서울예식장 자리에 있었다. 독립운동가로 알려진 노백린(盧伯麟)도 그때 종로에서 피혁 상점을 경영하고 있었다.

김완전은 왜소한 남편 류명근과 달리 여걸다운 면모를 지니고 있었다. 옛날 여인들이 거의 그랬던 것처럼 학문은 배우지 못하였다. 그러나 남다르게 부지런하고 뛰어난 솜씨를 지녀, 대한제국 군인들의 모자 테두리를 누비는 일을 맡기도 하였다. 얼마 뒤에는 방직공장에서 나오는 자투리 실을 사서 고운 색깔로 물을 들여 방석을 비롯한 여러 가지 수공예품을 솜씨 있게 만들었다. 그 물건들은 집에서 쓰거나 다른 이에게 선물하였다.

류영모의 외모는 어머니보다 아버지를 더 닮았다. 류영모는 문과 쪽이나 이과 쪽이나 다 잘하였다. 예능 면에서는 음악과 체육을 잘하지 못하였으나 미술에는 취미와 재능이 있었다. 5년 동안이나 교회를 다녔으나 찬송가를 잘 부르지 못했다. 그래도 자신이 지은 시에는 음률을 붙여서 노래처럼 읊기를 좋아하였다. "찬송을 나는 할 줄을 몰라 못하지만 생각할 때나 일할 때 부르면 참 좋아요."라고 말하였다. 운동 경기도 별로 아는 것이 없었다. 어느 날 구기동 집으로 이 사람이 찾아갔을 때 마라톤 경기를 실황 중계하는 라디오 방송을 듣고 있었다. 방 안으로 들어서는 이 사람을 보고는 "별천지의 일이에요."라고 하면서 라디오를 껐다. 다만, 실내 요가 체조를 날마다 하는 것으로 건강을 유지하였다.

류영모는 몸의 건강 관리에 일가견이 있었다.

나의 몸을 부모님으로부터 받았으면 다치지 말고 가야 해요. 몸이란 자기의 영혼을 담는 그릇입니다. 그런데 간혹 개죽음을 하는 사람이 있어요. 전선에 가서 싸우다 죽을 줄도 알아야 하지만, 죽지 않을 곳에 가서 죽는 개죽음은 하지 말아야 합니다. 영혼의 그릇을 다치면 그 영혼도 온전하지 않아요. 우리는 증자(曾子)의 정신을 본받아야 합니다. 성하게 받은 몸은 성하게 가지고 가야 해요. 남에게 빌린 그릇은 그 사이 잘 썼으니, 늙어버렸지만 될 수 있는 대로 아니 꼭 성히 도로 갖다놓는 것이 옳아요. 적극적으로 성해야 합니다.

류영모의 생명은 부모에게서 받은 몸에 있는 것이 아니라 하느님으로부터 받은 류영모의 생각에 있다. 우리가 류영모를 살아서 받들고 죽어서 기리는 것은 하느님으로부터 받은 그의 생각이 참되기 때문이다. 류영모의 생각은 어버이와는 상관이 없다. 어버이조차 류영모의 생각을 알아주지 못하였다. 그런데 어찌 하느님으로부터 받은 그 생각이 몸의 어버이와 상관이 있겠는가? "생각은 우리의 바탈(本性)입니다. 생각을 통해서 깨달음이라는 하늘에 다다릅니다. 생각처럼 감사한 것은 없어요. 영원히 갈 것은 생각 하나뿐입니다. 영원을 아는 것도 생각 때문입니다. 이러한 몸뚱이의 물질 말고 오직 생각뿐인 데가 있을 것이라 해서 하느님, 부처님 하는 것이에요. 위로 올라가는 게 생명이지 그렇지 않으면 생명이 아닙니다. 영원히 가는 것은 생각하는 점 그것뿐입니다. 진리(Dharma)라, 말씀이라 하는 게 이것입니다."

죽음 앞의 어린 시절

류영모의 형제는 아우 영철(永哲)뿐이다. 류영모는 형제에 관하여 이러한 말을 하였다. "내 형제는 한 10여 명 있었는데, 둘 남고 다 죽었어요. 그들이 지금 어디 있는지 없어졌는지 모르지만 그들이 복된지 지금 살아 있는 이 내가 복된지 누가 알겠어요?"

20세기 중반까지도 사람들은 아기를 많이 낳았고 또한 그중 많은 아이가 죽었다. 루소는 그의 저서 《에밀》에서 아기 넷을 낳아서 둘이 죽더라도 둘이 남으면 현상은 유지된다고 하였다. 생존율을 50퍼센트로 본 것이다. 류영모의 형제는 생존율이 15퍼센트밖에 안 된다. 생존율이 지극히 낮은 편이다. 류영모는 형제들이 10여 명이라고 하였지만 정확하게는 13명이었다고 한다. 류영모의 어머니는 류영모 위로 여러 아이를 낳았을 것이다. 그러나 당시 11년째 결혼 생활을 맞은 어머니의 나이가 27살이었으므로 폐경기까지 적어도 18년이나 남았다고 볼 수 있다. 아마도 류영모는 형보다 동생이 더 많았을 것이다. 류명근이 13살에 혼인하였다는 점도 감안하여야 한다. 류영모는 여러 아우들의 죽음을 목격하였음이 분명하다.

옛날에 다산다사(多産多死)는 동서가 다르지 않았다. 프랑스 철학자 샤르댕(Pierre Teilhard de Chardin)은 11남매 중 4째이고, 영국의 종교개혁가인 웨슬리(John Wesley)는 19남매에 15째였다. 덴마크 철학자 키르케고르(Søren Aabye Kierkegaard)는 형제 7명 가운데 5명이 요절했다.

류영모가 여러 형제의 죽음을 목격하면서 자랐다는 것은 아주 중요하다. 그의 인생관 형성에 지대한 영향을 주었기 때문이다. 여러 형제의 요절 가운데서도 류영모가 21살 때, 19살이었던 영묵(永默)의 급사는 큰 충격이었다. 더구나 류영모도 30살을 넘기기가 어렵다는 말을 들었다. 키르케고르는 가족들의 자기 암시로 35살까지밖에 못 산다고 믿었다. 류영모는 자기 암시가 아니라 의사의 진단이었다. 아버지 류명근은 67살까지, 어머니 김완전은 88살까지 살았다. 유전적 지병이 있는 것도 아니었다. 문외한 생각으로 부모님의 체질상 부조화가 아니라면 작고 약한 아버지를 닮았기 때문이 아닌가 짐작해본다. 류영모는 자신의 키가 작은 데 대하여 이렇게 말하였다. "내 몸은 오 척(五尺)쯤 돼요. 여러분은 두세 치 더 클 것입니다. 같은 오 척 단구(短軀)라도 이를 비관하는 사람이 있고, 낙관하는 사람이 있어요. 키가 작은 것을 아무렇지 않게 생각하는 것도 관(觀)이 달라서 그런 것입니다. 사람은 관으로 산다고 할 수 있습니다. 관이 다르면 사는 세계가 다릅니다."

샤르댕은 친척이나 친지의 부음을 들을 때마다 큰 충격을 받고 자신의 인생길이 하느님의 뜻에 어긋나지 않았는지 반성하고 수정하는 계기로 삼았다. 그래서 구약성경 전도서에는 "잔칫집에 가는 것보다 초상집에 가는 것이 좋다. 산 사람은 모름지기 죽는다는 것을 명심할 필요가 있다. 웃는 것보다는 슬퍼하는 것이 좋다. 얼굴에 시름이 서리겠지만 마음은 바로 잡힌다. 지혜로운 사람은 마음이 초상집에 있고 어리석은 사람은 마음이 잔칫집에 있다."(전도서 7:2~4)라고 하였다.

류영모가 23살의 젊은 나이에 세상에 대한 미련과 아쉬움을 버리고 신앙 생활로 일생을 마감하겠다는 놀라운 결심을 하게 된 것은 어릴 때부터 형제의 죽음을 여러 번 겪었기 때문이다. 남의 죽음은 내 감기만 못하다고 하지만, 형제의 죽음은 내 죽음보다 더 마음이 아프다. 류영모의 삶은 죽음을 생각하는 삶이었다. 그리하여 드디어 인생의 공통 숙제인 죽음의 문제를 풀었다.

종교의 핵심은 죽음입니다. 죽는 연습이 철학이요, 죽음을 없이 하자는 것이 종교입니다. 사는 것이 사는 것이 아니고, 죽는 것이 죽는 것이 아닙니다. 산다는 것은 육체를 먹고 정신이 사는 것입니다. 사람의 몸뚱이는 벗어버릴 허물이요, 옷이지 별것이 아닙니다. 주인은 얼입니다. 이 몸뚱이는 멸망입니다. 멸망해야 할 것이니까 멸망하는 것입니다. 회개(悔改)란 쉽게 말하면 몸뚱이는 참나가 아니라는 것을 아는 것입니다. 몸이 죽어도 얼은 죽지 않는다는 것입니다. 몸을 참나로 생각하는 것이 멸망입니다.

식물은 환경과 영양이 좋으면 죽을 준비인 열매 맺을 준비를 하지 않고, 꿀벌은 계속 꽃이 피면 겨울 준비인 꿀을 만들지 않는다. 또 새는 땅 위에서 공격해 오는 맹수가 없으면 그만 날아오르는 비상력을 잃어버리고 만다. 위급한 경우가 있어야 날기 때문이다. 뉴질랜드의 키위, 남극의 펭귄이 그 예다. 사람이 죽음을 잊어버리면 삶의 목적을 잊어버린다. 죽음이 참삶을 살게 하고, 참삶이 죽음을 이기게 한다. 예수와 석가는 죽음을 정면으로 돌파한 사람이다. 죽음을 외면하고 회피하면 참된 삶을 살 수가 없다. 죽음을 바라보면서 사는 사람이라야 승리의 삶을 살 수 있다. 죽음이란 무섭고도 싫은 것이라 하여 애써 모른 체하고 살다가 죽음에 닥쳐서야 허둥지둥 발버둥치는 것은 어리석은 사람이다. 이미 때는 늦었다. 장자(莊子)는 죽음을 가까이 하는 마음이라야 바르게 산다고 말하였다.

공자는 "아침에 도(道)를 들으면 저녁에 죽어도 좋다(朝聞道夕死可矣)."(《논어》이인편)라고 하였다. 이 말은 아침에 도를 들었으니 저녁에 죽어도 좋다는 말이다. 하느님의 말씀을 듣고 죽자는 인생이다. 하느님의 말씀인 얼이 영원한 생명이다. 하느님의 말씀이 얼나의 나타남이다.

슈바이처(Albert Schweitzer)는 갓난아기 때 너무 작아 아기를 본 동네 부인들이 얼마 살지 못할 것이라고 쑥덕거렸다. 류영모도 갓 나서는 너무 작아 아기를 본 친지들이 얼마 못 살 것이라고 수군거렸다. 갓난아기 영모는 하루하루 목숨을 이어 가는 것이 얇은 얼음판을 걷는 듯이 아슬아슬하였다. 시간이 흐르자 조막만 하던 아기 영모도 조금씩 자랐다. 어렵게 백날이 지난 후에는 첫 돌, 두 돌이 쉬 지나고 세 돌이 지나갔다. 어머니 김완전의 정성이란 이루 말할 수가 없었다. 16살에 시집을 와서 30살을 앞두고도 여럿을 낳기만 하고 뒤를 이을 자식 하나를 못 길렀으니 오죽하였겠는가! 그야말로 불면 날아갈까, 쥐면 터질까 금지옥엽처럼 다루었다.

5살 때 일이다. 서울에서는 살 만한 집 남자아이들에게는 연분홍색 두루마기에 남색 전복을 입히고 허리에는 도홍띠(桃紅帶)를 띠게 하며 머리에는 금박을 입힌 검은색 복건을 씌웠다. 어머니가 바느질 솜씨가 좋은지라 손수 그렇게 지어 입혔다. 자식에게 가장 좋은 것을 해주고 싶은 것이 어머니 마음이다. 그러나 어린 영모는 분홍 색깔이 싫다며 끝내 입지 않았다. 육당(六堂) 최남선(崔南善)이 "류영모의 택선고집(擇善固執)은 알아주어야 한다."라고 말하였다는데, 그 택선고집이 이미 5살 때부터 있었던 것을 엿볼 수 있다. 가장 어릴 적 기억이 어떤 것이냐고 물었을 때 류영모는 이렇게 대답하였다. "내가 5살 때 동생을 데리고 외갓집에 가서 잔디 위에서 놀던 생각이 나요. 날이 어둑어둑해지는데 독바구리(바구니)에 있는 참외 하나를 나무에 부딪쳐 깨뜨려서 먹던 생각이 나요."

김완전은 박석고개 너머에서 시집을 왔는데 나중에 친정이 구기리 쪽으로 이사를 왔다. 뒤에 류영모가 구기리로 새 삶터를 잡게 된 주요 동기는 외갓집과의 인연으로 낯익은 곳이었기 때문이다.

"사정(射亭) 앞 회나무, 네다섯 살 적부터 외가 갈 적에 활 쏘는 정차 앞을 지나면 저 큰 나무 봬. 우리 다 왔구나. 우리 외갓집에. 그 나무는 그저 날 보네. 여든 바퀴 몇 바퀴."《다석일지》

세검정을 지나 구기동 입구에는 활 쏘는 사정이 있었는데, 그 자리에 늙은 회나무가 한 그루 서 있다. 80살이 넘은 류영모가 그 회나무를 보고 옛날을 회상하며 쓴 글이다. 80살을 넘겼다면 사람으로서는 장수한 것이지만 회나무에 비기면 10분의 1도 못 산 것이다. 가장 나이가 많은 나무는 울릉도에 있는 향나무인데, 5천 살이나 된다고 한다. 그것은 나무가 서 있는 것이 아니라 역사가 서 있는 것이다. 회나무 바로 근처는 옛날에 조지서(造紙署)가 있던 자리다. 1960년대까지도 장판지를 만드는 제지공장이 있었는데, 구기터널이 뚫리면서 이곳은 아주 달라져버렸다.

류영모가 나기 4년 전인 1886년에 콜레라가 크게 번졌다. 서울에서도 수많은 사람이 죽었다. 얼마나 사람이 많이 죽었는지 송장을 나르는 들것이 수구문 밖으로 줄을 잇다시피 하였다. 그 뒤로 해마다 여름이면 콜레라가 돌아서 사람들이 죽어 갔다. 콜레라가 얼마나 무서우면 범 같다 하여 호열자(虎列刺)라 일렀을까. 세균에 대한 지식이 없으니 한방의학으로는 속수무책이었다. 1897년에 7살이던 영모가 그만 콜레라에 걸리고 말았다. 이름난 사람 가운데 콜레라에 걸린 이는 거의 없다. 오직 러시아의 소설가 막심 고리키(Maksim Gor'kii)가 3살 때 콜레라에 걸렸다. 콜레라에 걸린 영모는 쌀뜨물 같은 설사를 계속하여 탈수증으로 거의 죽어 가고 있었다. 어머니 김완전은 하늘이 무너지고 땅이 꺼지는 듯하였다. 고쳐주는 의사가 없으니 그야말로 천명에 맡기는 수밖에 없었다. 김완전은 설사 때문에 아이가 죽어 간다는 데 생각이 미치자, 설사를 억지로라도 막으려고 손바닥으로 아들의 항문을 막았다. 항문을 막은 지 7~8시간을 지나자 죽어 가던 영모의 몸에 생기가 돌기 시작하였다. 이것이야말로 어머니의 사랑이 불러 온 기적이었다. 그제야 항문을 솜으로 틀어막고서 미음을 끓여 떠먹이니 영모는 다시 살아나게 되었다. 어머니의 지극한 사랑으로 다시 한 번 태어난 것이나 다름이 없다.

　류영모는 평생 동안 '몸성히(건강)'를 강조하였다. 몸은 어떻게 생각하면 원수이지만 몸성히 살아야 한다고 하였다. 세상에서 몸이 성하면 되지 그 이상의 것을 구할 필요가 없다고 하였다. "우리는 인생의 목적을 이루기 위하여 우리의 몸을 소중히 여길 줄 알아야 합니다. 내 몸을 거저 건강하게 하자는 것이 아니라, 할 일이 있으니까 건강하게 하자는 것입니다. 마치 천 리 길을 가려고 하는 사람이 자동차를 닦고 정비를 하듯이 온 인류를 구하여야 할 책임이 있으니 우리의 몸을 잘 정비하고 닦아야 합니다. 건강은 책임 의식에서 나온 것입니다. 어린아이 때문에 앓지 못하는 어머니처럼 인류의 구원을 위해서 앓을 수 없는 육체를 가지자는 것입니다."

류영모는 선천적으로 왜소한 체구와 약한 체질을 타고났다. 그러나 20살 전후부터 냉수 마찰을 하고 요가 체조를 하며 오래 걷기를 하는 등 건강 유지에 남다른 정성을 기울였다. 그리하여 일생 동안 약국과 병원을 몰랐다. 30살을 못 넘긴다는 의사의 말을 비웃기라도 하듯이 그 세 곱인 91살을 살았다. 면역이 약하면 한 해에도 여러 번 걸리는 감기조차 앓은 일이 없었다. 건강하게 살아 하느님이 맡긴 사명을 다하였다. 사람이 제 몸 관리를 제대로 못하여 약국이나 병원을 화장실 드나들 듯이 하는 것은 결코 바람직한 일이 아니라고 하였다. 죽음은 잊지 말되 몸은 성해야 한다는 것이다. "몸의 털과 살갗까지도 어버이로부터 받았으니 구태여 함부로 하거나 다치게 해서는 안 된다."라는 증자의 생각을 류영모는 옳다고 하였다.

4살, 천자문을 떼다

류영모는 사람은 누구나 배움살이(學生活)·먹음살이(食生活)·흘림살이(性生活)라는 세 가지 어려운 살림살이를 하게 된다고 하였다. 식색(食色)의 삶도 어렵지만 짐승들은 모범적으로 잘한다. 짐승들도 식색의 삶을 가르치고 배우지만, 그들에게 학문이라는 것은 없다. 사람이 짐승과 다른 것은 복잡한 학문을 한다는 것이다. 사람은 글로 된 학문을 배우고 익혀야 한다. 공자의 어록인 《논어》 첫머리에 "배우고 때때로 익히면 또한 기쁘지 아니한가(學而時習之不亦說乎)."(《논어》 학이편)라는 글귀가 실려 있는 것은 의미심장하다. 사람이 글을 배우고 익히지 않으면 사람이 될 수 없다. 글은 하느님을 향하여 나아가는 사람의 길을 적은 것이다. 엄격히 말하면 경전만이 글이다. 그래서 류영모가 "요사이 글자나 알고 글깨나 읽고 책을 써낸 자들의 짓이 무엇이냐?"라고 나무란다.

어린 영모에게도 어렵고도 재미있는 배움살이가 시작되었다. 류영모는 이렇게 말하였다.

> 5살(만 4살)에 천자문을 집에서 아버지에게 배웠어요. 자꾸 읽으니 나중에는 천자문을 바로도 외우고 거꾸로도 외우고, 앞에서부터도 외우고 뒤에서부터도 외웠어요. 눈을 감아도 천자문의 글자가 훤히 보여 거꾸로도 외울 수 있었어요. 그러다가 홍문서골에 홍살문이 있는 부잣집에 차린 글방에 다니게 되었습니다. 서당 선생님은 충북 괴산 분이었어요. 《자치통감(資治通鑑)》을 가르쳤어요. 선생님은 학생들에게 《자치통감》을 가르치기에 앞서 학생들에게 새기도록 시켰어요. 예습을 해 오라는 것이지요. 그리고 붓글씨를 쓰는데 쓰고 난 뒤에 손에 먹물이 묻어 있으면 회초리로 종아리를 때렸어요. 서당 공부가 처음엔 맛이 있었어요. 그분은 꽤 창조적으로 가르치려고 애썼어요. 엄한 가운데 맛이 없는 것은 아니었는데 매 맞는 것이 싫어서 그만두었습니다.

글방에 다니기를 그만두기까지는 안타까운 사연이 있다. 서당에 안 가는 것은 학교에 안 가는 것인데 쉽게 뜻대로 될 성질의 일이 아니었다. 어린 영모도 그 사실을 잘 알았다. 서당에 가면 선생의 회초리를 맞게 되고 서당에 안 가면 아버지의 회초리를 맞게 되는 것은 불을 보듯 뻔한 일이었다. 어린 영모는 꾀를 내었다. 서당에 가는 것처럼 책을 들고 집을 나와서는 서당과 반대편으로 향하였다. 그리고 종로 시장 골목을 이리저리 돌아다니면서 구경을 하였다. 1904년에 한 프랑스 화가가 종로 5가, 6가의 거리 풍경을 그린 그림이 있다. 저 멀리 동대문이 우뚝 서 있고 거리 옆에는 초가집 가게가 즐비하게 늘어서 있다. 그 뒤편에는 기와집들이 촘촘히 박혀 있다. 류영모가 홍문서골 서당에 다닐 때보다 7~8년 뒤에 그린 것이지만, 옛날에는 지금에 비해 변화가 느렸기 때문에 영모가 서당에 다닐 때와 비교해 크게 달라진 점은 없다. 머리채를 늘어뜨린 어린 소년이 《자치통감》을 겨드랑이에 낀 채로 아는 사람을 만날까 저어하면서 그늘진 얼굴로 시장 바닥을 헤매는 모습을 그려볼 수 있다. 그때 동대문 밖은 밭이었고 남대문 앞에는 미나리꽝이 있었고 서대문 밖은 솔밭이었다. 4대문 성안에도 채소밭이 많았는데 밭 둘레에는 앵두나무, 자두나무 같은 과일나무가 심겨 있었다. 1920년대에 서울 인구는 17만 명 남짓하였다.

류영모는 서당 공부를 빼먹고서 서당 아이들이 집에 돌아갈 때쯤 되면 시치미를 떼고 집으로 돌아왔다. 그러나 아버지가 영모를 보자 서당에 안 가고 어디 갔다 오느냐면서 회초리로 종아리를 때렸다. 영모는 너무 뜻밖이어서 어이가 없었다. 매를 맞으면서도 아버지가 자신이 서당에 가지 않은 것을 어떻게 귀신처럼 알았는지 궁금하기 그지없었다. 나중에 어머니에게 들으니, 영모가 서당을 빠지자 서당 선생이 서당 아이들을 보내 영모를 데려오게 하였던 것을 알게 되었다. 남을 속인다는 것이 얼마나 어려운 것인가를 그때 깨닫고, 속이는 짓은 하지 않기로 마음먹었다고 하였다. 80살이 넘은 류영모는 그때 일을 회상하기를 "그때 어떻게나 비관스럽던지 죽었으면 좋겠다는 생각이 들었어요." 6살 어린이의 죽고 싶었다는 이야기는 귀 너머 들을 말이 아니다. 요즘은 10대의 자살이 늘고 있다니 어른들이 반성할 일이 아닐 수 없다.

파란만장한 고해(苦海)를 헤쳐 나가는 인생길에 자살의 유혹을 한 번도 안 느꼈다면 그것은 모자라는 사람이거나 미련한 사람일 것이다. 톨스토이는 50살에 자살의 유혹을 극복하고서 진리의 '나'를 깨달았다. 그러나 철없는 어린 나이에 자살의 유혹을 느끼게 되었다면 그것은 어른들의 잘못이 아닐 수 없다.

석가나 예수의 구도(求道)를 위한 고행(苦行)은 죽어도 좋다는 결심 없이는 할 수 없다. 로댕의 조각품 〈생각하는 사람〉이 산 사람이라면 무엇을 생각하였을까? 육신의 생명이 살 만한 가치가 있는지 없는지를 고민했을 것이다. 그러다가 제나를 넘어서면 죽고 싶다는 생각도, 살고 싶다는 생각도 없어진다. 오로지 하느님의 뜻을 따르고 좇는 것이다. 살고 싶다는 사람이 미(未)라면, 죽고 싶다는 사람이 과(過)이다. 공자는 "지나친 것은 못 미치는 것과 같다(過猶不及)."라고 하였다. 참사람은 '살고 싶다'거나 '죽고 싶다'라는 말을 입에 올리지 않는다. 제나로 죽어서 얼나로 살아야 하는 삶이기 때문이다.

소학교 입학

1895년 학부관제에 관한 법령 46호에 의거하여 서울에 처음으로 소학교(小學校)가 네 곳 세워졌다. 학교 규모는 아주 작았다. 소학교가 생겼지만 사람들은 자녀를 학교에 보내려 하지 않았다. 우리나라를 침략한 일본인이 세운 학교에는 자녀를 보낼 수 없다는 생각이었다. 그 가운데서도 예외는 있어 소학교에 입학하는 어린이들이 있었다. 집안이 어려워 아이를 서당에 보내지 못하는 사람들의 자녀였다. 배움에 주린 터에 쌀밥, 보리

밥을 가릴 처지가 못 되었던 것이다. 소학교에 다니는 아이들은 주로 양반집 문간방에 사는 사람들의 자녀였다. 홍문서골 서당을 그만둔 영모는 집에서 지내기가 지루하여 소학교에라도 다니고 싶어졌다. 아버지도 소학교에 다니는 것을 허락하였다.

1900년에 10살이던 류영모는 수하동(水下洞)소학교에 입학하였다. 그때는 이미 소학교가 세워진 지 5년이 지나 서울에만도 소학교가 9개로 늘어나 있었다. 수하동소학교, 장동소학교, 제동소학교, 정동소학교, 양사동소학교, 양현동소학교, 주동소학교, 인동소학교, 교동소학교이다. 서울 시내에 9개 학교가 있었지만, 학교장은 두 사람뿐이었다. 두 교장은 아예 출근을 학부(교육부)로 하고 9개 학교를 순방하였던 것이다.

학년 말 시험은 9개 소학교 학생들이 모두 교동소학교에 모여서 치렀다. 교사 바깥벽에다가 성적 석차대로 이름을 써 붙이는 방법으로 성적을 발표하였다. 석차는 서울 시내 9개 학교를 모두 합쳐 성적순으로 매긴 것이었다. 따라서 1등은 서울 전 학교의 1등이었다. 그래 보았자 학생 수는 고작 5백~6백 명에 지나지 않았다. 1등·2등·3등까지가 우등생이었다. 나머지는 급제생과 낙제생으로 나뉘었다. 류영모는 1학년 말에 9개 학교 전체에서 1등인 수석(首席) 우등을 하였다. 2학년 말에는 급제생 가운데 2등을 했고, 전체 석차는 5등이었다. 80살이 넘은 류영모는 70년 전의 일을 회상하면서 이런 이야기를 하였다. "학업 성적을 발표하는 전날 밤에 꿈을 꾸었어요. 학교 교실 외벽에 성적순으로 이름이 붙어 있었어요. 내 이름이 다섯 번째에 써 있었어요. 그런데 깨고 나니 꿈이었어요. 아침에 학교에 와서 보니 꿈 그대로 급제생 중에 두 번째였어요. 이렇게 미래를 내다보는 꿈을 일생 동안 몇 번 꾼 일이 있어요."

또 다른 예견의 꿈은 어떤 꿈이었냐고 물었더니 류영모가 대답하기를,

"첫째 아이 의상(宜相)을 낳기 전에 아기 낳는 꿈을 꾸었는데, 꿈속에 아내의 친구가 갓난아기를 보러 찾아왔어요. 꿈을 꾼 다음 날 미역을 사두어야겠다고 하자 어머니께서 아직 출산 날이 멀었는데 벌써 미역을 사러 가느냐고 하시기에 '준비해야겠어요.'라고 하고는 미역을 사 왔어요. 그 꿈을 꾼 지 3일 만에 아내가 아기를 낳았어요. 삼칠일이 지나서 꿈에 본 아내의 친구가 실제로 아기를 보러 찾아왔어요. 그런데 꿈에 관심을 가질 것 없습니다. 꿈이란 도덕적으로 힘쓰는 것과 아무런 상관이 없어요. 사람은 도덕적으로 힘써야 합니다. 꿈으로 미리 안다 하여도 도덕적으로 승화되는 일은 없습니다. 사람의 생명은 도덕으로 승화되고 진리를 자각하는 길뿐입니다."라고 하였다.

양명(陽明) 왕수인(王守仁)도 이러한 예견의 꿈을 꾼 일이 있다. 왕수인은 지우학(志于學)의 나이인 15살에 마원(馬援) 장군을 흠모하여 본보기의 거울로 삼아 활쏘기와 말타기 같은 무술을 연마하였다. 그런데 사모함이 하늘에까지 사무쳤는지 마원 장군의 사당인 복파묘를 꿈속에 보았다. 훗날 왕수인이 출전하여 반란을 평정하고 오만탄을 지나는 길에, 뜻밖에 자기가 15살 때 꾸었던 꿈에서 본 복파묘의 실물을 눈앞에서 보게 되었다. 마원은 월남을 평정한 명성이 높은 장군이다. 왕수인이 마원 장군의 운명을 재현하게 될 줄이야 누가 알았겠는가? 왕수인은 한때 관정공부라는 토목관제의 관리로 있었다. 그때 하남성에 있는 위령 백왕월의 분묘를 구축하게 되었는데, 왕수인은 병법을 활용하여 인부들에게 일을 시켜 짧은 시일에 공사를 끝냈다. 위령가(家)에서 고맙다는 뜻으로 거액의 예물을 내놓았으나 왕수인이 거절하였다. 그러자 위령 장군이 차던 패검을 선물하였다. 왕수인은 소년 시절에 명장 백왕월을 숭배하였는데, 보검을 받는 꿈을 꾼 일이 있었다. 그런데 꿈이 현실로 나타난 것이다. 이것을 두고 뜻이 있으면 길이 있다는 것이리라.

어린 영모는 10살부터 2년 동안 수하동소학교를 다녔다. 류영모는 70년이 지난 옛날을 생각하면서 몇 가지 추억을 말하였다.

수하동소학교에 다니면서 가장 기뻤던 일은 산수를 배우는 것이었다. 서당에서는 배우지 못했던 가감승제(加減乘除)의 법칙을 배우는데 그렇게 신통할 수가 없었다. 산수 시간에 빠지지 않으려고 독감에 걸려 온몸에 열이 나는데도 학교에 갔다. 류영모의 두뇌는 수학과 과학에 천부적인 소질이 있었던 듯하다. 류영모가 종교철학으로 나아가지 않았으면 파스칼(Blaise Pascal)이나 아인슈타인(Albert Einstein) 같은 수리 방면의 학자가 되었을지도 모른다. 류영모가 말하기를 "사람은 소질 가운데 가장 중요한 소질이라 할 수 있는 '생각하는 소질'을 길러야 합니다."라고 하였다. 아마 이것이 일생 종교에 몰입한 이유일 것이다. 그러나 수리에 대한 취미는 없어지지 않았다. 피타고라스는 "우주를 구성하는 실체는 수(數)이다."라고 말했지만 류영모는 "수에 아름다움을 느낀다."라는 소리를 자주 하였다.

하루는 류영모가 일기장에 이 사람의 본적지를 쓰라고 하여 썼다. 내가 태어난 고향 집 주소가 읍내동 369번지였다. 스승 류영모는 369번지의 '3, 6, 9'가 3이 1곱, 2곱, 3곱이 된 데서 시선을 멈췄다. 그러고는 "집 번지가 묘하구먼."이라고 하였다. 3, 6, 9라는 질서 있는 배열에서 예민하게 아름다움을 느낀 것이다.

수하동소학교에서 학년 말에 시험을 보는데 시험 문제에 묘하게도 시험이라는 한자에 토를 다는 문제가 나왔다. 류영모는 "학년 말 시험을 치는데 시험 문제에 '시험(試驗)'이라는 한자에 토를 다는 것이었어요. 그런데 '시험'이 맞는 것인지 '시엄'이 맞는 것인지 판단이 잘 안 되어 아주 애를 먹었어요."라고 말하면서 파안대소하였다. 그리고 말을 잇기를 "살면서 대학 때까지 한 280번인가 시험을 친다지만, 인생이란 그 자체가 도시 시험이에요. 《중용(中庸)》 서문에 인심유위(人心惟危), 도심유미(道心惟微)라 하였듯이 사람의 삶은 시험입니다. 숨이 질 때까지 줄곧 시험입니다." 하며, '시험중지시험중 삼중구중참여중(試驗中之試驗中 三重九重參與中)'이라는 즉흥 한시를 읊었다.

류영모가 수하동소학교에서 사귄 평생의 벗이 있다. 죽을 때까지 70여 년 동안 한결같은 우정을 나눈 우경(友鏡) 이윤영(李潤榮)이 바로 그 사람이다. 10살 때의 벗이라면 그야말로 죽마고우라 하겠다. 류영모는 이렇게 말하였다. "이윤영과 나는 길에서 만나면 아무리 바빠도 인사만 하고 그냥 지나갈 수 없는 사이였지요. 서로가 약속한 것은 일생 동안 한 번도 어긴 일이 없어요." 나이도 동갑이고 학교 성적도 막상막하여서 서로 수석을 겨루었다.

류영모는 수하동소학교를 2년만 다니고 다시 서당 공부를 시작하였다. 그리하여 이윤영과 함께 공부한 기간은 소학교 2년 동안이 전부지만, 두 사람은 변함없이 서로의 집을 오가며 우정을 나누었다. "친구 따라 강남 간다."라는 속담처럼 이윤영은 류영모에게 영향을 받아 자신의 인생 진로를 결정하였다. 15살에 류영모가 먼저 기독교 신자가 되었는데 류영모는 친구 이윤영에게 신약성경을 선물했다. 그 성경을 선물로 받은 것이 계기가 되어 이윤영도 기독교 신자가 되었다. 이윤영은 자기 집에서 가까운 궁정동교회에 다녔다. 이윤영은 15살이었고, 중학교 졸업반이었다. 이윤영은 그때 학제로 소학교에 3년을 다닌 후 졸업하고, 중학교 역시 3년을 다니고 졸업하였다. 그때는 중학교 이상의 상급 학교가 없었다. 소학교 3년, 중학교 3년이면 최고 학력이었다. 이윤영은 중학교를 졸업한 후 그리스도의 사랑을 실천하기 위하여 일부러 맹아학교 교사가 되어 헌신하였다. 후에는 구기동에 청운양로원을 설립하여 불우한 노인들을 보살폈다. 아마 우리나라 최초의 양로원이 아닌가 생각한다. 이윤영은 일생을 어려운 이웃을 돕는 데 바친, 선한 사마리아인으로 산 분이다. 이런 사람에게는 나라에서 훈장이라도 줘야 할 텐데 영 알아주는 것 같지 않다. 하지만 참사람 이윤영에게 무슨 훈장 따위가 필요하겠는가? 하느님이 알아주는 것으로 만족하였을 것이다.

이윤영은 1974년 84살의 나이로 류영모보다 7년 앞서 세상을 떠났다. 죽마고우이며 또한 지기지우(知己之友)인 이윤영을 먼저 보낸 소감을 류영모는 이렇게 말하였다. "그의 생일은 음력으로 2월 30일, 나는 2월 23일 동갑 나이에 내가 이레 먼저 왔어요." 74년 동안 한결같았던 두 사람의 우정에 머리를 숙이지 않을 수 없다. 두 사람의 어진 성품을 일러준다. 류영모는 자신의 일기장에 고구지우(故舊之友)를 기리는 한시를 적어놓았는데, 필자가 우리말로 옮겼다.

誠意平生(참뜻 평생)

李柳又又友(이류우우우)
舊基明明鏡(구기명명경)
不溫人不知(불온인부지)
君子自誠敬(군자자성경)

이와 류는 손에 손 잡은 벗이려니

옛터골(舊基洞) 밝히는 밝은 거울
사람들이 몰라주어도 언짢아 않고
그이(君子) 스스로 참을 높였다.

일찍이 공자가 한결같은 우정을 찬양하기를 "제(齊)나라 대부(大夫) 안평중(晏平仲)은 사람들과 더불어 잘 사귀었다. 오래도록 사람을 공경하였다(晏平仲 善與人交 久而敬之)."(《논어》 공야장편)라고 하였다. 인도의 초대 총리인 네루(Jawaharlal Nehru)는 마하트마 간디를 존경하면서도 '골치 아픈 늙은이'라고 하였다. 그것은 간디가 곧고 발랐기 때문이다. 류영모를 까다롭고 괴팍스러운 늙은이로 생각하는 이도 없지 않았다. 그러나 우경과 이어 온 오랜 우정은 그런 생각이 그릇되었음을 보여준다.

맹자를 벗으로 삼다

그때 학제로는 소학교에 3년을 다녀야 졸업할 수 있는데, 류영모는 2년만 다니고는 다시 서당 공부를 시작하였다. 왜 다시 서당으로 가게 되었느냐고 물으니 이렇게 대답하였다. "그때는 그렇게 해야만 할 것 같은 생각이 들어서 그렇게 하였어요." 이때 류영모는 12살의 홍안(紅顔)의 소년이었다. 한 과정을 마치고 다른 데로 옮긴 것이 아니라 도중에 그만두고 다른 데로 옮긴 것이다. 류영모가 변덕이 많아서가 아니었다. 이 나라의 운명이 풍전등화처럼 위기에 놓이자 나라를 위해 이렇게 하는 것이 옳을까, 저렇게 하는 것이 옳을까 갈팡질팡 헤맨 것이었다.

그때 이 나라의 운명이 길가에 버려진 여인이라면, 청국·일본·러시아는 이 여인을 서로 차지하겠다는 짐승 같은 수놈들이었다. 그리하여 저희들끼리 목숨을 걸고 싸움을 벌였다. 1894년에 청국과 일본이 맞붙어 싸웠는데 1년 만에 일본이 이겼다. 이것이 청일전쟁이다. 그리고 10년 뒤인 1904년에 러시아와 일본이 맞붙어 싸웠다. 또 1년 만에 일본이 이겼다. 그리하여 이 나라는 치욕스럽게도 일본의 차지가 되었다. 러일전쟁이 끝나자마자 1905년에 사실상 나라의 주권을 상실하는 을사늑약이 강압으로 체결되었다. 청일전쟁이 일어난 1894년에서 러일전쟁이 일어난 1904년까지 10년 동안 끊임없는 혼란의 회오리바람이 소용돌이쳤다. 1882년에는 임오군란이 일어났고, 1884년에는 갑신정변이 일어났고, 1894년에는 동학농민운동이 일어났고, 1895년에는 민 황후가 일본인에게 시해되는 사건이 발생했다.

이런 상황에서 류영모가 수하동소학교를 2년 만에 그만두고 서당으로 옮긴 것이다. 그 이유를 우국충정에서 그랬다기에는 당시 영모가 너무 어렸고, 생존 본능에서 그랬다기에는 너무 느슨하다. 그러고 보면 류영모의 대답이 함축성 있는 솔직한 대답이라 아니할 수 없다.

정다운 벗이 있고 재미있는 산수가 있는 수하동소학교를 버리고 새로 다니기로 한 서당은 삼계동(부암동)에 있는 큰집 사랑방에 차린 글방이었다. 명절 때와 제사 때 자주 온 큰집이다. 류영모가 글방에 다닐 때, 종로에서 용산까지 오갈 전차의 궤도를 시설하는 공사가 진행되고 있었다. 윤치호(尹致昊)의 별장이 서당으로 가는 길가에 있어 이따금 윤치호의 모습을 보았다.

류영모는 1902년 7월부터 1905년 여름까지 약 3년 동안 서당에서 《맹자(孟子)》를 배웠다. 서당 선생은 이운(怡雲) 김인수였다. 류영모는 15살에 기독교에 입교하기 전에는 어떤 신앙을 가진 적이 없었다. 류영모의 가정에는 신앙이 없었다. 아니, 여느 가정처럼 예부터 전해 오는 다신(多神)적인 미신을 믿었다. 류영모는 예수를 믿으면서 그러한 미신의 흔적을 부숴 버리고 태워버렸다. 아우 영철이 말하기를 "그때 형님을 얼마나 자랑스럽게 생각했는지 모릅니다."라고 하였다.

종교 경전으로는 《맹자》를 맨 먼저 만나게 된 셈이다. 그러나 다만 학문으로 배운 것이지 신앙의 차원은 아니었다. 훗날에 가서야 유교의 경전으로 보았다. 류영모는 《맹자》를 좋아하였으며, 좋아한 만큼 영향을 크게 받았다. 류영모는 《다석일지》에 이렇게 적어놓았다. "나의 정신은 모세와 예수, 그리고 공자와 맹자로 영향된 것입니다."

후에 류영모는 《맹자》에서 발췌한 맹자초(孟子抄)를 기독교청년회(YMCA)에서 가르쳤다. 《맹자》를 다 가르치자면 시간이 너무 많이 걸리기 때문이었다. 《맹자》 진심 하편에 나오는 "언(仁) 져 아바 아들, 옳게 하라 섬기(臣)오. 차리어(禮) 손(賓)맞이요. 슬기에 닦아난(賢)이요, 씻어 나기는(聖) 하늘 길이란, 시킨지라 바탈로 있겠거늘, 그이(君子)는 시킴(命)이라 이르지 아니한다(仁之於父子也 禮之於賓主也 智之於賢者也 聖人之於天道也 命也有性焉 君子 不謂命也)."를 강의하면서 이렇게 말하였다. "나는 장자와 맹자도 다 성령(聖靈)을 통했다고 생각해요. 성령을 통치 않고는 그렇게 바탈(性)을 알 수가 없어요. 맹자와 장자는 성령을 통한 이라 뚫어본 이예요. 볼 걸 다 본 이예요. 어느 날 《맹자》를 펼치니까 이게 나오지 않아요? 한번 보았더니 이렇게도 맹자가 깊었나 하고 섬뜩했습니다."

류영모는 《맹자》의 '대장부(大丈夫)'를 특히 좋아하였다. "맹자의 사나이(大丈夫)라는 소리는 참으로 시원한 말씀이에요. '사나이 살기는 누리 넓은 데, 서기는 바른 자리에, 가기는 환히 넓은 길로, 뜻대로 되면 씨알과 함께 가고, 뜻대로 안 되면 나 혼자서 가련다(居天下之廣居 立天下之正位 行天下之大道 得志 與民由之 不得志 獨行其道 此之謂大丈夫).(《맹자》 등문공 하편)' 맹자의 이 말씀은 훌륭한 바이블입니다. 성경 말씀 안 될 게 없습니다."

이밖에도 호연지기(浩然之氣), 야기(夜氣), 심조지(深造之) 등을 가르치는 류영모의《맹자》강의는 맹자가 와서 듣는다고 해도 빙그레 웃으며 흐뭇해하였을 것이다.

류영모가 서당에 다닐 때 자하문 밖의 자연은 너무도 아름다웠다. 우람한 자색 바위 사이에 싱싱한 청색 나무가 수놓였고 골짜기마다 석간수가 졸졸 흘렀다. 아이들은 주로 운현궁 별장에서 놀았다. 별장 큰사랑 뜰 앞에 하얀 대리석으로 만든 평상이 있었는데, 평상 앞쪽에 '백수만년 월연동실(百壽萬年 月淵洞室)'이라는 글귀가 새겨져 있었다. 류영모는 그때 본 이 글귀를 잊지 않고 한시의 시제(詩題)로 썼다.

류영모는 서당에 다닐 때 사춘기에 들어섰다. 서당 아이들에게서 남녀의 성에 관한 이야기를 들었다. 나이 든 서당 학생들은 이른바 '동성연애'라는 것을 하였다. 류영모는 이런 말을 하였다. "요즘 남녀 관계가 문란해서 탈이지만 남녀 교제가 자유로워서 한 가지 좋은 것이 있어요. 남자 동성끼리 어쩌고저쩌고하는 이야기를 안 듣게 되어서 좋아요."

류영모는 글방에서 선생이 자리를 비우면 아이들이 별짓을 다하였다고 하면서 자신이 한 일을 말하였다. "내가 15살쯤 되었을 때 한 3년 동안 한문 선생한테 글을 배웠어요. 한 10여 명이 같이 배웠어요. 시간이 있으면 선생은 낮잠을 주무시는데 바로 내가 앉은 자리에 선생의 머리가 오게 되었어요. 옛날에는 상투를 틀었는데 상투가 손가락만 한 것이 아랫목에 있는 내 눈앞에 어른거렸어요. 보통 때는 아무렇게도 보이지 않던 것이 지경이 그렇게 되면 그 상투를 만져보고 싶어지게 돼요. 만져봐야 아무것도 아니지만 그저 한때 만져보고 싶어요. 남녀 관계도 그런 때가 많아요.

누가 시켜서 그러라면 할 수 없는 일도 경우가 그쯤 되면 욕능(欲能)이 생겨 해보자고 해요. 사람에게는 악마가 될 소질이 충분히 있어요. 하느님마저 원망스러울 때가 있습니다."

삼계동 서당에서도 평생의 벗을 얻었으니 일해(一海) 이세정이 바로 그 사람이다. 류영모의 아버지와 이세정의 아버지는 삼계동에서 같이 자랐다. 그러니 류영모와 이세정은 세교(世交)를 물려받은 것이다. 류영모는 석파정(石坡亭) 가까이에 사는 이세정의 집으로 자주 놀러 갔다. 이세정은 류영모보다 5살 아래였는데, 훗날 경성사범학교를 졸업하고 교육자가 되었다. 진명(進明)여학교 교장으로 30년 동안 근속하였다. 이세정의 헌신적인 교육은 서울 시민들에게까지 널리 알려졌다. 그리하여 진명여학교 졸업생이 가장 훌륭한 며느릿감이라는 평판을 얻기에 이르렀다. 류영모는 딸을 진명여학교에 보냈다.

1972년 77살의 나이로 이세정이 먼저 세상을 떠났다. 이 나라 교육에 이바지한 공로가 자못 커 교육자로서는 드물게 사회장(社會葬)으로 안장되었다. 류영모도 장의 위원의 한 사람으로 위촉되었으나 그때 건강이 나빠 장례 의식에는 참여하지 못하였다.

류영모와 이세정은 서로가 그리울 때 종종 만났다. 언젠가는 이세정이 류영모의 YMCA 모임에 나와서 이야기를 한 일도 있었다. 1955년 5월에는 이세정의 회갑 잔치가 있었다. 이세정의 아들 이태섭(일명 其雨)이 류영모의 집으로 찾아와 참석해주기를 청하였다. 류영모 자신은 회갑 잔치고 생일 잔치고 하지 않았지만 옛 벗의 회갑 잔치에는 참석하였다. 《채근담(菜根譚)》에도 이르기를 "옛 벗을 만나 사귐에는 정의를 더욱 새롭게 하여야 한다(遇故舊之交 意氣要愈新)."(《채근담》165)라고 하였다.

다음은 류영모가 이세정을 기린 시이다.

천왕주(天王籌)를 드리옵

三溪(삼계)에 나 자라며 글방에 글 읽노라
怡雲先師(이운선사) 닳던 적이 어제런 듯싶건만
華甲(화갑) 六歲紀(육세기) 五周回(오주회) 앞으로는 天王籌(천왕주)

내 듣자오니 師範時代(사범시대) 人不堪其憂(인불감기우)샀다
끈이를 건널망정 日課(일과)만은 꼭꼭이셨단
皆勤狀(개근장) 恒茶飯(항다반)말씀 發憤忘饑(발분망기) 두고는

誠意(성의)있고 보심이나 精力(정력)도 타고 나셨는지라
밤을 모자란 낮삼아 학교살림 살이시란
進明(진명)에 一海(일해) 계신가 一海進明(일해진명)하신다
(1955. 5. 25. 류영모)

류영모는 벗을 이렇게 말하였다. "우(友)는 손과 손을 마주잡고 있는 그림의 글자입니다. 지금은 모두가 친구인 양 악수를 함부로 하고 있어요. 벗은 하느님의 뜻을 지닌 사람을 말해요. 하느님의 뜻대로 하는 사람은 나의 형제가 될 수 있습니다. 그러자면 모두가 예수가 되지 않고는 벗이 성립되지 않습니다. 예수는 벗을 위하여 목숨을 버리는 사람보다 더 큰 사랑이 없다고 하였어요. 원수를 사랑할 줄 알면 벗을 위해서 목숨을 버릴 수 있는 사람입니다. 그러니 지기난득(知己難得)이고 득우극난(得友極難)입니다."

2장
기독교를 만나다

일본어를 배우다

1905년 11월 17일에 저주스러운 을사늑약이 일본의 무력 위협 아래 강압으로 체결되었다. 일본군은 서울 남산에 포대를 설치하고, 포신은 황제가 거처하는 궁을 겨냥하였다. 일본군 1개 대대 병력은 서울 시내에서 시위 전투 훈련을 벌였다. 남의 나라 수도에서 이 무슨 짓들이란 말인가? 일본 천황의 특사였던 이토 히로부미(伊藤博文)는 조선 주차군(駐箚軍) 사령관 하세가와 요시미치(長谷川好道)를 대동하고 세 번이나 고종 황제를 알현하여 조약 체결을 독촉하였다. 그래도 고종이 뜻을 굽히지 않자 이토가 직접 내각회의를 주재하며 조약 체결을 강요하였다. 세상에 이런 해괴한 일이 어디 있단 말인가? 그래도 안 되자 대신(大臣)들을 한 사람씩 불러 찬부를 물었다. 아니, 찬성을 강요하였다. 조약 체결에 반대한 대신은 한규설(참정)과 민영기(탁지부) 두 사람뿐이었다. 찬성한 자는 박재순(외부), 이지용(내부), 이근탁(군부), 이완용(학부), 권중현(농상부)이었다. 이 다섯 사람이 바로 을사오적(乙巳五賊)이다.

1905년 이토 히로부미가 을사조약이라는 비수로 나라의 심장을 찔러 대한제국을 쓰러뜨린 지 4년 뒤인 1909년 10월 26일, 만주 하얼빈에서 안중근(安重根)이 쏜 세 발의 총탄이 이토의 가슴을 뚫었고, 이토는 그대로 쓰러졌다. 1905년 일본이 이토를 시켜 '을사조약'이라는 비수로 대한제국을 쓰러뜨린 지 40년 뒤인 1945년 8월 6일, 미국이 히로시마 상공에 던진 원자탄에 일본이 쓰러졌다. 예수가 말하기를 "칼을 쓰는 사람은 칼로 망하는 법이다."(마태오 26:52)라고 하였다. 그 말이 거짓말이 아니고 사실임을 보여주었다.
　100미터에 이르는 거목은 쓰러질 때에 애절하고 비통한 울음을 경천동지(驚天動地)하게 운다고 한다. 그런데 5천 년 역사를 지닌 대한제국이 넘어질 때는 힘이 다하여 울음다운 울음도 울지 못하였다. 겨우 장지연이 시일야방성대곡(是日也放聲大哭)이라 울었다. '오늘 목놓아 크게 운다'는 뜻이다. 이 울음소리를 듣고는 의분(義憤)을 참을 수 없어 최익현이 전라도에서, 민종식이 충청도에서, 신돌석이 경상도에서, 유인석이 강원도에서 결사(決死) 항일(抗日)의 의병을 일으켰다.
　1993년에 미국 컬럼비아대학 도서관에서 을사조약이 무효임을 알리고자 쓴 고종의 친서가 발견되었다. 고종은 을사조약은 위협과 강제에 의한 늑약(勒約)이라고 하였다. 그러나 고종은 그 친서를 미국을 비롯한 9개국 원수(元首)들에게 전하지도 못하였다. 국제 사회에서는 국력이 약하면 그 나라의 통치자가 외치는 소리는 모기 소리만도 못하다.
　1905년 11월 30일 6시에 충정공(忠正公) 민영환이 망국(亡國)의 책임을 통감하여 목숨을 끊어 온 나라 백성에게 사죄한다는 유서를 남긴 채 자결하였다. 민영환 외에도 여러 사람이 자결하였다. 미물인 벌집을 쑤셔도 벌들이 결사적으로 덤비며 소란한데, 아무리 약소국일망정 2천만 민족의 심장이 짓밟혔는데 어찌 소란스럽지 않겠는가.

류영모는 온 나라가 소란스럽던 그때, 1905년 11월에 일본어를 전문으로 가르치는 경성일어학당(京城日語學堂, 경성학당)에 입학하였다. 《손자병법》에 적을 알고 나를 알면 싸움마다 반드시 이긴다고 하였던가. 나라를 찾으려면 나라를 빼앗은 일본을 이겨야 한다. 일본을 이기자면 일본을 알아야 한다. 일본을 알자면 일본말을 알아야 한다. 그리하여 류영모는 갑작스레 일본어를 배우게 되었다. 당시에는 어느 한 나라의 외국어만 전문으로 가르치는 학당이 여럿 있었다. 그 가운데 경성학당은 일본어를 잘 가르치기로 알려져 있었다. 김교신(金敎臣)은 우리나라를 빼앗은 일본의 실체를 알고자 일본의 심장부인 도쿄에 유학을 갔다고 하였다. 그때 조국을 빼앗긴 이 나라 젊은이들의 마음을 헤아릴 수 있다. 적국 일본의 말을 배우는 그 마음이 얼마나 착잡하였을까? 아이우에오 카키쿠케코(あいうえお, かきくけこ)를 배우는 소년 류영모의 표정을 상상할 수 있다.

그때 경성학당은 일본인 와타세 쓰네요시(渡瀨常吉)와 한국인 홍병선(洪秉璇)이 함께 경영하고 있었다고 류영모가 말하였다. 춘원(春園) 이광수(李光洙)가 경성학당을 언급한 글이 있다. "그때에 학교가 몇이나 되었는지 알 수 없다. 그러나 배제학당과 이화학당, 관립외국어학교, 육군연성(陸軍硏成)학교 등이 있었다. 또 일어를 가르치는 학교로는 경성학당이 꽤 유명하였다."(《춘원 전집》)

류영모는 경성학당에서 함께 공부한 학생으로 류일선(柳一宣)을 기억했다. 류일선은 류영모처럼 수리(數理)에 밝은 사람이었다. 수리 방면으로 공부를 계속하여 중앙학교에서 수학과 물리학을 가르쳤다. 유성준(兪星濬)과 함께 〈가명잡지〉를 내기도 하였다.

류영모는 경성학당에서 2년 동안 일본어를 배워 일본어에 능숙해졌다. 일본어는 우리나라 말에서 파생된 말이기 때문에 아무래도 다른 외국어보다는 배우기가 쉽다. 우리말의 구름이 일본어 '구모(雲)'가 되었고 씨름이 '스모'가 되었다. 닭은 '도리'가 되었고 고름은 '고로모(衣)'가 되었다. 이러한 말을 찾아보면 수없이 많다. 일본이 우리나라를 침략한 것은 자신들의 어머니 나라를 공격한 것이다. 그들의 선조가 한반도에서 세력을 잃고 쫓겨간 한(恨)이 맺혀 있다 하여도 자신들의 뿌리를 외경해야 하는 것이다. 류영모는 이러한 말을 하였다. 일본 사람들이 불경의 '아뇩다라삼먁삼보리'를 외울 때 '아노 구다라노 산먁구(저 백제의 산맥)'라고 할 만큼 백제(구다라)를 잊지 못한다고 말하였다.

푸른 나이의 류영모가 경성학당에서 약 2년 동안 수학하면서 알게 된 또 한 사람이 있으니 그가 바로 홍병선이다. 류일선은 학우로 만났지만 홍병선은 사제로 만났다. 홍병선은 경성학당의 일어 교사였다. 그러나 나이는 류영모보다 겨우 2살 많은 1888년생이다. 홍병선과 돈독한 사이가 된 것은 경성학당에서보다 기독교청년회(YMCA)에서 활동할 때였다. 일제강점기에 YMCA는 이 나라 지성인들의 사랑방 구실을 하였다.

홍병선은 목사였는데 목회보다 사회 활동에 더 힘써서 YMCA에서 추진한 농촌 운동 사업의 책임을 맡았다. 1920년대와 1930년대에는 농어촌 운동이 YMCA의 주요 사업이었다. 홍병선은 서울에서 입으로만 농촌운동을 한 것이 아니라 농촌에 몸소 들어가서 농협 운동을 지도하며 연구하였다. 그 체험을 바탕으로 1930년에 《농촌협동조합과 조직법》이라는 저서를 내놓았다. 그렇기에 홍병선을 우리나라 농협 운동의 선구자로서 우러르며, 농협중앙회 본부 건물에 사진을 걸어 기념하고 있다.

또 류영모와 가까이 지내면서 농촌 운동에 관심을 두었던 이로는 김산(金山)이 있다. 김산도 농촌에서 농사를 지은 경험이 있다. 김흥호(金興浩)는 김산에 관해 이렇게 말하였다. "김산이 일제 말기에 평남 용강에 가서 과수원 농사를 지었다. 일제의 눈을 피하여 숨어 지냈다. 그 이전에는 조경우, 조영제 등과 마산에서 독립교회를 세운 적이 있다. 해방이 되자 김산은 정치계에 나서 민주당 청년부장이 되었다. 목사인 조경우와 조영제는 각자 서울과 인천에서 목회를 하였다. 이 세 사람은 모두 류영모를 존경하는 사람들이다." 1959년에는 김산이 김면수(金勉洙)라는 이를 찾아가 자하문 밖에 류영모라는 훌륭한 선생님이 계시는데 같이 가보자고 한 일도 있다.

류영모는 뒤에 톨스토이의 영향으로 시골에 가서 농사지으며 일생을 살기로 결심하였다. 그래서 일본에 유학까지 갔다가 공부를 그만두고 집으로 돌아왔다. 그러한 류영모가 농촌을 사랑하는 홍병선, 김산 들과 의기투합하여 친밀하게 지낸 것은 너무도 자연스러운 일이다. 참으로 뜻을 같이하는 동지들이었다.

류영모의 귀농 정신은 신앙 생활과 일치하였다. 하느님의 뜻을 받들어 사람은 누구나 이마에 땀을 흘리면서 살아야 한다는 것이다. 류영모는 이렇게 말하였다. "제정러시아 시대에 톨스토이를 감화시킨 두호보르라는 교파가 있었어요. 그 교파에서는 십계명보다 앞서 하느님이 아담과 하와에게 이르시기를 너희는 흙으로 되었으니 흙으로 돌아갈 때까지 이마에 땀 흘리지 않으면 안 된다고 하였어요. 그러므로 이마에 땀을 흘리며 일하지 않으면 하느님을 거역하는 행위라고 하였어요. 톨스토이는 참으로 그렇다고 하였습니다."

홍병선은 1967년 7월 1일에 세상을 떠났다. 목사 김우현(金禹鉉)의 집전으로 장의식이 거행되었다. 김우현이 이 사람에게 말하기를 "홍병선 목사의 소개로 류영모 선생을 알게 되었습니다."라고 하였다. 홍병선은 바로 사학자 홍이섭(洪以燮)의 아버지다. 애석하게도 홍이섭은 연탄가스 중독으로 일찍 세상을 떠났다.

류영모는 홍병선의 부음(訃音)을 듣고 일기(《다석일지》)에 이렇게 적었다. "홍(홍병선)이 난 지 491일 뒤에 류(류영모)가 났고, 3,415일 뒤에 현(현동완)이 왔다. 현이 23,474일을 살고 홀연히 먼저 떠났다. 현이 간 지 1,363일 만에 홍도 떠났다. 내가 보건대 맨 뒤에 와서 가장 먼저 간 것이 현이다. 나보다 먼저 온 선사(先師) 홍이 가운데의 나를 버리고 가니 혼자 떨어진 류는 무료한 느낌이 있다."

류영모는 홍병선이 산 날수를 셈하였다. 홍병선은 1888년 11월 7일 생(生), 1967년 7월 19일 졸(卒), 산 날수 28,743일이다. 홍병선은 3만 날을 채 살지 못하였다.

류영모는 홍병선이 세상을 떠난 지 800일이 되는 1969년 9월 26일에 홍병선을 추모하는 한시를 지어 일기에 적어놓았다. 그날이 마침 중추절인 추석이었다. 아마 홍병선의 자손들도 800일 추도는 하지 못하였을 것이다. 류영모가 쓴 한시를 필자가 우리말로 옮겼다.

　　昨年在淸秋月蝕(작년재청추월식)
　　今年晋光夜明郞(금년보광야명랑)
　　洪牧去疎八百日(홍목거소팔백일)
　　柳生依昔信且仰(류생의석신차앙)

　　지난해는 맑은 가을에 월식이 있었다.

올해엔 달 밤이 환하게 지나간다.
홍 목사가 떠나 섬긴 지 8백 날이려니
류영모 살아서 그대로 우를 믿고 우러른다.

류영모는 친구를 장난삼아 사귀는 것을 싫어하였다. "친구 사이에 너 한 번 속이려고 일부러 한번 해보았다고 해요. 그렇게 속인 것은 죄가 되지 않는단 말입니까? 실없는 소리를 정말 그렇게 할 수 있어요? 우리는 회개하지 않으면 망해요. 실없는 소리만 하여도 무지한 짓인데 그 위에 변명하고 책임을 회피하며 악을 조장한다면 이 이상 무지한 짓이 어디 있겠어요." 예수는 "벗을 위하여 제 목숨을 바치는 것보다 더 큰 사랑은 없다."(요한 15:13)라고 하였다. 목숨은 버리지 않더라도 신의만은 지켜야 한다.

친구에게 담배나 피우게 하고, 술이나 먹이고, 노름이나 권하고, 마약이나 하게 하는 사람이 무슨 친구인가? 그러한 원수가 따로 없을 것이다. 살아서 만나면 반갑고, 죽어서 못 보면 그리운 친구를 사귀어야 한다. 류영모는 그러한 벗이 여럿 있었다. 그래서 공자는 벗이 있어 멀리서 찾아오면 그보다 기쁜 일이 없다고 하였다.

YMCA와의 첫 인연

우리나라에 기독교청년회(YMCA)가 처음 세워진 것은 1903년 10월 28일이다. YMCA의 서양식 대형 건물이 지어진 것은 1908년 12월이다. 그 이전에는 초가집에 '황성기독교청년회'라는 나무 간판만 붙어 있었다. 선교사 제임스 게일(James Scarth Gale, 奇一)과 삼성(三醒) 김정식(金貞植)이 주동하여 세웠다. 김정식은 한국 사람으로서 YMCA 초대 총무가 되었다. YMCA가 세워진 1903년은 을사늑약이 맺어진 1905년보다 2년 앞선 때이다. 그때에는 민간인이 자유롭게 모일 수 있는 공공장소가 없었다. 이미 그때 이 나라의 운명은 독사에게 물린 두꺼비와 같은 처지였다. 1905년 몸통이 삼키어지고 1910년의 국치일에는 완전히 삼키어진 것이다. 1910년에 갑자기 멸망한 것이 아니다. 류영모가 말하기를 "우리는 나라를 망해도 보고 다시 찾아보기도 하였어요."라고 하였는데, 류영모는 청소년기에 대한제국이 운명(殞命)하는 과정을 다 지켜보았던 것이다.

"삼군(三軍, 1군은 1만 2500명)의 장수는 빼앗을 수 있어도 한 지아비의 뜻은 빼앗지 못한다(三軍可奪帥也 匹夫不可奪志也)."(《논어》자한편)라는 공자의 말이 있다. 일본 제국이 포악하고 탐욕스러워 우리나라의 주권을 강탈하였지만 지사(志士)들이 품은 애국의 의지는 빼앗을 수 없었다. 그리하여 우국지사들은 YMCA에 모인 사람들 앞에서 망국(亡國)의 통한(痛恨)과 국치(國恥)의 울분을 성난 사자처럼 울부짖었다. YMCA 창설 초기에 나온 지사들은 안창호, 이상재, 이원긍, 김정식, 남궁억, 이승만, 윤치호, 김규식, 홍재기, 안국선, 신흥우 등이었다. 지사들의 연설을 듣고자 서울 사람들은 말할 것도 없고 지방 사람들도 서울까지 올라왔다. 사람들은 지사들의 피 끓는 열변에 도취해 해가 저무는 줄 몰랐다. 사람들은 나라 잃어 허전한 가슴을 연사(演士)들의 우국충정으로 가득 채웠다.

YMCA에는 어른들만 오는 것이 아니었다. 많은 청소년들도 모여들었다. 호기심 많은 청소년들이 구경 삼아 오기도 했다. 13년 동안 서울 안동교회에서 목회를 한 김우현은 이렇게 회고하였다. (김우현은 류영모보다 5살 아래인 1895년생이다.) "1903년 10월 28일이었을 겁니다. 내 나이 9살로

1908년에 세워진 기독교청년회의 서양식 대형 건물(현 종로 YMCA).

서당에 다닐 무렵이었는데 청년회가 생겼다는 말을 듣고 구경을 갔어요. 당시 태화궁(太華宮) 사랑채에는 갓 쓴 젊은이들이 모여 앉아 있었고, 양복 입은 두 사람이 연설을 하는 것 같았어요. 알고 보니 안창호와 이승만 두 분이었어요. 그때까지 예수를 전혀 몰랐는데 자주 나가 이야기를 듣다 보니 기독교 신자가 되어버렸어요."

류영모는 김우현보다 5살 많았지만 그때 겨우 13살이었다. 류영모에게 언제부터 예수를 믿게 되었느냐고 물었을 때 그가 대답하기를, "2살 아래인 죽은 아우와 함께 놀이 삼아 기독교청년회에 드나든 것이 시작이었어요. 16살 봄에, 당시 연동교회와 기독교청년회에서 일을 보시던 김정식 선생의 권유로 연동교회에 나가게 되었어요." 류영모는 분명히 16살이라고 하였다. 이것은 만 나이가 아니다. 〈성서조선〉지에 실린 '부르신 지 38년 만에 믿음에 들어감'이라는 제목의 글에서 류영모는 "저를 38년 전 1905년 봄에 부르시지 않으셨습니까?"라고 하였다. 1905년이면 만 나이로 15

2장 기독교를 만나다 73

살이고 세는나이로 16살이다. 류영모는 나이를 말할 때 종래의 세는나이로 말하였다. 그런데 처음 오산학교에 간 나이만은 20살이라고 만 나이로 말하였다. 소년 류영모는 1905년 봄에 연동교회에 나가고, 여름에 서당을 그만두고, 가을에 경성학당에 들어간 것이다. 1905년은 을사늑약이 강제로 맺어진 해임을 기억해야 한다. 류영모는 땅의 나라를 빼앗기고서 하늘나라를 찾게 된 것이다.

류영모가 어른으로 받든 이는 삼성 김정식과 남강(南岡) 이승훈(李昇薰) 두 사람이다. 두 사람의 나이는 류영모의 아버지 류명근과 비슷하였다. 류영모가 15살 때에 김정식을 만났고, 류영모가 47살 때에 김정식이 세상을 떠났다. 32년 동안 이어진 사귐이다. 김정식은 본디 세 아들을 두었으나 모두가 대학생 때에 잇달아 병사하여 류영모가 아들 노릇을 하였다. 김정식은 류영모에게 예수를 가르쳐준 은사이다. 김정식은 참으로 나라와 겨레를 위하여 일생을 바쳤다. 사람들은 이용할 가치가 있으면 다가서고 이용할 가치가 없으면 멀리한다. 그러나 류영모는 언제나 한결같았다. 류영모가 진리파지(眞理把持)한 항심(恒心)의 사람인 것은 대인 관계에서 잘 드러난다. 맹자는 "참으로 항심이 없으면 방탕하고, 편벽하고, 사특하고, 사치하여 못할 것이 없다(苟無恒心 放辟邪侈 無不爲已)."《맹자》양혜왕 상편)라고 하였다.

이 나라에서 YMCA는 35년 동안 이어진 일제의 통치 아래에서도 민족 정기의 불씨를 간직해 온 거룩한 곳이다. 나라 안에서 독립을 지키는 지성소(至聖所) 구실을 하였다. YMCA가 조국 광복에 지대한 공헌을 하였다는 사실은 그 누구도 부인하지 못할 것이다. YMCA가 한 것이 아니라 YMCA에 모인 인재들이 훌륭했던 것이다. 조직을 살리는 것은 훌륭한 인재들이다.

삼성 김정식은 구한말의 고위 경찰관 출신이었다. 요즘으로 치면 치안감 지위는 될 것이다. 그래서 구한국이 온통 부정부패로 썩어 들어가고 있는 것을 누구보다 잘 알았다. 나라가 이대로는 더 버티기 어렵다는 것을 알고는 나라의 개혁을 주장하는 독립협회에 동조하였다. 그때 뜻을 함께한 이들은 소장파 관리들이었는데, 취당(取堂) 이원긍(李源兢), 두정 홍채기, 긍제(兢齊) 유성준(兪星濬), 월남(月南) 이상재(李商在)가 그들이었다. 이들은 독립협회의 주장에 동조해 나라에 반역하였다는 국사범(國事犯)의 혐의를 받고 1902년 3월 22일에 투옥되었다. 본디 대간(大奸)이 충신 행세를 하고 충직(忠直)은 역적으로 몰린다.

김정식은 쓰러지려는 나라를 구하고자 한 일로 역적의 누명을 쓰게 되자 억울함과 분통함을 달랠 길이 없었다. 그때 선교사 제임스 게일이 감방에 넣어준 신약전서를 읽게 되었다. 감옥에서 할 일이 없으니 심심풀이로 읽은 것이다.

그런데 신약 4복음서를 읽고서 예수의 생애를 알고는 한없는 위로를 받았다. 이제까지 자신들이 억울하다고 생각하였는데 자신들의 억울함은 예수에 비하면 아무것도 아니었다. 그런데도 예수가 취한 태도는 의연하다 못해 너무도 성스러웠다. 그에 비하면 자신들의 행동은 너무도 무지하고 유치하였다. 김정식을 비롯하여 그들 모두가 예수를 따르기로 하였다. 그러고는 신약전서를 처음부터 끝까지 읽고 또 거듭 읽었다. 더는 한탄과 불만 속에 허송세월할 수는 없었다. 하느님을 받들고 예수를 따르는 마음가짐으로 성경을 읽는 것이 한없이 기뻤다. 신약전서를 7번 완독하고 8번째 읽고 있던 1904년 2월 25일에 무죄 방면이 되었다. 조선조가 패망하는 터에 조선조의 국사범이란 아무런 의미가 없었던 것이다.

김정식이 직접 쓴 회개 입신의 신앙고백서 일부를 옮긴다.

나는 육신의 부모도 없고 형제도 없으니 내 불쌍한 사정을 고할 곳이 없으되, 나를 지극히 사랑하시고 지극히 친절하시고 지극히 불쌍히 여기시는 예수 형님께 고한다. 내가 전일(前日)에 주색(酒色)에 침닉(沈溺)하야 선조에게 불효함과 처자에게 박정함과 친구에게 교만한 죄가 많다. 더욱이 나의 사랑하는 딸 앵사(鶯似)는 나이 10살에 미만하여 두 눈이 멀어 앞을 보지 못하는 것을 로마교황(가톨릭) 양육원에 보내었으니 때때로 부모를 찾아 부르짖을 생각을 하면 뼈가 저리고 오장이 녹는 듯하도다. 허다한 죄상과 허다한 회포를 다 고할 때에 두 눈에 눈물이 비 오듯 베개를 적시더니, 예수께서 손으로 내 등을 어루만지며 위로하시되 "네 회개함을 내 아나니 너무 서러워 마라." 하셨다. 그 말씀이 귀에 들릴 때에 그 불쌍히 여기시는 음성에 감동하여 자연 마음이 쇄락(灑落)하여져서 무슨 큰 짐을 벗은 모양도 같고 물에 빠졌다가 나온 것 같음에 혼자 생각하기를, 이 세상에는 나와 같은 악한 죄인도 없었고 지금 이 같은 깨끗한 마음을 얻은 사람은 나 혼자뿐이로다. 차후는 어떤 지경에 처할지라도 이 은혜를 잊지 아니하기로 작정하고 세세히 생각함에 전일에 지은 죄로 오늘 이 같은 긍휼로 받기는 진실로 뜻밖이로다. 만일 이 몸이 옥중에 들어오지 아니하였으면 어찌 이런 은혜를 얻었으리오. 그런즉 우리의 몸을 모함한 사람이라도 원망할 것이 아니라 다만 하느님의 뜻에 맡길 뿐이로다.

무죄로 석방된 김정식은 선교사 게일의 권유에 따라 연동교회와 YMCA 일을 보게 되었다. 그때는 아직 한국인 목사가 없던 때였고, 선교사들은 여기저기에 교회를 세워 나가니 모든 교회를 돌볼 겨를이 없었다. 김정식은 연지동 136번지, 지금의 연동교회 자리에 애린당(愛隣堂)이라는 현판이 달린 건물에 주거하였다. 그때 연동교회는 작고 초라하기 그지없

한국 YMCA 창립 멤버였던 선교사 제임스 게일 (1863~1937). 한국에 파견된 최초의 캐나다인 선교사였다. 1888년 한국에 도착해 40년간 선교와 교육 등에서 많은 활동을 했다. 류영모는 연동교회에서 게일의 설교를 들었다.

었다. 판잣집에 볏짚 이엉을 덮은 건물이었다. 그러나 이러한 이엉 판잣집 교회에서 위대한 신앙이 싹터서 자랐다. 류영모가 말하기를 "16살 때부터 성경을 보지 않았으면 나는 어떻게 되었을지 모릅니다."라고 하였다. 이 말은 예수를 알지 못하였으면 어떻게 되었을지 모른다는 뜻이다. 그러므로 류영모에게 예수를 가르쳐 준 김정식은 은인 가운데 은인이 아닐 수 없다.

김정식이 류영모에게 예수를 가르쳤을 때, 김정식은 자기 자신의 신앙 연륜도 얼마 되지 아니하였다. 길어야 3년 정도밖에 되지 않았다. 류영모가 부모에게 이유 없는 반항을 할 사춘기에 존경하는 정신적 아버지를 만나 사춘기를 순탄하게 넘긴 것은 대단히 다행스러운 일이었다. 류영모는 예배 시간 외에도 수시로 애린당(연동교회)을 찾아가 교회 일을 도우면서 김정식에게 가르침을 받았다.

《화엄경》에 나오는 선재동자(善財童子)는 문수보살을 비롯한 53명의 선

2장 기독교를 만나다 77

지식(善知識)을 만나 가르침을 받는 것을 부처가 되는 수행 방법으로 삼았다. 성불(成佛)하기 전에는 내가 성불하기 위하여 선지식을 만나야 하고, 성불한 뒤에는 뒤에 오는 이들을 성불케 하기 위하여 내가 선지식이 되어 구도자(求道者)를 만나야 한다. 사람들은 남녀의 만남에 마음을 쓰는데 참으로 중요한 만남은 사제의 만남이다. 남녀의 만남보다 사제의 만남이 더 중요하다는 것을 일러 공자는 '현현역색(賢賢易色)'이라고 하였다.

사람이 글을 이루고 글이 사람을 이룬다고 하지만 더 정확하게 말하면 참을 지닌 사람이 글을 이루고 참을 지닌 글이 사람을 이룬다. 결국은 하느님의 참이 사람을 사람 되게 하고 사람의 참이 하느님을 하느님 되게 한다. 이것을 예수는 하느님을 영광되게 한다고 하였다.

연동교회 시절

1905년 봄부터 류영모는 서울 연동교회 예배에 참석했다. 이 나라에 천주교가 들어온 지 112년이 되고 개신교가 들어온 지 22년이 된 때이다. 어느 신앙인들 값싼 신앙이 있으리요만 류영모의 신앙은 값비싼 신앙이다. 부모를 팔아서 친구를 산다는 속담처럼 류영모는 나라를 팔아서(빼앗기고) 믿음을 산 것이다. 1905년은 이 나라가 사실상 망한 해이다. 숨은 붙어 있지만 뇌사한 환자와 같았다. 1910년에는 온전히 심장도 멈추고 호흡도 멈추었다. 1905년에 나라가 멸망하지 않았다면 류영모는 크리스천이 되지 않았을 것이다. 아니, 되지 못하였을 것이다. 류영모의 입신이 조선 왕조의 멸망과 밀접한 관계가 있는 것을 부인할 수 없다.

일제 강점기에 이 나라 어린이들은 오누이가 하늘에 올라가 해와 달이 된다는 옛날 이야기를 자주 들으면서 자랐다. 그것은 단순한 민간 설화가 아니라 은유된 이 민족의 실화다. 어머니가 이웃 마을에 가서 베를 매어준 값으로 떡을 얻어서 보퉁이에 이고 여러 고개를 넘어 집으로 돌아온다. 첫째 고개에서 사나운 호랑이가 나타나 "떡 한 개 주면 안 잡아먹지!"라고 위협한다. 어머니는 아들딸에게 줄 떡이 아까웠지만, 잡아먹히지 않으려고 떡을 준다. 그러나 다음 고개에 호랑이가 다시 나타나 떡을 달라고 한다. 고개는 왜 그렇게도 많은가. 고개는 일이 생기는 고비를 상징한다. 사건이 일어날 때마다 일본은 이 나라의 주요 경제권을 하나씩 요구하여 빼앗아 갔다. 경제권을 다 빼앗고 나자 이제는 사지(四肢)에 해당하는 외교권·치안권·국방권을 다 빼앗았다. 마지막에는 몸통인 주권을 삼켜버렸다. 그것이 을사늑약이다. 어머니인 나라는 멸망하였다. 그러고는 자녀인 백성들에게는 내가 잘 돌보아주겠다고 한다. 호랑이의 정체를 아는 오누이는 달아나 나무 위로 올라간다. 그 나무가 되어준 것이 기독교였다. 그 기독교마저 안전한 곳이 못 되자 하느님께 구해 달라고 빌었다. 그때 하늘에서 줄이 내려왔고 오누이는 그 줄을 타고 하늘로 올라가 해가 되고 달이 되었다. 해와 달이 되는 것은 하느님 아들이 되는 것이다.

1905년에서 1910년 사이에 이 나라에서 기독교 신자의 증가는 역사적이고 세계적인 기록이다. 1884년 알렌(Horace Newton Allen, 安連)이 이 나라에 와서 개신교의 복음을 전파하기 시작하였는데, 1907년에 이미 기독교 신자가 10만 명에 이르렀다. 동학 혁명이 실패하면서 손병희(孫秉熙)가 일본으로 망명하고 교인이 거의 사라지다시피 한 천도교도 이때 다시 급신장하여 전성기에는 신자가 2백만 명에서 3백만 명에 이르렀다. 그리하여 3·1운동 때 물심으로 기여하기를 여러 종교 가운데 가장 큰 몫을 하게 되었다.

연동교회 주일학교 모습(1912년).

　류영모가 연동교회에 나간 1905년에, 연동교회는 늘어나는 신도들을 받아들이느라 그 한 해 동안에 판잣집 교회당을 세 번이나 뜯어서 넓혀야 했다. 신자가 장마 때 한강물 불어나듯 자꾸만 늘었다. 1907년 연동교회에 등록된 신자가 어른이 550명, 주일 학생이 800여 명이나 되었다. 그때 서울의 인구는 20만 명 남짓하였다. 이러한 현상은 연동교회만의 일이 아니라, 정도의 차는 있어도 거의 전국적으로 일어난 현상이었다. 맹자가 이르기를 "연못을 위하여 물고기를 몰아주는 것은 수달이요, 숲을 위해 새떼를 몰아주는 것은 새매요, 탕왕과 무왕을 위해서 백성을 몰아주는 것은 걸주이다."(《맹자》 이루 상편)라고 하였다. 일제는 이 겨레를 하늘나라로 몰아붙인 것이다.

　연동교회에 다닐 때의 일을 류영모는 이렇게 회상하였다. "일요일 오전에는 연동교회에서 예배를 보고 오후에는 승동교회에서 연합 예배를 보았어요. 그리고 밤에는 새문안교회에서 밤 예배를 보았어요." 그때는 한국인 목사가 없어 선교사들이 직접 목회를 하였다. 그러므로 여러 교회가 유기적으로 이어질 수밖에 없었다. 류영모가 다닌 연동교회에서는 선교사 게일이 주로 설교를 하였다. 게일이 없을 때는 조사(助師) 박승명(朴承明)이 대신 설교를 하였다.

류영모는 그때 들은 게일의 설교 한마디를 잊지 않고 기억하고 있었다. "우리가 사는 이게 모두 꿈인지 몰라요. 그러나 꿈이더라도 깨우지는 마세요. 나는 지금 좋은 꿈을 꾸고 있어요. 여러분 모두 나와 같이 좋은 꿈을 꾸어봅시다." 박승명 조사를 두고는 이러한 말을 하였다. "박승명 조사라는 이가 《로마인서》를 인용하여 권세에 복종해야 한다고 말하였어요. 태극기도 달지 말고 정치에 관여해서는 안 된다는 식으로 말하였더라오. 지금 생각하면 그렇지 않지만 그때만 하여도 어수룩했어요. 뒤에 박승명이 점(占)을 친다는 소문을 들었어요." 류영모는 졸업식 단상에 두었던 태극기가 없어진 사건이나 교회 내에서 양반 신도와 상놈 신도 사이에 있었던 불화에 대해서는 이야기하지 않았다.

우리말로 옮긴 신약성경이 1887년에 나오고 구약성경은 1910년에 나왔다. 류영모는 아브라함을 아백라한이라 옮긴 중국어로 번역된 구약성경을 읽었다. 류영모는 연동교회에 다닐 때 산 신약전서를 일생 동안 고이 간직하면서 날마다 읽었다. 1909년(대한제국 융희 3년 기유년)에 미국 성서공회가 출판한 것이었는데, 실제로 인쇄하고 제본한 곳은 일본이었다. 공자는 경전을 묶어 맨 쇠가죽 끈이 세 번씩이나 끊어지도록 경서(經書)를 열심히 읽었다고 한다. 류영모는 신약전서를 한지로 여러 겹 싸서 간직했다. 표지를 몇 번이나 갈았는지 모른다. 6·25전쟁 때 부산으로 피난 갈 때도 이 신약전서는 들고 갔다. 류영모는 이 신약전서를 자신이 가진 것 가운데 가장 소중한 것으로 여겼다.

2장 기독교를 만나다

호랑이를 피하여 나무에 올라 하늘에서 내려온 밧줄에 매달린 오누이처럼 이 나라의 크리스천들은 믿음의 생명줄에 매달릴 수밖에 없었다. 청년이 된 류영모도 그러하였다. 오산학교에 교사로 부임한 20살의 류영모는 수업을 하기 전에 학생들에게 머리 숙이고 기도하자고 할 만큼 열렬한 믿음의 사람이 되었다. 이것은 오로지 일제가 호랑이처럼 무섭게 달려드는 데 대한 궁여지책의 대응이었다. 맹자가 말하기를 "사람은 근심걱정에서 진리 정신이 살고, 평안하고 즐거운 데서 진리 정신이 죽는다(生於憂患 死於安樂也)."라고 하였다. 키르케고르는 "고통만이 하느님의 유일한 사랑이다. 고통을 빼놓으면 사람이 하느님을 찾을 길을 영원히 잊어버린다."라고 하였다. 토인비(Arnold Joseph Toynbee)는 역사를 연구하는 가운데 "사람은 반드시 고난을 통하여 진리를 깨닫는다."는 것을 알았다.

　나라를 잃어버리는 것은 고통 가운데 가장 큰 고통이다. 어린이가 의지하던 어버이를 잃어버리는 이상의 절망이요, 어른이 의지하던 배우자를 잃어버리는 이상의 시련이요, 늙은이가 의지하던 자식을 잃어버리는 이상의 참혹이다. 나라를 잃은 백성은 위로 하느님을 찾고 아래로 나라를 찾는 것이 삶의 목적이요 희망이다. 나라도 찾으려 하였지만 하느님을 찾는 데 더 치중한 이가 마하트마 간디요, 류영모이다. 하느님도 찾았지만 나라를 찾는 데 더 치중한 이가 도산 안창호요, 백범 김구다. 일본인 검사가 도산 안창호에게 앞으로 독립운동을 할 것이냐고 물었을 때 도산이 대답하기를 "나는 밥을 먹어도 잠을 자도 민족을 위해 먹고 잤으니 앞으로도 민족을 위해 일하고자 함은 변함이 없노라."라고 하였다. 백범 김구는 이렇게 말하였다. "네 소원이 무엇이냐고 하느님께서 물으시면 나는 서슴지 않고 '내 소원은 대한 독립이요.'라고 대답할 것이다."

　이제까지 양반들이 평민을 상놈이라며 천대했는데 이제는 일본인이 한국 사람을 센징(鮮人)이라며 얕보게 된 것이다. 사람이 동물을 학대하여도 안 될 일인데 하물며 사람을 학대한다는 것은 인간 이하의 짓이라 아니할 수 없다. 사람이 사람을 무시하는 것이 사람이 저지르는 죄업(罪業) 가운데 가장 모진 죄업이다. 이 죄업은 결국은 자기를 가장 비참한 존재로 만들게 된다. 사람의 임자는 온통이신 하느님이기 때문이다.

어버이를 잃은 고아들이 저희끼리 붙어서 체온을 나누고 정을 나누듯이 나라 잃은 백성들은 일제의 탄압 아래 교회에 모여 시름과 아픔을 달랬다. 류영모도 그 속의 한 사람이었다. 류영모는 교회에 안 나가기로 하고도 교우가 궁금하거나 교회가 어려움에 처했을 때는 찾아가 예배에 참석하기도 했다. 연동교회는 그야말로 모교(母校)가 아닌 모교회였고, 류영모는 평생 연동교회를 잊지 않았다. 연동교회도 류영모를 잊지 않고 연동교회 역사관에 대표 교인 12명 가운데 한 사람으로 류영모의 사진을 게시하였다.

연동교회에서 각별히 가까이 사귄 이는 배선표(裵善杓)다. 배선표는 나이가 류영모보다 3살이 많았다. 근면 성실한 성품이었으며, 연동교회를 위하여 헌신하였다. 인품이 훌륭하다는 소문이 나서 교역자가 없었던 성결교회에서 초빙해 갔다. 성결교회에 가서 교육을 받고 목사가 되어 서울 무교동성결교회에서 목회를 하였다. 배선표는 경신(儆新)학교 후배이며 목사인 김우현과 가까이 지냈다. 배선표와 김우현은 일본의 무교회주의 기독교 사상가인 우치무라 간조(內村鑑三)가 내는 개인 전도지 〈성서지연구(聖書之硏究)〉를 읽는 독자였다. 김교신을 비롯한 우치무라의 한국인 제자들이 신앙 잡지인 〈성서조선〉을 발간하자 일부러 찾아와 축하해 주었다.(김교신 일지, 1926. 6. 15.) 배선표가 우치무라가 내는 잡지의 애독자가 된 이유가 있다. 이 나라가 국치를 당하자 이 나라 국민의 한 사람인 배선표도 비분강개하여 어찌할 바를 모르는데, 〈성서지연구〉에서 우치무라가 말하기를 "어느 나라 국민은 남의 나라를 빼앗고 술과 촛불 행렬로 환성을 올리는데, 어느 나라 국민은 나라를 잃고 비탄과 절망 가운데 있다. 그러나 양쪽 다 인생의 진정한 구주이신 그리스도를 믿고 참생명에 들어가야 구원받는다."라고 하였다. 배선표는 일본 사람은 모두가 남의 나라를 빼앗고 기뻐하는 도척 같은 놈들만 있는 줄 알았는데 우치무라는 그래도 양심적인 사람임을 알고 존경하게 된 것이다.

1963년 4월 10일에 쓴 류영모의 일기에는 배선표가 아프다는 소식을 듣고 문병하고 온 내용이 적혀 있다. 1963년 8월 29일에 배선표는 76살의 나이로 세상을 떠났다. 류영모는 배선표의 살아온 날수가 27,694일임을 셈하였다. 1964년 8월 29일 추도 모임에 참석하고는 일행과 함께 배선표의 묘소를 다녀온 소감을 일기에 적어놓았다.

내 혼자 배선표 언께

풍산(豊山)이면 억겁(億劫) 보며
황산(荒山)*이라 사흘 지내랴
얼 얼 솟날 성큼이신데!
뭇돌(地球) 붙치(居物) 뭣이압!

---

* 배선표의 무덤이 광주군 동부면 풍산리에 있는 황산에 있었다.

경신학교에서 배우다

그때는 연동교회가 경신학교의 교실 구실도 하고 강당 구실도 하였다. 연동교회 신자가 경신학교 학생이 된다는 것은 너무도 자연스러운 일이었다. 류영모는 경성학당을 졸업하고 1907년 6월에 경신학교에 입학하였다.

경신학교라고 이름한 것은 1905년부터이다. 그러나 그 시작은 1886년 선교사 언더우드(Horace Underwood)가 자기가 사는 가정집에 구세학당이라는 간판을 걸고 오갈 데가 없는 아이들을 데려다가 먹이고 입히고 가르친 때부터이다. 1899년에 정부에서 중학교 학제에 관한 대강령을 발포하자 이제까지의 육아원과 서당 구실을 겸하였던 학당(學堂) 시대에 획을 긋고 정식으로 중학 교육 기관으로 재출발을 하였다. 그리하여 1901년 선교사 게일이 중학교라 이름하였다. 그러나 중학교라는 것은 보통명사이지 고유명사가 아니므로 1905년에 경신학교라 이름을 지었다. 경신학교라는 이름은 학교장인 선교사 게일이 자신의 선교 사업을 도와주고 자기에게 우리말과 한문을 가르쳐주는 김정식, 이창식(李昌植), 유성준과 상의하여 지은 것이다. '경(儆)' 자는 '깨우칠 경' 자로 깨우쳐 새로워진다는 뜻이다. 그러나 사실은 "야훼를 두려워하여 섬기는 것이 지식의 근본이다."(잠언 1 : 7)라는 경구의 경신(敬神)인데 경신을 그대로 학교 이름으로 쓸 수 없어 경신(儆新)으로 한자를 바꾼 것이다. 경신학교의 자랑이던 축구부에서 살인 사건이 일어났을 때 류영모는 모교의 불행한 일에 탄식을 금치 못하였다. "경신(敬神)하자는 경신(儆新)인데 그런 불미스러운 일이 일어나다니." 하면서 말을 잇지 못하였다.

경신학교라고 이름한 1905년에도 전교 학생 수는 49명이었다. 류영모가 입학한 1907년에는 전교생이 128명으로 늘었다. 류영모는 36명의 급우와 함께 공부하였다. 류영모가 경신학교에 입학하였을 때, 3년 과정을 마친 제1회 졸업생인 오천영(吳天泳) 등이 졸업하고서 바로 모교에서 교사가 되어 가르쳤다. 오천영은 《천로역정》을 처음으로 우리말로 옮긴 이다. 그때 중학 과정에서 가르친 학과목은 성경, 기독교사, 한문, 영어, 물리학, 산술, 대수, 천문학, 박물학, 지리, 한국사 등이었다.

 류영모는 게일에게 성경을, 밀러(Edward Hughes Miller, 密義斗)에게 물리를, 김도희(金道熙)에게 한문을 배웠다고 기억했다. 류영모는 60년 전의 일을 이렇게 회고하였다. "밀러 목사에게 물리를 배웠어요. 밀러 목사는 한문을 몰랐어요. 한문으로 된 교과서를 읽지 못해 교과서의 그림만 보고 짐작해서 가르쳤어요. 잘 모르겠다고 하면 교과서를 잘 읽어보라고 했습니다. 한문은 김도희 선생에게 배웠어요. 하루는 내가 집에서 공부를 하다가 '얻을 득(得)' 자를 파자(破字)하니, 日, 行, 一寸이 되었어요. 얻는다는 것은 하루에 한 치씩 나아간다는 뜻이지요. 학교에 가서 김도희 선생께 제가 이러한 생각을 얻었노라고 하자 김도희 선생께서 그럴듯하다면서 긍정해주었어요. 경신학교 입학할 때 대자전(大字典)을 한 권씩 받았어요. 다른 이들은 그것을 어떻게 썼는지 모르겠어요."

 한시를 짓기 시작한 때가 경신학교에 다니던 17~18살 때부터이다. 그때 '일일역행(一日力行)'이란 한시를 지었는데, 훗날 그 시를 회상하면서 개작(改作)하여 지금의 긴 연시(蓮詩)가 되었다. 그러므로 이것을 18살 때 지은 첫 번째 시라고 소개할 수는 없다. 생전에 이 시의 원형을 알아내지 못한 것이 못내 아쉽다. 그 시의 특징은 한자의 파자를 많이 활용한 것이 특색이다. 그때 파자에 관심이 컸음을 보여준다. 경신학교에 입학할 때 받은 대자전을 가지고 한자 공부를 많이 하였다는 것을 알 수 있다. 그 대자전은 한자의 형성을 어원적으로 분석해놓았다. 아직도 그 대자전은 유족이 보관하고 있다.

류영모의 강의 시간에는 으레 한자의 어원 이야기가 나온다. 한자의 어원을 알면 어려운 한자의 뜻을 알기 쉽고 기억도 잘 되고 재미가 있다. 류영모의 강의를 많이 들은 함석헌(咸錫憲)도 어원을 밝힌 자전을 구하여 자신이 노자와 장자를 강의할 때 많이 활용하였다.

류영모는 한자로 생각하고 나타내기를 잘하였다. 한시를 잘 지었다는 말이다. 아널드 토인비는 영국 사람이지만 어릴 때부터 그리스어 공부를 많이 하여 시상(詩想)이 영어보다 그리스어로 떠오른다고 하였다. 그것은 어릴 때의 버릇이 그렇게 만들었을 뿐이다. 세 살 적 버릇이 여든까지 간다는 속담은 이를 두고 하는 말일 것이다. 류영모는 자기가 한시를 많이 쓴 것을 두고 이렇게 말하였다. "내가 한문자를 많이 적어서 어렵다는 생각이 들지 모르지만 한문자라고 어렵게 생각하지 말아요. 생각한 것을 담아놓기 좋아서 이렇게 한문으로 써놓은 것입니다."

류영모는《새 시대의 신앙》이라는 이 사람의 글을 읽은 소감을 말하는 가운데 동일(同一)과 합일(合一)의 차이를 이렇게 설명해주었다. "동일은 물질적인 것이 같을 때 쓰고 합일은 정신적인 것이 같을 때 써요."라고 바로잡아주었다.

류영모는 경신학교 졸업 연도에 교사가 되는 바람에 경신학교를 졸업하지 못하였는데 이 때문에 경신학교 동문 대접을 받지 못하였다. 경신학교가 경신학교라는 이름으로 바뀌기 이전에 민로아학당(1893~1897년까지 학교명)을 다닌 도산 안창호와 언더우드학당 출신인 김규식은 경신학교 출신임을 내세운다. 류영모가 소외당한 데는 졸업을 하지 못하였다는 것보다 교회 신앙을 떠나 비정통 신앙으로 돌아선 데 이유가 있지 않은가 여겨진다. 류영모는 경신학교 졸업 전에 양평학교 교사로 초빙되는 바람에 졸업을 못했다는 말만 하였다. 졸업을 못하더라도 교사가 없어서 못 배우는 이들을 가르치는 일이 더 급하다고 생각했다는 말까지 하였다. 그런데 필자는 류영모가 모교의 아름답지 못한 일을 발설하지 않은 것이 있음을 알게 되었다. "1909년 졸업시험에 류영모는 졸업생 36명 가운데 성적이 수석이었다. 경신학교 5회 졸업생이 졸업하기 직전에 경신학교에는 우수 교사들을 퇴출시키는 인사 칼바람이 불어닥쳤다. 교장 대리 일을 보던 레이너 교장 서리가 학교 재정이 어렵다는 이유로 우수 교사들을 퇴임시키고서 저임으로 저급 교사를 채용해 학생들의 불만과 원망을 사게 되었다. 상급생인 졸업생들이 앞장서서 레이너 교장 서리 명의의 졸업장을 받지 않기로 결의하고 등교조차 거부했다. 그 가운데 취직이 되거나 학자금 지원을 받게 되는 14명의 졸업생은 졸업장이 있어야 했기에 등교를 하였다. 결국 1910년도 제5회 졸업생은 14명이었고 끝까지 굽히지 않은 류영모 등 22명은 졸업을 못하였다."(주간기독교, 2011. 2. 27.)

경신고등학교는 고춘섭 전 교장의 제안으로 2011학년도 제104회 졸업식 때 류영모에게 101년 만에 명예 졸업장을 주었다. 감개무량한 일이 아닐 수 없다.

삶이란 결국 사람과 사람의 사귐이다. 그래서 '사람(人)'에 '사이(間)'를 붙여 '인간'이라고 한다. 사람의 사귐 가운데 중요한 것이 한 스승 아래에서 함께 배우는 제자들끼리의 사귐이다. 요즘의 학교는 규모가 너무 커지면서 선생은 권위가 떨어지고 학생들간의 우의(友誼)도 엷어졌다. 그러나 아직도 학교에서 학우들 사이의 사귐은 학생들만이 누릴 수 있는 자랑스러운 일이다.

류영모는 학교에서 벗을 사귀는 일에 대하여 이러한 말을 하였다. "젊은 사람이 벗을 사귀는데 얼굴이 반반하고 희멀거면 사귀기가 쉬워요. 그와는 반대로 얼굴이 험하면 얼핏 사귀어지지 않아요. 이것은 왜냐하면 사람이 간사해서 그렇지요. 만일 그러다가 한번 신의를 저버리면 다시는 안 속겠다고 하지요. 이것까지는 좋은데 자칫 잘못하다가는 일생을 망치는 경우가 있어요. 얼굴 생김은 험하지만 차차 두고 오래 사귀어보면 공부도 잘하고 인격도 반짝이고 신의도 지켜주고 평생을 같이할 수 있는 친구가 되는 수도 종종 있어요. 잘생겨서 사귀기 쉬운 것이 결코 좋은 친구가 되는 것은 아닙니다."

류영모가 경신학교를 졸업하였으면 5회 졸업생이 된다. 기미년 3·1운동의 대표 33인 가운데 한 사람인 이갑성(李甲成)도 류영모와 동기이자 동급생이었다. 류영모는 이갑성에 대해서는 도무지 말이 없었다. 류영모가 말을 안 하면 그럴 만한 이유가 있다. 그래서 더 묻지 않았다. 그런데 오히려 한 학년 아래인 정재용(鄭在鎔)과 김성무(金聖武, 일명 在衡)에 대해서는 이야기해주었다. 그때는 전교생이래야 100명 정도밖에 안 되었고, 아래 학년이더라도 나이가 더 많은 이가 많아서 단순히 학년으로만 구분 지어지는 것이 아니었다. 정재용도 나이로는 류영모보다 4살 위인 1886년생이다.

정재용은 1911년에 경신학교를 졸업하고 고향인 황해도 해주(海州)에서 교육에 종사하였다. 해주 의창학교 교감으로 재직하던 중에 3·1운동을 맞이하게 되었다. 정재용은 연락을 받고 3월 1일 파고다공원에서 독립 만세를 부르고자 서울에 올라왔다. 독립선언서에 서명한 민족 대표 33인이 파고다공원에서 독립선언식을 열기로 되어 있었다. 그런데 민족 대표들이 계획을 바꾸어 태화관으로 모이느라, 약속 시간인 정오를 알리는 오포 소리가 울렸는데도 파고다공원에는 민족 대표 중 누구도 나타나지 아니하였다. 그러자 수천 명의 군중이 의아하게 생각하여 웅성거리기 시작하었다. 민족적인 거사가 흐지부지되는 듯하였다.

그때 정재용이 분연히 앞으로 나와 파고다공원에 있는 팔각정으로 올라갔다. 정재용은 삼군을 호령하는 장수처럼, 중생을 깨우치려는 성자처럼 늠름하고 당당한 자세로 품속에서 독립선언서를 꺼내어 읽기 시작하였다. 품속에서 꺼낸 독립선언서는 2월 26일 고성관에서 2만 1천 장 인쇄하여 전국으로 배포한 것 중 한 장이었다. 이때가 1919년 3월 1일 정오였다. 독립선언서 낭독을 끝내면서 '대한 독립 만세'를 천지가 진동하게 외쳤다. 이렇게 3·1운동이 점화되어 서울 거리거리로, 시골 고을고을로 번져 나갔다. 삼천리 금수강산은 일시에 태극기의 꽃밭을 이루었고, 만세의 메아리로 가득 찼다. 1919년 독립선언서를 읽던 해 정재용은 33살이었다. 33살의 정재용이 33인을 대신하여 독립선언서를 읽게 되었으니 기묘한 인연이었다.

만년에 정재용은 고양군 벽제면 벽제리 웃골(上谷)에 살았다. 류영모는 웃골에 있는 동광원에 속한 수녀원에 들를 때면 꼭 정재용을 찾았다. 정재용은 자신의 고향이 황해도 해주의 수양산(首陽山) 근처라 자신을 수양산인이라 칭하였다. 수양산에서 고사리를 씹다가 죽은 백이 숙제의 지조를 지키려는 다짐도 있었으리라. 류영모의 일기에 정재용을 만나고 온 날에 이렇게 적혀 있다. '1972년 11월 17일 수양산인장(首陽山人莊) 정재용(鄭在鎔) 선생 경심(敬尋).'

정재용은 90살을 살고 1976년에 세상을 떠났다. 류영모는 정재용의 사망 소식이 실린 신문 기사를 오려서 자신이 일생 애용하던 경신학교 입학때 받은 대자전 표지 안쪽에 붙이고는 사망 일시를 얼른 눈에 들어오게 써놓았다. 1975년 1월 1일부터 일기를 쓰지 않았기 때문에 《다석일지》에는 정재용의 죽음이 나타나지 않는다. 정재용을 향한 그리운 생각이 없다면 그렇게 할 리가 없다. 정재용이 참된 사람이 아니라면 그리울 리가 없다. 정재용의 입을 통해 류영모에 관한 이야기를 듣지 못한 것이 아쉽다. 정재용은 비록 삼천리강산이 일본의 것이 되었지만 이 겨레에 3·1운동 정신이 끊기지 않고 이어지기를 기원하는 뜻에서 북한산 백운대 정상 바위에 독립선언서 작성자 최남선과 독립선언서 낭독자 정재용의 이름을 조각해놓았다. 류영모는 백운대 836미터를 한자로 세로로 쓰면 '아름다울 미(美)'가 된다고 하였다. 독립 정신이 불타오르는 아름다운 봉우리가 백운대다.

김성무는 황해도 지주의 아들로 태어나 서울로 공부하러 와서 경신학교에 입학하였다. 졸업을 못한 채 집으로 돌아갔다가 뒤에 다시 신학을 공부하여 목사가 되었다. 아프리카 랑바레네에 가서 슈바이처를 만나고 온 이일선(李日善)이 한때 김성무와 함께 생활하면서 신앙 지도를 받았다. 김성무는 만년에 양평군 용문면 신일리 용골에 겟세마네 기도원을 세웠다. 김성무는 전도지를 만들면 꼭 류영모에게 보냈다. 그리고 이따금 류영모를 찾았다. 류영모도 옛 친구가 세웠다는 기도원에 찾아가 보았다.

김성무는 1970년 2월 1일에 세상을 떠났다. 류영모는 일기에 이렇게 적어 두었다.

김재형(金在衡, 聖武) 목사 일생

'1890년 10월 30일 生. 1970년 2월 1일 卒. 2만 8천949일 살다.'

류영모는 어느 벗에게나 '구이경지(久而敬之)'함에는 변함이 없었다.

19살, 선생이 되다

1909년에 류영모는 경신학교 졸업반인 3학년이 되었다. 류영모는 36명 가운데 성적이 수석이었다. 김리준을 비롯한 28명의 신입생과 강사홍을 비롯하여 2학년으로 진급하는 36명의 학생을 합하니 전교생이 꼭 100명이었다. 그런데 성적이 수석인 류영모에게 졸업을 안 했어도 좋으니 교사로 와 달라는 요청이 왔다. 사정이 이렇게 된 데는 까닭이 있다. 오늘의 사람들은 상상할 수도 없는 일이다.

도산 안창호를 비롯한 이 나라 선각자들이 말하기를, 이 나라가 망하게 된 것은 국민 교육을 제대로 하지 않았기 때문이다. 그러므로 나라를 찾는 길은 교육하는 길밖에 없다고 하였다. 이렇게 교육입국(敎育立國)을 부르짖자 사람들은 학교만 세우면 나라가 안 망하는 줄 알고 고을마다 학교를 세웠다. 학교라고 해야 고을 향교나 종중 재실 등에 열 손가락도 못 채우는 청소년들을 모아놓고 시작한 것이다. 남강 이승훈이 오산학교를 시작할 때 학생이 일곱 사람이었다. 그것까지는 좋은데 도무지 가르칠 선생이 없었다. 가장 먼저 시작하였다는 경신학교도 1909년에 4회 졸업생을 겨우 6명 배출하였다. 그러니 학생을 모으는 것도 강가에서 수석 찾는 일만큼 쉽지 않지만, 선생을 모시는 것은 하늘의 별 따기만큼 어려웠다.

나라는 망해 가고 학교는 세워야 하는데 교사가 없으니 재학생을 징발해 간 것이다. 류영모는 징발당했다는 표현을 썼다. 그때의 심정을 이렇게 말하였다. "그때 생각으로는 반드시 졸업을 해야 된다는 것보다 졸업하기 전이라도 좀 더 많이 배운 사람이 못 배운 사람을 가르쳐주는 일이 바쁘다고 생각하였지요."

류영모가 처음으로 교사로 징발되어 간 곳은 경기도 양평에 생긴 학교였다. 양평군청에 주사보로 있던 정원모가 세운 학교에 교사로 부임하였다. 요즘은 나이가 30살이 가깝도록 공부하는 세상이 되었지만 옛날에는 19살에 선생이 되는 것은 대단한 일도 아니었다. 서재필(徐載弼)이 갑신정변에 참여한 때가 20살이었다. 안창호가 평양에서 '쾌재정(快哉亭)' 연설을 한 때가 18살이었고, 최남선이 〈소년〉이라는 잡지를 낸 때가 18살이었다.

류영모가 처음으로 가르치는 자리에 섰을 때 학생들 가운데는 선생인 류영모보다 나이 많은 이가 여럿 있었고 장가든 이도 있었다. 류영모가 수업 중에 한 배일(排日)의 말이 일본 헌병 보조원의 귀에 들어가 일본 헌병 보조원들이 밤에 류영모의 하숙집으로 찾아와 "류영모, 이 자식 조심해!" 하면서 위협한 일도 있었다.

성리학자 이항로(李恒老, 1792~1868)의 고향인 양평은 당시 어느 고장보다 배일의 척사(斥邪) 정신이 두드러진 곳이었다. 1907년에 정미의병이 크게 일어났을 때 산세가 험한 용문산에서는 의병 2천 명과 일본군 400명의 혈전이 있었다. 그리하여 양평에는 일본 헌병이 주둔해 있었는데 그들은 한국인 헌병 보조원을 두고 앞잡이로 이용하였다.

류영모는 1909년 여름부터 1910년 여름까지 1년 동안 양평에서 생활하고 집으로 돌아왔다. 독실한 기독교 신앙인이 된 류영모인지라 전통 깊은 유교의 고장에 적응하기 어려웠던 듯하다.

을사늑약이 강압으로 체결된 지 5년이 지난 1910년 9월 28일에 조선왕조는 지구상에서 사라졌다. 그날이 오리라는 것은 이미 짐작하였으나 막상 닥치고 보니 참으로 어이없는 일이요, 분통한 일이었다. 하루아침에 대한의 백성이 일본의 노예가 된 것이다. 그때 류영모는 양평에서 집으로 돌아와 망국의 날을 맞았다. 일생에서 가장 침통했던 날을 이렇게 회상하였다. "그때 집에 있었어요. 음력 7월 25일은 고종 황제 생일인 만수성절

(萬壽聖節)이라 하였는데, 양력 8월 29일이 그때쯤이었어요. 임금의 생일을 축하한다고 서울 시내 음식점들은 설렁탕 국물을 여느 때보다 진하게 고았고 고기도 한두 점을 더 주었어요. 그러나 나라의 국기도 달지 못하고 달라는 말도 없었어요." 국치의 소식을 듣고 울었느냐고 물었더니 "눈물이 쏟아져야 옳겠지요."라고 하면서 직접적인 대답은 하지 아니하였다. 류영모는 곰곰이 생각하더니 한시 한 수를 썼다.

一嚬一笑(일빈일소)

當一朝大韓痛泣(당일조대한통읍)
是日也放聲大哭(시일야방성대곡)

한쪽이 찡그리면 한쪽이 웃고, 한쪽이 웃으면 한쪽이 찡그린다. 1910년 8월 29일 일조(一朝)에 국치를 당하여 대한의 겨레가 통읍하였다. 그때 일본 백성들은 일본의 식민지가 생겼으니 큰 경사라면서 대축제를 벌였다. 1945년 8월 15일에 일왕이 무조건 항복하겠다고 방송을 하자 일본 황국 신민들은 목놓아 크게 울었다. 그때 한국민들은 노예의 삶에서 해방되었다면서 기쁨에 넘쳐 춤을 추었다. 일본이 "족한 줄 알았으면 욕되지 않았을 것이고 그칠 줄 알았으면 망하지 않았을 것이다(知足不辱 知止不殆)." (《노자》44장)

3장
오산학교 교사

이승훈과 안창호의 만남

남강 이승훈은 1864년에 태어났다. 도산 안창호보다는 14년 먼저 왔고 류영모보다는 26년을 먼저 왔다. 맹자가 말하기를 "그 사람에게 하느님이 큰 일을 맡기려 할 제 반드시 먼저 그 맘과 뜻을 괴롭게 하고 그 살과 뼈를 지치게 하고 그 몸과 가죽을 굶주리게 한다."(《맹자》 고자 하편)라고 하였다. 이는 이승훈을 두고 한 말인 것 같다. 이승훈은 태어난 지 8개월 만에 어머니 홍주 김씨를 여의었다. 남강은 어린아이에게 가장 소중한 어머니의 기억이 전혀 없이 할머니의 손길 아래서 자랐다. 그런데 그 할머니의 사랑마저도 10살에 끝이 났다. 할머니와 아버지가 두 달 간격으로 세상을 떠났다. 천애 고아가 된 이승훈은 사람들의 소개로 평안북도 정주 납청정에서 유기 공장을 운영하여 부자가 된 임일권(林逸權)의 방(房) 심부름꾼이 되었다.

11살의 고아 이승훈에게 삶의 길이 된 방 심부름꾼이란 주인 영감 임일권이 거처하는 방을 쓸고 닦고, 재떨이, 화로, 요강을 챙기고, 마실 물을 떠다놓는 잔심부름꾼이었다. 한창 부모의 사랑을 받아야 할 어린 나이에 남의 집 사랑방의 잔심부름꾼이 되었으니 참으로 견디기 어려운 일이었을 것이다. 남강이 뒤에 나라를 위하여 일하다가 투옥되어 오랫동안 영어(囹圄) 생활을 보내고도 끄떡도 하지 않았던 것은 어릴 때부터 모진 세월 가운데 살았기 때문이다.

어린 이승훈은 한동안 가족에 대한 그리움으로 남몰래 울기도 하였으나 마음을 다잡았다. 사람은 글을 알아야 한다면서 어려운 살림에도 서당 공부를 시켜주시던 할머니 말씀이 생각나서 주인이 버리는 종이를 모아 두었다가 틈틈이 글씨 공부를 하였다. 이를 알게 된 주인 임일권도 이승훈을 기특하게 여겨 몸소 글을 가르쳐주었다. 세월이 지나면서 이승훈의 사람됨을 알게 된 임일권은 이승훈을 신임하여 돈을 거두어들이는 수금 일을 맡겼다. 이승훈은 유기 공장 일을 눈여겨보며 언젠가 자신도 임일권처럼 사업을 하리라 마음먹었다. 대담한 희망이요, 야심이었다.

15살이 되었을 때 이승훈을 눈여겨보던 이도제(李道濟)라는 이가 이승훈을 사위로 삼겠다고 하였다. 이승훈의 성실한 인품을 보니 장래성이 있다고 믿었던 것이다. 이도제가 사람을 보는 지인지명(知人之明)이 있었던 게 틀림없다. 늘 혼자 몸으로 외롭게 지내던 이승훈은 이도제의 딸을 아내로 맞이하여 임일권의 집을 나와 가정을 꾸렸다. 그리고는 임일권에게 청하여 외상으로 유기 그릇을 떼다가 행상을 하였다. 장돌뱅이가 되어 평안도 일대는 물론 황해도에까지 발을 뻗었다. 10년 동안 행상을 하여 모은 돈과 평안도 철산(鐵山)의 갑부인 오삭주의 돈을 빌려서 이승훈도 당당히 유기 공장을 새로 세우고 상점도 내었다. 임일권의 유기 공장을 보면서 생각한 것이 있었던 이승훈은 공장의 작업 환경을 개선하고 일꾼들의 품삯도 후하게 주었으며 작업복도 지어서 입혔다. 그러자 기존의 공

일제에 맞서 민족 정신을 고양하고 독립운동의 인재를 양성하기 위해 오산학교를 설립한 남강 이승훈.

장주들이 자기들이 개선할 생각은 않고 이승훈을 비난하였다.

이승훈의 사업은 나날이 번창하여 평양에 지사를 내고 서울에도 지점을 내었다. 그리하여 이 나라에서 손꼽히는 무역상이 되었다. 이승훈은 그 동안 양반들에게 반말을 들으면서 설움을 당하고 관리들에게 수탈당한 일이 뼈에 사무쳤다. 이승훈도 양반이 되고자 거금을 들여 참봉 벼슬을 차함하였다. 그리하여 이승훈은 드디어 양반 행세를 할 수 있게 되었다. 그러나 문중 없이 혼자 양반 행세를 할 수는 없었다. 용동(龍洞)에 땅을 사고 집을 지어 종친들을 모아 여주 이씨 집성촌을 이루었다. 마을에 널찍한 서당을 지어 '강명의숙'이라는 현판을 달았다. 그러고는 시문에 능한 이문여(李文汝)와 경서에 밝은 이동익(李東翊)을 훈장으로 모셨다. 이씨 종친의 아이들은 돈 걱정 없이 마음껏 공부할 수 있게 된 것이다. 이승훈 자신이 가난하여 하고 싶은 공부를 못하였던 한을 푼 것이다. 이승훈은 종친들의 자녀들이 서당에서 몸을 가볍게 흔들면서 소리 내어 글 읽는 모습을 보는 것이 한없이 기뻤다. 이승훈이 상투를 틀고 갓을 쓰고 도포를 입고 드나드는 모습은 누가 보아도 훌륭한 집안의 권위 있는 문장(門長)이었다. 이때가 40살 전후였으니 아직 장년일 때의 일이다. 다만 이승훈은 자신의 지난날을 잘 아는 기존 양반들을 만나는 것이 어색하여 가급적이면 그들을 피하였다. 남강이 여기에서 끝났다면 우리가 남강의 이름을 들먹일 까닭이 없다.

 이승훈은 장사를 하려고 여러 곳에 다니며 여러 사람을 만났기 때문에 식견이 넓고 정보가 빨랐다. 나라의 국운이 나날이 기울기가 서산낙일(西山落日)임을 모를 리 없었다. 이승훈은 돈놀이를 하다가 일본 상인들 때문에 크게 손해를 본 적이 있는데, 그때 이승훈은 일본 사람이 양반이고 한국 사람은 모두가 힘없는 상놈임을 체험하였다. 이승훈은 용동 이씨 집성촌에서 가짜 양반 노릇하기도 어렵다는 것을 느끼고 있었다. 이승훈이 43살이 되던 1905년 11월 18일에 일제의 강압으로 을사조약이 맺어지고, 나라 안에서는 민영환이 자결하고, 나라 밖에서는 이준이 분사하였다는 소식이 잇달아 전해졌다.

 1878년 평안남도 강서에서 태어난 안창호는 17살에 상경하여 독립협회에 가입하였다. 그는 약관의 나이에도 불구하고 타고난 총명과 웅변으로 겨레의 마음에 나라 사랑을 불러일으켰다. 1899년에는 고향으로 돌아가서 점진학교를 세우고 농촌 재건에 힘을 쏟았다. 그러나 자신이 아직도 지와 덕이 모자라는 것을 알고 미국에 가서 교육학을 전공한 뒤 귀국하여 훌륭한 교육자가 되고자 하였다. 안창호는 나라를 다시 세우는 길은 이 겨레의 교육에 힘쓰는 것이라고 생각하였다. 한민족의 정신이 살아 있고 한민족의 문화가 살아 있으면 나라의 독립은 이루어지게 마련이라고 생각한 것이다. 그것은 옳고도 바른 판단이었다.

　1902년 9월 안창호는 미국 유학길에 올랐다. 그런데 미국에 가서 목격한 것은 교포들의 비참하고도 창피한 살림살이었다. 안창호는 언제나 개인보다 나라와 겨레를 생각하였다. 자신의 공부는 뒤로 미루고 교포들의 생활 개선에 직접 나섰다. 주제넘은 간섭이라며 오해와 비난도 받았으나 그 정도에 물러설 도산이 아니었다. 그리하여 1905년 4월 5일 교포들의 자치 기구인 공립협회를 설립하기에 이르렀다.

　그러던 중 1905년 11월에 일본의 강압으로 을사늑약이 체결되었다는 소식이 날아들었다. 미국의 일보다 임종에 직면한 조국의 운명이 발등에 떨어진 불이었다. 안창호는 자신이 없어도 교포들의 자치 기구가 잘 운영될 수 있도록 준비하면서 한편으로는 귀국 후에 전개할 독립운동을 구상하였다. 심신의 준비를 마친 안창호는 1907년 일본을 거쳐 귀국하였다. 일본에서는 유학생들을 만나 애국심을 고취하며 협력과 단결을 강조하였다.

　마하트마 간디가 아프리카에서 정신적으로 성장하여 민족의 지도자가 되어 귀국하였듯이 안창호는 미국에서 정신적으로 성장하여 민족의 지도자가 되어 귀국하였다. 이때 안창호는 아직 29살로 입지(立志)의 나이였다. 안창호는 서울에 오자 곧 이갑(李甲) 등과 함께 독립운동의 비밀결사인 신민회(新民會)를 조직하였다. 동지들을 규합하고자 지방으로 다니면서, 인후염에 걸릴 만큼 강연을 하였다.

　남강 이승훈은 도산 안창호가 평양에 와서 연설을 한다는 말을 듣고서 정주에서 평양으로 왔다. 만민공동회 관서 지부를 창립한 1896년 당시에 18살이던 안창호는 이른바 '쾌재정' 연설로 이름을 떨친 바 있다. 이번에는 모란봉 기슭에서 연설을 하였다. 관서 출신의 인물 안창호가 왔다는 소문에 사람들이 장마 때 구름처럼 모였다. 안창호는 구름 같은 청중

독립협회와 신민회에서 활약한 도산 안창호. 남강 이승훈은 교육으로 조국을 구하자는 안창호의 주장에 감화되어 오산학교를 세웠다.

속에서 천둥처럼 울었다. 안창호는 교육으로 나라를 구하고자 하였다. "나라를 회복하는 한 가지 길이 있다. 삼천리 방방곡곡에 새로운 교육을 일으켜 2천만 겨레가 사람마다 인덕과 지식과 기술을 가진 인격자가 되어 서로 믿고 돕는 거룩한 단결을 이루는 것이다."라고 하였다. 도산 안창호의 강연을 듣고 특별히 감동하고 감격해 마지않은 이가 있었으니 바로 남강 이승훈이었다. 이승훈을 매료시킨 안창호의 연설은 어떠하였는가?

"선생의 음성은 그리 높지도 않고 그리 낮지도 않은 중음계(中音階)로 부드럽고도 비장조(悲壯調)를 띤 것이다. 미사여구를 쓰지 않아 간결하면서도 솔직하고, 독창적인 구성과 표현을 썼다. 그러므로 듣는 이가 몇 시간이라도 지루함이 없고 큰 소리를 치거나 탁자를 치는 일이 없었다. 침착하고 순탄한 듯하면서도 마치 대해의 물결처럼 고조하여 청중으로 하여금 저절로 만세를 고창하게 하였다. 세계의 대세를 말하고, 한국의 국제적 지위가 빈약하고 위태하여 흥망이 목전에 있음을 경고하고, 정부 관리들이 부패하고 국민이 무기력함을 한탄하고, 나아가서 우리 민족의 결점을 지적하기에 사정이 없었다. 지금에 깨달아 스스로 힘쓰지 않으면 망국을 누가 막겠느냐며 눈물과 소리가 섞여 흐를 때는 만장(滿場)이 흐느껴 울었다. 뒤이어서 우리 민족 고유의 우미성과 선인(先人)의 공적을 찬양하여 우리가 하려고만 하면 반드시 우리나라를 태산 반석 위에 세우고 문화와 부강을 구비한 조국을 이룰 수 있다는 것으로 만장 청중으로 하여금 서슴지 않고 대한 독립 만세를 고창하게 하였다."(주요한, 《안도산전서》)

이승훈은 사람을 헤치고 연단 쪽으로 나아가 연단에서 내려오는 안창호의 손을 잡으며 이제부터 안 선생의 말씀을 실천하는 사람이 되겠다고 다짐하였다. 안창호는 이승훈에게 다시 조용히 만나서 이야기하자고 말하였다. "순(舜)이 한마디 선한 말을 듣거나 선한 일을 보면 강물이 터져 가득히 흐르듯 하여 막을 수 없었다(舜 其聞一善言 見一善行 若決江河沛然 莫之能禦也)."(《맹자》진심 상편)라고 하였는데, 이승훈이 꼭 그러하였다. 바로 상투를 자르고 술과 담배를 끊었다. 다음 날 도산이 보낸 사람을 따라가 안창호를 만났다. 자신보다 14살 아래의 안창호를 이승훈은 더없는 스승으로 존경하였다.

이승훈의 나이는 43살이었고, 안창호는 29살이었다. 이번에는 안창호가 이승훈의 달라진 모습에 놀라지 않을 수 없었다. 안창호는 이승훈의 손을 잡고 감격하였다. 도산은 남강에게 신민회를 조직하는 데 남강이 평안북도의 책임(총감)을 맡아 달라고 하였다. 남강은 고맙고 반가운 마음으로 수락하고 오산에 올해 안으로 신식 학교를 세우겠다고 하였다. 도산이 말하기를 자신도 평양에 학교를 세우겠다고 하였다. 실의에 빠진 모습으로 평양에 왔던 이승훈은 희망을 안고 정주로 돌아갔다.

오산학교 과학 선생

임일권의 방 심부름꾼이던 이승훈이 일약 민족의 지도자가 될 수 있었던 것은 도산을 만났기 때문이다. 남강이 민족 정신의 메카라 할 수 있는 오산(五山)학교를 낳아 기른 어머니라면 도산 안창호는 남강의 마음속에 오산학교를 잉태시킨 아버지라 할 것이다. 남강과 도산의 나라 사랑의 결정(結晶)이 오산학교이다. 일제 강점기 35년의 민족사를 쓰자면 오산학교를 빼놓을 수 없을 것이다.

이승훈은 평양과 서울에서 안창호를 만난 뒤로는 오산학교를 세우는 일에 심신을 다 바쳤다. 그러는 가운데도 안창호가 맡긴 신민회 평안북도 총감의 일을 성실하게 수행하였다. 이승훈은 용동에 세운 문중의 서당 강명의숙을 신식 학교로 바꾸었다. 새로 종을 달고 칠판을 걸었다. 교육 과정도 신학문으로 바꾸었다. 그리하여 아쉬운 대로 소학교가 되었다.

남강은 다음으로 중학교를 세우는 일에 착수하였다. 좀 떨어졌지만 향교인 승천재를 수리하고 단장하여 교사(校舍)를 마련했다. 향교는 유림의 재산이라 유림의 승낙이 있어야 했다. 상놈인 이승훈이 양반들을 움직이기는 어려웠기에 사업할 때 알게 된 평안북도 관찰사를 지낸 박승봉을 앞세웠다. 나중에는 유림에서 오산학교를 관장하려 하여 유림의 재산은 모두 돌려주었다. 오산학교 초대 교장으로 관서 지방의 명유(名儒)인 백이행(白彝行)을 모셨다. 남강이 백이행을 찾아가 "상놈 이승훈이 학교를 한다면 양반들의 자제들이 학교에 오겠습니까. 어르신께서 교장을 맡아주어야겠습니다."라고 하였다는 것이다. 이승훈이 얼마나 반상 계급에 주눅이 들어 있었던가를 엿볼 수 있다. 성리학자 백이행은 이미 80살에 이른 노인이라 교장 직무를 볼 수 없었다. 이름만 빌려준 격이었다. 이승훈과 막역한 동지인 박기선(朴其璿)이 교감을 맡아보았다. 시당(是堂) 여준(呂 準)이 오고는 여준이 실질적인 교장 일을 맡았다.

이승훈이 안창호를 만난 해인 1907년 12월 24일에 오산학교는 현판을 달고 학교를 열었다. 안창호가 평양에 직접 세운 대성(大成)학교보다 먼저 문을 연 것이다. 그것은 오로지 남강의 열과 성으로 이루어진 것이다. 그런데 신입생은 이윤영, 김도태를 포함하여 겨우 일곱 사람이었다. 겉으로 보기에는 매우 초라한 시작이었지만, 진리의 정신은 수에 있지 않다는 것을 바로 초기의 오산학교가 보여주었다.

동짓달에 개교를 한다는 것은 있을 수 없는 일이지만 그때는 다 쓰러진 나라를 지탱하려는 구국의 일념으로 학교를 세웠으니 하루라도 일찍 문을 여는 것이 바쁜 일이었다. 그리하여 오산학교는 평양에서 안창호가 직접 설립한 대성학교보다 햇수로는 한 해 먼저 문을 열었다. 동지가 지나고 하루 만에 개교한 것은 일양내복(一陽來復)하는 민족 정기를 상징하는 것 같았다. 이렇게 시작한 그 작은 규모의 학교에서 뒷날 나라와 겨레의 출중한 인재들이 쏟아져 나오는 기적이 일어났다.

이렇게 학교는 세웠지만, "7년 되는 병에 3년 묵은 쑥을 약으로 구하는 것과 같다(七年之病 求三年之艾也)."(《맹자》 이루 상편)라고 한 맹자의 말처럼 교사를 구하는 것이 큰 문제였다. 이승훈은 사람(교사)을 낚는 어부가 되어 사람 낚기에 애를 썼으나 선생을 구하기가 어려웠다. 이 나라에 이제 막 신식 교육이 시작되는데 신식 교육을 받은 선생을 어디서 찾을 것인가?

그때 일본에서 중학교를 졸업하고 고등학교 진학을 준비하다가 고향의 할아버지가 위독하다 하여 귀국한 춘원 이광수를 붙잡았다. 그때 춘원의 나이는 겨우 만 18살이었다. 일본에서 공부를 하였다는 이유로 춘원에게 무조건 물리와 화학을 맡겼다. 춘원은 얼마나 수업이 고역스러웠겠는가? 춘원이 이승훈에게 불평을 하였을 것이다. 이승훈은 과학 선생을 구하려고 서울의 경신학교를 찾았다. 경신학교는 설립한 지가 몇 해 되었고, 서양 선교사들이 직접 가르쳤으니 그래도 괜찮은 과학 선생을 구할 수 있으리라고 생각한 것이다. 그때 경신학교 교장은 밀러였는데, 그가 또한 과학을 담당하여 직접 가르치고 있었다. 밀러는 도산 안창호의 결혼식에 주례를 선 사람이다. 밀러는 직접 류영모에게 과학을 가르쳤기 때문에 가장 우수한 성적을 받은 류영모를 잊을 리가 없었다. 밀러는 남강에게 류영모를 천거하였다. 이리하여 이승훈은 류영모를 오산학교 과학 교사로 초빙하게 되었다.

류영모에게 어떻게 남강 선생을 알게 되었느냐고 물으니 "남강 선생께서 집으로 나를 찾아오셔서 만났지요."라고 말하였다. 남강 이승훈이 류영모를 찾은 것이 1910년 9월이었고 류영모는 10월 1일부터 오산학교 교단에 서게 되었다. 류영모의 천부적인 과학적 재능이 오산학교에 가는 계기를 만들어주었다. 류영모에게 배운 함석헌도 말하기를 "선생님의 두뇌는 천부적으로 대단히 과학적이다."라고 하였다. 류영모의 사상은 대단히 신비하지만 미신적인 데가 없이 허공처럼 투명하다.

류영모가 평안북도 정주에 있는 오산학교에 처음으로 부임한 때가 1910년 10월 1일이다. 정주에는 9월 말경에 도착하였을 것이다. 한 달 전인 8월 29일에 국치를 당하여 이 땅 위에 대한이라는 나라는 사라졌다. 그런데 대자연은 아무런 일도 없다는 듯이 빼앗긴 들에도 가을이 오고 있었다. 하긴 역사적으로 볼 때 나라의 흥망이 무수하였으나 대자연은 무심하였다. 어떤 의미에서는 죽기 위한 인생이요, 망하기 위한 나라인 것이다. 사람들이 지구인으로 살고 우주인으로 살아야지 국가주의에 빠져 나라끼리 매양 으르렁거리고 싸워서야 사람이라고 할 수 있겠는가? 대한 제국이 망하는 것이 문제가 아니라 일본이 이 나라를 빼앗은 것이 문제였다. 삼독(三毒)의 노예들이 말썽인 것이다. 류영모에게는 나서 처음으로 겪는 착잡하면서도 설레는 먼 여행이었다. 류영모는 오로지 기도로 자신을 하느님에게 맡겼다.

류영모는 처음 오산학교에 갔을 때의 일을 이렇게 말하였다. "내가 오산학교에 갔을 때는 아직 1회 졸업생이 나오기 전이었어요. 참 호랑이 담배 먹던 시절이지요. 호랑이 담배 먹는다는 말이 어디서 나온 것인지 모르지만 호랑이 담배 먹던 시절의 이야기예요. 그때 오산학교의 전교생이 80여 명이었어요. 당시에 사람들이 교육이 없어 나라가 망한다니까 남강 선생이 정주에 승천재라는 커다란 집을 얻어서 소학교까지 겸해서 했어요. 이게 다 호랑이 담배 먹던 시절의 일이었다니까요."

오산학교에서는 이 나라 여러 곳에서 유학을 온 학생들이 합숙을 하였다. 현대식 기숙사가 아니라 한옥이었다. 류영모는 1회 졸업생이 될 김여제(金輿濟), 이인수와 셋이서 한 방을 썼다. 류영모는 교사였지만 나이는 그들과 비슷비슷하였다.

류영모는 수학·물리·화학·천문학을 가르쳤다. 류영모가 가기 전에는 춘원 이광수가 과학을 담당하고 있었다. 류영모는 이렇게 말하였다. "내가 정주 오산학교에 갔을 때 춘원도 있었어요. 그런데 춘원이 작문이나 일어를 가르친 것이 아니라 물리와 화학을 맡았어요. 거기에 교과서라는 게 보성관에서 번역해서 냈다는 물리 책이라 요즘 교과서에 비하면 물리 책이 아니라 한문 교과서라 할 만큼 한자투성이였어요."

류영모는 그때 정주군 연합체육대회를 열었던 일을 이렇게 말하였다.

오산학교 1회 졸업 기념 사진(1910년 12월). 둘째 줄 왼쪽에서 두 번째가 20살의 류영모다.

"그때 사람들이 교육이 없어 나라가 망한다니까 골골마다 학교를 세웠어요. 이렇게 해서 문을 연 학교가 정주에만도 70여 군데가 되었어요. 학교만 섰지 학생 수는 많을 수가 없었어요. 70여 학교가 모여서 대운동회를 하는데 교기를 드는 기수 빼고 나팔수 빼고 북을 치는 고수를 빼고 나니 운동할 생도가 있어야지요. 말하면 뭘 해요. 교인(校印)에 '갈 지(之)' 자를 '위 상(上)' 자로 보고 모모 상교라 읽었던 시절이었어요. 지금 사람들이 들으면 모두 우스운 이야깃거리예요."

그러면서 류영모는 한마디 더 하기를 잊지 않았다. "그때 비록 석기 시대이지만 석기 시대에 돌로 철기 시대의 기구를 만들었어요."라고 하였다.

류영모는 오산학교에 가르치는 선생으로 갔기 때문에 오산학교 출신이라고는 하지 않는다. 그러나 사실 류영모는 오산학교에 가서 가르친 것 이상으로 배웠다. 이것을 교학상장(敎學相長)이라 한다. 그런 뜻에서는 류영모도 오산학교 출신이라고 할 수 있다. 정주 오산학교는 이 나라의 병든 민족 정신을 치유하는 '베데스다 못(요한 5:2)'이 되었다. 오산학교에서 배웠든지 가르쳤든지 오산학교를 거쳐 간 이는 누구나 오산의 정신을 이어받아 순수한 단군의 자손이 되었다. 이러한 뜻에서 여준·신채호(申采浩)·윤기섭(尹琦燮)·류영모·조만식(曺晩植)·김억(金億)·염상섭(廉尙燮) 등도 틀림없는 오산의 동문이라 할 수 있을 것이다.

오산학교는 그저 2세를 교육하는 중학교가 아니었다. 일제 식민지 아래에서도 민족 정신의 성화가 꺼지지 않고 불타 오른 민족의 성지(聖地)였다.

남강 이승훈

南岡(남강)이 무엇인고 誠(성)이요 熱(열)이로다.
岡(강)이요 直(직)이러니 義(의)시며 信(신)이시라.
나갈 젠 斷(단)이면서도 그저 謙(겸)이시더라.

一千年(일천 년) 묵은 동산 가꾸잔 큰 뜻 품고.
늙을 줄 모르는 맘 어디 가 머무느냐.
荒城山(황성산) 푸른 솔 위에 萬古韻(만고운)만 높았네.
(함석헌)

여준, 신채호와의 만남

류영모는 이렇게 말하였다. "세상은 오산학교를 세운 것이 남강이라지만 사실은 여준 씨하고 같이 했어요."(《올다이제스트》 1964년 12월호) 이것은 대단히 중대한 사실이다. 이승훈이 어떻게 여준을 알게 되었는지 확실히 알 수 없다. 여준은 도산 안창호가 만든 항일(抗日) 애국 비밀 단체인 신민회의 중요 임원이었다. 그렇다면 도산 안창호가 여준을 남강 이승훈에게 소개한 것이 틀림없다. 남강이 도산에게 학교를 열겠다는 말과 함께 "나는 무식하여 학교에 대해 잘 모르겠으니 학교를 이끌어 갈 만한 사람을 보내주시오."라고 요청하였을 것이다. 그러자 도산이 적임자라고 생각한 여준에게 "남강이 학교를 한다니 가서 도와주시오."라고 부탁하였을 것이다. 여준이 오산학교에 개교 초기부터 와 있었던 것은 이렇게 설명할 수 있을 것이다.

류영모는 여준의 고향이 양주(楊州)이며 인천에서 살았고 여운형(呂運亨)과 친척이며 오산학교에 올 때 많은 책을 가지고 왔다고 하였다. 류영모는 여준이 가지고 온 책을 마음껏 읽을 수 있었다.

1862년 생인 여준은 남강보다 2살 위였다. 요즘 말로 하면 남강 이승훈은 오산학교의 하드웨어를 마련하였고, 시당 여준은 소프트웨어를 마련하였다고 할 수 있을 것이다. "군자 두 사람이 한마음이 되면 그 날카롭기가 쇠를 끊을 수 있고 한마음의 말은 그 내음이 난향처럼 향기롭다(二人同心其利斷金 同心之言其臭如蘭)."(《주역》 계사전 상)라고 하였다. 이승훈과 여준이 합심하여 오산학교를 세웠으니 오산학교가 훌륭한 학교가 되지 않을 수 없었을 것이다.

이승훈의 전기를 쓴 김기석(金基錫)은 류영모를 여러 차례 찾아와서 남강에 관한 이야기를 듣고 갔다. 김기석은 여준에 관해서 이렇게 썼다. "남강과 함께 오산학교의 정신적인 기둥이 된 이가 여준이었다. 여준의 호를 시당(是堂)이라고 하였다. 오산학교의 품격과 교풍(校風)은 모두 시당으로부터 우러나왔다. 학교 편제, 시간표, 교가, 기숙사 생활, 동문회 조직,

시당 여준(왼쪽)과 단채 신채호(오른쪽). 시당과 단재로 인해 류영모는 기독교 이외의 종교와 경전에 관심을 두게 되었다.

학생들의 토론회 등 시당의 손을 거치지 않은 것이 없었다. 이승훈에게 남강이라는 호를 지어드린 것도 시당이고 학생들에게 참된 얼을 불어넣은 것도 시당이었다. 오산학교를 세운 뒤 여기에 많은 인물들이 모여 하늘의 성좌(星座)를 이루었거니와 그 가운데서 빛나는 별은 언제나 남강과 시당이었다. 남강과 시당은 나이도 비슷한 동년배였다."

1910년 봄 단재(丹齋) 신채호는 국외로 망명하는 길에 오산학교에서 얼마간 묵었다. 그때 시당과 단재는 한방에서 기거하였으며 시당이 단재에게 반말을 썼다. 단재는 1880년생으로 1910년에는 30살이었다. 시당은 48살이었으므로 단재보다 18살 위였다. 그때 일을 춘원 이광수는 이렇게 썼다. "그때 단재는 〈대한매일신보〉 주필로 문명(文名)이 높았으므로 오산에서는 직원과 학생 합하여 단재의 환영회를 열었다. 그때에 단재를 소개하고 그의 약력을 말한 이가 여준 씨요, 나는 그를 환영하는 인사를 하였다. …… 단재는 오산에 머무는 동안 시당 여준 선생 방에서 동거하였다. 시당은 단재보다 18년 연장이어서 단재에게는 반말을 하였으나 심히 경애하였다. …… 단재는 세수할 때 고개를 숙이지 아니하고 뻣뻣이 선 채로 두 손으로 물을 찍어다가 바르는 버릇이 있었다. 그래서는 마룻바닥과 자기 저고리 소매와 바지 가랑이를 온통 물투성이로 만들었다. 우리는 단재가 세수하는 것을 큰 구경거리로 여겼다. 한번은 단재가 세수하는 것을 시당이 '에이, 응, 그게 세수하는 법이라고…… 고개를 좀 숙이면 방바닥과 옷은 안 젖지.'라고 쯧쯧 혀를 차는 것을 보고 단재는 '그러면 어때요.'라고 하고는 단재가 오산에 있는 동안 그 세수하는 법을 고치지 아니하였다."(《춘원 전집》, '단재 인상기')

춘원은 단재가 세수하는 모습을 '뻣뻣이 선 채로'라고 표현하였는데, 정말 단재가 서서 세수를 했느냐고 류영모에게 물었다. 류영모 대답하기를 "앉아서 세수를 하였는데 허리와 고개를 굽히지 아니하였어요."라고 하였다. '뻣뻣이 선 채로'가 아니라 '뻣뻣이 세우고'라고 하는 것이 정확한 표현이 되겠다. 시당이 단재의 경력을 소개하였고 단재에게 반말을 하였다는 것을 보면 시당과 단재는 그전부터 아는 사이인 듯하다. 그렇지 않으면 아무리 나이 차이가 18살이나 된다 하여도 초면에 말을 놓기는 어렵다. 더구나 그때 이미 신채호는 춘원의 말대로 〈대한매일신보〉의 주필로서 필명이 크게 알려져 여준보다 더 유명한 인물이었다.

류영모는 남강 이승훈과 시당 여준을 어른으로 모셨다고 하였다. 류영모가 어른으로 모신 또 한 분은 삼성 김정식이다. 그러나 삼성 김정식과 남강 이승훈은 나름대로 학문이 있었지만 류영모에게 사상적으로 깊은 영향을 줄 수는 없었다. 류영모가 교회주의 일변도에서 다른 종교의 경전인 불경과 《노자》를 보게 된 것은 시당 여준의 영향이다. 거기에 단재 신채호가 도움을 주었다. 단재도 사학자라 종교에도 조예가 깊었고 더구나 대종교(大倧教)에까지 인연을 맺고 있었다.

"대인을 만나는 것은 이롭다(利見大人)."라고 《주역》에서 말하였다. 류영모에게 1910년은 이견대인의 해였다. 류영모는 20살의 나이였으니 알맞은 때 대인을 만난 것이다. 20대에 대인을 만나는 것이 가장 좋고 늦어도 30대에 만나야 한다. 그래야 사람으로서 뜻을 세움에 크게 도움이 된다.

류영모가 오산학교에 교사로 부임하였을 때, 신채호와 함께 윤기섭도 머물고 있었다. 여준, 신채호, 윤기섭은 모두 도산 안창호가 만든 비밀 조직인 신민회 회원들이었다. 물론 남강 이승훈은 신민회 평안북도 책임자였다. 그러니 신채호와 윤기섭 등이 오산학교에 찾아온 것은 너무도 자연스러운 일이다. 그런데 이번에는 3년 전 개교 때부터 남강을 도와 학교를 꾸려 오던 여준도 떠나게 되었다. 안창호의 지시가 있었을 것이다. 안창호는 이미 일제의 조각(組閣) 위촉을 거절하고서 1910년 4월에 국외로 탈출해 블라디보스토크로 갔다. 신민회는 안창호가 1907년 4월에 미국에서 돌아와 이갑, 전덕기, 양기탁, 안태국, 이동녕, 이동휘, 조성환, 신채호, 노백린 등과 함께 만든 독립운동을 위한 비밀 결사체이다. 신민회의 사업은 정치·교육·문화·경제 각 방면으로 진흥 운동을 전개하여 독립을 쟁취할 수 있는 실력을 기르는 것을 목적으로 삼았다. 남강이 오산학교를 세운 것도 신민회 사업 가운데 교육 분야에 해당한다.

그런데 1910년 국치를 당할 것이 확실해지자 나라 안에서는 도저히 독립운동을 지속할 수 없다는 것을 알고 서간도를 독립운동의 거점으로 삼아 신한촌(新韓村)을 건설하기로 하였던 것이다. 오산학교에 머물던 여준, 신채호, 윤기섭도 신한촌 건설 계획에 따라 오산을 떠났다. 아마 1910

년 연말까지는 서간도에서 모이기로 되어 있었던 것 같다. 그래서 추운 12월에 만주로 떠난 것이다. 세 사람이 함께 떠나지 않고 며칠 간격으로 여준이 떠나고 신채호가 떠나고 마지막으로 윤기섭이 떠났다. 윤기섭이 떠날 때는 몹시 추워 류영모는 서울에 있는 어머니가 지어 보낸 솜두루마기를 그에게 입혀주었다. 어머니가 정주는 북쪽이라 춥다고 일부러 지어 보낸 솜두루마기였다. 류영모가 그들과 함께 지낸 지는 석 달이 채 못 되었다. 서울의 양기탁은 일제의 경찰에 발각되어 서울을 떠나지 못하였다. 서간도에 모인 사람들은 이금영, 이동녕, 여준, 이세영, 윤기섭 등이었다. 그들은 경학사(耕學社)를 조직하고 신흥무관학교를 세워 만주에서 본격적으로 독립운동을 시작하였다. 이때가 1911년 봄이었다.

여준은 간도에 동흥학교를 세워 그곳에 사는 교포들의 자녀들을 가르쳤다. 간도의 오산학교인 셈이다. 또한 여준은 항일 독립운동 단체인 정의부(正義府)를 조직하여 독립운동을 전개하였으며, 김좌진, 유동열 등 39인과 더불어 1918년 간도(東三省)에서 대한독립선언서를 발표하였다. 여준은 1928년에 지청천, 이동녕 등과 한국독립당을 창당하였으며, 상해임시정부 휘하 서로군정서(西路軍政署)의 부독판(副督辦)으로서 길림성 일대의 독립운동을 지휘하였다.

윤기섭은 이회영의 신흥무관학교 설립을 도왔으며 교장으로서 독립군 양성에 이바지하였다. 이어 1919년 4월에 상해에서 수립된 대한민국임시정부에 참여하여 국무원의 국무총장과 의정원의 의장을 맡아서 조국 광복을 위하여 군사 활동과 의정 활동을 하였다.

윤기섭은 1946년 2월에 광복된 조국으로 돌아왔다. 그러나 여준은 끝내 조국의 품으로 돌아오지 못하였다. 1921년부터 일본군이 당시 중국의 군벌이었던 장쭤린(張作霖)을 회유하여 남만주 일대에서 활약하던 조선 독립군을 무자비하게 토벌하였다. 정확한 일시는 모르나 여준은 외아들 운철(運喆)을 일본군에게 잃고 아내마저 죽자 늙고 병든 몸을 지탱하기조차 어려운지라, 장백산맥의 한 골짜기에 있는 집에 불을 지르고 아내의 주검과 나란히 누워 스스로 생화장을 하였다고 한다. 그때가 1932년, 그의 나이 70살이었다. 국경일에 반드시 추념해야 할 순국의 지사이다.

광복된 조국에 돌아온 윤기섭은 류영모와 반갑게 다시 만났고, 솜두루마기 이야기도 하였다. 윤기섭은 이후 서대문구에 출마하여 국회의원에 당선되어 임시정부가 아닌 대한민국 정부에서 의정 활동을 하게 되었다. 그러나 기구한 운명인가 6·25전쟁 때에 북한 인민군에게 납북되어 그곳에서 일생을 마쳤다.

북한 고위 관리를 지낸 신경완(申敬完)의 증언으로 비밀에 싸였던 윤기섭의 생활을 알게 되었다. 윤기섭은 납북된 인사 조소앙, 조완구, 안재홍, 엄항섭, 현상윤, 손진태, 백관수 등과 함께 줄곧 북한공산당에 저항하였다. 유일한 저항 수단은 단식투쟁이었다. 김일성은 이들을 회유하여 공산당원으로 만들어 그들의 정통성을 김일성 자신을 뒷받침하는 후광으로 활용하고자 하였으나 뜻을 이루지 못하였다. 북한에서 억류 생활을 하면서 공산당원이 안 되었다면 지조를 훌륭하게 지킨 것이다. 윤기섭은 1959년 2월 말경 숨지기 전에 문병 온 사람들에게 이렇게 유언했다고 한다. "통일을 못 보고 가는 것이 한(恨)이다. 남부끄럽지 않게 살다가 죽었다는 것을 후세에 전해주시오. 70 평생에 모든 것을 나라의 독립과 통일의 제단에 바쳤건만……."

1988년에 윤기섭에게 건국훈장이 추서되었고, 1993년 김영삼은 대통령이 된 첫해 3·1절에 윤기섭의 부인인 76살의 박정심(朴貞心)을 찾았다.

공자가 이르기를 "철이 추운 다음에야 소나무·잣나무 잎이 뒤에 지는 것을 알게 된다(歲寒然後 知松柏之後凋也)."(《논어》 자한편)고 하였다.

오산학교에 기독교를 전파하다

　남강 이승훈은 빈 몸과 맨손으로 자수성가한 사람이다. 그것도 동가식서가숙(東家食西家宿)하는 장돌뱅이로 돈을 번 사람이다. 어릴 때 서당을 좀 다녔으나 유학을 깊이 공부할 겨를이 없었고, 관서 지방에 기독교가 일찍 들어왔으나 예수에 관심을 둘 겨를이 없었다. 남강 이승훈은 무종교로 살아왔다. 종교가 있었다면 돈을 벌어야 한다는 물신(物神) 배금(拜金)의 신앙이었다고 하는 것이 정확할 것이다.
　스티븐 호킹(Stephen William Hawking)은 우주의 탄생을 특이점(特異點)으로 설명한다. 이제까지 우주 물질을 흡입하여 수축하던 것이 일정한 한도, 곧 특이점을 지나면 반대로 폭발 확산하면서 새 우주를 형성한다는 것이다. 사람도 자기를 위하여 한없이 재산을 끌어모으다가 어느 때 가서는 모은 재산을 전체(나라나 인류)를 위하여 버리게 된다. 이것을 인격상의 특이점이라 할 수 있을 것이다. 이것을 노자는 "돌이키는 것은 얼의 움직이라(反者道之動)."(《노자》 40장)라고 하였다.
　남강 이승훈에게 이러한 특이점의 전환이 일어난 순간이 1907년 평양에서 도산 안창호를 만난 때이다. 그때 남강은 43살이었다. 그러나 무슨 신앙적 동기가 있었던 것은 아니다. 도산 안창호는 종교인이 아니다. 도산 안창호와 백범 김구는 여러 종교와 접촉이 없었던 것은 아니나 종교는 목적이 아니라 수단이었다. 나라의 독립을 회복하는 나라 사랑이 그들의 신앙이었다. 안창호는 경신학교의 전신인 민로아학당에서 3년 동안 공부하였다. 선교사들이 세운 학당이요, 선교사들이 가르쳤다. 그러나 안창호에게는 나라 사랑이 예수 사랑보다 앞섰다. 선교사 밀러나 게일은 이 점을 못마땅하게 생각하였다. 도산에게 일본인 검사가 앞으로도 독립운동을 하겠느냐고 물었을 때 "나는 밥을 먹는 것도 민족을 위해서 먹고 잠도 자는 것도 민족을 위해서 잔다. 그러니 앞으로도 민족을 위해서 일할 것이다."라고 대답하였다. 그러므로 남강이 도산에게 배우고 본받은 것은 나라 사랑이었지 종교 신앙은 아니었다.

남강의 오산학교 개교식사는 이러하였다. "지금 우리나라 형편은 날로 기울어 가는데 우리가 그저 앉아 있을 수 없다. 우리의 선조들이 살던 땅, 우리가 자라난 고향을 원수인 일본인에게 내맡긴다는 것이야 차마 할 수 있을 것인가. 나라를 지키자면 총을 든 사람, 칼을 갈 사람도 있어야 할 것이다. 그러나 그보다도 더 중한 것이 무엇이냐 하면, 우리가 세상일이 어떻게 돌아가는 것인지를 모르고 있으니 사람들을 깨우치는 것이 제일 급선무다. 우리는 일본 사람을 나무랄 것 없다. 우리가 못생겼으니까 이러한 푸대접을 받는 것이 아니냐. 옛날 성인의 말씀대로 '인필자모연후인모지(人必自侮然後人侮之)'라 하지 않았는가. 내가 오늘날 이 학교를 세운 것은 후진을 가르쳐 만분의 일이라도 나라에 도움이 될까 하여 설립한 것이니 오늘 이 자리에 7명의 학생밖에 없는 것이 유감이나 이것이 차츰 자라 70명, 700명에 이르도록 왕성할 날이 머지않아 올 줄로 믿는 바이니 여러분은 일심 협력하여주기 바란다."

이승훈의 이 연설은 거의 도산 안창호에게 들은 것을 골격으로 하고 있다. 안창호의 연설문과 비교하면 그 사실을 알 수 있다. 자신이 존경하는 사람을 본받는 것은 자연스러운 일이다. 분명한 것은 남강의 개교식사에는 기독교의 냄새가 전혀 안 난다는 사실이다. 오직 인용된 말은 맹자의 말인 '인필자모연후인모지'가 있을 뿐이다. 이 말도 도산이 자주 입에 올린 말이다. 어떤 이가 논문에서 주장하기를 남강 이승훈은 류영모가 오산에 오기 전에 이미 기독교 신자였다는 것이다. 그 근거로 남강이 일제의 경찰에게 취조당할 때 진술한 내용을 기록한 신문조서를 대었다. 남강이 취조받으면서 자신이 기독교 신자가 된 연도를 잘못 말했을 것이다. 류영모는 그런 중대한 사실을 거짓으로 증언할 사람이 아니다.

그런데 1930년 5월 3일에 치러진 남강 이승훈의 동상 제막식 때 남강이 한 인사말은 이러하였다. "내가 오늘날까지 온 것은 내가 한 것이 조금도 없습니다. 모두 하느님이 나를 그렇게 만들었습니다. 여러분이 아시는 대로 나는 불학무식(不學無識)합니다. 나는 이 뒤에 선 동상과 같은 사람입니다. 아무것도 아는 것이 없으나 하느님이 나를 이렇게 끌어서 오늘까지 왔습니다. 참으로 하느님이 나를 이렇게 하도록 지시하시며 도우신 것입니다." 이 인사말을 한 지 5일 뒤인 1930년 5월 8일에 남강은 세상을 떠났다. 제막식의 인사가 고별사가 되었다. 개교식사와 고별사를 비교하면 그야말로 천양지차가 있다. 고별사에는 이승훈이 하느님을 믿는 독실한 신앙인임이 잘 드러나 있다.

남강에게 기독교 신앙을 전한 것은 류영모이다. 류영모가 오산학교에 왔을 때, 그는 기독교 신자가 된 지 6년째여서 교회 신앙에는 완전히 익숙해 있었다. 류영모는 오산학교 교사로 부임한 첫날부터 수업에 들어가기 전에 학생들에게 머리를 숙이라고 하고는 다같이 기도하자고 하였다. 서울에서 온 5척 단구인 청년 교사의 뜻밖의 요구에 학생들은 어리둥절하였다. 학생들은 서로 얼굴을 쳐다보면서 눈치만 살피다가 끝내 고개를 숙이지 않았다. 류영모는 혼자서 기도를 하였다. 이렇게 한 지 일 주일 만에 학생들도 선생의 말에 따라 고개를 숙이고 기도를 하였다. 류영모의 왜소한 풍모와는 달리 그의 놀라운 학문 실력이 뒷받침되었기에 가능했던 일이다.

그리하여 하루하루 학생들의 생활 태도가 달라져 갔다. 이것을 유심히 지켜보는 이가 있었으니 바로 학교를 세운 이승훈이었다. 이승훈은 학문과 신앙을 함께 가르치는 것이 교육적인 효과가 크다는 것을 목격하게 되었다. 아니, 남강의 마음속에 잠자고 있던 하느님을 향한 그리움이 눈 뜨고 싹트게 되었다. 그리하여 이승훈의 택선(擇善)의 열성이 신앙의 길로도 가속도를 내기 시작하였다.

예수가 말하기를 "어떤 여자가 누룩을 밀가루 서 말 속에 집어넣었더니 온통 부풀어올랐다. 하늘 나라는 이런 누룩에 비길 수 있다."(마태오 13:33)라고 하였다. 류영모가 오산학교에 옮긴 기독교 신앙은 오산학교를 달라지게 만들었다. 오산학교 설립자인 남강 이승훈이 쉽게 기독교를 받아들인 이유를 김기석은 이렇게 분석하였다. "남강은 한학(漢學) 공부를 많이 해서 유교에 깊이 젖은 것도 아니고, 명문호족에 속하여 보수 전통에 빠져 있던 것도 아니며, 어려서부터 장삿길에 나서서 온갖 신고(辛苦)를 맛보면서 자유로운 공기 속에서 여러 사람들을 만나고 여러 고장을 다녔다. 그러면서도 그가 일찍 그리스도 복음에 접하지 못한 것은 어려서는 생계에 골몰하였고, 자라서는 바깥 세계를 지나치게 경계해 왔기 때문이다."(김기석,《남강 이승훈》)

남강 이승훈이 쉽게 기독교를 받아들인 까닭은 또 있다. 그것은 평양에 대성학교를 세운 도산 안창호의 영향이다. 오산학교보다 늦게 세워졌지만 안창호가 평양에 직접 설립하고 운영하는 대성학교를 남강은 본받고자 하였다. 그리하여 수시로 대성학교를 찾아 학교를 살피고 또한 안창호를 만났다.

　대성학교는 학교 안에 기독교 성서연구회를 두었다. 매주 수요일 방과 후 신민회 총무이며 목사인 전덕기가 성서 연구 모임을 지도하였다. 때로는 미국인 선교사들을 초청하여 설교를 들었다. 학생들에게 일요일에 교회에 나가는 것을 권장하였다. 안창호 자신도 교회에 나가는 것이 나쁠 것 없다는 생각을 했다. 그러나 그 자신이 철저한 교회 신자는 아니었다. 우리나라 개신교에서는 신도의 기본적인 몸가짐으로 술과 담배를 멀리하는데 안창호는 죽을 때까지 담배를 끊지 못하였다. 이승훈은 안창호가 기독교를 대하는 태도를 잘 알고 있었을 것이다. 그러므로 이승훈은 기독교에 대한 경계심이 없었을 뿐 아니라 관심을 보이기 시작하였다. 그런 때에 류영모가 나타난 것이다.

　류영모를 통해 기독교를 알게 된 학생들의 태도가 달라지는 것을 보고 이승훈 자신이 먼저 기독교를 믿기로 결심하게 되었다. 이승훈은 평양에서 유명한 산정현(山亭峴)교회의 한석진 목사를 찾았다. 이왕 예수를 믿으려면 교회 목사를 통하여 올바르게 믿어야겠다는 생각이었다. 류영모는 아들뻘 나이에다가 평신도에 지나지 않았기 때문이다. 이승훈은 한석진 목사의 '십자가의 고난'이란 제목의 설교를 듣고 그 자리에서 예수를 믿겠다고 신앙 고백을 하였다. 이승훈은 누구보다 고난의 삶을 살아왔기 때문에 예수의 고난을 누구보다도 실감할 수 있었다. 이승훈은 자신에게 주어진 십자가를 지고 예수의 뒤를 따라 골고다 언덕길을 오르기로 결심하였다. 이때가 1910년 12월이었다. 류영모가 오산학교에 온 지 석 달째요 나라가 멸망한 지 넉 달째였다.

　산정현교회에서 예수를 믿기로 한 이승훈은 정주에 돌아와서 오산학교 교직원과 학생들을 비상소집하였다. 교단에 올라선 남강은 자신이 오늘부터 예수를 믿기로 하였으니 그리 알라고 하였다. 그리고 앞으로 오산학교는 기독교 정신을 교지(教旨)로 삼겠다고 말하였다. 오산학교가 개교한 지 3년 만에 대변혁이 일어난 셈이다. 유생(儒生)들인 양반들에게 눌려 지내던 이승훈에게는 놀라운 변화가 아닐 수 없다. 이승훈으로 하여금 예수께 달려가게 한 주요 동기로 조선 왕조의 패망이 태양의 인력처럼 작용하고 있었다는 사실을 간과할 수 없다.

이승훈은 우선 교실을 예배 장소로 쓰게 하였다. 오산학교가 있는 정주에는 아직 교회가 없었다. 학교에 교목이 없어서 류영모가 주로 예배를 인도하고 설교를 하였다. 뒤에는 춘원 이광수도 예배를 인도하고 설교하였다. 이승훈은 예배에 빠짐없이 참석하였다. 그때 류영모가 학생들에게 들려준 요한복음 강의는 학생들에게 큰 감동을 주었다. 그리하여 류영모의 요한복음 강의와 냉수 마찰은 오산학교 초기의 신화가 되어 전해 내려왔다. 12년 뒤에 함석헌이 오산학교에 다닐 때에도 그 이야기가 전해 오고 있었다. 그 사실을 확인하고자 류영모에게 물어보았다. 요한복음 강의에 관해서는 언급하지 않고 냉수 마찰에 관해서만 한마디 하였다. "나는 젊어서부터 차게 살았어요. 20살에서 22살 때까지 평북 정주에서 살았는데 그때 꽁꽁 언 얼음 위에서 냉수 마찰을 하고 찬물을 끼얹었어요. 그때부터 나는 감기라고는 안 걸렸어요."

이승훈은 학교에 교회를 짓기로 하였다. 거의 학생들의 힘으로 나무를 베고 나르고 하여 두 달 만에 완공하였다. 오산학교 학생들은 자신들의 피와 땀으로 지은 교회에서 지성으로 기도를 올렸다. 이 하루를 살게 해주신 하느님께 감사와 기쁨의 눈물을 흘리기도 하고, 조국의 운명을 생각하며 한탄과 슬픔의 눈물을 흘리기도 하였다. 류영모가 처음 왔을 때, 수업을 시작하기 전에 머리 숙여 기도하자고 하여도 머리를 숙이는 학생

3장 오산학교 교사 **119**

이 한 사람도 없었던 때와는 아주 달라진 것이다.

일본에서 장로교 계통의 교회가 세운 메이지학원(明治學院) 중학부를 졸업한 춘원 이광수는 이미 성경도 배웠고 예배의 경험도 있었다. 그러나 아직 정신적으로 방황하고 있었다. 그리하여 이승훈이 이광수를 달래느라 애를 썼다. 오산학교에서 이광수가 톨스토이의 《요약 복음서》를 가지고 설교를 하였다는 것은 중요한 사실이다. 류영모에게 춘원의 이야기를 물으면 좀처럼 입을 열지 않았다.

큰 사람 남강 이승훈

류영모를 오산학교에 보내어 이승훈에게 예수의 진리 정신과 희생 정신을 가르치게 한 것을 생각하면 신기하기만 하다. 하느님의 섭리라고 말할 수밖에 없다. 이승훈이 아무리 각고(刻苦)의 삶을 살아 강인한 정신이 있었다 하더라도 하늘이 주는 신앙에서 오는 힘이 없었다면 성난 파도처럼 잇달아 덮쳐 오는 가혹한 시련을 이겨내기 어려웠을 것이다.

류영모가 오산학교에 예수의 복음을 전한 지 세 달 만에 남강이 기독교 신자가 되었고, 기독교 신자가 된 지 세 달 만에 수색역에 도착한 서울행 기차 안에서 일본 헌병과 경찰의 합동 검문에 걸려 체포되었다. 남강의 수첩에서 안중근의 사촌 동생인 안명근(安明根)의 명함이 나왔기 때문이다. 안명근은 서간도에 신흥무관학교를 세울 자금을 모으다가 1910년 12월에 이미 체포된 상황이었다. 그리고 안명근과 함께 총독을 암살하려고 군자금을 모았다는 혐의를 받아 김구, 김홍량(金鴻亮), 이승길(李承吉), 김용제(金庸濟), 최명식(崔明植), 도인권(都寅權) 등도 구속되었다. 이 사건을 '안명근 사건' 또는 '안악(安岳) 사건'이라 한다. 남강은 직접 가담한 것이 아니어서 비교적 가벼운 제주도 유배형 2년을 선고받았다.

이승훈은 제주도 유배형이 끝나기도 전에 '105인 사건'에 연루되어 또다시 재판을 받았다. 데라우치 마사타케(寺內正毅) 총독을 암살할 음모를 꾸몄다는 죄목이었다. 당시 경무총감이던 아카시 모토지로(明石元二郎)가 날조한 사건이었다. 이승훈은 '105인 사건' 재판에서 10년 형을 선고받고 1915년 2월 가석방으로 풀려날 때까지 5년 동안 감옥살이를 하였다. 그러고는 1919년 3·1운동 때 민족 대표 33인의 한 사람으로 재판을 받아 3년 동안 감옥 생활을 하고 1922년 7월에야 출옥하였다. 33인 가운데 맨 마지막 출옥이었다. 이는 이승훈이 3·1운동에서 주동 역할을 하였다는 증거이기도 하다.

일제 강점기의 감옥이란 말 그대로 지옥살이였다. 단지 나라와 겨레를 사랑한다는 이유로 죄 없는 조선 사람들이 최악의 생활 조건에서 가혹한 시련을 겪었다. 도산 안창호를 비롯한 수많은 애국지사들이 감옥에서 죽어 갔다.

그런데 남강은 옥고를 치르고 나면 더 싱싱하고 당당한 모습으로 나타났다. 이것이야말로 기적 같은 일이었다. 천부(天賦)의 체력과 인고의 생애와 불굴의 애국과 일신(日新)의 신앙이 가져온 기적이었다. 감옥일지라도 하느님과 함께면 천국임을 남강이 보여준 것이다. 이승훈은 감방에서도 새벽에 일어나 기도하고 날이 밝으면 성경을 읽었다. 간수들이 시키는 노끈 꼬기, 봉투 붙이기 따위의 일도 성실히 하였다. 감방 청소도 스스로 맡아서 하였는데 어렸을 때 임일권의 방을 청소한 것처럼 깨끗이 하였으며, 감방 안의 다른 죄수들을 위로하고 격려하였다. 이승훈은 감옥에서도 하느님 사랑과 이웃 사랑의 신앙 생활을 훌륭하게 하였다.

이승훈은 그의 감옥 생활을 이렇게 회고하였다. "감옥에서 어떻게 그리

기쁜지 몰랐어요. 하느님 당신께서 내 머리 위에 계신 것 같았어요. 여섯 사람 가운데 내가 가장 초심자인 모양인데 제일 위로를 받은 것 같아요. 내가 성경을 가까이하기는 감옥에서였다오. 마침내는 감옥이 조금도 괴롭게 생각되지 아니하였어요. 젊은 사람들도 다 싫어하는 감방의 똥 청소를 자진하여 도맡아 했어요. 손으로 똥을 치우며 기도하기를 '주여 감사합니다. 바라건대 이 감옥에서 나가는 날이 와서 바깥 세상에 나가서도 이 겨레를 위하여 이 똥통 소제할 때의 일을 잊지 말고 일하게 하여 주옵소서.'라고 하였다오. 감옥이란 이상한 데예요. 강철같이 강해져서 나오는 사람도 있고 썩은 겨릅대같이 푹 약해져서 나오는 사람도 있어요. 감옥이란 이상한 데예요." 이승훈은 감옥에서 구약성경을 20번 읽고, 신약성경은 100번을 읽었다고 자랑 아닌 자랑을 하기도 하였다.

남강 이승훈은 예수를 더 알고자 1915년과 1916년 사이에 평양신학교에 들어가 세 학기 동안 신학 공부를 하였다. 51살에 만학도가 되었으니 그 신앙의 열의는 가히 놀랍다고 아니할 수 없다.

1916년에 장로가 된 이승훈은 교회를 대표해 선천(宣川)에서 열린 노회(老會)에 참석하였다. 평북 노회를 대표해서 평양이나 서울에서 열리는 장로교 총회에도 참석하였다. 그것이 인연이 되어 기미년 3·1운동 때 기독교 대표의 한 사람이 되었다. 3·1운동 때의 이승훈의 활약은 그야말로 눈부셨다. 여러 일화 가운데서 종교계 대표들의 서명 순서에 관한 이야기는 그렇게 시원할 수가 없다. 독립선언서에 서명할 33인의 민족 대표는 결정이 되었는데 서명 순서를 놓고 옥신각신 떠들고 있었다. 서로 자기 종교의 대표를 맨 앞에 세우자는 것이었다. 그때 이승훈이 나타나 "순서가 무슨 순섭니까? 죽는 순서인데 아무나 먼저 쓰면 어떻습니까. 손병희를 먼저 써요."라고 말하자, 모두 두말없이 이승훈의 말을 따라 어려운 문제가 해결되었다. 남강의 큰 마음 그릇을 잘 보여준다.

이러한 일은 남강이 기독교 신자가 되지 않았다면 있을 수 없는 일이다. 오산학교에서 주기철(朱基徹), 함석헌, 김주항, 한경직(韓景職) 같은 종교인이 나올 수 있었던 것도 오산학교가 기독교 정신의 기조 위에 진리 사랑과 나라 사랑을 지향하였기 때문이다.

류영모가 인물에 관해서 글을 쓴 것은 꼭 세 사람뿐이다. 가장 먼저 쓴 것이 남강 이승훈이고 다음이 삼성 김정식이고 마지막이 호암(湖巖) 문일평(文一平)이다. 뒤의 두 사람은 돌아간 뒤에 쓴 추도문이고 살아 있는 사람에 관한 글은 남강 이승훈뿐이다. 남강이 58살일 때 32살이었던 류영모가 쓴 글이다. 그리고 8년 뒤에 남강이 세상을 떠났다. 류영모는 32살 때 오산학교 교장으로 재직하고 있었다.

여름방학 때 서울 집으로 온 류영모는 최남선을 만났다. 그때 최남선이 류영모에게 남강 이승훈의 안부를 물었다. 그때는 이승훈이 3·1운동으로 3년이나 감옥살이를 하다가 가석방된 지 얼마 되지 않은 때였다. 1922년 7월 22일에 민족 대표 33인 가운데서도 맨 마지막으로 출감하였던 것이다. 최남선은 류영모에게 남강에 대한 원고를 청탁하였다. 그리하여 류영모가 남강 이승훈에 관한 글을 쓰게 되었다. 최남선은 그러한 경위를 알리는 소개의 글을 썼다. 그 소개의 말은 이러하다.

현대의 성도로 우리 눈에 보이는 이승훈 선생의 인격은 시하(時下) 조선이 가진 바 가장 귀중한 민족적 재산의 하나이다. 그 일생을 통하여 시현(示顯)된 조선인의 본질미는 그 자신이 훌륭한 시요, 음악이요, 또한 숭고 정정(整正)한 종합적인 예술이외다. 그 인격의 거울에는 우리의 미추(美醜)를 그대로 성찰하야 가장 귀중한 수양상의 암시를 얻을 수 있습니다. 그 행적 자국에서는 가장 정확한 인생의 궤범(軌範)을 발견하야 거둘수록 솟아나는 위대한 교훈을 받을 수 있습니다. 나는 선생을 뫼시고 지낸 지 짧지 아니한 세월에 그 일동(一動)·일정(一靜)·일어(一語)·일묵(一默) 사이에 진솔한 생명이 넘치는 무슨 한 가지의 계시를 받아 항상 큰 힘을 받자와 왔습니다. 더욱 최근 3년 동안 한 가지 철창 아래서 꾸준히 친자(親炙)하올 기회를 얻어 그 불용의(不用意)하는 지음의 진리파지력(眞理把持力)이 어떻게 강고하고 박후(博厚)하심을 더욱 깊이 감수하고 일층 정성스러운 인격의 탄미자(嘆美者)가 되지 아니치 못하였습니다. 하루는 선생의 일상 기우처(寄寓處)인 정주 오산학교에 교장으로 계신 외우(畏友) 류영모 군을 만나 이야기가 자연히 선생의 인격에 미침에 류 군이 그 허구(許久)한 관찰에 가장 진실한 감상을 베푸는데, 논지(論旨) 일일이 긍계(肯綮)에 당하야 감분(感奮)이 전심(轉心)하기로 일부러 그 어취(語趣)를 지어줍시사 하여 간략하나마 여기 게재하기로 하였습니다. 또 류 군은 선생의 인격과 그 행적에 대하여 가장 주밀한 조사와 엄정한 연구로써 후일 귀중한 문헌을 작성하기를 기도하는 터라 하더이다.(1922. 9. 2. 六堂生識)

육당 최남선의 글도 소개글만이 아니라 간략한 이승훈 평전이기도 하다. 류영모가 쓴 최초의 '이승훈전'은 최남선이 운영하던 출판사 신문관(新文館)의 이름을 동명사(東明社)로 바꾼 뒤에 낸 주간지 〈동명〉 제2호(1922년 9월 10일 발행)에 실렸다. 여기에 다 옮겨 싣지는 못하고 끝의 일부를 옮긴다.

만근(輓近) 거의 10년 기독교로 당신의 천품의 성격을 무애(無碍)히 발휘

할 제 그 전반생을 드려서 얻었든 부를 빈으로 바꾸되 맘에는 아무 옮김이 없고 뜻을 앗으려 하는 위무(威武)가 그침 없이 이르되 무슨 굴할 줄이 있었으리요. 덕이 높을수록 겸허하는 어른을 선생께 보았으며 고(苦)가 많을수록 안립(安立)하는 어른을 선생께 보았나이다. 희(噫)라 소위 지사(志士)·인인(仁人)을 자원한 형제들 가운데 평생에 단연맹(斷煙盟)을 몇 번 고쳐 한 기억이 있으며, 금주회(禁酒會)를 몇 번씩 다시 조직한 생각이 남았으며, 거짓말을 자경(自警)하기를 몇몇 번째 하다 둔 일이 있사옵니까. 오인(吾人)은 선생의 성격이 탁월하심을 우러러 접할 때마다 톨스토이 선생의 이성주의, 즉 철두철미로 참을 구하는 성격이 그 일평생을 자소지사(自小至死)토록 그 소위 전기(轉機)의 앞뒤를 막론하고 일관한 것과 같이 선생의 생애에도 종시일관(終始一貫)한 성자적 성격이 비치어 빛냄을 느끼나이다. 사람은 씨 도적은 못 한다는 속담도 있거니와 전기적 인물의 성격을 살필 때에는 사람이 성격을 사기할 수는 없다는 소리가 절로 나오는 것을 금치 못하노이다.(제11856일 1922. 8. 28. 류영모)

류영모는 이승훈을 톨스토이에 비교하였다. 류영모가 현대인 중에 가장 존경한 이는 톨스토이와 마하트마 간디였다. 남강 이승훈을 어느 정도로 존경하였는지가 이것으로도 짐작이 간다. 톨스토이도 참회하기 전에는 여느 사람들과 마찬가지로 도박·간음·싸움 등 온갖 죄악을 저질렀다. 이승훈도 장사꾼으로서는 성실하여 사람들로부터 신임을 얻었으나 술도 마시고 담배도 피우고 노름(골패)도 하고 혼외 여인도 건드렸다. 그것을 일시에 다 끊고 새 사람이 된 것을 류영모는 성자적 모습이라고 하였다. 그러나 사람은 관 뚜껑을 덮고서야 그 사람을 말할 수 있다고 하였던가? 남강은 만년에 병원에서 알게 된 젊은 간호사와 재혼을 하였고 끊었던 담배를 다시 피웠다. 류영모는 남강의 동상 제막식에 참석한 자리에서 남강에게 그렇게 한 이유를 물었다. 남강은 류영모에게 다른 변명은 없이 "잘못되었소."라고 하였다. 류영모가 말하기를 "남강 선생은 큰 사람임에는 틀림없다."라고 하였다.

오산학교의 빛나는 별들

류영모가 오산학교에 머문 기간은 그렇게 길지 않았다. 오산학교 교사로 처음 간 것이 20살 때인데, 2년 동안 머물렀다. 오산학교 교장으로 두 번째 간 것이 31살 때인데 1년 반 동안 머물렀다. 고당(古堂) 조만식이 오산학교 교단에 9년 동안 있었던 것에 비하면 짧은 기간이다. 그러나 류영모가 오산학교에 끼친 영향과 오산학교가 류영모에게 끼친 영향은 참으로 지대한 것이다. 그리하여 류영모를 빼고는 오산학교를 생각할 수 없듯이 오산학교를 빼고 류영모를 생각할 수 없다.

오산학교가 자리 잡은 정주는 도시도 아니고 명승지도 아니다. 오직 남강 이승훈의 인격적인 위력과 정신적인 자력(磁力)이 온 나라의 인재들을 끌어들였다. 그리하여 결코 크지 않은 오산학교에서 수많은 인재들이 나와 이 나라 각계에서 눈부시게 활동하였다. 유명인사들 가운데 '아 이 사람이 오산학교 출신이었구나.'라고 할 사람이 많다. 6·25전쟁 당시 육군에서 간부 후보생을 모집할 때도 오산학교 출신이라면 무조건 합격이었다. 그리하여 오산고등학교 전재현 교장을 비롯해 오산학교 출신 가운데 장성을 지낸 이가 의외로 많다. 오산학교 출신들이 사람들에게 신임을 받고 존경을 받는 것이 무슨 까닭인지는 불문가지(不問可知)다.

오산학교 출신의 명사들을 다 들 수는 없고 대표적인 인물만 들자면 일제 강점기의 순교자 주기철(朱基徹), 독립운동가 김홍일(金弘壹), 훌륭한 목회자 한경직, 예언자적 사상가 함석헌, 이 나라의 대표 서정 시인 소월 김정식(金廷湜), 천재 화가 이중섭(李仲燮), 언론계의 중진 홍종인(洪鍾仁), 의료계의 거인 백봉제(白鳳濟), 교육계의 큰 스승 김기석이 있다. 그밖에도 1910년 1회 졸업생에서부터 오늘에 이르기까지 별처럼 빛나는 인재들이 길다란 은하수를 이룬다.

류영모와 직접 관련이 있었던 오산학교 출신들이 몇 사람 있는데, 모두 류영모의 붓과 입에 오른 사람들이다.

김여제는 오산학교를 졸업한 뒤에 일본에 유학을 갔다. 김여제가 와세다 대학교 영문과를 졸업할 때 김여제, 최두선, 이광수, 현상윤이 우등생으로 뽑혀 일본 사람들을 깜짝 놀라게 하였다. 김여제는 상해임시정부에서 일하다가 미국에 가서 안창호와 함께 흥사단을 이끌었고, 한국에 돌아와서는 오산학교 교장을 지냈다. 류영모는 김여제가 사망하였다는 신문 기사를 읽고 그의 일기에 이렇게 적어놓았다. "흥사단 등산대 '물에 산에 서클' 지난 일요일 5백 회 돌파 15208호 조선일보 1970. 9. 16. 수요일 기사문 중에서 김여제(인하공대 교수를 지내다 68년에 작고) 이 글을 보니 68년에 작고하였다고 오산학교 사무실 박기선 씨 주지(住持) 접벽(接壁) 한간 방은 김여제·류영모·이인수 3인이 한 방안 살이로 거의 두 해 넘어 누었다 일었다 하므로 지났습니다. 이인수 씨는 여이신 지 30년도 더 되겠으나 김언(兄)이 이 류(柳) 앞에 뜨시단 말씀."

류영모는 오산학교 출신인 서춘과 김지환(金智煥)에 관한 이야기를 하였다. "서춘은 키가 작으나 나무토막처럼 단단하게 생겼어요. 김지환과 서춘은 둘 다 홀어머니의 외아들이었어요. 홀어머니라 살림이 어려워 오산학교 기숙사에서 지내며 선생들의 조석(식사)을 준비하는 것과 같은 학교 일을 하면서 어렵게 공부를 하였어요. 서춘은 공부한 뒤 혼인하여 어머니를 모시고 같이 살았는데, 김지환은 어머니를 모시고 같이 살다가 어머니가 다시 따로 나가서 장사하게 되어 함께 살지 못하였어요." 서춘은 오산학교를 마치고 일본의 동양대학교를 나온 뒤 문학 평론가로 활약하였다. 김지환은 3·1운동 때 독립선언서를 상하이에 전달하는 중책을 수행한 3·1운동 공로자 48인 가운데 한 사람이다. 김지환은 만년에도 이따금 류영모를 찾았다. "일천 김지환 씨 내방 적조(積阻)를 풀다. 친구지신화 억석상래정 (親舊知新話 億昔想來情)."(1965. 7. 22. 목) '친구에게 새 이야기를 알게 되고 지난 날을 추억하는 생각이 찾아오는 인정이다.'라는 뜻이다.

오산학교 출신인 의사 최태사(崔泰士)는 한 해에 한두 번씩은 꼭 류영모를 찾아왔다. 최태사는 장기려·송두용과 함께 무교회 신앙인들 가운데 세 사람의 선한 사마리아인이다. 그들은 가진 재산을 공익과 이웃을 위해 쓰고 자신들은 늘 검소하게 살았다. 최태사는 류영모가 오산학교 교장으로 있을 때 소학교 학생이었다. 류영모는 건강하여 병원에 가는 일이 없었으나, 부인 김효정은 그렇지 못하였다. 부인이 어딘가 불편하다는 말만 들으면 최태사는 가정의처럼 달려와 치료를 하였다.

오산학교 출신으로 류영모가 가장 아끼고 친밀하였던 이는 말할 것도 없이 함석헌이었다. 류영모는 오산학교에서 본 함석헌을 이렇게 말하였다. "두 번째로 오산학교에 갔지요. 그때 함석헌이 평양고등보통학교를 다니다가 오산학교로 왔어요. 그래 1년 동안을 같이 지냈지요. 그밖엔 같이 있어 본 적이 없어요. 나는 명색이 교장이었고 그는 졸업반 학생이었어요. 처음 보기에도 재주 있게 보였어요. 졸업반이라고 해봐야 몇 명 안 되었지만 함석헌은 박천규란 학생과 1, 2등을 겨뤘어요. 말도 잘했어요. 조

오산학교 개교기념일을 맞아 오산중·고등학교(현재 서울 용산구 보광동)을 찾은 류영모(1970년대).

리 있고, 이치에 닿는 말을 잘했어요. 운동회 가장행렬을 함석헌이 고안했다는 것만 보아도 재주가 있다는 걸 알 수 있지요."

서울 용산구 보광동에 세워진 오산중·고등학교에서 개교 기념 행사가 있을 때면 함석헌이 스승 류영모를 모시고 행사에 참석했다. 기념 자료실에 역대 교장의 한 사람으로서 류영모의 사진이 걸려 있는 것을 보았다.

남강 이승훈에게 기독교 사상이 없었다면 3·1운동의 민족 대표 33인 가운데 한 사람으로 기독교를 대표할 수 없었을 것이다. 오산학교에 기독교 사상이 없었다면 주기철, 김주항, 한경직, 함석헌과 같은 종교인들을 배출할 수 없었을뿐더러 오늘 우리가 아는 오산학교는 없었을 것이다. 그러므로 1910년에 오산학교에 기독교 신앙을 전파한 류영모의 공로는 지대하다. 아무리 높이 평가해도 지나치다고 할 수 없다. 그리하여 안창호가 점화한 오산학교의 민족 정신과 독립 정신은 예수의 진리 정신과 사랑 정신으로 승화되어 더욱 빛났다. 오산학교가 류영모를 잊을 수 없듯이 류영모도 오산학교를 잊을 수 없다.

그런데 류영모의 생각은 이와는 전혀 다르다. 자신이 오산학교에 기독교 신앙을 옮긴 것을 전혀 자랑으로 여기지 않을 뿐 아니라 오히려 부끄러움으로 여겼다. 이것은 류영모가 남다르게 겸손하여서 하는 말이 아니다. 거기에는 깊은 까닭이 있다.

"나는 공부를 안 했어요. 나는 16살(만 15살)부터 70살이 된 지금까지 50여 년 동안 성경을 읽었어요. 20대에 전도도 했어요. 지금 생각하면 멀쩡한 일이지요. 나는 사람을 가르치는 사람이 전도를 한다고 해서 듣고 배운 것 그대로 녹음기 노릇을 했지요. 내 생각으로는 정말 소학교 선생도 40살 이상이 된 사람이 지도하여야 될 줄로 알아요. 30살 전에 무슨 인생을 알아요? 인생은 인생을 알고서 지도하여야 해요."

이 말은 우리를 깜짝 놀라게 하는 중대한 발언이 아닐 수 없다. 류영모가 20대에 전도도 하였다고 말한 것은 20살에 오산학교에 기독교를 전한 것을 가리킨다. 그런데 지금 생각하면 뻔뻔스러운 일이라는 것이다. 선교사들한테 들은 것을 녹음기처럼 반복한 데 지나지 않는다고 하였다. 그리고 사람은 30살 이전에는 인생을 모르기 때문에 적어도 40살 이상이 되어서야 가르치는 자리에 서야 한다는 것이다. 이것은 어떤 의미에서는 청천벽력과 같은 소리다. 오산학교에 기독교를 전도한 것은 미성년 때의 일이니 원인 무효라는 말과 같기 때문이다.

그러면 류영모가 개종이라도 하였단 말인가? 그런 일은 없다. 오산학교 학생 예배 시간에 류영모와 번갈아 가면서 예배를 인도하고 성경을 가르친 춘원 이광수는 훗날 불교로 개종하였으니 그에게라면 그러한 말을 할 수 있을 것이다. 그러나 류영모는 개종한 일이 한 번도 없었다. 그리고 예수를 의중(意中)의 한 사람이며 한 분 선생이라고 하였다. 그러면 무엇 때문이란 말인가. 사도신경에 입각한 교의(dogma)를 인정할 수 없다는 것이다. 쉽게 말하면 교회의 정통 신앙이라는 바울로의 대속 교의를 믿지 못하게 되었다는 것이다.

류영모는 정통 신앙을 가진 이들이 들으면 싫어할 말을 거침없이 했다.

> 우리가 홀리지 말아야 해요. 무슨 신학, 무슨 신비, 무슨 철학이라 떠들지만 거기에 홀리지 말아야 해요. 여기서는 툭툭 털고 나서는 것뿐이에요. 하느님 아버지에게로 나아가는 것뿐입니다. 사람 숭배를 해서는 안 돼요. 그 앞에 절을 할 것은 참되신 하느님뿐입니다. 종교는 사람을 숭배하자는 것이 아닙니다. 하느님을 하느님으로 바로 깨닫지 못하니까 사람더러 하느님 되어 달라는 게 사람 숭배하는 이유입니다. 기독교를 믿는 이들은 예수만 그리스도라 하지만 그리스도는 예수만이 아니에요. 그리스도는 영원한 생명입니다. 절대유일(唯一, 하느님)을 아는 것, 절대유일에 붙들리는 이것이 영생입니다. 예수를 믿는다는 것은 십자가를 믿는다는 것이 아닙니다. 예수가 인간을 위해 십자가에 못 박혀 피 흘린 것을 믿으면 영생한다고 믿는 것은 나와 아무런 상관이 없어요. 이 사람은 예수를 믿는 집회는 안 가지는데, 나는 그럴 자격도 없기 때문입니다.

류영모가 그렇게 철저히, 그리고 열성으로 믿던 바울로의 대속 신앙을 버린 것이 언제부터인가? 류영모는 이렇게 말하였다. "내가 23살(만 22살) 때만 하여도 기독교를 전도하는 데 요한복음 3장 16절과 '십자가 못 박혀 흘린 보혈로써'라는 구절이 빠져서는 안 되는 줄로 알고 줄곧 외웠는데 지금은 달라지고 있어요."라고 하였다. 그러니 오산학교를 떠난 해인 1912년까지 정통 신앙을 가졌다는 말이며, 또한 같은 해에 정통 신앙을 버렸다는 뜻이기도 하다. 류영모는 오산학교에 정통 교회 신앙을 전하고 자기는 오산학교를 떠나면서 정통의 대속 신앙을 버렸다. 이것을 류영모가 걸어온 신앙 생활에서 아이러니라 할 것이다.

 필자가 류영모에게 교회에 안 나가게 된 까닭이 무엇이냐고 물었을 때 이렇게 대답하였다. "나를 보고 무엇을 마음에 얻은 것이 있느냐고 묻는 것인데, 나는 나대로 하느님 아버지를 사랑하는 속알(얼나)을 얻었다고 말할 수 있습니다." 류영모 자신이 얼나를 깨달아 타율 신앙에서 자율 신앙으로 옮겼다는 말이다. 하느님이 내 마음속에 계시는데 교회고 절간이고 찾아다닐 것이 없다는 말이다. 류영모가 구경(究竟)의 깨달음을 얻은 것은 30년 뒤인 52살 때이지만, 첫 깨달음을 얻은 것은 22살 때였다.

4장
도쿄 유학

톨스토이를 사숙하다

류영모는 이러한 말을 하였다. "나도 16살(만 15살)에 기독교에 입교하고 23살(만 22살)까지 십자가를 부르짖는 십자가 신앙인이었어요. 톨스토이나 나는 비정통입니다." 우리는 이 말에서 류영모가 22살까지는 정통 신앙을 따랐다는 것과 톨스토이의 영향으로 비정통 신앙을 따르게 되었다는 것을 분명히 알 수 있다. 류영모가 말한 대로 22살까지는 오산학교에서 교사로 지냈다. 오산학교를 떠나면서 정통 신앙이라는 정신적 허물을 벗어버린 것이다. 허물을 벗는 것은 정신 생명이 자랐다는 증거이다. 다시 말하면 타율적이고 맹목적인 믿음의 신앙에서 자율적인 깨달음의 신앙으로 바뀐 것이다.

류영모는 20살 때 오산학교에 와서 정통 신앙을 전파하였다. 그때는 아직 톨스토이를 몰랐거나 알았더라도 별로 영향을 받지 않았을 것이다. 그러나 당시는 세계적으로 톨스토이의 사상이 풍미하던 시기였다. 비교적 사상의 전파가 뒤늦은 우리나라에서도 1909년에 최남선이 자신이 펴내는 잡지인 〈소년〉에 톨스토이의 민화를 소개할 정도였다. 류영모는 17살 때부터 두 해에 걸쳐 경성학당에서 일본어를 배웠으므로 서점에서 일본어로 된 톨스토이의 저서를 접할 수 있었을 것이다. 그러나 그때까지는 톨스토이의 영향을 받지 않은 것이 틀림없다.

류영모가 톨스토이를 깊이 연구한 것은 오산학교에서 톨스토이 추도식을 올린 뒤부터이다. 류영모가 오산학교에 온 지 한 달이 된 1910년 11월 7일 5시 5분에 톨스토이가 세상을 떠났다. 톨스토이의 죽음은 세계를 발칵 뒤집어놓은 대사건이었다. 세계적으로 널리 알려진 대문호 톨스토이가 아내 몰래 가출하고자 집을 떠나 기차 여행을 하던 도중에 급성폐렴으로 숨진 것이다. 오산학교에서 교사와 학생들이 추도식을 열 정도로 그의 죽음은 세계적인 대사건이었다.

법정 스님이 돌아간 뒤에 그가 쓴 책이 많이 팔렸듯 톨스토이가 죽은 뒤에 많은 사람들이 톨스토이의 책을 읽었다. 류영모도 그 가운데 한 사람이다. 아무리 인심조석변(人心朝夕變)이라 하더라도 교의 신앙에서 자각 신앙으로 바뀌는 일은 일조일석(一朝一夕)에 되는 것이 아니다. 책을 읽은 뒤에 생각하고 결심하고 실천하는 데는 상당한 시간이 필요하다. 류영모는 만 2년의 세월이 걸린 것이다. 타율의 맹신 신앙에서 자율의 자각 신앙으로 바뀐다는 것은 뽕밭이 푸른 바다가 되고 사막이 초원이 되는 것과 같은 마음의 변화이다. 많은 사람이 아무런 의심도 해보지 못하고 사도신경만 외우는 도그마(교리) 신앙에 안연(晏然)하는 것만 보아도 그 변화가 얼마나 어려운지 알 수 있다.

톨스토이의 죽음에 즈음하여 육당 최남선은 자신이 발행하는 잡지 〈소년〉 12월호에 4행을 한 수로 하는 72수의 긴 조시(弔詩)를 발표하였다.

눈보라 검은 구름 하늘을 덮고
그 틈으로 나오는 듯 칼바람 불 때
요령소리 문에 나자 전하는 신문
그에 선생 떠난다고 기별하도다

물은 흘러 바다로 가야 하지요
익은 감은 나무에서 떨어질지라
나서 자라 할 일 하고 늙어서
죽음이라 놀라운 일 무엇이랴
......

류영모의 유족들이 말하기를 류영모의 서가에 톨스토이의 저서와 톨스토이를 주제로 한 책이 가장 많았다고 하였다. 6·25전쟁 때 류영모는 장서를 거의 다 잃어버렸다. 남아 있는 톨스토이에 관한 저서는 별로 중요한 것이 아니었다.

《톨스토이의 예술관》 마쓰우라(松浦一) 저. 1909. 2. 6. 발행
《톨스토이 전전(全傳)》 미쓰도리(水馬耕一郞) 저. 1909. 7. 21. 발행
《톨스토이》 나카자와(中澤臨川) 저. 1931. 4. 10. 발행

1909년에 발간된 두 권의 책을 보면, 최소한 1910년경에는 책을 구입하였다는 사실을 헤아릴 수 있다.
류영모의 강의를 속기한 것을 발췌하여 만든 《다석어록》에도 몇 차례나 톨스토이의 이야기가 나온다. 《다석어록》에 실리지는 않았지만 이 사

람이 직접 들은 적도 여러 번 있었다. 직접 들은 것을 한두 가지 들면, "톨스토이는 50 전후에 정신적인 부활을 체험한 뒤에 《부활》이라는 소설을 쓴 사람이에요.", "톨스토이는 남녀가 접촉하여 성정을 하는 것은 증기 기관차에 기적을 울려 증기를 뿜아버리는 것과 같은 정력의 낭비라고 하였어요." 등이다.

《다석어록》에 실린 톨스토이에 관한 류영모의 이야기를 들어보자.

"톨스토이는 이러한 말을 하였어요. '남녀가 어울려서 파티를 벌여서 좋을 게 무엇인가? 동양 사람처럼 제각기 있는 것이 좋지 않은가?'라고 하면서 동양 풍속을 퍽 동경하였다고 해요. 그런데 지금은 동양에서 남녀가 더 가까워지려고 하고 오히려 서양 것을 좋다고 하는 시속이 되었습니다."

류영모와 가까이 지낸 김교신이 말하기를 "류영모 선생은 톨스토이에 사숙(私淑)함이 깊었던 것 같다."라고 하였다. 함석헌은 "류영모 선생은 톨스토이의 영향을 많이 받았으며, 나도 톨스토이에 영향을 받은 사람 가운데 한 사람입니다."라고 하였다.

우리는 류영모가 오산학교에서 톨스토이의 영향을 받아 비정통 신앙으로 전향하였다고 결론을 내릴 수 있다. 그러나 이때 《노자》와 불경을 읽었다는 것을 가볍게 생각해서는 안 된다고 본다.

톨스토이는 자신이 한 일 가운데 가장 자랑스럽게 생각하는 것이 4대 복음서를 통일하고 요약해 《요약 복음서》를 펴낸 일이라고 하였다. (《통일 복음서》라 부르기도 한다.) 톨스토이는 《요약 복음서》에서 교회가 아주 중요하게 생각하는 것을 아예 빼버렸다. 즉 동정녀로부터 예수가 탄생하고 예수의 육신이 부활하는 장면들을 제외했다. 이것은 정통을 내세우는 기독교에서 가장 중요하게 생각하는 것이다. 톨스토이가 제외한 것은 ① 세례 요한의 수태와 탄생 그리고 세례 요한의 투옥과 죽음, ② 예수의 출생과 족보, 그리고 애굽(이집트)으로의 탈출, ③ 예수가 가나와 가파르나움에서 보여준 기적, 악마와의 싸움, 바다 위를 걸었던 일, 말라 죽은 무화과나무, 병자 치료, 죽은 자를 살린 기적, ④ 예수의 육신 부활, 예수의 생애에서 구약성경의 예언이 성취되었다는 지적 등이다.

톨스토이는 이와 같은 내용들을 생략한 까닭을 이렇게 말하였다. "이러한 것들은 조금도 교훈을 담고 있지 않다. 글을 번잡하게 하는 데 지나지 않는다. 4대 복음서의 일언반구조차 다 신성한 글이라고 인정하는 관습 자체가 잘못된 생각이라는 것을 잊지 말아야 한다. 예수는 배우지 못한 사람들에게 가르침을 주었고, 그가 죽고 오래 지나서야 비로소 사람들이 그에 대해 들은 것을 적기 시작했다는 것을 염두에 두지 않으면 안 된다. 그리고 그러한 수사본이 5만 종이나 있었다. 그 가운데 세 가지를 고르고 뒤에 또 하나(요한복음)를 더 골랐다. 그 복음 속에는 위경(僞經)이라 해서 버린 것과 같이 좋지 않은 부분이 들어 있다는 것을 기억해야 한다. 그러므로 현재와 같은 복음서가 성령으로부터 우리에게 직접 보내진 것이라는 오랜 맹신에 미혹하지 않도록 해야 한다."(톨스토이,《요약 복음서》서문)

톨스토이는《종교론》에서 교회의 교리가 얼마나 예수의 가르침에 어긋나는지를 이렇게 밝혔다. "소년 시대 내가 처음 신약성경을 읽었을 때부터 예수의 가르침 가운데 가장 많이 감동을 받은 것은 사랑과 겸손과 자기 희생과 악을 선으로 대하라는 가르침이었다. 이 가르침이 나에게는 언제나 기독교의 본질이었다. 나의 마음이 회의와 절망 속에 있을 때면 더욱 그러하였다. 그리하여 교회에 귀의하였지만, 곧 교회의 가르침에는 나를 감동시킨 기독교의 본질을 설명할 확증이 보이지 않는 것을 알았다. 내가 예수의 가르침 속에서 가장 중요하다고 여겼던 것이 교회에서는 털 끝만큼도 인정되지 않는다는 것을 깨달았다. 교회는 사랑과 겸손과 자기희생을 바탕으로 하는 내적인 진리로부터 떨어져 나가 일종의 외적인 독단의 신조를 인정하고 있었다."(톨스토이,《종교론》)

톨스토이는《교의 신학 비판》에서 교의 신학을 심층 연구하고 비판하였다. "사람들의 영혼에 관한 심각한 문제를 두고 교회는 황당무계한 거짓으로 대답한다. 그런데도 이 문제에 대하여 감히 그 누구도 다른 대답을 하여서는 안 된다. 나의 생활에서 가장 값진 것을 이루고 있는 모든 것에 교회의 지시를 따라야 한다면, 어떻게 내가 이러한 교회를 믿을 수 있겠는가."(톨스토이,《교의 신학 비판》)

톨스토이는 산상수훈(山上垂訓)을 연구한《나의 신앙》에서 교회는 죽었다고 말하였다. "나는 예수의 가르침을 택할 것인가? 아니면 교회의 가르침을 택할 것인가? 이 둘 가운데 하나를 선택해야 했다. 그 결과 나는 교회의 규율을 하나씩 버리지 않을 수 없었다. 나는 이 짓을 할 수 없이 했던 것이다. 될수록 교회에서 이탈하지 않으려 하였다. 적어도 교회 교의를 얼마만큼이라도 남겨놓으려고 노력했지만 남은 것이라곤 하나도 없었다."(톨스토이,《나의 신앙》)

이렇게 사도신경에 따른 교의를 부정하는 것을 비정통 신앙이라고 일러 왔다. 그러나 사실은 비정통이라는 말을 듣는 톨스토이가 예수가 보았을 때는 정통 신앙이다. 베드로가 구술한 것을 기초로 하여 마르코(마가)가 쓴 것으로 전해지는 마르코복음에는 동정녀에게서 예수가 탄생한다는 내용이나 예수의 육체가 부활한다는 내용이 없다. 마르코복음 16장에 있는 예수가 부활하는 내용을 담은 구절은 2세기 초에 아리스티온

(Aristion)이 증보한 것이다. 그렇다면 마르코복음을 쓴 마르코는 사도신경 밖에 있음이 확실한 것이다.

기독교 신자이면서 비정통 신앙을 지닌 이는 톨스토이만이 아니다. 토인비와 헤르만 헤세(Hermann Hesse)도 비정통 신앙이었다. 토인비는 이렇게 말하였다. "나는 기독교의 전통적 신앙이 가장 초보적인 검증에도 합격하지 못하리라는 것을 알고 있다. 예수의 동정녀 탄생과 육신 부활과 승천은 합격할 수 없다."(토인비,《회고록》) 헤세는 이렇게 말하였다. "나는 종교 없이 산 적이 없다. 종교 없이는 하루라도 살아갈 수 없을 것 같다. 그러나 이제까지 교회 없이 살아왔다. 종파별로 또 정치적으로 나뉘어 있는 분리 교회란 내게는 언제나 국가주의의 풍자화처럼 생각되었다. 나는 얼마쯤의 존경심과 질투심을 품고 로마가톨릭교회를 바라보곤 하였다. 그러나 이 찬란한 가톨릭교회는 가까이 다가가면 유혈과 폭력과 정치의 비열한 냄새가 풍긴다."(헤세,《인생론》)

현대 기독교인들이 정통이라는 바울로의 교의 신앙의 쇠사슬에서 자유로울 때 예수가 가르친 얼 생명이 춤을 출 것이다. 류영모는 아는 목사들하고 교의에 관한 논쟁을 하지 않았다. 어떤 종교 어떤 신앙도 올바르게 믿으면 된다고 말하였다. 남이 잘 믿고 있는 것을 건드려 어지럽혀서는 안 된다고 말하였다. 그러한 류영모가 1971년 81살 때 빛골(광주)에 있는 동광원에서 한 마지막 강의에서 사도신경은 외울 필요가 없다고 단언하였다.

춘원 이광수는 정주에 있는 오산학교에 교사로 오기 앞서 일본 도쿄에 있는 메이지학원 중학부를 졸업하였다. 이광수는 메이지학원에서 동급생인 야마사키 도시오(山崎俊夫)의 소개로 톨스토이의 저서를 가까이하게 되었다. 문학에 천부적인 재능을 지닌 이광수가 대문호이자 사상가인 톨스토이를 좋아하지 않을 수 없었을 것이다. 춘원은 일본에서 귀국할 때 《톨스토이 전집》을 가지고 왔다고 한다. 이광수는 톨스토이의 《요약 복음서》를 가지고 학생들에게 설교를 하였고 또한 읽기를 권하였다. 그러나 평양신학교 교장인 선교사 로버트(Slacy L. Robert, 羅富悅)가 오산학교에 임시 교장으로 온 후에, 톨스토이 사상이 교장의 운영 방침에 맞지 않는다는 이유로 이광수는 결국 오산학교에서 쫓겨나게 된다. 그러나 당시 이광수는 류영모와 같은 톨스토이언은 아니었다.

이광수는 그때의 정신 상태를 이렇게 말하였다. "나는 톨스토이를 읽고 기노시타 나오에(木下尙江)를 읽고 바이런(George Gordon Byron)을 읽고 고리키를 읽으면서 중학 시절을 보냈다. 나는 18살 되는 경술년 3월에 이런 뒤범벅된 사상, 곧 학교에서 배운 신약전서와 톨스토이의 종교관, 또한 그와는 반대인 바이런의 인생 및 예술관, 그리고 그와 다른 방면인 고리키의 사회관, 그와는 또 다른 기노시타의 사회주의, 그리고 도쿄를 풍미하던 자아주의, 마지막으로 호암이 이(독립 지향의 민족주의)를 대표하였던 비분강개한 생각을 품은 채 오산학교로 왔다." 춘원은 아직 주관이 서지 못하고 사상 또한 혼돈 상태에 있는 것을 엿볼 수 있다. 한마디로 인격이 서지 못한 18살의 나이 그대로 미성년이었다. 이광수는 뒤에 톨스토이를 성자라고 말하였다.

1910년 12월에 남강 이승훈은 기독교 신자가 되고서 평양신학교장 선교사 로버트와 가까워졌다. 그러던 중에 실질적으로 교장 역할을 하던 여준이 만주로 떠나자 그 자리를 메우려고 로버트에게 교장직을 맡아 달라고 하였다. 그러고는 남강이 1911년 2월 '안명근 사건'에 연루되어 체포되자 로버트가 학교장이 되어 학교를 관리하였다. 남강이 오산학교를 세운 것은 조국의 광복을 위하여 헌신할 한국인을 기르는 것이었다. 교지

(校旨)를 기독교 정신으로 바꾸긴 했으나 민족 정신을 함양한다는 주지(主旨)마저 바꾼 것은 아니었다.

그런데 학교장이 된 로버트는 기독교회의 신도를 기르는 데 초점을 맞췄다. 그리하여 교사와 학생들에게 교리문답을 실시하고 교회의 교리를 신앙한다는 신앙 고백을 강요하였다. 이것은 톨스토이의 신앙 사상을 전파하는 춘원과 같은 이단적인 신앙을 배제하기 위한 것이었다. 춘원 이광수는 오산학교 교사 자리에서 밀려난 것을 두고 이렇게 말하였다. "평양 신학교장 로버트가 임시로 오산학교장 일을 맡아보게 되자 오산학교가 기독교 장로회 학교가 되어버렸다. 여기서 오산학교 교사인 나와 교장인 로버트 사이에 갈등이 생겼다. 로버트는 이단 사상을 학생들에게 고취시킨다고 나를 오산학교에서 추방하였다."(이광수, 《춘원 전집》)

1910년 11월 7일에 톨스토이 추도식을 학교 행사로 거행한 뒤 오산학교에서 교사와 학생들 사이에 톨스토이 붐이 일어났다. 그러나 이광수는 톨스토이 사상 때문에 교직에서 쫓겨나는 수모를 겪어야 했다. 결국 춘원은 1913년 11월에 4년 동안이나 같이 생활하면서 정이 든 학생들과 헤어지게 되었다.

그렇다면 류영모가 이광수보다 1년 앞서 오산학교를 떠난 것도 춘원 사건과 연관이 있는 것일까? 당시 학교 설립자인 남강은 영어의 몸이 되어 있었다. 남강이 생명처럼 아끼는 학교를 지켜주는 것이 존경하는 남강에 대한 도리요 예의일 것이다. 그런데도 류영모가 오산학교를 떠난 것은 이유가 있을 것이다. 남강이 학교에 있었다면 오히려 류영모는 떠나지 않았을 것이다. 류영모가 오산학교를 떠난 것도 로버트의 교장 취임과 관계가 있는 듯하다.

류영모가 아직 정통 신앙을 완전히 떠난 것은 아니었다. 그러나 톨스토이의 저서를 사막에서 오아시스를 만난 듯 기뻐하며 탐독하였다. 이제까지 맹목적으로 믿던 교회의 교리가 하나하나 허위임이 백일하에 밝혀졌다. 진리를 추구하는 정신은 무엇보다도 자유롭게 생각할 수 있어야 한다. 그런데 어떤 교리(도그마)로 자유로운 생각을 구속한다면 진리 정신이 살 수가 없다. 야만스러운 일제에게 탄압을 받는 것도 서러운데 설상가상으로 선교사에게 신앙 사상까지 감시받는 것은 참을 수 없는 일이었다. 그리하여 류영모는 오산학교를 떠나면서 교회 신앙도 떠났다.

이때 톨스토이와 류영모의 관계는 줄탁(啐啄)의 관계였다. 줄(啐)은 달걀 속에 있는 병아리가 달걀 껍질을 깨고 나오려고 달걀 껍질을 쪼는 것이다. 탁(啄)은 어미 닭이 달걀 속에서 들리는 병아리의 울음소리를 듣고, 빨리 껍질을 깨고 나올 수 있도록 밖에서 껍질을 쪼아주는 것이다. 이리하여 류영모는 교리의 녹음기 노릇을 그만두고 '제소리'를 하게 되었다. 맹목적인 대속 신앙에서 자각적인 영성 신앙으로 옮기게 되었다. 류영모의 정신적인 성숙이었다. 22살의 나이에 타율적인 교의 신앙을 떠나 자율적인 자각(自覺) 신앙으로 넘어선 것은 여느 신자에게서는 잘 볼 수 없는 일이다. 그러나 아직 예수의 가르침대로 "멸망의 생명(제나)에서 영원한 생명(얼나)으로 옮겼느니라."(요한 5:24, 박영호 의역)에 이르지는 못하였다. 삶의 목적을 하느님께로 나아가는 데 두기로 뜻을 세운(立志) 것만은 틀림이 없다.

20살, 불경과 《노자》를 읽다

류영모가 교의 신앙의 껍질을 깨고 영성 신앙으로 새로 태어난 것은 류영모 개인의 문제로 끝나는 것이 아니다. 이 나라의 종교사는 물론 세계 종교사에도 하나의 전환점이 된다. 류영모가 교의 신앙에서 영성 신앙으로 전환한 데는 세 가지 요인이 있다. 첫째는 톨스토이의 저서를 통한 사상적인 영향이다. 둘째는 불경과 《노자》 등 다른 종교의 경전을 읽게 된 것이다. 셋째는 2살 아래인 아우 영묵의 돌연사이다.

1910년 10월, 오산학교에 갑자기 등장한 20살 청년 교사 류영모가 기독교 선풍을 불러일으켰다. 류영모가 오산학교에 기독교를 전도하기는 하였으나 그것은 하룻강아지 범 무서운 줄 모르는 돈키호테 같은 행동이었다. 이를 실증하는 것이 류영모가 채 3년이 못 되어 교의 신앙을 버리고 영성 신앙으로 돌아선 일이다. 그리하여 오산학교에 전도한 일을 자랑스럽게 생각하기는커녕 멀쩡한 일이었다고 뜻밖의 말을 한 것이다.

류영모 덕분에 기독교가 전파된 오산학교에서는 '인생과 종교', '나라와 종교', '진리와 종교' 같은 주제를 놓고 논의가 활발하였다. 여준의 복안으로 오산학교에는 학생 토론회가 정규 교과 과정에 들어 있었다. 그리고 교사와 학생이, 비록 초라한 한옥이지만, 기숙사에서 함께 생활하였다. 그러므로 토론하고 대화할 시간적 여유가 많았다. 그때 오산학교에는 모르는 것이 없어 신이라는 별명이 붙은 여준이 있었고, 박학다식한 사학자 신채호가 있었다. 류영모는 그들의 권유로 불경과 《노자》를 읽게 되었다. 여준은 오산에 올 때 고전과 신학문 분야의 책을 많이 가지고 왔다. 신채호는 유교·불교·도교뿐 아니라 민족의 전래 종교인 고신도에도 관심을 두고 있었다.

류영모는 이렇게 말하였다.

나는 20살쯤에 불경과 《노자》를 읽었어요. 그러나 없(無)과 빔(空)을 즐길 줄 몰랐어요. 요새 와서야 비로소 빔과 친해졌어요. 불교에서 말하기를 백척간두(百尺竿頭)에서 한 걸음 더 나아가야 빔에 갈 수 있다고 했어요. 간두에 매달려 있는 한 빈 데 갈 수 없어요. 제나(自我)를 탁 놓아버려야 합니다.

류영모의 교의 신앙은 2살 터울의 아우 영묵의 죽음으로 마지막 결정타를 맞았다. 류영모는 아우의 죽음을 이렇게 말하였다. "내가 21살 때 19살이던 동생이 죽었어요. 동생이 죽었을 때 딱 낙심을 했어요. 그때부터 나는 이 세상에 완성된 게 없다고 생각하였어요. 세상에 귀찮은 일 없애자고 자꾸 노력하는데 그 일 마치면 또다시 새 일감이 나와요. 편리하다고 자가용 승용차를 가지면 또 귀찮은 여러 가지 일이 따라와요. 어쨌든 이 세상은 상대 세계이니까 일이 자꾸 되어 가는 것이에요. 언제 일이 끝나나 하는 것은 안 돼요." 21살 때면 류영모가 오산학교에 온 다음 해이다. 아우의 죽음으로 낙심하였다는 것은 기독교 신앙에 회의가 일어났다는 말이다. 신앙이란 낙심이 없는 마음이다. 낙심이 왔다면 신앙이 무너졌다는 뜻이다.

2살 아래의 영묵은 류영모에게는 쌍둥이와 다름없는 친밀한 동생이었다. YMCA에 다닐 때에도 함께 다니고 연동교회에도 함께 다녔다. 그런 아우의 죽음은 자신의 죽음 이상으로 삶과 죽음을 생각하게 만들었다. 더구나 류영모 자신도 30살을 넘기기 어렵다는 의사의 사형선고를 받은 처지였다. 동생이 죽자 의사의 사형선고가 더욱 실감나게 와 닿아서 더는 부정할 수 없었다. 류영모가 이때부터 죽음에 대한 사색을 얼마나 하였는지 다음 말로도 알 수 있다.

종교의 핵심은 죽음입니다. 죽는 연습이 철학이요. 죽음을 없이 하자는 것이 종교입니다. 죽음의 연습은 영원한 얼생명을 기르기 위해서입니다. 사는 것이 사는 것이 아니고, 죽는 것이 죽는 것이 아닙니다. 산다는 것은 육체를 먹고 정신이 사는 것입니다.

율곡 이이(李珥)가 15살 때 하늘처럼 의지하던 어머니 신사임당이 갑자기 세상을 떠났다. 청천의 벽력에 놀란 이이는 생사를 생각하지 않을 수 없었다. 2살에 글을 배우고 12살에 진사에 뽑힌 신동이지만 생사 문제에는 눈에 주먹을 대어놓은 듯 캄캄하였다. 유교 경전만 읽던 이이는 어머니의 3년상을 마치자마자 오늘날 서울 강남에 있는 봉은사에 들어가 불경을 읽었다. 당시 봉은사는 선종의 본산이어서 불서는 물론 노장(老壯)의 서책도 있었다. 생사를 알자면 깨달아야(頓悟) 한다는 불서를 읽고, 깨달음을 얻고자 금강산으로 들어가 유점사(楡岾寺)의 말사인 마하연(摩訶衍)에서 참선을 하였다. 깨달음이란 한두 해의 참선으로 이루어지는 것이 아니다. 석가도 6년 고행 끝에 겨우 깨달음을 얻었다.

이이는 슬픈 마음이 얼마간 진정되자 깨달음에 쉬이 이르지 못하는 답답한 처지와 가정에 대한 그리움으로 1년 만에 집으로 돌아왔다. 삶에 대한 회의가 아주 깊지는 못하였던 것이다. 그러나 이때 불서와 노장을 섭렵한 이이가 자신의 인생관을 넓히고 깊이를 더했다는 것은 누구나 인정한다. 그러한 증거는 그의 문장과 저서에서도 살필 수 있다. 류영모도 이처럼 아우의 죽음에 충격을 받고 성경을 두고 불경과 《노자》를 읽었다. 인생이란 무엇인가 알고 싶었던 것이다.

일본 유학생

　오산학교를 그만둔 류영모는 일본 도쿄로 유학을 갔다. 그때 우리나라에는 대학이 없었다. 이 나라 젊은이들이 대학 공부를 하려면 부득이 일본으로 갈 수밖에 없었다. 그러지 않으면 미국이나 유럽으로 가야 했다. 많은 젊은이들은 탄압자들에 대한 적개를 삭이고, 식민지인에 대한 모멸을 참으며 가까운 일본으로 유학을 떠났다.
　일본의 대학에 들어가려면 반드시 예비 학교를 거쳐야 했다. 인문 분야를 공부하려면 정칙학교(正則學校)를 다녀야 하고, 과학 쪽을 공부하려면 물리학교(物理學校)를 다녀야 했다. 류영모는 인문과 과학 양쪽에 다 재능을 갖추었지만, 과학을 전공하고자 동경물리학교에 입학하였다. 오산학교에서 과학을 가르쳤고, 오산학교에서 과학 교사를 필요로 했기 때문이다. 동경물리학교가 어떤 학교냐고 물었을 때 "정칙학교와 같은 것이지요."라고 대답하였다. 함경도 출신인 이성구(李性求)도 동경물리학교에 다녔는데 류영모보다 10년 후배이다. 류영모는 1912년 9월부터 1913년 6월까지 동경물리학교를 다녔다.
　정상적인 순서라면 류영모는 물리학교를 마친 후 정규 대학 시험을 쳐서 대학교에 입학해야 했다. 그런데 대학 공부를 포기하고 서울로 돌아와버렸으니 무슨 까닭이었을까? 공부를 하려면 공부를 할 수 있을 만큼 건강해야 한다. 또 공부를 할 만큼 실력이 있어야 한다. 또 공부를 할 만큼 경제력이 있어야 한다. 류영모는 귀국하여 결혼을 할 만큼 건강하였다. 류영모의 학문적인 실력은 군계일학으로 뛰어났다. 또 사업 수완이 뛰어난 아버지 덕분에 경제적으로 어렵지도 않았다. 그렇다면 무슨 까닭에 인생에서 가장 중요한 학업을 포기하고 돌아온 것일까?

류영모가 대학 진학을 포기한 까닭은 종교 사상에 있었다. 예수는 이스라엘의 광야에서 시험을 받았다는데 류영모는 일본의 수도 도쿄에서 시험을 받았다.

"악마는 다시 아주 높은 산으로 예수를 데리고 가서 세상의 모든 나라와 그 화려한 모습을 보여주며 '당신이 내 앞에 절하면 이 모든 것을 당신에게 주겠소.' 하고 말하였다. 그러자 예수께서는 '사탄아, 물러가라! 성서에 주님이신 너희 하느님을 경배하고 그분만을 섬겨라 하시지 않았느냐?' 하고 대답하셨다."(마태오 4:8~10) 류영모는 예수처럼 참나인 하느님을 위해 살고, 거짓나(사탄)인 몸나를 위해 살지 않기로 결심하였다. 근본 인생 문제가 풀리고 나니 도쿄에서 대학 공부를 할 필요가 없었다. 류영모에게 일생 동안 어느 때에 가장 고민스러웠는지 물었을 때 "일본에 있을 때 가장 고민스러웠어요."라고 대답하였다. 이리하여 밤중에 해골에 고인 물을 마시고 깨달음을 얻은 원효(元曉)가 중국 유학을 포기하고 귀국한 것처럼 류영모도 귀국하고 말았다.

류영모가 대학을 가지 않은 이유를 다음의 말에서 분명하게 알 수 있다.

세상의 입신양명이니 이런 것은 다 집어치우고 진리 속에 들어가는 것만이 참 사는 것입니다. 하느님 아버지 품으로 돌아가기 전에는 참 인생은 없어요. 육체를 버리고 세상을 버리는 것이 바로 믿기 시작하는 것입니다. 세상을 사랑하는 사람은 하느님을 모릅니다. 세상을 미워하는 사람에게 하느님이 걸어오십니다. 대학, 대학 하면서 대학에 가면 문제가 해결될 것같이 생각하는데 대학이 사회 문제를 해결해줄 거라는 생각은 망상에 불과합니다. 대학 때문에 사회악이 더 조장되지 않아요? 고등교육을 받은 사람의 범죄가 더 심해지고 사회악이 더 눈에 띄지 않아요? 모르기는 해도 오늘날 교육하는 사람 가운데 공부를 잘해야 이 다음에 잘 먹고 잘살게 된다고 말하는 사람이 있을 것입니다. 옛날에도 좋은 음식, 좋은 집, 출세 따위가 권학(勸學)의 조건이 되기도 하였습니다. 다른 사람에게 인정받는 박사 논문을 쓴다는 것은 빌어먹을 짓입니다. 나는 대학을 반대합니다. 출세하여 대학 교수가 되려고 하는 것은 일하기 싫어서 그러는 점이 분명히 있습니다. 성경에도 교만한 자는 일하지 않고 밥 먹으려 한다고 말했어요. 개인의 편한 것을 생각하면서 나라 생각한다는 것은 거짓입니다. 지식을 취하려 대학에 가는 것은 편해보자, 대우받자 하는 생각에서입니다. 이것은 양반 사상·관존민비 사상입니다.

신분 상승을 하려고 출세와 성공을 인생의 목표로 삼는 사람들은 이 말을 이해할 수 없을 것이다. 그러나 예수와 석가의 삶을 생각하면 수긍이 갈 것이다. 아무런 지위도 없고 아무런 소유도 없는 가장 낮은 자리에서 살자는 것이 예수와 석가의 생각이었다. 류영모는 빌어먹는 거지보다는 이마에 땀 흘리며 사는 농부가 되는 것을 이상으로 알았다. 톨스토이가 이상적인 인물로 그린 바보 이반이 되자는 것이다. 그러므로 도쿄에서 대학 입시 준비를 다 마치고도 훌쩍 귀국할 수 있었다. 인도의 비노바 바베(Vinoba Bhave)는 다니던 대학을 그만두고 이미 받은 졸업장과 자격증을 불사른 뒤 마하트마 간디를 좇아 사탸그라하운동(Satyagraha, 진리파지운동)에 나섰다.

톨스토이가 쓴 《우리는 무엇을 할 것인가》의 결론은 이렇다. "남에게나 자신의 잘못을 시인하고 나의 정당(正當), 우월, 특권을 거부하여야 한다. 그리고 나의 온 존재로 일을 함으로써 사람에게 주어진 하느님의 계명을 실천해야 한다. 어떠한 노동도 부끄러워하지 않으며 나와 다른 이의 생명을 유지하는 데 필요한 노동을 하는 것이다."

예수와 석가가 오늘날의 대학생을 보면 "사람들에게 떠받들리는 것이 하느님께는 가증스럽게 보이는 것이다."(루가 16 : 15)라고 할 것이다. 이 세상에서 대접받는 귀족이 되려는 사람은 전도된 가치관에 빠진 어리석은 사람이다.

도쿄에서 만난 조만식

1905년의 을사늑약으로 사실상 이 나라는 일본에 병탄되었다. 그 무렵 우리나라의 학생들은 일본으로 유학을 많이 갔다. 따라서 일본에 가 있는 한국 유학생들이 구심점으로 삼을 공간이 필요하였다. 이에 착안한 YMCA가 도쿄에 '재일본 한국기독교청년회'를 세우기로 하였다. 그 일을 삼성 김정식이 맡았다. 김정식은 1906년에 도쿄 간다구(神田區) 사루가쿠초(猿樂町)에 재일본 한국기독교청년회를 세우고 총무직을 맡았다. 이 재일본 한국YMCA는 한국 유학생을 돌보는 대사관 노릇을 하였다. 처음 세운 건물은 1923년 관동 대지진 때 무너졌다. 1929년 4월에 대지 262평에 건평 219평짜리 3층 건물을 다시 지었다. 그러고는 50년 만인 1979년에 재건축을 하였는데, 큰 액수를 빚지는 바람에 어려움을 겪었다. 정부에서 국고를 투입하여 몇 번이나 도움을 주려고 시도를 하였으나, 국회에서 원만히 처리되지 못한 것으로 안다. 1919년 2월 8일 재일 유학생들이 독립선언서를 발표한 사실만으로도 재일본 한국YMCA는 오래도록 보존되어야 한다고 생각한다.

재일본 한국YMCA 총무인 김정식은 한국 유학생들의 보호자가 되어 여러모로 힘이 되어주었다. 당시 일본에서 유학 생활을 한 사람 중에 김정

23살의 류영모가 도쿄 유학 당시 재일본 한국YMCA 총무였던 삼성 김정식의 가족과 함께 찍은 사진.

식의 도움을 받지 않은 사람이 없었다고 한다. 조만식·안재홍·김규식·송진우·장덕수·신익희·김병로·이광수 등 많은 명사들이 재일본 한국YMCA를 거쳤다. 재일본 한국YMCA에서 역사상 잊을 수 없는 일이 있다. '2·8 독립선언'이 그것이다. 1919년 2월 8일, 재일본 유학생 수백여 명이 재일본 한국YMCA 회관에 모여서 독립선언서를 낭독하고 '대한 독립 만세'를 소리 높여 외쳤다. 그때 일본인들이 받은 충격은 4년 뒤에 일어난 관동 대지진에 못지않았다. 당시 낭독한 독립선언문은 이광수가 쓴 것인데, "조선청년독립단은 우리 2천만 민족을 대표하여 정의와 자유의 승리를 얻은 세계 만국 앞에 독립을 선언하노라."로 시작되었다. 2·8독립선언은 3·1운동을 일으키는 기폭제 역할을 하였다.

　류영모는 일본 도쿄에서 믿음의 은사 김정식을 만났다. 서로가 반갑고 기쁜 것은 불문가지의 일이다. 김정식은 일본에서 아내와 두 아들과 함께 지냈는데, 종종 류영모를 집으로 초대하여 함께 식사를 하고 자신의 가족과 함께 사진도 찍었다. 김정식이 류영모를 가족처럼 생각하였다는 증거다. 류영모는 그 사진을 이 사람에게 일부러 보여주었다.

류영모는 김정식의 소개로 고당 조만식을 만났다. 1909년부터 재일본 유학생들은 '범종파연합교회'를 만들어 함께 예배를 보았다. 그 예배에 조만식도 참석하였다. 조만식의 하숙집은 류영모의 하숙집과 가까웠다. 고당은 같은 메이지대학(明治大學)에 다니는 함열(咸悅) 정노식(鄭魯湜)과 한 집에서 하숙을 하고 있었다. 류영모는 자주 조만식을 찾았다. 조만식은 류영모보다 8살이 많은 30살이었다. 고당은 만학도로서 당시 메이지대학 법과대학 졸업반이었다. 조만식은 같은 평안도 사람인 남강 이승훈을 알고 있었다. 그래서 오산학교에 교사로 있다가 일본에 갓 온 류영모를 더욱 반겼다. 말머리는 으레 오산학교와 이승훈이 되었다.

그런데 하느님의 섭리는 오묘하였다. 조만식이 메이지대학을 졸업하고 귀국하여 오산학교 교장을 맡게 되었던 것이다. 옥중에 있는 남강 이승훈의 간청이 있었다. 로버트 교장이 오산학교를 신앙으로 통제하는 바람에 학교가 민족 정신의 성지가 되는 데 차질이 생긴 것이다. 고당은 학교가 정상화될 때까지 3달 동안만 맡기로 하였다. 그 3달이 9년의 세월이 될 줄은 하느님만 알았다. 고당은 여준을 이어 오산 정신의 등뼈를 이루었다. 그리고 훗날 류영모가 고당의 뒤를 이어 오산학교 교장이 된다.

함열 정노식은 류영모와 동년배였으며, 3·1운동 48인 중 한 사람이다. 그는 서울 중앙YMCA에서 활동하였으며 기독교 잡지 〈신생활〉을 기획하였다. 정노식은 6·25전쟁 때 행방불명되었는데, 그때까지만 해도 납북된 것으로 알려졌다. 1965년 7월 14일자 〈조선일보〉에 실린 정노식의 사망 기사를 류영모가 자신의 일기에 옮겨 적어놓았다. "함열 정노식 옹 별세. 동경 AP통신 同和=本社 특약. 항일 투사로서 3·1운동 당시 48인 중의 한 사람이며 현재 북한의 이른바 조국통일위원회의 일원인 정노식이 1965년 7월 12일 75세를 일기로 사망하였다고 평양방송이 13일 보도하였다." 정노식은 납북된 것이 아니라 스스로 월북하였던 것이다. 그는 월북 이전에 남조선노동당 중앙상무위원을 지냈으며, 1948년에 월북한 뒤에는 최고인민회의 제1기 대의원과 조국통일민주주의전선 의장, 조국평화통일위원회 중앙위원 등을 지냈다고 한다.

일본에서 조만식과 정노식은 한방에서 하숙을 하면서 친형제처럼 지냈는데 두 사람의 인생길이 정반대가 될 줄이야 어느 누가 알았겠는가? 류영모가 말하였다. "아무리 오래 같이 있어도 남의 영혼은 못 봐요. 이것이 서러운 일입니다. 그 사람의 얼굴 모습을 안다고 그 사람을 알았다고 할 수 없지요. 지기의 동지는 서로 속을 내놓는 것입니다. 얼의 골짜기라고 해서 얼골(얼굴)인데 얼굴 속의 얼을 보아야 하지 않겠어요. 우리는 남의 얼(정신)은 보지 못하고 겉모습만 보고서 그저 지나가자는 것입니까?"

1970년에 고당 조만식의 제자 목사 한경직이 중심이 되어 고당의 생사를 모르니 그의 생일인 2월 1일을 '고당일'로 정하여 추모하기로 하였다. 1971년 2월 1일 추모일에는 류영모에게도 참석해 달라는 기별이 왔으나 당시 81살이던 류영모는 건강이 좋지 않아 참석하지 못하였다. 대신 한시 한 수를 지어 보냈다.

古堂日(고당일)

正正堂堂古堂日(정정당당고당일)

八八矗矗世矗公(팔팔촉촉세촉공)

(류영모,《다석일지》1971. 2. 1.)

류영모는 이렇게 풀이하였다. "삶은 '십(十)' 자이지요. '고(古)'는 땅덩이를 박차고 하늘로 솟아나자는 것입니다. '出' 자도 여러 설이 있지만, 가운데 'ㅣ' 자는 위로 솟는 것이라오. '당(堂)'은 흙(土)을 숭상(尙)한다는 뜻을 담은 좋은 글자이지요. 교회당, 성당이라고 할 때 이 당 자를 써요. 정정당당이란 말은 생각으로는 '마땅 당(當)' 자를 쓸 것 같지만 '집 당' 자를 써요. '고당'은 모든 불의나 부정과는 타협할 줄을 모르는 그야말로 촉공(矗公)이지요. '공(公)' 자는 '사(私)'를 깨뜨린다는 뜻입니다. 고당이 오산학교 교장으로 있을 때 일본인 평안북도 지사가 오산학교에 와보겠다고 하여 남강 선생이 고당에게 양복을 한 벌 지어 입으라고 권하였습니다. 그런데 고당은 일없다는 것입니다. 그래서 남강이 고당을 벽창호라고 하였습니다. 고당은 나이가 나보다 8년 위인데 살아 있으면 올해 88살이지요. 그래 '팔팔'입니다. 사를 깨트리는 파사(破私)의 팔(八)이지요."

植萬古直(식만고직)

億兆代立積萬古(여조대립직만고)   正正堂堂古堂日(정정당당고당일)
故事通知識職直(고사통지식직직)   碧昌牛直曹晚植(벽창우직조만식)
(류영모,《다석일지》1971. 6. 25.)

역사에 곧음을 세우다

억조의 생명이 대를 이어 세우며 오랜 세월을 쌓는다. 옛일이 알려주어 곧게 산 이들을 알게 된다. 정정당당하게 산 고당 선생을 기리는 날, 벽창호처럼 옳음에는 고집스럽던 조만식 선생.

(박영호 풀이)

1991년 10월 〈중앙일보〉에 고당의 사진이 공개된 적이 있었다. 소련군 정치장교가 고당을 요정에 불러다놓고 요리상 앞에서 능글맞은 표정으로 기독교 신자인 고당에게 술잔을 권하고 있었다. 고당은 술잔을 거들떠보지도 않은 채 비장한 표정으로 이 겨레를 바라보듯 앞을 바라보고 있다. 예수가 로마 병정들에게 놀림을 당하듯 고당이 소련군에게 시달림을 당하는 사진이었다.

고당의 생사를 모른 채 41년이 지난 1991년에 고당이 돌아간 날을 간접으로나마 알게 되었다. 북한을 탈출하여 지금 러시아에 사는 박길용(朴吉龍)의 증언에 의하면 1950년 10월 18일에 공산당에 의해 총살을 당하였다는 것이다. 고당은 평양 감옥에 갇혀 있다가 6·25전쟁 당시 국군이 평양에 진입하기 바로 전날에 5백여 명의 의사(義士)들과 함께 대동강변에서 총살을 당하여 향년 68세의 나이로 이 나라의 자유 민주 통일을 기원하는 제물로 바쳐졌다.

고당 조만식은 한마디로 정의의 사람이요, 진리의 사람이었다. 평양 고려호텔에 감금된 고당은 자신을 구출하려는 사람들에게 "북한 동포를 두고 갈 수 없소. 나는 북한 일천만 동포와 운명을 같이 하겠소."라며 월남을 거부하였다. "살기도 바라고, 옳기도 바라지만 둘을 한꺼번에 얻을 수 없다면 살기를 버리고 옳음을 가지겠다. 살기도 내가 바라는 것이지만 하고자 함에 삶보다 더한 것이 있으니, 그러므로 구차히 살려고 하지 않는다. 죽음이란 싫은 것이지만 싫은 것에 죽음보다 더한 것이 있으니 그러므로 환란도 피하지 않는다."(《맹자》 고자 상편)라는 말이 있다. 맹자는 이를 '이신순도(以身殉道)'(《맹자》 진심 하편)라고 하였다.

오산학교 출신 소월 김정식은 은사인 조만식을 이렇게 기렸다.

조만식

평양서 나신 인격의 그 당신님 조만식
덕 없는 나를 미워하시고
재조 있던 나를 사랑하였다

오산 계시던 조만식
십 년 봄 만에 오늘 아침 생각난다
근년 첨 꿈 없이 자고 일어나며

자그만 키와 여윈 몸매는
달은 쇠끝 같은 지조가 뛰어날듯
타듯하는 눈동자만이 유난히 빛난다
민족을 위하여는 더도 모르시는
열정의 그님
……

우치무라 간조의 강연을 듣다

1921년에서 1927년에 걸쳐 7년 동안 우치무라 간조의 성서 연구 모임에 나가 우치무라의 성서 강의를 들은 바 있는 김교신이 이러한 말을 하였다. "김정식 선생과 우치무라 간조 선생은 항상 아울러 나의 기억에 오르내린다. 김정식 선생이 우치무라 선생의 유일한 한국인 친구였기 때문이다. 내가 김정식 선생을 처음 뵌 것은 가시와키(栢木)에 있던 우치무라 선생의 성서 강의 장소인 이마이관(今井館)에서이다. 우치무라 선생은 김정식 선생을 한국 기독교계의 장로라고 소개하였다. 또 김정식 선생은 우치무라 선생을 세계에 드문 기독교계의 대선생이니 깊이 사사(師事)하라고 당부하였다. 이 소개말에 나 스스로 감격하였던 기억이 지금도 생생하다. 두 분의 성격과 생애가 서로 공통한 바 적지 않음도 알게 되었다."(《성서조선》 김정식 추도문에서)

김교신이 지적한 대로 김정식과 우치무라는 성격과 처지가 비슷해 더욱 깊이 우정을 나눌 수 있었다. 김정식이 일본에 처음 갔을 때 44살이었고 우치무라는 1살이 많은 45살이었다. 김정식은 장로교 신자였지만, 초교파적 성격을 띤 YMCA에 오랫동안 몸담고 있었다. 우치무라는 서양인 선교사들이 관리하는 교회를 떠나 독자적으로 전도 활동을 하는 자칭 무교회 신자였다. 김정식은 구한말의 고위 경찰 출신이었고, 우치무라는 선조에게서 물려받은 사무라이 기질이 있었다. 김정식은 쓰러지는 나라를 구하고자 나라의 개혁을 주장하는 독립협회를 옹호하다가 반역죄로 투옥되었다. 우치무라는 일본 천황의 교육칙어에 절을 안 했다는 이유로 학교에서 쫓겨났고, 러일전쟁 때는 반전을 주장하다가 근무하던 신문사에서 쫓겨났다. 고독하고 궁핍하여 어려움을 겪은 김정식이 마찬가지로 같은

일본의 기독교 사상가 우치무라 간조. 그는 일본의 조선 병탄을 비판했고, 한국의 무교회주의 기독교 운동가인 김교신, 함석헌, 송태용 등에게 영향을 주었다.

어려움을 겪던 우치무라를 찾아가 위로하고 격려하였다. 김정식은 일본 사람으로는 오직 한 사람 우치무라 간조만이 양심 있는 사람이라고 인정하였다. 우치무라는 일본이 한국을 강제로 병탄한 것이 옳지 못하다고 말하였던 것이다. 그리하여 불구대천의 원수가 된 한일 사이지만, 신앙을 통해 민족과 국경을 초월한 우정을 맺었다.

그러나 김교신의 제자인 류달영은 우치무라도 일본인으로서 한계를 지니고 있었다고 말한다. 실례로 관동 대지진 때 일본인에게 많은 한국 사람들이 참혹하게 살해당한 것을 두고 우치무라는 일언반구의 말도 하지 않았다는 것이다. 이에 대해서는 함석헌도 같은 말을 하였다.

우치무라의 일기에도 김정식에 관한 기록이 몇 군데 보인다. "아침에 한국 서울(京城)에서 신앙의 벗인 김정식 씨의 방문이 있었다. 3년 만에 만나서 대단히 반가웠다. 그는 장로교회에서 일하지만 그 신앙에 물들지 않았음을 알고 기뻤다. 그가 고국의 일을 말할 때에 눈에 눈물이 고인 것을

4장 도쿄 유학

보고 나도 따라 울지 않을 수 없었다. 둘이 함께 기도하고 다시 만날 것을 약속하고 헤어졌다."(우치무라의 일기에서, 1919. 5. 19.)

"오랜만에 한국에서 김정식 씨가 방문하였다. 전과 다름없이 신앙의 광채가 빛나는 얼굴을 접하고서 기뻤다. 그를 만나면 그리스도 안에서 이루어지는 일한(日韓) 합동의 확실함을 생각하게 된다. 정치가나 군인이나 실업가는 모르거니와 나는 일본 사람이고 그는 조선 사람이지만 우리는 그리스도 안에서 진실한 형제이다. 김정식 씨는 나의 신앙을 이해해주는 몇 안 되는 사람이다. 그와 만나는 것을 감사한다."(우치무라 일기에서)

김정식이 한국인 중에서 우치무라를 처음 만난 사람은 아니다. 한국인 가운데 맨 먼저 우치무라를 대면한 사람은 이수정(李樹廷)이다. 이수정은 1882년에 일본으로 건너가 일본에서 세례를 받고 기독교 신자가 되었다. 이수정은 한국인 최초의 개신교 신자이다. 이승훈이 북경성당에서 세례를 받고 가톨릭 신자가 된 것과 비슷하다. 이수정은 일본에서 미국인 선교사 루미스(Henry Loomis)의 권유로 1884년에 마르코복음을 우리말로 번역하여 출간하였다. 이수정이 우치무라와 만난 증거로 사진이 있다. 1883년 5월 도쿄에서 있었던 제3회 전일본기독교신도대친목회 때 찍은 것이다. 그 사진에는 한복을 입은 이수정이 제일 앞줄 오른쪽에서 네 번째에 있고, 앞에서 두 번째 줄의 왼쪽에서 다섯 번째에 우치무라가 있다. 그때 우치무라는 삿포로 독립교회를 대표해서 참석하였다. 우치무라는 '공중의 새와 들의 백합'이라는 제목으로 강연을 하였다. 김정식이 우치무라를 만난 때인 1906년보다 23년이나 앞선다. 그러나 우치무라와 가장 친밀했던 사람은 김정식임이 틀림없다.

김정식은 일본에 유학하고 있는 한국 학생들을 대상으로 한 강연회에 우치무라를 강사로 자주 초빙하였다. 류영모도 동경물리학교를 다니는 동안에 여러 번 우치무라의 강연을 들었다. 그러나 류영모는 우치무라의 성서연구회에 참석한 적은 없다. 이미 그때 류영모는 정통 신앙을 떠났기 때문이다. 만일 우치무라가 아닌 톨스토이였다면 개인적인 접촉이 있었을 것이다.

우치무라의 신앙은 교회의 정통 신앙 그대로다. 다만 서양인 선교사들의 간섭을 받지 않고 독립적으로 교회를 운영하자는 것이 우치무라의 주장이었다. 그런데 한국 교회측은 무교회라는 말에 교회를 없애자는 것인 줄로 착각하고 이단이라며 우치무라를 공격하였다. 김인서라는 이가 앞장서 비난했다. 진리 되시는 하느님을 위해 교회도 하느님 앞에 제물로 바칠 줄 알아야 한다. 사상의 자유와 양심의 자유를 이 나라 헌법에서 보장하는데도 여전히 쉽게 이단이라며 미워하고 배척하는 종교인들이 있는 것은 슬픈 일이다.

류영모가 이 사람에게 말하기를 자신이 일본 도쿄에 있는 재일본 한국YMCA에서 우치무라의 강연을 들었다는 말을 하였을 뿐 강연 내용을 두고는 말이 없었다. 우치무라는 한국 유학생들에게 '교회와 성서', '상호 이해' 등을 주제로 강연하였다고 한다.

그중 '상호 이해' 강연을 일부 옮긴다. "사람이 사람을 이해하기란 가장 어려운 일이다. 사람이 근친(近親)을 잘 모르고 이웃을 잘 모르는데, 하물며 외국인을 잘 알 수 있겠는가? 그러면 사람은 도저히 사람을 이해할 수 없단 말인가? 그렇지는 않다. 사람은 그 과거를 규명해서 이해할 수 없으며 현재를 조사해도 이해할 수 없다. 그러나 그 미래를 알아서 한 덩어리를 만들 수 있다. 신앙을 같이 하는 자, 신앙의 목적을 같이 하는 자, 그들은 가장 깊은 뜻에서 친구이며 또 형제이다. 사해동포(四海同胞)

라는 말도 있지만, 사람은 아직도 사람의 원수다. 같은 인종이며 같은 종교를 믿는 영국 사람과 독일 사람은 불구대천의 원수이다. 일본 사람은 한국 사람을 이해하지 못한다. 한국 사람도 일본 사람을 잘 모른다. 오해에 원한을 더하고 증오에 복수를 더한다. 그러고는 어찌하면 이것을 없앨 수 있을까 걱정한다. 완전히 해결할 방법은 다만 한 가지가 있을 뿐이다. 사람들로 하여금 예수 그리스도를 알게 하는 것이다. 사람이 그리스도 안에서 화합하기 전에는 형제도 여전히 원수다. 하물며 이방인과 이인종은 어떠하겠는가."《우치무라 간조 전집》)

우치무라는 진심으로 한국 사람들에게 미안한 생각을 품고 있었다. 그러나 드러내놓고 말하기는 어려웠을 것이다. 예수의 품 안에서 한일 두 나라의 국민이 형제가 될 수 있다는 말을 하고 있다. 그때는 오늘날 구보타 망언 이래 끊임없이 망언을 일삼는 그 국수주의 무리가 내뿜는 삼독의 광기가 일본 열도는 말할 것도 없고 동양 천지에 소용돌이치고 있었다. 우치무라가 비록 일본인이라고 하더라도 위험 수위를 넘는 말을 했다가는 무사하지 못하리라는 것은 불을 보듯 뻔했다.

함석헌이 우치무라를 알게 된 것은 오산학교 졸업반 때 오산학교 교장으로서 학생들에게 도덕(수신)을 가르친 류영모에게서 처음 들었다고 하였다. 류영모는 세계적인 인물들을 소개하였는데 일본인 가운데는 우치무라가 그 한 사람이었다. 함석헌은 그때 류영모가 해준 이야기 가운데 우치무라가 미국에 유학 갔을 때의 일을 기억하고 있었다. 우치무라가 미국 유학 중에 펜실베니아 주에 있는 장애인 요양원에서 머물 때의 일이다. 장애인 가운데 '대니'라는 말썽꾸러기 소년이 있었는데, 어찌나 말썽을 부리는지 당시 지도교사였던 우치무라가 저녁밥을 주지 않겠다고 하였다. 그들에게는 밥을 굶는 것이 가장 큰 벌이었다. 그러나 그날은 대니의 생일이었고, 우치무라는 '거룩한 날(生日)'에 저녁을 굶길 수 없으니 자신이 대신 굶겠다고 하였다. 지적장애인들에게는 대니 때문에 저희들의 선생님이 밥을 굶는다는 것이 큰 사건이 아닐 수 없었다. 대니의 워싱턴 반 아이들이 회의를 열어 대니를 링컨 반으로 내려보내기로 결의를 하였다는 것이다. 훗날 함석헌이 일본에서 유학하는 동안 우치무라가 진행하던 성서 연구 모임에 참석했을 때 류영모에게서 들은 대니 이야기를 우치무라에게서 직접 들을 수 있었다.

우치무라는 교회 안으로 들어가지 않았고, 류영모는 교회 안에서 밖으로 나왔다. 처지는 사뭇 같았지만, 신앙의 내용은 달랐다. 우치무라의 신앙은 교의 신앙을 벗어나지 않았고, 류영모의 신앙은 교의 신앙을 떠났다. 우치무라가 형식적인 기독교 개혁을 하였다면 류영모는 실질적인 기독교 개혁을 한 것이다. "일본의 종교 사상가인 우치무라는 외국 선교사에 반대하고, 사도신경의 정신에 입각하여 교회 본래의 정통 신앙을 세웠어요. 하지만 나와 톨스토이는 비정통입니다." 이 말에서 류영모가 우치무라를 어떻게 생각했는지 잘 알 수 있다.

그러면 우치무라는 정통 신앙을 의심 없이 믿었는가? 그렇지는 않다. 그런데 교의 신앙을 의심한다는 것은 너무나 어마어마한 문제라 감히 알아볼 용기조차 못 내었다. 우치무라는 《히버트 강연집(Hibbert Lectures)》 가운데 에드윈 해치(Edwin Hatch)가 쓴 〈그리스 사상 및 습관이 기독교에 끼친 영향〉이라는 글을 읽고 큰 충격을 받았다. 그리하여 1911년 10월에 자신이 발행하던 〈성서지연구〉에 '기독교의 최대 문제'라는 제목으로 다음과 같은 글을 썼다. "오늘날의 이른바 기독교 선교사들에 의해서 일본에 전해진 기독교는 과연 예수께서 처음으로 전한 가르침과 같은가? 기독교에 관한 여러 가지 문제 가운데 실제로 이보다 더 중요한 것은 없다. 이 문제를 어떻게 하느냐에 따라서 우리가 기독교를 대하는 태도가 달라지고, 따라서 우리가 취해야 할 전도 방법도 변하는 것이다."(《우치무라 간조 전집》)

우치무라는 이를 말로만 기독교의 최대 문제라 하고 실제로 연구한 것은 없었다. 문제의 중요성을 알았다면 다른 일은 두고서라도 그 일에 매달려야 했다. 우치무라의 지적대로 내가 신앙하는 기독교가 참으로 예수의 가르침인지 아닌지를 확인하는 일보다 화급하고 중대한 일은 없다. 우치무라와 같은 기독교 신자에게는 말이다. 반면 톨스토이는 우치무라와 달리 이 문제에 여생을 걸고 연구하였고, 결국 현 기독교는 예수가 처음으로 전한 가르침과는 정반대로 변질되었다는 것을 밝혔다. 우치무라가 소개한 해치의 글〈그리스 사상 및 습관이 기독교에 끼친 영향〉은 교의 신학의 거짓됨을 정곡을 찔러 밝히고 있다. "예수의 산상수훈과 니케아신조(사도신경) 사이는 하늘과 땅의 차이가 있다. 예수의 가르침은 불과 100년 남짓한 사이에 이교화되었다. 정치화하고 세속화한 것이다. 그러나 나는 믿는다. 먼 미래에 새롭지 않고 낡지 않는 새로운(예수의 영성 신앙) 기독교가 올 것이다. 도덕과 심령이 다시 본래의 지위를 되찾고, 서로 봉사의 줄로 맺어진 인류의 동포주의를 실현하는 기독교가 눈에 비친다."

류영모가 한 일이 있다면, 에드윈 해치가 바라던 대로, 예수의 가르침을 가리고 그르친 바울로 교의 신앙은 걷어치우고 참된 예수의 가르침을 살려낸 것이라 할 수 있다.

2부

기독교 밖의 기독교인

(1915~)

5장
단독자

결혼에 대한 생각

결혼할 때의 생각을 물었을 때 류영모는 이렇게 대답하였다. "결혼할 때까지 고군분투하였지요. 사람도 몸으로는 짐승이에요. 짐승은 식욕과 음욕밖에 없어요. 그러므로 어른이 되어도 생각도 없고 하느님도 모르면 짐승밖에 더 되겠어요."

결혼할 때까지 고군분투하였다는 것은 혼전에 순결을 지켰다는 말이다. 사람은 누구나 혼전, 혼후 할 것 없이 순결을 지켜야 한다. 어쩔 수 없는 일로, 또는 제대로 모르고서 순결을 잃었다면 더욱 순결하게 살려는 결심과 실천이 있어야 한다. 식색(食色)은 짐승인 몸나로서 할 일이지 하느님 아들인 얼나로서 할 일이 아니다. 비록 짐승인 몸을 가졌으나 짐승으로 살지 않고 하느님의 아들인 얼나로 살아야 한다. 류영모는 결혼에 관해 이렇게 말하였다.

가장 이상적인 생활은 혼인을 안 하는 거라고 생각해요. 사람이 완전에

도달하려면 혼인할 필요가 없기 때문입니다. 인격의 온전함이 능히 독신을 가능케 합니다. 인격이 온전하다면, 누구를 의지하거나 기다리지 않고 혼자서 똥오줌을 가누게 되고, 남녀 문제를 초월하고 생사 문제까지 초월하게 됩니다. 만일 불완전한 두 사람이 하나가 되어 완전을 이룬다면, 한 번 하는 것이 가장 좋아요. 혼인도 하느님을 섬기기 위한 수단이어야지 혼인 때문에 하느님이 무시되면 안 됩니다. 애인을 위하여 피를 흘리는 사람이 있는데 피는 하느님만을 위해서 흘려야 한다는 것이 성경의 사상입니다. 밥을 먹는 것도, 잠을 자는 것도, 시집·장가를 가는 것도, 아들·딸을 낳는 것도 하느님을 사랑하는 데 유익할 때 해야 합니다. 가족을 사랑하는 데서 하느님을 사랑하는 것을 배워야 합니다.

자신의 의지로 성(性)에 개방적인 삶을 살았던 황진이는 자기의 송장이 땅에 묻힐 가치가 없다면서 들에 버려 새와 짐승들의 먹이가 되게 하라고 하였다. 황진이는 지각이 있는 여인이었다.

류영모는 늦된 편이어서 20살이 넘어서야 남녀의 성에 대해서 알았다. 류영모가 말하기를 "내가 20살이 좀 넘어 모든 것을 알게 되었을 때 생각하기를 '우리 아버지와 어머니는 육체를 좋아해서 나를 낳지는 않았겠지?' 했습니다. 하늘처럼 믿는 아버지와 어머니가 그러한 더러운 일로 나를 낳지는 않았을 거라고 생각하며 그 사실을 부인한 일이 있었습니다. 우리들이 반성을 하면 그러한 일은 안 할 것입니다. 우리의 처지가 그러한 일을 그만두어야 할 처지입니다. 그러한 몹쓸 짓이 어디 있습니까? 우리는 정말 회개하여야 합니다."라고 하였다.

유교가 망국의 책임을 지고 쓰러지고 나니 소위 개화(開化)의 물결이 한반도에 스며들기 시작하였다. 더구나 도쿄 유학생들의 염문은 소문이

자자하였다. 그 대표적인 사건이 1926년에 윤심덕(尹心悳)과 김우진(金祐鎭)이 현해탄에서 정사(情死)한 일이다. 여류 문인 김일엽(金一葉)의 애정 행각과 여류 화가 나혜석(羅蕙錫)의 혼외정사도 세인의 입에 오르내렸다.

류영모는 자신이 순결을 지킬 수 있었던 것은 15살 때부터 성경을 보았기 때문이며, 20살 때부터 톨스토이를 읽은 것이 커다란 격려가 되었다고 하였다. 류영모는 "남녀의 정사를 쾌락이라 하지만 다 어리석은 짓이에요. 이런 생각에 반대하는 사람이 많을 것입니다. 류영모란 사람은 정력이 약해서 그런 소리를 한다고 할는지 몰라요. 그러나 나는 다른 사람보다 정력이 더 강할 것입니다. 나처럼 마른 사람을 색골이라 하지 않아요? 16살(만 15살)부터 성경을 보지 않았으면 내가 어떻게 되었을지 모릅니다."라고 하였다.

류영모는 혼인하는 것을 타락이라고 하였다. 예수가 혼인을 하지 않은 것도 혼인을 타락으로 보았기 때문이다. 류영모가 말하기를 "우선 젊어서는 장가를 갈 것이냐, 말 것이냐 하는 미로가 있어요. 결국 혼인을 하게 됩니다. 혼인을 하면 한동안은 어떻게 하면 계집 데리고 재미있게 사는가 이렇게 됩니다. 그러다 자식이 생기고 자식에게 맘이 쏠려 이러지도 저러지도 못하는 동안에 늙어버립니다. 좀 참혹한 이야기인지 모르나 사람이란 세상에서 최후의 불행이라 할 수 있는 홀아비가 되어보아야 신앙을 알기 시작해요. 연애하고 결혼하고 자식 낳고 할 때는 바로 알기 어려워요. 홀아비가 된 후에 하느님을 믿으라는 말은 못할 말이지만 세상에 매달려서는 하느님은 알 수 없습니다."라고 하였다.

류영모는 장가가기로 마음을 먹은 후에 다음과 같이 하느님께 기도했다. "소자가 아버지(하느님)를 사모합니다. 아버지를 찾고 진리를 사모하여 올라가지만 진리가 좀처럼 나타나지 않아 올라가던 발길을 멈추고 앉아 쉬면서 위로 향했던 눈을 돌리며 이 세상에서 다른 무엇을 그려볼까 하고 방황하게 됩니다. 하느님을 찾고 찾고 찾으며 참고 참고 참다가, 드디어 참지 못하고 여성을 찾아 장가라도 가는 것이 인생입니다. 절대(하느님)를 좋아하다가 상대로 떨어집니다. 결혼은 타락입니다." 그러나 예수는 말하기를 "그것은 아무나 할 수 있는 일이 아니다. 다만 하느님께서 허락하신 사람만이 할 수 있다. 처음부터 결혼하지 못할 몸으로 태어난 사람도 있고 사람의 손으로 그렇게 된 사람도 있고 또 하늘 나라를 위하여 스스로 결혼하지 않는 사람도 있다. 이 말을 받아들일 만한 사람은 받아들여라."(마태오 19 : 11~12)라고 하였다. 류영모의 성관(性觀)은 석가나 예수와 조금도 다름이 없이 일치한다. 물론 52살 때 구경각(究竟覺)을 이룬 뒤의 생각을 말한다.

남녀의 성(性)은 나무의 뿌리와 같습니다. 뿌리는 언제나 땅속에 파묻어 두어야 해요. 뿌리가 드러나면 나무가 말라 죽어요. 세상 사람들은 이 이치를 모르고서 뿌리를 들추는 것을 즐거움으로 삼아요. 사람들이 식·색을 너무 좋아하면 음란한 세상이 되어서 사람이 살 수가 없게 되어요. 소돔과 고모라성이 그랬어요. 밥은 살아가는 데 필요한 만큼만 먹고 성(性)은 자녀를 얻기 위해서만 부부가 만나야 해요. 자연의 짐승들은 이 법칙을 잘 지키고 있는데 사람들만 못 지키고 있습니다. 이것이야말로 부끄러운 타락입니다. 남녀를 불문하고 절제하여 자기의 정(精)과 신(神)을 잘 보존해야 합니다. 식색의 물신(物神)을 초월하지 못하면 사람다운 정신 생명이 자라지 못하고 짐승만도 못한 짐승이 됩니다. 언제나 식·색을 삼가고 조심해야지요. 하룻밤을 자도 남녀유별하여 만리장성을 쌓아놓고 자야 오랑캐의 침입을 받지 않습니다. 색마는 오랑캐의 말보다 더 무서워요. 포악하고 음흉하고 잔인한 것이 성범죄입니다. 언제나 자기 몸을 존중하여 일생 동안 시험에 빠지는 일 없이 건강과 정결을 지켜야 해요. 식욕과 성욕에 끌려다니면 일생은 무의미할 뿐만 아니라 아주 잘못됩니다.

편지로 성사된 혼인

류영모의 입장에서 자유로운 남녀 교제는 생각할 수도 없는 일이었다. 그러나 남녀의 사귐이란 사귀지 말란다고 사귀지 않게 되는 것이 아니다. 그런데 류영모의 둘레에는 등장하는 여인이 없다. 부암동 서당에 다닐 때, 아버지 때부터 세교(世交)를 이어온 서당 학우인 일해 이세정에게 누나 두 사람이 있었으나 그들은 처녀 소리도 제대로 들어보지 못한 아까운 나이에 전염병을 앓다가 죽었다.

오산학교 교사를 지냈고 동경물리학교에 유학을 다녀온 류영모이지만 사귄 여성이 없으니 중매결혼을 할 수밖에 없었다. 목사 김필성이 중매에 나섰다. 김필성은 자신의 친구인 김건표(金建杓)의 누이 김효정을 소개하였다. 김건표는 친구 김필성의 소개말을 듣고 류영모를 훌륭한 매붓감이라고 생각하였다. 김건표는 류영모보다 7살이 많았으며 전주 신흥학교 교사와 군산 우체국장을 지냈다.

신부가 될 김효정은 충남 서천 한산(寒山)에서 태어났다. 아버지는 김현성(金顯成), 어머니는 임씨(林氏)이다. 위로는 오빠 건표가 있고, 아래로는 3살 터울의 숙정(淑貞)이 있다. 김현성은 구한말 무관 출신으로 기골이 장대하며 성격이 호방하였다. 일찍이 김옥균(金玉均)과 박영효(朴泳孝) 등을 좇아 개화 운동에 가담하였다. 뒤에 전남도청과 목포에서 공직 생활을 하였다. 퇴직할 때에는 차함 군수로 대접을 받았다. 김효정 일가는 아버지와 오빠의 직장을 따라 광주, 목포, 전주, 군산, 이리 등 호남 여러 곳을 옮겨 다니며 살았다.

효정과 숙정 자매는 군산에서 이 나라의 초기 학제인 소학교 3년, 중학교 3년 과정을 마쳤다. 아버지는 개화파답게 두 딸을 함께 학교에 보냈다. 여학생이라고는 두 자매뿐이었다. 1년 내내 장옷으로 얼굴을 가리고 학교에 다녔다. 3살 터울의 자매가 동급생이 되었기에 학교에 다닐 수 있었던 것이지, 아마 혼자였으면 다니지 못하였을 것이다. 여름에는 덮어쓴 장옷 때문에 등에 땀띠가 나 고생을 하였다. 나이 많은 남학생 틈에서 학교를 다니던 자매는 사람들의 구설수에 올랐다. 어찌나 말이 많은지 두 자매가 도중에 학교에 가기를 그만둘 정도였다. 그러자 학교측에서 집으로 찾아와 두 자매가 학업을 마치고 졸업장을 받게 해 달라고 호소하였다. 두 자매가 도중에 그만두면 앞으로 다른 여학생들이 학교에 다닐 용기를 내지 못한다는 것이 이유였다. 그리하여 두 자매는 다시 학교에 나가 중학 과정까지 졸업을 하였다. 동생 숙정은 학업을 계속하기 위해 서울에 와서 한성고등여학교(오늘날 경기여자고등학교)에 진학하였고, 졸업한 뒤에 교사가 되었다.

김효정의 아버지와 어머니는 오빠와는 달리 신랑감 류영모를 탐탁히 여기지 않았다. 김현성은 사위도 자신처럼 건장한 몸집에 호쾌한 마음씨를 지닌 이른바 무인형(武人型)이기를 바랐다. 그런데 류영모는 작은 체격에 깐깐한 성격의 선비형이다. 더구나 류영모는 지금은 서울에 살지만 앞으로 시골로 가서 농사지으며 살 거라고 말하였다. 그 말 때문에 규수의 어머니가 아주 싫어하였다. 사위 될 사람이 시골에 가서 농사를 짓는다면 체력이 약한 맏딸이 농사 바라지를 해야 하는데 감당할 수 없을 것이라고 하였다. 남편 따라 밭이랑에서 김매고, 오줌 항아리를 이어 나르고, 마당질에 도리깨질까지 해야 할 터인데 효정의 체력으로는 안 된다는 것이었다.

80살의 할머니가 된 김효정은 류영모와 혼담이 있던 처녀 때의 일을 이렇게 회상하였다. "그때 오빠의 말씀이 신랑 될 사람은 학식이 깊고 생활이 철저한 사람이라고 하였어요. 사람은 참되게 살려면 농사짓고 살아야 한다고 주장하며, 반드시 국산품을 쓰는 검소한 생활을 실천하는 사람이라고 이야기했어요." 김효정은 오빠가 훌륭한 사람이라고 하니 오빠의 말을 믿었다고 하였다. 그러나 그 시대는 시집갈 처녀가 자기 의사를 나타내는 일은 꿈에도 생각지 못할 일이었다. 부모님 결정에 무조건 따라야 했던 때이다.

류영모는 당시 목포에 살고 있던 신붓감을 한 번도 본 일이 없었다. 중매하는 김필성이 참한 규수라고 한 이야기만 듣고 혼사가 이루어지기를 바랐다. 그런데 장인, 장모가 될 어른들이 완강하게 반대를 한다니 난감하였다. 시골에 가서 농사지으면서 살겠다는 소리만 하지 않았어도 혼담이 그렇게까지 꼬이지는 아니했을 것이다. 생각다 못한 류영모는 장인이 될 김현성에게 허혼하기를 간청하는 편지를 썼다. 김효정의 집에서는 류영모의 편지를 받고 술렁거렸다. 사위가 될 사람이 장인 될 사람에게 편지를 보내왔으니 그때로는 흔히 있는 일이 아니었다.

장인이 될 김현성은 사윗감 류영모의 편지를 읽고는 그 문장과 글씨가 빼어난 데 놀라움을 금치 못하였다. 그 편지를 입수할 수 있다면 우리도 한번 읽어봄 직한데 없어졌다. 김현성은 혼자 보기가 아까워 둘째 딸 숙정이를 불러서 읽어보라고 하였다. 붓글씨로 썼는데 읽어도 무슨 뜻인지 알 수가 없었다. 류영모의 편지를 읽기에는 숙정의 한문 실력이 짧았기 때문이다. 당사자인 효정이 사랑방에서 나오는 숙정에게 편지에 무슨 말이 써 있는지 물었다. 신랑 될 사람에게서 편지가 왔다니 얼마나 궁금하였겠는가? 그러나 숙정의 대답은 엉뚱하였다. 편지글이 《논어》를 읽는 것같이 어려워 무슨 뜻인지 모르겠다는 대답이었다. 당시 숙정은 목포에서 교직생활을 하고 있었다. 학교 교사인데도 모르겠다니 더 할 말이 없었다. 그렇다고 아버지께 물어볼 수도 없었다.

고운(孤雲) 최치원(崔致遠)이 중국에서 반란을 일으킨 황소(黃巢)를 격문 한 장으로 감동시켜 난을 평정했다지만, 류영모는 글 한 장으로 신부 될 규수의 부모님을 감동시켜 틀어진 혼담을 성사시켰다. 류영모의 문장력이 대단하다고 하지 않을 수 없다. 김교신도 〈성서조선〉에 기고한 류영모의 글을 읽고 그 문장이 유려하고 의미가 심오함에 감탄을 금하지 못하였다.

첫날밤 행방불명

류영모는 혼례식을 올리기 앞서 신부의 얼굴을 못 보았다. 그 시대의 예절이 그러하였고 또한 지리적으로 멀리 떨어져 있었다. 류영모는 요즘 사람들이 남녀가 자연스럽게 교제하는 것까지는 좋은데 마음속에는 남녀유별한 만리장성의 담을 쌓고 있어야 한다고 하였다. 그리고 남녀의 사귐은 한눈에 반했다면서 황망히 사귀어서는 안 된다고 말하였다. 한눈에 반하는 것은 인격적인 만남이 아닌 성호르몬이 움직인 생식의 본능일 뿐이기 때문이다. 안나 카레니나(톨스토이의 소설 《안나 카레니나》의 주인공)와 같은 비극을 부르게 된다.

"요즘의 연애를 옛날에는 상사(想思)라 하였어요. 서로가 생각한다는 것입니다. 그런데 요새는 연애라고 해야 모두가 얼른 알아듣습니다. 어떤 뜻에서 보면 연애도 장사입니다. 별 타산이 다 꿈틀거립니다. 이 세상에 당신밖에 없다. 당신의 종이 되어도 좋다, 당신 아니면 나는 죽는다는 것은 다 흥정을 하느라 그런 것입니다. 남녀는 유별해야 합니다. 남녀의 교제를 황망히 하지 말아야 합니다. 이것이 성별입니다. 성별을 해야 구속(救贖)이 옵니다. 당길심 있게 시간적으로 띄우고 공간적으로 멀리하여 성별을 하는 것입니다. 결코 급하게 사귀는 따위의 경솔을 하지 말아야 합니다. 곱게 보인다고 곧바로 가까이하지 않아야 한다는 것입니다."

차츰 이혼율이 높아져 이제는 2쌍에 1쌍 꼴로 이혼을 한다고 한다. 혼인을 인륜지대사라 하면서도 그만큼 신중하지 못한 탓이다. 중간에 그만두면 애초부터 아니 감만 못하다는 것을 알아야 한다. 애인으로서 사랑은 잠시이나 존재로서 사랑을 하면 다이아몬드보다 더 황홀하고 별보다 더 신비롭다.

류영모의 혼사는 또 한 번 고비를 넘어야 했다. 풍속대로 하면 혼례날 신랑이 먼저 처가로 가서 혼례를 올린 뒤 신부를 본가로 데려와야 하는데 류영모는 그 절차를 생략하고 신부가 신랑집으로 와야 한다고 했다. 이런 식의 혼례가 아예 없었던 것은 아니다. 옛날에도 임금들은 아내를 맞아들였다. 이것을 친영례(親迎禮)라 한다. 류영모는 두 번 잔치를 치르는 것은 낭비요 손실이라고 합리적으로 생각했던 것이다. 결국 류영모의 택선고집에 처가에서 양보를 하였으나 장인 김현성은 혼례에 참석하지 않았다. 김효정의 오빠 김건표가 상객(上客)이 되어 누이를 데리고 서울로 왔다. 신부 김효정은 오빠를 따라 목포항에서 인천항으로 가는 여객선에 올랐다. 그때만 해도 그 전해인 1914년에 개통된 호남선 열차보다 해상 교통을 이용하는 것이 일반적이었다. 개통 초기에 호남선 열차는 이용객이 적어 오랫동안 적자 운행을 하였다. 인천항에 도착해서는 경인선 기차로 갈아타고 서울에 이르렀다. 김효정은 뱃멀미와 차멀미로 몹시 힘들어 했다.

서울 당주동에 있는 신랑집 마루에서 혼례를 올렸다. 중매를 선 목사 김필성이 주례를 맡았다. 김효정도 14살 때부터 교회에 나간 기독교 신자여서 기독교식으로 혼례를 올리는 데는 류영모와 의견이 일치하였다. 한 가지 특별한 것은 신랑 류영모가 주례에게 예식 때 읽을 성경 구절을 미리 정해주었다는 점이다. 사도 바울로의 편지인 고린토전서 7장 1절에서 6절까지였다. "남자는 여자와 관계를 맺지 않는 것이 좋습니다. 그러나 음행이 성행하고 있으니 남자는 각각 자기 아내를 가지고 여자는 각각 자기 남편을 가지도록 하십시오. 남편은 아내에게 남편으로서 할 일을 다하고 아내도 그와 같이 남편에게 아내로서 할 일을 다하십시오. 아내는 자기 몸을 자기 마음대로 할 수 없고 오직 남편에게 맡겨야 하며 남편 또한 자기 몸을 자기 마음대로 할 수 없고 오직 아내에게 맡겨야 합니다. 서로 상대방의 요구를 거절하지 마십시오. 다만 기도에 전념하기 위해서 서로 합의하여 얼마 동안 떨어져 있는 것은 무방합니다. 그러나 자제하는 힘이 없어서 사탄의 유혹에 빠질지도 모르니 그 기간이 끝나면 다시 정상적인 관계로 돌아가야 합니다. 이 말은 명령이 아니라 충고입니다."(고린토전서 7 : 1~6)

혼례를 올린 때가 1915년 10월 가을이었다. 아직도 늦더위가 있었다. 친척과 이웃으로부터 많은 음식 부조가 들어왔다. 남은 음식을 이웃에 돌렸다. 25살의 신랑은 무명 바지저고리를, 22살의 색시는 옥색 치마저고리를 혼례복으로 입었다. 이제 류영모의 아내가 된 누이에게 김건표는 이렇게 말했다. "누이야, 너의 남편은 훌륭한 분이다. 네가 남편의 뜻을 거스르면 너와 나 사이에 남매의 의를 칼로 자르고 소금을 치듯 끊을 것이다." 80살의 할머니가 된 김효정은 56년 전의 이야기인데도 뚜렷하게 기억하고 있었다. 오빠의 그 말을 좌우명으로 삼고 평생을 살아온 것이다. 김교신도 시집가는 맏딸에게 같은 말을 하였다. 이러한 사고가 옛날에는 보편적인 윤리관이었다.

혼례식을 올린 류영모는 신부의 부모님을 뵙기 전에는 감히 신방에 들 수 없다고 생각하여 그길로 호남선 열차를 타고 목포에 있는 처가로 향하였다. 그 사정을 전혀 모르는 신부는 신랑이 신방에 들기를 기다렸다. 그러나 밤이 늦도록 신랑은 나타나지 아니하였다. 그렇다고 누군가에게 물어볼 수도 없는 노릇이었다. 다만 신랑이 행방불명이 된 셈치고는 집안이 너무 잠잠하여 시름을 덜었을 뿐이다. 그러나 대체 무슨 일이기에 첫날밤을 기다리는 신부보다 더 중요한지 궁금하였다. 신식 혼례를 올린 덕에 신랑이 풀어주어야 하는 족두리가 없는 것이 천만다행이었다.

양명 왕수인은 16살(1488년)에 장가를 들었다. 장가든 날 처갓집을 나와 가까이에 있는 철주궁(鐵柱宮)이란 도교 사원에 들렀다. 왕수인은 도사와의 도담(道談)에 빠져 자신이 오늘 갓 장가든 사실을 잊어버렸다. 밤을 새운 새벽에야 처가로 돌아왔는데, 처갓집에서는 행방불명된 신랑 때문에 큰 소란이 벌어져 있었다. 류영모는 그와는 다르나 신부를 혼자 둔 것은 마찬가지다. 무심한 남편이라고 해야 할까, 별난 남편이라고 해야 할까. 쪽지라도 한 장 써서 신방에서 새신랑을 기다릴 신부에게 전해주었으면 좋았을 뻔하였다.

옛말에 집안이 쓸쓸하면 맏딸 시집보낸 집 같다고 한다. 22살이 되도록

5장 단독자 **175**

고이고이 살갑게 길러 온 딸을 멀리 서울로 시집을 보내고 아버지와 어머니는 살을 에는 듯이 아프고 쓰린 마음을 달래고 있었다. 그런데 서울에서 혼례를 치른 그날 새신랑인 사위 류영모가 목포 처갓집 대문 안으로 들어선 것이다. 류영모의 편지를 읽고 놀랐던 장인과 장모는 뜻밖에 나타난 사위를 보고 또다시 놀라지 않을 수 없었다. 마땅히 서울에서 신부와 함께 있어야 할 신랑이 홍길동처럼 목포 처가에 불쑥 나타났으니 아니 놀랄 일인가? 어떻든 김현성과 임씨 부부는 비범하고 고집스러운 사위를 맞은 것이다. 문우(文友) 최남선도 류영모의 택선고집은 알아주어야 한다고 말하였다. 사위 류영모는 장인과 장모에게 인사를 올렸다. 장인과 장모가 어찌 신부를 혼자 두고 이곳에 왔는지 묻자, 류영모는 장인과 장모에게 인사를 올리기 전에는 신방에 들 수 없었다고 대답하였다. 장인, 장모는 눈시울을 붉히면서 새신랑의 손을 잡고 감격해 마지않았다.

 장모 임씨는 백년손님이라는 귀한 맏사위를 대접한다고 마음이 바빴고, 장인 김현성은 박학다식한 맏사위와 담소하느라 시간 가는 줄을 몰랐다. 조국의 미래, 일본의 실상, 동양의 형세, 서양의 동태, 인생과 종교, 여러 종교의 우열 등 화제는 그칠 줄을 몰랐다. 김현성은 군수까지 오른 이라 신구학문도 알 만큼은 알았다. 사위 류영모의 인품과 학식과 재능을 파악한 김현성은 무릎을 치면서 "내가 이렇게 훌륭한 사위를 맞은 줄을 미처 몰랐다."라면서 기뻐하였다. 장모 임씨도 기쁨을 감추지 못하였다. 언니보다 3살 아래인 효정의 동생 숙정의 신랑감을 맏사위 류영모에게 골라 달라는 당부까지 하였다.

 김현성은 사위 될 사람이 체격이 작다는 이야기를 듣고서 싫어하였는데 만나고 보니 마음은 큰 체구의 자신보다 훨씬 넓고 깊다는 것을 발견하였다. 사람은 속사람이 커야지 겉 몸뚱이만 커서는 쓸데없다. 공연히 의식주 소모만 많은 것이다. 류영모가 혼인한 지 2년이 지난 1917년에 천문학에 기초하여 쓴 '무한대(無限大)'라는 장시는 참으로 광대하고 웅장하기 그지없다. 그야말로 명실상부한 대시문(大詩文)이다. 모두 137수나 되는데 다 옮기지는 못하고 그 일부만 옮긴다.

태양이란 하루살이 一小群의 왕이 되니
그 신장이 3백만 리 內群으로는 水金地火
外群으로는 水土天海 八將星을 거느리고
그 중간에 5백 병사 상비하여 순회하고

각 群星의 근위족들 간혹 오는 손님네도
함께 모여 떼를 지으니 그 둘레가 6백억 리
이 이름은 태양계라 이마만치 큼직하되
온 뜰 안에 비기면 태양계도 한 점이라

여러 王의 王인 듯한 자미궁의 北辰天帝
光使파견 하오시니 그 걸음이 빠른 법이
1초 간에 73만 9천 리나 닫건마는
지구까지 달하기에 20여 년 걸린다네

제 3位의 將星 지구 그 신장이 3만 리라
그 온 몸에 곰팡나서 천만 년을 번식하니
萬物이라 일컫도록 가지 치고 겨레 낳네
그 한가지를 또 쪼개면 골, 잘, 천의 원분자라

류영모는 오산학교에서 천문학과 물리학을 가르치면서 이미 무한한 우주를 마음속에 품고 다닌 것이다. 장인 김현성이 아무리 무골(武骨)로 호쾌하다 하여도 류영모의 광대무변(廣大無邊)한 대장부의 마음에는 비길 수 없다.

류영모는 처가를 방문하고 서울로 돌아오는 길에 논산에 들러 보물 218호로 지정된 관촉사 석조미륵보살입상을 구경하고 솥을 만드는 것도 둘러보면서 이레 만에 서울 집으로 돌아왔다. 아름다운 신부를 맞이해놓고는 처가에 갔다가 일 주일 만에 돌아온 것은 어찌 생각하면 심술궂어 보이기도 하지만 얼마나 멋지고 여유 있는 마음인가? 혼담이 꼬여 2년이나 시간을 끈 뒤에 맞은 신부이다. 비록 사랑을 속삭일 기회는 없었지만 얼마나 그리웠겠는가? 그러나 참으로 사랑한다면 사랑하는 사람을 쉽게 가까이할 수 없는 것이다.

류영모의 처남 김건표는 훗날 서울에서 살았다. 만년에는 출판사에서 청탁하는 외국 서적을 번역하는 일을 하였다. 출판사와 인연을 맺고 일을 하는 처남의 권고로 당시에 새롭게 시행하던 도량형에 관한 책을 편술하여 이름을 《메트르》라 하였다. 류영모는 처남을 돕겠다는 생각으로 그 일을 시작하였는데, 그러다가 아예 '개성사(開成社)'라는 출판사를 열었다. '개성'이란 이름은 《주역》 계사전에 나오는 '개물성무(開物成務)'에서 가져왔다. 막 《메트르》를 판매하기 시작했을 때 출판사를 경영하는 일본 사람이 자기들이 출판한 책을 표절하였다고 소송을 제기하였다. 도량형의 원기(原器)를 전재하여 실은 것을 꼬투리 잡았다. 도량형의 원기는 인류 공동의 표준 기기이기 때문에 표절이라 할 수 없는 것이다. 그러나 일제 강점기였고, 일본인이 제기한 소송이어서 패소하고 말았다. 그리하여 개성사는 '개물'도 해보지 못한 채 그만두었다.

김건표는 자녀가 없었기 때문에 친손으로는 대가 끊긴 셈이다. 숙정은 혼인하여 오류동에서 살았다. 김건표의 아내인 류영모의 처남댁은 90살이 넘도록 장수하였다. 류영모가 전주에 산과 집을 사서 동광원에 주었는데, 처남댁은 그곳에서 생애를 끝마쳤다. 류영모의 말대로 가정이란 지내고 나면 아무것도 아닌 빈 것이다. 하루에도 수많은 가정이 한쪽으로 생겨나고 한쪽으로 없어지면서 인류 역사가 이어진다.

3남 1녀의 아버지

류영모는 혼인한 지 2년 뒤인 1917년에 맏이 의상(宜相)을 낳았다. 그로부터 2년이 지난 1919년에 둘째 자상(自相)을 얻었고, 다시 1921년에 셋째 각상(覺相)을 두었다. 세 형제의 이름에 항렬을 나타내는 '상' 자를 빼면 '의자각(宜自覺)'이 된다. 마땅히 스스로 깨달으라는 뜻이다. 그래서 이름을 지을 때 따로 생각한 뜻이 있었는지 물어보았다. 류영모는 대답하기를 "별 생각 없이 지었어요."라고 하였다. 그러나 우연히 그렇게 된 것이 아님은 분명하다. 함석헌의 말대로 류영모는 조그마한 일도 생각 없이 하는 사람이 아니다. 요즘 오강남이 신앙은 맹신하는 것이 아니라 자각하는 것이라 하여 "종교, 이제는 깨달음이다."라고 외치고 있다. 류영모는 이미 1920년대에 신앙은 '마땅히 스스로 깨달음이다(宜自覺)'라는 것을 자식들의 이름으로까지 지으면서 주장한 것이다. 셋째를 낳고 5년 뒤인 1926년에 딸 월상(月相)을 낳았다. 류영모는 월상을 음력 보름에 낳았기 때문에 '달 월' 자를 써 월상이라고 이름 지었다고 하였다.

옛날에 3남 1녀의 자녀를 두면 하늘의 선녀들도 부러워한다는 말이 있다. 류영모는 자신이 혼인한 것을 후회한다고 직접적으로 표현한 적은 없었으나 간접적으로 표현한 적은 있었다. "우리 집 자식들은 그냥 몹쓸 자식들은 아니에요. 그러나 어떤 때 보면 갑갑할 때가 있어요. 그러한 때에는 더욱 내가 마음 아파합니다. 나는 자식들이 아파하는 것을 보면 그것은 무엇인가 잘못이 있어서 그러려니 합니다. 다른 잘못이 아니라 내 잘못이 있습니다. 이 사람이 세상에 와서 그 짓을 하지 않았다면 자식은 없는 것입니다. 우리는 인류가 없어지면 어떻거나 큰일 날 줄 압니다. 사람이 없으면 무슨 걱정입니까? 우리가 불가불 나왔으니 사랑을 하고 혼인을 하여야 할 터인데 그 근본인 나를 모르고서, 또 혼인이라는 것이 무엇을 하는 것인지 똑바로 몰라서는 혼인할 필요가 없습니다."

류영모는 아기를 바라면 하느님께 기도한 뒤에 부부가 함께하라고 말하였다. 이는 곧 자신이 그렇게 하여서 자식을 낳았다는 말이기도 하다. "아기를 바라면 부부가 나란히 하느님께 아기를 주십사 하고 기도를 올리고서 부부가 함께할 수 있어요. 바라지 않는 아이를 낳는다면 사람의 자식이 아니라 원수가 됩니다. 술 취한 지아비가 지친 지어미를 껴안고 냅다 쓸어 부쳐 아이가 선 것이라면 다시 생각해도 아름답질 않습니다. 얼을 차린 지아비, 지어미가 있어 사람의 씨를 참 잘 바로 심으려면 냅다 부치는 것이 말이 됩니까? 할 수 있는 대로 다치지 않게 가장 고이 보고 살펴야 할 게 아닙니까? 우리가 어찌되어 짐승에 떨어졌으나 얼을 깨어 오르라는 뜻을 좇아 나아가야 합니다. 여기가 좋다면서 는지른(음란한) 삶을 살아서는 안 됩니다."

최선의 길은 예수나 석가처럼 종족을 보존하는 데서 떠나 진리 보존에만 힘쓰는 것이다. 차선의 길이 종족 보존도 하면서 진리 보존도 힘쓰는 것이며, 그 아래는 진리 보존은 모른 채 짐승처럼 종족 보존만 하는 것이다. 마지막은 진리 보존도 종족 보존도 못하는 것이다.

류영모는 자식을 낳아 잘 길러서 훌륭한 사람으로 만들겠다는 생각은 어리석은 생각이라고 하였다.

세계의 장래를 위하여 자식을 낳아 잘 기르고 가르쳐 큰 인물을 만들어야겠다는 생각은 보잘것없는 어리석은 생각이에요. 우리는 나라가 망하는 것도 보았고, 다시 나라를 찾기도 하였어요. 그런데 우리가 아직도 정신을 차리지 못하고 가족주의적 유교 사상에 파묻혀 있으니, 이 험한 세계의 조류에서 다음 우리에게 부닥칠 차례가 무엇이 될지 모르겠어요. 기껏 하는 짓이 산소치레나 하고 족보 타령이나 할 때가 아닙니다. 송장은 안 보이게 치우면 되고 선조는 그 이름이나 적어놓으면 됩니다. 후손 끊어지는 것을 걱정하지 말고 정신이 끊어지는 것을 걱정해야 합니다. 사람이라 함은 정신입니다. 이 정신을 이어 나가야지 후손 끊어지는 것을 걱정할 필요가 없습니다. 실제로 후손이 끊어진 사람은 극히 적습니다. 그러나 정신이 끊어진 사람은 아주 많습니다. 단군 할아버지의 정신을 잇댈 사람은 삼국시대에도 별반 찾아볼 수 없습니다. 그런데 그 뒤 오늘날에 이르기까지 단군 할아버지의 정신이 끊어지는 것을 걱정한 사람이 있었습니까? 정신이 끊어지는 것을 걱정하는 사람이 있다는 말은 들어보지 못하였습니다. 이 사회는 정말 철학을 좀 해야겠어요. 생각을 해야 한다는 말입니다.

또 류영모는 이혼에 대해 이렇게 말하였다. "부부일신이라 말은 그 자식을 두고 하는 말이에요. 낳은 자식을 정자와 난자로 환원시켜 도로 찾아갈 수 있다면 이혼해도 좋을 것입니다. 요즘 남자들이 아내로 하여금 병원에 가서 자꾸 긁어내게 하여 여자들이 허리를 못 쓰게 하는데 이것은 전적으로 남자들의 죄입니다. 남자는 자기의 행위에 책임을 질 줄 알아야 합니다. 무책임한 사람은 못된 사람입니다."

류영모는 참으로 처복(妻福)이 있었다. 류영모와 김효정은 글자 그대로 부창부수의 일생을 산 것은 틀림없다. 아내만 남편을 받든 것이 아니라 남편도 아내를 무척 아꼈다. 때로는 모임에도 아내와 동행하여 왔다. 부인이 앓을 때면 직접 아내가 좋아하는 먹거리를 사오기도 하였다. 류영모와 김효정은 회혼(回婚)을 넘기며 부부의 이상인 백년해로를 한 부부였다.

최남선, 이광수와의 교유

맹자가 말하기를 "천하의 좋은 선비는 천하의 좋은 선비와 같이 사귄다(天下之善士 斯友天下之善士)."(《맹자》 만장 하편)라고 하였다. 이 나라의 대표적 선사인 최남선, 이광수, 류영모가 가까이 사귄 것은 너무도 자연스러운 일일 것이다. 김교신은 이들을 삼천재(三天才)나 오천재(五天才)라 일컬었다고 하였다. 누구든 하느님이 안 내었을까마는 참 천재는 하느님의 뜻대로 산 사람이 참 천재일 것이다. 그런 뜻에서는 류영모야말로 천재이다.

육당 최남선이 청계천변에 세운 잡지사이자 출판사인 신문관(新文館)에는 당시 이 나라 최고 지성과 수재들이 모여들었다. 그들이 모이면 그리스 철인들의 향연(심포지엄)을 뺨칠 정도로 수준 높은 대화가 오갔다.

류영모가 최남선을 알게 된 것은 최남선의 잡지 편집을 돕던 이광수가 최남선과 함께 류영모의 집을 방문한 것에서 비롯되었다. 이광수는 이미 오산학교에서 2년 가까이 류영모와 함께 교단에 선 일이 있다. 최남선은 류영모에게 원고를 청탁하였다. 1914년 〈청춘〉지를 창간할 무렵이었다. 그리하여 1914년 11월에 발행한 〈청춘〉 2호에 '나의 1234'라는 제목으로 류영모의 글이 실렸다. 천재가 천재를 알아본 것이다.

이광수는 최남선을 만난 것을 이렇게 말하였다. "하루는 홍명희(洪命憙) 군이 오라고 하기에 가보니 낯빛이 검은 청년을 나에게 소개하는데 그가 최남선이었다. 그는 와세다대학 예과를 다니던 중에 문장보국(文章報國)을 목적으로 서울에 돌아와 〈소년〉이라는 잡지를 발행하기로 하였으니 나더러도 집필하라고 하였다. 최남선 군은 나보다 2살이 많았는데 나와 만나던 때가 19살(만 18살)이었던가 한다. 형으로 경모하였다."《춘원 전집》 이광수는 오산학교에서 류영모를 만나기 2년 앞서 최남선을 만났다. 류영모와 최남선은 1890년생으로 동갑이다. 류영모가 43일 먼저 났다.

류영모에게 최남선을 처음 만나서 무슨 이야기를 나누었는지 묻자, 최남선이 독립선언서를 광고지 여백에 기초한 이야기를 들려주던 생각이 난다고 하였다.

함석헌은 자신이 오산학교 졸업반에 있었을 때 새 학기(9월)에 새로 오게 될 교장에 대한 소문을 이렇게 말하였다. "새로 오는 류영모 교장은 철학자인데 육당 최남선 선생이 무서워하는 분이 바로 그분이시래." 비록 학생들의 입에 오르내린 소문이었지만 '아니 땐 굴뚝에 연기 날까'라는 속담이 있듯이 전혀 근거 없는 소문은 아니었다. 대단한 자긍심을 지닌 사람이라고 알려진 육당 최남선이 류영모를 지극히 경외한 것은 틀림없는 사실이다.

광복한 다음 해인 1946년에 김흥호가 와세다대학 선배인 이광수를 찾아가 동양 사상을 배우고 싶다고 말하였다. 이광수가 김흥호에게 말하기를 "동양 사상을 배우고 싶다면 다석 류영모 선생에게 배우시오. 그분은 시계처럼 정확한 분인데 동양 사상의 대가입니다."라고 하였다. 김흥호는 위당(爲堂) 정인보(鄭寅普)에게도 같은 말을 들었다. 어떻든 류영모는 당시 이 나라의 천재들이 알아주던 천재임에 틀림없다.

류영모가 최남선이 발행한 잡지〈청춘〉에 기고한 글은 '나의 1234'(〈청춘〉 2호, 1914. 11.), '활발'(〈청춘〉 6호, 1915. 3.), '농우(農牛)'(〈청춘〉 7호, 1917. 5.), '오늘'(〈청춘〉 14호, 1918. 6.), '무한대'(〈청춘〉 15호, 1918. 9.) 등이다. '활발'이라는 글은 당시 중학교 교과서인《조선어독본(朝鮮語讀本)》에도 올랐다.〈청춘〉에 이어 발행된 주간지〈동명〉에도 '남강 이승훈전' 등의 글이 실렸다.

1918년 6월 16일자〈청춘〉14호에 실린 '오늘'이란 글의 일부를 옮긴다. 류영모가 28살에 쓴 글인 '오늘'은 20대 후반에 이른 류영모의 사상적 깊이를 헤아릴 수 있게 해준다.

나의 삶으로 산다는 궁극의 의미는 어디에 있는가. 가로대 오늘살이에 있다 하노라. 오늘 여기 '나'라 하는 것은 동출이이명(同出而異名)이라 하지 않으면 삼위일체(三位一體)라 할 것이니 '오늘'이라 할 때엔 여기 내가 있는 것은 물론이요, '여기'라 하는 곳이면 오늘 내가 사는 것이 분명하고, '나'라 하면 오늘 여기서 이렇게 사는 사람이라 하는 뜻이로다. 무수지점(無數地點)에 광겁시간(曠劫時間)에 억조인생(億兆人生)이 살더라도 삶의 실상은 오늘 여기 나에게 볼 뿐이다. 어제라 내일이라 하지만 어제란 오늘의 시호(諡號)요, 내일이란 오늘의 예명(豫名)일 뿐이다. 거기라 저기라 하지만 거기란 거기, 사람의 여기요. 저기란 저기, 사람의 여기가 될 뿐이다. 산 사람은 다 나를 가졌고 사는 곳은 여기가 되고 살 때는 오늘이다. 오늘 오늘 산 오늘 오늘 어제의 나, 거기의 나는 죽은 나가 아니면 남 된 나라, 나 여기 사는 나를 낳아놓은 부모라고는 하겠으리. 현실아(現實我)는 아니니라, 내일을 생각하려거든 어떻게 하면 내일의 위함이 되도록 오늘을 진선(盡善)하게 삼가는 맘으로나 할 것이요. 너무 내일만 허망(虛望)하다가 오늘을 무료히 보내게 되면 이것은 나지도 않은 용마를 꿈꾸다가 집에 있는 망아지까지 먹이지 않는 격이라 산 것은 사는 때에 살 것이니라.

다석 류영모와 육당 최남선은 여러 가지 공통점이 있다. 두 사람 모두 경인년에 서울에서 태어났다. 두 사람의 아버지가 장사를 한 것도 같았다. 류영모의 아버지는 제화 재료상을 하였고, 최남선의 아버지는 한약국을 하였다. 두 사람 다 일본어를 가르치는 경성학당에 다녔고, 일본에 유학을 갔으나 정작 대학 졸업은 하지 않고 귀국한 것도 같았다. 그리하여 내보일 만한 졸업장이 없다는 점도 같다. 또 두 사람 모두 이 나라의 천재라는 소리를 들을 만큼 뛰어난 재능과 놀라운 학식을 지녔다. 다만 류영모는 종교와 철학에 관심이 많았고, 최남선은 문학과 역사에 열성이 있었다. 두 사람은 스스로 "나는 상놈이다."라고 할 만큼 조선의 양반 제도에 반대하였다. 두 사람은 서로 지기지우로 외경하는 가까운 사이였다. 그런데 일제의 간교한 공작 때문에 최남선이 훼절(毁節)하면서 사이가 멀어졌다.

최남선은 난세를 극복할 지사(志士)형이 아니라 순세(順世)에 대성할 학자형이다. 최남선과 가깝던 이광수는 그의 인품을 두고 이렇게 말하였다. "과연 최남선 그는 자부심이 강하고 고집이 있다. 그러나 그는 반드시 사람들이 생각하는 바와 같이 의지 있는 사람은 아니다. 도리어 그가 생활하는 방향을 지배하는 것은 감정이라고 믿는다. 고집이 센 듯하면서도 그가 사람에게 넘어가는 일이 있는 것은 이 때문이다."(《춘원 전집》)

예수는 제자들에게 "너희는 뱀같이 슬기롭고 비둘기같이 양순해야 한

육당 최남선. 다석 류영모는 오산학교 시절 동료 교사였던 춘원 이광수의 소개로 최남선을 만나 친교를 맺었다.

다."(마태오 10 : 16)라고 하였다. 그러나 최남선은 스스로 삼가지도 못하고, 사람을 삼가지도 못하는 좋은 사람이었다. 노자는 "세상의 큰일은 반드시 작은 일에서 지어진다(天下大事 必作於細)."(《노자》 63장)라고 하였다. 홍자성(洪自誠)은 "속알(德)을 이루려거든 반드시 아주 작은 일을 삼가야 한다(謹德 須謹於至微之事). 작은 일을 허수히 하지 말아야 한다(小處 不滲漏)."(홍자성,《채근담》)라고 하였다. 최남선은 작은 일에 조심할 줄을 몰랐다. 나라를 위하여 문화 사업을 하는 그에게는 돈이 아주 많이 필요하였다. 자부심이 강한 그는 자신을 존경한다는 여성에게는 약하였다. 그러므로 구미호처럼 교쾌한 일제가 최남선을 훼절시키는 것은 식은 죽 먹기로 쉬웠다.

최남선이 일제의 공작 대상이 된 것은 유명하였기 때문이다. 우리나라 최초의 신체시로 알려진 〈해에게서 소년에게〉를 비롯한 문학 작품과 우리나라에서 최초로 단군 신화를 연구한 〈단군론〉을 비롯한 역사 연구에서 그의 학문적 업적은 찬란하다. 더구나 그는 이 민족을 대표하여 한민족의 독립선언서를 기초한 사람이다. 최남선이 지은 독립선언서는 난삽한 용어가 많이 섞여 있긴 하지만, 10년째에 이른 일본 강점기 아래에서 시들 대로 시든 이 겨레의 민족 정기를 아름답고 힘찬 문장으로 다시 살린 거룩하고 올바른 논지(論旨)이다. 배달겨레라면 누구나 이 독립선언서를 읽고 엄숙해지지 않을 수 없을 것이다.

류영모는 최남선과는 반대의 성품이라고 하겠다. 류영모는 하느님께로 나아가는 원대한 뜻을 지녔으나 땅에서의 몸가짐은 지극히 조심하여 빈 데가 없었다. 도덕적으로 조그만 실수나 어떠한 실족도 있을 리 없었다. 참으로 뱀처럼 지혜롭고 비둘기같이 순결한 삶이었다. 류영모는 최남선처럼 대중적인 인기를 얻은 적이 없어 일본 경찰의 표적이 되지 않았다. 다만 김교신의 '성서조선 사건'에 연루되어 서대문 형무소에 수감된 일이 있었다.

광복한 뒤에 최남선은 친일 시비로 겨레 앞에 떳떳이 나설 수 없었다. 그리하여 최남선은 괴롭고 외로운 세월을 보내야 했다. 류영모는 현동완(玄東完)과 함께 종종 최남선을 찾았으며, 6·25전쟁 이후에도 난지도에 있는 현동완의 거처에서 머물며 적조(積阻)하였던 대화를 나누기도 하였다. 최남선이 앓고 있다는 소식을 듣고 류영모는 문병을 갔다. 최남선은 1957년 10월 10일에 세상을 떠났다. 류영모는 성당에서 거행된 장의식에 참석하였다. 그리고 그를 추모하는 글을 썼다.

육당(六堂)에 떨어진 쓰림

아 언니의 이 누리에 부린 지고 지런 무거운 짐

아 언니의 보인 걸음 예고 예련 멀직 얼 길
이 날로 웃(하느님) 하이심(使命) 한참 그치시닛가

낮은 녁의 궂은 짐도 우리 져얀다 시더니
높은 데에 뻗힌(뻐친) 힘도 내 참 내 찾아가신가
함밝에 바탈 트셨고 마침내는 한 얼김

언니 계엔 가장 성근 아우로나 대오릿가
아우로선 이끌림 퍽으나 많답니다
이 아우 짐부릴 참엘 어지간히 댈지요

류영모는 홍일식(洪一植)이 지은 《육당 연구》를 읽었다. 홍일식은 육당의 시조를 병자의 신음과 같다고 평하였다. 류영모가 말하기를 "시대는 병환 깊은 시대요, 육당은 선명(善鳴)이다. 물론 병자의 신음이었어야겠지. 신음이 무요(無要)하면 시조는 무용(無用)이리. 각설하고 육당이 병자 신음만 하였다면 다석은 망자의 귀곡(鬼哭) 같달 것이다."라고 하였다. 맹자는 말하기를 "벗사귐이란 그의 속알을 벗으로 삼는 일이다(友也者 友其德也)"(《맹자》 만장 하편)라고 하였다. 류영모는 덕(德)이 모자라고 재(才)가 넘치는 이도 소중한 벗으로 섬긴 것을 본다.

육당(六堂) 시조(時調) 신음설

六堂病者呻吟音(육당병자신음음)
多夕亡者鬼哭陰(다석망자귀곡음)

若到無用時調日(약도무용시조일)

可能不要聞呻吟(가능불요문신음)

(류영모)

육당의 시가 앓는 이의 앓는 소리라면

다석의 시는 땅 속 귀신의 울음소리라

만일에 시조가 쓸데없는 날에 이르면

앓는 소리는 들을 필요가 없게 될 것이다.

(박영호 옮김)

농부를 꿈꾸다

류영모가 일본 도쿄에서 유학을 하다가 돌아온 것은 멸망할 제나의 삶을 떠나 영생할 얼나의 삶을 살고자 함이었다. 이것을 예수는 이렇게 말하였다. "좁은 문으로 들어가거라. 멸망에 이르는 문은 크고 또 그 길이 넓어서 그리로 가는 사람이 많지만 생명에 이르는 문은 좁고 또 그 길이 험해서 그리로 찾아드는 사람이 적다."(마태오 7:13~14) 이 세상의 많은 사람들은 몸의 제나밖에 모른다. 제나가 거짓인 줄 깨달은 사람은 얼나가 참나인 것을 알았다. 그리하여 하느님의 아들인 얼나를 받들며 산다. 예수와 석가 같은 성현들이 이렇게 살았다. 삶의 중심축을 제나에서 얼나로 옮기는 것이 솟남이요, 깨달음이다.

얼나의 뜻을 좇아 살기로 한 류영모는 몸의 향락을 위한 부귀영화를 멀리하고 이마에 땀 흘리며 농사를 짓고 살기로 하였다. 하느님께서 사람은 이마에 땀 흘리며 일하면서 살라고 하였다. 그러나 류영모에게는 아직 시골에 가서 집과 땅을 살 경제적인 힘이 없었다. 서울 종로에서 장사하는 아버지의 도움 없이는 꼼짝할 수 없었다.

아버지 류명근은 아들 류영모가 귀농하겠다는 이야기를 들으려고도 하지 않았다. 류명근은 서울 상계(商界)에서 신의가 있는 사람으로 알려졌으나 아들 류영모처럼 사상적인 이상주의자는 아니었다. 류명근은 일본에 유학 보낸 아들이 대학 공부는 하지 않고 도중에 돌아와 시골에서 농사지으며 살겠다고 하니 못마땅하게 생각하였다.

아버지 류명근은 아들 류영모를 나무랐다. "대학 공부는 네가 하기 싫다니 할 수 없지만 시골에 가서 농사를 하겠다니 모르는 소리다. 네가 감농(監農)을 한다면 몰라도 네 체력으로 무슨 농사를 한단 말이냐? 내가 하는 점포 일이나 돕거라."라고 하였다. 류영모는 어쩔 수 없이 아버지의 뜻을 따를 수밖에 없었다. 류영모가 오산학교에서 교장으로 재직할 때 쓴 이력에는 이때의 경력을 '경성피혁 점원'이라 하였다. 류영모의 아버지가 경영하는 점포의 상호가 '경성피혁'이었다. 상점에서 류영모는 주로 상업용 서신 거래를 맡았다. 국내뿐 아니라 일본이나 중국과도 거래를 하였다.

류영모의 몸은 서울에서도 가장 중심인 종로 바닥에 있었으나 마음은 언제나 곡식이 자라는 시골 들판을 달렸다. 게다가 류영모는 앞으로 시골에 가서 농사지으며 살 것이라 하여 혼담조차 틀어졌다. 실제로는 23년 뒤에나 이루어진 일을 공연히 먼저 말을 하여 긁어 부스럼을 만든 격이었으니 류영모의 귀농 의지가 얼마나 결연하였는지를 헤아리고도 남는다. 그러한 금강(金剛) 같은 결심이 있었기에 23년을 기다린 끝에 기어이 가나안을 향하여 출애굽을 할 수 있었다.

로맹 롤랑(Romain Rolland)은 "신앙 생활을 하려면 반드시 농사를 지어야 하는가?"라고 톨스토이에게 편지로 물었다. 톨스토이는 사람은 누구나 이마에 땀을 흘리며 농사를 지어서 제가 먹을 것은 제 손으로 만들어야 한다고 말하였다. 비록 현재 농사를 못하는 처지에 있어도 농사짓는 것이 정도임을 아는 것과 모르는 것은 하늘과 땅만큼 다르다. 농사를 정도로 알면 생산하는 일을 천시하는 잘못은 저지르지 않게 된다.

석가는 농사짓는 대신에 빌어먹고 살았다. 농사지으며 수도하는 브라만이 있었는데, 그는 석가가 농사짓지 않고 탁발하는 것을 못마땅하게 여겼다. 하루는 석가가 탁발하러 나섰다가 시간이 일러 농사짓는 브라만을 찾았다. 밭에서 일하던 브라만이 석가에게 물었다. "나는 밭을 갈고 씨를 뿌려 그것으로 먹고 살아가나이다. 고타마께서도 또한 밭을 갈고 씨를 뿌려 그것으로 살아야 하지 않겠습니까?" 그 물음에 석가가 대답하였다. "나도 또한 밭을 갈고 씨를 뿌려 그것을 먹고 살아요." 그러자 브라만이 다시 물었다. "나는 고타마께서 보습이나 멍에, 목사리, 고삐, 채찍을 드는 모습을 전연 본 일이 없나이다. 그런데 고타마께서는 어찌 '나도 밭을 갈고 씨를 뿌려 그것으로 먹고 살아간다'고 하십니까?" 석가는 게송으로 대답하였다. "믿는 마음을 씨로 삼고, 부끄러워하는 마음을 멍에로 삼아, 바른 생각으로 스스로 보호하면 그는 좋은 농부라 이름하나니 몸과 입의 업을 잘 단속하고 음식 종류를 알아 알맞게 먹고 진실을 진정한 수레로 삼고 즐거이 머무르되 게으르지 않으며, 꾸준히 나아가 거칠음 없게 하며 안온하면서도 빨리 나아가며 되돌아오는 일 없이 곧장 근심 없는 곳으로 이르게 된다. 이러한 농부는 감로(甘露) 열매를 빨리 얻게 된다."(《잡아함경》 경전경)

석가는 자기가 먹을 밥은 반드시 자신이 나서서 손수 빌어먹었다. 결코 제자들이 빌어다 주는 일이 없었다. 우리는 누구도 석가에게 '어찌하여 농사를 짓지 않는가' 하고 나무랄 수 없다.

예수는 수도하려고 출가하기에 앞서 농사도 짓고 목공도 하였다. 출가한 뒤로는 생산하는 일은 하지 않았지만, 예수에게 일하지 않는 것을 나무랄 수 없다. 그러나 예수와 석가에 이를 만큼 진리에 헌신하지 못한다면 마땅히 이마에 땀구슬이 솟고 손바닥에 굳은살이 박이도록 생산적인 일을 하여야 한다.

류영모는 "무엇을 먹을까 무엇을 마실까, 또 무엇을 입을까 하고 걱정하지 마라. 이런 것들은 모두 이방인들이 찾는 것이다. 하늘에 계신 아버지께서는 이 모든 것이 너희에게 있어야 할 것을 잘 알고 계신다."(마태오 6:31~32)라는 구절을 일하지 않아도 된다는 뜻으로 알아들어서는 안 된다고 하였다. 백장(百丈) 스님과 바울로의 말대로 일하지 않는 자는 먹지 말라는 것이다. 진정한 속죄는 예수가 십자가 위에서 흘린 피의 공로로 되는 것이 아니라, 자기가 스스로 일하면서 흘리는 땀으로 모든 허물이 씻기는 것이다.

기독교를 받아들인 부모

류영모의 가계(家系)에는 뚜렷한 종교가 없었다. 유교 경전을 읽고 조상에게 제사를 올렸으니 넓은 의미에서는 유교라 할 수 있다. 그러나 벼슬과는 멀었고 가세가 기울었으니 세도 있는 양반은 아니었다. 류영모가 15살 때 기독교 신자가 된 것은 류영모의 가족들에게 혁명적인 대사건이었다. 그러나 이제는 나라에서도 기독교를 서양에서 온 종교라고 배척할 이유가 없었는데, 류영모의 가족들이 기독교를 반대할 이유는 없었다. 선조들이 물려준 나라를 잃고 보니 이미 지난날에 권위 있던 모든 것이 그 권위를 잃어버렸고, 오히려 지난날에 권위가 있었던 것을 멀리하게 되었다. 이리하여 이 나라에는 옛것을 버리고 새것을 찾는 경향이 일었다. 온고지신(溫故知新)이 아니라, 사고구신(捨故求新)이었다.

류영모의 아버지와 어머니는 종교에 관심이 없었다. 아버지는 사업에 바빴고 어머니는 가사에 골몰하였다. 아들 류영모가 교회에 열심히 다니는 데에도 별 관심이 없었다.

그런데 류영모가 오산학교에서 교사 생활을 하느라 정주에서 지내다가 방학 때 서울에 오니 뜻밖에 아버지와 어머니가 모두 기독교에 입신하여 교회에 나가고 있었다. 류영모가 기독교 신자가 된 지 이미 7년이 된 때였다. 아버지는 45살이었고 어머니는 그보다 3살 많은 나이였으니 신앙생활에 눈뜰 나이이긴 했으나 뜻밖의 일이었다. 사람은 늦어도 40대에는 하느님을 찾아야 한다. 아버지는 연동교회에 나가고 어머니는 승동교회에 나갔다. 두 사람이 같은 시기에 함께 예수를 믿게 된 것을 보면 금슬이 좋은 것은 분명하다. 그런데 부부가 한 교회에 다니기가 쑥스러워 어머니는 일부러 승동교회에 나갔다.

류영모가 그의 아버지와 어머니의 손목을 잡고 교회로 인도한 것은 아니지만, 아들 류영모에게 영향을 받아 부모가 교회에 나가게 된 것은 틀림없다. 그러나 더 직접적인 계기는 19살의 나이에 요절한 아들 영묵의 죽음이었다. 자식이 부모보다 먼저 죽는 일을 참척(慘慽)이라 한다. 참척을 당하면 그 부모는 너무나 애통하여 앞 못 보는 장님이 되기도 한다. 류영모의 말에 따르면 유학자 류승국의 아버지는 장남의 참척을 겪고 앞을 못 보게 되었다고 하였다. 류영모의 아버지와 어머니는 다 자란 아들을 잃은 아픈 가슴을 달래려고 자진하여 교회에 나간 것이다.

그러나 반대로 류영모는 아우 영묵의 죽음을 통해 기독교 밖의 노자와 석가를 만났다. 새로 기독교 신자가 된 아버지와 어머니는 맏아들 류영모가 이제까지 믿던 교회 신앙을 버리는 까닭을 알 수 없었다. 류영모가 교회에 나가는 것을 그만둔 뒤에도 어머니, 아버지는 교회에 계속 나가 세상을 떠날 때까지 다녔다. 아버지 류명근은 연동교회 장로가 되었고 어머니 김완전은 승동교회 권사가 되었다.

류영모는 아버지와 어머니가 교회 신앙에 만족하는 것을 두고 한 번도 비판한 일이 없었다. 바울로의 교의 신앙에 열중하는 어버이에게 교의 신앙을 초극(超克)한 고차원의 자각 신앙을 알아주길 바라는 것은 연목구어(緣木求魚)와 같은 일이었기 때문이다. 종교는 자신의 정신적 높이대로 믿는 것이다.

부모와 자식 사이도 종교 사상에 있어서는 아무런 관계가 없다. 흔히 사람들이 모태 신앙이라는 말을 잘 쓰는데 이 말처럼 무의미한 말이 없다. 부모의 유전인자(DNA)로 짐승의 성질인 수성은 이어지지만 영성이 유전되는 일은 없다. 영성이 유전된다면 예수와 석가는 영성을 전하려고 애쓸 일이 아니라 수많은 자식을 낳았어야 한다. 영성을 지니고 난다면 천 명을 낳아도 좋고 만 명을 낳아도 좋다. 아니 영성을 지닌 사람만 일부다처로 자식을 낳게 해야 할 것이다. 그러나 다행인지 불행인지 영성은 유전되지 않는다. 세기적인 무신론자 니체나 김일성의 부모는 모두 열성스러운 크리스천이었다. 영성은 누구나 하느님으로부터 얼을 스스로 받아 깨달아야 한다. 그러므로 류영모는 부모나 자식에게조차도 신앙을 강요할 수는 없다고 하였다. "어떤 인생관도 제 인생관이지 남에게 꼭 주장할 수는 없습니다. 어쨌든 우리는 지금 이상한 잠을 자고 있습니다. 꿈을 깨자고 꾸는 꿈입니다."

류영모는 22살 이후로 그전에 믿던 사도신경에 입각한 기독교 교리를 믿을 수 없게 되었다. 그러나 부모가 사도신경을 믿는다고 하여 나무란 적은 없었다. 신앙은 제각기 제가 분명한 것을 믿으면 그만이라는 것이다. 류영모는 이렇게 말하였다.

미신도 미신인 줄 모르고 참으로 믿으면 효과가 있을 수 있습니다. 자기를 속이지 않고 무엇이든지 참으로 하면 가짜에도 참이 나옵니다. 기독교를 믿거나 유교를 믿거나 불교를 믿거나 그것은 각자가 할 탓입니다. 신앙은 자유이고 정신의 자유인데 나로서 무어라 말씀드리지 않습니다. 자기 생각에 분명한 것을 믿으면 됩니다.

그러나 자신이 교회 신자로 오인되는 것은 경계하였다. 맏며느리가 기독교회 신자였는데 그 교회 목사가 류영모의 집을 찾아와 대문에 교회 표찰을 붙이고 돌아갔다. 류영모 일가가 어느 교회 신도가 된 셈이다. 류영모는 그 표찰 위에 덮개를 만들어 씌웠다. 그 덮개에다 "돌아가서 참되고자 하는 이는 열어보시오."라고 썼다.

스님에게 화엄경을 배우다

일본 도쿄에서 유학을 그만두고 집으로 돌아왔을 때 류영모의 나이는 23살(세는나이로 24살)이었다. 그때는 노총각이었다. 그리하여 집에서 혼사를 서두르는데 류영모는 스님을 찾아 화엄경을 배우러 다녔다. 한쪽에서는 혼담을 추진하는데 한쪽에서는 불경을 배우는 것은 이율배반적인 일임에 틀림없다. 사람은 이렇게 모순된 갈등의 인생길을 걸어가지 않을 수 없다. 예수는 "사람이 빵으로만 사는 것이 아니라 하느님의 입에서 나오는 모든 말씀으로 살리라."(마태오 4:4)라고 말하고 나서도 깨닫기 전처럼 밥을 먹었다. 그렇다고 예수가 하느님의 말씀으로 살지 않은 것은 아니다. 예수의 얼나는 하느님의 말씀으로 살았다. 그러나 예수의 몸나는 역시 밥으로 살아갈 수밖에 없다. 이것이 영육(靈肉)을 지닌 사람의 실존 상이다. 실존철학을 올바르게 하려면 이런 것을 알아야 한다.

원효는 15살 무렵에 출가하여 스님이 되었다. 이제 스님이 되었으니 머무를 집이 필요 없다고 생각하여 살던 집까지 절에 시주했다. 그런데 엉뚱하게도 계집(女人)을 찾았다. "누가 자루 없는 도끼를 내게 주겠는가? 내 하늘 받칠 기둥을 깎으리로다." 언제는 하늘에 기둥을 받쳤던가? 다른 사람들은 원효의 말이 무슨 말인지 알아듣지 못하였다. 태종이 원효가 계집을 찾는 것을 알아듣고는 과부가 된 누이 요석 공주를 주었다. 그리하여 아들 설총을 낳았다.

원효가 어떤 사람인가? 도반 의상과 함께 불도를 더 배우려고 당나라로 가는 도중에, 요동 벌에서 잠을 자다 해골에 고인 물을 마시고는 도를 깨달아 발길을 돌려 신라로 돌아온 이 나라 역사에 으뜸가는 고승이 아닌가!

류영모는 출가한 스님이 아니다. 기독교의 교의 신앙이 거짓인 것을 알고는 교회를 떠나 독립불구(獨立不懼)의 길을 용맹스럽게 정진하고자 한 것이다. 공자의 말대로 아침에 도를 깨닫고 저녁에 죽으면 좋으련만 그렇게 되지 않는다. 출가하여 집단으로 수도 생활을 하지 않으려면 아내를 맞아 가정을 이룰 수밖에 없다. 하늘 아래에 있는 에베레스트 산에 오르는 데도 반드시 베이스캠프가 필요하다. 단숨에 오를 수 없기 때문이다. 그런데 하물며 하늘 위로 솟나는 데는 베이스캠프가 없이는 안 된다. 석가는 교단을 베이스캠프로 활용하였고 류영모는 가정을 베이스캠프로 이용하였다. 그리하여 류영모는 한편으로는 화엄경을 배우며 한편으로는 혼사를 추진하였다.

류영모는 어느 절, 어떤 스님인지는 밝히지 않았으나 한 스님에게 당판(唐板) 화엄경 82권을 다 배웠다. 혼자서만 불경을 읽다가 스님에게 한번 설명을 듣고 싶었던 것이다. 불교 신자가 되고자 한 것은 아니었다. 화엄경을 가르치던 스님과 류영모의 대화 일부를 엿볼 수 있는 말이 있다. 류영모는 이렇게 말했다.

사람이 부처가 된다는 것은 참으로 어렵습니다. 부처는 이 세상에서 온갖 고생을 다 하였습니다. 부처는 이상(理想) 국가의 임금입니다. 그러나 세상의 임금과는 전혀 다릅니다. 세상의 임금은 온 나라의 살림과 재산을 자기 개인의 사유물로 여깁니다. 그러나 부처는 그렇지 않습니다. 부처는 자기가 가진 것을 죄다 주어버립니다. 나라도 궁궐도 내어놓습니다. 부모도 처자도 내버립니다. 그뿐 아니라 눈을 빼 달라면 빼줍니다. 다리·팔·내장·뼈·골수도 죄다 줍니다. 내가 그전에 스님에게 이 소리를 처음 들었을 때 어이가 없어 스님에게 물었습니다. "그 옛날 인도 사람들은 골수 같은 것이 소용이 없었나 보지요?" 그러자 그 스님이 "그게 무슨 소리요?"라면서 언짢아하였습니다. 부처가 그렇게 말한 것은 다른 사람의 요구를 거절하지 않고 무조건 받아들인다는 말을 힘 있게 나타낸 말입니다. 예수가 속옷을 가지고자 하는 자에게 겉옷까지 주라고 한 말과 같은 뜻입니다.

류영모는 불경을 읽고 배울수록 예수와 석가의 생각이 일치하는 것을 알게 되었다. 류영모는 이렇게 말했다. "석가와 예수의 생각은 대단히 같습니다. 이 상대 세계를 부정하는 것입니다. 상대 세계를 부정하지 않으면 예수와 석가를 믿는다고 할 수 없습니다. 석가의 법신과 예수의 하느님 아들은 얼생명을 가리키는 같은 말입니다. 이 세상에서 어쩌고저쩌고하는 나는 참나가 아닙니다. 그런 나는 쓸데없습니다."

깨달음이란 제나가 거짓인 줄 알고 얼나가 참나임을 아는 것이다. 그러나 단순히 알았다고 해서 몸뚱이의 제나가 사라지는 것은 아니다. 하느님께서 영육을 분리시켜줄 때까지 짐승인 제나를 최소한의 예우로 길러야 한다. 류영모가 첫 번째 깨달음을 얻고도 3남 1녀를 낳고 51살 때까지 부부 생활을 한 것을 탓할 수는 없다. 류영모는 말하였다. "성령을 받아 돈오(頓悟)를 하면 한꺼번에 다 될 줄 알지만 그렇지 않습니다. 돈오한 뒤에도 점수(漸修)를 해야 합니다. 돈오도 한 번만 하고 마는 게 아닙니다. 줄곧 깨달아 가야 합니다."

그러므로 우리는 끊임없이 매 순간 깨우쳐야 한다. 이 제나는 참나가 아니라 거짓나다. 얼나가 참나다. 이 세상은 참 나라가 아니라 거짓 나라다. 하느님 나라가 참 나라다.

설악산에 오르려고 산 입구에 들어서면 온갖 장사꾼들이 가게를 벌여놓고 장사를 한다. 이와 같이 하느님께로 올라가려고 하면 그 입구에 온갖 종교와 철학 사상들이 몰려 장사판을 벌이고 있다. 그 장사꾼들과 상대하고 있는 동안에는 산에 오를 수 없듯이 종교와 철학에 붙잡혀 있으면 하느님께는 다다르지 못한다. 류영모는 말하기를 "무슨 신비(神秘), 무슨 신학, 무슨 철학이라면서 떠들지만 거기에 홀리지 말아야 합니다. 잠시 쉬었으면 툭툭 털고 나서는 것뿐입니다. 하느님 아버지께로 나아가는 것뿐입니다. 내가 서 있는 위치는 태양의 발바닥 같은 곳이라 여기를 뚫고 세차게 올라가야 합니다."라고 하였다.

류영모는 정통 신앙을 버리고 혼자가 되었다. 그야말로 천상천하에 유아독존이 되었다. 나를 낳아주신 어버이조차 류영모를 알아주지 못하였다. 류영모의 어버이는 아들 류영모가 교회 신앙을 떠난 것을 이해하지 못하였다. 그때의 벗인 육당 최남선도 류영모의 속사람을 온전히 알지 못하였다. 사람은 자기가 된 정도 이상으로 남을 알아줄 수가 없다.

공자가 말하기를 "사람들이 나를 알아주지 못하여도 서운하게 여기지 않는다면 군자가 아니겠는가."《논어》학이편)라고 하였지만 아무나 알아들을 수 있는 말이 아니다. 공자의 이 말은 예수, 석가, 류영모처럼 사상적으로 혼자가 되는 단독자(單獨者)의 체험이 없으면 실감하지 못한다. 나를 알아주기는 하느님뿐이라는 생각을 할 때 유아독존의 단독자이다.

류영모는 혼자가 되어도 외롭지 않았다. 류영모는 이렇게 말하였다.

섭섭한 것이 없으면 반가운 것이 없고, 쓴 것이 없으면 단 것도 없습니다. 섭섭한 것이나 반가운 것이나 어떤 면에서는 같습니다. 근원은 하나입니다. 그러므로 떠나서 섭섭할 것도 없고 만나서 좋아할 것도 없습니다. 세상에서는 이것을 모른다고 하면 모르는 것을 탓하며 아주 야단을 합니다. 인사치레 잘하는 사람은 감정의 몇 곱절을 나타냅니다. 그러면 다른 이들은 그 사람이 인사를 잘한다고 합니다. 그러나 나는 기운이 쇠해져서 그런지는 몰라도 무심해지는 감정이 더해지는 것 같습니다. 허락해주시는 이 시간에 허락된 일을 하는 것입니다. 우리가 인연을 생각할 때에는 무슨 생각이 있을 것인데 나는 그것이 도무지 없습니다.

류영모는 혼자인 것이 아무렇지도 않다고 하였으나 지기의 벗을 싫어한다는 말은 아니다. 류영모는 이렇게 말하였다.

속을 아는 것을 지기라고 합니다. 그러나 동지는 아닙니다. 나하고 관계가 있고 나를 알아준다는 지기는 얻기 어렵습니다. 옷 입는 것을 보고 사람의 무게를 달려고 하는 것은 피상교(皮相交)에 지나지 않습니다. 동지로서 벗을 얻는다는 것은 극난(極難)한 일입니다. 죽은 사람 앞에서 통곡하고 싶은 것은 돌아간 이 사람도 아무도 못 만나고 갔구나, 나도 누구 하나 못 만나고 갈 건가? 하는 생각 때문입니다. 서로의 속알(얼)을 내놓는 것같이 좋은 일이 없습니다. 동지라는 것은 서로의 속알을 내놓는 것입니다. 얼골(굴)은 얼의 골짜기라는 뜻인데 얼굴 속의 얼을 보아야 하지 않겠습니까? 우리가 남의 얼은 못 보고 그저 가긴가요. 나를 알아주는 이를 한 사람도 못 만나고 세상을 그저 왔다 간단 말입니까? 남의 속알(얼)을 알아주려면 먼저 제 속의 속알을 알아야 합니다. 제 속알을 알아야 남의 속알도 알 수 있습니다.

군자는 군자라야 알아준다. 부처는 부처라야 알아준다. 그리스도는 그리스도라야 알아준다. 공자를 알아준 이는 맹자이고, 노자를 알아준 이는 장자이다. 장자가 이르기를 "만세(萬世) 뒤에라도 내 말을 알아주는 성인을 만난다면 그것은 늦게 만난 것이 아니다."(《장자》 제물론)라고 하였다.

류영모 앞에 다가온 사람이 적은 것은 아니었다. 몇천 명은 되리라고 생각한다. 그러나 대부분이 류영모 앞에서 얼씬거리다가 그저 스쳐 지나갔다. 그 가운데 류영모가 31살 때 나타난 이가 20살의 함석헌이다. 그리고 류영모가 55살 때 나타난 이가 26살의 김홍호이다.

하느님인 참나를 찾은 사람만이 류영모를 알아줄 수 있다. 류영모는 특별한 사람이 아니다. 하느님인 참나로 산 사람일 뿐이다. 류영모가 말하기를 "우리가 나라고 하면서 살아온 여기 이 나는 참나가 아닙니다. 거짓입니다. 우리가 한껏 찾아야 할 것은 오직 참나입니다. 참나는 생전(生前)을 두고 찾아야 합니다. 일생뿐 아니라 세대를 물려 가면서 찾아야 합니다. 전 인류가 힘을 쏟아서 마침내 알아야 할 것은 참나 하나입니다. 다른 것은 없습니다."라고 하였다.

류달영은 류영모를 두고 이렇게 말하였다. "인도가 3백여 년 동안 영국의 식민지가 되어서 입은 피해는 식민지 기간에 마하트마 간디가 탄생한 것으로 보상받았다고 할 수 있습니다. 한국이 36년 동안 일제의 식민지가 되어 받았던 손해는 식민지 기간에 류영모가 탄생한 것으로 보상받았다고 할 수 있습니다. 임진왜란이 아니었다면 어떻게 이순신이란 인물이 나올 수 있었겠습니까? 인물은 그 시대의 소산입니다. 나라에는 참된 인물이 나와야 합니다."

류달영은 나라를 위하여 목숨을 바친 위대한 애국지사들의 존재를 모르는 사람이 아니다. 류달영이 하느님을 사랑하고 진리를 사랑하는 믿음의 자리에서 한 말이다. 류영모는 예수와 석가처럼 사람들에게 진리의 얼 생명을 가르쳐주었기 때문에 나지 않고 죽지 않는 영원한 생명이다.

류영모가 4살 때 동학(東學)이 주동하여 일으킨 농민 봉기가 있었다. 이것이 도화선이 되어 청일전쟁이 일어났다. 류영모가 6살 때에 아관파천(俄館播遷)이 있었고, 14살 때에 러일전쟁이 일어났다. 류영모가 15살 때에는 일제의 강압에 의하여 을사늑약이 맺어졌고, 16살 때에 초대 통감 이토 히로부미가 서울에 왔다.

류영모가 17살 때에 '헤이그 밀사 사건'으로 고종 황제가 강제로 양위를 했다. 류영모가 18살이 되었을 때는 각 지방에서 항일 무장투쟁이 벌어졌다. 류영모가 19살 때에 안중근이 하얼빈 역에서 이토 히로부미를 저격하였다. 20살 때에 경술년 국치를 겪었다. 류영모는 일본의 침략을 받고 운명하는 조국의 처절한 모습을 지켜보지 않을 수 없었다. 그 가운데서 류영모의 정신이 자랐던 것이다.

"이 세상은 이기는 놈이 선이고 의롭습니다. 지는 놈은 악이요, 불의입니다. 인류의 역사가 죄다 그렇다고 볼 수 있어요. 세상에 영웅이라는 자들은 힘이나 권력을 붙잡으면 고작 잘 처먹고 처첩(妻妾)을 많이 거느리는 것이 다인 줄로 생각했습니다. 과식과 과색하는 악마의 나라를 세우고 멸망해 가는 것입니다. 이러한 세상은 아니라는 것입니다. 부정해야 합니다. 우리가 갈 길은 하느님과 통하는 길뿐입니다. 천명을 받들어 느낄 줄 알면 성령을 받아 권능을 얻게 됩니다. 그것은 영원한 생명인 하느님 아들이라는 권능을 가지게 되는 길입니다." 이것이 류영모의 세계관이요, 인생관이다.

뉴질랜드를 상징하는 키위라는 새는 날지 못한다. 키위의 선조들은 하늘을 날아다녔는데 키위는 나는 힘을 잃어버렸다. 뉴질랜드 섬이 오스트레일리아 대륙으로부터 떨어져 나올 때 사나운 육식동물은 한 마리도 없었다. 사나운 짐승이 없으니 키위는 날 필요가 없었다. 오히려 날면 오스트레일리아의 하늘을 평정한 쐐기꼬리수리의 습격을 받았다. 새는 사나운 육식동물의 공격을 피하려고 날아다닌다. 쉴 때도 높은 나뭇가지에 앉는다. 키위는 오랜 세월 동안 날지 않고 땅 위에서만 생활하다 보니 어느덧 자신도 모르게 하늘을 나는 비상력을 잃어버렸다. 차라리 잡아먹히더라도 맹수가 있는 곳에서 살았다면 비상력을 잃어버리지 않았을 것이다. 이래서 화(禍)가 복(福)이요, 복이 화라는 것이다.

사람은 평화를 희망하고 바라지만 언제나 전쟁이 끊이지 않고 있다. 하느님께서 사나운 놈들이 모진 짓을 하여도 내버려두는 것은 사람들이 시달림을 받는 가운데 그들의 사고력을 키우고자 함인 듯하다.

중국에서 춘추전국시대에 노자와 장자와 공자와 맹자가 나온 것도 우연이 아니다. 로마 식민지 아래에 있던 이스라엘에서 예수가 나온 것도 우연이 아니다. 쇠약해지는 대영제국에서 토인비가 나왔고, 멸망하는 러시아 제국에서 톨스토이가 나왔다. 영국의 식민지 아래서 마하트마 간디가 나오고, 일제의 식민지 아래서 류영모가 나왔다. 사람은 형이하의 세상에 절망한 뒤에 형이상의 하늘나라에서 희망을 얻게 된다.

나라를 빼앗은 일제에 무력으로 저항하다 목숨을 잃은 수많은 애국지사들이 있다. 우리는 그들의 은혜를 잊을 수 없다. 그러나 류영모처럼 무조건 선이라는 무저항 정신으로 일본에 저항한 사람도 있다. 우리는 악에 대항하지 않는 류영모의 고차원의 도덕 정신에 무한한 자부심을 느낀다.

류영모는 이렇게 말하였다.

아무리 아힘사(不殺生)의 사상을 가진 이라도 악한 사람을 보면 금방 죽이고 싶어집니다. 그러나 참으로 선을 알고 악을 없이 하겠다는 사람은 살생을 하지 않습니다. 독사나 맹수조차도 죽이지 않습니다. 심지어 그것들이 놀라지 않을까 조심하게 됩니다. 그런 것들이 있는 것도 다 하느님의 뜻인 줄 알고 살생을 하지 않습니다. 악한 사람을 보면 당장에 죽일 것처럼 날뛰는 사람이 악을 가장 싫어하는 것 같지만 그런 사람일수록 죄악을 범하기 쉬운 사람입니다. 우리는 냉정해야 합니다. 무아(無我)의 지경을 볼 수 있어야 합니다. 내가 남에게 괴로움을 주지 않으려는 마음이 없는 사람은 아직도 선을 위해 무엇을 한다고 할 수 없습니다. 악을 악으로 대하면 자기도 악당이 되고 맙니다. 악은 하느님의 뜻이 악을 없애야겠다면 없어질 것이고, 있어야겠다면 있습니다. 무조건 선이라야 합니다. 무조건 선이 아니면 그것은 악이 됩니다.

6장
오산학교 교장

부친, 3·1운동으로 옥고를 치르다

류영모를 대신하여 아버지 류명근이 3·1운동으로 일제 경찰에 체포되었다. 그렇게 된 것은 오로지 남강 이승훈과 맺은 인연 때문이었다.

이승훈이 1910년에 류영모를 오산학교 과학 교사로 초빙하러 왔을 때 아버지 류명근과 처음으로 인사를 나누었다. 류명근과 이승훈은 상인이라는 공통점 덕에 남다르게 친근해졌다. 그밖에도 두 사람을 가깝게 만든 공통점이 많았다. 류명근이 1866년생이고 이승훈은 1864년생이었으므로 나이도 2살 차이밖에 안 났다. 두 사람 모두 맨손으로 시작하여 자수성가한 사람이다. 두 사람 다 40대에 예수를 믿기 시작하였으며 뒤에 장로가 되었다. 두 사람의 학문 수준이 높지는 않았으나 서당 공부와 자습을 통해 자기 앞가림은 하고도 남았다. 이승훈은 서울에 오면 류영모의 집에 들렀다. 남강 이승훈은 3·1운동 때도 운동을 준비하느라 서울에 자주 드나들지 않을 수 없었다.

류영모는 3·1운동 때 있었던 일을 이렇게 말하였다.

남강 선생도 나를 무척 생각했던 것 같습니다. 서울에 오시면 꼭 우리 집에 들르셨어요. 기미년 3·1만세운동 때도 동분서주하시다가 3월 1일, 우리 집에 들르셔서 아침을 잡수셨어요. 그때 천도교에서 운동 자금을 댔으니 기독교에서도 가만있을 수 있느냐면서 모금한 돈 6천 원을 나한테 맡기셨어요. "나를 따라다니는 사람이 많으니 자네가 좀 맡아 두게." 하시고는 분주하게 나가셨어요. 나도 어쩔 도리가 없어 마침 아버지께서 종로에서 피혁 상점을 하셨기에 그리로 가지고 가서 아버지께 "이건 누가 맡긴 것인데 여기 넣어 두어야겠어요." 하고는 상점 금고에 넣어 두었어요. 아버지도 무슨 돈인지 모르셨으니 이걸 아는 사람이라고는 남강 선생하고 나뿐이었요. 그런데 그해 6월에 일본 형사들이 아버지 점포를 수색하여 그 돈을 압수해 갔어요. 물론 아버지도 일제 형사들에게 끌려가셨지요. 나중에 내가 종로 경찰서에 찾아가서 아버지는 죄가 없고 죄가 있다면 내게 있으니 나를 잡아 가두고 아버지는 풀어 달라고 하였지요. 그랬더니 형사들이 나를 보고는 집에 가 있으라는 것이었어요. 아버지는 구속된 지 105일 만에 풀려 나왔어요.

그런데 우리가 짚어볼 것은 이승훈이 류영모에게 맡긴 돈, 6천 원의 성격이다. 이승훈과 류영모 둘만 아는 돈이라면 이승훈이 입을 열지 않으면 아무리 사냥개의 코처럼 예민한 일본 형사라도 알 수 없을 것이다. 이승훈은 기독교 쪽에서 모금한 돈이라 하였으나 사실은 천도교 쪽에서 3·1운동 거사 자금으로 이승훈에게 준 것이라고 한다. 독립선언서에 서명한 민족 대표 33인을 심문하는 중에 천도교 쪽 인물로부터 그 돈의 이야기가 나와 일본 형사가 알게 되었다는 사실이 당시 작성한 심문조서를 통해 드러났다(박영인 증언).

류명근은 아들 류영모가 이승훈에게 받은 독립운동 자금을 자신이 떠맡고는 류영모와 이승훈이 무사하도록 하였다. 류영모는 경찰서에 찾아가 독립운동 자금은 내가 맡은 것이니 나를 가두고 아버지를 풀어 달라고 하였다. 이러한 부자(父慈)와 자효(子孝)는 본받을 만하다.

류영모는 일제의 형사들에게 가택수색을 받을 때에 아버지가 짓던 표정을 이렇게 그려놓았다.

아버지, 우리 아버지의 눈을 나는 두 번 잊지 못하게 보았고, 생각을 세 번 한다. 기미년 3·1운동 때 형사가 가택수색을 하면서 무슨 말을 신문할 때에 눈을 똑바로 떠서 형사의 얼굴을 노려보시던 우리 아버지의 눈을 나는 잊지 못한다. 또 한번은 돌아가시기 두어 분시 전에 누우신 자리에서 일으키라고 하여 두어 사람이 반신을 일으켜 드리는데, 마주 앉아 뵙는 내가 보기에 아버지의 얼굴에 뒤틀리는 주름을 보면서 "다시 누우십시오. 못 일어나십니다."라고 한즉 "왜?" 하시면서 가장 큰 눈을 뜨셔서 나를 바라보시던 우리 아버지의 눈을 나는 잊지 못한다. 세 번째 생각이란 위에 쓴 두 번의 생각과 우리 아버지께서 우리 어머니가 젊으셨을 때 얼굴을 그리워 보셨을 우리 아버지의 눈은 보지 못한 대로 나는 생각한 적이 있다. 이 우리 아버지의 눈이 내 맘에 박힌 것은 내 맘을 밝혀준다. 내 눈이 온갖 것을 달아 내는 저울 눈이기 때문이다.

류영모는 아버지의 의분의 눈길, 사랑의 눈길, 죽음의 눈길에서 어떤 공통된 눈길을 발견한 것이다. 헤르만 헤세가 소설 《나르치스와 골드문트》에서 아기를 낳는 생산의 고통과 숨이 끊어지는 운명의 고통에서 공통점을 찾아 대비한 것과 비슷하다.

1919년에 3·1운동이 시작된 때부터 류명근이 체포된 6월 말까지 우리

나라 전국에서 9,456명이 일제의 헌병과 경찰에게 검거되어 투옥되었다.

류명근은 서대문 형무소에 구금된 지 105일 만에 풀려 나왔다. 류영모는 류명근이 출옥하는 날 서대문 형무소로 아버지를 맞이하러 갔다가 그날 함께 석방되었던 월남 이상재 선생도 만날 수 있었다. 류명근은 아들 때문에 넉 달 동안 감옥살이를 하였으나 그 덕에 단군의 자손 노릇을 할 수 있었다. 류영모는 아버지 이야기를 하면서 이렇게 끝맺었다. "사람이 훌륭한 아버지를 두었으면 자랑스럽겠지요. 그러나 아버지가 유명하면 어떻고 유명하지 못하면 어떻다는 것입니까? 하느님 아버지께는 내가 가는 것입니다. 가족이 함께 갈 수 있는 것이 아닙니다."라고 말하였다.

1919년 3·1운동은 우리나라 민족사에 민족 정기가 크게 폭발한 사건이다. 그리하여 3·1운동 정신은 눈에 보이지 않는 정신적인 백두산을 이루었다. 이 정신적인 백두산 정상에는 성령의 천지가 있다. 이 성령의 천지에는 온누리를 비추는 정기의 성화가 타오른다. 이 불빛을 인도의 시인이자 사상가인 타고르는 '동방의 등불'이라고 불렀다. "일찍이 아시아의 황금시기에/ 빛나던 등불의 하나인 코리아/ 그 등불 다시 한 번 켜지는 날에/ 너는 동방의 밝은 빛이 되리라."(타고르, 〈동방의 등불〉)

잿더미에서 부활한 오산학교

사람의 제나는 삼독(三毒)이라고 하는 탐·진·치로 존재한다. 이 제나를 얼나가 절제하지 못하면 온갖 죄악을 저지른다. 옛사람들은 3천 가지 죄 가운데 불효가 으뜸이라고 하였다. 그것은 효를 강조하기 위한 말이다. 사람이 저지르는 죄 가운데 으뜸은 살인이다. 살인 중에서도 가장 끔찍한 대량 살인은 전쟁이다. 그래서 맹자조차 전쟁을 일으킨 자는 극형에 처해야 한다고 말하였다. 식민지 지배란 전쟁에 져서 한 민족이 포로 상태에 놓인 것이다. 마음에 싸울 적의를 품지만 힘에 눌려 포로 생활을 감수하게 된다.

식민 지배를 하는 일본이 속으로는 얼마나 한국인의 적의를 두려워하고 있었는지는 1923년 발생한 관동 대지진 때 일본인들이 한국인을 학살했던 사건으로도 알 수 있다.

간악한 일제는 헌병을 앞세워 공포스러운 무력 압제로 한국인의 전의(戰意)를 꺾는 데 성공하였다. 그러나 한국인의 마음속에 자리 잡은 적의를 없애지는 못하였다. 적의란 잠복한 전의라 여건만 조성되면 언제나 전의로 바뀔 수 있다. 그 가능성을 보여준 것이 3·1운동 정신이다.

그 사실을 잘 아는 일제는 민족 의식을 말살하려는 정책을 폈다. 한민족은 독립국을 유지할 만한 능력도, 자격도, 가치도 없는 민족이라며 세뇌 교육을 했다. 그리하여 한국사의 자료가 될 만한 문서는 닥치는 대로 없애거나 일본으로 가져가버렸다. 국조 단군에 관한 이야기는 입도 뻥긋하지 못하게 하였다. 이후에는 더욱 강력한 동화 정책을 썼다. 창씨개명도 그 일환에 지나지 않는다. 원한에 사무치도록 학대하고 차별하면서 내선일체(內鮮一體)라는 구호 아래 동화의 깃발을 내세웠다. 병 주고 약 주는 교활함이었다. 이렇게 되니 이 겨레에게 무엇보다 중요한 것은 한국인이라는 민족 의식을 지니는 것이었다.

이승훈이 세운 오산학교의 교육 목표는 단군의 자손이라는 민족 의식을 지켜 한국인으로 남아 있자는 것이었다. 당시는 한국인이라는 민족 의식을 지니고 있는 것이 나라 사랑이요, 독립운동이었다. 일제 강점기에 자식을 낳으니 일본 사람이 되는 것이 분통하더라는 함석헌의 말에서 오산학교의 정신을 헤아릴 수 있다. 함석헌은 오산학교에서 배운 졸업생이요, 오산학교에서 학생들을 가르친 교사였다. 오산학교 교장을 지낸 조만식과 류영모가 일생 한복만 입은 것에서도 오산학교의 정신이 잘 드러난다. 한복을 입는 것은 나는 한국 사람이라는 독립 선언이었다. 이에 영향을 받은 함석헌도 일생 한복만을 입었다. 함석헌 말고도 오산 출신 가운데 한복만 입는 사람이 더 있었다. 함석헌이 한복 차림으로 미국과 유럽을 여행한 것이 국내외로 화제가 되기도 하였다. 이렇게 한국 사람으로 남겠다는 민족 의식을 드높이는 오산학교는 일제에게 눈엣가시 같은 존재였다.

한국인이라는 민족 의식을 지키는 것을 지조로 삼는 오산학교 지사(志士)들은 1919년 3월 1일의 민족 운동이 일어나기를 얼마나 고대하였던가! 민족 대표 33인의 한 사람인 이승훈 그리고 48인의 한 사람인 김지환을 비롯하여 모두가 죽음을 각오하고 일어섰다. 일제는 민족 운동의 배후를 조사하면서 오산학교 사나이들이 지닌 불굴의 민족 정신을 확인하고는 그대로 두어서는 안 되겠다고 생각하였다. 그리하여 1919년 3월 31일에 일제의 헌병들이 오산학교에 몰려와 불을 질러 학교를 잿더미로 만들었다. 일제가 수원(지금의 화성시) 제암리교회에 불을 지른 것에 못지않은 야만적인 행동이었다. 그러나 일제는 어리석었다. 물형(物形)을 태운 잿더미에서 정신이 소생한다. 몸을 죽인 핏자국에서 얼이 부활한다.

오산학교를 세운 이승훈은 서울에서 민족 대표 33인과 함께 경기도 경찰에 붙잡혔고 오산학교 교장 조만식은 평양 경찰서에 끌려갔다. 교감 박기선을 비롯한 졸업생과 재학생들은 정주에서 독립 만세를 외치다가 생선 두름처럼 엮여 헌병들에게 끌려갔다. 먼저 풀려난 이윤영과 조형균이 서대문 형무소에 가서 이승훈을 면회하였다. 학교가 불타버리고 사람들이 체포된 소식을 모두 들은 이승훈은 오산학교의 재건을 당부하였다. 이승훈은 오산학교를 아끼고 이승훈을 밀어주던 여러 동지들의 이름을 대면서 그들에게 도움을 청하라고 하였다. 그 가운데 류영모 부자의 이름도 있었다. 김기홍, 김이연, 이윤영이 학교 재건에 앞장섰다.

여러 사람의 정성과 피땀으로 불탄 지 18개월 만인 1920년 9월 4일에 부활의 개교식을 열 수 있었다. 오산학교는 그야말로 잿더미에서 다시 살아난 불사조였다. 압록강 물이 다시 흐르고 백두산이 다시 솟아나는 감격이었다. 오산학교 교정에 선 사람들의 눈에는 비애와 분노를 넘어선 자긍과 기쁨의 눈물이 흘러내렸다. 그러나 누구보다 꼭 그 자리에 있어야 할 남강 이승훈이 없었다. 여전히 서대문 형무소에 갇혀 새벽이면 기도하고 낮에는 성경을 읽는, 죄수 아닌 성자의 삶을 보내고 있었다. 남강 이승훈은 더는 유기를 팔던 장돌뱅이가 아니었다. 이제는 이 겨레를 인도하는 모세와 같은 지도자가 되었다. 3·1운동은 이 나라를 받칠 머릿돌이요, 이 겨레를 이끌 횃불이다. 이승훈은 3·1운동의 산파역이라는 중대한 임무를 훌륭히 완수하였다. 민족 대표 33인 가운데서도 제일 마지막으로 출옥한 사실이 그것을 웅변한다. 이승훈은 말하였다. "오산 일은 이상해. 나는 오산학교 일은 늘 이상하다고 생각하는데 이번 일도 그렇게 뵈여. 이곳에 웬 은혜를 이렇게 주시는지 몰라." 당시 일제에 저항하는 데 앞장선 민족지 〈동아일보〉는 남강 이승훈의 나라 사랑에 보답하는 뜻에서 이승훈을 〈동아일보〉 명예 사장으로 추대하였다.

류영모가 말하기를 "3·1운동은 사람의 운동이 아니라 성령의 운동이었다."라고 하였다. 3·1운동은 사람들의 의지만으로 이루어진 것이 아니라는 말이다. 3·1운동이 추진된 과정을 살펴보면 성령의 운동임을 느끼지 않을 수 없다. 첫째, 천도교·불교·기독교를 대표하는 종교인들이 민족 대표가 되었다. 세 종교인이 합심하고 협력하기란 쉬운 일이 아니다. 둘째, 아무런 무기를 들지 않고 오직 하느님의 상징인 태극기만 든 채 비폭력으로 시위하여 일본 헌병과 경찰의 무기를 무색하게 하였다. 셋째, 온 겨레의 거족적인 행사인데도 끝까지 비밀이 유지되었다. 몇 번의 위기도 잘 수습이 되었다.

이렇게 일어난 3·1운동을 보며 우리 스스로 놀랐을 뿐만 아니라 세계가 놀랐다. 그때 이 겨레는 두 눈이 뽑히고 손발에 차꼬를 찬 채로 연자방아를 돌리는 삼손처럼 가혹한 시련을 겪는 참담한 몰골이었다. 이 겨레 한민족은 불레셋인 일제의 조롱거리요, 구경거리였다. 그러나 하느님께서 뉘우친 삼손에게 다시 힘을 주어 불레셋의 다곤 신전을 쓰러뜨리게 하였듯이 이 겨레에 힘을 주어 3·1운동을 일으키게 한 것이다.

이 겨레는 스스로 일으킨 3·1운동으로 하느님께서 이 겨레를 버리신 것이 아님을 알게 되었고, 언젠가 일제의 마수에서 풀어주실 것을 믿었다. 이 겨레가 어찌하여 힘을 잃은 삼손과 같은 처참한 신세가 되었는가? 이 겨레가 중앙아시아를 떠나 흥안령을 한숨에 넘고 만주 벌판을 누비며 장백산맥을 치달을 때까지만 하여도 그 걸음은 당당하고 그 모습 또한 늠름하였다. 그런데 도중에 이 겨레는 국조 단군이 받들던 하느님에게 무심해졌다. 기껏해야 죽을 고비에 놓였을 때나 "아이고 하느님." 하고 외치는 것이 고작이었다.

함석헌은 《뜻으로 본 한국역사》에서 한민족 역사에 대한 하느님의 각본이 도중에 바뀌었다고 하였다. 이 민족이 춤추고 노래하기를 좋아하고 생각하기를 게을리하여 단군이 깨달은 하느님 아버지를 잊어버렸다. 그리하여 깊이 생각하게 하려고 고난의 역사를 지웠다는 것이다. 이 민족이 일제에 나라를 빼앗기고 나서야 단군을 찾고 하느님에게 매달리게 되었다. 그러자 하느님이 이 겨레에 3·1운동을 일으킬 힘을 주었던 것이다.

함석헌은 기미년 3·1운동 때의 일을 이렇게 회고하였다.

평생에 기미년 3월 1일처럼 기쁜 날이 없었습니다. 그날처럼 신나게 기운 껏 마음껏 뛰어본 날이 없었습니다. 그리고 얼마 동안 하숙에 박혀 있다가 고향 용천으로 돌아가서 몇 달을 지내니 어른들은 다시 학교에 가라고 재촉하였습니다. 그러나 갈 마음이 없었습니다. 그러다가 어느 날 용기를 내어 평양까지 나가기는 하였으나 동급 친구를 만나니 학교 당국에 가서 빌어야 한다는 것이었습니다. 그것은 차마 할 마음이 없어 그냥 집으로 돌아오고 말았습니다. 그래서 평양고등보통학교를 졸업하지 못했습니다. 2년을 놀다가 친척 형인 함석규 목사의 소개로 오산학교를 가게 되었습니다. 오산학교에 가보니 나보다 하급반에 있던 홍종인, 채정필(蔡廷弼), 현인규(玄仁圭)가 상급반에 와 있었습니다. 그때의 오산은 초창기의 오산에 비기면 아무것도 아니라고 했는데, 그래도 첫인상은 여기야말로 참교육이 있구나 했습니다.

3·1운동 뒤에 재건한 오산학교에는 다른 공립학교에 다니다가 전학해 온 학생들이 많았다. 3·1운동의 영향으로 오산학교는 독립운동의 본산지로 평판이 높아져 명성이 알려졌다. 평양 신천을 비롯하여 황해도와 함경도와 영·호남에서 학생들이 찾아왔다. 남강 이승훈이 민족의 지도자로 떠올랐기 때문이다.

그러나 재건한 오산학교 교사(校舍)는 초라하기 그지없었다. 함석헌은 이렇게 회상하였다.

3·1운동이 일어났을 때 많은 교사와 학생들이 체포되었고 학교 건물은 일본 헌병이 불을 질러 하룻밤 새에 잿더미가 되었습니다. 그리고 이듬해 졸업생과 지방의 인사들이 이대로 둘 수 없다며 일어나 초가지붕을 이은 가교사를 짓고 다시 교사와 학생들을 모았습니다. 이것을 '부활 오산'이라고 불렀습니다. 내가 갔던 때는 부활한 지 2년째 되는 해였습니다. 내가 가보니 그 초라함이란 이루 말할 수 없었습니다. 손질이 덜 된 꺼칠꺼칠한 재목을 세우고 흙으로 벽을 쳤을 뿐 책상도 걸상도 없는 마룻바닥에 5백 명 가까운 학생들이 득실거리고 있었습니다. 여기저기서 모여든 나와 같은 중도 퇴학자들이 대부분이었습니다. 교사들도 마찬가지였습니다. 또 오산은 도시가 아니라 순 농촌이라 말할 수 없이 불편한 곳입니다. 3·1운동이라는 유사 이래의 혁명의 폭풍이 지나간 뒤라 모두가 흥분한 상태여서 아무래도 안정이나 질서가 없었습니다. 일본인 선생이 많은 관립학교에서 경직된 규칙에 얽매여 왔던 나의 눈에는 아주 이상하게 보였습니다. 무엇인가가 이 혼란을 하나로 묶어 다스려 나가고 있었습니다. 이곳저곳에 앉기만 하면 옛날 오산학교 이야기뿐이었습니다.

　그렇게 열악한 교육시설에서 함석헌을 비롯한 수많은 인재가 쏟아져 나온 것은 참으로 기적이라고 할 수 있다. 인재를 키우는 것은 스승의 인격이지 학교 건물이 아님을 실증해주었다. 오산학교에서 함석헌의 재능은 두드러지게 돋보여 전교생이 주목하는 대상이 되었다. 그리하여 함석헌의 방에 불이 꺼지는 것을 보고야 불을 끄고 자는 학생도 있었다. 전교생이 5백 명에 못 미치니 모두가 친형제처럼 친밀하였다.

조만식의 후임 교장

예부터 무력은 성당이나 학교에 침입해서는 안 되는 것으로 알았다. 성당이나 학교는 진리를 추구하는 거룩한 곳이기 때문이다. 그러므로 무력이 성당이나 학교에 침입하면 그것은 용서받지 못할 패륜 행위인 것이다. 그런데 일제는 제암리교회와 오산학교에 불을 질렀다. "소인은 한가히 지내다 보면 착하지 않은 일을 저지름에 못 미칠 곳이 없다(小人閒居爲不善無所不至)."(《대학》)라고 하였다. 일제는 무도(無道)한 소인들이었다.

불타버린 교사 자리에 쌓인 재를 쓸어내고 분루를 삼키면서 가건물 교사나마 다시 세웠다. 어려운 재정이라 땀과 피로 새 학교를 지었다. 볼품은 없으나 빌딩 못지않게 자랑스러웠다. 잿더미에 오산학교가 부활하고, 개교한 지 2주일이 지난 뒤에 오산학교장 고당 조만식이 2년 동안의 옥고를 치르고 풀려나왔다. 조만식은 가정보다도 학교가 걱정이 되어 출옥하자마자 정주로 왔다. 오산의 동지들은 조만식을 살아서 다시 만나게 된 것이 눈물겹도록 기뻤다. 남강과 고당은 오산학교의 상징이다. 조만식은 여러 동지들의 손을 잡으면서 오산학교를 민족 정신을 함양하는 더욱 훌륭한 도장으로 가꾸자고 다짐하였다.

그러나 오산학교의 부활을 못마땅하게 생각하는 자들이 있으니 바로 일제의 관헌들이었다. 그들은 오산학교에 조만식을 두는 것은 범에게 날개를 달아주는 일이라 생각하였다. 그리하여 조만식의 교장 인가를 취소한다는 통지를 보냈다.

오산학교는 시골구석에 자리한 초라하기 그지없는 학교였지만 이 나라 독립운동의 국내 본거지이자 3·1운동의 산실이나 다름이 없었다. 그것을 모를 리 없는 일제는 오산학교가 쇠망하도록 억누르려고 얼토당토 않은 생트집을 잡았다. 그러나 학교가 문을 닫지 않으려면 그들의 지시를 따를 수밖에 없었다.

일본 사람인 평안북도 지사가 오산학교를 찾아오겠다고 하자 이승훈은 조만식에게 양복을 한 벌 지어 입도록 권하였지만 조만식은 끝내 사양하였다. 그래서 이승훈은 조만식을 벽창호 고집이라고 하였다. 그 벽창호 고집도 어쩔 수 없이 교장 자리를 떠나야만 하였다. 떠나는 사람이나 보내는 사람이 하나같이 식민지의 비애를 곱씹으면서 언젠가는 이러한 민족적 설움을 면하기 위해서라도 나라의 독립을 쟁취하자고 모두가 두 주먹을 불끈 쥐었다.

오산학교의 교사와 졸업생과 후원자들이 모여서 조만식 교장을 이을 만한 훌륭한 새 교장을 찾는 숙의를 거듭하였다. 이때의 일을 함석헌이 이렇게 전해준다. "부활 오산의 유지들이 그러한 혼돈 가운데서 새로운 교육의 길을 열어 나갈 사표(師表)인 교장 선생을 가리고 골라서 류영모 선생을 새 교장으로 추대하였습니다. 류영모 선생님은 초창기의 오산에도 교사로 계신 적이 있었습니다. …… 그때 선생님의 제자였던 사람의 이야기에 따르면 선생님의 요한복음 해설은 참으로 놀라웠다고 하였습니다."

류영모는 오산학교에서 교장으로 와 달라는 말을 듣고 망설였다. 오산학교에 다시 갈 생각이 있었다면 일본에서 대학 공부를 하고 왔을 것이다. 당시 류영모는 교단에 다시 설 생각은 없었고 오로지 농사지을 생각뿐이었다. 그러나 존망의 위기에 놓인 오산학교와 형무소에서 모진 옥고를 치르는 이승훈을 생각하면 사양할 수가 없었다. 그리하여 꼭 11년 만에 다시 오산학교 교단에 서게 되었다. 1921년 9월 7일에 고당 조만식의 후임으로 오산학교 교장에 취임하였다. 처음 오산에 왔을 때는 20살이었으나 이제는 입지(立志)의 나이인 31살이었다. 류영모의 철학 사상도 성숙기에 들어 예수처럼 맹물 같은 사물도 지혜의 포도주로 만들어 끝없이 잔을 채울 수 있었다.

오산학교에서는 류영모가 새 교장으로 온다는 소문이 미리 돌았다. 당시 오산학교 3학년 졸업반에 있었던 함석헌은 이렇게 말하였다. "부활한 오산에 첫 학기가 거의 다 지나고 여름방학이 시작되려 할 무렵에 학생들 사이에 새 교장에 대한 소문이 돌았습니다. 가을 학기에 오는 새 교장은 아주 놀라운 분이신데 초창기 오산학교 시절에도 선생으로 와 계셨던 분이라는 것이었습니다."

함석헌은 이어서 류영모 교장의 첫 수업에 관하여 이렇게 말하였다. "첫 시간부터 모두 혀를 뽑았습니다. 새 교장 선생님이 들어오시는데 키는 자그마하고 등이 조금 굽었고 뒷골이 툭 튀어나왔고, 하얀 한복 차림이었습니다. 말씀은 웅변조는 아니고 크게 울리는 음성도 아니고 조용조용히 하시는 말씀이었습니다. '배울 학(學)' 자 한 글자를 풀어 말씀하시는데 무려 두 시간 동안을 이야기하였습니다. 학생들은 '과연 소문대로구나, 보통 분은 아니다.'라고 하면서 놀라움을 금치 못했습니다."

류영모가 10년 전에 왔을 때는 과학을 가르쳤는데 이번에는 수신(도덕)을 맡아 가르쳤다. 류영모야말로 역사적으로 손꼽히는 도덕 교사일 것이다. 류영모의 마음속에 온축되었던 말씀이 폭포수처럼 쏟아지자 학생들은 흐느낄 정도로 압도되었다. 류영모는 한자(漢字) 한 글자에 철학개론 한 권이 들어 있다고 말하였다. 그러니 '배울 학' 자 한 글자로 두 시간을 강의하였다는 것은 아무것도 아니다. 류영모는 사람들은 흔히 개똥철학이라고 한다지만 오줌 누고 똥 누는 데 관해서도 몇 시간 이야기할 수 있다고 하였다. 미다스 왕은 물건을 잡으면 금으로 변하였다지만 류영모는 말을 입에 올리기만 하면 진리의 말씀이 되었다.

철학자 교장의 기행

김기석이 서울대학교 사범대 학장으로 있을 때 류영모를 초청하여 학생들에게 류영모의 특강을 들려준 일이 있다. 김기석은 오산학교 출신이라 류영모의 비범함을 알고 있었다. 김기석이 쓴 남강 전기(《남강 이승훈》)에 오산학교의 모습이 잘 그려져 있다.

도시에서 온 학생들은 오산의 흙 냄새와 개구리 소리가 한없이 정다웠다. 그들은 토요일 오후와 일요일에는 제석산과 모안이의 아이포와 쑥섬으로 갔다. 제석산에 올라 서쪽 바다를 굽어보고 멀리 북쪽과 남쪽을 바라볼 때 고구려의 융성과 신라의 번창이 눈에 보이는 것 같았다. 오산은 배움의 동산이요, 노래의 동산이었다. 수업 시간 외에는 학생들의 입에서 늘 노래가 흘렀다. 방과 후에도 선생과 학생이 한 자리에 모여서 대화하고 토론하고 경기도 하였다. 그리하여 스승과 제자 사이도 친부형처럼 가까웠다. 오산학교 선생들은 전교생들의 얼굴, 이름, 고향, 성격, 장기를 잘 알고 있었다. 저녁에 운동장이나 마을 길에서 만나면 그냥 지나치지 않고 함께 산책을 하면서 대화를 나누었다. 사제 사이에 정의가 두터우니 자연히 상급생과 하급생 사이도 우애가 두터웠다. 조만식 교장과 조형균 장로는 기숙사에 마련된 각자의 방에서 지내며 사감을 겸하였다. 조만식 교장이 그만둔 뒤에는 류영모 교장이 그 방에 머물렀다. 조만식과 류영모 두 교장 선생은 몸을 약간 앞으로 숙이고 걸었다. 학생들의 얼굴과 이름을 잘 알아 만나기만 하면 여러 가지를 물어보았다.

조만식과 류영모는 이미 일본에서 유학할 때 이웃에 하숙을 하여 자주 찾아가 만나던 사이였다. 재일본 한국YMCA에서 함께 예배를 보기도 하였다. 오산학교에서 함께 근무하지는 않았으나 교장의 자리를 인수인계하는 사이가 되었다. 그리고 같은 방을 쓰는 사이가 되었다. 깊은 인연이라 할 수 없을지는 모르나 옅은 인연은 아니다. 조만식이 오산학교에 나라 사랑의 정신을 심었다면 류영모는 진리 사랑의 정신을 심었다. 그렇다고 조만식이 진리를 사랑할 줄 몰랐다거나 류영모가 나라를 사랑할 줄 몰랐다는 말은 아니다.

동서고금의 사상을 꿰뚫은 류영모는 지행일치의 사람이다. 이를 맹자는 '천형(踐形)의 사람'이라고 하였다. 류영모의 몸가짐은 모범이요, 마음가짐은 사범이었다. 류영모는 사람과의 약속은 꼭 지켰다. 시간 약속도 어기는 일이 없었다. 오산학교에서 2년이 넘도록 함께 교단에 섰던 춘원 이광수는 류영모를 가리켜 시계처럼 정확한 사람이라고 하였다.

류영모는 자기가 할 수 있는 일은 남에게 시키지 아니하였다. 비록 학생들일지라도 함부로 심부름시키는 일이 없었다. 자기 방 청소도 자신이 하고 학생들에게 시키지 않았다. 아궁이에 불을 지피는 일조차 제 손으로 하였다. 남에게 일 시키기 좋아하면 몹쓸 양반 놀음이라는 것이다. 제 몸 거둠은 제 손으로 하자는 것이었다.

방에도 방석 대신 널판지를 깔고서 앉았다. 교장실에 있는 회전의자를 치우고 보통 의자의 등받이를 잘라버리고, 그 위에 무릎을 꿇고 앉아서 집무하였다. 음식은 하루에 두 끼니만 먹었다. 그때는 아직 하루 한 끼니 먹기를 하지 않았던 때다. 그리고 절대로 과식하는 일이 없었다. 물론 술과 담배는 안 했다. 날마다 냉수 마찰을 하였는데 아무리 추워도 거르는 일이 없었다. 그리하여 감기가 먼저 알고 감히 류영모에게는 얼씬거리지도 않았다. 사람들은 류영모를 감기 안 걸리는 기인이라고 하였다.

류영모는 수신 과목을 가르치는 데 교과서를 쓰지 아니하였다. 대신에 역사적인 사상가의 생애와 사상을 소개하였다. 단순히 소개에 그치는 것이 아니라 스스로 얻은 가치관을 부가하였다. 수신 수업을 두고 류영모는 이렇게 말하였다. "내가 수신이라는 시간에 일본 교과서를 가르치기 싫으니까 수신 책을 덮어놓고 생각나는 대로 성경부터 시작해서 톨스토이까지 두루 이야기하였어요. 우치무라 이야기만 한 것도 아니에요. 노자의 《도덕경》만도 아닙니다."

함석헌은 류영모 교장으로부터 수신 시간에 배운 것을 이렇게 기억하고 있었다. "선생님은 수신 과목을 맡으셨는데 한 번도 교과서를 가지고 가르치신 일이 없었습니다. 가장 많이 하신 것이 노자의 《도덕경》이고, 홍자성의 《채근담》에서 뽑아서 하신 것도 있습니다. 우치무라 선생의 책으로 하신 적도 있고 《애음(愛吟)》이라는 명시 선집에서 칼라일(Thomas Carlyle)의 〈오늘〉이라는 시를 가르쳐주신 것도 잊혀지지 않습니다."

어느 대학교의 강의실에서도 듣기 어려운 사상 강의를 당시 오산학교 학생들은 들을 수 있었던 것이다. 그래서 함석헌은 온통 새로운 소리요, 처음 듣는 소리였다고 한다. 흔히 교육은 교사의 질을 능가하지 못한다고 한다. 실력 없는 교사, 공부 안 하는 교사는 큰 죄를 짓는 것이다.

맹귀우목의 인연, 함석헌

함석헌이 오산학교에서 류영모를 만났을 때, 그는 20살이었고 류영모는 31살이었다. 류영모가 11년 연장이다. 류영모에게 말할 수 없이 감동을 받은 함석헌은 도저히 그냥 있을 수가 없어서 류영모가 거처하는 방으로 찾아갔다.

선생님께서 오산학교에 오신 지 그리 오래지 않아서 선생님(류영모)을 조용히 찾아 뵙고 싶은 마음이 일어나서, 무엇 때문이랄 것도 없이 그저 그러고 싶어서 계시는 방문 앞에 가서 문고리를 잡기까지 하였지만, 들어가서 무슨 말을 어떻게 여쭈어야 할까 그것이 두려워 그냥 돌아온 일이 있었습니다. 이제 생각해보면 그것은 내 마음이 여리고 수줍음이 많아서 그런 것인데 그때 용기를 내서 들어갔더라면 선생님 편에서 아시고 무슨 말로나 말문을 열어주었을 것입니다. 나에게는 아주 커다란 결점이 있습니다. 의지가 약하고 부끄러움을 많이 타는 것입니다. 그래서 매우 존경하는 선생님(류영모)에게조차 한 번도 질문을 해본 일이 없습니다. 이것이 후회됩니다. 선생님의 말씀을 들으면서 스스로 나는 이때까지 인생을 헛살았구나 하는 생각이 들었습니다. 20살이 되도록 인생이란 문제를 생각해본 일이 없었습니다. '숨'이니 '참'이니 하는 낱말을 들어본 일이 없었습니다. 이제 겨우 눈이 뜨이기 시작한 것입니다. 그러므로 지금 와서 생각하노라면 그때에 모든 문제를 좀 더 물어보지 못했던 것을 한(恨)합니다. 선생님은 두들겨 깨우는 성격은 아니었습니다.

맹귀우목의 드문 인연으로 만난 류영모와 함석헌의 오산에서의 만남은 그리 길지는 않았다. 이미 함석헌은 졸업반이었고 또 류영모의 교장 인준을 일제 당국이 거부했기 때문이다. 그 이유는 확실히 밝혀지지 않았지만 신원 조회를 하자 3·1운동으로 옥고를 치른 류명근의 아들인 것이 드러났기 때문이 아닌가 생각된다. 류영모가 대학 졸업증이 없다는 것이 당시로는 그렇게 문제가 되었으리라고 생각되지 않는다. 류영모도 조만식처럼 한복만 입었으니 일제의 눈에는 조만식과 다름없는 옹고집의 민족주의자로 비쳤을 것이다.

류영모는 짐을 싸서 1년 만에 다시 서울로 가게 되었다. 여름에 왔다가 여름에 돌아갔다. 그때 학교의 사환이 짐을 들고 류영모를 따르고 있었다. 두 사람이 고읍(古邑) 역을 향해 밤길을 걸어가는데 불쑥 함석헌이 나타나 돌아가는 류영모를 배웅하였다. 그때 일을 함석헌이 이렇게 돌이켰다.

> 류영모 교장 선생님께서 교장으로 오신 지 한 1년 남짓한 때에 당국으로부터 교장 인가를 할 수 없다는 통지가 와서 선생님께서는 학교를 떠나 서울로 올라가시게 되었습니다. 어째서 그렇게 되었는지는 잊어버렸습니다. 마지막 떠나는 날에 내가 홀로 선생님을 따라 고읍 역으로 나가게 됐습니다. …… 그때 나로서는 잘 알아듣기 어려운 말씀을 해주었습니다. …… 그러다가 마지막에는 "내가 이번에 오산에 왔던 것은 함, 자네 한 사람을 만나기 위해서였던가 보다."라고 하셨습니다. 나는 그저 송구스럽기만 했습니다.

한 해 동안의 만남은 지극히 짧았지만 그 영향은 일생 동안 이어졌다. 아니 몸이 흙으로 돌아간 뒤에도 정신으로 이어지고 있다. 함석헌은 태어난 지 2만 날을 기념하는 생일 잔치 날 여러 사람 앞에서 이렇게 말하였다. "나의 일생 동안에 정신적으로 단층(斷層)을 이루며 비약한 때가 두 번 있었습니다. 첫 번째가 류영모 선생을 만났을 때이고, 두 번째가 우치무라 선생을 만났을 때였습니다."라고 하였다. 인격 형성에 아주 중요한 시기에 훌륭한 선생을 만나 함석헌의 정신은 폭발적으로 자랄 수 있었다. 얼마나 빨리 자랐는지는 함석헌이 33살에서 34살 사이에 쓴 《성서적 입장에서 본 조선역사》에 잘 드러나 있다. 함석헌의 《성서적 입장에서 본 조선역사》를 읽고 가장 기뻐한 사람이 류영모였다.

류영모도 오산학교 교장을 물러나 서울 집으로 돌아올 때 함석헌이 고읍 역까지 배웅하여 준 것을 잊지 않았다. 그로부터 18년 뒤인 1940년 8월호 〈성서조선〉(통권 139호)에 그 이야기를 언급하고 있다. '저녁 찬송'이라는 제목의 글머리에 이렇게 써 있다. "이 뜻은 먼저 함석헌 형께 드리고자 합니다. 근 20년 전에 그때는 여름 비에 길에 물이 넘치고 밤이 어두운데 오산학교에서 고읍 역까지 형이 나를 냄 내어줄(배웅할) 제 허방에 빠지며 이야기하였습니다. '어둠이 분명히 빛보다 크다'고."

함석헌은 류영모가 교장으로 있는 동안에 만든 오산학교의 운동가를 우리에게 알려주었다. 지은 류영모도 잊었을 터인데 들은 함석헌이 기억하고 있는 것은 롱펠로(Henry Wadsworth Longfellow)의 시 〈화살과 노래〉를 연상케 한다. "오랜 아주 오랜 훗날의 일이다. 나는 친구의 가슴에서 내가 부른 노래를 고스란히 찾아낸 것이다." 함석헌은 류영모가 운동가를 짓게 된 내력을 이렇게 밝혔다.

"학교 창립 기념 행사로 운동회를 하게 되었습니다. 그런데 갑자기 운동가가 불온하니 고치라는 명령이 왔습니다. 원래 부르던 운동가는 춘원 이광수 선생이 지었습니다. 그래서 갑작스럽게 선생님께 새 운동가를 지어 달라고 하였습니다. 천하가 아는 대로 선생님은 운동을 모르시는 분이 아닙니까? 그때 지은 운동가는 이렇습니다. 세계 어디서도 못 들어본 운동가입니다. 그래서 모두들 철학적인 운동가라고 했습니다."

① 저 하늘에 해와 달도 돌아다니며

이 땅 위에 물과 바람 또한 뛰노니
천지 사이 목숨불을 타고난 우리
얼센 힘에 번뜩이며 빛을 내이자
(후렴)
물이나 불이 모두 다
우리의 놀거리 뙬 터라
다므른 입 한 번 열면
우뢰 울리고
내렸던 손 들게 되면
번개 치리라
힘을 모읍고 맘 다스려
이김 얻도록

② 뫼란 데는 범만 뛰게 둘 것 아니오
　바다란 덴 고래만 놀릴 것야
　물과 뭍에 우리 운동 자유자재해
　얼센 힘을 번뜩이어 빛을 내이자

③ 저 공중이 어찌하여 독수리 꺼며
　이 물 밑이 아무려믄 해조의 터랴
　공중 날고 물밑 기기 또한 능하니
　얼센 힘을 번뜩이어 빛을 내이자

그 뒤 류영모는 이승훈의 간청으로 1922년 11월부터 1923년 7월까지

한 학기 동안 오산학교에서 평교사 자격으로 학생들을 가르쳤다. 이것이 오산학교 교단에 마지막으로 선 것이다.

7장
비정통 기독교인

하루를 일생처럼 살다

류영모는 1918년 1월 13일부터 자기가 이 세상에서 난 날을 세기 시작하였다. 그때 나이가 28살인데 산 날이 1만 240일이었다. 아직 오산학교 교장이 되기 전이다. 어찌하여 산 날을 세게 되었는지는 1918년 4월 5일에 탈고한 '오늘'이란 글에 잘 나타나 있다. '오늘'은 최남선이 낸 잡지 〈청춘〉(1918년 6월, 통권 14호)에 실렸고, 1993년에 성천(星泉)문화재단에서 〈성천아카데미 문고〉 3호로 출판하였다.

류영모는 아침에 잠이 깨어 눈을 뜨는 것이 태어나는 것이고, 저녁에 잠자리에 들어 잠드는 것이 죽는 것이라고 하였다. 이르자면 하루 동안에 일생을 산다는 일일일생주의(一日一生主義)이다. 이를 바꿔 말하면 '하루살이'요, '오늘살이'다. 류영모가 무엇을 보고 산 날 세기를 해야겠다고 생각하게 된 것인지는 밝히지 않았다. 그때 류영모는 《애음》이라는 시집에 실린 칼라일의 〈오늘〉을 읽고 좋아하였다. 그리하여 3년 뒤에 오산학교 교장으로 가서 학생들에게 가르쳤다. 함석헌은 그때 배운 〈오늘〉을 평생 잊지 않고 외웠다.

오늘

여기 또 다른 파란 새날이 밝누나
조심하라 어물쩍 하릴없이 보내지 않도록
이 새날은 영원에서 태어났느니라
밤이면 다시 영원으로 돌아가노라

미리 만나라 아직 아무도 못하였지만
모든 이의 눈에서 곧 영원히 사라진다
여기 또 다른 파란 새날이 밝는다
조심하라 어물쩍 하릴없이 보내지 않도록

또 성경 시편에 이러한 구절이 있다. "우리에게 날수를 제대로 헤아릴 줄 알게 하시고 우리의 마음이 지혜에 이르게 하소서."(시편 90:12) 류영모가 자신이 1918년 1월 13일부터 살아온 날을 세기 시작하였다는 사실을 1956년 7월 24일 일기(《다석일지》)에 적어놓았다. 1956년 7월 24일은 류영모가 산 날이 2만 4,240일이 되는 날이다.

"1만 240일이 생후 몇 날인가 셈한 첫 날이었던 기억은 분명하다. 그런즉 내가 아버지 앞에 생일자(生日字)를 세 넘기기도 1만 4천 날을 하였습니다. 이 약하게 쉰 목숨도 거룩한 뜻이오니까. 2만 4천240일 1956. 7. 25."

류영모의 이 기억이 옳다는 것을 뒷받침하는 글이 있다. 1941년 11월에 발간된 〈성서조선〉 154호에 '소식(消息)'이라는 제목의 글 가운데 옛 일기에서 인용하였다는 말이 있다. "23년 전 10월 28일 일기에 '생사선(生死線) 1만 456 역괴차(驛塊車)라 제(題)하고 쓴 감상문 중에서 승대괴(乘大塊), 소요혜(逍遙兮), 천도호탕(天道浩蕩)'이라고 한 것이 있다. 우리 생물 모두가 우리 대지구를 함께 타고 이것은 세계일주가 아니고 태양계를 백주·천주·만주 하면서 또 태양계가 소속된 전 성단으로서 은하계를 무수히 주행한다. 자고(自古) 비행이요, 방금 비행이요, 영원 비행인데, 우리 대괴호(지구)의 직경은 3만 리(1275만 미터) 초속력이 근 30킬로미터나 된다." 28살 때 이미 지구라는 우주선을 타고 이 우주를 소요하는 비행을 한다는 생각을 했다는 소리다. 이러한 생각을 산 날 1만 456일 일기에 써놓았다는 것이다. 산 날을 처음 세었다는 그날보다 216일 뒤에 쓴 글이다.

류영모가 태어난 지 1만 8,001일이 되었을 때 김교신은 자기가 주관하는 서울성서연구회 회원 19명을 데리고 북한산 비봉 아래에 있는 류영모의 집을 찾았다. 류영모가 난 지 1만 8천 날을 맞은 소감을 듣자는 것이었다. 1만 8천 날이면 세는나이로는 천명을 안다는 50살이다. 명륜동에 있는 송두용의 집에서 주일 모임을 마친 뒤 북한산 기슭 구기리까지 걸어서 간 것이다. 류영모는 성서연구회 회원이 아니었다. 그러니 일요 예배 모임에 참석하지 않았다. 따지자면 김교신은 정통 신앙인이요, 류영모는 비정통 신앙인이다. 그런데도 김교신은 류영모에게 스승을 대하는 예의를 차린 것이다.

류달영이 말하기를 "물과 불과 같은 사이가 되기 쉬운 정통 신앙과 비정통 신앙을 따르는 두 분이 서로 믿고 높이면서 험난하였던 역사의 길을 정정당당하게 살고 간 것을 생각할 때, 우리는 어느 나라에서도 그 예를 찾아보기 어려울 것이다."라고 하였다.

이때 그 자리에 함께 있었던 〈성서조선〉 동인이었던 송두용은 이렇게 회상하였다. "지금으로부터 수십 년 전(1939년)의 일이다. 내가 명륜동에 살 때 우리집 이층에서 주일 예배 모임이 있었다. 그런데 어느 날 일요 예배를 마친 뒤에 김교신 형이 모임 회원을 데리고 구기리 류영모 선생 댁을 방문하였다. 하루 전에 맞은 산 날 1만 8천 날의 소감을 듣자는 것이었다. 그때 김교신 형이 찍은 사진을 보면 20명쯤 되는 회원이 류영모 선생님을 가운데로 두고 있다. 선생님 말씀이 산도 1만 2천 봉이면 금강산이 되는데 하시며 여러 가지 귀한 말씀을 하였다. 나는 그때 밤에 대한 생명철학을 들은 기억이 난다. 그 전에 들어본 적도, 생각해본 적도 없는 이상한 말씀을 듣고 나니 어리둥절하였다. 그리고 나는 그날 비로소 산 날 세는 것을 처음으로 알게 되었다. …… 날짜 세는 일로는 우리나라에 류영모 선생님이 처음이요, 오직 한 분이었다."

영원한 시간에 비기면 사람의 일생이란 번갯불이 번쩍 빛나는 동안에 지나지 않는다. 그 짧은 삶의 시간을 알뜰하게 살기 위하여 류영모는 '오늘살이', '하루살이'를 하고자 하였다. 그리하여 하루하루를 세면서 살았다. 류영모는 이렇게 말하였다.

    시간을 아껴야 합니다. 식사를 기다리는 동안, 마중을 나가 기다리는 동안, 차를 기다리는 동안 같은 부스러기 시간도 자기의 사상을 영글게 하는 데 써야 합니다. 하루를 무심히 지내면 백 년, 천 년을 살아도 시간을 다 잃어버립니다. 이 겨레가 5천 년 동안을 긴장해서 살아왔다면 지금 이 모양으로 되지는 않았을 것입니다. 선조나 우리나 모두 하루를 무심코 편안히 지냈기에 지금 요 모양입니다. 하루하루를 지성껏 살면 무상한 인생도 비상한 생명이 됩니다. 하루하루를 덧없이 내버리면 인생은 허무밖에 아무것도 아닙니다. 쉬면서도 쉬지 않는 숨처럼 언제나 깨어 정성을 다해야 합니다. 일과를 꼭꼭 하면 괴로우면서도 기쁩니다.

사람은 열심히 일하는 데서 삶의 보람을 느낍니다. 그러나 그 일이 하느님이 시키신 사명이어야 합니다. 하느님이 주신 사명을 수행하는 사람은 하느님과 나의 뜻이 하나가 되어야 합니다. 제나는 죽고서 얼나로 사는 삶은 영원한 생명입니다. 허송세월을 하여서는 안 됩니다. 지나간 것은 찌꺼기라 돌볼 것이 못 됩니다. 내일을 찾으면 안 됩니다. 내일은 아직 도착하지 않은 손님입니다. 언제나 오늘오늘, 오늘 하루를 사는 것입니다. 인생은 어제에 있는 것도 아니고 내일에 있는 것도 아닙니다. 오직 오늘, 오늘에 있습니다.

세상에서는 하루살이, 오늘살이라 하면 재물을 벌어서는 허랑방탕하게 마구 써버리는 사람의 생활 태도를 일컫는다. 그것은 하루살이도 오늘살이도 아닌 마구살이에 지나지 않는다. 하루살이, 오늘살이는 하느님의 아들인 성인들의 삶이다. 예수가 이르기를 "내일 걱정은 내일에 맡겨라. 하루의 괴로움은 그날에 겪는 것만으로 족하다."(마태오 6:34) 이것이 하루살이요, 오늘살이다.

공자가 이르기를 "오늘 하루 나를 이겨 참나의 삶을 산다(一日克己復禮)."(《논어》 안연편)라고 하였으며, "오늘 하루 어짊에 힘을 다한다."(《논어》 이인편)라 하였다. 이것이 오늘살이요 하루살이다. 이를 두고 "아침에 도를 들으면 저녁에 죽어도 좋다(朝聞道夕死可矣)."(《논어》 이인편)라고 한 것이다.

석가는 하루살이보다 더 나아가서 순간 찰나의 '이제살이'를 말하였다. "내가 지금 출가하여 목숨이 이레 낮, 이레 밤에 다한다 하여도 나는 그 동안에 부지런히 도를 닦고 계율을 지키고, 진리를 말하여 중생을 가르쳐 이롭게 하리라고 한다면, 이것을 이름하여 지혜 있는 이가 죽는다는 생각을 닦는다 하느니라. 다시 이레 낮 이레 밤이 많다 하여 설사 엿새·닷새·나흘·이틀·하루·한 시간 내지 숨을 내쉬고 들이쉬는 동안만이라 하여도, 나는 그 동안에 부지런히 도를 닦고 계율을 지키고 진리를 말하여 가르치며 중생을 이롭게 하리라 한다면, 이것을 이름하여 지혜 있는 이가 죽는다는 생각을 잘 닦는다 하느니라."(《대반열반경》 가섭보살편)

류영모는 이제 여기살이에 대하여 이렇게 말하였다.

이 세상에 있다는 것은 줄곧 가는 것을 뜻하는 것이지 정지를 뜻하는 것이 아닙니다. 모든 일은 다 자꾸 나가고 있습니다. 우리가 시간과 공간이라 하지만 거기 그대로 있는 것이 아닙니다. 한 세상 안의 시간과 공간입니다. 모든 것은 변합니다. 그런데 자신이 변하는 것을 모르고 있습니다. 변화를 무시하려고 합니다.

불교에서는 몰래 옮긴다는 뜻으로 '밀이(密移)'라는 말을 씁니다. 만물이 은밀하게 움직여 갑니다. 옮겨 간다는 뜻입니다. 자신이 늘 그대로 있는 것 같지만 자기도 모르는 사이 달라져 있는 것을 발견합니다. 참으로 밀이입니다. 그래 머무름이 없다는 무주(無住)를 인정하지 않을 수 없습니다. 사실 우리 몸이 머무르고 있는 것 같지만 우리 몸의 피는 자꾸 돌고 있으며, 우리의 숨으로 태울 것을 죄다 태우고 있습니다. 그리고 우리의 몸을 실은 지구 또한 굉장한 속도로 태양의 주위를 돌고 있습니다. 우리의 어제와 오늘은 허공(우주 공간)에서 보면 엄청난 차이를 나타냅니다.

우리는 순간순간 지나쳐 갑니다. 도대체 머무르는 것이 어디에 있습니까? 영원한 미래와 영원한 과거 사이에 이제 여기가 접촉하고 있을 뿐입니다. 과거와 미래의 접촉점을 이제 여기라 한 것입니다. 지나가는 한 점, 그것이 이제 여기인 것입니다. 그 한 점이 영원이란 미래로 향해 가고 있습니다. 이렇게 보면 산다는 것은 이제 여기에 당해 있다고 해야 할 것입니다. 우리가 다른 것은 몰라도 나는 여기 있다는 것은 대단히 훌륭한 발견이라고 볼 수 있습니다. 그러니까 아무리 넓은 세상이라도 여기이고 아무리 오랜 세상이라도 이제입니다. 가온찍기(고)입니다. 이것이 나가는 것의 원점이며 나라는 것의 원점입니다.

이제(여기)는 참 신비입니다. 그 이제의 목숨을 태우는 우리 인생 역시 이제가 해결되지 않는 한 신비입니다. 한 찰나에 구십생사(九十生死)가 있다는 인도 사상은 분명히 신비 사상일 것입니다. 이제라고 '이'라고 할 때 이제는 이른 것입니다. '이' 할 때 실상은 이미 과거가 됩니다. 이 이제를 타고 가는 목숨입니다. 이의 계속이 영원합니다.

YMCA 연경반 강의 35년

류영모는 북한산 기슭에서 조용히 살다 간 운둔자이다. 공적인 활동을 하였다면 남강 이승훈의 초빙으로 평북 정주에 있는 오산학교에서 5년 동안 학생들을 가르친 것과 창주(滄柱) 현동완의 간청으로 서울 종로 YMCA 연경반에서 35년 동안 강의를 한 것뿐이다.

종로YMCA 연경반 강의를 언제부터 시작하였는가 물었더니 류영모가 대답하기를 "현동완 총무가 적선동에 있는 집으로 찾아와서 연경반을 맡아 지도해 달라고 하여 맡게 되었어요. 기독교청년회 모임을 한 지가 모두들 오래 되었다고 하는데 얼마나 되었는지는 나도 몰라요. 그때 교회에서 성경을 공부한다는 사경회(查經會)가 성했는데 나에게 그 사경회를 맡아서 하라는 것이었어요. 물론 일제 강점기부터 시작하였는데, 건국이 된 뒤에 대통령이던 이승만 씨가 YMCA에서 내가 강의하고 있는 도중에 들어와서 이 모임은 이전에 자기가 하던 모임이라고 했어요. 1963년에 돌아간 현동완 씨 말이 그때 30년이 된다고 했어요."

현동완은 쓰러져 3년이나 앓다가 세상을 떠났다. 30년이 된다는 말을 몇 년도에 했는지 모르나 1960년 이전에 한 것은 틀림없다. 그러면 못해도 1930년 이전이 된다. 류영모의 YMCA 모임에 처음부터 참여한 이상호(李相湖)는 그 자신이 1906년생인데 22살 때부터 류영모의 YMCA 모임에 나갔다고 하였다. 그러면 시작이 1928년이 된다.

현동완이 만든 평화구락부 회원이던 정인세(鄭寅世)는 자신이 중학교 4학년이던 1929년에 류영모의 YMCA 모임에 처음 나가 요한복음과 노자 강의를 들었다고 하였다. 그때 평화구락부 회원은 현동완, 송정환, 엄두섭, 정인세, 김충섭, 민창식, 조재호 등이었다고 하였다.

현동완이 미국 유학을 마치고 돌아와 1926년에 YMCA 간사가 되었다. 1927년 3월 29일에 월남 이상재가 77살의 나이로 식민지의 백성이라는 한을 품은 채 세상을 떠났다. 이상재는 YMCA의 대들보요, 이 겨레의 목탁이었다. 이상재가 떠나자 YMCA는 말할 것 없고 온 나라가 텅 빈 듯하였다. YMCA에서는 이상재가 떠난 빈자리를 메우고자 류영모를 초빙하였다. 그러므로 류영모가 YMCA 연경반 지도를 맡게 된 해를 1928년이라고 추측할 수 있다. YMCA 초대 총무이던 김정식이 강력히 추천하였을 것이다.

당시 서울의 총인구는 30여 만 명에 지나지 않았다. 이 나라의 3대 천재니 5대 천재라는 소리를 듣던 류영모는 서울 지식인들 사이에서는 잘 알려져 있었다. 연경반 회원은 현동완이 만든 평화구락부 회원들과 백남규의 에스페란토어 강좌에 나오던 회원들이 주축이었다.

기독교를 떠나 "홀로서기를 두려워하지 않고 농촌으로 돌아가 세상을

이상재(앞줄 가운데)를 비롯한 YMCA 초기 지도자들.

등지기를 아쉬워하지 않기로(獨立不懼 遯世無悶)"(《주역》 대과괘)한 류영모에게는 YMCA 연경반이 마음속에 샘솟는 하느님의 말씀을 쏟아부을 수 있는 자리가 되었다. 공자도 말하기를 "속사람을 가진 이는 반드시 말씀을 가지고 있다(有德者必有言)."(《논어》 헌문편)라고 하였다.

　류영모는 이렇게 말하였다. "말을 하고 싶은 사람은 그 가슴속에 생각의 불꽃이 타오르고 있는 사람입니다. 그래서 참을 찾는 이는 말을 뱉어내고 싶어 합니다. 성령과의 연락에서 성령이 건네주는 것이 생각입니다. 성령이 건네주지 않으면 참된 생각을 얻을 수 없습니다. 나에 사로잡힌 사람은 못된 생각이 일어날 수밖에 없습니다. 나를 잊어버리도록 하느님을 생각할 때 하느님이 오십니다. 그러면 생각이 성령인가, 나로서는 모릅니다. 나오는 것은 생각이고 오는 것은 영원한 생명입니다. 내가 낳았지만 나를 닮지 않았습니다. 하느님 아버지를 닮았습니다. 성령의 씨는 하늘에서 옵니다. 달걀도 씨 없는 무정란은 썩습니다. 말씀은 하느님으로부터

옵니다. 하느님으로부터 오는 것을 여래(如來)라고 합니다. 땅에 싹이 트듯이 사람에게서 즉흥적으로 나는 생각, 이것이 긋입니다. 이 긋에서 기쁨이 나옵니다. 이러한 삶이 기쁜 삶입니다. 나는 이 긋에 도취하여 시간을 잊습니다. 제가 몇십 년 동안 인생에 참여해서 본 것이 있다면 그것은 말씀을 알아야 한다는 사실입니다. 들어야 할 말을 들으면 죽어도 좋다는 것입니다. 말을 알자는 인생이고 말을 듣고 끝내자는 인생입니다. 말씀은 절대입니다. 절대자에 대한 신앙뿐입니다. 하느님을 따르는 것은 말씀을 따르는 것입니다. 말씀을 알고 세상을 떠나면 악을 면하게 됩니다."

15살 때 류영모는 YMCA에서 김정식의 말을 듣고 예수를 알았다. 이제 38살이 된 류영모가 YMCA에서 젊은이들에게 진리를 가르치게 되었다. 그 동안에 23년이라는 세월이 지났다. 블랙홀이 특이점을 지나면 화이트홀로 바뀌어 우주가 형성되듯이 사람도 듣기만 하다가 때가 되면 반전하여 말을 하게 된다. 그 반전의 특이점이 바로 깨달음의 순간이다. 류영모는 이미 초기·중기의 깨달음을 얻었으나 말할 자리가 없었던 것이다.

류영모의 연경반 초기 강좌에 나왔던 이들의 이름이 발견되었다. 류영모는 1934년에 찍은 사진을 보고 이름을 밝혔다. "사진 왼쪽에서부터 현동완, 이상호, 최우섭, 류영모, 김병철, 정환석, 이기태, 엄흥섭, 민창식, 김종운, 김상준, 홍기영, 김명덕, 조재호, 박삼돌. 39년 5개월이 지난 오늘 열다섯 분이 모여 찍은 사진에서 김병철 언니 낯을 살피며 이름 김겸길(金兼吉)*이라 하면 어떠했을까도 하다."(1974. 4. 23.)

---

* 김병철(金秉喆)이란 이가 다방면으로 재주가 있는 사람인데 본처를 두고 친구 누이동생과 동거하는 실덕을 하였다. 이름자의 喆 자를 여인으로 보고 병철이란 이름이 두 여인을 잡는다는 뜻이 되어 그렇게 됐다면 아예 이름을 겸길(兼吉)이라 지었으면 한 여인과 잘 살았겠다는 뜻이다.

창주 현동완은 류영모보다 9살 아래인 1899년생이다. 현동완이야말로 YMCA 사람이라 할 만큼 기독교청년회(YMCA)에 일생을 바쳤다. 그는 개화기에 이 나라 교육에 한몫을 단단히 한 YMCA학관 출신이다. 안재홍, 홍난파, 변영태, 이관구, 정구영 등 우리나라에서 손꼽히는 명사들이 YMCA학관 출신이다. 현동완은 당시 YMCA학관의 교사이던 우남(雩南) 이승만에게 가르침을 받았고, 이때 맺어진 사제의 인연으로 일생 동안 이승만과 가까이 지냈다.

이승만 대통령이 현동완에게 한번은 농림부 장관을 맡으라고 하였고 한번은 보건사회부 장관을 맡으라고 하였다. 현동완은 YMCA 일만 보겠다면서 입각을 사양하여 이승만에게 감동을 주었다. 현동완은 YMCA학관의 은사인 이승만과 인생의 은사인 류영모를 서로 만나게 하고 싶었다. 사실은 이승만으로 하여금 류영모의 강의를 듣게 하고 싶었다. 현동완은 이승만이 류영모의 영향을 받아 훌륭한 대통령이 되기를 바랐던 것이다.

그리하여 일부러 류영모가 YMCA에서 연경반 금요 강좌를 하고 있을 때 이승만을 강의실로 안내하였다. 이리하여 우남 이승만과 다석 류영모의 어려운 만남이 이루어졌다. 그러나 안타깝게도 이승만이 류영모의 강의를 듣게 하지는 못하였다. 말을 물가에 끌고 갈 수는 있어도 억지로 물을 먹일 수는 없다는 속담 그대로였다. 그때 대통령 이승만이 말하기를 이 모임은 옛날 자기가 하던 것이라면서 류영모에게 수고한다는 한마디를 남기고 떠났다.

현동완이 류영모를 받든 데는 까닭이 있다. 현동완은 이 땅에서 성인이 나오기를 바랐다. 목사이자 동화 작가인 황광은(黃光恩)은 현동완의 추도문에 이렇게 말하였다. "현동완 선생은 평생 성자를 그리며 살았다. 그는 이 나라에서 성자가 한 분 났으면 좋겠다고 늘 말하였다. 그리고 그러한 성자를 단 한 사람이라도 만들어보려는 태도가 그가 청소년을 지도하는 방향이었다."

현동완이 사람 류영모에게서 얼마만큼 성령의 향내를 맡았는지는 알 수 없다. 다만 성령의 향내를 얼마라도 맡았기에 류영모를 그렇게 받들고 따랐을 것이다. 환갑 잔치를 하지 않은 류영모에게 YMCA 주최로 2만 2천 일 생일을 기념하여 모임을 마련하기도 하였다. YMCA 사람들도 현동완이 얼마나 류영모를 존경하였는지를 알기 때문에 현동완의 장의식 때 류영모에게 조사(弔辭)를 하게 하였다. 장의식 때는 눈물을 보이지 않던 류영모였지만 이철우(李哲雨)가 구기동 집으로 류영모를 찾았을 때 류영모는 현동완의 이야기를 하면서 눈시울을 붉혔다.

현동완의 바람은 헛되지 않았다. 18살 때부터 50여 년 동안 류영모의 생애를 가까이서 그리고 멀리서 지켜보면서 살아온 성천 류달영이 말하기를 "다석 류영모 선생을 공자를 능가하는 성인이라고 하여도 전혀 거부감이 일어나지 않습니다."라고 하였다. 강남대학교 신학대학원 교수 심일섭은 "류영모는 성자이다."라고 자신의 논문에 밝히고 있다.

류영모의 YMCA 모임을 현동완이 교회를 통해 광고하여 한때는 참석 인원이 2백~3백 명이 된 적도 있었다. 신문에까지 광고를 내어 최고 7백 명을 헤아린 적도 있었다. 그런데 류영모가 현동완에게 애써 광고하지 말라고 하였다. 그래서 늘 20~30명이 모이는 것이 보통이었다. 현동완은 광주 YMCA에서도 류영모의 강연회를 마련하였다. 6·25전쟁 때는 피난지인 부산 YMCA에서도 류영모의 강연회를 마련하였다. 그뿐 아니라 자기가 사는 집에서도 일요 모임을 열었다. 피난지 부산의 좁은 방에서도 모임을 열어 현동완의 부인(권봉겸)은 문 밖에서 추위에 떤 적이 한두 번이 아니었다고 한다.

〈성서조선〉을 낸 김교신이 주최한 류영모의 YMCA 강연회도 있었다. 〈성서조선〉에 실린 김교신이 쓴 광고 문안에 그 실상이 잘 나타나 있다. 류영모의 신앙이 비정통임을 알리는 내용이 이색적이다.

성서회

강사 : 류영모
장소 : 종로 중앙 기독교청년회
일시 : 매 일요일 오후 7시부터 10시까지

한 사람의 강화(講話)가 아니요, 한 자리의 자유 토론회라 할 것이다. 지극히 자유로운 비판도 있고 질의도 교환되어 형(型)도 없고 전통의 구속도 없는 것이 그 특색이다. 까닭에 전수한 신조를 그대로 간직하려는 경건한 신도는 이에 접근하는 것이 위험하다고 할 수도 있을 것이다. 모름지기 진리를 탐구하려는 자에게는 한번 통과하여야 할 세례가 될 것이다. 세상에 독창적 견식을 운위하는 이가 많으나 성서에 관해서 류영모 선생처럼 독창적인 견식을 파지하신 이를 우리는 아직 한국에서 볼 수가 없었다. 순수한 한국 사람으로서 노장지학(老莊之學)을 궁구하며 불경을 인례(引例)하야 기독교의 성경을 담론하려는 이는 다른 데에서 얻기 어려운 기회일까 하여 추천함을 마지 못한다. 또 동 회에서는 에스페란토어에 의한 성서 해설도 있을 터이다.(1932년 10월 〈성서조선〉 45호)

류영모는 신앙 집회를 습관적으로 하는 것을 싫어하였다. "오늘의 류영모는 지금뿐입니다. 어제도 아니요, 내일도 아닙니다. 우리 여기 모이는 것도 습관이어서는 안 됩니다. 금요일 오후 2시에 언제나 하는 습관이 되면 못씁니다. 사람이 많이 모이면 모일수록 좋다고 다다익선이라고 하는데, 많이 모이면 도리어 허식과 술주정과 난장에 빠지고 맙니다."

내 말은 이 세상에 쓸모가 없다

함석헌처럼 오산학교에서 류영모를 만난 사람들 외에는 거의 서울 종로에 있는 기독교청년회관(YMCA)에서 그를 만났다. 류영모 자신은 YMCA 모임에 대해서 자신의 뜻밖의 일이라면서 이렇게 말하였다. "내가 기독교청년회관에서 이야기를 해야 한다는 것은 내 생각이 아닙니다. 하느님의 성령이 내 정신보고 꼭 가라고 해서 나오게 된 것인지 그것은 모르겠습니다. 사람은 무슨 목적에 무슨 일을 어떻게 하여야 한다는 것이 있습니다. 우리가 살아서 이렇게 모인 것은 결코 우연이 아닙니다. 무슨 학교 공부를 하여야 하고 무슨 지위를 바라는 것은 한낱 꿈이 아니겠습니까? 우리는 금방금방 생각하여 자꾸 새로 나아가는 내가 아니겠습니까?"

그런데 류영모의 말을 듣고 나서 공통된 이야기가 알아듣기 어렵다는 것이다. 어려운 것은 예수·석가·공자·노자도 마찬가지다. 류영모의 말이 특별하게 어려운 것은 아니다. 예수의 말을 베드로가 좀 낫게 알아들었으나 다 알아들은 것은 아니었다. 공자의 말을 안회(顔回)가 좀 낫게 알아들었으나 다 알아들은 것은 아니었다. 류영모의 말을 함석헌이 좀 낫게 알아들었으나 역시 다 알아들은 것은 아니었다. 현동완이 류영모를 성자로 받들었으나 현동완 역시 류영모의 말을 다 알아듣지 못한다고 사람들에게 말하였다.

류영모의 말이 얼마나 알아듣기 어려운가를 말해주는 이야기가 있다. 일본에서 와세다대학 법학과를 졸업하고 위당 정인보가 세운 국학대학에서 철학을 강의하던 김흥호가 류영모에게 동양 사상을 배우고자 하였다. 그런데 그도 류영모의 강의를 3년 듣고 나니까 그제야 말귀가 열리더라는 것이다. 류영모의 말을 처음부터 알아들을 수 있었다고 하면 그것은 거짓말이다. 물론 알아들을 수 있는 말이 한마디도 없다는 말은 아니다. 여러 번 들을수록 알아듣는 비율이 높아진다. 문제는 마지막 구경(究竟)의 진리를 알아듣느냐가 문제인 것이다. 사실은 다른 말은 알아듣지 못해도 좋은데 구경 진리의 말을 알아들어야 한다.

류영모는 이렇게 말하였다.

이 사람 말은 어렵다고 합니다. 나는 쉽게 할 줄을 모릅니다. 쉽게 하려고 해도 안 됩니다. 쉽게 할 수 없는 이유가 있어요. 이 사람 말은 세상에는 쓸데없는 말입니다. 돈, 밥, 건강, 출세에 관해서 말하면 알아듣기가 쉬울 것입니다. 그러한 말은 말이랄 것도 없습니다. 우리가 이 세상에 나오기 전에 있던 말이라야 영원한 말입니다. 예수와 석가의 말이나 이 사람의 말은 죽을 때나 또 죽고 난 뒤에 소용되는 말입니다. 내 말은 이 세상에 소용이 없습니다.

사람이 죽음에 다다라서는 인생이 싱겁다 우습다고 합니다. 구약성경 전도서에는 인생이 헛되다 우습다는 말이 이어졌어요. 중국 원나라 때의 고전인 《서상기(西廂記)》에 있는 통곡고인(痛哭古人) 편은 여러 번 읽었습니다. '옛사람을 통곡하노라' 그것은 전도서와 같습니다. 세상에서 착실하다는 사람이나 전도서를 안 읽은 사람이나 죽을 때가 되면 다 전도서처럼 인생이란 헛되다 우습다고 합니다. 인생이 헛되고 우스우면 웃고 그만두면 될 터인데, 악을 바득바득 쓰면서 좋은 약을 사 오너라, 병원에 입원을 시키라며 가족들을 괴롭힙니다. 나기 전부터 있는 말씀은 죽음에 임해서 죽지 않겠다고 떼쓰지 말라는 것입니다.

이 사람의 말은 고요히 죽는 데 소용되는 말입니다. 말이 다 쓸데없습니다. 듣는 이가 들을 줄 알아야 합니다. 귓구멍이 뚫리지 않으면 보살·부처가 아니라 하느님이 말씀해도 소용없습니다. 저도 사람이니까 바로 들을 수 있을 터인데 자꾸 욕심이 그걸 막습니다. 노아 때도 예수 때도 어쨌든 이 세상은 먹고 마시고, 사고 팔고, 장가가고 시집가고, 그러다가 멸망하고 만다고 하였습니다.

류영모는 함석헌의 말처럼 평소에는 말수가 적다. 잠잠히 하느님 아버지를 바라는 묵식(默識)의 사람이다. 마하트마 간디가 의식적인 침묵의 사람이라면 류영모는 자연스러운 침묵의 사람이다. 마하트마 간디는 "내 삶의 순간마다 나는 침묵이 더없는 웅변임을 알게 된다. 말을 해야 한다면 될수록 적게 하라. 한 마디로 충분하면 두 마디를 하지 마라. 나는 매일 침묵의 중요성을 알게 된다. 나는 침묵을 통해서 모든 것을 깨달을 수 있다."(간디, 《날마다 한 생각》)라고 하였다.

그러나 류영모는 일단 강의에 들어가면 시냇물이 흐르듯 끊길 줄을 몰랐다. YMCA 모임은 오후 2시에 시작했는데 보통 5시를 넘겼다. 한번은 세계대학봉사회관에서 6시간 동안이나 강의가 이어진 적이 있다. 구기동 집에서 《노자》와 《중용》을 강의하였는데 오전 7시에 시작하면 정오에 이르기가 예사였다. 어느 날은 웃으면서 하는 말이 "죽어서 섭섭할 것은 없는데 말을 못하게 되는 것이 섭섭합니다."라고 하였다.

한때는 함석헌과 함께 일요 모임을 주최하였다. 류영모 혼자서 가정집에서 일요 모임을 연 적이 있다. 일요 모임 장소를 제공한 사람들은 최원극·문설·고봉수·서영훈 등으로 그들 집에서 모였다. 류영모는 말하기를 "시간을 돈이라고도 하는데, 때를 아끼다가 이렇게 일요일에 우리가 모였습니다. 우리가 모일 수 있는 틈은 무슨 은혜입니까? 터(장소)란 안 쓰이는 터가 없습니다. 다 쓸 수 있는 터입니다. 그런데 이렇게 궁색한데도 놀린 터가 있어서 우리가 모였으니 이게 무슨 은혜입니까? 이런 게 모두 무슨 거룩한 것이 있어서 그런 겁니다."라고 하였다.

영암에 사는 영월 신(辛) 씨 종가에서는 18대째 이르도록 화로에 불씨를 한 번도 꺼뜨리지 않은 채 간직해 오고 있다. 18대째라면 약 500년은 된다. 놀라운 정성이라 아니할 수 없다. 이 겨레는 마땅히 이 종가처럼 하느님을 받들고 사람을 돕는 단군 정신의 불씨를 간직해 왔어야 했다. 그런데 이 겨레는 단군 정신의 불씨를 완전히 꺼뜨려버렸다. 그 불씨를 이 겨레가 온전히 간직해 왔다면 36년 동안 일제의 종살이를 하는 일은 없었을 것이다. 이 겨레가 36년 동안 일제의 종살이를 안 했다면, 종으로 부려먹으려고 최소한의 후생 시설을 한 것을 가지고 큰 자선을 베풀었다는 듯이 말하는 일본 국수주의자들의 지속적인 망언을 들을 까닭이 없을 것이다.

일제의 포로가 되기 싫고, 일제의 노예가 되기 싫은 나라 사랑의 지사들은 철새처럼 이 조국을 등지고 미국·중국·러시아 등지로 떠나 망명객이 되었다. 반겨 맞이해주는 이 없는 이국에 오직 조국의 광복을 이루겠다는 일편단심을 품고 떠났다. 그러나 나라 안에서도 일제의 눈을 피하면서 단군 정신의 민족 정기를 불씨로 간직한 곳이 있었다. 그곳은 정주의 오산학교와 서울의 YMCA였다. 오산학교에는 신민회를 대표하는 남강 이승훈이 있었고, YMCA에는 신간회(新幹會)를 대표하는 월남 이상재가 있었다. 일본이 패망하고 한국이 독립하는 것을 보고야 말겠다고 염원하던 우국의 지사들이었건만, 이상재는 1927년에 세상을 떠났고 이승훈은 1930년에 세상을 떠났다. 서울의 YMCA에는 이상재의 뒤를 잇는 류영모가 있었고, 정주의 오산학교에는 이승훈을 이어 함석헌이 있었다. 남쪽과 북쪽에 스승과 제자가 이 나라의 생명인 단군 정신의 불씨를 간직하고 있었다. 박헌영(朴憲永)을 비롯한 국내 공산당원들이 잠복하고 있었던 것을 부인할 수는 없다. 그러나 그들은 하느님을 받들고 사람을 돕겠다는 단군 정신을 지닌 이들은 아니었다.

일제에 저항하는 민족 정신의 보루가 되고 애국지사의 도피처가 되었던 YMCA는 이제 옛날 이야기가 되었다. 일제는 YMCA에도 간섭하기 시작하였고 1935년에는 YMCA 신흥우 총무를 강제로 퇴진시키더니 마침내 1938년에는 YMCA를 강제로 폐쇄하고 말았다. 공식적인 행사는 일절 못하게 되었다. 그래도 류영모의 은사인 김정식 YMCA 초대 총무는 1937년에 별세하였기에 YMCA장으로 영결할 수 있었다.

그런데 류영모와 현동완은 일제가 YMCA를 폐쇄 조치한 뒤에도 일제의 감시를 피해 숨어서 연경반 모임을 계속하였다. 어떻게 그럴 수 있었는지 물었더니 류영모는 이렇게 대답하였다. "모이는 사람이 몇 사람이 안 되어서 그럴 수 있었어요." 이것은 중국에서 망명정부를 세워서 지킨 것과는 다른 의미에서 뜻깊은 일이 아닐 수 없다. 고당 조만식이 주동이 되어 일으킨 물산장려운동이 전국의 YMCA 조직을 통하여 전개되었다. 일제의 태평양전쟁 중에도 물산장려운동은 서울 중앙YMCA의 정세권, 최태영, 명제세, 김우현 등에 의해 지하에서 펼쳐졌다. 일제의 탄압이 노골화한

1934년부터는 공동 의장제로, 태평양전쟁이 일어난 1941년부터는 지하 활동으로 명맥을 이어 왔다는 것이다.

류영모의 YMCA 모임이 태평양전쟁이 막바지에 이르렀을 때도 계속되었다는 것을 실증하는 문헌이 있다. 1944년 11월 11일에 현동완은 류영모를 모시고 회원들과 함께 세계평화기념일 모임을 가졌다. 그때 류영모가 강의한 자료를 찾아내었다. 류영모가 일제 강점기에 쓰던 작은 수첩에 적혀 있었다. 1944년 11월 11일이면 일제가 연합국에게 무조건 항복하기 9개월 전이다.

한시 원문은 이러하다. "厶禾爲私刈禾利 左们左后右们司 后正司直合一同 私事利物公共和 人人有口之謂们 口口占禾之謂和" 사(私)·리(利)·신(们)·화(和)·동(同)을 파자하여 지은 한시다. 풀이하면 그 뜻은 이러하다. "'벼 화(禾)'에 '사사 사(厶)'를 합하여 '사(私)' 자가 되었고, '벼 화(禾)'에 '벨 예(刈)'를 합하여 '이로울 이(利)' 자가 되었다. 사람은 벼를 심어서 쌀을 먹고 '나'가 되고, 벼를 베어 거둠으로 이롭다. '임금 후(后)' 자와 '주장할 사(司)' 자는 좌우로 방향만 바꾼 자다. 후(后)와 사(司)를 합하면 '한가지 동(同)'자다. 사사(私事)나 이물(利物)도 내 욕심만을 채우자는 것이 아니고, 전체(公)를 생각하면 다 같이 화평하다. 정치가 바르고 공직자가 곧으면 화합이 되어 하나가 된다. 사람마다 입(말)이 있다. 们은 信과 같은 '믿을 신' 자다. 사람마다의 입이 밥(벼)으로 배가 부르면 평화롭다(和). 사람끼리 믿음이 있고 사랑이 있어야 평화롭다."

이때는 한국 사람이 한국말을 쓰지 못하고 일본말을 써야만 하였다. 이름도 일본식으로 바꾸지 않으면 안 되었다. 그러나 류영모, 함석헌, 김교신, 송두용 등은 창씨개명을 끝까지 하지 않았다. 일본은 천황을 신으로 받들며 날마다 천황이 있는 동쪽을 향하여 절을 하게 하였다. 더욱이 태평양전쟁이 한창이던 때에, YMCA에 몰래 모여 세계평화기념일을 기념한 것이 발각되면 간첩으로 몰려 극형을 면치 못할 일이다. 이것이야말로 진정한 독립운동이었다. 이때 류영모는 몰래 '미국의 소리' 방송을 듣고 있었다. '미국의 소리'에는 자주 이승만이 나와 고국에 있는 동포에게 드리는 말을 하였다. 셋째 아들 각상이 뒤에 무선통신사가 된 것은 이때 지하에서 라디오를 다루었기 때문이다.

김교신과 〈성서조선〉

공자가 말하기를 "군자에게는 세 가지 두려워하는 것이 있다. 천명을 두려워하고, 대인을 두려워하고, 성인의 말씀을 두려워한다(君子有三畏 畏天命 畏大人 畏聖人之言)."(《논어》계씨편) 여기에서 천명은 영원한 생명인 참나를 말한다. 대인은 참나를 깨달은 사람을 말한다. 성인의 말씀은 참나를 깨달은 사람의 가르침을 말한다. 이를 바꾸어 말하면 성령과 성령을 받은 사람과 성령의 말씀이 가장 귀하다는 말이다. 함석헌과 김교신이 훌륭하였던 것은 하느님을 우러르고 대인인 류영모를 어려워하고 류영모의 말씀을 받들었기 때문이다.

류영모와 김교신의 만남에는 우치무라 간조와 함석헌이 오작교 구실을 해주었다. 가장 먼저 류영모와 함석헌이 오산학교에서 스승과 제자로 만났다. 다음에는 류영모가 함석헌에게 우치무라의 이름을 알게 하였다. 함석헌이 일본에 머무를 때 우치무라 때문에 김교신을 알게 되었고, 김교신은 함석헌을 우치무라에게 소개하였다. 함석헌은 김교신에게 류영모의 이름을 알게 하였고 뒤에 서로 가까운 사이가 되도록 하였다.

함석헌이 말하기를 "내가 류영모 교장 선생님의 수신 시간에 우치무라 선생과 대니의 이야기를 처음 들었을 때는 우치무라 선생이 생존해 계시는 것을 몰랐습니다. 1923년 3월에 도쿄에 갔을 때는 시험 준비에 쫓기기도 했지만 우치무라 선생에 관해서 알아보려는 생각을 못했습니다. 이듬해 동경고등사범학교에 들어가 김교신을 알게 되었습니다. 그러나 김교신이 우치무라 선생의 성서 연구 모임에 나가고 있다는 사실을 몰랐습니다. 다음 해에 친구들과 이야기하다가 우연히 김교신이 우치무라 선생의 모임에 나간다는 이야기를 듣고 깜짝 놀랐습니다. 내가 '우치무라 선생이 살아 계시냐?'고 물었더니 그 친구가 웃으면서 '그야 물론 살아 계시지. 우치무라 모임에 나가는 김교신을 만나보려느냐.'고 하였습니다. 나는 김교신을 찾아가 만났고 김교신의 소개로 우치무라 선생의 가시와키에서 열린 모임에 나가게 되었습니다. 1925년 가을이었습니다."라고 하였다.

그때 함석헌은 24살이었지만 아직 인생도, 사상도, 진리도 통 알지 못하였다. "나는 어려서부터 교회에서 자랐고 류영모 선생님으로부터 여러 가지 말씀을 들었지만 무교회라는 낱말은 들어본 일이 없었습니다. 그래 가시와키에 가서 제일 인상 깊었던 것은 무교회라는 말이었습니다. 또 성경 연구라는 말에 놀랐습니다. 성경은 하느님의 말씀이라 무조건 받아들이는 것인 줄 알았는데, 그게 아니라 성경은 연구해야 하는 것임을 알게 되었습니다." 이것으로 그때 함석헌의 정신 수준을 짐작할 수 있다. 그러기에 서슴없이 우치무라의 제자가 되었다. 류영모의 사상을 바로 알았다면 그의 제자가 되었을 리가 없었다. 그때의 함석헌은 정통 신앙, 비정통 신앙이 있다는 것을 알지 못하였다. 그러므로 우치무라는 정통 신앙이고 류영모는 비정통 신앙이라는 것도 전혀 몰랐다. 그러한 함석헌이 김교신에게 류영모를 올바르게 인식시켰을 리가 없다.

〈성서조선〉 창간 동인 6명. 뒷줄 왼쪽부터 양인섭·함석헌, 앞줄 왼쪽부터 류석동·정상훈·김교신·송두용.

김교신은 함석헌의 말을 듣고 류영모도 자신처럼 우치무라의 사상을 좇고 우치무라를 존경하는 줄로 착각하였다. 류영모가 수신 시간에 우치무라를 이야기하였다고 하니 우치무라를 존경하는 줄 알았고, 류영모가 교회에 다니다가 안 나간다고 하니 무교회 신앙을 따르는 줄로 판단하였다.

우치무라의 성서 모임에 나가던 한국인 학생 여섯 사람은 고국에 가서 무교회 신앙을 전파하기로 뜻을 모았다. 그리하여 우치무라처럼 전도지 〈성서조선〉을 내고 성서연구회도 조직하였다. 김교신은 1927년 3월에 동경고등사범학교 지리학과를 졸업하고 귀국하였다. 함석헌은 김교신과 나이는 동갑이었으나 학교는 한 해 늦었다. 김교신은 고향 함흥에 있는 영생(永生)고등여학교 교단에 서게 되었다. 〈성서조선〉은 서울에 사는 정상훈(鄭相勳)과 류석동(柳錫東)이 맡았다. 그러나 〈성서조선〉의 창간사는 김교신이 썼다. 그만큼 김교신이 중심 인물이었다.

고국에서 처음으로 무교회 신앙을 전파하려는 김교신은 한 사람의 동지도 아쉬웠다. 그리하여 함석헌으로부터 들은 류영모를 찾아갔다. 첫 만남에 다짜고짜 류영모에게 무교회 신앙 활동을 함께하자고 제의했다. 그러나 뜻밖에도 류영모부터 거절을 당하였다. 김교신이 함석헌의 수박 겉핥기의 소개말을 듣고 오판을 한 결과였다. 류영모는 김교신보다도 우치무라를 훨씬 먼저 보았고 깊이 알았다. 류영모가 〈성서조선〉 동인들과 무교회 신앙 활동을 한다면 이미 15년 전에 떠난 정통 신앙으로 되돌아가는 것이 된다. 그것은 예수를 찾아왔던 유대의 관원 니고데모의 말처럼 사람이 다시 어머니의 탯집으로 들어가는 일처럼 불가능한 일이었다. 그 사정을 잘 알면서도 이 사람은 류영모에게 그때 김교신의 제의를 왜 거절하였는지 물어보았다. "그분들의 신앙 내용이야 장로교, 감리교와 다를 것이 없지요." 이 한마디뿐이었다.

교회 건물만 없지 내용은 교회 신앙 그대로인 무교회 신앙인임을 자처하는 김교신 등을 류영모가 경이원지(敬而遠之)한 것은 류영모의 지혜와 겸손함이었다.

이른바 〈성서조선〉 동인 여섯 사람이 1927년 7월 1일자로 〈성서조선〉 창간호를 내었다. 1928년 3월에는 김교신이 함흥에 있는 영생고등여학교를 그만두고 서울 양정고등보통학교로 옮겨 왔다. 학교를 옮긴 데 숨은 이야기가 있는 것을 당시 영생고등여학교 학생이던 소설가 임옥인이 밝혔다.

"김교신 선생의 근면·성실한 생애에 비밀의 상처가 있었다. 말하자면, 공인(公人)으로서는 도저히 용납이 안 되는 어두운 정사(情事)가 있었다. 그리고 그것이 거의 완전히 은폐되어 왔다. 그리고 그것은 그의 삶의 태도에 의해서 완전히 묻혀도 무방하겠다고 생각되는 것이지만 신앙인의 실패는 회개와 삶의 태도에 의해서 완전히 치유될 수 있으며, 다윗의 경우처럼 아름다운 귀감이 될 수도 있다는 뜻에서 조심스럽게 피력해보는 것이다."
(임옥인, 〈나라사랑〉 17집, '완벽한 생애, 단 하나의 삽화')

공자는 제자 안회를 칭찬하기를 "노여움을 다른 이에게 옮기지 않으며 같은 잘못을 두 번 안 했다(不遷怒 不貳過)."《논어》옹야편)라고 하였다. 김교신이 처음이자 마지막으로 실덕을 한 때는 26살의 청년 교사 때의 일이다.

1928년에 김교신이 서울에 있는 양정고보로 옮기고 함석헌도 동경고등사범학교를 졸업하고 귀국하여 모교인 오산학교 교단에 섰다. 함석헌은 서울에 오면 김교신을 데리고 류영모를 반드시 찾았다. 신앙상으로 정통·비정통을 떠나 류영모는 함석헌이 존경하는 은사였고 함석헌은 류영모가 촉망하는 제자였다. 류영모로서는 아끼는 제자가 우치무라의 제자가 되어 돌아왔으니 신앙상으로는 제자를 잃은 것이나 다름이 없다. 그러나 국경을 넘어갔던 새옹지마가 돌아올 때는 친구 말을 데리고 왔듯이 함석헌은 신우(信友) 김교신을 데리고 왔다.

〈성서조선〉 동인들은 겨울방학과 여름방학 때마다 성서연구회 수련회를 열었다. 김교신이 류영모를 강사로 초빙하였으나 류영모는 사양하였다. 그래도 그 모임에 참석은 하였다. 그때의 집회 안내장을 보면 강사 명단에 류영모가 올라 있으나 그가 말할 주제란은 비어 있다. 이 안내장이 그때의 상황을 잘 말해준다.

그 모임에 당시 18살의 양정고보 학생으로 참석했던 류달영의 말이다.

내가 류영모를 처음 뵙게 된 것은 1929년 내가 18살 때의 일이다. 양정학교 담임 선생님이던 김교신의 정릉리 집에서 열린 겨울철 성서 연구 모임에서였다. 그 자리에서 본 다석의 인상은 160센티미터를 넘지 못하는 작은 키에 숱이 많지 않은 검은 수염을 길렀으며 아주 소박한 한복 차림의 선비형 인물이었다. 그 자리에 함께한 함석헌·김교신·송두용 등 이른바 〈성서조선〉 동인들은 다석 앞에서는 모두 몸가짐과 말을 조심하였다. 다석은 여러 강사의 강의를 하루 종일 꿇어앉은 채로 진지하게 들었다. 강의가 끝나고 회원들의 자유 토론 시간에 여러 사람들이 세상 이야기를 주고받을 때에도 다석은 특유의 미소만 지을 뿐 조용히 듣기만 하였다. 밤이 늦은 10시경에 다석은 북한산 기슭 후미진 오솔길을 따라 걸어서 혼자 구기리 집으로 돌아갔다. 그 자리의 회원들이 모두 다석의 말씀을 듣고 싶어하는데도 다석은 말을 하지 않았다.

비정통 선언

공자는 "가는 길이 같지 않으면 서로 꾀하지 말라(道不同 不相爲謀)."(《논어》 위령공편)라고 말하였다. 류영모와 우치무라 간조는 하느님께로 가는 목적은 같은데 가는 길이 달랐다. 류영모는 1960년에 이러한 말을 한 적이 있다. "괜히 서로 충돌하여 남의 잘 믿는 신앙을 흔들어놓을 필요가 없습니다. 신앙은 서로 다른 대로 같습니다. 나도 16살에 입교하여 23살까지는 십자가를 부르짖는 십자가 신앙인이었습니다. 우치무라는 외국 선교사를 반대하여 사도신경에 입각한 기독교 본래의 정통 신앙을 세웠습니다. 나는 무교회 신앙의 선생이 될 수 없습니다. 우치무라나 무교회는 정통이지만 나나 톨스토이는 비정통입니다." 정통 신앙이니 비정통 신앙이니 하면 무슨 말인지 알기 어렵다. 쉽게 말하면 정통 신앙이란 바울로의 대속 신앙을 말하는 것이고 비정통 신앙은 예수의 영성 신앙을 말하는 것이다.

그러나 1927년에는 김교신에게 이렇게 딱 잘라 말할 수는 없었다. 이제 겨우 진리 되시는 하느님을 믿으려는 그들은 입지의 나이에도 이르지 못한, 장래가 촉망되는 드문 영재들이었다. 그들의 연약한 믿음의 싹에 상처를 주어서는 안 된다고 생각한 류영모는 그들 앞에서 말을 삼가지 않을 수 없었다.

류영모는 김교신을 알게 된 지 4년째가 되는 1931년에 가서야 김교신의 성서 연구 모임에 나가서 조금씩 입을 열기 시작하였다. 그때의 일이 김교신의 일기에 적혀 있다. "산상수훈 제30회 7장 1~15절을 공부. 류영모 선생이 내참(來參)하여 금일 공부에 대하여 독특한 해석을 첨가하여 우리에게 계발을 더하심이 심대하였다. 동양 사람이 가장 심원하게 기독교를 이해하리라는 추측은 필경 적중할 듯하다. 폐회 뒤에 능곡 숲 속을 산책하면서 김산 형과 함께 밤 9시까지 담론하였다. 마태오 6장 19절 이하를 현실 생활에 나타내고자 하는 것이 화제의 초점이었다."

김교신은 류영모의 영감 넘치고 창조적인 성경 풀이에 감탄하였다. 그래서 동양 사람이 성경을 가장 심원하게 이해하리라는 추측이 적중할 듯하다고 말하기에 이른 것이다. 그리하여 1932년 1월 1일에는 김교신이 류영모에게 새해 인사를 하러 갔다. 이제 친구(함석헌)의 은사로서가 아니라 자신이 사사하는 스승에게 신년 하례를 올린 것이다. 김교신은 일기에 이렇게 적어놓았다. "1932년 1월 1일 저녁에 경성제면소에 류영모 선생 참방(參訪)."

그러나 류영모의 무교회 신자들에 대한 삼가함은 변함이 없었다. 어느 한계를 지나는 말은 일절 하지 않았다. 그리고 될수록 성경에 관한 이야기는 놓아 두고 노자를 이야기하였다. 그들은 성경 이외의 어느 경전도 경전으로 인정하지 않았으므로 노자 이야기를 귀 기울여 듣지 않았다. 호기심에서 대강 들었을 것이다. 그리하여 김교신은 류영모를 정신적인 수전노라고 하기에 이르렀다. "내가 사상에 관하여는 서울의 류영모 선생과 도쿄의 오카아사 지로(丘淺次郎) 박사에게서 사사받은 바 적지 않았음을 감출 수 없다. 그러나 두 선생은 고귀한 사상을 품고도 좀처럼 말도 안 하고 글도 쓰지 않는다. 이는 실상인즉 물질적인 수전노(守錢奴)보다 더 심한 어른들이라는 원망이 가슴에 사무치는 것도 감출 수 없는 사실이다."(1935년 2월 〈성서조선〉 73호)

1937년 겨울철 성서연구회 모임에서 있었던 일이다. 이제 이미 서로 사귀어 온 지가 10년이 되었다. 류영모가 37살, 김교신이 26살이던 때에 만나서 류영모는 47살이 되고 김교신은 36살이 되었다. 류영모는 지천명의 나이를 앞두었고 김교신은 불혹의 나이를 앞두었다. 김교신의 간청에 못 이겨 류영모가 드디어 요한복음 3장 16절을 풀이하기에 이르렀다. 아니나 다를까 류영모가 예상한 대로 모두가 깜짝 놀라 눈이 휘둥그레져 웅성거렸다. 그들이 받은 정신적인 충격은 천둥과 지진을 한꺼번에 만난 듯하였다. 김교신의 일기에는 이렇게 적혀 있다. "류영모 선생의 독특한 요한복음관을 듣고 일동의 논의가 분분하였다. 류 선생은 특이한 해석을 갖고 계시다. 남의 신앙을 동요시킬까 염려하여 자기의 성서관을 쉽게 공표하지 않는 터인데 수년 동안의 간청에 의하여 금일 요한복음 제3장 16절을 설명하시니 처음 듣는 이들이 놀란 것도 무리가 아니었다."(1937년 1월 3일 맑음)

김교신은 지(知)·인(仁)·용(勇)을 갖춘 대장부다. 성서조선 사건으로 일제 형사에게 심문을 받을 때 "황국신민서사(皇國臣民誓詞)는 망국신민서사(亡國臣民誓詞)가 될 날이 있을 것이다."라고 하여 심문하던 형사가 오히려 깜짝 놀랐다고 한다. 그런 김교신이 류영모의 요한복음 3장 16절의 설명 내용을 공개하지 못하였다. 김교신이 못한 것을 반세기 뒤에 그가 사랑하던 제자 류달영이 공개하였고 뿐만 아니라 류영모의 생각이 옳다는 판정을 내렸다. 참으로 놀라운 일이 아닐 수 없다.

그 자리에 있었던 〈성서조선〉 동인의 한 사람인 송두용은 이렇게 말하였다. "류영모 선생의 말씀을 듣고 나면 아이스크림 통을 휘돌리듯이 사람의 머리를 휘돌려 정신을 차릴 수가 없어요." 류영모는 송두용의 단순한 믿음에 대하여 이렇게 말하였다. "나도 그렇게 단순하게 믿었으면 좋겠는데, 나는 따지게 되어 그렇게 믿고 싶어도 되지 않습니다."

어떤 교리를 맹종하는 것은 자유하는 신앙이 아니라 노예가 되는 멸망이다.

1937년 1월 3일 오류동에서 있었던 류영모의 독생자론(獨生子論)은 김교신을 비롯한 정통 신앙인들에게는 원자탄과 같은 것이었다. 이제까지 예수의 육신을 독생자로 믿어 왔는데, 류영모는 예수의 육신이 독생자가 아니라 예수가 하느님으로부터 받은 성령이 독생자라고 한 것이다. 이 말은 드디어 류영모가 자신의 신앙 사상의 정체를 드러내보인 것이다.

그날 그 자리에 있었던 일을 김교신의 제자이자 성서연구회 회원이던 류달영은 거의 완벽하게 기억하고 있었다. 폭탄 같은 선언에 충격이 컸던 만큼 기억도 생생하였다.

1937년 정초에는 경인선 오류역 근처에 있는 송두용 선생 집에서 겨울철 성서 연구 모임을 가졌다. 다석은 북한산 기슭의 구기리에서 이곳까지 걸어서 왔다. 다석은 그 모임에서 김교신의 간청에 의해 성경 말씀을 하게 되었다. 말씀의 내용은 요한복음 3장 16절의 해설이었다. 다석은 자기가 생각하는 것이 정통을 자처하는 교회 기독교인들이 생각하는 것과 아주 다르다고 말하였다. 요한복음 3장 16절에는 하느님이 세상을 지극히 사랑하사 독생자를 주셨으니 누구든지 그를 믿으면 멸망하지 않고 영생을 얻으리라고 하였는데, 다석의 생각은 하느님이 세상을 사랑하는 것이 아니라 미워한다는 것이었다. "자기 외아들을 죽이는 하느님이 어떻게 세상을 사랑할 수 있겠는가?"라고 하였다. 외아들을 죽이는 하느님을 사랑의 하느님이라고 하는 것은 당치도 않다고 하였다. 다석은 말하기를 하느님이 사람에게 독생자를 주셨다는 것은 하느님이 하느님의 생명(성령)을 사람의 마음속에 넣어주었다는 것이라고 하였다. "누구든지 하느님께로부터 난 사람은 자기 안에 하느님의 본성(씨)을 지녔으므로 죄를 짓지 않습니다. 그는 하느님께로부터 난 사람이기 때문에 도대체 죄를 지을 수 없습니다."(요한일서 3 : 9) 사람은 제 마음속에 하느님의 본성을 키워서 하느님과 하나 되는 것이 삶의 궁극적인 목적이라고 하였다. 석가의 불성, 공자의 인성, 예수의 영성은 같다고 말하였다.

류달영은 이어서 그 자리에 있었던 성서연구회 모임 사람들의 표정과 김교신의 말을 이렇게 전해주었다.

이제까지 그 모임에 나온 사람들은 무교회 신앙이라 자처하였지만 교회 신앙과 마찬가지로 그리스도 예수만이 하느님의 아들로 최고의 구세주이고, 석가나 공자는 예수보다 훨씬 아래 사람이라고 믿어 왔다. 그런데 다석이 예수와 석가와 공자가 모두 똑같다고 하자 좌중이 웅성거리고 여기저기서 질문을 하려고 하였다. 그러자 김교신이 질문을 막았다. 김교신은 사람들에게 다석 선생의 성경 풀이는 아주 높은 차원에서 보고 하는 말씀이므로 그 말씀을 알아들을 만한 귀를 따로 갖고 듣지 않으면 그 참뜻을 바로 이 자리에서 깨닫기는 어려우니 각자 마음에 간직하고 돌아가서 오랫동안 되새겨보라고 타일렀다. 함석헌은 몸을 좌우로 흔들면서 미소만 짓고 있었고 송두용은 고개를 좌우로 돌리면서 알 수 없다는 표정이었다. 나는 김교신이 깊은 뜻이 있다고 하니 그렇게 믿고 두고두고 생각해보기로 마음먹었다. 다석은 그의 말을 듣고 의아해하는 여러 사람들의 동정을 보면서 혼자서 특유의 웃음을 지었다.

그런데 류영모의 '독생자론'을 김교신의 말처럼 두고두고 생각하여 그 깊은 뜻을 헤아려 낸 사람이 두 사람이 있었는데, 바로 함석헌과 류달영이다. 김교신도 44살에 죽지 않고 더 오래 살았다면 세 사람이 되었을 것이다. 김교신은 상근기(上根機)의 사람이기 때문이다.

함석헌은 이렇게 말하였다. "무교회 사람들은 내가 십자가 신앙을 떠났다고 합니다. 십자가 없이 어떤 그리스도교고 간에 있을 수 있겠습니까? 십자가에서 떠난 것이 아니라 십자가의 해석을 나에게 맞도록 제 나름대로 달리한 것뿐입니다. 나는 우러러보는 십자가보다는 내 등에 지는 십자가 편에 섭니다. 그 점에서 나는 류영모 선생님이나 간디 편에 가깝습니다." 함석헌의 이 말은 교회의 대속 신앙을 믿지 않는다는 말이다.

류달영은 함석헌보다 더 분명하게 사도신경을 믿지 않는다고 말하였다. "김교신의 정통 신앙을 나는 그대로 믿을 수 없게 되었다. 동정녀 마리아에서 예수 탄생, 예수의 육체 부활, 예수의 재림 등을 나는 그대로 믿을 수가 없었다. 그 생각은 지금까지도 변함이 없다. 김교신의 정통 신앙은 과연 사도신경 그대로인지 아닌지 나는 확실히 알 수가 없다. 김교신은 1936년 1월 일기에 부활의 진리처럼 고귀한 것이 없으나 부활론처럼 위험한 것도 없다고 썼다. 김교신이 나처럼 80살을 넘어 살았다면 30살 전후의 정통 신앙을 그대로 가지고 살아왔을 것인지 나로서는 확언할 수 없다."

류달영과 같은 말을 한 이가 있으니 아널드 토인비다. 그런데 무교회 신앙의 지도자인 노평구는 토인비에 대하여 이렇게 말하였다. "기독교의 체험 없는 역사가로서의 지적 거인의 무식한 소리일 뿐이다." 토인비가 무식한지 노평구가 무식한지는 역사가 밝혀줄 것이다. 류영모가 이르기를 "그리스도는 전체의 영원한 생명이지 어떤 시대, 어떤 인물의 것이 아닙니다. 예수를 따르고 그를 쳐다보는 것은 예수의 몸 껍질(色身)을 보고 따르자는 게 아니라 예수의 속알(얼나)을 따르자는 것입니다. 예수의 속알만 말고 먼저 제 마음속에 있는 속알을 따라야 합니다. 예수의 몸도 껍질이지 별수 없습니다. 예수의 혈육(몸)도 다른 사람과 똑같은 혈육입니다. 속알이 하느님과 하나인 영원한 생명입니다." 류영모는 사도신경으로 요약된 바울로의 대속의 교의 신앙을 버리고 예수의 영원한 생명인 얼나를 깨닫는 영성 신앙에 이른 것이다.

1937년 1월 3일 오류동 겨울철 성서연구회 모임에서 류영모는 요한복음 3장 16절에 나오는 독생자를 풀이함으로써 자신의 신앙의 정체를 밝힌 것이 되었다. 어느 것이 진짜 정통이고 비정통인지는 하느님이 아실 일이지만 이 세상에서는 류영모의 신앙이 비정통이다. 류영모도 스스로 "나나 톨스토이는 비정통"이라고 하였다. 이는 교회 쪽에서 자신들이 정통이라 우기니 나는 너와는 다르다는 뜻으로 비정통이라고 한 것이다.

김교신이 철저한 정통 신앙인이라면 류영모의 비정통 신앙을 확인한 이상 거기에 분명한 태도가 있었을 것이다. 김교신은 류영모에게 절교 선언이라도 해야 마땅한 일일 것이다. 그런데 현실은 그 반대였다. 〈성서조선〉

이 창간된 지 10년이 되었는데 류영모는 단 한 번도 기고한 적이 없었다. 그런데 1937년에 이르러서야 류영모가 〈성서조선〉에 기고하기 시작하였다. 그리하여 1942년 〈성서조선〉이 폐간될 때까지 11차례나 류영모의 글이 실렸다. 이 일을 보면 1937년 1월 3일 뒤로 두 사람 사이가 더 가까워졌다고 볼 수밖에 없지 않은가? 김교신의 뒤를 잇는다는 무교회 신앙인들은 류영모의 비정통 신앙을 꺼리고 싫어한다. 그러나 류영모와 김교신의 남다른 교류 관계를 부정하지는 못하니까 김교신의 연보에 이렇게 썼다. "남강의 동지로 일시 오산학교 교장을 지낸 동양학의 석학 류영모와는 지기요, 수어(水魚)의 사이였다." 그런데 그들은 다른 데서는 엉뚱한 소리를 하고 있다. 그들의 말에 따르면 김교신은 그들에게 류영모의 신앙을 경계하라고 주의를 시켰다는 것이다. 그렇게 위험하면 김교신 자신부터 류영모를 멀리하여 교제를 끊었어야 했다.

김교신 이후에 무교회 지도자로 등장한 노평구는 이렇게 말하였다. "김교신 선생은 동양학의 권위이신 류영모 씨의 기독교에 대한 동양적인 해석 또는 범신주의·금욕주의 등에 대해서 심한 경계를 했다."(노평구, 《김교신과 한국》) 그렇게 중요한 일이라면 개인적인 사담으로 할 것이 아니라 김교신이 직접 〈성서조선〉에 공개했어야 한다. 〈성서조선〉을 아무리 읽어 보아도 그러한 말은 찾을 수 없다. 그렇다면 노평구의 말은 어디까지가 김교신의 생각이고 어디까지가 노평구의 생각인지 알 수 없다. 그 누구의 생각이든 그 말 자체가 많은 오류를 지니고 있다. 먼저 범신주의·금욕주의가 어찌하여 경계의 대상이 되는지 그 까닭을 알 수 없다. 예수의 신앙은 누가 뭐래도 범신이요 금욕이다. 그런데 예수의 가르침을 좇는다면서 어찌 예수의 가르침을 부인한단 말인가.

예수가 말한 "바람은 제가 불고 싶은 대로 분다. 너는 그 소리를 듣고도 어디서 불어와서 어디로 가는지를 모른다. 성령으로 난 사람은 누구든지 이와 마찬가지다."(요한 3:8)라는 말은 성령의 범신(汎神)성을 말한 것이다. 하느님이 무소부재한 범신일 때 유일신이 될 수 있다. 또 예수가 말하기를 "처음부터 결혼하지 못할 몸으로 태어난 사람도 있고 사람의 손으로 그렇게 된 사람도 있고 또 하늘나라를 위하여 스스로 결혼하지 않는 사람도 있다. 이 말을 받아들일 만한 사람은 받아들여라."(마태오 19:12)라고 하였다. 예수 이상의 금욕은 없을 것이다.

끝으로 기독교의 동양적인 해석이 잘못이라는 것이다. 이는 성경을 유교·불교·도교의 경전과 비교 검토하여 지적하는 것을 못마땅하게 생각해서 한 말인 것 같다. 우월의식을 지닌 백인들이 왜 자신들을 유색 인종과 동격으로 취급하느냐는 말과 같다. 하느님의 주권 밖에 있는 것이라고는 먼지 한 알갱이도 있을 수 없다. 다른 종교의 경전들도 모두가 하느님께서 보낸 성령의 역사로 이루어진 것이다. 노평구도 다른 종교의 경전도 구약성경과 같은 가치가 있다는 말에는 반대하지 않았다. 류영모는 말하기를 "모든 사람들이 연구한 것, 생각한 것도 모두 우리의 재산인데 왜 그것을 안 써요. 써야지요. 모든 생각과 사상들은 모두 사람의 가슴 속에 우러난 것입니다. 모든 것이 이 가슴에서 나온 것입니다. 이렇게 유교·불교·기독교를 서로 비추어보아야 서로서로가 뭔가 좀 알 수 있게 됩니다."라고 하였다. 최근 서양의 저명한 신학자들은 서양에서 점점 기울어가는 기독교가 부활하려면 동양 사상을 받아들여야 한다고 주장하고 있다. 또한 불교의 석가와 도교의 노자를 연구하는 이들이 나날이 늘어나고 있다.

류영모에게 노평구가 비난한 말을 어떻게 생각하는지 물어보자 류영모는 잠잠히 있다가 우문현답으로 "노평구 그이도 꽤 애쓰지요."라는 한마디 말뿐이었다.

　이 사람이 노평구에게 어리석은 질문을 던졌다. "류영모 선생은 성경을 동양학적으로 해석한 것이 아니라 내가 보기엔 오히려 동양의 경전을 성경적으로 해석했다고 생각하는데 어떻게 생각하십니까?" 그랬더니 노평구는 "잘못되었다면 미안하다."라고 대답하였다. 성경을 불교적으로 해석하면 어떻고 불교를 성경적으로 해석하면 어떻단 말인가? 모든 경전은 우리가 하느님을 찾아가는 데 참고할 참고서인 것이다. 자기가 성경을 정독해서 덕을 보았다면 다른 이는 불경을 온고(溫故)해서 덕을 보기도 한다. 어떻게 성경을 보는 나만 옳다고 할 수 있는가? "불경과 성경을 보는 것은 삶을 알아보자 하는 데 참고가 되는 것입니다. 더도 덜도 아닙니다. 인생에 대한 하나의 참고서입니다. 나와 성경과 불경의 관계가 이러합니다." 류영모는 이렇게 말하였다.

3부

동서회통의 사상가

(1928~)

8장

죽음 앞의 묵상

농부가 되고 싶은 사업가

류영모가 말하기를 "이같이 꿈틀거리고 사는 이 세상에서는 지각 있는 사람은 서울 같은 도시에서 살지를 않습니다."라고 하였다. 1928년에 YMCA 연경반에서 가르칠 때 교재로 쓴 작은 수첩에 톨스토이의 생활 10계가 적혀 있다. 1928년이면 경성제면소를 차린 해이다.

생활 10계

1. 밤이나 낮이나 신선한 대기 속에 살 것
2. 날마다 방 밖에서 운동할 것
3. 음식을 절제할 것
4. 냉수욕을 할 것
5. 넓고 가벼운 옷을 입을 것
6. 청결에 힘쓸 것
7. 규율에 맞추어 일할 것

8. 밤에는 반드시 푹 잘 것

9. 이웃에 착한 마음을 쓸 것

10. 볕이 잘 드는 넓은 집에 살 것

10가지 중에 1번, 7번, 10번은 시골에서 살아야 가능한 일이다. "뫼숲의 즐거움을 말하는 이는 아직 뫼숲의 참맛을 얻지 못하였다(談山林之樂者 未必眞得山林之趣)."(홍자성, 《채근담》)라는 말이 있지만 막상 산촌에 사는 사람은 산촌의 값어치를 모르고 살기 쉽다. 병을 앓아봐야 건강의 좋은 점을 알 듯이 도시에 살아보면 농촌의 좋은 점을 알게 된다.

류영모는 도연명(陶淵明)처럼 귀거래사(歸去來辭)를 읊은 지는 오래인데 아직도 서울 종로 바닥을 헤매면서 귀거래사를 부르고 있었다. 류영모는 비록 서울 종로에 살고 있지만 몸차림은 온전히 시골 사람이었다. 검은 수염을 기르고 한복을 입고 고무신을 신었다. 류영모의 이러한 농부 모습을 김교신은 이렇게 말하였다.

조상 대대로 서울 종로의 보신각에서 5리 바깥에 살지 않았고 거의 당대에도 50 평생에 1만 6,180여 일의 생애를 거의 종로 저자에서 보고 들으면서 살아온 이가 말하였다. "나에게 영광이 있다면 오직 한 가지 영광밖에 없다. 그것은 보는 사람마다 나더러 언제 시골서 왔느냐고 묻는 일이다. 대개 남들이 보기에는 시골치라고 해도 몇 달 전에나 혹은 며칠 전에 이사 온 시골치지 몇 해 전에 온 것같이도 보이지 않는 모양이니, 이것이 내 나라에서 받은 대접의 유일한 영광이다."라고 하였다. 저가 몸은 서울 종로에 있으되 그 마음을 항상 땅갈이 소를 사모하여 마지않았던 탓으로 그 사상은 물론이요, 그 몸맵시와 언어 행동이 모두 시골스러워진 까닭이다.(김교신, 〈성서조선〉)

류영모가 시골 들판에서 밭갈이하는 소를 이렇게 찬양하였다. "농우야, 나는 너에게 배울 것이 많도다. 아니 배울 것이 많을 뿐 아니라 아주 너와 같이 되기를 바라노라. 너의 천성, 너의 기질, 너의 사업, 너의 생활 무엇이든지 부러워하고 참으로 가지고자 하노라." 농우를 예찬하거늘 농부야 얼마나 흠모하였겠는가? 농부를 예수라고 하였다. "농민, 노동자 이들은 모두 우리를 대신해서 짐을 지는 예수들입니다. 그들이 찔림은 우리의 허물을 인함이요, 그들이 상함은 우리의 죄악을 인함이라고 이사야 53장 5절에 있습니다. 이것이 사실입니다. 대중의 고통을 우리는 알아야 합니다. 그 사람들이 왜 고생을 합니까? 우리 대신 고생하는 사람입니다."

일본 도쿄에서 귀농 결심을 한 지 14년이 지났다. 그러나 향농의 의지만은 북한산의 바위처럼, 남산의 청송처럼 변함이 없었다. 그것은 그만큼 류영모의 신앙 사상이 깊다는 증거이며 톨스토이를 존경하였다는 증거이다. 톨스토이는 말하였다.

"일을 싫어하지 않고 즐거워하는 이에겐 자기 몸 밖의 사유권(私有權), 즉 다른 사람의 수고를 이용할 수 있는 권리는 무익할 뿐 아니라 오히려 속박에 지나지 않는다. 만일 내 먹을 것을 짓기를 좋아하거나 그 일에 익숙해져 있다면 다른 이가 나 대신 그 일을 해준다면 나는 내 일을 빼앗기는 것으로 내 스스로 한 것보다 나를 만족시키지 못한다. 그뿐 아니라 가공적(架空的)인 사유권을 가진다는 것은 이러한 사람에게는 쓸 데가 없다. 노동을 자기의 생활로 아는 사람은 노동의 즐거움으로 삶을 채운다. 만일 사람의 삶이 일로 채워지고 그 사람이 일하고 쉬는 데서 유쾌함을 안다면 화려한 가구나 장신구가 필요 없어진다. 일을 삶의 보람과 기쁨으로 아는 이는 남의 수고에 의해 자신의 일을 줄이고자 하지 않을 것이다. 삶을 일로 보는 이는 기능과 근면과 인내를 얻음에 따라 차차 더 큰 일을 자기의 목적으로 하고 그것으로 인해 더욱 더 삶을 알차게 할 것이다. 많은 노동자가 쓰레기를 나르거나 뒷간 청소를 하는 것이 부끄럼이 아니요, 동포에게 그것을 나르게 하고 뒷간통, 쓰레기통을 채우는 것이 부끄러운 일이라고 생각하게 된다. 또 허름한 신발을 신고 손님으로 가는 것이 부끄럼이 아니고 신발 없는 이들의 옆을 고급 구두를 신고 지나가는 것이 부끄러움이라 생각하게 된다. 외국어나 최근의 일을 모르는 것이 부끄럼이 아니라 빵을 먹으면서 빵을 만들 줄 모르는 것이 부끄럼이라 생각하게 된다. 더럽혀진 손을 가지고 있는 것이 부끄럼이 아니라 손바닥에 굳은살이 없는 것이 부끄러운 일이라고 생각하게 된다."(톨스토이, 《우리는 무엇을 할 것인가》) 톨스토이는 만년에 스스로 농부가 되어 일을 즐겼던 사람이다.

류영모는 톨스토이의 주장에 공감하여 대학 공부를 그만두고 농촌에 들어가서 농사와 신앙 생활로 일생을 마치기로 하였으나 마음뿐이었다. 아버지의 피혁 상점과 아우의 금은방 점포를 봐주며 지내다가 1928년에는 아버지 류명근이 아들 류영모에게 솜 공장(경성제면소)을 차려주었다. 그때 일을 이렇게 회상하였다.

"내가 솜 장사를 하였는데 사실은 아버지가 하시는 일을 도운 것이지요. 양솜을 수입해 타서 판판하게 해서 팔았어요. 솜에 흰빛을 내려고 방직 공장에서 나오는 솜 찌꺼기를 희게 표백한 것을 일본에서 사다가 섞어 썼어요. 한번은 마침 찌꺼기 표백 솜이 떨어졌을 때 아는 친구가 집안에 혼사에 쓸 이불을 만드는 데 쓰겠다면서 솜을 사러 왔어요. 표백 솜을 안 넣고 좋은 솜으로만 타서 보냈지요. 그런데 그 솜을 도로 보내 왔어요. 그 솜이 빛깔이 덜나는 좋지 않은 솜이라는 것이었어요. 사실은 빛깔

나는 솜보다 더 좋은 솜인데도 말입니다."

이 세상이 그 솜처럼 순수하고 고상한 사람은 알아주지 않고 위선적이고 과장된 사람에게 더 관심을 보이는 것과 같다. 류영모도 바로 그렇게 사람들이 알아주지 않았다.

목사 김우현이 솜 공장을 시작한 류영모를 보고 "천하의 류영모가 솜 공장을 하다니 말이 됩니까?"라고 하자 류영모 대답하기를 "아버지께서 하라니 안 할 수 없어 하지요."라고 했다. 공자는 젊어서 나라 목장의 목부 일을 하였고, 예수는 젊어서 목공 일을 하였다. 류영모가 솜을 틀어 판다고 못할 짓을 한 것은 아니다. 다만 자신은 농사를 하고 싶은데 마음에 없는 솜 공장을 하게 된 것이다.

류영모는 사업하는 아버지 밑에서 자랐기 때문에 사업의 생리는 배우지 않아도 알았다. 김교신이 류영모를 두고 이렇게 말하였다. "이 어른(류영모) 가로되 '내가 재주 없어서 재주 부리지 못하는 줄 알아요. 실상은 하느님이 두려워 그렇지.'라고 하였다. …… 서울 장안 종로 시정(市井)에서 장성한 사람에게 있어 돈벌이 재주만은 유달리 풍부하다. 조금만 재주 부리면 돈벌이 할 구멍이 여기도 보이고 저기도 있으되 감히 못하는 것은 하느님 시하(侍下)에 살기 때문이다. 하느님을 믿되 이처럼 믿고 사는 사람을 우리는 보지 못했다."(김교신, 〈성서조선〉)

〈성서조선〉 동인의 한 사람인 송두용의 제자 이진구가 1960년대 초에 미터법이 시행되자 다니던 직장을 그만두고는 미터 환산기를 만들어 특허를 내고 생산에 들어갔다. 그래도 마음이 놓이지 않아 견본품을 가지고 류영모에게 보이며 자문을 구하였다. 미터 환산기를 한참 동안 이리저리 보더니 "장사를 하려거든 생활필수품 쪽을 택하는 것이 좋을 거요." 하고는 더 말이 없었다. 이진구는 격려해주기를 바랐는데 오히려 하지 않는 것이 좋다는 암시라 크게 실망하였다. 그래도 이미 많이 진행된 처지라 그대로 추진하였다가 안 팔려 큰 손해를 보았다. 이진구가 하는 말이 "선생님은 철학자시라 세상 물정은 모르시리라 생각하였는데 그게 아니라는 것을 그 일로 분명히 알게 되었다."라고 하였다.

류영모가 솜 공장을 하던 중 공장에 불이 났다. 솜을 타는 기술자 박백산(朴白山)의 실화였다. 적지 않은 손해를 보았으나 여상(如常)하였다. 공자는 집 마굿간에 불이 났다는 말을 듣고는 사람이 다치지 않았는지만 물었다. YMCA 연경반에서 류영모의 강의를 듣는 이들이 뒤늦게 그 사실을 알고서 "선생님, 솜 공장에 불이 났다지요. 얼마나 놀라셨습니까? 화재를 입으시고도 어찌 그 동안 아무런 말씀도 없으셨습니까?"라고 인사를 하자 류영모가 대답하기를 "장사하여 이(利)가 남으면 이 남았다고 어디 말합니까? 불이 나서 손해 보았다고도 말할 것 없지요."라고 하였다. 류영모의 그 대답이 이색적이라며 한동안 사람들의 입에 오르내렸다. 솜 공장에 불이 났을 때 표지가 그을은 《서경(書經)》 책이 있었다. 표지가 불에 그을었기 때문에 6·25전쟁 때 피난을 가면서 땅 속에 파묻어 두었는데도 썩지 않았다고 류영모는 일기에 적어놓았다.

류영모는 사업과 재물에 관하여 이렇게 말하였다. "사람들은 돈을 모으면 자유가 있는 줄 아나 그것은 어리석은 생각입니다. 사람들이 하는 영업이나 경영이 자기 몸뚱이만을 위한 짓이라면 그것은 서로의 평등을 좀먹습니다. 경영을 하게 되면 이익을 추구하게 되고 그렇게 되면 평생 동안 모으려고만 하게 될 것이니 자유와 평등이 있을 리가 없습니다. 돈에 매여 사는 몸이 무슨 자유겠어요? 매인 생활은 우상 생활입니다."

류영모는 북한산 비봉 아래로 농사지으러 갈 때까지 솜 공장을 7년 동안 계속 경영하였다. 38살에 시작하여 45살이 될 때까지 한 것이다. 류영모의 경제 관념은 이렇다. "나는 부자가 되고 싶지 않습니다. 더 바라지 않는 마음의 부자가 되고 싶습니다. 바라는 것이 있다면 몸이 성하면 그만입니다. 몸이 성하면 더 바랄 것이 없습니다. 마음은 놓아야 합니다. 마음을 비우는 것입니다. 마음을 비우는 것은 하느님의 성령인 진리를 담기 위하여 비우는 것입니다. 몸살림은 겨우겨우 사는 것이 가장 잘사는 것입니다."

수의 신비

고대 그리스의 피타고라스는 "우주는 수로 이루어졌다."라고 말하였다. 그런데 류영모는 "수는 아름다움을 지녔다."라고 하였다. 노자가 "도는 (영원히) 살아 하나요. 하나는 둘을 낳고, 둘은 셋을 낳고, 셋은 만물을 낳았다(道生一 一生二 二生三 三生萬物)."(《노자》 42장)라고 하였으니 우주는 수로 이루어졌다는 말도 거짓은 아닌 것 같다. 그러나 수는 어디까지나 상징이지 실체가 아니다. 류영모는 이렇게 말하였다. "하나라는 말 자체도 불만입니다. 우리가 만든 말이기 때문입니다. 더구나 둘이 아니면 하나라고 할 수 있습니까? 하나에 하나를 더하면 둘이 됩니까? 안 됩니다. 하나나 둘은 모두 신비입니다. 무엇인지, 모르는 것이 무요, 절대요, 상대입니다. 애당초 있다는 것이 무엇인지, 없다는 것이 무엇인지 잘 모릅니다." 수를 입에 올리는 사람이라면 이 정도의 생각은 할 줄 알아야 한다.

어떤 사람은 숫자를 보면 머리가 아프다고 한다. 그런데 류영모는 숫자를 보면 아름다움을 느낀다고 한다. 욕심 많은 여인들이 보석 상자를 들여다보면서 즐거워하듯 류영모는 수의 집합을 보면서 즐거워하였다.

마하트마 간디(1848. 1. 13. 정해丁亥. 12. 3.), 우치무라(1861. 2. 23. 신유辛酉. 2. 13.), 류영모(1890. 3. 13. 경인庚寅. 2. 23.), 함석헌(1901. 3. 13. 신축辛丑. 1. 23.), 네 사람의 양력, 음력의 생일을 모아 적은 것인데, 난 달과 날이 모두 1, 2, 3의 세 숫자로만 이루어진 것이 묘하다. 류영모는 이러한 발견을 기뻐하고 즐거워하였다.

사람이 계단을 보거나 난간을 보면 자기도 모르게 그 수를 헤아리게 된다. 이것을 심리학에서는 강박관념이라고 하는데, 류영모 자신도 그런 강박관념을 가지고 있다고 하였다. 사람이 죽으면 그 사람이 산 나이, 산 달 수, 산 주일수, 산 날수를 셈하고 싶어진다는 것이다. 거기서 나오는 숫자에 미(美)를 느낀다고 하였다. 류영모는 일기장에 소(素)수표 5진법표, 12진법표 같은 수표를 그려 놓았다. 12간지를 외우지 않고도 어느 해, 어느 달, 어느 날의 12간지를 알아내는 수학적인 공식을 만들어 설명해놓았다.

류영모의 일기장에서 사람들의 산 날수를 셈하여놓은 것을 찾아보았다. 거기에 필자가 류영모와 함석헌이 산 날수를 추가하였다. 오래 산 차례대로 썼다.

박창능(36570) 류영모(33200) 이승만(32952) 함석헌(32105)
하용수(32098) 최흥종(31123) 이윤돌(30055) 현성실(29988)
정봉삼(29848) 김현봉(29012) 김숙명(28792) 홍병선(28743)
박창봉(27974) 변영태(27844) 배선표(27694) 박두성(27514)
이찬갑(25600) 최남선(24639) 류명근(24578) 황창성(24585)
현동완(23479) 김두련(21001) 김교신(16079)

류영모는 숫자의 음에 여러 가지 뜻을 부여하여 뜻도 살리고 외우기도 쉽게 하였다. 김교신은 자전거를 타고 다녔다. 김교신의 자전거 번호가 27853이었다. 류영모는 보자마자 '이치배우세(27853)'로 풀었다. 김교신은 류영모의 지적인 순발력에 감탄하였다. 김교신은 그의 일기에 이렇게 적었다. "나의 자전거 번호가 이치배우세(27853)라는 것을 처음 알았다. 이것은 류영모 선생의 발안"(1938. 12. 21. 김교신의 일기)

박영인(朴永寅)은 류영모에게 증손 제자인 셈이다. 박영인의 스승이 류달영이요, 류달영의 스승이 김교신이요, 김교신의 스승이 류영모이기 때문이다. 이 3대 제자들이 모두 직접 류영모와 대면하였으니 이러한 일도 흔하지 않을 것이다. 박영인이 1960년대 초에 류영모를 찾았다. 그리하여 류영모와 함께 바로 집 뒤에 있는 북한산 비봉(碑峰)에 올랐다. 박영인의 말에 따르면 류영모는 산마루에 오르자마자 다음과 같이 시를 읊었다고 하였다.

"인왕산 서서바(338미터), 남산 두치산(273미터), 북악산 사이에 두고(342미터), 삼각산 아름다울 미 팔삼륙(836미터)." 산 높이의 음을 따서 말을 만든 것이다. '삼각산 아름다울 미'만 예외다. 북한산에 제일 높은 봉우리인 백운대가 836미터이다. 그 836미터를 한자의 팔삼육(八三六)을 내리붙여서 쓰면 '미(美)' 자가 되는데, 이것을 말한 것이다. 우리나라의 국경의 경계가 되는 경위도를 한자음과 연결시켜 한시를 만들기도 하였다.

百而思之東經土 (동경 124°11′ 현재 124°16′00″)
1 2 4   11
一世五育念三界 (동경 136°56′23″ 현재 131°52′22″)
1 3 5 6 2 3

三十三天陸不動 (북위 33°6′40″ 현재 33°5′40″)
　　3　3　6　40
　　北原蠹絶三六計 (북위 43°00′36″ 현재 43°00′39″)
　　　　4 3 3 6

　류영모는 외우기 어려운 고단위 천문학상의 숫자도 쉽게 외웠다. 태양과 지구의 거리가 1억 4950킬로미터인데 '한사코 50만킬로미터(한사코 오려하다는 뜻)'로 풀어서 외웠다. 함석헌이 살던 원효로의 집 주소가 원효로 4가 70번지였다. 이것을 '너가 일어(4가 70)서'라고 풀었다. 함석헌의 원효로 집은 함석헌의 뜻에 따라 서울 보광동에 자리 잡은 오산고등학교에 기증하였다.

이승훈과 류명근의 죽음

　이 겨레가 을사 '보호조약'이 아닌 을사 '강탈 늑약'의 굴레에 얽매여 일제의 포수(捕囚)살이를 한 지 4반세기가 지난 1930년 5월 9일에 남강 이승훈이 숨졌다. 제국주의 일본에 강점된 망국의 한이 이승훈의 심장을 병들게 만들어 끝내 죽음의 원인(협심증)이 되었다.
　이승훈은 9살에 사고무친(四顧無親)의 고아가 되어 유기점 주인의 방심부름꾼이 되었다. 그런데 이승훈의 신상에 하느님의 섭리가 역사하자 놀라운 기적이 일어났다. 이승훈은 일제의 포수가 되어 고통과 절망에 빠진 이 겨레에 용기와 힘을 주는 민족의 지도자가 되었다. 3·1 정신은 이 나라의 초석이요, 이념이다. 1919년 3월 1일의 만세 운동을 실질적으로 주도한 사람이 이승훈이었다. 1924년에 〈동아일보〉가 이승훈을 명예 사장으로 모신 것은 그때로는 민족 지도자에게 할 수 있는 최고의 예우였다.

이승훈 앞에서는 그 누구도 가정 환경이 좋지 못하여 사람 노릇을 제대로 할 수 없었다는 말은 할 수 없다. 이승훈에게 기적이 일어날 수 있었던 것은 안창호에 의해 점화된 애국심과 류영모에 의해 점화된 신앙심 덕분이었다. 옛날의 순(舜)은 선한 것을 들으면 끊어진 강둑으로 밀려드는 강물처럼 나아갔다지만, 이승훈은 선한 것을 들으면 점화된 로켓처럼 위로 솟았다. 그래서 이제 죽은 그의 몸은 분리되어 떨어진 연료 탱크에 지나지 않는다. 이승훈은 하늘에 올라가 푸르게 빛나는 불멸의 별이 되었다. 저명한 사람이 죽으면 큰 별이 떨어졌다지만, 그 별은 (별)똥별이 되어 그렇지 참별은 떨어지는 일이 없다. 남강의 일생을 살펴보면 성령의 거룩한 향기가 물씬 풍긴다. 하느님을 진심으로 사랑하면 하느님께서는 끔찍이 사랑해주신다는 것을 알 수 있다. 이승훈은 이 세상에서 그 누구보다도 파란만장한 고난의 일생을 살았지만 하느님으로부터는 금지옥엽 같은 은총을 입었다는 것을 실감할 수 있다. "사람의 진리 정신은 근심과 걱정에서 살고 평안과 즐거움에서 죽는다(生於憂患 死於安樂)."(《맹자》 진심 하편)라는 말이 사실임을 이승훈의 생애에서 알 수 있다.

함석헌도 같은 말을 하였다. "유기점의 심부름꾼 아이 위에 하느님의 뜻하심이 있어 그 위에 하느님의 얼이 내릴 때 그 사람은 의를 위하여 한 몸을 아끼지 않고 사랑하는 자를 위하여 백골을 바치고 일생을 남을 위하여 살고 자기를 위해서는 아무것도 없는 훌륭한 사람이 나왔다. 위대한 것은 하느님의 진리요, 위대한 것은 하느님의 사랑이다."(함석헌, 1930년 5월호 〈성서조선〉 16호, '남강 이승훈 선생')

류영모는 이승훈의 벗이 된 아버지 류명근을 모시고 이승훈의 장의식에 참석하였다. 류영모가 사람 낚는 어부인 이승훈에게 잡혀 오산학교에 처음 왔을 때가 20살이었다. 이제는 불혹의 나이가 되어 이승훈을 먼저 보내게 되었다. 어찌 감회가 깊지 않겠는가?

류영모가 이승훈에게 하느님을 알게 하였다면 이승훈은 류영모에게 나라를 알게 하였다. 그리하여 오산학교에서 나라를 자신의 생명보다 더 사랑한 여준·신채호·윤기섭을 만났다. 또 류영모의 일생에 정신적으로 가장 큰 영향을 미친 톨스토이·석가·노자를 오산학교에서 가까이할 수 있게 되었다. 그것은 오로지 남강 이승훈의 공덕이라 아니할 수 없다.

하느님이 마련한 이승훈의 진짜 영결식은 이승훈이 죽기 5일 전에 있었던 이승훈 동상 제막식이었다. 오산학교 졸업생들이 남강 이승훈 동상 건립을 발기하였으나 실제로는 남강이 명예 사장으로 있었던 〈동아일보〉에서 후원하였다. 그리하여 동상 제막식 때 최두선 〈동아일보〉 사장이 몸소 그 자리에 참석하였다. 그때 이승훈은 식순에는 없었는데 단상에 올라가 감사의 인사를 하였다. 그것을 직접 들은 함석헌이 그 요지를 이렇게 전했다. "내가 오늘까지 나라를 위해 한 것이 있다면 그것은 모두 하느님이 시켜서 한 것입니다. 내가 한 것은 하나도 없습니다. 여러분이 다 아시는 대로 나는 불학무식하여 아는 것이 없습니다. 오직 하느님이 나를 이렇게 이끌어 오늘에 이르렀습니다. 이 뒤로도 그럴 줄 믿습니다." 이것은 이승훈의 신앙 고백인 동시에 영결의 인사였다. 다만 말하는 이도, 말을 듣는 이도 그 사실을 전혀 몰랐을 뿐이다.

류영모가 1955년에 자신의 사망 연월일을 가정하여 발표한 일이 있었다. 사망 가정일(1956년 4월 26일)을 정한 것은 김교신이 1945년 4월에 44살로 급서하자 충격을 받고 김교신보다 136개월 먼저 났으니 김교신보다 136개월을 더 살까 하고 우연히 정한 것이다. 그런데 류영모가 가정한 산 날수와 이승훈이 실제로 산 날수가 하루도 틀리지 않아 류영모를 깜짝 놀라게 하였다. 세는나이로 67살, 818개월, 3450주, 2만 4151일이다. 류영모가 말하기를 "못난 이 사람이 억측한 수가 우연히도 남강 선생의 실제 산 날수와 일치하니 이것이 어찌 사람의 일이랴. 류영모에게도 또한 하느님께서 천시(天時)의 일르심을 보여주심인가[열생억측수(劣生臆測數), 우합선사실(偶合先師實), 시하인사야(是何人事耶), 류역천계률(柳亦天啓律)]."라고 하였다.

이승훈이 돌아가자 김교신은 이승훈 특집호를 냈다. 〈성서조선〉 첫 장에 이승훈의 사진을 싣고 함석헌의 추도문을 실었다. 김교신은 이때 역사적인 실수를 하였다. 류영모가 쓴 추도문도 실었어야 했다. 그런데 그것을 놓쳤다. 1930년까지 류영모와 김교신 사이가 소원하였음을 짐작케 한다.

류영모의 아버지 류명근은 남강 이승훈의 장의식에 참석하려고 평북 정주에 있는 오산학교를 다녀온 뒤부터 몸에 이상이 일어나기 시작하였다. 병원에 가서 진찰한 결과 위암으로 나타났다. 그리하여 류명근은 시한부의 삶을 살게 되었다. 따지고 보면 어느 누구든 시한부 인생이 아니겠는가? 다만 알고 모르고의 차이가 있을 뿐이다. 류영모는 말하기를 "사람이란 태어날 때부터 사형 언도를 받은 사형수입니다. 다만 언제 사형이 집행될지 모르는 집행유예 상태에 있는 것이 우리의 삶입니다."라고 하였다.

류명근이 집사로 있던 서울 연동교회에서는 그가 위암으로 시한부의 삶을 산다는 것을 알고 장로로 장립하였다. 그때가 죽음을 맞기 1년여 전인 1932년 6월 26일이다. 아들 류영모와는 달리 성실한 교회 신자이던 류명근은 장로가 된 것을 아주 흐뭇하게 생각하였을 것이다. 하지만 하느님의 성령이 내 영혼이며 영원한 생명임을 알았다면 그 기쁨이 어떠하였을까? 교회가 주는 장로라는 호칭에 흐뭇해할 것도 없을 것이다.

에머슨(Ralph Waldo Emerson)은 목사가 되었다가 그만두었다. 그는 하느님의 성령이 나의 불멸의 영혼인 것을 알았기 때문이다. "성령(영혼, soul)이 사람의 지성을 통하여 숨쉴 때 성령은 천재가 된다. 사람의 의지를 통하여 숨쉴 때 성령은 미덕이 된다. 그리고 성령이 사람의 감정을 통하여 숨쉴 때 성령은 사랑이 된다."(에머슨,《수상록》)

류영모의 아버지 류명근은 3년 동안의 병고 끝에 1933년 11월 2일에 숨을 거두었다. 류영모는 아버지가 죽음에 이르는 고통스러운 과정을 보면서 관념 신학이 아니라 임상(臨床) 신학을 하였다. 류영모는 죽음을 이렇게 말하였다. "죽지 않겠다고 야단을 쳐도 안 됩니다. 죽으면 끝이라고 해도 안 됩니다. 몸이 죽는 것은 확실히 인정하고 죽음이 끝이 아니라는 것을 깨닫는 것이 신앙입니다. 죽으면 얼이 하늘나라로 간다고 믿는 것입니다. 내 힘으로 가는 것이 아니라 하느님의 힘으로 갑니다. 그것이 하느님의 사랑입니다."

류영모는 아버지가 돌아간 뒤에 한 번도 음식상을 차려놓고 제사를 지내지 아니하였다. 음식의 제사를 지내는 것은 몸나를 참나로 아는 사람들이 할 수 있는 짓이다. 몸나는 짐승으로 참나가 아님을 깨달은 류영모가 새삼스럽게 이미 죽은 주검 앞에 음식을 차려놓고 절할 까닭이 없다. 이미 죽은 이는 얼로 돌아갔으니 음식은 필요 없다. 얼로 돌아갔으니 마음으로만 추모하는 것이 가장 합리적이고 정중한 예의가 된다. 류영모는 아버지가 돌아가신 날부터 상을 치르는 5일 동안 금식을 하였다. 그 뒤로도 추도일 하루는 꼭 금식을 하였다. 제물에 쓸 돈은 어려운 이웃을 돕는 데 썼다.

1942년 1월호 〈성서조선〉 156호에 아버지를 추모하는 글이 실려 있다.

"새벽 4시에 일어나 글 쓸 종이를 찾다가 15년 전 병인년 9월 보름 가친(家親) 회갑 기념일에 내가 쓴 아버지 관(觀)이라고 할 구고(舊稿)가 나왔다. …… 나는 천부께 영광을 돌리는 날에 육친의 사감(思感)을 합쳐 추모하게 되어 우에서 허락하심인가 한다. 선친의 평생의 신조는 신의(미쁨)였다. 다른 일에는 방정한 사람도 금전 거래상에 신실치 못함을 드러내는 이가 없지 않더라. 돈만 알 것은 아니나, 돈을 모르는 것이 다른 것도 많이 모르는 셈도 되는 것 같더라. 돈은 벌어야 하고 벌어도 옳게 벌어야 하는 것이니 탐할 것은 아니다. 매양 이러한 가르침이 계셨으니 그 평생을 지내신 반세기 상업에 치부도 파산도 없고 평상상(平常商)이었으니 평생의 마음으로 좇아 되심인가 한다. 병인 6월 8일(양력 7. 19.)생. 계유년 9월 보름(양력 11. 2.) 졸 67세. 8백 월, 3천5백 주, 2만 4천587일 살으심."

미쁨

옳은 거면 그리하마 외인 일엔 아니 된다. 해 달 견줘 뚜렷하고 땅에 견줘 무거움이. 한마디 그 한 말씀에 기초인가 하노라.

땅이 무게 잃고 해가 빛을 버린다면. 벗님네여 그 아니 큰 일이라 하오리까. 어찌타 사람 스스로 큰 일 몰라 할까나.

내가 내 아버지께 이날까지 받은 것이. 함이 없는 몸 하나와 아침저녁 먹이이나. 즈믄해 물려야 할 건 미쁨 하나이외다.

미뻐서 좇은 장사 장사 속에 닦은 미쁨. 한 때의 돈 꿈 아니오 예순 해

장사시리라. 늙도록 한결 같으심 미쁨인가 하노라.

    못 믿을손 돈이나 미쁨 버린 사람에 대랴. 이따금 사람으로서 제 금새를 돈에 팔다니. 때때로 보이신 말씀 깊이 미뻐합네다.
    오늘은 아버지의 날 오늘은 미쁨의 날. 하늘 땅 설 때에 미쁨 함께 선 줄을. 오늘에 뚜렷이 뵙고 길이 빌가 합니다.
    (류영모)

김정식을 추모하다

    스승 류영모의 81회 생일이었다. 음식 잔치를 차린 일은 없었지만 말씀의 잔치로 푸짐하였다. 포덕(飽德)을 한 뒤에 자리에서 일어나려는데 이 사람에게 사진 한 장을 보여주었다. 드문 일이었다. "이 사진은 내가 일본에 공부하러 갔을 때 김정식 선생 가족들과 함께 찍은 것이에요."라고 말하였다. 김정식은 스승님의 스승님이라 신화처럼 느껴졌는데 처음으로 사진을 보게 되었다. 김정식 선생의 모습은 한마디로 강직한 인상을 주었다.
    사진 속 23살의 청년 류영모와 사진 옆에 81살의 노인 류영모가 비교되어 깊은 상념을 일으켰다. 상대적 존재를 한 글자로 나타내면 역(易)이다. 역이란 생로병사를 한 글자로 줄인 것이다. 역의 제나가 불역(不易)의 얼나를 찾자는 것이 인생이다.
    일본에서 찍은 이 사진이 스승의 가장 어린 모습인 셈이다. 그보다 더 어린 모습의 사진은 볼 수 없다. 1890년경에는 돌 사진을 찍는 풍속이 아직 정착하지 않았던 때다. 류영모는 어른이 되어서도 사진 찍기를 좋아하지 않아서 사진이 몇 장밖에 없다. "몸뚱이는 정신적인 존재의 그림자에 지나지 않는데 그림자의 그림자를 찍어서(撮影) 무엇에 쓰는가?"라고 하였다.

김정식이 그의 가족 사진을 찍는데 류영모와 함께 찍은 것을 보면 김정식이 류영모를 자식처럼 가깝게 생각하였던 것을 짐작할 수 있다. 류영모는 김정식이 돌아갈 때까지 사실상 아들 노릇을 하였다. 김정식은 아들 셋이 모두 요절하였기 때문에 만년에는 가난하고 외롭게 살지 않을 수 없었다. 류영모가 아버지 류명근 외에 아버지처럼 받든 이로 남강 이승훈과 삼성 김정식이 있다. 류영모는 김정식에 의해 예수를 알았고, 류영모가 이승훈에게 예수를 알게 한 각별한 사이다. 그런데 이승훈이 1930년에 돌아가고, 류명근이 1933년에 돌아가고, 김정식이 1937년에 돌아갔다. 1930년대, 곧 류영모의 40대에 세 어른이 다 이 세상을 떠났다. 한 세대가 오면 한 세대는 떠난다.

삼성 김정식과 월남 이상재는 친구 사이였는데, 그 둘의 생애는 공통점이 많았다. 두 사람 모두 YMCA에서 일생을 보냈다. 두 사람 모두 구한말의 고급 관리였다. 구한국이 관료의 부패로 나라가 기울어지는 것을 보다 못하여 함께 개혁을 부르짖다가 반역으로 몰려 투옥당하였다. 옥중에서 선교사가 넣어준 성경을 읽고 두 사람이 같이 예수를 믿게 되었다. 그 인연으로 김정식이 중앙 YMCA의 초대 총무를 지냈고 이상재가 2대 총무를 지냈다. 두 사람은 모두 나라를 사랑하며 겨레를 사랑하기에 정성을 다하였다. 일제의 온갖 회유에도 끄떡하지 않고 한민족의 지조와 기개를 꺾지 아니하였다. 또 두 사람은 자주 가족이 먹을 끼니가 떨어질 만큼 똑같이 가난하게 살았다.

김정식은 여러 아이를 낳았으나 어려서 다 죽고 세 아들이 남았다. 그런데 세 아들이 모두 요절하였다. 첫째는 미국 유학을 갔다가 결핵에 걸려 죽고, 둘째는 장티푸스로 죽고, 셋째는 급성신장염으로 죽었다.

이상재도 네 아들 가운데 세 아들이 먼저 죽었다. 아내와 손자, 그리고 며느리도 일찍 죽었다. 셋째 아들 승인이 죽었을 때 이상재는 "이놈 너도 나를 두고 먼저 가느냐."고 내뱉듯 한마디를 던졌다.

김정식과 이상재는 구약에 나오는 욥보다 훌륭한 믿음을 지녔다. 욥보다 더한 가난과 고통을 겪으면서도 욥처럼 하느님을 원망하는 일이 없었다. 욥은 재산을 잃고 가족을 잃고 자신의 건강까지 잃었을 때 이렇게 탄식하였다. "어서 말씀하소서. 서슴없이 답변하겠습니다. 아니면 내가 말씀드리겠사오니 대답하여 주소서. 나에게 죄악이 있다면, 얼마나 있다는 말씀입니까? 반역죄가 있다면, 어찌하여 알려주시지 아니하십니까? 어찌하여 나에게서 얼굴을 돌리시고 이 몸을 원수로 여기십니까? …… 어찌하여 나에게 괴로움이 될 일들을 기록해 두시고 젊어서 저지른 잘못을 이제 유산으로 물려주십니까? 당신께서 나의 발에 차꼬를 채우시고 나의 걸음을 낱낱이 세시며 발바닥에는 표를 새기시다니……. 사람이 술부대가 삭아 떨어지듯 옷이 좀먹어 떨어지듯 떨어집니다."(욥기 13 : 22~24, 26~28)

김정식과 이상재는 공자처럼 "하느님 원망도 않고 사람 탓도 아니하였다(不怨天 不尤人)."(《논어》 헌문편) 그들은 내 생명이 하느님의 것임을 알았다. 내 생명조차 다 하느님의 것인데 내 가족 내 재산이 어디 있는가? 하느님의 것을 하느님 뜻대로 하시는데 무슨 원망이나 불평이 있을 수 있는가? 본디 없던 것이 있는 듯하다 없어진 것이다.

류영모가 말하기를 "사람에게 있어서 가장 귀중한 것이 생명인데 그 생명은 내 것이 아닙니다. 내 것이 아니기 때문에 사람이 임종에 다다라서는

1초도 더 늘릴 수 없습니다. 진리도, 시간도, 공간도 내 것이 아닙니다. 그것은 내 맘대로 할 수 없기 때문입니다. 내 맘대로 할 수 없는 것을 내 것이라고 생각하는 것은 망상입니다."라고 하였다.

그래서 장자는 마음을 거울처럼 쓴다고 하였다. "진리에 이른 사람의 마음 씀은 거울과 같다. 따라가 보내지도 않고 뛰어가 맞지도 않는다. 사물에 응하여 비출 뿐이지 간직해 두지 않는다. 까닭에 사물을 잘 이겨 내어 사물에 의하여 다치지 않는다."(《장자》 응제왕)

1937년 1월 13일 김정식의 죽음으로 말미암아 류영모와 김교신이 가까워지고 마침내 〈성서조선〉에 류영모의 글이 실리게 되었다. 〈성서조선〉을 함께하자는 김교신의 제의를 사양한 지 꼭 10년 만의 일이다. 김정식은 신앙으로 류영모의 은사이고, 우치무라는 김교신의 은사이다. 그런데 김정식과 우치무라는 국경과 민족을 초월한 신앙의 친구였다. 김정식과 우치무라는 일본 가시와키에 있는 우치무라 성서연구소 모임에서 지극한 친밀과 존경으로 서로를 소개하였다. 그때 그 광경을 본 사람이 있으니 바로 김교신이다. 김교신은 이렇게 회상하였다. "김정식 선생과 우치무라 선생은 항상 아울러 나의 기억에 오르내린다. 김정식 선생은 우치무라 선생의 유일한 한국인 친구라는 것과 김 선생을 처음 뵌 것이 도쿄 가시와키에 있는 우치무라 선생의 성서 강의소인 아마이관에서인데, 한국 기독교계의 원로라고 소개받았고 또한 세계에 드문 기독교 선생이니 깊이 사사하라고 부탁받는 교환 소개에 감격하였던 기억이 생생하다."라고 하였다.

김교신이 귀국해서 이따금씩 김정식을 찾은 것이 김교신의 일기에 적혀 있다. "1936년 7월 31일 구름, 비. 청량리 김정식 선생을 심방. 한국 교계 적극단 일파 전말에 관하여 가장 신뢰할 만한 지식을 얻을 수 있었다. 알고 보니 한국 기독교회도 한심하다."

그때 류영모는 일기를 쓰지 않을 때라 김정식과 얼마나 가까이 지냈는지 객관적인 자료는 없다. 류영모의 둘째 아들 류자상의 말에 따르면, 류자상이 전농동에 있는 경성농업학교에서 입학 시험을 보고 돌아오는 길에 류영모가 아들 자상을 데리고 청량리에 사는 김정식을 찾아 약 두 시간 동안 대화를 나누고서 떠났다고 하였다. 근처만 지나도 찾아뵙지 않고는 그냥 갈 수 없는 그러한 사이임을 짐작할 수 있다.

김교신은 김정식의 부음을 류영모의 전화로 알게 되었다고 일기에 써놓았다. "아침에 뜰과 길의 눈 치우다. 류영모 선생의 전화로 김정식 선생이 어제 오후 6시에 영면하였음을 알고 한 번 더 뵐 기회를 놓친 일을 후회하나 막급. 귀로에 기독교청년회관(YMCA)에 들러보았으나 시신은 아직 청량리 안식교병원에서 옮겨 모시지 못하였다. 진정한 의미에서 한국 기독교계의 원로이신 선생이 떠나시다니 조선 기독교 일각이 무너진 감을 누르기 어렵다."(1937. 1. 14. 목)

"등교하여 4시간 수업을 마치고 오후 2시에 종로 기독교청년회관에서 열리는 고 김정식 선생 고별식에 지각 참여하다. 다시 영구차를 따라 홍제원 화장장까지 선생의 먼 길을 전송하고 류영모 선생과 송두용 형 주도로 세브란스병원에 입원 중이신 고 김정식 선생 부인께 금일 고별식의 시말을 보고 겸 위로의 뜻으로 심방하였다. 류 선생의 주의로 서천(西天)에 빛난 초승달과 금성이 나란히 한 모양 바라보면서 작별하다."(1937. 1. 15. 금)

"작금 한파로 몹시 춥다. 송 형 보내고 등교. 류영모 선생이 과차(過次)이 학교에 들러 김정식 선생의 신앙 생애를 집필하실 것을 상의하시다가 남강 이승훈 선생의 전기가 아직 출현치 않는 일을 통탄하였다. 오늘 저

녘에 초승달과 금성이 서남천에 접근한 것을 바라보니 고 김정식 선생의 장례식날 저녁에 세브란스병원 앞에서 같은 현상을 지호(指乎)한 지가 벌써 일삭(一朔) 된 것을 깨달았다."(1937. 2. 15. 월)

김교신의 일기만 보아도 김정식과 류영모가 아주 가까운 사이였음을 짐작하고도 남는다. 김정식의 추도문을 쓰는 일도 류영모가 먼저 제의한 것이 드러나 있다. 그리하여 1937년 〈성서조선〉 5월호가 김정식 선생 기념 특집호로 나오게 되었다. 김정식의 신앙 고백이라 할 자력증명(自歷證明)과 류영모와 김교신의 추모문이 실렸다.

함석헌과 류달영은 우치무라가 일본의 관동 대지진 때 일본인이 한국인을 학살한 사건에 대하여 일언반구도 없었다는 것과 한국 병탄을 두고도 좀 더 분명하게 일본이 잘못한 일이라고 하지 않고 영국의 스코틀랜드같이 되면 되지 않겠느냐고 한 데 불만이 있었다. 그러나 김정식은 그래도 우치무라만큼 한국 사람을 동정한 일본 사람이 없으며 어떤 의미에서는 우치무라는 한국 사람들에게 은인이었다고 말하였다.

"우치무라 씨를 위인으로 인정치 아니할 수 없음은 그가 기독교적 인류애를 실행하였기 때문입니다. 우치무라 씨는 나라의 힘으로나 개인적 권위로나 인권을 유린함에는 절대로 반대하였습니다. 일제가 꾸민 105인 옥사 때는 한국인을 위하여 동정함이 컸습니다. 우치무라의 친우인 영국인을 통하여 '105인 사건'의 부당한 처사를 구미(歐美)에 알렸습니다. 그때 비용이 7천여 원이 들었다고 들었습니다. 이 사실은 임종순 씨와 윤치호 씨가 증명합니다. 우치무라는 한국 민족에게 차별이 없는 정의와 인도를 강력히 주장하였습니다. 일부 일본인들은 우치무라 씨가 국가주의에 탈선이 되고 기독교주의에만 치중한다고 논란이 있었습니다. 지금도 우치무라 씨의 사상을 밝히 알지 못하고 말하는 것과 나를 우치무라 씨의 친우니 하는 말도 이상합니다. 우치무라 씨는 우리 한국 기독교 안에서는 은인이 아니라고 할 수 없습니다."(1930년 8월 〈성서조선〉 19호)

민족주의와 국가주의를 초월할 수 있어야 진리를 아는 사람이요, 영생을 얻은 사람이다.

[남강 이승훈과 월남 이상재는 세상에 널리 알려졌으나 삼성 김정식은 알려지지 못한 편이다. 김정식도 남강이나 월남 못지않게 나라와 겨레를 사랑하였다. 류영모를 아는 이는 김정식을 모를 수 없다. 김정식을 경애하는 류영모의 마음이 잘 나타나 있는 추모문을 류영모의 전기에서 뺄 수 없다.]

삼성(三醒) 김정식 선생

기독교도의 생애란 '십자가에 기대어서 덕을 보는 것이냐, 그 작은 부분이나마 짊어지는 것이냐'로 구별할 수 있다. 김정식 선생의 생애는 짊어지는 편이었다. 평생에 말씀이 나를 아는 사람으로 내가 죽은 뒤에 추도하는 의식(儀式)을 발론(發論)하는 이가 있더라도 도무지 하지 않도록 하여주기를 부탁한다고 하시던 선생님의 생애에 관하여 단 몇 글자라도 쓰기가 죄송스럽다.

천품으로 기고(氣高)하신 편이요 무과 출신인 선생으로서 심회를 풀 수 없는 세월이었으나 그 심간폐부(心肝肺腑)를 두고두고 썩히셨나? 평생 병이 없으신 편인데 별세하시기 며칠 전에 의사의 진단으로 보면 장기의 여러 일체가 노쇠하신 가운데 엑스광선에 비친 폐가 모두 염증으로 응어리졌다고 하였다. 부음을 듣고 조문하러 온 친우의 말씀이 선생은 도시

화기(火氣)라 한방으로 말하면 한제(寒劑)의 약을 써야 했을 것이라고 함을 들었다.

그때 필자의 마음속에 선생의 화기 하는 번쩍임이 있었다. 그러면 어찌하여 평일에 선생의 화기를 뵈올 수 없었을까.

중병을 앓은 이는 작은 병에 놀라지 않을 것이요, 큰 어려움을 겪으신 이는 작은 불평은 기색에 보이지 않으셨음인가 한다.

60여 년을 해로하신 같은 나이의 부인을 두시고 (지금 세월과는 다른 때라) 20살 미만에 금강산에 들어가 계신 일이 있었다고 하니 가정상으로도 (그때는 가난하지 않으셨던 듯한데) 불평하심이 없지 않으셨나 한다.

열 자녀를 기르시다가 참척(慘慽)으로 다 먼저 보내고 그 가운데 3형제는 다 자라서 병사하였다. 3형제의 일은 필자도 역력히 목도한 일이다. 맏이 유봉(裕鳳) 군은 미국 유학 중에 병이 나서 돌아와 죽었다. 셋째 유구(裕鳩) 군은 중학교 2학년에 급성신장염으로 요절하였다. 마지막으로 둘째 유홍(裕鴻) 군은 동경제대에서 첫 학기를 마치고 여름방학에 집에 왔다가 등교하러 다시 도쿄로 가는 길에 부관 연락선을 타고 시모노세키(下關)에 내려 점심 먹은 것이 빌미로 장티푸스에 걸려 일어나지 못하고 저승으로 먼저 갔다.

참상(慘喪)을 보신 때 조객 앞에서는 여상한 태도로 하느님이 불러 먼저 갔다고 자위의 말씀을 부부가 한가지로 하셨다. 그러나 부인과 함께 산 속으로 가서 사람 없는 곳에서 실컷 울었노라고 이야기하신 일도 있었다. 마지막 참척 때에 말씀이 정(情)만 아니고 욕(慾)이 붙었던 것을 놓친 것이다 하셨으니 당신네 늙어서 극심한 외로움에 가난이 겸박(兼迫)할 것임을 느끼심이다.

선생은 남의 일을 주선하시기를 사뭇 호사(好事)하는 사람처럼 하셨고,

바르고 그름이 뚜렷하면 바른 편에서 투사 노릇을 죽어서 그만두리라는 기개로 하셨다. 학생들의 학비가 어려운 사정을 들으시면 내외국인 누구를 막론하고 소개, 주선하기에 분망하셨다. 재계에는 무관한 어른이나 오히려 선생의 말씀이라야 재계 당국자가 응하기도 하고 돈을 융통하려는 편의 뜻을 이루게도 되었다. 그밖에 다른 일도 비리가 아니면 유지자(有志者)의 편익을 위하여 권문(權門)에 출입도 오히려 사양치 아니하였다.

그러나 당신의 일로는 유리한 기회도 타지 않고 도리어 닿는 이익도 못 본 듯이 내치셨다. 그리하여 한때 소개의 수고이더라도 선생의 힘을 입은 이가 단 백 사람만이 아닐 것이나, 선생의 만년에 기한(飢寒)하신 실정을 알아본 이는 손가락으로 꼽을 만치도 없었다. 형제보다 친하다고 할 만치 친한 이의 도움을 입으시다가도 그 친구 자신의 궁색한 일이 있는 것을 보시면 그 도움을 곧 사절하시고 당신은 지내실 방도가 달리 생기신 것처럼 하시기를 예사로 하셨다.

그러므로 일찍 선생의 소개를 얻어 기사회생적으로 그만 두었던 학교를 졸업하여 출세한 이가 있고, 파산할 위기에서 만회하여 융창해진 실업가가 있는데, 성공한 이와 영달한 분일수록 김 선생은 걱정 없는 늙은이로만 여겨 자기네가 어려운 일이 있기 전에는 김 선생을 찾는 일이 없었다.

당년 선생과 동지(同志)라도 하고, 선생과 동고(同苦)한 분 가운데 뒤에 벼슬에 오른 이, 돈을 모은 이, 이름이 높은 이, 자손이 창성한 이가 있고 그밖에도 가지각색이었다. 선생은 여전히 괴로운 속에 종종 참척을 당하고, 배고프고, 추우며, 벗들은 소원하고, 인생은 의문되고, 세상의 불평을 온 가슴에 부둥켜안으셨던가.

만년에 《노자》, 《장자》를 탐독하셨고 사문(沙門)을 심방하셨으니 오히려 인생의 의문이 계셨음이다. 세고참변에 못 살겠다는 사람에게는 선생

말씀이 "날 보라 내가 산다."고 하셨다.

(1937년 5월 〈성서조선〉 100호. 일부 줄였음)

호암 문일평의 죽음

호암 문일평은 1888년 평안북도 의주에서 났다. 문일평은 류영모보다 2살이 많았고, 춘원 이광수보다는 4살이 많았다. 그런데 일본에서 문일평과 이광수는 동급생으로 3년 동안 함께 공부하였다. 문일평은 중학교 때 이미 순 한문으로 일기를 썼고 한시를 지었다.

문일평은 일본에서 와세다대학 정치학부를 다니다가 나라가 일본에 병탄되는 것을 보고 학교에 다니고만 있을 수는 없어 1911년에 중국 상하이로 갔다. 그곳에서 박은식·신채호·정인보·김규식·신규식 등과 가까운 동지가 되어 독립운동에 헌신하였다. 상하이에서 문일평은 조소앙과 정인보와 한방살이로 고난을 함께 하였다.

문일평이 조국의 독립을 위하여 대학 공부도 중단하고 상하이에 왔으나 속수무책인 것은 마찬가지였다. 문일평은 현실의 울분을 달래 인생의 회의를 풀고자 노장과 불경을 읽게 되었다. 문일평은 비록 일제가 강점하고 있으나 조국으로 돌아왔다. 그리하여 신채호에 이어 〈조선일보〉에 국사 연구를 연재하여 민족사학자로서 자리를 잡았다. 문일평은 대학에서 이미 역사 강의를 많이 들었다.

류영모와 문일평이 만난 것은 육당 최남선의 신문관에서였다. 문일평은 한학(漢學)에 조예가 깊을 뿐 아니라 한시를 잘 지었다. 거기에 불교와 노장의 사상에 관심을 두자, 기독교는 말할 것 없고 유(儒)·불(佛)·

선(仙)에 통달한 류영모의 진가를 알아보게 되었다. 그리하여 문일평은 2살 아래의 류영모를 마음으로 외경하였다. 류영모에게는 문일평이 일제에게 빼앗긴 문우 최남선을 이은 귀중한 길벗(道友)이 되었다. 문일평은 그때 6킬로미터나 되는 길을 걸어서 자하문 고개를 넘어 비봉 밑에 사는 류영모를 자주 찾았다. 혼자 오기도 하고 때로는 국문학자 이병기, 〈동아일보〉 기자였던 설의식 등을 데리고 오기도 하였다. 그때는 자하문을 넘으면 바위, 나무, 석간수가 어우러져 무릉도원인 양 별천지의 선경(仙境)이었다. 문일평이 이곳을 드나들면서 어찌 시 한 수를 짓지 않았겠는가!

紫霞門(자하문)

訪牢谷山莊　家住青山裡　水雲共一鄉
林花秋更艷　石磵水猶涼　採藥芽幽俓
種松護別堂　邸廚珍味足　磐上乳茄香

높이 솟은 바위로 두른 골에 산장을 찾으니
푸른 뫼 속에 집 한 채 서 있고
물 구름 함께 어울려 한 고향이라
숲과 꽃은 가을에 다시 아름다워라
계곡에 시냇물은 오히려 서늘하고
약초와 나물 캐러 다니느라 어둑한 지름길을 뚫었다
남겨둔 소나무는 외딴 집을 둘러 지키고
집 부엌에는 맛 좋은 먹거리가 그득하니

상 위에는 우유 토마토의 향기로다

(박영호 옮김)

문일평은 이 시를 짓게 된 내력을 이렇게 밝혔다.

"이 졸구(拙句)는 일전에 북한산 기슭에 사는 류 처사(處士)를 방문했을 때 읊은 것인데 한 번에 다 지은 것이 아니다. 처음엔 즉경(卽景)으로 임화추갱염(林花秋更艶) 석간수유량(石礀水猶凉) 1연(聯)을 구성하고, 나머지는 그 다음 날에 다 이룬 것이다. 끝 구절에 저주진미족(邸廚珍味足) 반상유가향(盤上乳茄香)이라 함은 류 처사의 실생활의 일단을 그린 것이니, 그는 손수 우유를 짜서 손수 재배한 토마토(蕃茄)에 화하여 저녁 밥상에 놓았으므로 여기 유가(乳茄)라 함은 이 우유와 번가(蕃茄)와 화락(和樂)을 약칭한 것이다.

좋은 의식(衣食) 않은 것 우리집 자랑이요
명리(名利)를 웃 보는 게 내 버릇인데
아직껏 바람 물 주려 씀이 죄 받는 듯하여라

(류영모)

이 시조는 류 처사가 일찍이 자기의 뜻을 읊은 것이니 그는 오산고보(五山高普) 교장으로서 교육에 종사한 적도 있었고 이후에는 상업을 경영한 일도 있었지만, 오늘날은 이 시조에 표시한 것과 같이 바람과 물을 찾아서 북한산 밑에 들어가 경전을 읽는 생활을 하고 있는 중이다."(문일평,《호암 전집》)

문일평은 《화하만필(花下漫筆)》이라는 수필집에 실려 있는 〈전원락(田園

민족주의 사학자, 언론인이었던 호암 문일평. 한학은 물론 유·불·선에 능통했던 문일평은 다석 류영모의 넓은 학식을 일찍이 알아보고 경외하였다.

樂))에서 류영모의 전원 생활을 부러워하고 있다. "청복(淸福)이 있으면 근교에 조그마한 전원을 얻어서 감자와 일년감(토마토)을 심고 또 양이나 한 마리 쳐서 그 젖을 짜먹으며 살아보는 것인데 이것도 분외(分外)의 지나친 바람일는지 모른다."

류영모는 문일평이 한 말 가운데 잊지 않은 것이 있었는데, 바로 '엽해(葉海)'라는 말이다. "문일평이 말하기를 '사람이 많으면 인해라 하고 나무가 많으면 수해(樹海)라 하는데, 나뭇잎이 많을 때는 엽해라고 하면 어떻겠어요?'라고 했어요." 그때 자하문 밖은 과수원이라 온통 나뭇잎이 바다를 이루었던 것이다.

류영모는 이러한 말을 하였다. "친숙한 사이에도 이견(異見)이 많은데, 처음 만난 생면부지의 사람일지라도 서로 깊은 생각에서 나오는 말을 주고받는 가운데 공명을 느끼고서 금방 뜻이 맞는 동지가 될 수 있습니다. 이러한 일은 흔하지 않습니다. 죽을 때까지 사귈 수 있는 친구도 이렇게 맺어지는 경우가 많습니다. 이것은 사상이라는 것이 있기 때문입니다." 문일평은 류영모에게 이러한 목격도존(目擊道存)의 도인은 아니었다. 그러나 서로의 인격을 알아주고 믿어주는 지인(知人)의 문우(文友)였다. 문일평은 지천명의 나이인 50살이 되어서야 종교를 좀 더 깊이 연구해보겠다는 생각을 하게 되었는데 아쉽게도 세상을 떠나고 말았다. 그러고 보면 천명을 아는 나이가 너무 늦다. 늦어도 30살에는 얼생명인 천명을 깨달을 수 있었으면 하는 바람이다. 류영모도 말하기를 "젊을 때 깨닫는다는 것은 참으로 어렵고 어려워요. 젊을 때 알았다는 것은 껍데기를 가지고 알았다는 거예요. 적어도 40살은 되어야 무얼 좀 알게 됩니다."라고 하였다.

류영모는 가깝게 지내던 분들이 잇달아 세상을 떠나자 이렇게 말하였다. "사는 날이 거듭될수록 남의 부음 받기와 장행(葬行) 보기는 예사요, 죽은 이의 턱 까부는 것을 식전(式典)이나 참관하듯이 거듭하게 되니, 이것은 마땅히 안 보아도 될 것을 이 눈이 박복하여서 본 것일까. 자연적(육체적) 인생의 끝은 멸망이다. 멸망이라는 확정 판결을 받고 나온 것이다. 우(하느님)로부터 오는 성령이 없이는 멸망에 그친다. 사람에게는 망하기를 싫어하는 천성이 있다. 망할 놈이라 하면 욕이라고 아주 싫어하면서도 집행유예적 망할 놈으로 현실 심리에 무심히도 취하였으니, 형제여 저승(他界)에 가면 어쩌나가 아니요, 이승(此生)이란 델 어떻게 지내나이다."

이승

이승의 목숨이란 튀겨논 줄(絃)
쟁쟁히 울리우나 멀잖아 끊질 것

이승의 목숨이란 피어난 꽃
연연히 곱다가도 갑자기 시들 것

이승의 목숨이란 방울진 물
분명히 여무지나 덧없이 꺼질 것
(1939년 5월 〈성서조선〉 124호)

 류영모는 문일평의 죽음을 자신의 죽음으로 받아들여 생명에 관한 깊은 생각을 하게 되었다. 그리하여 드디어 놀라운 중생(重生)의 체험을 한다. 문일평에 대한 류영모의 추모문은 이러하였다.
 "호암 문일평 형이 먼저 가는데 위에서 하느님 아버지께서 나의 결별의 인사하는 것을 굽어 들으시는 듯하다. 1939년 4월 4일 서울 내자동 호암 댁을 찾다가 대문 기둥에 조등이 걸렸다. 물은즉 어제 아침에 주인 별세란다. 씨 연전(年前)에 중병 뒤에 느낌을 말씀하기를 멀리 불교 문화 가까이 기독교 문화를 많이 입은 조선에서 두 종교의 깊은 조예가 없이 국사(國史)를 학구(學究)함은 망(妄)이었다고 하였다. 이제 종교를 좀 더 알아가지고 사학(史學)을 말하겠다고 하시고, 날더러 '형은 전도에라도 충실하고 우리가 헛사는 것이 큰일났다.' 하시던 씨는 드디어 가시도다. 호암 씨는 52세(1만 8천545일)로 가시니, 나보다 627일 먼저 나시었다. 올해로 나에게 지천명의 나이(50살)를 주신 하느님께서 앞뒤에 구름기둥과 불기둥을 세우시니 이 어찌하신 처분일까. 헛사는 어리석음을 알아보게 하시는 채찍이신가. 근년 내에 앓는 것을 모르고 오던 몸이 1월 9일경에는 투병(鬪病)을 하였다기보다 투인생(鬪人生)의 기회를 가졌다. 건강이 일생의 태양인 것을 건행(乾行)·건적(建的)인 건강을 보았다. 영원한 생명(얼나)을 힘써 빼앗으려는 건강이다. 일찍이 투병을 인과(因果)로 입맛을 위하는 식사에서는 떠나게 하신 은혜가 있었는데, 만년에 또한 은혜를 더하심인가. 이 결별의 인사를 할 수 있는 준비시었나. 이 인사로 새로 베푸시는 은혜를 굳게 함인가."

스스로 느낌(一生鮮)

한 마리면 몇 토막에 한 토막은 몇 점인가
하루하루 저며내니 어느덧 끝점 하루
하루는 죽는 날인데 만(萬)날 수만 여기네

맛 없이도 머리 토막 죅여내여 없이 했고
세간 한답시고 가운데 토막 녹았으니
님께는 무얼 바치나 꼬리를 잡고 뉘웃네

국거리는 못 되어도 찌개라도 하시려니
찌개감도 채 못 되면 고명에는 씨울거니
성키만 하올 것이면 님께 돌려보고져

오십 구비를 돌아드니 큰 토막은 다 썼고나
인간의 도마 위에선 쓸데없는 찌꺼기나
님께서 벌러주시면 배부르게 5천 사람
(제 17900일)

류영모를 스승으로 삼은 김교신

　김교신과 함석헌은 1901년에 난 동갑이다. 그런데 김교신은 1945년에 승천하여 44살을 살았고 함석헌은 1989년에 귀천하여 88살을 살았다. 함석헌은 김교신의 곱을 살았다. 함석헌과 김교신은 각자 두 사람이 30대에 쓴 《성서적 입장에서 본 조선역사》(훗날 《뜻으로 본 한국역사》)와 《구약성서개론》으로 평가를 받는다. 함석헌과 김교신은 오늘의 우리가 보기에도 학문, 덕망, 신앙, 사상, 문장, 애국으로 쌍벽을 이룬다.
　그 김교신이 류영모가 쓴 문일평 추도문을 읽고 크게 감동하였다. 그리하여 김교신이 진심으로 류영모를 스승으로 존경하는 계기가 되었다. 김교신은 류영모의 추모문을 이렇게 소개하였다. "근래에 읽은 문자 중에 본호에 실린 '호암 문일평 형이 먼저 가시는데'라는 문자처럼 우리의 간담을 서늘하게 한 것은 없다. 류영모 선생의 앞뒤에 섰는 운주(雲柱)·화주(火柱)를 평생토록 인식 못하는 사람은 차라리 행복한(그 행복이 돼지의 행복과 비슷하다고 하더라도) 자라 할 것이며 앞뒤의 운화주를 보고서도 꼼짝없는 자는 화(禍)를 면치 못할진저." 더욱이 문일평의 추모문에 딸려 실린 류영모의 연시조 '일생선(一生鮮)'은 〈성서조선〉 독자들이 거의 모두가 외울 만큼 회자되었다. 사람은 자신의 죽음을 얼마나 실감하는가에 따라 믿음이 자란다.
　함석헌은 1981년에 자신의 팔순 기념 모임에서 답례 인사를 하는데 류영모의 '일생선'을 읽고는 류영모를 기리는 추모의 이야기만을 하였다. 류달영은 류영모의 추모문에서 류영모의 '일생선'을 언급하였다. "그 글(문일평 추도문)은 참으로 감회 깊은 글이었다. 그 글 끝에 '한 마리 생선'이란 연시조가 있었다. 그 가운데서 내가 지금도 잊지 않고 기억하는 것은 두

한국 무교회 운동의 제창자 김교신. 그는 정통 신앙인이었으나 비정통 신앙인이었던 류영모를 스승으로 대했다.

번째 연이다. 진실된 사람의 생애에서 누구나 공감할 수 있는 절실한 비유의 시다."

사과나무에서 사과가 떨어지는 것을 보고 뉴턴이 만유인력의 법칙을 알았듯이 인류 역사에서 사람의 죽음을 보고 석가는 영원한 생명을 깨달았다. 석가와 예수와 류영모는 형이상학적 뉴턴이다. 이제는 사람들이 쉽게 만유인력의 이치를 알 듯이 사람마다 쉽게 영원한 생명의 은혜를 받아야 한다.

문일평이 영원한 생명을 깨달을 즈음에 그만 숨져 아쉽기 그지없다. 그러므로 사람은 무엇보다 먼저 영원한 생명부터 깨달아야 한다. 석가가 말하기를 "선남자여 지혜 있는 이는 또 관찰하기를, 내가 지금 출가하여 목숨이 이레 낮, 이레 밤에 다한다 하여도 나는 그 동안에 부지런히 도를 닦고 계율을 지키고, 다르마(Dharma, 진리)를 말하여 중생을 가르쳐 이롭게 하리라고 한다면, 이것을 이름하여 지혜 있는 이가 죽는다는 생각을 닦는다 하느니라."(《대반열반경》 가섭보살편)라고 하였다.

김교신은 이제 류영모가 정신적으로 한 차원 위인 것을 인정하고 스승으로 받드는 것을 보여주기 위하여 자신이 주재하는 성서연구회 회원들을 데리고 북한산 비봉 아래에 있는 류영모의 집으로 찾아갔다. 명목은 류영모가 난 지 1만 8천 날을 맞는 소감을 들으러 왔다는 것이었다. 그리고 기념품으로 문세영이 펴낸 《조선어 사전》에 김교신이 자필로 서명하여 내놓았다. 이날이 1939년 6월 25일 일요일이었다. 이것은 마하가섭이 그가 가르치던 제자들을 데리고 석가에게 배우러 찾아온 것을 연상시킨다. 종교계에서 동서고금을 막론하고 자기보다 위인 스승을 찾아다녀도 자기를 따르는 제자들을 데리고 찾아가는 사람은 없다. 자기의 제자를 다 잃어버릴 수 있기 때문이다.

정통 신앙인 김교신이 비정통 신앙인 류영모에게 이렇게 스승의 예를 갖추자 류영모는 김교신과 거리를 두려고 말과 글을 삼가던 도부동불언(道不同不言)의 태도를 거두었다. 전에는 김교신이 글을 써 달라고 하여도 써주지 않던 류영모가 이제는 스스로 글을 써서 김교신을 찾아가기에 이르렀다. 그리하여 류영모는 〈성서조선〉이 일제에 의해 강제 폐간(1942년)되기 전까지는 거의 매월 기고하게 되었다.

① 1937. 5. 100호 '고 삼성 김정식 선생'
② 1939. 5. 124호 '호암 문일평 형이 먼저 가시는데'
③ 1940. 4. 135호 '결정함이 있으라'
④ 1940. 8. 139호 '저녁 찬송'
⑤ 1940. 9. 140호 '기별'
⑥ 1940. 10. 141호 '낙상유감(속)'
⑦ 1941. 11. 154호 '소식'

⑧ 1941. 12. 155호 '소식(二)'

⑨ 1942. 1. 156호 '소식(三)'

⑩ 1942. 2. 157호 '부르신 지 38년 만에 믿음에 들어감'

⑪ 1942. 3. 158호 '소식(四) 우리가 뉘게로 가오리까'

류영모도 김교신이 1939년 6월 25일에 성서연구회원 일동을 데리고 구기리 집으로 찾아온 일을 잊지 않았다. "위에 적은 계산한 어떤 분의 산 날은 오늘 나에게도 생각되는 날. 거금(距今) 9천 날을 보냈다. 곧 1만 8천1일을 보낸 날인데 1945년 4월 25일 작고하신 김교신 형의 일요 집회를 예(구기리 150, 류영모의 집)로 옮겨 와 이 자리에 베푸신 뒤 나에게 말씀 곧 내가 1만 8천 일 나이 먹은 느낌을 말하라고 하신 생각이 난다. 나는 아직도 그대로 살아 오늘도 예라면서 예 앉아 있는 것이 나인가? 하고 말씀……."(《다석일지》 1964. 2. 12.) 〈성서조선〉 덕에 류영모가 47살에서 52살에 이르는 지천명의 중요한 때에 했던 생각을 알 수 있게 되었다.

9장
농사짓는 은둔자

북한산 기슭으로 들어가다

류영모는 아버지 류명근의 탈상(脫喪)을 한 뒤에 아버지가 남긴 가산(家産)을 정리하여 농촌으로 귀거래(歸去來)를 하였다. 23살 때부터 23년 동안 이날을 기다려 왔는데, 45살이 되어서야 뜻을 이루었다. 생각으로야 아버지가 별세하자 곧 시골로 가고 싶었겠지만 참고 3년상을 지냈다. 《논어》에 이르기를 "아버지가 계실 때는 그 뜻을 보고, 아버지가 돌아가면 그 행함을 보아 3년 동안 아버지가 가던 길을 고치지 않아야 효라 말할 수 있다(父在觀其志 父沒觀其行 三年無改於父之道 可謂孝矣)."(《논어》학이편)라고 하였는데, 류영모는 그대로 행하였다.

류영모는 적선동 60번지의 살던 집을 팔았다. 대지가 90평이었는데 평당 시가 10원씩 9천원을 받았다. 솜 공장도 팔았다. 아버지 류명근은 만년에 경성피혁을 팔아 둘째 아들 류영철과 서기 노릇을 한 김성만이 동업하는 금은방에 투자하여 거기에서 나오는 이윤으로 생활하였다. 류명근이 죽자 재산 중 현금 일부가 없어졌다고 류영철이 주장하였다. 김성만을 의심하는 말이었지만 류영모는 캐보려 하지 아니하였다. 예수가 말하기를 "어떤 탐욕에도 빠져들지 않도록 조심하여라. 사람이 제아무리 부유하다 하더라도 그의 재산이 생명을 보장해주지는 못한다."(루가 12:15)라고 하였다.

류영모가 농사하러 간 가나안 복지는 당시 행정구역으로는 경기도 고양군 은평면 구기리 150번지였다. 그런데 뒤에 경기도에서 서울시로 편입되어 서대문구에 속하다가 또 1975년에 종로구가 되었다. 종로에서 경기도로 옮겨 갔는데, 도로 종로구 사람이 된 것이다. 농촌이 없어지는 시대가 되어 귀거래라는 말도 의미가 쇠퇴해버렸다.

류영모는 귀농하면서 구기리 일대에 임야 5필지를 샀다. 1필지가 수천 평씩 되었다. 구릉지에는 감나무·자두나무·복숭아나무와 같은 과일나무가 심어져 있었다. 모두 자경(自耕)할 수 없어 3필지는 다른 사람에게 맡겼다. 그곳에 오래된 기와집이 한 채 있어서 살림집으로 삼았다. 지금의 구기터널 근처에 있는 구기 파출소 뒤 현대빌라 자리가 류영모의 집과 과수원이 있던 자리다.

1930년대에 서울 인구는 40만이었다. 류영모가 태어나던 1890년대는 20만에 지나지 않았다. 그러나 자하문을 넘어서부터 세검·구기·평창 일대에 이르기까지는 류영모가 이사 온 1935년경에도 500호를 넘지 않았다. 구기리 골짜기에도 겨우 10여 호가 살고 있었다. 그리하여 하루종일 지내도 그곳을 지나가는 사람 보기가 어려웠다.

류영모 자신은 농사에는 마음만 있었지 실기(實技)는 없어 초기에는 성백용이라는 이를 고용하였다. 세 아들이 자라면서 농사를 많이 도왔다. 구기리로 이사 올 때 첫째 의상이 18살이었고, 둘째 자상이 16살, 셋째 각상이 14살이었다. 일손이 모자랄 때는 이웃에 사는 이상웅(李相雄)이라는 힘이 센 젊은이의 손을 빌렸다. 이것이 인연이 되어 이상웅은 류영모와 각별한 사이로 발전하였다. 류영모는 이상웅을 아들처럼 생각하였다.

류영모의 집에서는 자두·감·복숭아·산능금·앵두 같은 과일 외에도 감자·고구마·토마토·참외·수박·무·배추를 재배하였다. 그리고 젖소·산양·닭·토끼·돼지 따위의 가축을 길렀다. 젖소는 암수 두 마리로 시작하였다. 이리하여 류영모는 평생의 소원을 이루었다. 류영모는 말하였다. "이마에 땀이 흐르도록 일하면서 살아가야 합니다. 일이 나 살 것을 도와줍니다. 자기가 들어앉을 자리를 찾지 못하고 헤매다가 머무를 곳을 정하게 되면 그것을 복거(卜居)라 합니다. 도심(道心)이 이롭다는 것을 알고 땀 흘리며 일하여 생활을 규정지어주는 것이 되어 복거하니, 이 이상 즐거운 호강이 어디 있겠습니까? 권력과 금력으로 호강하겠다는 것은 제가 땀 흘릴 것을 남에게 대신 흘리게 해서 호강하자는 것이니 그 죄악은 여간한 것이 아닙니다."

내 이마에 땀 흘리며 일하겠다는 사람이 많이 나와야 나라가 잘된다. 조선왕조가 왜 망하였는가? 한마디로 이마에 땀 흘리는 것을 천하게 생각하였기 때문이다. 땀 흘리기를 싫어하는 이를 옛날엔 불한당(不汗黨)이라 하였다. 그 불한당들이 나라를 망쳤다. 불한당들이 누구였는가? 조선왕조의 양반들이었다. 유한인(流汗人)이 나라와 진리를 세운다. 톨스토이와 간디와 류영모는 이마에 땀 흘리며 일하면서 살았다. 류영모가 어찌하여 농사를 하겠다고 나섰는지를 바로 알아야 한다. 나라 사랑의 마음에서요, 진리 사랑의 마음에서다.

김교신은 류영모의 집으로 고구마 싹을 구하러 오거나(1936. 5. 21. 김교신 일기) 토끼를 구하러 왔다.(1938. 3. 18. 김교신 일기) 김교신은 양정학교 제자를 보내 농사를 배우게 하였다. "조성빈 군이 자하문 밖 류영모 선생

농장에 와서 농사하게 되었는데, 과수 일반에 관한 선한 참고서 있거든 소개하기 바라며."(1934. 4. 29. 류달영에게 보낸 김교신의 엽서)

이웃사촌 춘원 이광수

류영모가 구기리로 옮겨 온 지 5년째가 되는 1939년에 춘원 이광수가 자하문 밖 홍지(弘智)리 40번지, 지금의 상명대학교가 있는 곳으로 옮겨 와서 살았다. 그때의 자하문 밖 세검정 일대의 광경은 이광수의 단편소설 〈육장기〉(집을 판 이야기)에 그려져 있다.

류영모와 이광수는 남강 이승훈이 세운 오산학교 교단에서 약 2년(1910~1912) 동안 함께했던 옛 동료 교사이다. 그러므로 류영모는 이광수가 자하문 밖으로 이사 왔다는 소식을 듣고 이광수의 새집으로 반기는 인사를 하러 갔다.

그때의 이야기가 이광수의 일기에 적혀 있다. "류영모 씨 내방. 불도(佛道)와 노자를 이야기하다. 씨가 노자의 자비관을 설하여 《도덕경》의 삼보장(三寶章)에 미치다. 첫째 사랑이라고, 둘째 덜 씀이라고, 셋째 구태여 세상에 먼저 되지 아니함이라(一曰慈 二曰儉 三曰不敢爲天下先)."(《노자》 67장)

그리고 7일 뒤에 류영모의 맏아들 류의상의 초대 형식으로 이광수가 류영모의 집으로 답방을 하였다. 이광수의 일기에 이렇게 씌어 있다.

"류의상 군이 편지를 보내어 모란이 만개(滿開)니 와보라 하심을 받다. 이슬과 참새와 함께 가다. 장아사 법당 터의 두 느티나무의 신록이 아침 햇살에 비친 미관은 말로 할 수 없었다. 류영모 선생 부자(父子) 집에 있었다. 경내에 들어서 모란의 화향(花香)이 습입 수십 주 모란이 활짝 피었

오산학교 교사 시절. 다석 류영모의 동료 교사였던 춘원 이광수.

다. 의상 군 글에는 지난밤에 내린 비로 꽃이 상하였다고 하나, 그래도 좋다. '모란은 중국적이야. 홍백지(紅白紙)에 복(福) 자를 쓴 것 같지.' 류영모 씨는 이렇게 모란을 평하였다. '그래도 빛깔이나 향기가 동양적이고 한국적인 것이 좋아'. 나는 이렇게 모란을 변호하였다. 돌아올 때 모란 세 그루를 얻다. 정화와 함께."(1939. 5. 12. 금 맑음)

류영모는 집에서 기르는 젖소에서 짠 우유를 이광수에게 보냈다. 이광수는 류영모에게 소젖을 보내주어서 감사하다는 편지를 썼다. 그 편지가 춘원의《서간문집》에 실려 있다.

류영모 선생 감(鑑)

우유 혜송(惠送)하심 감사하나이다. 제(弟)와 같은 병약인에게는 우유는 좋은 식량이온데 시정품(市井品)이 늘 만족하지 못하와 하옵던 중 보내주신 것을 먹어보니 참으로 타락미(駝酪味)로소이다. 시정품은 비록 전유(全乳)라 하오나 크림을 아주 아니 걷기 바랄 수 없사옵고 또 자비(煮沸) 소독이오매 단백질의 경화(硬化)를 면할 수 없는 일이옵고 그뿐 아니라 사료가 헐가인 것으로 위주하와 자양도 풍부하기 기대할 수 없사와, 혜송하신 우유와 비교하오면 색택이나, 농도나, 풍미나 탈지우유인 듯 희박하옵니다. …… 영윤(令胤)의 말씀이 선생은 우유를 상용함은 우유를 숭늉이나 김치로 알 것이라 하였다 하오니 진실로 명언이라 하나이다. …… 만일 선생께서 집에서 쓰시고 아직도 나머지가 있삽거든 저의 아이들을 위하시와 1리터라도 더 보내주시기 바라오며 드리는 돈 12원은 젖소의 먹이 값에 보태실 것과 매일 우유를 가지고 오는 사람의 신발값으로 적당히 써 주시옵소서. …… 아드님으로부터 들으니 전번에 송아지가 났다 하오니 여러 중생에게 단 젖을 공급할 귀중한 사명으로 세상에 나온 손님이라 잘 자라기를 바라오며 소나기 오는 것을 보고 놀라서 젖 그릇을 둘러엎었다고 하는 아드님의 말을 듣고 실소함 금치 못하였사오며,《장자》의 '눈동자가 새로 난 송아지 눈동자 같다(瞳焉 若初生之犢).'는 글귀가 연상되와 그 송아지 한번 보고자 하나이다.

　날씨 조금 더 따뜻하오면 지팡이를 끌고 존장(尊庄)을 찾아 오래 막힌 서회(敍懷)도 하올 겸 선생의《도덕경》강화를 듣잡고도 하나이다. …… 내내 도안(道安)하심을 비옵고 이광수 배.

류영모에게 이광수에 관하여 물으면 좀처럼 입을 열지 않았다. 입을 열면 옛 벗의 허물을 이야기해야 하기 때문이다. 자꾸 물으면 "재주 있는 사람이지요."라고만 대답하였다. 그 이상 언급한 일이 없다. 이광수로부터 총기가 있어 장래가 촉망된다는 말을 들은 류의상은 춘원을 두고 "의지가 약한 분이에요."라고 말하였다.

류영모의 일기(《다석일지》)에 육당 최남선에 관한 글은 여러 군데 눈에 띄지만, 춘원 이광수에 관해서는 쓴 글은 거의 없다. 이광수가 납치되어 북쪽으로 끌려가고 없는 것도 큰 이유가 되었을 것이다. 류영모의 일기에 꼭 한 군데 이광수에 관한 글이 있었다. "춘원 붓끝에서 떨어진 한마디 떨렁이 영감 가시니 우는 아기 누가 보나는 이 머리에 그저 뜨는대 잠박매 골 끄덕이 영감 떠나면 외로운 집네 물을 곳 한군데가 더 줄겠지구먼." 이는 류영모가 이광수의 소설을 읽었다는 것을 보여주는 말이다.

류영모가 27살인 1917년 단편소설을 써서 〈매일신보〉 신춘문예에 투고하였는데 입선되어 신문에 실린 적이 있었다. 원문을 오랫동안 찾지 못해 궁금하기 그지없었는데 2010년에 와서 전문을 입수하였다. 학위 논문을 준비하던 조경덕이 〈매일신보〉 1917년 1월 23일자 신문에서 찾아내었다. 조 박사에게 감사를 드리는 바이다. 단편소설 〈귀남과 수남〉의 줄거리는 이러하다. 신앙 생활을 하는 부부가 둘 사이에서 태어난 아기를 고이고이 길렀는데 병이 나서 죽었다. 두 부부는 너무 실망하여 신앙을 버리고 하늘을 원망하게 되었다. 오랜 방황 끝에 다시 신앙을 회복하여 올바르게 살게 된다. 자식조차도 하느님의 것이지 내 것이 아니라는 깨달음이 있었다는 이야기이다. 류영모의 종교소설인 셈이다. 페스탈로치(Johann Heinrich Pestalozzi)도 《린하르트와 게르트루트》라는 교육소설을 썼다.

숨어 사는 즐거움

류영모는 '북한산인', '삼각산인', '비봉거사'라 불리며 산속 초야에 묻혀 사는 은군자(隱君子)가 되었다. 류영모가 말하기를 "세상에 나타나려고 하지 말고 숨어야 합니다. 숨으면 숨을수록 더 기쁨이 충만하게 됩니다. 그것은 더 높이 올라갈 수 있기 때문입니다. 위(하느님)로 오르려는 사람은 깊이 숨어야 합니다. 숨는다는 것은 더 깊이 준비하고 훈련한다는 것입니다. 자기 훈련으로 자기 수양으로, 사람은 진리인 도에 이르게 됩니다."라고 하였다. 사람들이 대도시에 너무 몰려들어 서로가 부딪히며 악업만 짓고 있다. 이래서는 정신이 깨어나지도 자라지도 못한다.

미국 월든 호숫가에 오두막집을 짓고 혼자서 산 적이 있는 소로(Henry David Thoreau)는 이렇게 말하였다. "나는 대부분의 시간을 혼자 지내는 것이 건전하다고 본다. 아무리 좋은 사람들과 같이 무리를 이루고 있더라도 곧 싫어지며 지치기 마련이다. 나는 혼자 있기를 좋아한다. 나는 고독보다 더 친하기 쉬운 벗을 발견하지 못했다. 우리는 방 안에 머물고 있을 때보다 밖에 나가 사람들 사이를 돌아다닐 때, 대개는 더욱 고독하다. 사색하거나 일하는 사람은 어디를 가나 고독하니 그가 있고 싶은 곳에 있게 하라. 사람들의 교제가 너무 값이 싸다. 우리는 매우 짧은 사이를 두고 만나기 때문에 제각기 새로운 가치를 얻을 시간의 여유가 없다. 인간의 가치란 살갗에 있는 것이 아니므로 남의 살갗에 닿아본다고 그 가치를 아는 것이 아니다. 만일 우리들이 가장 친밀한 교제를 즐기고 싶다면 침묵을 지킬 뿐 아니라, 서로의 말소리가 들리지 않을 만큼 육체도 떨어져 있어야 한다."(소로,《숲 속의 생활》)

히말라야 연봉을 자신의 고향으로 생각한 헤르만 헤세는 이렇게 말하였다. "나는 조용한 은둔의 행복에서 다음과 같은 지혜를 배웠다. 그것은 모든 사물에 간격(틈)이라는 솜털을 남겨 둔다는 것, 그리고 모든 것들에 일상의 접촉의 차가운 잔혹한 빛을 비추지 않는 일이다. 그리고 모든 것은 얇은 금박을 씌운 물건을 다루듯이 가볍게 살그머니 조심스럽게 접촉

해야 한다."(헤세, 《인생론》)

석가는 말하기를 "언제나 시끄러운 곳을 벗어나 한적한 곳에서 홀로 거처하라. 나와 남을 버리고 비고 조용한 곳에서 홀로 머물며 괴로움의 뿌리(自我)를 뽑아야 한다."(《불교유경(佛敎遺經)》)라고 하였다.

영국의 칼라일은 31살에 결혼한 뒤에 바로 크레이건 퍼툭이라는 벽촌에 가서 8년(1826~1834) 동안 살았다. 그곳을 찾아오는 이는 우체부밖에 없었다. 칼라일의 사상은 그 동안 대자연 속에서 마음껏 자라 세계적인 사상가가 될 수 있었다. 1932년 에머슨이 시골에 사는 칼라일을 찾아왔다. 칼라일은 37살이요, 에머슨은 29살이었다. 에머슨은 그때 아내를 여의고 목사직을 그만둔 상태에서 고민과 갈등 속에 있었다. 에머슨은 칼라일을 만나고서 정신적인 위기를 극복하였다. 류달영은 류영모를 한국의 칼라일이라고 하였다.

류영모가 깊은 산 속에 숨은 것은 사람을 멀리하고자 한 것이 아니라 참을 찾고자 한 것이다. 그리하여 참을 찾고자 하는 이들이 많지는 않았으나 끊이지 않고 류영모를 찾았다. 함석헌·김교신·류달영·김홍호·이정호·류승국·이성범·염낙준(廉洛畯)·서완근(徐完根)·박인호·박영인·김천배(金天培) 등 다 들 수 없다. 《다석일지》에 찾아온 이들의 이름이 적혀 있다. 류영모가 써놓은 것도 있고 방문자가 써놓은 것도 있다. 한때 류영모는 집 대문에다 "참을 찾고자 하는 이는 문을 두드리시오."라고 써 붙여 놓기도 하였다. 류영모로서는 가장 적극적인 표현이었다.

류영모는 자신이 서울 성 밖에서 사는 사람으로서 스스로 비천하고 가련한 사람이라 하여 '가련자비(可憐自卑)'라는 한시를 지었다.

可憐自卑(가련자비)

自下門樸人(자하문박인)
紫霞門外生(자하문외생)
陽止所居處(양지소거처)
陰直以己行(음직이기행)

나는 어머니 하문에서 난 천박한 사람
서울 자하문 성 밖에서 살고 있노라
햇살 쪼이는 양지 바른 곳에서 머무르고
사람이 안 보는 그늘에서도 곧게 움직이리

(박영호 옮김)

북한산을 삼각산이라고도 한다. 북한산에 오르면 백운대(836미터)·인수봉(804미터)·만경대(800미터)의 세 뫼 봉우리가 세모를 이루고 있어 삼각산이라는 이름이 붙었다. 북한산에 산성이 있어 길이가 20여 리가 되며 14개의 성문이 있었다. 지금은 대남문을 비롯하여 7문만 남아 있다. 류영모는 "삼각이 뭐냐. 그대로 한 송이 꽃이다."라고 하였고, 김교신은 "왕관 같은 북한산은 바라볼수록 한국의 영광이요. 시내산(시나이산) 같은 인수봉은 가까이 볼수록 엄숙하다."라고 하였다.

자연에 관해 특별한 관찰과 사색을 한 미국의 사상가 에머슨은 이렇게 말하였다. "숲 속에서는 언제나 젊어진다. 숲 속은 하느님의 낙원이라 언제나 경건과 거룩이 함께 하고 영원의 축제와 향연이 베풀어진다. 숲 속에서 우리는 이성과 신앙을 찾게 된다. 나의 머리는 상쾌한 미풍에 씻은 듯 맑아지고 무한한 공간으로 둥실 떠오른다. 모든 천박한 이기심은 사라지고 만다. 나는 투명하여 안 보이는 얼의 눈이 되어 모든 것을 본다. 우주의 존재자의 기운이 내 속에서 감돌고 나는 하느님의 중요한 분신임을 알게 된다."(에머슨,《수상록》)

1969년 4월 21일에는 구기리에도 전기가 들어왔다. 류영모는 35년 동안 석유 등잔으로 살았다고 일기에 적었다. 1998년 둘째 아들 류자상이 이 땅을 팔고서 천안으로 옮겨 가고 지금은 류영모가 살았던 흔적은 찾아볼 수 없다. 언젠가는 지구도 흩어져 없어질 때가 있을 것이라 생각하며 아쉬워하지 않기로 하였다.

죽음과의 싸움

야곱이 얍복 나루를 건널 때에 있었던 일이다. "야곱은 혼자 뒤떨어져 있었다. 그런데 어떤 분이 나타나 동이 트기까지 그와 씨름을 했다. 그분은 야곱을 이겨낼 수 없으리라는 것을 알고 야곱의 엉덩이뼈를 쳤고 야곱은 환도뼈(넙다리뼈)를 다치게 되었다. 그분은 동이 밝아 오니 이제 그만 놓으라고 했지만 야곱은 자기에게 복을 빌어주지 않으면 놓아드릴 수 없다고 떼를 썼다. 일이 이쯤 되자 그분이 야곱에게 물었다. '네 이름이 무엇이냐?' '제 이름은 야곱입니다.' '너는 하느님과 겨루어냈고 사람과도 겨루어 이긴 사람이다. 그러니 다시는 너를 야곱이라 하지 말고 이스라엘이라 하여라.'"(창세기 32 : 25~29)

이때 야곱이 밤새도록 씨름을 하였다는 것은 죽음의 공포와 싸운 것이다. 형에게 죽임을 당할까 두려워 죽음의 공포에 시달린 것이다. 성경에는

'하느님과 씨름하였다'고 되어 있지만 하느님이 할 일이 없어 사람과 밤새도록 씨름을 한단 말인가? 죽음의 공포를 이기고 나니 사람이 달라져 야곱을 이스라엘이라 부르게 된 것이다.

류영모가 한 세대를 보내고 40대에 이르자 어른으로 모시던 이들이 잇달아 죽었다. 1930년에 이승훈이 가고, 1933년에 류명근이 가고, 1937년에 김정식이 갔다. 류영모는 "죽음을 보는 것이 주검의 사열 행진을 보는 것 같다."고 말하였다.

그런데 한 세대 위의 어른이 아니라 동년배의 벗들도 죽었다. 1939년에 류영모보다 2살 위인 51살의 호암 문일평이 죽고, 또 이름을 밝히지는 않았지만 류영모보다 1살 위인 50살의 친지가 죽었다. 그 두 사람의 죽음이 불기둥·구름기둥이 되어 자신의 앞뒤에 섰다고 하였다. 이 말은 죽음에 포위된 자기 자신을 발견하였다는 말이다. 샤르댕은 인류학을 연구하고자 오랫동안 중국에 있었다. 고국 프랑스에서 날아온 친지의 부음을 받을 때면 자신도 죽는 듯 생병(生病)을 앓았다.

류영모는 1995년 남산의 외인 아파트가 폭파되어 허물어지듯 제나가 파사(破私)하는 체험을 하였다. 류영모 자신이 산 날수인 1만 8,888일을 자신의 파사일로 삼았다. 18888의 1은 이(영어의 I도 나이고 우리말 '이'의 원글자로 '그이, 저이'의 '이다. 여기선 곧추선 나를 상징한다.)로 나이고, 8(파, 破)이 넷(사, 私)이니 그대로 '나의 파사일'이다. 류영모가 말하기를 "나가 깨져 무사(無私)만 하고 보면, 흑암(黑暗)이나 사망의 두려움이 없음을 알았습니다."(1940년 8월 〈성서조선〉 139호, '저녁 찬송')라고 하였다.

야곱이 얍복 나루에서 죽음의 공포와 싸우다가 환도뼈를 다쳤듯이 류영모도 죽음의 공포와 싸우다가 크게 다쳤다. 1941년 8월 5일에 류영모는 집 둘레에 서 있는 아카시아나무 가지를 자르려고 삼각다리에 올랐다가 그만 삼각다리에서 떨어져 허리뼈를 심하게 다쳐 누워 앓으면서 깨달음을 얻었다. 남녀의 정사를 쾌락이라지만 실은 고통이요, 죽음을 고통이라고 겁을 먹지만 좋은 맛임을 깨달은 것이다.

류영모는 이렇게 말하였다. "죽음(臨終)이 가장 새로운 세계(最新期)이겠다는 것과, 고통과 쾌감은 밀접한 관계가 있어 서로 헷갈리기 쉽다. 실은 고통인 것을 쾌감으로 탐하는 것을 깨닫지 못한 때에는 망령된 생각에 빠지는 일이 많다. 실은 한 맛인 것을 고통으로만 알아 크게 겁먹는 수가 많다. 사람의 살림이라는 것이 몸뚱이의 자질구레한 일로 보내는 것이 생활의 대부분인데 어찌하면 하느님의 성령과 함께 하는 참된 삶을 살 수 있을까? 몸이란 마침내 큰 짐이요, 감옥이요, 못된 장난이다."(1940년 9월 〈성서조선〉 140호, '기별')

류영모는 나가 없음을 알고, 나를 없앰에 이르렀다. 나란 거짓 생명이라 없음에 이르는 것이 옳음이다. "연래(年來)에 나를 무엇에 비할까 하고 퍽 찾았었다. 나라는 존재가 영(零)이라 나는 없다. 하느님께서 있으라 하시고 자리를 갖게 하였으나 털끝만큼도 소유는 없다. 위이무(位而無)다. 억지로 비기면 점(點)이다. 자리뿐이요 크기는 없다. 없는 나에게는 시간의 길이나 공간의 넓이도 없다."(1941년 11월 〈성서조선〉 154호, '소식')

류영모는 나의 하느님이 아니라 하느님이 나인 것을 깨달았다. 우주가 생기기 전에도 하느님 한 분이 계셨고, 우주가 생긴 뒤에도 하느님 한 분이 계시고, 우주가 없어진 뒤에도 하느님 한 분이 계신다. 모든 상대적 존재는 하느님의 일부분에 지나지 않는다. 이 나도 하느님의 한 부분이다. 그러므로 하느님 한 분만이 계신다. 우주의 천체가 아무리 많아도 하느님의 부속물일 뿐이다. 하느님밖에 '나'라고 할 독립된 존재는 없다. 사람들이 제각기 '나'라고 하는 것은 하느님을 사칭하는 불경스런 일이다. 그래서 예수는 하느님의 아들이 되라고 하였다. 아들이란 하느님의 일부라는 뜻이다. 그래서 하느님을 유일신이라 한다. 유일신이란 유일한 존재라는 뜻이라야 한다.

사람은 출생함으로 하느님과 멀어져 타락한 탕자라 한다. 사람은 죽음으로 하느님과 하나 되어 귀천(歸天)한 하느님 아들(獨生子)이라고 한다. 류영모는 다음과 같이 노래하였다.

다 아니다. 다 죽는다. 빈탕이 한데이다.
다 아니다. 다 죽는다. 오직 하나 그만이다.
줄곧 왼 한 고디 말씀 그만이다.

시인 천상병(千祥炳)도 '나 하늘로 돌아가리라'고 귀천을 노래하였다. 나란, 위조지폐와 같은 거짓된 나이므로 없어지는 것이 하느님께로 돌아감이다. 하느님이 참나이며 빔(空)으로 없이 계신다. 가짜가 있는 것이 진짜가 있는 증거이다. 제나는 거짓나이고 참나가 얼나이다. 얼나로는 나와 하느님이 하나이다.

52살에 얻은 깨달음

예수는 말하였다. "육(몸)에서 나온 것은 육이며 영(얼)에서 나온 것은 영이다. 새로 나야 된다는 내 말을 이상하게 생각하지 마라. 바람은 제가 불고 싶은 대로 분다. 너는 그 소리를 듣고도 어디서 불어와서 어디로 가는지를 모른다. 성령으로 난 사람은 누구든지 이와 마찬가지다."(요한

3:6~8)

사람이 이 세상에 온 것은 어버이가 낳아준 몸나(제나)를 버리고 하느님이 주시는 얼나를 깨달아 하느님과 한 생명인 얼로 영생하자는 것이다. 이것은 예수와 석가를 비롯하여 구경의 깨달음에 이른 참사람의 공통되고 일치된 가르침이요, 공통의 진리다. 류영모는 이렇게 말하였다. "참나를 보는 이것이 정견(正見)입니다. 참나를 보아야 하고 참나를 알아야 합니다. 자신의 참나를 알게 하기 위하여 예수가 온 것입니다. 예수를 믿는 것은 참나인 얼의 나가 죽지 않는 생명임을 알기 위해서 예수를 믿는 것입니다."

류영모는 자기 마음속에 있는 하느님이 보낸 영원한 생명인 얼나를 가장 깊이 실감한 날을 밝혔다. 류영모가 52살이 되던 해인 1942년 1월 4일이다. 석가가 얼나를 깨달은 것은 35살이 되는 해의 2월 8일이다. 류영모는 15살 때부터 교회에 나가기 시작하였다. 신앙 생활을 한 지 꼭 38년째가 되었다. 류영모가 말하기를 "하느님께서 저를 38년 전 1905년 봄에 부르시지 않으셨습니까? 그날부터 여태까지 병든 믿음으로 온 것이 아닙니까? …… 올(1942년) 1월 4일에 제가 마침내 아버지 품에 들어간 것은 37년을 허송한 표인가도 싶습니다. …… 죽을 것을 지키고 있다가는 죽어 끊어질 것이요. 뒤에 죽을 몸을 거두어서 앞의 얼삶에 양식으로 이바지함으로써 생명을 여는 몸이 되는 것을 보았습니다. 예수의 이름은 오늘도 진리의 성령으로 생명력을 풍성하게 내리십니다."(1942년 2월 〈성서조선〉 157호, '부르신 지 38년 만에 믿음에 들어감')라고 하였다.

류영모는 지난 38년 동안의 신앙 생활은 베데스다 못에서 기다리던 병자와 같이 병든 신앙이고 죄된 생활이었다고 말하였다. 이제까지의 신앙 생활에는 제나가 온전히 죽지 못하였다는 말이다. 이것은 류영모가 쓴

'믿음에 들어간 이의 노래'에서 잘 드러나 있다.

>나는 시름 없고나
>님이 나를 차지하사 님이 나를 맡으셨네
>님이 나를 가지셨네
>몸도 낯도 다 버리네
>내 거라곤 다 버렸네

 신앙 생활은 제 속에 있는 탐·진·치 삼독의 수성을 죽이는 것이다. 그런데 종교를 핑계로 짐승의 성질을 지닌 제나가 더 설치면서 삼독의 죄악을 저지르고 있다. 그것은 거룩한 종교가 아니라 악마들의 집단이라 아니할 수 없다. 그 대표적인 예가 인도에서 일어난 종교 분쟁이다. 힌두교도·이슬람교도·시크교도가 서로 빼앗고 죽이고 강간하였다. 제2차 세계대전이 끝난 후 인도가 분리되면서 일어난 종교 분쟁으로 50만 명이 희생되었다. 나중에는 자기 종파에서도 과격파·온건파로 나뉘어 서로 죽였다. 지금까지도 여전히 서로 죽이고 있다. 마하트마 간디가 암살된 것도 바로 그 때문이었다. 종교의 이름으로 저질러지는 이 수성(獸性)의 광기는 얼마나 황당한 일인가! 마하트마 간디가 말하였다. "체험한 믿음과 단순히 믿자는 욕심 사이에는 큰 차이가 있다. 사람들은 이를 몰라 속고 있다."(간디,《날마다 한 생각》)

 류영모는 나를 죽이자 하느님으로부터 성령이 오는 것을 체험하였다. "진리의 성령으로 생명력을 풍성하게 내리신다."('부르신 지 38년 만에 믿음에 들어감')라고 말하였다.

 마크 트웨인(Mark Twain)이 쓴《왕자와 거지》라는 소설이 있다. 우연히 왕자와 거지가 옷을 바꿔 입었다. 그리하여 거지인 톰 캔티가 거짓 왕자 노릇을 하게 되고 진짜 왕자인 에드워드는 거지가 되어 온갖 시련을 겪는다. 마지막에는 거지가 된 에드워드가 궁성으로 돌아와 임금이 되고 거지 왕자 톰 캔티는 시민으로 돌아갔다. 그처럼 거짓나인 제나는 물러나고 참나인 얼나가 들어서는 것이 거듭나는 것이다.

류영모는 이렇게 말하였다. "어머니 배에서 나온 나는 참나가 아닙니다. 하느님이 보내시는 얼(성령)이 참나입니다. 거짓나가 죽어야 참나가 삽니다. 제나가 완전히 없어져야 참나입니다. 참나는 얼이라 하느님과 하나입니다. 참나와 하느님은 얼이라 하나로 이어져 있습니다. 그리하여 유한과 무한이 이어집니다. 그것이 영원한 생명입니다. 진선미한 얼생명입니다. 예수와 석가에게 나타났던 영원한 생명이 나에게도 나타났습니다. 영원한 생명은 시간과 공간을 초월하여 존재하는 것이 틀림없습니다."

예수는 하느님이 주시는 얼나를 "하느님이 보내신 이"(요한 5:24) 또는 "하느님께로부터 온 이"(요한 6:46)라고 하였다. 이 얼나는 어머니의 하문으로 난 제나와는 구별하여 '위로부터 난다' 또는 '거듭난다(重生)'고 말하였다. "내 말을 듣고 나를 보내신 분을 믿는 사람은 영원한 생명을 얻을 것이다. 그 사람은 심판을 받지 않을 뿐만 아니라 이미 죽음의 세계에서 벗어나 생명의 세계로 들어섰다."(요한 5:24)라고 말하였다.

류영모가 38년 동안 깨달음이 없었던 것은 아니다. 그 동안 점수점각(漸修漸覺)을 하여 온 것은 틀림없는 사실이다. 그런데 52살에 이르러서야 구경각을 이룬 것이다.

공자가 50살에 천명을 알았다고 하는 것도 중생(重生)을 체험한 것임에 틀림없다. 톨스토이도 50살에 얼나를 깨달았다. 류영모도 50살에 이르러서 얼나를 깨달았다. 남아메리카 잉카 마야의 거석 문화(巨石文化)를 이룬

인디오들은 우주의 주기를 52년으로 보았다. 무엇인가 암시해주는 것이 있는 것 같다.

우리는 하느님을 알 수 없다. 그러므로 하느님은 신비하다. 우리가 하느님에 대해서 자신 있게 말할 수 있는 것은 전체라는 것이다. 하느님은 나지 않고 죽지 않는 영원한 존재이시다. 하느님은 시작도 없고 마침도 없는 무한한 존재이시다. 하느님은 있음도 아니고 없음도 아닌 신령한 존재이시다. 그리고 하느님은 생사를 넘어선 얼의 존재이시다. 하느님은 애증을 넘어선 사랑의 존재이시다. 하느님은 희비를 넘어선 기쁨의 존재이시다. 그러므로 우리가 제나를 죽이고 하느님에 이르면 말씀이 쏟아지고 사랑이 샘솟고 기쁨이 넘친다.

톨스토이는 49살 때 《안나 카레니나》를 탈고한 후에 삶의 회의에 빠져 자살 직전에까지 이르렀다. 그런 그가 농민들의 생활에서 신앙 생활을 발견하게 되었다. 그리하여 마음속으로 하느님을 찾기 시작하였다. "하느님이란 이것 없이는 살아갈 수 없는 존재다. 하느님을 안다는 것과 산다는 것은 같은 것이다. 하느님은 곧 나의 생명이다. 하느님을 찾아서 살자. 그러면 하느님이 없는 생활은 없다. 이렇게 깨닫자 나의 속마음은 물론 밖의 모든 것이 이제까지보다 훨씬 광채를 띠고 나타났다."(톨스토이, 《참회록》)

류영모는 52살에 이미 그 신심이 구경의 깊이에 이르렀다. 류영모가 말하기를 "기도하는 가운데 전 허공계가 잘못된 것임을 알고 이 잘못을 헤치는 데는 하느님의 성령 없이는 불가능인 것을 알았습니다."('부르신 지 38년 만에 믿음에 들어감')라고 하였다. 류영모의 마음에 하느님의 얼(성령)이 임하였음을 보여주는 말이다. 하느님의 성령이 와야 거듭나게 된다. 거듭난 류영모의 마음에는 말씀과 사랑과 기쁨이 넘쳐흘렀다. 류영모는 이것을 '누김의 기쁨'이라고 표현하였다. '누김'은 제나가 참나가 아님을 알고 놓아버린 뒤에 영원한 생명인 얼나로 솟나는 데서 오는, 하늘이 무너져도 끄덕 않는 너그러운 기쁨이다.

그때의 모습을 김교신이 잘 그려놓았다.

하루 아침에 다석재 선생은 보는 바와 같은 원고를 손수 지니고 오셨다. 흥분의 혈조를 띠시고 넘치는 기쁨을 누르지 못하시면서 오신 뜻을 피력하기 시작하였다. "이 사람의 졸고를 여러 번 〈성서조선〉지에 실어주신 것은 고마운 때도 있었고 미안한 때도 있었으나 이번 원고만은 반드시 실어주어야 할 의무가 〈성서조선〉지에 있습니다."라고 하면서 내놓으신 것이 '부르신 지 38년 만에 믿음에 들어감'이라는 글이었다. 그 38년이라는 문자와 그 만면에 넘쳐흐르는 변화의 광휘(光輝)와 번갈아 대조하면서 우리는 한동안 대답할 바를 찾지 못하고 오직 어안이 벙벙하였다.

다석재 선생의 사람됨과 이지(理智)와 신조를 아는 이만은 잘 안다. 나신 지 1만 9천 일도 가까우신 오늘 믿음에 들어감이라 하니 대체 무슨 소식이며 또 입신(入信)과 〈성서조선〉지에 관련이 있다 하니 이 어떠한 기별인가? 표범의 변피(變皮)를 보고자 원하는 이들아! 다석재 선생의 입신한 전말을 상독해보라. 돌같이 차고 죽었던 이지의 덩어리가 무르녹아 생명이 약동하는 신앙의 광명을 와보라. 골(결승점)에 가까울수록 가속도로 달리는 우리 선수의 모습을 형제여 주시하라.(김교신, 1942년 2월 〈성서조선〉 157호)

류영모는 그러한 기쁨을 늘 간직하면서 살았다. 그러다가 기쁨이 터져 나오면 강의를 하다가도 춤을 추었다. 얼춤(靈舞)이라고 할 수 있다. 김홍호는 류영모가 강의를 하다가 춤을 춘 것을 이렇게 말하였다. "선생님은 진리를 탐구하는 데 그치지 않고 진리로 사는 데 한없는 법열을 느끼셨습니다. 선생님은 가끔 강의를 하다가도 수무족도(手舞足蹈) 둥실둥실 춤을 추는 때도 있었습니다. 선생님은 사람의 본성을 기쁨으로 생각했습니다."

말씀과 사랑과 기쁨의 하느님에 이르렀는데도 말씀도 없고, 사랑도 없고, 기쁨도 없다면 거짓말이다. 그는 아직 하느님께 이르지 못한 것이다. 류영모는 말씀과 사랑과 기쁨으로 일생을 살았다. 류영모가 말하였다. "목숨은 기쁨입니다. 사는 것은 기쁜 것입니다. 생각하는 것은 기쁜 것입니다. 생각하는 것이 올라가는 것입니다. 생각하는 것이 기도입니다. 기도는 하늘에 올라가는 것입니다. 참으로 하느님의 뜻을 좇아 하느님께 올라간다는 것이 그렇게 기쁘고 즐거울 수가 없습니다."

왕수인(왕양명)은 환관 류근의 참언으로 억울한 누명을 쓰고 장형 40대를 맞는 신세가 되었다. 겨우 살아남아 귀주(貴州) 용장으로 귀양을 갔다. 그곳은 소수민족인 묘족이 사는 곳이었다. 왕수인은 그곳에서 조그만 돌집을 짓고 그 안에 들어가 명상을 하였다. 어느 날 새벽 그의 마음이 밝아졌다. "성인의 도란 나의 양지(良知)다. 모든 사물에서 이치를 찾으려 한 것은 잘못이다." 이때 왕수인의 나이는 37살이었다. 왕수인은 너무도 기뻐서 돌집을 나와 춤을 추며 미친 사람처럼 돌아다녔다.

사람들은 춤을 추고 있는 그를 보고 놀랐다. 수학 문제 하나를 풀어도 기쁜데 인생 문제가 풀렸으니 어찌 기쁘지 않겠는가! 앓던 병이 나아도 기쁜데 영원한 생명을 얻었으니 어찌 기쁘지 않겠는가! 고향에 계시는 부모님을 만나도 기쁜데 하느님 아버지를 만났으니 어찌 기쁘지 않겠는가! 이것은 세상 사람들이 추구하는 행복과는 다르다. 으스대고 뽐내며 방탕한 삶을 살면서 행복하다는 것은 행복이 아니라 멸망의 넓은 길을 가는 것이다. 거기에 사제들의 입에서 행복 소리를 늘어놓는 것은 마귀의 소리가 될 뿐이다.

류영모는 참나를 깨닫고는 성격에 변화가 왔다. 모난 듯하던 것이 둥글어지고 찬 듯하던 것이 따스해지고 고집스럽던 것이 너그러워졌다. 원융무애(圓融無礙)에 이른 것이다. 마하트마 간디는 이렇게 말했다. "성공한 삶의 참 증표는 그 사람의 마음속에 부드러움과 너그러움의 자람이다." (간디, 《날마다 한 명상》) 부드럽고 너그럽지 못한 신앙은 죽은 신앙이요, 거짓 신앙이다.

김교신을 위해 쓴 깨달음의 글

류영모가 쓴 '부르신 지 38년 만에 믿음에 들어감'이라는 글은 류영모가 스스로 제나에서 얼나로 거듭난 영성 체험을 간증한 것이다. 그러나 그것을 글로 쓴 것은 김교신에게 보여주기 위해서라고 해도 좋을 것이다. 옛 중국의 명금가인 백아(伯牙)는 거문고 소리를 들어줄 줄 아는 벗 종자기(鍾子期)를 위하여 연주할 때 가장 기뻐하였다. 류영모는 자신이 쓰는 글의 속뜻과 글월의 금새(가치)를 바로 알아주는 김교신이 고마웠다. 그래서 자신의 귀중한 신앙적인 체험을 글로 써서 김교신에게 보여주고 싶었다. 류영모는 더구나 자신이 비정통의 신앙임을 알면서도 정통의 신앙을 지닌 김교신이 구애치 않고 자기를 스승으로 받드는 데 마음으로 감격하였다. 자신의 깨달음이 김교신에게도 이루어지기를 바라는 마음이 없지 않았을 것이다.

류영모와 김교신 사이를 누구보다도 잘 아는 류달영이 이렇게 말하였다. "비정통 신앙 정신을 가진 류영모를 가장 정통적인 신앙인으로 자처하면서 살아온 김교신이 그처럼 받들고 높이면서 살고 간 것은 후세 사람들에게 깊이 존경받을 일이다. 류영모가 김교신을 제자로 생각했겠는가? 함석헌과는 달리 좋은 동지로 여기면서 아끼고 한편으로 존경도 했을 것으로 믿어진다. 김교신은 아마도 류영모를 높이 우러러보고 정신의 스승으로 가슴에 모시고 살았을 것으로 믿어진다."(류달영, '다석 류영모 추모문')

류영모는 솟남의 체험을 문자화했을 때 자신의 기조 정신이 예수인 데다 정통 신앙을 지닌 김교신에게 보여주기 위한 글이라 인용하는 글이 거의 성경 일색이었다. 성경은 류영모가 좋아하는 요한복음을 주로 인용하였다. 이에 대하여 최인식(서울신학대학 교수)은 그의 논문 〈다석 류영모의 그리스도 이해〉에서 이렇게 언급하였다. "그(류영모)가 그리스도의 유일성 신앙 고백을 그의 계속되는 강좌에서 전혀 언급하지 않은 이유에 대해서는 알 수 있는 충분한 자료가 없기에 다만 다음과 같은 가능성을 추론할 뿐이다. 다석이 자신의 사상을 논한 곳은 교회나 성경 공부나 대중 집회가 아니고 일반 신자들을 대상으로 한 YMCA 연경반이었다는 것을 생각해볼 수 있다. …… 파스칼은 회심의 신비적 체험을 아무에게도 알리지 않고 그 내용을 양피지에 적은 뒤 저고리 안쪽에 꿰매어 두었다. 이 사실은 파스칼이 임종한 뒤에 밝혀졌다. 류영모 역시 개인적인 신앙 체험을 전도 등의 목적에 사용하지 아니하고 〈성서조선〉에 소개함으로써 가까운 사람들끼리만 나눈 것으로 이해할 수 있다." 최인식의 짐작은 비슷하게 그 언저리까지는 왔으나 정곡인 김교신을 맞히지는 못하였다.

류영모가 '부르신 지 38년 만에 믿음에 들어감'이라는 글을 쓴 원고지를 들고 〈성서조선〉 잡지사로 찾아갔다. 그리고 김교신에게 말하기를 이 글이 〈성서조선〉과 관계가 있다고 말하였다. 〈성서조선〉 대신에 김교신이라는 이름을 넣어야 한다. 〈성서조선〉은 김교신 혼자서 사장에서 사환 일까지 다하였던 것이다. 그렇다고 글 속에 김교신에 관한 이야기가 있는 것은 아니다. 김교신 그대를 위해서 쓴 글이라는 말을 완곡하게 표현한 것이다. '부르신 지 38년 만에 믿음에 들어감'은 김교신이 없었으면 문자화되지 아니하였다. 류영모는 글을 써 모아 두는 일을 좀처럼 하지 않았다.

류영모는 상대방의 신앙을 무조건 존중한다. 내가 말하는 대로 믿어야 된다는 말을 한 적이 없다. "종교는 자유인데 자기가 어떻게 믿든 자기가 분명한 것을 믿으면 됩니다. 남의 말을 듣고 믿으면 그게 뭡니까? 한 마리의 개가 의심이 나서 짖는데 다른 개들이 따라 짖는 것과 무엇이 다릅니까?"

류영모는 스님이 찾아오면 불교 이야기를 하고 목사가 찾아오면 기독교 이야기만 하였다. 그것도 좋은 점을 화제로 삼는다. 그래서 신앙 문제로 논쟁을 하는 것을 보지 못하였다. 그런데 꼭 한 번 이런 일이 있었다. 1958년도 천안에서 농장을 하던 함석헌이 그 농장에서 여름 모임을 열었다. 거기에는 송두용을 비롯한 무교회 사람들도 참석하였다. 그런데 무교회 사람들이 정통 신앙의 정당성을 주장하기 위하여 은근히 함석헌의 신앙 태도에 문제를 제기하였다. 함석헌을 시비하는 것은 곧 류영모를 시비하는 것이나 다름이 없었다. 류영모가 나서서 대성일갈하여 시비를 못하게 하였다.

최인식은 '예수의 유일성'과 항복을 말하였지만, 류영모의 말을 교회의 정통 신앙의 개념으로 받아들이면 안 된다. 류영모의 그리스도관이 다르기 때문이다. 류영모가 말하기를 "예수의 혈육(몸)도 다른 사람과 똑같은 혈육입니다. 마음은 목마르지 않으나 몸은 목마릅니다. 몸은 목마르고 아프지만, 이 몸이 어떤 의미를 드러내는 상징이라면 입성(入城)도 하고 십자가도 져서 천명(天命)을 따라야 합니다." 류영모는 예수의 색신(몸)을 그리스도로 보지 않았다. "예수의 몸은 우리의 몸과 다를 것이 없습니다."라고 말하였다.

그러나 류영모가 예수를 가장 좋아한 것은 사실이다. 류영모는 이렇게 말하였다. "예수가 제일 좋습니다. 예수는 하느님 아버지와 부자유친하였습니다. 예수는 유교를 제치고 하느님 아버지께 유친(有親)하자고 들이덤볐습니다. 불서(佛書)는 사고무친(四顧無親)입니다. 예수와 하느님 아버지의 부자유친은 4대 복음서에 나타나 있습니다."

류영모의 신앙 고백인 '부르신 지 38년 만에 믿음에 들어감'을 읽고 김교신을 비롯한 〈성서조선〉 동인들은 류영모가 비정통 신앙에서 정통 신앙으로 돌아온 줄 잘못 생각하였다. 그것은 같은 낱말을 두고도 서로의 개념이 달랐기 때문이었다. 예수가 말하는 나를 몸나로 보는 것과 얼나로 보는 것은 하늘과 땅만큼 다르다. 예를 하나 들면, "나는 길이요 진리요 생명이다. 나로 말미암지 않고는 아무도 아버지께 갈 수 없다."(요한 14:6, 박영호 의역)라는 예수의 말이 바로 그렇다. 예수는 얼나로 말하였는데 정통 신앙인은 몸나(제나)로 풀이하고 류영모는 얼나로 푼다. 전통 신앙이나 비정통 신앙이나 같은 성경을 읽었지 결코 다른 성경을 가지고 있는 것은 아니다. 그러나 그들의 예수관이 다르기 때문에 그 뜻은 하늘과 땅만큼 다르다. 김교신은 류영모가 예수를 주(主)라 불렀다면서 깜짝 놀라서 다음과 같이 말하였다.

"한국의 삼재니 오재니 하고 칭찬받던 것이 이미 전 세기의 일에 속하는 선배. 일찍이 20대에 한 요한복음 강의를 들은 이들이 30년이 지난 오늘에 와서도 귀에 뚜렷할 만큼 성경을 깊이 미독(味讀)한 어른. 40만 인구에 백만으로 성장하는 서울에 족히 이야기할 사람이 없다 하여 험로를 넘어 성조사(《성서조선》 잡지사)에서 밤새우기를 드물게 안 하는 어른. 일찍이 우치무라 선생의 〈성서지연구〉의 독자였으나 톨스토이에게 사숙함이 컸었던 듯하다. 그리하여 그리스도를 단지 사람으로 보려는 것만은 우리와 대립하는 것이요, 또 이 일에 관해서는 절대한 자신이요 자만이었다. 그러므로 우리를 대할 때마다 우리의 소위 복음적이며 순진한 신앙을 동요시킬까 두려워서 자기 생각을 솔직히 표명하기를 조심하였다. 보라, 그 확신과 커다란 자부심을. 이럴 때마다 우리는 자신의 신앙을 재검토 안 할 수 없었다. 그런데 올해 이른 봄에 '부르신 지 38년 만에 믿음에 들어감'이라는 글이 천외(天外)의 벽력같이 이 나의 책상에 떨어졌다. 해와 달의 운행을 정지할 법은 있어도, 표범의 가죽 빛이 바뀐다 하기로서 이 어른이 어찌 예수를 주(主)라 부르게 되었는가."

류영모는 김교신에게 가까이 다가가 그의 손을 잡고자 정통 신앙인이 좋아하는 성경에 입각한 글을 썼건만 김교신은 바로 읽어주지를 못하였다. 예수를 주(主)라고 한 것에만 눈에 휘둥그레진 것이다. 류영모가 '부르신 지 38년 만에 믿음에 들어감'이란 글에서 주라 한 것은 하느님이 보내신 얼나를 주라고 한 것이다. 이 성령의 나는 예수의 마음속에 왔고, 류영모의 마음속에도 온 것이다. 참나를 깨달은 그밖에 다른 사람들에게도 왔고 또 온다. 예수가 말한 '아브라함이 태어나기 전부터 있었던 얼나'(요한 8 : 58, 박영호 의역)를 말한다.

예수의 마음속에 얼나가 있었다는 것을 어떻게 아는가 하면 예수로부터 나온 하느님의 말씀으로 안다. 류영모의 마음속에 얼나가 있었다는 것을 어떻게 아는가 하면 류영모로부터 나온 하느님의 말씀으로 안다. 나로부터 하느님의 말씀이 나오면 내 마음속에도 얼나가 오신 것을 안다. 김교신은 이것을 전혀 몰랐다.

예수가 말하기를 "내가 가르치는 것은 내 것이 아니라 나를 보내신 분의 가르침이다. 하느님의 뜻을 실천하려는 사람이면 이것이 하느님으로부터 나온 가르침인지 또는 내 생각에서 나온 가르침인지를 알 것이다." (요한 7:16~17) "내가 아무것도 내 마음대로 하지 않고 아버지께서 가르쳐주신 것만 말하고 있다는 것도 알게 될 것이다. 나를 보내신 분은 나와 함께 계시고 나를 혼자 버려두시지는 않는다."(요한 8:28~29) 여기에서 '나를 보내신 분'이라기보다 '내게 보내신 분'이라고 하면 뜻이 더 분명해진다.

류영모는 이렇게 말하였다. "하느님 아버지께서 하신 그대로를 이르는 것이 예수가 하는 일이었습니다. 말의 근원은 하느님인데 우리의 말은 그 전갈입니다. 꼭 해야 할 그 길을 말하는 것이 영생입니다. 내 말은 내 맘대로 지껄이는 게 아니라 아버지께서 하신 대로 함입니다."

류영모가 "주는 누구시뇨? 말씀이다. 나는 무엇일까? 믿음이다."라고 한 것에서 주의 실체가 분명하다. 류영모는 말씀은 하느님의 성령이고 하느님의 성령이 믿음을 일으킨다고 하였다. "신앙이 뭔지 모르지만 이 신앙이 산다는 것입니다. 이 신앙은 내게서는 신앙이라 하지만, 우(하느님)에서 오는 성령이 믿음을 일으킵니다."라고 하였다. 하느님이 내 마음속에 오신 것을 하느님이라 하지 않고 성령이라 한다.

〈성서조선〉 동인 가운데 한 사람인 류석동은 류영모를 찾아 와서 류영모에게 "우리 같이 예수를 믿읍시다."라고 말하였다. 류영모는 너무도 어이가 없어서 아무런 대답도 하지 않았다. "그(류석동)는 뭐가 뭔지 모르고

하는 소리였어요."라고 류영모가 이 사람에게 말하였다.(1971년)

우리 아는 예수

예수는 믿은 이
아바 아들인 얼김(성령) 믿은 이
예수는 믿은 이
높·낮(高低) 잘·못(善惡) 살·죽(生死)
가운데로 솟아오를 길 있음 믿은 이
한 뜻 계신 믿은 이
없이 계심 믿은 이
예수는 믿은 이
(류영모)

예수는 마음속에 하느님의 생명인 얼의 나를 깨달았다. 그 얼의 나는 하느님이 보낸 하느님의 생명으로 영원한 생명이다. 류영모도 예수처럼 얼 나를 깨달은 것이다. 예수가 얼나를 참나로 믿듯이 류영모도 그 얼나를 참나로 믿었다. 그 참나는 하느님의 생명이라 나지 않고 죽지 않는 영원한 생명이다. 그 참나를 주라 하였다. 류영모는 그 뒤로는 주라는 말을 잘 쓰지 않고 하느님의 씨(본성)라는 말을 자주 썼다. 하느님의 씨는 예수의 영아(靈我), 석가의 법신(法身), 공자의 덕여(德予), 노자의 도오(道吾)와 같다. 이 얼나를 예수는 하느님의 아들이라고 하였다.

"우리가 뉘게로 가오리까."

류영모가 '부르신 지 38년 만에 믿음에 들어감'을 〈성서조선〉에 발표하고서 교회에 다시 나간다거나 무교회 집회에 새로 나간다거나 한 일은 없었다. 〈성서조선〉 동인들의 아전인수(我田引水)식의 짐작은 빗나갔다. 류영모가 그 뒤에 〈성서조선〉에 기고한 글의 주제가 '우리가 뉘게로 가오리까'이다. 이 글이 실린 〈성서조선〉 158호는 폐간호가 되었다. 일제에 의해 〈성서조선〉은 강제 폐간되고 말았다.

'우리가 뉘게로 가오리까'라는 말은 요한복음 6장 68절에 나온다. 예수를 따르던 무리들이 예수를 떠나가자, 예수께서 베드로를 비롯한 열두 제자들에게 이르시되 "너희들도 가려느냐?"고 하였다. 시몬 베드로가 대답하되 "주여 영생의 말씀이 계시매 우리가 뉘게로 가오리이까."(요한 6:68, 개역한글)라고 말하였다.

류영모는 예수의 몸이 그리스도가 아니라 예수의 마음에 온 하느님의 얼이 그리스도임을 밝혔다. 그런데 정통 신앙인들은 이것을 구별할 줄 몰랐다. 우리의 제나가 거짓 생명이듯이 예수의 제나도 거짓 생명인 것은 다름이 없다. 예수도 자기의 제나를 죽임으로써 얼나로 거듭난 사람이다. 예수는 거듭난 얼나로는 "아버지와 나는 하나이다."(요한 10:30)라고 말하였으나 예수도 예수의 얼나가 아닌 제나로는 "왜 나를 선하다 하느냐? 하느님밖에는 선한 이가 없다."(마가 10:18, 박영호 의역)라고 말하였다.

우리가 뉘게로 가오리까

노자신(老子身)

노담(老聃)의 함덕(含德)이 자연생생(自然生生)의 대경대법(大經大法)이었다마는 생생지후(生生之厚)로 돌아 불사욕(不死欲)에 빠지게 되니 도사(道士)는 도(道)에 미혹 건질 길이 없어라.

석가심(釋迦心)
석가의 정각(正覺)도 한 번 함직도 하였다마는 35살 성도(成道)에 45년 설법이 너무 길잖더냐. 말법(末法)의 되다 못됨은 무뢰(無賴) 진배없어라.

공자가(孔子家)
공자의 호학(好學)을 일찍 밟아보면 했다마는 명기(名器)를 일삼은 데서 체면치례(體面致禮)에 흐르니 유기인(由己仁) 극기복례(克己復禮)는 입지(立志)조차 못 봤다.

인자(人子) 예수
말씀으로 몸 이루고 뜻을 받아 맘하시니 하늘 밖에 집이 없고 걸음걸인 참과 옳음 뵈오니 한나신 아들 예수신가 하노라.

이 글도 '부르신 지 38년 만에 믿음에 들어감'과 마찬가지로 김교신을 위하여 쓴 글이라 하여도 틀린 말이 아니다. 류영모는 김교신이 품고 있는 진리의 씨가 자라 구각을 깨고 나올 줄탁(啐啄)의 기(機)를 만들고자 정성을 쏟아 글을 썼다. 류영모는 김교신이 능히 그럴 수 있는 근기를 지닌 것으로 보았다.

그런데 '우리가 뉘게로 가오리까'에서 류영모는 정통 신앙인 김교신을 의식해서인지 다른 데서보다 유난히 예수만을 내세웠다. 노자신도 틀렸고, 석가심도 아니고, 공자가도 잘못이라고 하였다. 그러고는 인자 예수만이라고 하였다. 다른 데서는 이렇게 말한 적이 없다.

류영모는 분명히 이렇게 말하였다. "예수만 가지고는 안 됩니다. 예수를 바로 알려면 다른 그이(君子)도 알아야 합니다." "성경만 읽어서는 안 됩니다. 다른 종교의 경전도 구약 대접은 하여야 합니다. 맹자와 장자가 바이블이 못 될 것도 없습니다." "공자의 자가 무엇이겠습니까? 하느님 아들이라는 뜻이 아니겠습니까? 맹자와 장자도 성령 받을 것은 다 받았습니다. 성령을 받지 않고는 인성을 그렇게 바로 알 수가 없습니다." "예수와 석가는 비슷합니다. 매우 가깝습니다. 예수를 아는 사람이 대단히 적은 것 같습니다. 석가를 아는 이가 없는 것 같습니다. 예수와 석가가 죽은 뒤에 향불 피워놓고 촛불 켜놓고 해서 불교도 기독교도 없어졌습니다."

그러나 류영모가 일관해서 예수를 자신이 본받고 따를 본보기로 여기고 있었던 것은 사실이다. 류영모는 말하기를 "이 사람에게도 의중(意中)의 사람이 있습니다. 예수를 선생으로 아는 것과 믿는다는 것과는 다릅니다. 스승과 제자 사이에는 온고지신이 있습니다. 묵은 것을 생각하면서 언제나 새로운 길을 찾아가는 것이 사제의 사이입니다."라고 하였다.

류영모는 사람을 숭배하는 것이 종교가 아니라고 하였다. 류영모가 말한 '사람' 속에는 석가·공자·노자와 함께 예수도 포함된다. 류영모는 존경하는 이들조차도 그들의 얼나를 보지 않고 몸나로만 받들면 우상 숭배가 된다고 말하였다. 예수를 가장 좋아한 것은 예수가 하느님 아버지께로 돌아가자는 것을 가장 분명하게 말하였기 때문이다. 류영모의 표현대로 하면 예수는 하느님 아버지와 부자유친하였기 때문이다. 그래서 류영모는 예수와 같은 인생관을 지니고 싶다고 하였다. 예수가 십자가 보혈을 흘린 것이 나 때문이라는 것을 믿으면 구원을 받는다는 것은 나와 아무런 상관이 없다고 말하였다.

잘못된 길의 노자신(老子身)

노자가 말하기를 "물체란 한창이면 늙는다. 이것을 도가 아니라고 이른다. 도가 아니면 일찍 그만두어야 한다(物壯則老 是謂不道 不道早已)." (《노자》 30장)라고 하였다. 사람의 몸뚱이도 틀림없는 물체다. 그러므로 한창인가 하면 어느덧 늙는다. 그러면 사람의 몸뚱이도 도(진리)가 아니다. 도가 아니면 일찍 그만두어야 한다. 그런데 사람들은 몸뚱이에 달라붙는다.

류영모는 이렇게 말하였다. "이 땅에 몸을 쓰고서 영생한다, 신선이 된다고 하는 것은 기독교·불교·도교 할 것 없이 모든 종교를 멸망시키는 일입니다. 그런데 사람들이 자꾸 이것을 구하니 인간이란 짐승이 어찌 된 것인지 모르겠습니다. 사람들이 사는 동안에 지나친 욕심을 가지고 있습니다. 신선이 되어 영생불사(永生不死)하기를 바랍니다. 예수만 믿으면 예수가 내려와서 산 몸은 죽지 않고 죽은 몸은 살려서 구름을 타고 하늘로 데리고 올라가주기를 믿고 바라고 있습니다. 몸뚱이로 오래 살고 싶은 욕심 때문에 이런 것을 믿습니다. 이 땅에서 장생불사하기를 바라는 것이 도 닦는 게 아닙니다. 영원불변한 것은 진리의 정신뿐입니다."

노자는 무극의 하느님을 가르치고 천도의 영원한 생명을 가르쳐주었다. 노자의 가르침은 석가나 예수와 다르지 않다. 그러나 사람들은 노자의 가르침은 버리고 부도(不道)인 몸뚱이의 불사만 추구하게 되었다. 이른바 도사들은 납·수은·유황·비소·금·단사(丹砂) 등을 불로 연금(鍊金)하여 덩어리를 만들어 선단(仙丹)이니 금단(金丹)이니 하면서 불로장생의 약이라 선전하였다. 선단을 만드는 연금사들은 신선 방사(神仙方士)라 하여 불로장생의 영약을 만드는 도사로 높임을 받았다. 방사들이 만든 선단을 먹고 불로장생의 신선이 되기는커녕 선단에 중독되어 횡사하는 사람들이 많았다. 당나라 태종 이세민(李世民)을 비롯하여 많은 귀족들이 단약에 중독되어 횡사하였다. 이러한 상황을 비교적 명확하게 아는 도사도 있어 이렇게 말하였다. "금단과 여러 선약(仙藥)은 각기 본성적으로 그 속에 독이 많아 그것을 먹은 도사는 만 명에 한 사람도 살아남지 못하였다."《현해록》

1천 년 동안에 걸친 도사들의 연단술(練丹術)로 물질에 관한 화학적 지식을 얻고 축적하게 되었다. 뜻밖에 화약이 추출되어 맹렬히 연소하는 성질을 발견하였다. 그리하여 중국이 세계에서 처음으로 화약을 발명하게 된 것이다. 연단의 중독을 막고, 중독을 해독하는 연구를 통해 의학적인 지식도 얻게 되었다.

한편으로 도사들은 말하기를 바다 가운데 신선이 사는 선도(仙島)가 있는데 그 신선들은 선약을 먹고 불로장생을 누리고 있다고 하였다. 그 말을 믿고 진시황은 방사(方士) 서복(徐福)으로 하여금 몇 척의 큰 배에 동남동녀(童男童女)를 태워 보내 선약을 찾도록 하였다. 그들이 상상으로 지어낸 선인이 어디 있을 것이며 선약을 어찌 구할 수 있었겠는가. 서복 일행은 한반도 남해안을 거쳐 일본으로 갔다고 전한다.

방사들이 선단 다음으로 힘쓴 것이 태식(胎息)·복기(服氣)·벽곡(僻穀)이다. 이들은 노자의 《도덕경》을 기공서(氣功書)로 만들어버렸다. 이것은 숨을 깊이 쉬고 혈액 순환을 촉진하는 건강 증진에 효과를 주기도 하였으나 지기(地氣)를 마시느니 천기(天氣)를 마시느니 하는 비합리적이고 과장된 주장이 많다. 물·공기·영양분은 지기를 먹는 것이고, 성령을 숨쉬는 것이 천기를 먹는 것이다.

후한(後漢) 때 장각(張角)은 스스로 대현양사(大賢良師)라 일컬으며 도사 행각을 벌였다. 죄를 고백하게 하고 부적을 담근 물을 마시게 하여 병을 고친다고 하였다. 장각은 신도가 수십만 명에 이르자 정권에 야심을 품고 반란을 일으켰다. 이것이 이른바 중국의 '황건적의 난'이다. 한나라는 황건적의 난으로 인하여 결국 멸망하고 조조·유비·손권이 일어나 삼국지의 역사를 엮게 되었다.

도교는 몸뚱이로 불로장생을 추구하고, 노자를 태상노군(太上老君)이라 부르며 신격화하여 숭배하였다. 류영모는 이러한 도교사를 잘 알고 있었다. 이것을 노자신이라 하여 부정한 것이다.

류영모는 노자의 《도덕경》을 20살 때부터 즐겨 읽었다. 69살에 《도덕경》을 우리말로 완역하였다. 《도덕경》에 하느님의 진리가 전혀 없다면 류영모가 그렇게 가까이 할 까닭이 없다.

류영모는 자신의 건강에 힘썼다. 건강을 잃으면 이중으로 갇혀 부자유하게 된다고 하였다. 류영모는 냉수 마찰을 하고, 적게 먹고(一日一食), 금욕 생활을 하고, 요가 체조를 하고, 단전호흡을 하고, 걷기에 힘쓰고, 일찍 자고 일찍 일어났다. 그러나 결코 몸의 장수를 바란 것이 아니다. 하느님을 위하여, 이웃을 위하여 일하려면 건강하여야 했던 것이다. 오래 살고자 건강에 힘쓴 것이 아니라 일하기 위하여 건강에 힘썼다.

류영모는 이렇게 말하였다. "짐승을 기를 때는 우리가 쓸 만큼 사랑하고 길러야지 더 이상 사랑할 필요가 없습니다. 얼생명을 위하여 몸생명을 길러야 합니다. 몸에 인생의 전 목적을 두고 지나치게 사랑해서는 안 됩니다. 우리의 몸뚱이는 짐승입니다. 하느님의 얼이 어째서 이 짐승 속에 왔는지 알 수 없습니다. 하느님의 얼을 받들기 위한 한도 안에서 몸을 건강하게 해야지 몸을 목적으로 해서는 안 됩니다. 적당히 쓰기 위해서 적당히 길러야 합니다. 그리하여 잡아야 할 때 미련 없이 짐승을 잡아야 합니다. 언제나 얼생명은 위(하느님)에서 온다는 것을 잊지 말아야 합니다." 노자와 도교는 아무런 관계가 없다.

석가심(釋迦心)의 미혹을 벗자

불교학자인 이희익(李喜益)은 이렇게 말하였다. "선가(仙家)에서는 마음이 곧 부처라고 전매특허처럼 내세우고 있다."(이희익,《무문관》부족심불편) 류영모의 석가심이란 말은 바로 마음이 부처라고 말하는 불교를 두고 한 말이다.

선사(禪師) 마조(馬祖)에게 대매(大梅)라는 이가 물었다. "'어떠한 것이 부처입니까?' 마조가 말하기를 '마음이 곧 부처이다.'라고 하였다(馬祖因大梅問 如何是佛 祖云 卽心卽佛)."(《무문관》30 즉심즉불) 이 말이 틀린 것은 아니지만 논리의 비약이 숨어 있다. 샘물이 나지 않는 땅 구덩이도 많다. 마음에서 진리의 생수가 터져 나오지만 깨달음을 얻지 못한 마음에는 말씀의 생수가 솟을 수가 없다.

류영모는 마음에 대해서 이렇게 말하였다. "마음이라는 것은 어떠한 의미로는 영원한 생명인 얼을 대표할 수 있습니다. 그러나 마음이라는 것은 그대로는 안 됩니다. 벗어버릴 것이 여간 많지가 않습니다. 벗어버릴 것은 버리고 가야 합니다. 마음도 멸거(滅去)하여야 합니다. 그러한 뒤에 즉진(卽眞)하여야 합니다. 참에 도달해야 한다는 뜻입니다. 여러 가지 말을 해서도 그것이 참에 도달하지 않으면 아무짝에도 못 씁니다."

류영모는 자신의 마음속에서 말씀의 생수가 터져 나오는 것을 체험하였다. 그 체험을 한 것이 깨달음(自覺)이요, 거듭남(重生)이다. 마음에서 말씀의 생수가 터져 나올 때는 즉심즉불이라는 말이 성립된다. 류영모는 거듭남을 체험하고 나서 이러한 글을 〈성서조선〉에 발표하였다.

꼭 한 가지 빌 것이다

옳은 이를 뵙자고 참을 찾자고
반백 년 동안 목이 말랐습니다
누리를 하나되게 하실 이가
과연 누구실까요
옳으신 그 어른이리니
우리 님이시여
꼭 한 가지만 이루어 주시옵소서
이 나란 맘을
이 만물보다 거짓된 나란 맘을
뿌리째 뽑아버려 주옵소서
그리되오면
그 뿌리 뽑힌 속의 속에서
용솟음쳐 나오는 산물(生水)이
강이 되어 흐를 줄로 믿습나이다
(1942년 3월 〈성서조선〉 158호)

마음을 멸거하지 않고 마음을 부처로 알면 삼독의 제나를 부처라 착각한다. 자칭 미륵불이라고 한 궁예를 비롯하여 많은 사람들이 이 잘못에 빠졌다. 삼독의 나(마음)를 뽑아버리면 성령의 생수가 터져 말씀의 바다를 이루게 된다. 석가처럼 8만 4천의 법문이 아니라도 좋다. 하느님 아버지 한마디면 된다. 류영모는 이렇게 말하였다. "나라면 마음입니다. 마음에서 생각이 나오고 말씀이 나옵니다. 이게 어디서부터 나오는지 모릅니다. 아무래도 크신 하느님이 계시는데 그게 내 마음에서부터 오는 것 같습니다. 이것을 가지고 하느님의 씨(아들)라고 합니다. 이것은 예수도, 석가도, 나도, 바보도 똑같습니다."

류영모가 석가심을 부정한 것은 석가가 아니라 불교를 두고서 말한 것이다. 류영모는 석가가 "마음의 스승이 되기를 바라고 마음을 스승함을 바라지 아니한다."(《대반열반경》 사자후보살편)라고 말한 것을 기억하고 있었다. 또 "보살은 마음이 몸을 따르지 않는다."(《대반열반경》 고귀덕왕보살편)라는 것도 알고 있었다.

류영모는 예수와 석가의 가르침은 거의 같다고 하였다. 그러고는 "예수의 말만 말씀이 아닙니다. 석가의 말도 말씀입니다. 설법(說法)이라 하는데 법(다르마)이란 진리라는 말입니다. 예수와 석가의 생각은 같습니다. 예수와 석가는 상대 세계에 있어서는 철저한 부정(否定)입니다. 상대 세계를 부정하지 않으려면 불교나 기독교를 믿지 말아야 합니다."라고 하였다.

류영모는 부처를 이렇게 말하였다. "부처가 되려고 한다는 것은 참 어려운 것입니다. 부처는 이 세상에서 별 고생을 다하였습니다. 부처는 이상국가의 임금입니다. 이 세상의 임금은 온 나라의 재산과 사람을 사유물로 보았습니다. 그러나 부처는 그러지 않습니다. 부처는 가진 것을 죄다 주고, 죄다 버립니다. 나라·부모·처자·궁궐도 내버립니다. 그것뿐 아니라 내 눈을 달라면 눈을 빼주고 심장을 달라면 심장을 빼줍니다. 다리·팔·뼈·골을 죄다 줍니다. 이것은 무조건 내준다는 말입니다. 이것을 더 힘있게 표현하고자 그렇게 말한 것입니다."

류영모는 의중의 사람이요. 오직 한 분 스승이라고 한 예수에 대하여도 이렇게 말한 적이 있다. "예수라는 종교를 나는 모릅니다. 예수는 마굿간에서 나서 약 30살까지 목수 노릇을 하며 살다가 마지막 3년 동안 가르침을 세상에 폈는데, 세상 사람들의 오해를 받아서 나중에는 극형을 당하고 말았습니다. 예수는 남에게 주는 것을 가르쳤습니다. 떳떳지 못하게 남에게 무엇을 바라고 산다는 것은 차라리 이 세상에 안 나오는 것이 좋습니다. 이 세상에 산다는 것은 주는 재미를 보자는 것입니다. 기왕에 주려면 예수처럼 목숨까지 주어야 합니다."

마하트마 간디가 예수는 좋아하지만 기독교는 좋아할 수 없다고 하였듯이 류영모도 석가는 좋아하였으나 불교는 좋아하지 않았던 것이다. 그 까닭은 예수와 석가는 분명히 얼나의 깨달음 신앙인데 뒤에 와서는 샤머니즘적인 기복 신앙이 되어서 맹신하기에 이르렀기 때문이다.

공자가(孔子家)에서 벗어나야

류영모가 말한 공자가는 유교의 전반적인 가족주의적인 사상을 두고 한 말이다. 류영모는 말하기를 "중국은 가족주의입니다. 가족주의로 망하였습니다. 공자나 주자도 다 이 잘못이 있습니다. 그런데 장횡거(張橫渠)의 《서명(西銘)》은 대동(大同)주의입니다. 처음에는 이 대동주의를 위험시하였습니다."라고 하였다.

집안에 돼지가 있는 것을 집(家)이라 한다. 류영모는 나라를 국가(國家)라 하여 집가(家)를 붙이는 것을 반대하였다. 차라리 국방(國方)이라고 하는 것이 좋겠다고 말하였다. 그처럼 집은 사람이 삼독의 짐승으로 살기에 필요한 것이다. 예수와 석가가 집을 가지지 않은 것은 제나의 짐승으로 살지 않겠다는 의지의 표시이다. 짝을 지어 자녀를 기르는 일은 짐승의 짓이다. 그 짐승살이에서 벗어나 진리 되시는 하느님을 사모하는 것이 믿음이다. 가족을 뒤로 하고 하느님을 더 사모하는 것이 신앙이다. 짐승처럼 새끼를 길러 종족 보존만 하는 것이 아니라, 하느님으로부터 얼을 받아 얼나를 깨달아 하느님의 아들로서 하느님의 존재를 드러내어 하느님을 뚜렷하게 하고 돌아가 하느님과 하나 되는 것이 삶의 최고 목적이라는 것이다.

그러므로 예수와 석가처럼 짐승살이의 집을 박차고 나가 하느님의 아들 노릇을 하자는 것이다. 류영모가 말하기를 "참으로 더러운 것은 이 몸뚱이가 있는 게 더러운 것입니다. 그 다음에 더러운 것은 집입니다. 판잣집이라도 가진 것이 안 가진 것보다 더 더럽습니다. 정신이 들자면 집을 버려야 합니다."라고 하였다.

류영모는 하느님을 저버린 효를 잘못된 것이라고 하였다. 예수는 "또 이 세상 누구를 보고도 아버지라 부르지 마라. 너희의 아버지는 하늘에 계신 아버지 한 분뿐이시다."(마태오 23:9)라고 하였다.

류영모는 땅에 있는 어버이를 향한 효보다 하느님 아버지를 향한 효가 앞서야 한다고 하였다. 류영모는 이렇게 말하였다.

유교에서는 우(上)를 받든다는 것은 부모나 조상을 받드는 것을 말합니다. 예수는 우를 하느님이라고 말합니다. 이것은 유교가 태극에서 음양만 말하듯, 그 윗자리인 무극(無極)을 잊은 것입니다. 유교가 활발히 발전하지 못한 것은 우주의 근원을 잊었기 때문입니다. 천상의 하느님을 생각하지 않고 제 가족만 알았습니다. 하느님에 대한 효를 잊어버린 지 오래입니다. 땅의 부모보다는 하느님 아버지가 먼저라야 합니다. 천명에 매달린 유교가 망천(忘天)을 하여도 이만저만이 아닙니다. 그래서 유교가 맥을 쓰지 못합니다. 효도뿐 아니라 천도가 망하는 것도 처자식 때문입니다. 우주의 근본이요 생명의 근본인 얼을 추원(追遠)하고 사모하여야 하는데, 전향(轉向)하여 제 여편네와 자식들을 거두어 먹이겠다는 욕심을 좇느라 그렇게 된 것입니다. 효도의 실상은 하느님에게 하라는 것입니다. 하느님을 바로 아는 사람이라야 땅의 부모에게도 최선의 효를 할 수 있습니다. 하느님을 향한 정성이 부모님을 향한 정성이 됩니다. 이 근본 이치를 모르기 때문에 오늘날 이 사회에는 자식들에게 설움 받는 어버이들이 많습니다.

예수는 유대교 바리사이파 사람들이 남에게 보이려고 외식(外飾)하는 것을 아주 싫어하여 크게 꾸짖었다. 유교 유생들의 허례허식은 바리사이파 사람들을 뺨쳤다. 그리하여 체면치레가 상습이 되어 사회를 멍들게 하였다. 류영모는 체면치레로 관혼상제를 호화스럽게 치르는 것은 통곡할 일이라고 하였다.

무덤에 혼자 묻혀 절을 받으려고 하는 게 늙은이들의 심리인데 철없는 생각입니다. 50억의 인류가 한군데에 묻히면 친목도 되고 좋을 것입니다. 이집트에서 파라오들이 미라가 되어 피라미드에 보관이 되어 무슨 좋은 일이 있었으며, 무슨 좋은 일을 봤다고 그렇게 무덤에 마음을 씁니까? 굶어 죽었다는 소리를 들어도, 죽고 나면 빚을 잔뜩 지더라도 초상 치르는 데는 돈을 많이 씁니다. 부모가 죽으면 초상 치르느라 유산으로 물려받은 논밭이 날아갑니다. 그래야 효자라 합니다. 그러나 그 반대입니다. 그 논밭을 지켜 나가는 것이 효자입니다. 기독교 신자는 한 70년 동안 제사를 안 지냈는데, 그만큼 복을 받았습니다. 관혼상제를 지나치게 잘 지내는 것은 참으로 통곡할 일입니다. 사람이 죽었는데 촛불을 켜놓고 절하고 울고 하는데 그게 뭡니까? 염불보다 잿밥에 마음이 있다는 말이 있지만 사람들이 제사를 지내는 데도 신에게 마음이 있는 것이 아니라 음식을 빚고 음식을 먹는 데 마음이 가 있습니다. 이래서는 제사가 바로 될 리가 없습니다.

류영모는 유교 경전을 멀리한 적이 없다. 류영모는 공자를 이렇게 말하였다. "공석불난(孔席不暖)이라고 하였습니다. 공자는 앉은 자리가 따스해질 겨를도 없이 돌아다녔다는 뜻입니다. 공자가 집에서 밥 먹을 때 없이 밤낮 집을 떠나 고생하면서 얻은 인간지(人間智)가 유교의 가르침입니다. 유교가 오늘날 우리에게 소용이 있다면 고난의 종교이기 때문입니다. 예수나 공자가 걸어온 길이 바로 이 좁은 길이었습니다. 세상에서는 나를 알아주지 않아도 하느님만 나를 알아주면 그만인 것입니다."

인자(人子) 예수를 좋아하다

류영모가 교회를 다니다가 그만둔 것은 정통 교회의 바울로의 대속 신앙 교리에 만족할 수 없었기 때문이다. 류영모의 예수 그리스도관을 정통 신앙을 지닌 이들이 들으면 깜짝 놀랄 일이다. 류영모는 이렇게 말하였다. "기독교를 믿는 이들은 예수만이 그리스도라 하지만 그리스도는 예수만이 아닙니다. 그리스도는 하느님으로부터 오는 성령으로 우리의 영원한 생명입니다." 그리스도란 바꾸어 말하면 하느님 아들이다. 전구는 달라도 전원은 하나이듯이 개체는 달라도 말씀의 영원(靈源)은 하나이다. 그러므로 석가의 마음에서 빛났던 진리의 빛이나, 공자의 마음에서 빛났던 진리의 빛이나, 노자의 마음에서 빛났던 진리의 빛은 모두 한 얼의 빛이다. 다를 까닭이 없다. 한 얼의 생명이라 독생자(獨生子)라 한다. 윤리적 표현의 독생자를 철학적으로 나타내면 일원(一元)이다. 류영모는 독생자가 외아들과는 다르고 한나신 아들 곧 하느님이 낳으신 아들이라고 하였다. 장자는 하느님을 獨(독)이라 하였다.

그런데 바울로 교의에서는 예수가 받은 성령을 독생자라 하지 않고 마리아가 낳은 예수의 육체를 독생자라 하였다. 그렇게 되면 예수 이외의 사람은 하느님 앞에 설 자리가 없다. 예수 이외의 사람은 하느님을 아버지라고 할 수 없다. 하느님의 독생자는 예수뿐이기 때문이다. 정통 신앙에서는 이러한 모순당착도 아랑곳하지 않는다. 그러고는 기도할 때마다 하느님 아버지라 부르고 있다. 류영모는 따지지 않고 믿을 수 없다고 하였다. 그러니 어찌 교회에 남아 있을 수 있었겠는가?

우리에게 구원이 있다면 어머니와 아버지에 의해 생겨난 짐승의 제나를 버리고 하느님이 보내는 성령의 얼나로 거듭나 하느님의 아들이 되는 것이다. 이것이 예수가 우리에게 가르친 신앙의 오의(奧義)이다. 사람이 삼독의 죄악에서 구속(救贖)되어 자유로울 수 있는 것도 얼나로 솟나는 길뿐이다. 속죄를 받는다는 정통 신앙의 교의는 예수의 가르침이 아니다. 바울로가 창안한 도그마이다.

류영모는 이렇게 말하였다. "내 속에 온 하느님의 씨(성령)가 독생자라는 것을 믿어야 합니다. 그러면 누구나 몸으로는 죽어도 독생자인 얼로는 멸망하지 않습니다. 얼로 거듭나는 것이 영생입니다. 얼이 참나인 것을 깨닫는 것이 거듭나는 것입니다. 영원한 생명은 예수 이전에서부터 이어 내려오는 것입니다. 예수는 단지 우리가 따라갈 수 없을 만큼 이 사실을 크게 깨달아 우리에게 가르쳐주었습니다. 지금 다시 요한복음 3장을 통해서 폭포수 같은 성령을 우리에게 부어주어 우리를 영원과 이어줍니다."

그러므로 예수가 깨달은 성령의 나와 류영모가 깨달은 성령의 나는 시간과 공간을 초월한 영원한 생명이다. 너와 내가 없는 한 얼생명이다. 그라나 개체의 제나로서 예수와 류영모는 시간으로는 2천 년의 간격이 있고, 공간으로는 아시아 대륙 극서와 극동의 간격이 있고, 인간으로는 예수는 요셉과 마리아의 아들이요, 류영모는 류명근과 김완전의 아들이다.

류영모는 이렇게 말하였다. "예수와 공자처럼 하느님의 국물(성령)을 먹고 사는 것이 좋다고 해서 말한 것뿐입니다. 지극히 높은 데 계신 완전한 아버지께로 가자는 게 예수의 인생관이라고 생각합니다. 나도 예수와 같은 인생관을 지니고 싶습니다. 이러한 점에서 예수와 나는 관계가 있는 것입니다."

노평구는 YMCA에서 류영모의 강의를 듣고서 '석가·공자·노자·예수 등의 말씀으로 하시는 인생 철학 같기도 하고 신앙적으로는 싱크리티즘(Syncretism, 혼합 종교)이로구나.' 하고 생각하였다는 것이다. 류영모는 사람을 숭배하지 말라고 한다. 예수·석가·공자·노자도 모두 사람이라 숭배하여서는 안 된다고 하였다. 우리가 머리 숙일 존재는 오직 하느님뿐이라고 하였다. 그런데 어떻게 류영모의 신앙을 싱크리티즘이라고 할 수 있단 말인가?

류영모는 하느님이 보내시는 성령의 나로 거듭나라는 예수의 가르침을 받아들여 성령의 나로 거듭난 하느님의 아들이다. 모든 사람이 하느님이 성령을 받아 하느님의 아들로 거듭나라는 것이다. 하느님의 생명인 얼나에 혼합이 있는가? 류영모가 예수·석가·공자·노자를 함께 이야기하는 것은 예수뿐 아니라 공자·석가·노자도 짐승인 제나에서 성령의 얼나로 거듭난 사람들이기 때문이다.

류영모가 스스로 얼나로 거듭난 체험을 이렇게 말하였다. "성탄이란 지금으로부터 1960년 전에 난 예수가 아닙니다. '기쁘다 구주 오셨네.'라고 하는 것은 오늘 내 가슴속에 예수가 나셨다고 할 수 있는 자만이 부를 수 있을 것입니다. 그리스도란 바로 된 목숨이요 본래의 면목입니다. 그리스도란 얼나이며 몸에 속박되지 않는 자유하는 생명입니다. 성탄이란 내가 얼나로 거듭나는 내 일이지 남의 일이 아닙니다. 내 가슴에 순간순간 그리스도인 얼나가 탄생해야 합니다. 끊임없이 성불해야 합니다."

정양모(鄭良模)는 그의 논문 〈다석 류영모 선생의 신앙〉에서 이렇게 말하였다. "놀랍게도 다석 류영모는 1912년(22살)에 이미 비정통 신앙과 더불어 종교 다원주의적 입장을 취하였다. 오늘날의 종교 다원주의자들보다 실로 70여 년을 앞선 셈이다. 앞으로 다석 사상 연구가 진척되어 널리 알려지면 세계 신학계가 놀랄 날이 반드시 오리라고 확신한다. 종교인들 특유의 아집과 독선과 배타를 깨기에 넉넉한 가르침이 있다."

모두가 하느님이 주시는 하느님의 생명인 얼나로 거듭나 하느님께로 돌아가 하느님으로 하나되어야 한다.

'나'가 죽어야 얼이 산다

류영모는 "제나가 죽어야 얼나가 삽니다."라고 하였다. "석가의 말이나 예수의 말은 내 마음을 죽이는 것입니다. 살아 있어도 죽은 것입니다. 나가 한번 죽어야 마음이 텅 빕니다. 한번 죽은 마음이 빈탕한 데(太空)의 마음입니다. 빈 마음에 하느님 나라, 니르바나 나라를 그득 채우면 더 부족함이 없습니다."라고 하였다.

류영모는 나를 죽이는 길은 삼독을 버리는 것이라고 하였다. 류영모는 삼독의 탐·진·치를 뿌리 뽑기에 삶을 걸었다. 탐욕의 뿌리인 식욕을 버리기 위하여 하루에 한 끼만 먹기로 하였다. 진에의 뿌리인 애증을 넘기 위하여 해혼(解婚)하여 부부가 남매처럼 지내기로 하였다. 류영모는 남녀의 성교도 싸움(정복)으로 보고 음욕을 진에(瞋恚)에 연결시켰다.

하루에 한 끼니씩만 먹기로 한 날이 1941년 2월 17일이다. 일기에 이렇게 적혀 있다. "지어놓은 아침밥을 아니 들고 저녁밥만 들어보기로 한 날이 1941년 2월 17일이다. 오늘은 1966년 8월 5일. 오늘이 난 지 2만 7천 904일로 그 동안 9천300일 더 숨쉬었다."

1941년 2월 17일부터 하루에 한 끼니씩만 먹기로 한 다음 날, 즉 2월 18일 아침 시간에 온 가족이 모인 자리에서 류영모는 가족들에게 해혼을 선언하였다. 그때의 일을 둘째 아들(류자상)로부터 들었는데, 류영모가 다음과 같은 뜻의 말을 했다고 한다. "사람은 상대적 존재이기에 영원한 것이란 없다. 시작을 하였으면 마침이 있어야 한다. 남녀가 혼인을 맺었으면 혼인을 풀어야 한다. 부부가 혼인 생활은 하되 성 생활은 끊어야 한다. 해혼은 혼인 생활조차 끝내는 이혼과는 다르다. 나는 오늘부터 해혼하기로 하였으니 모두 그렇게 알아라. 간디는 13살의 어린 나이에 혼인을 하였지만 37살에 남매가 되었다. 부부 사이에도 성욕이 없어진 것이다. 마음의 불을 끄면 몸의 불은 자연히 꺼진다."

도시의 집에 단전·단수를 하면 살 수 없듯이 제나는 단식·단색을 하면 죽는다. "제나가 죽어야 참나인 얼나가 삽니다. 제나가 완전히 없어져야 참나입니다. 제나가 죽어 내 마음이 깨끗해지면 하느님을 볼 수 있습니다. 죽음을 넘어서 울리는 영원한 생명인 얼의 소리, 그것이 복음입니다."

이렇게 제나가 죽으면 미움도 없어지고, 미움이 없어지면 원수도 없다. 류영모는 미워하는 마음인 진(瞋)에 대해서 이렇게 말하였다. "'원수를 사랑하고 너희를 박해하는 사람들을 위하여 기도하여라.'(마태오 5:44)라고 예수는 가르쳤습니다. 원수를 미워하는 것만이 원수를 다스리는 길이 아님니다. 노자도 원수를 덕으로 갚으라고 하였습니다. 공자는 원수를 곧음(直)으로 갚으라고 하였습니다. 그렇다고 미워할 것을 미워하지 말라는 것이 아닙니다. 미워할 것은 미워하되 나의 삼독이 일어나지 않게 하여야 합니다. 오히려 자신의 삼독을 잘 다스린 데서 성인이 됩니다."

류영모는 이렇게 제나가 온전히 없어지자 얼나가 탄생하였다. 1941년 2월 17일에 식색을 끊고 그로부터 거의 1년이 되는 1942년 1월 4일에 중생(重生)을 체험한다. 류영모의 말대로 '나'가 죽은 빈 마음에 '하느님의 나라', '니르바나님의 나라'가 들어선 것을 스스로 깨달은 것이다. 정신의 세계에서는 나와 나라가 다르지 않다. 류영모가 말하기를 "우리 마음에는 깊은 곳에 줄기차게 올라가려는 신격(神格)의 나가 있습니다. 우리는 모름지기 이 신격의 나인 얼나를 참나로 깨달아야 합니다. 삼독의 나를 쫓아버리고 얼나를 깨달아야 합니다."라고 하였다.

사람들은 인생의 목적을 부귀를 추구하는 데 둔다. 류영모는 부귀를 식색의 사회적 표현이라고 하였다. 결국 부귀를 추구하는 것은 식색의 만족을 뒤쫓는 것이다. 식색의 만족을 추구하는 것은 짐승으로 살겠다는 것이다. 류영모는 이렇게 말하였다.

이 세상 일반의 최대 흥미와 관심은 식색입니다. 일체 문화 활동을 하는 초점이 식색의 2대 욕구를 충족시키는 데 있는 것 같습니다. 참으로 이것이 삶의 목적이라면 고개를 들고 하늘을 쳐다볼 필요가 없습니다. 식색이 인생의 목적이라면 다른 동물보다도 못합니다. 다른 동물은 별다른 고뇌도 없이 식색을 자유로이 충족하며 또 일생의 목적이 그것입니다. '부귀일(富貴日)'이라는 말은 세상 사람들이 재물과 감투만 찾는 시대란 뜻입니다. 아는 것은 부귀뿐이고 진리는 모릅니다. 부귀란 식색의 사회적 표현입니다. 시간·

공간의 상대 세계에 사로잡힌 것입니다. 그것은 참이 아닙니다. 참은 부귀를 넘어서야 합니다. 식색의 욕망을 넘어서야 사람이 됩니다. 부귀는 힘과 빛 때문에 사람에게 필요합니다. 그러나 사람에게는 정신의 힘과 얼의 빛이 있는 줄 알아야 합니다. 부귀를 가지고 대신하려면 그것은 인류 멸망의 징조입니다. 식색을 초월하는 것이 참 사는 것입니다. 식색을 초월하면 생사조차 초월됩니다. 사람의 몸뚱이라는 것은 벗어버릴 허물이지 별 것 아닙니다. 결국 사람의 참 임자는 얼나입니다.

예수와 석가가 보여준 삶이나 톨스토이와 마하트마 간디가 보여준 삶은 마찬가지로 삼독인 수성의 나를 초월하자는 것이다. 성령이 먼저 와서 삼독이 물러서느냐 삼독을 먼저 쫓아서 성령이 오느냐는 말할 수 없다. 그러나 하느님께서도 얼생명을 주시려고 하는 것은 틀림없다. 하느님과 사람 사이에 줄탁의 은총과 기도가 맞아야 한다.

10장

금욕의 삶

일일일식(一日一食)의 삶 40년

류영모는 이렇게 말하였다. "안 먹으면 죽습니다. 안 먹고는 못 사니까 먹는다는 말은 맞습니다. 그러나 너무 많이 먹습니다. 적게 먹고 편히 살 수 있는데도 많이 먹고 배탈을 내서 고생을 합니다. 식사(食事)는 말하자면 먹거리의 장사(葬事)입니다. 우리의 입이란 열린 무덤이라 식물·동물의 시체가 들어가는 문입니다. 우리의 몸뚱이는 더러움을 타지 않는다고 할지 모르나 이 몸이 온통 더러움인 것입니다. 산 것이란 짐승만이 아니요, 물고기만이 아닙니다. 풀 한 포기도 살려는 생물입니다. 그런데 사람은 하루 종일 산 것을 너무 많이 잡아먹습니다. 들입다 먹고는, 냅다 붙인다면 걸차게 들리고 신나는 듯하지만 그런 게 아닙니다. 더 떨어지는(타락하는) 것입니다. 사람은 먹을 때에 먹어야 합니다. 때 없이 먹어서는 안 됩니다. 위(胃)는 우리의 밥그릇으로 세상에 나올 때 가지고 온 도시락인데 못 쓰게 해서는 안 됩니다. 속이 좋아 자꾸 먹어도 좋다는 것은 입에 달아 두고 싶어서 그렇습니다. 맛이 좋아 먹고, 친구 좋아 먹고, 잔치 벌여 먹습니다. 끄니(끼니)는 끊어야 하는데 잇기만 하려고 합니다. 끊는 것이 먼저이고 잇는 것은 나중입니다. 끊지 않고 이어 가기만 하려니 이어지지 않습니다. 석가는 한낮에 한 번만 먹어 일중(日中)이라 합니다. 하루 24시간에 한 번 먹는다고 해서 점심(点心)이라고 합니다. 먹는 둥 마는 둥 마음에 점을 친다고 해서 점심이라고 한다는 것입니다. 내가 하루에 한 끼씩 먹어보니 몸 성한 비결은 점심에 있습니다. 하루에 한 끼만 먹으면 온갖 병이 없어집니다. 모든 병은 입으로 들어가는 데서 생깁니다. 감당 못할 음식을 너무 집어넣기 때문에 병에 걸립니다. 사람은 안 먹으면 병이 없습니다. 욕심을 줄여서 한 점을 만드는 것이 점심입니다. 그것은 석가가 오랫동안 실천한 건강법입니다. 이 육신은 물질이라 멸망하지만 건강하여 영원한 생명(얼나)을 받들면 꽤 부지해 갑니다. 어쨌든 우(하느님)에서 쓴다면 이렇게 오래 갑니다. 이게 내가 잘해서 되는 게 아닙니다."

류영모는 51살이던 1941년 2월 17일부터 하루에 저녁 한 끼니씩만 먹는 일일일식(一日一食)을 시작하였다. 일식한 지 며칠이 지나자 류영모의 얼굴이 수척해지면서 누렇게 변하였다. 아는 사람을 만나면 인사말이 어디 아프냐고 묻는 것이었다. 하루 한 끼씩 먹고서 석 달이 지나자 여느 때의 안색으로 돌아왔다. 그 석 달이 고비였다. 그 뒤로는 하루에 한 끼씩 먹고도 활동에 아무런 지장이 없을 뿐 아니라 오히려 몸이 더 가벼웠다. 류영모는 일일일식에 자신이 섰다. 그리하여 벽제 뒷박고개 너머 고양과 의정부 경계에 있는 할아버지 산소까지 걸어서 다녀오기로 하였다. 왕복 약 40킬로미터가 되는 100리 길이다. 그때는 5월이라 해가 짧지 않아 당일로 거뜬히 다녀왔다. 아침이 밝자마자 집을 나서서 해가 지기 전에 집에 돌아왔다. 집이 있는 구기리 입구에 세검정 냇물이 흐르고 있었다. 냇물에 손발을 씻었는데 물 밑이 환히 들여다보였다.

류영모는 하루에 한 끼씩 먹기 전에 얼마 동안은 날콩을 물에 불려서 수시로 먹는 생식을 하였다. 그전에 이미 하루에 두 끼씩만 먹었다. 경신학교에 다닐 때 점심 도시락을 가지고 다니기가 싫어서 하루에 두 끼씩만 먹었다. 하루에 한 끼씩 먹는다고 특별히 많이 먹지는 않았다. 그리고 소화되는 데 시간이 걸리는 찰떡, 찰밥, 고구마 같은 먹거리를 좋아하였다.

류영모가 말하기를 "채식주의자들이 '짐승인들 살고자 하는 것을 어떻게 먹으랴.'라고 하는 생각은 참 좋은 생각이다."라고 하였다. 이것은 톨스토이와 간디가 주장한 채식주의 정신을 지지하는 말이다. 류영모는 육식을 좋아하지 않았으나 금기하지는 않았다. 그러나 최원극(崔元克)이 자신이 즐겨 먹는 개고기를 대접하려고 하자 사양하였다.

류영모는 이렇게 말하였다.

모든 잘못은 인생을 맛으로 살려 하기 때문이라고 끊어 말할 수 있습니다. 맛으로 사는 이는 식사나 방사(房事)를 호기욕(好奇欲)의 대상으로만 여겨서 육체적 본능의 욕구를 만족하고 향락하는 기회로만 삼습니다. 그리하여 그 틈을 타고 싶고, 꾀를 부려 얻고자 미칩니다. 맛으로 살려는 이는 짐승이 되어 꿈틀거리는 꼴을 그려보고 미칩니다. 어떤 이는 류영모가 하루 한 끼만 먹는다니 아마 입맛이 없어 그런 게지 할는지 몰라도, 입맛이 없어지면 죽어야지 입맛도 없는 사람이 살기는 무슨 염치로 삽니까? 어떤 이는 대접으로 술을 하라고 하고, 술을 못한다면 맥주로 하라고 하고, 맥주도 싫다면 사이다를 마시라고 합니다. 사이다 생각도 없다면 차를 마시라 하고 차도 안 한다면 냉수라도 마시라고 합니다. 그러나 냉수도 안 마셔야 합니다. 목이 자주 마른 이는 목마른 것부터 고쳐야 합니다.

류영모는 1941년 2월 17일부터 일일일식을 시작하여 1981년 2월 3일 세상을 떠날 때까지 40년 동안 계속하였다. 1950년에 광주에 있는 동광원에 머무를 때의 일이다. 소망실이라는 결핵 요양원이 있었다. 류영모가 그곳을 심방하였을 때 환자가 감을 한 개 내놓자 받아 먹었다. 그러한 특수한 경우가 아니면 간식도 전혀 먹지 않았다.

석가가 6년 동안 선정(禪定) 수행을 할 때, 하루에 쌀 한 숟갈과 참깨 한 숟갈만 먹기도 하고, 하루에 쌀 한 톨, 깨 한 톨씩만 먹고서도 수행을 계속하였다. 그러다 석가는 몸이 죽어버리면 아무것도 아닌 것을 알고는 몸에 필요한 최소한의 음식은 먹기로 하였다. 그리하여 수자타(玉耶)가 가져다주는 유미죽을 받아먹고 기력을 회복하기에 이르렀다. 석가는 깨달음을 얻기 전에 수자타가 바친 공양과 열반에 들기 전에 춘다(純陀)가 바친 공양에 대한 고마움은 특별히 잊을 수 없다고 하였다.

마하트마 간디는 이렇게 말하였다. "우리의 삶은 환락하자는 것이 아니다. 다시 말하면 먹고 마시고 즐거워하자는 것이 아니다. 몸살림이 맘살림을 능가할 때 사람의 삶은 나쁘게 떨어진다. 그러나 사람들이 이를 알면서도 멸망하는 쪽을 더 좋아하는 것은 참으로 가여운 일이다. 배고픔의 고통은 지독하다고 한다. 사람답게 살기 바라면 이 고통까지도 참고 넘어서야 한다."(간디, 《날마다 한 생각》)

류영모는 사람에게 꼭 필요한 먹거리는 하루에 한 끼니면 충분하다는 것을 알고 실천하였다. 그래도 건강에 지장이 없었을 뿐 아니라 오히려 건강이 더 좋았다. 류영모는 이렇게 말하였다. "사람이 밥 먹고 잠자는 것을 바로 알기란 어렵습니다. 더욱이 바로 하기란 참으로 어렵습니다. 밥을 먹는 데는 마디(節)가 있어야 합니다. 사람은 제때에 먹어야 합니다. 끼니란 '끊이'란 뜻으로 끊었다 잇는다는 뜻입니다. 줄곧 먹어서는 안 됩니다. 끊었다가 먹어야 합니다. 그런데 사람들은 자기가 정한 것도 몇 날이 못 가서 그대로 못하고 맙니다."

짐승을 길들일 때는 적당하게 굶기고 먹여야 한다. 우리의 몸도 짐승이다. 몸이 제멋대로 설치지 않게 하려면 몸을 알맞게 절제시키지 않으면 안 된다. 그러기 위해서 사람은 단식을 하고 단색(斷色)을 하여야 한다. 그래서 류영모는 아버지와 어머니께서 돌아갔을 때에도 5일 동안 단식을 하였다. 기일에는 제사 의식 대신에 그날 하루 동안 금식하면서 추모하였다. 친지가 세상을 떠나 조상(弔喪)을 하는 날도 단식을 하였다. 류영모는 이렇게 말하였다. "나는 초상집에 갈 때는 금식을 하고 갑니다. 돌아간 분을 추도하기 위하여 금식을 합니다. 음식을 대접하고 대접받는 것이 추도가 아닙니다. 나는 아버지, 어머니가 돌아가신 날은 금식을 하고 제사는 안 지냅니다. 제사에 쓸 돈으로 이웃에 어려운 이를 돕습니다."

류영모는 그밖에 신앙의 이유로 5일, 7일, 11일 동안 여러 차례 단식을 하였다. 그 가운데 11일 동안 단식한 것이 가장 긴 단식이었다. 마하트마 간디는 단식을 영국과 겨루고 민중을 깨우치는 방편으로 썼다. 마하트마 간디는 74살 때 21일 동안 결사 단식을 한 것이 가장 오랜 단식이었다. 그러고는 주로 5일씩 단식을 하였다.

1957년 2월 1일에 류영모는 5일 동안 단식을 하고도 서울 YMCA회관에서 열린 마하트마 간디 기념 강연회에서 어느 강사보다도 힘 있고 감동적인 강연을 하였다. 강연 일부를 소개한다.

우리가 본연의 나인 참나를 모르고서 어떻게 하느님을 알 수 있겠습니까? 참나를 모르고서 어떻게 이 사회에 사랑이 깃들 수 있겠습니까? 사랑이 있어야 이 사회는 유기체로 돌아갈 수 있는데 참나를 모르는 사회는 유기체가 될 수 없습니다. 어디가 아픈 곳인지, 어디가 쓰린 곳인지, 어디가 가려운 곳인지, 어디가 한스러운 곳인지 전혀 모르면서 어떻게 사회가 유기체로 돌아갈 수 있겠습니까? 나는 이 나의 진면목을 알아보고자 나의 진면목을 더듬어보았습니다. 그런데 지난 1월 27일(1957년)에 특별한 감상을 얻었습니다. 이 감상을 계속해서 생각해야겠다고 해서 그날 밤을 지새우며 생각한 끝에 단식을 결심했습니다. 오늘까지 만 닷새가 되는데 언제까지 계속할지는 아직 모르겠습니다.

류영모는 이날의 일을 일기에 적었다. "120시간 숨만 쉬고 몇 시간 설교하니 입술이 마른다. 물을 먹고 자고 일어난 오늘은 퍽 곤함이 풀린다. 바람이 양식이요, 물이 양식인 것을 깨닫다. 모든 낱알이 다 양식이거니 하지 못하고 고기와 야채만을 양식이라 생각하는 것은 바람결과 물이 밑바탕 됨을 잊어버린 것이다."(《다석일지》 1957. 2. 2.)

김홍호가 스승 류영모의 단식하는 모습을 그리기를 "선생님이 두 주가 되도록 물 한 방울 잡숫지 않고 금식하면서 YMCA에 나오시어 강의한 일이 있다. 선생님의 눈시울이 우묵 들어가고 안색이 아주 좋지 않았다. 그럴 때는 사모님이 언제나 뒤따랐다. 선생님은 칠판에 '단식하는 사람 앞에서는 생심(生心)한 것이 사라진다(斷食人前生心消),'《바가바드기타》라는 긴 시를 걸어놓고 단식 동안에 체험한 것을 자세히 말씀해주었다. 그때 앵두가 한창인데 앵두를 먹지 않고 보기만 해도 그대로 먹는 것 같은 느낌이라고 말하였다."(김홍호, 《제소리: 다석 류영모 강의록》)

류영모를 본받아 일일일식을 꾀하는 사람들이 여럿 있었다. 류영모도 이렇게 말하였다. "하루에 한 끼씩 먹은 지가 새해(1961년) 2월 18일이면 꼭 20년이 됩니다. 사람들이 내가 일중(日中)하는 것에 호기심을 가지고 물어봅니다."

최원극을 비롯한 여러 사람들이 일일일식을 한다면서 굶다가 한 끼니에 너무 많이 먹어 위만 늘어나고 거의 얼마 못 가서 포기하였다. 비교적 성공한 사람은 다섯 손가락에도 못 미친다. 함석헌, 김홍호, 서완근, 박동호(朴東鎬)가 그들이다. 그 다음으로 하루에 두 끼니씩만 먹는 사람들이 있는데 염낙준, 주규식(朱揆植), 류자상 등이다. 그밖에는 세 끼니를 먹되 과식은 하지 않았다.

김교신은 먹성도 좋고 체력도 좋은 만능 체육인이었다. 송두용의 말에 의하면 김교신은 송두용의 곱을 먹었다고 한다. 그러한 김교신이 류영모의 영향을 받고서 음식을 적게 먹으려고 애쓰고 오래 씹으려고 힘썼다.

류영모는 이렇게 말하였다. "단식하는 것은 부모에게서 받은 몸을 고생시키는 것인데, 그것은 내가 내 살과 피를 먹고 마시겠다는 것입니다. 예수나 간디의 피와 살은 먹을 수 없으니까 제 몸을 고생시키면 제 살과 피를 좀 얻어먹을 수 있지 않을까 해서입니다." 마하트마 간디는 이렇게 말하였다. "우리가 몸에 얽매인 대로 있으면서 참나를 드러내기를 바란다면 그것은 마치 달을 잡으려는 것과 같다. 제나(自我)가 죽었을 때 얼나는 깬다."(간디,《날마다 한 생각》)

방 가운데 만리장성을 쌓다

이 세상에는 영원한 생명인 얼나를 세상에 드러내려고 몸나의 짐승 성질인 삼독(三毒)과 겨루어 이겨내는 사람이 있는 반면에 멸망의 생명인 몸나를 이 세상에서 즐기자며 삼독에 매여 향락하는 사람이 있다.

류영모는 이렇게 말하였다. "향락을 위주로 하는 이놈의 세상은 멸망을 자초합니다. 이 망할 세상은 집어치우고 위로 솟나는 길밖에 없습니다. 정신적으로 위로 더 위로 솟아나 하느님에게까지 올라가는 길밖에 없습니다. 하느님의 나라는 순결의 고디(貞)를 지켜 얼로 솟아난 사람들의 나라입니다. 그것은 얼생명으로 하나 된 나라입니다. 시간을 초월하고, 공간을 초월하고, 인간을 초월하여 언제나 있는 나라가 하늘나라입니다. 사는 것은 이 몸이 아닙니다. 이 몸은 참나의 그림자입니다. 이 껍데기 몸이 홀렁 벗어지는 게 무슨 문제입니까? 몸이야 아무래도 좋지 않습니까? 이 몸은 참나가 지나가는 것이지, 이 몸이 참나가 아닙니다. 이 몸은 참나의 두루마기 옷입니다. 언젠가 내버릴 때가 있습니다. 이 몸의 심부름을 하는 것을 삶으로 아는 이는 아무리 높이 앉혀줘도, 아무리 깊이 배워주어도 땅에 붙은 소리밖에 못합니다."

사람들은 남녀가 어울리는 것을 향락으로 알고 행복으로 안다. 스스로 천재라고 자부한 러셀(Bertrand Russell)이 그러하였다. "나는 사랑을 찾아 헤맸다. 사랑이 황홀을 가져다주기 때문이었다. 그 황홀은 너무나 위대한 것이어서 몇 시간의 이 즐거움을 위해서는 남은 생애의 전부를 희생해버려도 좋다고 생각하는 일도 가끔 있었다. …… 나는 사랑의 결합 속에서 성자와 시인들이 상상한 천국의 신비로운 축도를 미리 보았기 때문에 사랑을 찾아다녔다."(러셀, 《자서전》) 러셀이 밀교도처럼 성적인 남녀의 결합에서 천국을 발견할 수 있었다면 어찌하여 행복한 결혼 생활을 유지하지 못하고 3번이나 이혼을 하였는지 알 수 없다.

류영모는 이렇게 말하였다. "남녀의 정사를 쾌락이라고 하지만 다 어리석은 짓입니다. 나도 51살까지 범방(犯房)을 했는데 그 이후부터는 아주 끊었습니다. 아기 낳고 하던 일이 꼭 전생에 하던 일같이 생각됩니다. 정욕이 없어서 그런 게 아닙니다."

류영모는 러셀과는 반대로 정사를 쾌락으로 아는 것은 어리석음이요, 죽음이라고 하였다. 음행은 한마디로 멸망의 길로 나아가는 일이다. 그리하여 류영모는 부부끼리도 성 생활을 그만두기로 하였다. 마하트마 간디가 부부 사이에 금욕하는 길을 일러주었다. 첫째, 마음의 결심이 있어야 한다. 둘째, 먹는 것을 절제해야 한다. 셋째, 부부가 각각 다른 방을 쓰는 것이 좋다. 류영모는 첫째 결심이 섰고, 둘째 하루 한 끼씩 먹고, 셋째를 위해 방 가운데 긴 책상으로 만리장성을 쌓았다. 아랫목에서는 아내 김효정이 생활하고 윗목에서는 류영모가 생활하였다. 방은 옛 두 칸 방이었는데, 폭이 2.4미터 길이가 4.6미터 정도가 되었다. 하룻밤을 자도 만리장성을 쌓는다는 속담이 있지만 부부 사이에도 만리장성을 쌓는 것이 성자의 삶이다.

류영모는 이렇게 말하였다. "나는 아내(妻)의 뜻을 '안해'라고 합니다. 남녀가 만나는 때의 뜻이 크다고 하더라도 일찍 성 생활을 그만두어야 합니다. 자꾸 계속하다간 저 혼자만 망하는 것이 아니라 인구 폭발로 인류가 망합니다. 남녀가 모두 정신을 차려야 합니다. 서로 정력을 낭비케 하여 상대의 생명을 갉아먹으면서 사랑한다고 착각하는 것은 어리석은 짓입니다. 남녀 관계가 인격이 빠져나가고 동물적인 욕정으로 떨어지면 사랑은 악의 근원이 됩니다. 서로 좋으면 좋지 않으냐는 식으로 나가면 사람의 존엄성이 깨져 사람은 향락주의의 찌꺼기가 됩니다."

류영모는 남녀의 사랑에서 하느님을 사랑하는 것을 배워야 한다고 하였다. 사실 진짜 이성은 하느님뿐이시다. 사람은 모두가 상대적으로 나서 죽는 동성이다. 절대성의 하느님만이 나지 않고 죽지 않는 거룩한 이성(異

性)의 님이다. 류영모는 이렇게 말하였다.

"사람은 남녀의 맛이 아니라 남녀의 뜻을 읽어야 합니다. 남녀의 뜻은 무엇일까요? 하느님의 거룩을 깨닫기 위한 것입니다. 남녀의 사랑이 종당에는 하느님의 사랑에까지 도달할 때 그것은 영원한 사랑이 되는 것입니다. 부부의 사랑을 천국에까지 끌고 갈 수 없지만 부부의 사랑을 천국의 사랑에까지 끌어올릴 수는 있을 것입니다. 그러므로 부부는 아이를 낳기 위해서만 만나고 언제나 따로 있어 기름(精力)을 소모하지 않아야 합니다. 그것이 참 사랑입니다. 남편은 아내의 도구가 아니고 아내도 남편의 도구가 아닙니다. 상대방을 죽이면서 사랑한다고 하는 것은 말이 안 됩니다. 남자는 왈칵 쏟을 때 죽는 것입니다. 여자는 출산할 때 죽는 것입니다. 부부가 안 해야 할 것을 실수해서 아기를 낳았다면 그것은 실패지 뭡니까? 부모의 의도에 어긋난 원수지 그것이 사랑스러운 자식이 되겠습니까? 실수해서 낳은 자식에게 성공을 바랄 수 있겠습니까?"

류영모의 아내 김효정은 마하트마 간디의 부인 카스투르바이처럼 훌륭한 아내였다. 성인의 아내 노릇을 하는 것은 노름꾼의 아내가 되는 것보다 더 어려운 일이다. 그래서 톨스토이의 아내와 존 웨슬리의 아내와 소크라테스의 아내가 악처라는 말을 듣게 되었는지도 모르겠다. 아내에게는 하느님 아들인 인류의 스승은 필요가 없다. 가족에게 성실한 남편이 필요할 뿐이다. 그러나 김효정은 류영모의 신앙 생활을 도운 어진 아내였다.

톨스토이와 간디와 류영모 세 사람은 짐승 성질과 싸워 이긴, 성자에 이른 20세기의 금욕주의자들이라고 말할 수 있다. 류영모와 톨스토이는 62년의 나이 차이가 있어 류영모가 청년기에 톨스토이의 저서를 마음껏 읽을 수 있었다. 그러나 류영모와 마하트마 간디는 나이 차이가 21년밖에 안 나서 류영모는 간디의 저서를 일찍 접할 수 없었다. 간디의 자서전 상권은 인도에서 1927년에 출판되었다. 류영모는 톨스토이의 남녀 성 관념에 대해서 이야기하였다.

예수는 독신으로 살았으며 여자를 보고 음욕을 품는 일이 없었습니다. 정신 든 사람이 어떻게 음욕을 품을 수 있겠습니까? 음욕이란 실성한 사람들이 할 짓이지 정신이 바로 박힌 사람은 음란에 젖을 까닭이 없습니다. 톨스토이는 이러한 말을 하였습니다. "남녀가 꼭 어울려서 파티를 벌여서 좋을 게 무엇인가? 동양 사람들처럼 제각기 있는 것이 좋지 않은가?"라고 하면서 동양 풍속을 퍽 동경하였다고 합니다. 그런데 지금은 동양에서 남녀가 더 가까워지려고 하고 오히려 서양 것을 좋다고 하는 시속(時俗)이 되었습니다.

왜 그렇게 하고 싶은가 하면, 불가능한 것을 아무렇게나 그 짓만 하면 좋다는 생각이 들어서인지도 모르겠습니다. 불가능하면 그만두어야지 으레 어지간히 할 수 있지 않은가 하는 모양입니다. 이는 삿된 생각입니다. 나와 톨스토이는 성에 관해서는 괴설(怪說)입니다. 예수·석가도 마찬가지입니다. 금욕은 분명히 자연스럽지 못한 것이니까 괴설이라고 할 수밖에 없습니다. 남녀의 성교라는 것은 죽어나는 것입니다. '욕심이 잉태한즉 죄를 낳고 죄가 장성한즉 사망을 낳느니라.' 그대로입니다. 그러므로 얼(靈)의 의지가 강한 이는 금욕 생활의 길을 걷습니다. 사람이란 망측한 동물입니다. 죽어나기를 쾌락이라고 하니, 이게 이성을 가진 영물이라고 할 수 있습니까? 아무래도 무슨 잘못이 있습니다.

젊어서 온갖 형태의 성범죄를 다 저질렀다고 스스로 고백하고 참회한 톨스토이는 자신의 성 관념을 이렇게 말하였다. "결혼한 뒤 부부 사이의 성교는 간음이 아니라고 할 수 있다. 그러나 비록 상대가 아내일지라도 단순히 성욕을 만족시키기 위한 성교는 죄악이라는 생각에 일리가 있다. 쾌락을 위한 성교나 스스로 거세하는 것은 마찬가지로 죄악이라고 생각한다. 과식하는 것이나 스스로 아사하는 것은 마찬가지로 죄악이라고 생각한다. 다른 사람들에게 봉사할 수 있게끔 몸을 유지하기 위해 식물을 먹는 것과 인류를 존속시킬 수 있을 정도의 성교는 정당하다고 할 수 있다. 아내와 맺는 성교라도 만일 그것이 정신적인 사랑 없이 시기를 무시한 채 단지 육욕(肉慾)을 위한 것이면 간음이라는 생각은 옳다. 그러나 어린아이의 출생을 목적으로 하거나 정신적인 사랑을 바탕으로 아내와 이루어지는 성교가 죄라는 주장은 틀렸다고 생각한다. 이는 죄가 아니고 하느님의 뜻인 것이다."(《톨스토이 전집》 18권, '남과 여', 이와나미문고)

간디는 13살에 동갑의 처녀 카스투르바이와 혼인하였다. 철없던 사춘기의 간디는 무척 호색하여 꽤나 아내를 괴롭혔다. "나는 잘못된 사람을 보면 내가 잘못을 저질렀을 때의 일을 생각한다. 호색한을 보면 나도 한때는 호색하였음을 생각한다. 이리하여 나는 세상의 모든 사람들에게 친숙함을 느낀다."(간디,《간디 문집》)

류영모는 혼인하는 것을 정신적으로 떨어지는 행위라 하였고, 혼자 사는 것을 이상이라고 말하였다. 이에 비하여 간디는 혼인하는 것을 자연스런 일이라고 하였다. "결혼은 인생에서 자연스러운 것이며 결혼이 품위를 떨어뜨린다는 생각은 완전히 잘못되었다. 혼인을 신성한 정화의 의식으로 간주하고 그런 다음에 혼인 생활을 영위하면서 자제(自制)하는 생활을 보내는 것이야말로 이상이다."(간디,《간디 문집》)

간디는 이미 30대에 두 차례나 금욕 생활을 시도했지만 모두 실패하였다. 그러다 37살이 되어 마침내 성공하였다. "마지막 결심은 1906년(37살)에 겨우 이루어졌다. 그 최후의 결심을 한 때는 참으로 힘이 들었다. 나에게는 있어야 할 힘이 없었다. 내 욕정을 어떻게 누를 것인가? 그 당시에는 자기 아내와 육체적 관계 없이 지내는 것을 이상하게 여겼다. 그러나 나를 붙들어주시는 하느님의 힘을 믿고 금욕 생활을 시작한 것이다. 이제 맹세한 지 20년이 된다. 지금에 와서 지난날을 회상하면, 기쁨과 경이로 가득 참을 느낀다. 56살이 넘은 오늘에 와서도 그것이 얼마나 힘든 것인지 나는 잘 알고 있다. 브라흐마차랴(금욕)를 지킨다는 것이 칼날 위를 걷는 것과 같음을 더욱 뼈저리게 느끼며, 매 순간 영원한 경각심이 필요하다는 것을 느낀다."(간디, 《자서전》)

마하트마 간디는 13살에 혼인하여 37살에 금욕 생활에 들어갔다. 류영모는 25살에 혼인하여 51살에 금욕 생활에 들어갔다. 간디는 25년 동안 성 생활을 하였다. 류영모는 27년 동안 성 생활을 하였다.

마하트마 간디는 금욕 생활을 이렇게 예찬하였다. "금욕하는 사람과 안 하는 사람은 뚜렷하게 다르다. 금욕하는 사람의 눈은 하느님의 영광을 보지만 금욕하지 않는 사람의 눈은 둘레의 천박한 것을 본다. 금욕하는 사람의 귀는 하느님의 찬송을 듣지만 금욕하지 않는 사람은 지저분한 소리에 귀를 기울인다. 금욕하는 사람은 밤에 기도를 하지만 금욕하지 않는 사람은 향락에 빠진다. 금욕하는 사람은 몸을 하느님의 성전으로 만들지만 금욕하지 않는 사람은 몸을 냄새나는 시궁창으로 만든다." (간디, 《자서전》)

류영모는 남녀의 육욕을 성욕이라 일컫는 것을 아주 못마땅하게 생각하였다. "하느님이 주시는 영원한 생명인 천명을 성이라 한다(天命之謂

性).”(《중용》)는 것이다.

금욕주의자들은 남녀의 육욕을 성욕이라고 하지 않습니다. 짐승의 욕구인 수욕(獸慾)이라고 합니다. 수욕이 어떻게 성욕입니까? 성욕은 위(하느님)로 올라가는 것입니다. 정신분석학에서 사람의 심리 일체를 육체의 욕망인 성욕에서 근원한다고 하는 것은 큰 잘못입니다. 정말 정신분석학이 있다면 한번 분석해보고 싶습니다. 그 정신분석학자의 정신이 바른가, 류영모의 정신이 바른가. 강간·시간(屍姦)하는 이 세상이 실성하지 않고는 이렇게 될 수 없습니다. 이 사회가 망하는 것은 심리학자들의 성욕론 때문입니다. 하늘과 땅에 그득한 호연지기의 성을 남자의 비쭉 나온 것과 여자의 움쑥 들어간 것에다 성을 붙였으니 이놈의 세상이 실성하지 않았습니까!

류영모는 사람의 정력을 남녀의 교합에 낭비하는 것은 전기를 합선시켜 전력을 소모하는 것과 같다고 하였다. 톨스토이는 이것을 증기 기관차에 기적을 울려 증기를 소모하는 것과 같다고 하였다. 류영모는 이렇게 말하였다. “요새는 정력을 발산하라고 하지만 직접적으로 발산해서는 못 씁니다. 학문이나 예술이나 운동이나 노동으로 발산해야 합니다. 정욕이 왕성한 청년기에는 학문이나 기능도 잘 길러집니다. 외(外) 호르몬을 방출하게 되면 내(內) 호르몬이 생성될 여가가 없습니다. 외 호르몬을 방출하지 않으면, 외 호르몬을 생산할 필요가 없어 내 호르몬이 충족됩니다. 외 호르몬을 자꾸 방출하여 내 호르몬이 생산되지 않으면 기운이 쇠잔해집니다.”

류영모는 사람들이 외모를 지나치게 꾸미는 것은 음란을 조장한다고 말하였다. “야용(冶容)이라면 요새 말로 화장입니다. 얼굴을 가만히 놔두지 않습니다. 성형외과에서 쌍꺼풀진 눈을 만들었다가 도리어 나빠져서 비관 끝에 자살한 사람도 있습니다. 어쨌든 야용하면 음란해집니다. 얼굴에 분을 바른다는 자체가 음란을 조장합니다. 곧 자기를 한 번 볼 것을 두 번, 세 번 뚫어지게 보아 달라는 것입니다. 얼굴뿐 아니라 말끔(몽땅) 보아 달라는 것이니 무서운 우상이 될 수밖에 없습니다."

류영모는 사람들이 부끄러움을 잊고 부끄러워할 줄 모르는 것을 걱정하였다. 서구 사람들을 따라 대낮에 젊은 남녀가 손을 잡거나 팔짱을 끼고 걸어가는 것은 부끄러움을 모르는 짓이라고 하였다. 류영모는 미스코리아 선발 대회에서 미인들이 수영복 차림으로 나서는 것을 못마땅하게 생각하였다. 류영모는 이렇게 말하였다. "벌거벗고 나선 사람이 되어도 나는 남부끄러울 게 없다고 한다면 그 말처럼 참 부끄러울 것이 없을 것입니다. 남들이 저더러 예쁘다고 하는 바람에 벌거벗고 어디나 나서겠다는 사람은 그 얼굴에 낯을 피울 수 있는 피가 있는 것인지, 없는 것인지? 이쯤 되면 여기가 어딘가. 인간 세상이 온통 파렴치입니다."

미인 투표

입었드냐 언쳐났네 과상미인(果上美人) 되실거고
벗었드냐 시뻘거니 아래를 내다 처하미인(處下美人)
위를 입어 오르락 곁고, 아랜 텃건 새면 다.

류영모는 미인대회를 미를 상품화하는 못된 짓이라고 하였다. 부귀와 미인을 숭상하는 사회는 병든 사회라고 하였다. 류영모는 영화 광고에 키스하는 장면이 나오는 것을 보고 이렇게 말하였다.

"이 사회에 영화 광고 등에서 키스하는 장면이 어떻게나 흔히 나오는지 이제는 오히려 정신이 마비되어 그러려니 하고 지나게 되었습니다. 그 부끄러운 일을 공공연하게 내놓는 것이 하늘에 머리를 두고 사는 사람들이 할 짓들입니까? 이렇게 키스가 흔하니 사랑하는 사람과 키스를 해도 그 맛이 이제는 없어졌을 것입니다. 이 세상은 어른이 없는 시대입니다. 영화 광고에 키스가 뭐요? 어린이들에게 성 생활을 하게 허용치 않으려면 극장 앞에 그 따위를 붙이지 말아요. 어린이들이 저희끼리 입만 맞출 것 같아요? 그렇게 커 가지고 무얼 한답니까? 이건 정말 단단히 싸워야 합니다."

류영모는 맹자가 부끄러움(恥)을 두고 한 말을 좋아하였다. "사람이 부끄러울 것이 없다고 해서는 안 된다. 부끄러울 것이 없다는 것을 부끄러워해야만 부끄러움이 없게 된다. 부끄러움이란 사람 사이에 큰 것이로구나. 요랬다조랬다 하기를 잘하는 자는 부끄러움이란 쓸데없겠지만, 부끄럽지 않기 남만 못하면 무엇이 남만 할 게 있을까(人不可以無恥 無恥之恥 無恥矣 恥之於人大矣 爲機變之巧者 無所用恥焉 不恥不若人 何若人有)."《맹자》진심 상편)

염치는 겸손이자 절제이며, 희생이요, 인애(仁愛)이다. 무성한 열대림의 나무들에도 염치가 있다. 맨 위에 있는 잎들이 아래쪽에 있는 잎들도 태양광선을 쏘일 수 있도록 공간을 내주려고 잎을 오므리는 것을 '꼭대기의 수줍음'이라고 한다. 그런데 하물며 사람이 염치를 잃어버려서야 되겠는가?

류영모는 남녀 문제와 결혼을 이렇게 말하였다. "인격의 온전함이 능히 독신을 가능케 합니다. 인격이 온전하다면, 누구를 의지하거나 기다리지 않고 혼자서 똥오줌을 가누고, 남녀 문제는 물론이고 생사 문제까지 초월하게 됩니다. 하늘나라를 위하여 독신으로 사는 사람은 영원한 생명을 회복하였기 때문입니다. 얼생명으로 사는 사람은 누구나 스스로 고자가 됩니다. 결혼할 수도 없고, 결혼을 했어도 곧 갈라지게 됩니다. 하느님을 섬기는 진리의 사람(얼나)은 남자도 여자도 아닙니다. 하느님이 주신 참 나는 성령이라, 사람의 본성은 성령입니다. 성령이 나타나면 남자도 없고 여자도 없습니다. 남자니 여자니 하는 것은 몸뿐입니다."

그러나 류영모는 아무리 옳은 생각이라도 남에게 무리하게 요구하는 일은 없었다. "나는 나처럼 하라고는 않습니다. 그러나 바울로같이 나 비슷하게 해보라고는 말하고 싶습니다." 류영모의 아들 의상과 자상, 제자 염낙준과 김형배 등은 40살까지 혼인을 않고 버티더니 40살이 넘어서 모두 만혼을 하고 말았다. 류영모가 이상으로 생각한 독신은 직제자 가운데서는 한 사람도 나오지 않았다.

사람이 걸어가는 인생길에는 최선의 길만이 있는 것은 아니다. 차선의 길도 있는 것이다. 차선의 길을 예수와 석가도 인정하였듯이 류영모도 인정하였다. 그렇다고 최선의 길을 없앨 수는 없다.

마하트마 간디는 여느 사람들과 같이 젊어서는 많은 잘못을 하였으나 진리파지(眞理把持)를 한 뒤로는 거의 온전한 삶을 살았다. 그런데 간디가 오직 한 가지 잘못한 것이 있다면 맏아들 하릴랄(Harilal Gandhi)과의 관계다. 하릴랄이 자유롭게 여자와 교제하는 것을 아버지 간디는 못마땅하게 생각하였다. 이성 교제에 관한 이견 탓에 아버지와 아들의 사이는 벌어지기만 하였다. 하릴랄은 아버지를 원망하며 아버지에게 복수하는 기분으로 더욱 주색에 빠져들었다. 마하트마 간디가 "아버지와 아들이 지나치게 잘하기를 요구하면 부자의 은의(恩誼)를 그르침이 크다(父子責善賊恩之大者)."《맹자》이루 하편)라는 맹자의 가르침을 알았더라면 그러한 비극은 없었을 것이다. 하릴랄은 알코올중독과 결핵으로 요절하였다. 이미 15살 때 맹자를 배운 류영모는 부자 사이에서 책선(責善)을 삼갔다.

류영모는 아들딸이 혼인하지 않기를 바랐으나 본인들이 혼인하겠다고 할 때는 반대하지 않았다. 딸을 시집보낼 때는 집에서 아버지가 직접 주례를 섰다. 모임에 나오는 사람들에게 "다음 모임은 구기동 우리집에서 모입시다."라고 하였다. 그러나 딸을 혼인시키는 줄은 아무도 몰랐다. 모임 사람들이 앉아 있는 자리에 신랑 신부를 불러 나란히 앉히고는 "오늘부터 이 두 사람이 손잡고 함께 나아가게 되었습니다."라고 성혼 선언을 하였다. 큰 방 안에서 치뤄진 참으로 간단하면서도 경건한 혼인 예식이었다.

잣나무 널판 위에서 앉고 자다

류영모는 잣나무로 만든 널판을 안방 윗목에다 들여놓고 낮에는 방석 삼아 그 위에 앉아 있고 밤에는 침대 삼아 그 위에서 잤다. 사람들이 류영모의 집에 찾아가 널판 위에 꿇어앉아 있는 류영모의 모습을 보고는 죽은 이가 다시 살아나 칠성판 위에 있는 것 같아 섬뜩한 느낌이 든다고 하였다. 안방에 널판을 들여다놓고 그 위에서 40년 동안이나 산 이는 인류 역사에 류영모가 처음이자 마지막일 것이다.

류영모가 앉고 누운 잣나무 널판은 상가(喪家)에서 쓰는 널감이었다. 당시 시중에는 조선조 왕족의 소유인 홍제동 구사니뫼 숲의 100여 년 묵은 소나무와 잣나무를 팔고 있었다. 류영모는 친척 이질에게 부탁하여 널 한 감을 샀다. 옛날에는 널 만들기가 쉽지 않아 부자들은 미리 널을 준비해놓는 일이 많았다. 류영모가 쓴 잣나무 널판의 두께를 재어보니 3

치(약 9센티미터)이고, 폭은 3자(약 90센티미터), 길이는 7자(약 210센티미터)였다.

류영모가 널판 위에 사는 전무후무한 기행을 한 데는 두 가지 이유가 있다. 첫째는 자는 동안 등뼈를 고르게 펴려는 건강상의 이유이고, 둘째는 널판 위에서 삶으로써 죽음과 친하려는 신앙상의 이유였다.

사람의 몸에서 등뼈는 참으로 중요하다. 설 때는 기둥 역할을 하고 엎드리면 용마루 역할을 한다. 또 동물이 필요로 하는 유기물질을 보관하는 창고 노릇을 한다. 등뼈 속에는 온몸의 여러 기관과 뇌를 이어주는 신경조직이 들어 있다. 그 신경조직이 잘못되면 온몸에 이상이 온다. 그래서 어떤 의사는 등뼈를 잘 간수하면 건강을 잃는 일이 없다고 한다. 짐승들은 기어 다니므로 등뼈에 부담이 되지 않는데 사람은 서서 다니기 때문에 등뼈에 부담이 간다. 그래서 사람들은 쉽게 척추 디스크에 걸린다. 경추·흉추·요추 가운데 특히 요추(허리등뼈)에 이상이 잘 일어난다. 이 등뼈를 꼿꼿이 바르게 하는 것이 매우 중요하다. 그러나 사람이 낮에 활동하다 보면 등뼈가 굽게 된다. 그러므로 밤에 잘 때는 딱딱한 나무 판 위에 누워서 비뚤어진 등뼈를 펴주어야 한다. 그런데 사람들은 푹신한 요나 침대 위에서 자기를 좋아한다. 그러면 등뼈가 제대로 곧게 펴지지 못한다. 그래서 의사들은 딱딱한 합판 위에서 자기를 권한다. 류영모는 반드시 누워 송장 잠을 자야 한다고 하였다. 처음엔 반원 모양의 경침을 베었으나 뒤에는 베개 없이 잤다. 널판 위에는 아무것도 깔지 않았다. 훗날 나이가 들어서는 겨울에만 담요 한 장을 깔았다.

류영모는 사람의 몸이 악기라고 말하였다. 옛날에는 음악을 율려(律呂)라고 하였는데 '여(呂)' 자가 바로 등뼈를 그린 글자이다. 악기가 제대로 소리를 내려면 조율이 되어 있어야 하듯이 사람의 몸도 조절이 잘 되어 있어야 하느님께서 타실 때 아름다운 소리를 낼 수 있다고 말하였다. 그런데 류영모는 1941년 8월에 울타리에 서 있는 아카시아나무의 가지를 치다가 삼각 사다리에서 떨어져 허리를 크게 다친 일이 있었다.

    류영모는 선천적으로 연약하고 왜소한 체구로 태어나 의사로부터 오래 살지 못할 것이라는 말을 들었다. 그리하여 남달리 건강에 힘썼다. 전해 오는 양생법(養生法)에 관한 책도 읽었고 그때 유행한 일본의 니시 가쓰조(西勝造)와 사쿠라자와 유키카즈(櫻澤如一)가 제창한 건강론도 읽었다. 그러나 그것들을 맹종하지는 않고 참고만 하였다. 류영모는 이렇게 말하였다. "양생법·장생법(長生法)이라는 것이 있습니다. 한때는 듣는 것 같아도 다 못씁니다. 그저 줄곧 고디(貞, 진리까지) 정신을 품고 입을 다물고 숨을 쉬어야 합니다. 고디를 지니면 숨이 잘 쉬어집니다. 많이 먹으면 식곤(食困)이 생겨서 잠이 많아지고 앉으려 해도 곧장 앉지 못합니다."

    둘째로 류영모가 널판 위에서 잔 것은 죽음을 잊지 않고 죽음을 이기기 위해서였다. 장자는 "죽음을 가까이하는 마음은 거짓을 시키지 않는다."라고 말하였다. 굳이 널판이 아니더라도 딱딱한 나무 판은 많이 있다. 널판 위에서 자니 홋카이도의 어느 신부처럼 날마다 자기가 묻힐 무덤을 한 삽씩 팔 필요가 없다고 하였다. 사람이 죽음을 의식할 때 삼독의 제나에서 자유로워질 수 있다. 삼독의 노예로 살던 이가 선한 언행을 하면 저 사람이 죽으려고 마음이 변한 모양이라고 한다. 다 죽게 되어서 늦게서야 본심을 찾지 말고 일찍부터 죽음을 의식하여 본심을 찾아서 살자는 것이다. 류영모는 죽음을 이렇게 말하였다. "영생이란 죽음을 넘어서는 것입니다. 얼생명에는 죽음이란 없습니다. 이 껍데기 몸이 죽는 거지 참나인 얼은 죽는 게 아닙니다. 죽음을 무서워하고 싫어할 까닭이 없습니다. 죽음이란 이 몸이 퍽 쓰러져서 못 일어나는 것밖에 더 있습니까? 이 껍데기가 그렇게 되면 어떻습니까? 진리인 얼생명은 영원합니다."

류영모는 자신을 일컬어 '백판거사(柏板居士)'라 하였다. 잣나무 널판 위에 사는 선비라는 뜻이다.

柏板居士(백판거사)

晨兀夕展屈伸狀(신올석전굴신상)
三十星霜柳老潤(삼십성상류노윤)
自初至終運年輪(자초지종운년륜)
百世生成柏子板(백세생성백자판)

새벽에 일어나 오뚝이 앉고 저녁에 몸을 펴 자며 굴신하는 모습,
30년 세월 동안 이 버들 늙은이 살림 기름 지웠네.
처음부터 끝까지 이어진 나이테를 헤아리니,
백 년 세월 동안 나서 자란 잣나무 널판이다.
(박영호 옮김)

석가가 가부좌로 인생의 오의(奧義)를 깨달았다면 류영모는 정좌로 인생의 진수를 깨달았다. 석가가 일어서거나 걸어 다니지 않으면 가부좌를 하였듯이 류영모도 일어서거나 걸어 다니지 않으면 언제나 정좌를 하였다.

류영모가 말하기를 "앉아 있는 부처의 모습은 참에 가까운 상입니다. 인도에서는 앉는 것을 귀하게 여깁니다. 참선이 그것인데 앉아서 아주 완전에 들어가려는 것입니다. 석가는 6년 동안의 수행 마지막에는 자신이 깨달음을 얻기 전에는 앉은 자리에서 일어나지 않겠다고 마음을 먹었습

니다. 밤낮없이 앉은 채 마귀 잡념과 싸워 마침내 금강 같은 불변의 진리를 내어놓는 구경(究竟)의 깨달음을 얻었다는 것입니다. 그래서 앉는 일에 골몰하는 이는 성불(成佛)할 수 있을 것입니다. 자꾸 깨어나겠다는 일이 부처 될 사람의 일입니다. 예수의 가르침도 깨야 한다는 것입니다. 깨닫기 위해서는 우리는 앉아서 배기는 일을 참고 배워야 합니다. 학교에서 불과 몇 해 동안 앉아 있는 일을 배울 뿐 세상에 나가서는 초조하게 서성거리다가 시간을 다 보냅니다."라고 하였다.

참선의 대가라는 이의 말이 정좌보다는 가부좌가 낫다며 정좌로 시작해서 가부좌로 바꾸어야 된다고 하였다. 가부좌는 피라미드형이라 단전에 저절로 힘이 모여 중심이 잡힌다고 하였다. 그런데 류영모의 정좌법은 좀 다르다. 흔히 무릎을 꿇고 앉으면 엉덩이를 두 발 위에 올리게 된다. 그러나 류영모는 앞 무릎은 붙이고 두 다리는 벌려 엉덩이를 맨땅에 닿게 하였다. 가부좌의 다리 모양은 역삼각형이 되는데 류영모의 정좌는 정삼각형이 된다. 그리고 보면 류영모의 정좌법이 더욱 피라미드형에 가깝다. 정좌를 하면 졸음이 오지 않는다. 처음 그렇게 앉으면 가부좌를 트는 것보다 다리가 더 아프기 때문에 정좌를 궤좌(跪坐)라고도 한다. 그런데 아픈 고비를 넘긴 류영모는 전혀 다리가 아프지 않다고 하였다. 그러니 평생 정좌를 하고 지낼 수 있었던 것이다.

정좌나 가부좌를 하면 저절로 숨이 깊어지고 피가 빠르게 돌아 온몸이 더워진다. 위를 비롯하여 내장의 여러 기관이 활발하게 활동하고 모든 기관의 내분비가 잘되어 입안에 침이 고인다. 이를 일러 기가 뚫린다고 일컫는다. 그 상태에서 마음을 비워 하느님의 성령이 가득 차면 마음에 기쁨이 북극의 오로라처럼 황홀하다. 이를 장자는 유도집허(唯道集虛)라 하였다. 그러면 짜증(스트레스)도 불안도 두려움도 깨끗이 사라지고 몸과 마음이 상쾌하다. 이것이 기도요, 참선이다. 이것이 소주천(小周天)이요, 대주천(大周天)일 것이다.

류영모는 말하기를 "나는 기도·찬송·성경 해석은 안 합니다. 그런데 요새 나는 참선 기도를 합니다."라고 하였다. 교회식의 예배는 안 보고 예수나 석가처럼 혼자서 참선 기도를 한다는 말이다. 그리하여 참선 기도하는 동안에 내 마음속에 그리스도가 태어나고 부처가 오는 것을 체험하였다. 류영모가 말하기를 "내 가슴에 순간순간 그리스도가 탄생해야 하고 끊임없이 성불해야 합니다."라고 하였다. 기도하고 참선하는 것은 바로 이것이다. 내 마음속에 그리스도가 나고 부처가 오지 않았다면 그 기도와 참선은 쭉정이 기도요, 쭉정이 참선이다. 요즘 단지 몸의 건강만을 위한 선(禪)이 유행하고 있는데, 이것은 본말이 전도된 쭉정이 선이라고 아니할 수 없다.

류영모가 무릎을 꿇고 기도 참선만 한 것이 아니다. 손님을 맞을 때나 책을 읽을 때나 식사를 할 때나 언제나 무릎 꿇고 지냈다. 류영모의 궤좌는 이것만으로도 훌륭한 수행이었다. 언제나 하느님 아버지를 모시고 사는 천부시하(天父侍下)의 삶이었다. 그러므로 마음이 풀어지고 몸이 놀아나는 일이 있을 수 없었다. 류영모는 언제나 긴장하면서 살아야 한다고 말하였다. "세상에는 늘 가는 게 없습니다. 그러나 늘 가는 것을 구합니다. 사람이 한때는 지성(至誠)을 할 수 있지만 늘 끊기지 않게는 잘 안 됩니다. 지성과 열성이 우리 속에 조금씩은 있습니다. 그러나 곧 없어져 이완돼버립니다. 마음이 이완되기에 욕망에 끌려갑니다. 유한(有閑)을 잘못 쓰면 죄악이지만 유한한 시간을 팽팽한 긴장으로 보낸다면 영구히 후회하지 않습니다. 게으르고 멍청하게 있다가 어디 가서 말을 하래도 머리가 멍해져 말 한마디 못하는 그런 지경에 가서는 안 됩니다. 이것이야말로 죄악입니다."

　류영모는 88살 때부터 기억력이 흐려졌는데도 무릎 꿇고 있는 것은 변함이 없었다. 잣나무 널판 위에 무릎 꿇고 오뚝이 인형처럼 앉아 있는 모습이 곧 쓰러질 것만 같아 편히 앉으시든지 누우시라고 하면 "괜찮아요."라고 하면서 그대로 앉아 있었다. 머리를 하늘로 두려는 의지요, 기도였다.

　스승이 무릎 꿇고 말씀을 하니 제자들이 무릎을 꿇지 않을 수 없었다. 그러나 30분이 지나면 다리가 아파서 쩔쩔매게 된다. 함석헌을 비롯한 몇 제자는 몇 시간을 버티어냈다. 그러나 류영모는 제자들에게 꿇어앉으라고 하지는 않았다. 숨을 깊게 쉬고 배꼽 밑 단전에 중심을 두라고 하였다. 류영모가 말하기를 "'숨쉴 식(息)' 자는 코(自)에 염통(心)이 붙어 있는 것입니다. 곧이 곧장 가려면 숨이 성해야 합니다. 세상 모르고 잠이 들 때도 숨은 더 힘차게 쉽니다. 숨은 힘차게 쉬니까 불식(不息)입니다. 건강하려면 식불식(息不息) 해야 합니다."라고 하였다.

류영모의 건강 유지법

　류영모는 "몸에는 힘이 있어야 하고 마음에는 얼이 있어야 한다."라고 말하였다. 몸에 힘이 있으려면 혈관이 뚫려 신선한 피가 잘 돌아야 하고 마음에 얼이 있으려면 마음을 비워 하느님의 성령이 잘 돌게 하여야 한다.

　우리의 몸뚱이란 비눗방울 같은 것이라 언제 꺼질지 모른다. 그러나 꺼지는 순간까지 한 시간이 되든, 하루가 되든, 한 해가 되든 몸을 성하게 간직하여 할 일을 해야 한다. 류영모가 말하기를 "우리는 영생 못지않게 '몸성히'를 감사합니다. 몸성히란 건강입니다. 마치 천리를 가려고 하는 사람이 자동차를 닦고 정비를 하듯이 온 인류를 구해야 할 책임이 있으니 우리의 몸을 잘 정비하고 닦아야 합니다. 건강은 책임 의식 때문에 나온 것입니다. 어린 아기를 위해서 앓지 못하는 어머니처럼 인류의 구원을 위해서 앓을 수 없는 몸을 가지는 것입니다. 요즘 사람들은 자신의 몸을 너무 학대하고 있습니다. 제 몸을 돌보지 않고 돈벌이와 벼슬자리에만 자기의 전부를 바치는 사람들이 얼마나 많습니까? 몸이란 우리의 정신을 가두어 두는 감옥과 같지만 몸이 건강을 잃으면 이중으로 갇히게 되는 결과를 가져옵니다."라고 하였다.

류영모는 피가 잘 돌게 하려고 냉수 마찰을 하고 맨손 실내 체조를 하였다. 배숨쉬기(丹田呼吸)를 하여 산소가 온몸의 세포에 골고루 공급되도록 하였다. 류영모는 아침 3시쯤 깨어서 냉수 마찰을 하고 맨손 체조를 하는 데 1~2시간씩 소비하였다. 그러고는 명상을 해서 얻은 생각을 일기에 적었다. 류영모의 일기 《다석일지》는 하느님 생각으로 꿰뚫린 명상록이다.

탕(湯) 임금은 그의 목욕탕에 '苟日新 日日新 又日新(구일신 일일신 우일신)'《대학》이라고 새겨놓았다고 한다. "참으로 날로 날로 새롭고 또 날로 새롭다."라는 뜻이다.

냉수 마찰을 하면 그 탕왕의 마음을 헤아릴 수 있다. 류영모는 이미 20살이 되기 이전부터 냉수 마찰을 시작하여 일생을 계속하였다. 집이 아닌 곳이어서 냉수 마찰을 못할 때면 맨손으로 온몸을 문질러 피돌림을 시켰다. 류영모는 이렇게 말하였다. "나는 일생 속옷 없이 살았어요. 토시나 목도리를 안 했지요. 소화력이 부족한 적도 없었습니다. 요즘 젊은이들도 이것을 잘해 나가야 할 터인데 이것이 쉽지 않아요. 냉수 마찰을 하면 감기에 안 걸립니다. 기미년(1919년)에 유행성 감기가 대단했습니다. 사촌 집에서는 죽은 이도 있었습니다. 우리 집에는 난 지 50일밖에 안 되는 둘째가 기침을 몹시 했습니다. 온 집안 식구가 감기를 앓았는데 나 혼자 감기에 안 걸려 감기약을 지으러 다녔습니다."

류영모가 일생을 해 온 실내 맨손 체조는 류영모가 오산학교 교사로 있을 때 치당 백이행으로부터 배웠다. 오산학교 초대 교장이기도 했던 백이행은 그 당시 관서 지방의 이름난 유학자였다. 그를 찾아가 이틀을 묵으며 유학을 담론한 끝에 맨손 체조 하는 법을 배우게 되었다.

백이행은 환갑이 지나서 폐결핵에 걸려 다 죽게 되었을 때 덕다리 조한의원에 약을 지으러 갔는데 조 의원이 그 체조를 가르쳐주었다. 그러면서 날마다 빠짐없이 운동하면 꼭 효험을 볼 것이라고 말하였다. 백이행은 그대로 실천하여 건강을 회복하였다. 그런데 병이 다시 재발하였고, 백이행은 다시 조 의원을 찾아갔다. 조 의원이 그 운동을 계속하는지 물었다. 병이 다 나아서 그만두었다고 말하자, 운동을 중지해서 재발한 것이라며 다 나아도 운동은 계속하라고 하였다. 그 운동을 계속한 백이행은 90살이 되도록 살았다. 백이행이 바로 고려대학교 초대 총장을 지낸 기당(幾堂) 현상윤의 장인이다.

류영모는 이렇게 말하였다. "집집마다 손자들에게 몸을 쳐 달라지만 제 손으로 몸을 움직이고 만지고 쳐서 몸에 피를 돌려야 합니다. 제 손발이요 제 몸인데, 왜 남에게 해 달라고 시킵니까? 늙어도 무엇을 의지하지 않고 제 혼자 맘대로 일어나고 앉아야 합니다."

그 운동하는 법을 설명하면 다음과 같다. 바닥에 엉덩이를 붙이고 앉아 두 다리를 나란히 앞으로 뻗어 준비 자세를 한다. ① 두 팔을 어깨너비로 벌리고 어깨 높이로 들어 올린다. ② 들어 올린 두 팔은 어깨 높이를 유지하면서 가슴껏 뒤로 벌린다. ③ 두 팔을 안으로 오므려 굽히면서 두 손등끼리 몸통 앞뒤로 부딪힌다. ④ 두 팔을 손바닥이 하늘을 보도록 손

날을 서로 마주하여 어깨 높이로 들어 올린다. ⑤ 그대로 머리 위로 손을 넘겨 두 손바닥으로 등을 소리 나게 친다. ⑥ 두 팔을 다시 앞으로 내려 손바닥이 아래로 가도록 하고 어깨 높이로 나란히 든다. ⑦ 두 손이 발바닥을 잡을 수 있도록 힘껏 윗몸을 앞으로 숙인다. ⑧ 같은 자세로 한 번 더 허리를 굽혀 두 손으로 각각 발바닥을 잡고 힘을 준다. ⑨ 허리를 바로 하며 두 손을 앞으로 나란히 뻗는다. ⑩ 두 팔을 두 다리 위에 내려놓으며 준비 자세로 돌아온다.

이상의 몸놀림을 30분 이상 날마다 아침저녁으로 해야 한다. 이 체조가 〈한국일보〉에서 발행하는 화보 잡지인 〈코리아 라이프〉에 소개되었다. 1959년 12월 8일에는 KBS 라디오 방송으로도 소개되었다. 그리하여 요가 도장을 하는 정운달 등이 찾아와 을지로에 있는 체육관에 가서 특강을 한 일도 있다. 1951년에 피난하여 부산에서 살 때 부인 김효정은 견비통 때문에 머리 빗질도 못하였다. 류영모는 아내에게 그 요가 체조를 가르쳐주어 아내의 견비통이 깨끗이 낫게 되었다.

류영모는 일생 동안 약을 거의 쓰지 않고 병원을 들락거리지도 않으며 91살까지 살았다. 약을 함부로 쓰는 것은 독을 쓰는 것이라고 하였다. "약을 좋아하다가는 마약이나 독약도 쉽게 쓰게 되지 않겠는가? 그런 어리석은 일이 어디 있는가?"라고 개탄하였다.

류영모는 걸어 다니기를 좋아하였다. 걸어 다니기를 싫어했다면 60년 전에 두부 한 모를 사려고 해도 한 시간은 걸어 나와야 하는 북한산 비봉 아래로 이사 가지 않았을 것이다. 류영모는 세검정까지 버스가 들어왔을 때에도 좀처럼 버스를 이용하지 않고 걸어 다녔다. 30여 년이 되도록 YMCA에서 금요 강좌를 하였는데 언제나 걸어 다녔다. 구기리 집에서 종로 YMCA까지 꼭 1시간 10분이 걸린다고 말하였다. 그 오랜 세월 동안 모임에 1분이라도 일찍 왔으면 왔지 늦은 적이 없었다.

무교회 사람들은 가정에서 모여 예배를 본다. 류영모는 이따금씩 오류동 송두용의 집에서 모이는 예배에 걸어가서 참석하였다. 송두용이 인천에서 살았을 때도 그곳까지 걸어서 다녀왔다.

일찍이 말을 타고 사냥하기를 좋아한 톨스토이는 전기(轉機)의 회심(回心)을 한 뒤에는 걸어 다니기를 좋아하였다. 가까운 데만 걸어 다닌 것이 아니라 모스크바에서 야스나야 폴랴나까지 100킬로미터나 되는 곳을 몇 차례나 걸어 다녔다. 허름한 옷차림에 배낭을 메고 순례자처럼 걸었다. 걸어가다가 힘이 들면 시골 기차역 대합실에서 쉬었다.

한번은 기차역에 들어서는데 마침 기차가 멈춰 있었다. 기차 옆을 지나가는데 기차 안에 있던 한 여인이 톨스토이를 급히 불렀다. 톨스토이가 쳐다보니 자기가 기차역 화장실에 핸드백을 두고 왔는데 그것을 가져다달라는 것이었다. 늙은 톨스토이가 뛰어가서 핸드백을 찾아 가져다주었다. 그러자 그 여인이 동전 한 닢을 건네면서 고맙다고 하였다. 마침 그 옆에 있던 사람이 톨스토이를 알아보고는 그 여인에게 저이가 톨스토이 선생이라고 가르쳐주었다. 그 여인은 어찌할 바를 모르며 죄송하다고 하면서 자신이 주었던 동전을 도로 달라고 하였다. 톨스토이는 태연히 내가 벌었으니 내가 가지겠다고 하면서 미소를 지었다.

톨스토이는 밤이면 농가나 여인숙에 묵었다. 5일이나 걸리는 먼 도보 여행이었다. 몸이야 고달팠겠지만 마음은 기쁨으로 가득 찼을 것이다. 길을 걸으며 님(하느님)을 그리면 마음에 기쁨의 샘물이 터진다. 별이 반짝이는 밤하늘을 우러르며 걸으면 더욱 신비를 느낀다. 승용차 타고 왔다 갔다 하는 것에 비길 바가 아니다.

마하트마 간디도 걸어 다니기를 좋아하였다. 간디는 곧잘 신발도 벗은 채 맨발로 다니기도 하였다. 간디가 가장 먼 거리를 한 번에 걸은 것이 그 유명한 '소금의 행진'이다. 1930년 3월 12일에 마하트마 간디는 사바르마티에 있는 아슈람에서 뭄바이 근처의 단디 해안까지 약 400킬로미터의 거리를 걸었다. 24일 동안의 대행진이었다. 인도인에게 소금을 만들지 못하게 하려는 영국 총독부의 소금 전매 입법에 항의하는 결사의 도보 행진이었다. 나라 사랑의 걸음이요, 겨레 사랑의 걸음이었다.

마하트마 간디는 평소에도 아침 운동 삼아 달리다시피 6.4킬로미터를 걸었다. 간디는 이렇게 말하였다. "나는 몇 달 동안 하루에 8시간씩 육체노동을 했지만 내 스스로 정신적으로 퇴보했다고는 생각하지 않는다. 나는 이따금 하루에 6.4킬로미터씩 걸어도 아직껏 지루하다고 느낀 적은 없다."

다리는 사람 키의 반을 차지한다. 그만큼 몸은 걸어 다니기 좋은 형태로 되어 있다. 사람은 많이 걸어야 건강이 유지된다. 마하트마 간디의 제자 비노바 바베는 사람이 땅에 가장 작게 닿는 자세가 걷는 자세라고 말하였다. 물론 뛰는 자세는 땅에서 온전히 떨어질 수 있지만 그 자세는 잠시 유지할 수 있을 뿐이다.

숨을 깊이 쉬어야 한다지만 빠른 걸음으로 걸으면 숨은 자연스레 깊이 쉬게 된다. 피가 잘 돌아야 한다지만 오래 걸으면 피는 잘 돌게 된다. 발바닥에는 많은 모세혈관이 모여 있다. 오래 걸으면 발바닥이 달아올라 모세혈관의 운동이 활발해진다. 그러면 자연스레 피의 흐름이 빨라진다. 배꼽 밑 단전에는 신경 얼기가 있어 제2의 머리라고 하고, 발바닥에는 실핏줄이 많아 제2의 심장이라고 한다. 류영모가 말하기를 "걸어 다니기를 열심히 하면 고혈압으로 쓰러지는 일이 없을 것입니다."라고 하였다. 류영모는 일생 동안 혈압을 재어본 일조차 없다. 장자가 말하기를 "참사람은 발

10장 금욕의 삶 **373**

바닥으로 숨 쉬고 뭇사람은 목구멍으로 숨쉰다(眞人之息以踵 衆人之息以喉)."(《장자》 대종사편)라고 하였다. 발바닥으로 숨쉬는 것이 걷는 것이다.

걷는다고 다 걷는 것이 아니고 하느님을 사랑하고 이웃을 사랑하는 마음으로 걸어야 한다. 그러면 발바닥이 허파가 되어 숨을 쉬고 염통이 되어 피를 돌린다. 이것이 발이 가득 찬다는 만족(滿足)이다.

십자가를 지고 죽을 자리인 골고다 산으로 걸어가는 예수를 본다. 십자가를 버거워하여 키레네(구레네) 사람 시몬이 대신 져주었다. 병든 몸을 이끌고 사라쌍수(娑羅雙樹) 아래 죽을 자리로 걸어가는 석가를 본다. 노환으로 힘이 달려 10리 길에 25번이나 쉬었다. 예수나 석가처럼 하느님의 나라에 이를 때까지 걸어서 가자. 코뿔소처럼 거침없이 걸어서 가자.

11장
'성서조선 사건'

창씨개명을 피한 지혜

 일본 제국주의자들에게 나라의 주권을 빼앗겨 불안과 공포 속에 헤매는 이 겨레를 어미 닭처럼 품어주던 이 땅의 마하트마 간디가 도산 안창호였다. 안창호는 중국으로 망명하여 독립운동을 하다가 1932년 5월에 일본군에 체포되어 국내로 압송되었고 1935년 2월까지 대전 형무소에서 복역했다. 출소 후 1937년 6월에 또다시 체포되어 서대문 형무소에 투옥되었는데 모진 옥고에 시달리다가 중병을 얻어 생명이 위독해지자 일제는 보석을 하여 경성제국대학 의학부 부속병원(지금의 서울대병원)에 입원을 시켰다. 그러나 안창호는 "목인(睦仁)아, 목인아, 네가 큰 죄를 지었구나."라고 여러 번 큰소리로 외치고는 1938년 3월 10일 숨을 거두었다. 목인은 메이지(明治) 일왕의 이름(일본말로 '무쓰히토')이다. 목인은 메이지유신(明治維新)이라 하여 일본 제국을 확립한 다음에 공간적으로 일본에 가장 가까운 이웃 나라요, 시간적으로 일본을 있게 한 어머니 나라인 한국을 정벌하려 하였으니 어찌 그 죄가 크지 않겠는가?

류영모는 이렇게 말하였다. "나라 사이는 인교(隣交)하여야 합니다. 그런데 나라 사이에는 조금만 하면 배가 아프고 조금만 하면 해를 입힙니다. 밤낮으로 그 짓에 공평과 자유는 찾아볼 수 없습니다. 사람과 사람 사이가 공평·자유해야 하듯 나라 사이도 공평·자유해야 합니다. 이 땅덩이가 우리 인류를 얼마 동안 더 실어줄지 모르겠습니다. 인류가 스스로 분열하여 다툰다면 얼마 못 갈 것입니다. 무한이라면 몰라도 유한이라면 얼마 안 됩니다. 그 동안에 인류가 꿈을 꿉니다. 이왕이면 좋은 꿈을 꾸어야 하지 않겠습니까?"

역사학자 아널드 토인비는 일본이 자만과 오판으로 세계대전을 일으키게 된 것은 청일전쟁과 러일전쟁의 힘겨운 연승 때문이라고 하였다. "이제까지 늘 승리만을 거두어 온 나라는 스스로에 대해서나 세계에 대해서나 다른 나라에 대해서 또 하나의 위험이 되기 쉽다. 일본이 승리한 전쟁은 1894년 중국과의 전쟁, 1905년 러시아와의 전쟁, 그리고 독일에 대항하는 쪽에 가담하여 참전한 제1차 세계대전이었다. 일본인은 이 전쟁에 승리함으로써 독일과 마찬가지로 과거의 승전에 취해버렸다. 그러고는 천하에 무적이라는 착각에 빠져 말할 수 없는 파국으로 끝나는 군사적 모험을 하게 된 것이다. 그리하여 1941년에 일본은 미국을 공격함으로써 히틀러에 못지않을 만큼의 일대 착오를 범하였다."(토인비,《회고록》)

1941년 12월 8일에 일본의 함대가 미국 하와이 섬에 있는 진주만을 기습하여 태평양전쟁의 불길을 댕겼다. 전쟁의 광기에 휘말려 태평양에 뛰어든 그들은 동서남북 사면이 적으로 둘러싸이게 되자 한국인이라는 내우(內憂)를 없애야 한다는 강박관념에 사로잡혔다. 1919년 3월 1일에 활화산처럼 터져 나오는 민족 정신에 혼쭐났던 경험이 있었기 때문이다. 그리하여 한국 사람들로 하여금 한국 사람임을 잊게 만들려고 온갖 방법을 총동원하였다.

한국 사람들로 하여금 한글을 못 쓰게 하고 한국말을 못하게 하였다. 심지어 이름을 일본식으로 바꾸도록 강요하였다. 창씨개명을 하지 않으면 비국민(非國民)이라 하여 여러 가지로 불이익을 주어 살아갈 수 없도록 탄압을 하였다. 또 일왕이 신이라면서 날마다 일왕의 궁성이 있는 동쪽을 향해 큰 절(最敬禮)을 하도록 강요하였다. 그뿐 아니라 일본의 국조(國祖)와 신기(神器)가 있는 일본 신사에 가서 손뼉을 세 번씩 치면서 참배하도록 강요하였다. 그것을 거부하면 황실 불경죄로 체포·구금하였다.

류영모에게도 관할 행정기관인 고양군 은평면 서기가 와서 창씨개명을 하라고 지시를 하고 갔다. 류영모는 지시에 따르지 않았다. 그러자 은평면장이 직접 집으로 찾아와서 창씨개명 하기를 반은 강요하고 반은 호소하였다. 류영모는 은평면장에게 말하였다. "그건 면장이 모르고 하는 소리요. 버들 류씨는 한국·일본·중국에서 공통으로 쓰이는 성씨입니다. 일본인 야나기 무네요시(柳宗悅)를 모르시오?"라고 하자 은평면장은 더 말을 못하고 돌아갔다. 야나기 무네요시는 우리나라의 미술품을 지극히 사랑하여 일본의 야만적인 행위를 크게 꾸짖은 일본인이다. "일본의 동포여, '칼로 일어선 자는 칼로서 망한다.'라고 그리스도는 말하였다. 지극히 당연하고도 당연한 말이다. 군국주의를 빨리 포기하자. 약자를 학대하는 것은 일본의 명예가 되지 않는다."(야나기 무네요시, 《조선과 그 예술》)

일제는 일왕의 신성을 부인하는 기독교인들을 미워하였다. 그래서 일부러 기독교인들에게는 신사 참배를 더욱 강요하였다. 오산학교 출신이며 목사가 되어 평양 산정현교회에서 시무하던 주기철은 신사 참배를 거부하였다. 그리하여 네 차례나 투옥되었다. 네 번째는 황실 불경죄에 치안유지법 위반을 더하여 징역 10년을 선고받았다. 주기철은 옥고를 치르다가 1944년 4월 21일에 감방에서 순교하였다.

　태평양전쟁을 일으키고는 농사지어놓은 곡식에서부터 밥 먹는 숟가락까지 빼앗아 갔다. 젊은 남자는 군인으로, 젊은 여자는 군 위안부로 마구 끌고 갔다. 그들의 이런 천인공노할 몹쓸 광기는 1945년 8월 6일 히로시마에 원자탄이 폭발하는 소리를 듣고야 멈추게 되었다. 누가 뭐라고 해도 국가란 사람이 지닌 짐승 성질의 소산이라 싸우기를 좋아한다. 예수는 "내 왕국은 결코 이 세상 것이 아니다."(요한 18 : 36)라고 했다.

'성서조선 사건'으로 구속되다

　일제는 한국 사람을 일본 사람으로 만드는 데 혈안이 되어 수단과 방법을 가리지 않았다. 일본 관헌은 경찰견이 세관에서 냄새를 맡아 마약을 찾아내듯 한국 사람 냄새가 나면 찾아내어 송두리째 쓸어버렸다. 그 일환으로 일제는 한국 사람 냄새를 풍기던 〈조선일보〉와 〈동아일보〉를 1940년에 강제로 폐간시켰다. 조선·동아 두 신문은 배달겨레의 밖으로는 등불이요, 안으로는 숨길이었다. 그리고 일제의 관헌이 사냥개 같은 후각으로 한국 사람의 냄새가 진하게 풍기는 곳을 마지막으로 찾아냈다. 그것이 1942년의 '성서조선 사건'이요, 1943년의 '조선어학회 사건'이다. '성서조선 사건'이 배달겨레의 얼의 씨를 말리려는 것이었다면, '조선어학회 사건'은 배달겨레의 말의 씨를 말리려는 것이었다.

　김교신은 〈성서조선〉을 살리려고 양보할 수 있는 마지막 마지노선까지 후퇴하고 양보하였다. 일본 경찰이 김교신에게 황국신민서사(皇國臣民誓詞)를 어떻게 생각하느냐고 물었을 때 거침없이 "머지 않은 뒷날에 망국

신민서사(亡國臣民誓詞)가 될 것이다."라고 대답하였으나 김교신은 그 황국신민서사를 〈성서조선〉 표지에 인쇄하였다. 그뿐 아니라 '후방 생활과 사치 생활'이라는 전시 일본에 협조하는 글도 실었다.

조선어학회는 김교신의 〈성서조선〉 보호책보다 더 많이 일제에 협조하였다. '조선어학회 사건'으로 옥고를 치른 정인승(鄭寅承)은 이렇게 회고하였다. "1936년 4월부터 줄곧 사전 편찬을 위한 기초 정리를 하면서 일제 관리들에게 한 가지라도 트집 잡힐 구실을 주지 않고자 당시 회원들은 누구나 총독부가 하라는 근로봉사·궁성요배(宮城遙拜)·황국신민서사·국방헌금 등을 꼬박꼬박 이행하였지요. 어디 그뿐이었나요. 그네들의 국경일엔 선물로 인사치레까지 해 가며 수집한 낱말을 밤새워 코피를 흘리면서 정리하고 넉넉지 못한 자료를 죄다 동원해서 주석을 달았습니다."

〈성서조선〉 동인들이나 조선어학회 회원들이 일본 관리들에게 비겁함을 보인 것은 죽기가 두려워서도 아니고 감옥이 무서워서도 아니었다. 오로지 민족의 얼을 지키고 민족의 말을 지키려는 충정 때문이었다. 한(漢)나라의 대장군이 되어 천하장사 항우를 일패도지(一敗塗地) 시킨 한신(韓信)이 젊은 시절 불량배들과 시비가 붙었을 때 싸움을 피하려 불량배들의 요구대로 그들의 사타구니 아래를 빠져나간 일을 두고 한신을 비겁하다고 하지 않는다.

김교신은 〈성서조건〉을 처음 발행한 1927년에는 함흥 영생고등여학교에 재직했으나 1928년부터는 양정고등보통학교의 지리 교사로 학생들을 가르쳤다. 교사로서 임무를 충실히 수행하면서도 월간 〈성서조선〉을 달마다 빠뜨리는 일 없이 발행하였다. 게다가 다른 사람을 따로 두고 한 것도 아니었다. 발행인 일에서 사환 일까지 혼자 힘으로 다하였다. 거기에 주필(主筆)의 책임을 다하여 달마다 권두언을 비롯해 일기에 이르기까지 〈성서조선〉에는 김교신의 글이 주축을 이루었다. 표지를 포함해서 30쪽에 지나지 않는 지극히 빈약한 잡지이지만, 그 값어치로 본다면 700쪽의 호화 잡지가 따르지 못한다. 서가에 꽂힌 〈성서조선〉 영인본 8권을 볼 때면 김교신을 보는 듯한 외경심이 일어난다.

1942년 3월 20일, 당시 개성에 있는 송도고등보통학교에 교사로 재직 중이던 김교신은 아침에 학교로 출근하는 길에 경기도경 고등계 형사들에게 연행되었다. 이리하여 전국적으로 〈성서조선〉 집필자와 정기 구독자들 300여 명이 일시에 검속되었다. 류영모는 〈성서조선〉 집필자로서, 아들 류의상은 〈성서조선〉 구독자로서 부자가 함께 구속되었다. 정기 구독자로는 박동호·장기려·김석목(金錫穆) 등이 있었다. 한국인이면서 일제 순경으로 근무하던 박석현(朴碩鉉)이 〈성서조선〉 정기 구독자 명단에 있어 그날로 파면되는 일도 있었다.

'성서조선 사건'이라는 필화(筆禍)를 일으킨 글은 〈성서조선〉 158호에 실린 김교신의 권두언 '조와(弔蛙)'이다. 그러나 사실 그 글은 꼬투리였을 뿐이다.

'성서조선 사건' 때 집필자로 검거되어 서대문 형무소로 넘어간 12명 가운데 한 사람인 류달영은 이렇게 말하였다. "〈성서조선〉은 창간호부터 158호 폐간호까지 매월 종간(終刊)의 정신적 자세로 임하여 발행되었다. 글자 한 자 한 자 모두 일본 경찰의 검열을 거쳤다. 아무리 세심한 주의를 하면서 편집하여도 검열을 거친 원고는 언제나 상처투성이였다. …… 1942년 일본 경찰은 158호의 권두문 '조와'를 트집잡아, 그 엄격하게 검열해서 발간된 〈성서조선〉지를 10여 년 전 창간호까지 소급하여 정기 구독자 명부에 의해서 전부 압수하였고, 전국에서 300여 명이 검거되어 모진 고초를 겪었다. 12명은 끝내 서대문 형무소 미결수 감방으로 보내졌다."

(류달영, 〈성서조선〉 영인본 간행사)

 김교신을 비롯한 〈성서조선〉 동인들의 진리 사랑과 나라 사랑의 결정(結晶)으로 이루어진 〈성서조선〉은 1927년 7월 창간호부터 1942년 3월 폐간호까지 햇수로는 16년 동안 158호가 발행되었다. 류영모처럼 158에 뜻을 붙이면 일(日) 타(打) 파(破)이다. 일본 제국주의의 침략하려는 마음을 두들겨 깨뜨려 부수자는 〈성서조선〉 정신이다. 또 한(1) 다(5) 발(8)이다. 〈성서조선〉은 하느님 아버지께 드리기 위하여 배달겨레의 제단에 바친 더 없이 아름답고 향기로운 마음의 꽃다발이다.
 폐간호가 된 〈성서조선〉 158호에 김교신이 쓴 권두언 '조와'는 500자에서 20여 자가 빠지는 200자 원고지 3장 분량의 매우 짧은 글이다. 촌철살인(寸鐵殺人)이라는 말처럼 촌철활국(寸鐵活國)의 명문이다. 〈동아일보〉가 선정한 근대 한국 명논설 33편 가운데 김교신이 쓴 '조와'가 들어 있다.
 '조와'를 쓰게 된 내력은 김교신의 지극한 사랑을 받은 제자 류달영이 잘 알고 있다. '조와'를 쓸 때 김교신과 류달영은 개성에서 이웃에 살았다. 스승 김교신은 개성 송도고등보통학교 교사였고, 제자 류달영은 개성 호수돈여자고등보통학교 교사로 있었다. 존경과 사랑의 도타운 정신적인 유대를 맺은 두 사제는 언제나 새벽에 송악산 계곡에서 기도하고 냉수 마찰을 하였다. 류달영은 그때의 일을 이렇게 회고하였다.
 "내가 송도(개성)에서 김교신 선생을 이웃에 모시고 살 때에 김교신 선생은 겨울에도 날마다 어두운 새벽에 송악산 깊은 골짜기로 들어가 기도를 했습니다. 그 골짜기에 작은 폭포가 있고 그 폭포 밑에는 물이 고여 하늘 빛깔을 띤 소(沼)가 있었습니다. 김교신 선생이 옷을 벗고 몸을 씻으며 찬송을 부르면 개구리 떼들이 감응하듯 몰려들었습니다. 선생은 이 개구리들을 귀여워했습니다. 추운 겨울이 되어 소가 얼어붙고 개구리들도 자취를 감추어 쓸쓸해졌습니다. 봄이 다시 돌아와 소를 덮었던 얼음이 풀렸는데 죽은 개구리들이 물 위에 떠돌아 처연(悽然)함을 금할 수 없었습니다. 그런데 자세히 보니 소 밑에 아직 몇 마리의 개구리들이 살아남아 움직이고 있었습니다. 선생은 크게 기뻐했습니다. …… 이것은 물론 단순한 개구리 이야기가 아닙니다. 일제에 수난을 겪는 우리 민족을 상징한 함축성 있는 글입니다."(류달영,《한국의 미래상》)

조와(弔蛙)

작년 늦은 가을 이래로 새로운 기도터가 생겼었다. 층암이 병풍처럼 둘러싸고 가느다란 폭포 밑에 작은 담(潭)을 형성한 곳에 평탄한 반석 하나 담 속에 솟아나서 한 사람이 꿇어앉아서 기도하기에는 천성(天成)의 성전이다.

이 반상(盤上)에서 혹은 가늘게 혹은 크게 기구(祈求)하며 또한 찬송하고 보면 전후좌우로 엉기엉기 기어오는 것은 담 속에서 암색(岩色)에 적응하야 보호색을 이룬 개구리들이다. 산중에 대변사(大變事)나 생겼다는 표정으로 신래(新來)의 객(客)에 접근하는 친구 와군(蛙君)들 때로는 5~6마리 때로는 7~8마리.

늦은 가을도 지나서 담상(潭上)에 엷은 얼음이 붙기 시작함에 따라서 와군들의 거동이 일부일(日復日) 완만하여지다가 내종 두꺼운 얼음이 투명을 가리운 후로는 기도와 찬송의 음파가 저들의 이막(耳膜)에 닿는지 안 닿는지 알 길이 없었다. 이렇게 격조(隔阻)하기 무릇 수개월 여. 봄비 쏟아지던 날 새벽 이 바위틈의 빙괴(氷塊)도 드디어 풀리는 날이 왔다. 오래간만에 친구 와군들의 안부를 살피고자 담 속을 구부려 찾았더니, 오호라 개구리의 시체 두세 마리 담 꼬리에 부유(浮遊)하고 있지 않은가! 짐작건대 지난 겨울의 비상한 혹한에 적은 담수의 밑바닥까지 얼어서 이 참사가 생긴 모양이다. 예년에는 얼지 않았던 데까지 얼어붙은 까닭인 듯 동사한 개구리 시체를 모아 매장하여주고 보니 담저(潭底)에 아직 두어 마리 기어 다닌다. 아, 전멸은 면했나 보다.

일제의 가혹한 탄압에 몸을 부지하지 못하여 죽은 동포들이 많았고 마음을 지키지 못하여 훼절한 동포들이 많았다. 몸으로 죽고 마음으로 죽어, 살아남은 한국 사람이 지극히 적었다. 그래도 전멸은 면했다. 김교신도 마음으로는 살았지만 몸은 광복을 앞두고 숨졌다. 조와(弔蛙)가 조아(弔我)가 된 것인가.

김교신은 겨울 추위에 얼어 죽은 개구리를 묻어주고 추도사를 쓴 것이다. 류영모는 손녀의 얼굴에 붙은 파리를 잡아 창문 밖에 날려 보내주고 방승(放蠅)의 말씀을 하였다.

류영모가 파리를 날려 보낸 이야기는 이러하다. "외손녀 아이 얼굴에 파리가 덤벼 잠들려는 아이를 깨웁니다. 파리채가 없는 것도 아니고 무슨 살생을 싫어해서도 아니고 손 한 번 씻으면 그만이라는 생각으로 파리를 손으로 잡아 창가 밝은 데 내어놓으니 그냥 좋다고 날아갔습니다. 그런 파리놈을 죽이지 않고 놓아주었다고 시비가 될지 모르나 그냥 파리는 좋다고 날아갔습니다. 물론 고맙다는 소리 한마디 하지 않았어요. 무슨 잔치 때 비둘기를 일부러 사서 방조(放鳥)를 해서 새를 살려준다는 표시를 하기도 하는데 생명과 생명, 존재와 존재의 그 관계는 무척 많은 문제가 있습니다."

너는 나를 위해 죽으라는 것이 짐승 새끼의 삶이다. 내가 너를 위해 죽겠다는 것이 하느님 아들의 삶이다.

검사가 머리를 숙이다

1942년 3월 30일, 류영모가 아침에 일어나니 무엇인가 이상한 예감이 들었다. 일제 강점기의 삶이란 맹수가 있는 골짜기에 사는 토끼 신세와 같아 항상 위험을 느낀다. 류영모는 집안을 정리하였다. 편지 온 것, 원고 쓴 것 등을 정리하여 없앨 것은 아궁이에 태워버렸다. '미국의 소리' 방송을 듣던 라디오도 치웠다. 아니나 다를까 낮에 종로 경찰서 고등계 형사들이 들이닥쳤다. 류영모와 아들 류의상이 함께 연행되었다.

일제 경찰의 심문 요지는 이러하였다. 너희들은 〈성서조선〉이라는 전도 잡지를 발행하면서 신앙 생활을 가장하여 지하 조직을 만들어 사람들에게 몰래 조선의 독립 정신을 북돋우며 한국의 독립을 기도하는 것이 아닌가 하고 물었다. 비밀 조직의 우두머리는 1930년에 돌아간 남강 이승훈이고, 이승훈 아래에 류영모가 있고, 류영모 아래에 김교신과 함석헌이 있어 지하조직을 주도하는 것이 아닌가 하고 신문하였다. 일제는 남강 이승훈의 유골조차 두려워하여 남강의 유언대로 유골을 학습 교재로 쓰지 못하게 하였다. 졸업생들이 세운 남강의 동상도 두려워하여 몰래 떼어 가 없애 버렸다.

그런데 〈성서조선〉의 주필 김교신은 남강 이승훈이 떠나자 1930년 6월호(제17호)를 남강 이승훈 특집호로 만들어 제1면에 남강 이승훈의 사진을 실었다. 그리고 함석헌이 쓴 '남강 추도문'을 실었다. 그뿐 아니라 김교신은 〈성서조선〉 성서통신란에 남강 이승훈이 세상을 떠나기 6개월 전에 그와 만난 사실을 공개하였다. 그 내용은 다음과 같다. 남강 이승훈이 전에 서울 공덕리에 있는 '성서조선사'에 들렀으나 정상훈만 있고 김교신은 없었다. 김교신은 그 뒤 며칠이 지난 1929년 11월 10일 오후 6시에 안국동의 한 여관으로 찾아가서 그곳에 묵고 있던 이승훈과 대화를 나누다가, 마지막 전차로 공덕리에 돌아왔다는 것이다. 그러나 일제가 〈성서조선〉을 이승훈과 연계된 독립운동 지하 단체로 지목한 것이다. 게다가 함석헌은 '성서적 입장에서 본 조선역사'를 〈성서조선〉에 연재하다가 다 싣지 못하고 금지를 당하였다. 거기에 김교신의 '조와'가 보태진 것이다.

류영모는 일제의 형사들이 혐의를 두는 한국의 독립을 위한 비밀결사를 조직한 일이 없다고 하였다. "조직이 싫어서 교회에 나가던 것도 그만둔 내가 어찌 조직을 만들겠는가? 나는 김교신이 주재하는 무교회 집회에도 나가지 않는다."라고 하였다. "나는 〈성서조선〉에 발표한 글 그대로다. 그 이상도 그 이하도 아니다."

류영모와 입씨름을 해서는 혐의를 잡을 수 없자, 일제 형사는 류영모를 2층에 있는 고문실에 데리고 가서 그곳에 있는 여러 가지 고문 기구를 보이며 사용 방법을 설명하였다. 그러고는 사실대로 숨김없이 자백하지 않으면 고문도 불사하겠다고 위협하였다. 그곳에서 수많은 애국지사 우국 동포들이 일제 경찰의 혹독한 고문을 견디다 못 하여 불구의 몸이 되기도 하고 원귀의 객이 되기도 하였다. 류영모는 "이 겨레가 언제까지 이렇게 시련을 겪어야 합니까?"라고 하느님께 기도를 올렸다.

일제 경찰은 류영모에게서 바라던 대답을 얻지 못하자 올가미를 씌울 유도신문을 하였다. "너는 한국의 독립을 바라는가?"라고 물었다. 류영모가 한국의 독립을 바라기만 했겠는가? 독립할 날이 곧 다가온다는 것을 확신하고 있었다. 그러나 바란다고 대답을 하였다가는 독립운동을 한 것이 아닌가 하고 나올 것이 뻔하였다. 그렇다고 독립을 바라지 않는다고 말하는 것은 스스로 속이는 일이기에 설사 무죄가 된다 하여도 말할 수 없었다. 류영모는 솔로몬의 지혜를 빌려서라도 이 올가미를 피해야 한다는 것을 직감하였다. 류영모는 대답하였다. "어찌 한국 사람이 되어 한국의 독립을 바라지 않겠는가? 조선의 공중변소가 일본의 공중변소만큼 깨끗하게 되는 날 독립할 자격이 될 것으로 생각한다." 기묘한 대답에 일제 경찰도 더는 유도신문을 하지 못했다.

김교신은 자로처럼 성격 그대로 순국하겠다는 의지를 품었기에 직설적인 대답을 거침없이 하였다. 그리하여 취조하던 경찰이 말하기를 "김교신이란 사나이는 참 대담하기 짝이 없거든. 취조 경관인 내가 다 아찔아찔할 때가 있단 말이야."라고 하였다.

동서고금을 막론하고 국법을 집행하는 관청에 끌려가서 인격적인 대접을 받는다는 것은 생각할 수 없는 일이다. 더구나 일제 관리들은 한국인을 센징(鮮人)이라고 부르며 쓰레기나 짐승 취급을 하였다. 그런데 일제 치하의 사법기관이야 말해 무엇하겠는가?

류영모의 부인 김효정은 '성서조선 사건' 때, 종로 경찰서 유치장과 서대문 형무소 감방으로 남편과 아들을 면회하러 다닌 일을 이렇게 회고하였다.

"그때 함 선생 부인은 고향인 신의주에 있어서 서울에 못 오고 김교신 선생 부인과 송두용 선생 부인과 함께 종로 경찰서로 서대문 형무소로 다니며 면회 신청을 하면, 간수들이 당신의 남편과 아들은 나쁜 사람인데 왜 이런 나쁜 남편과 아들을 두었느냐면서 나에게 빈정거렸어요." 이 한마디 말로도 그때의 분위기를 짐작할 수 있다.

모두 종로 경찰서 유치장에 있었는데, 함석헌과 류달영만은 서대문 경찰서 유치장에 있었다. 피의자가 많아서 나눈 것이다. 검찰로 넘어가서는 합류되었다. 일본인 구로다(黑田) 검사가 '성서조선 사건'을 맡았다. 구로다 검사는 그야말로 악질 검사였다. 처음에는 구로다 검사에게 모진 시달림을 받았다. 그런데 도중에 담당 검사가 바뀌었다. 새로 맡은 검사는 일본인 후지키(藤木) 검사였다. 동경제국대학 출신인 후지키 검사는 선량한 사람이었다. 후지키 검사로 바뀌지 않고 구로다 검사가 계속 맡았다면 기소되어 '조선어학회 사건'처럼 참혹하게 되었을 것이다. '조선어학회 사건'은 이윤재·최현배·이희승·한징 등이 재판에 회부되었다. 이윤재와 한징 두 사람은 고문과 주림과 추위에 견디지 못하고 끝내 옥사(獄死)하여 분(忿)과 한(恨)을 남겼다.

김교신은 안중근 의사가 이토 히로부미를 권총으로 쏘는 것 이상의 비장한 각오로 거침없이 일본인 검사에게 대답하였다. 예를 들어 만주사변을 어떻게 생각하느냐고 물었을 때 김교신은 묻기를 기다렸다는 듯이 "만주사변은 마치 일본이 호랑이를 올라탄 것과 같다. 한마디로 섣부른 짓을 저지른 것이다. 이제는 타고 가도 결국 물려 죽을 것이요 또 도중에 뛰어내리지도 못하는 딱한 사정에 놓인 것이다."라고 대답하였다.

한국인이 한국말을 해도 제재를 받던 처지인데 일본이 망하게 된다는 말을 일본인 검사에게 한다는 것은 자살 행위와 같은 짓이었다. 그러나 일본인 후지키 검사는 민족을 떠나 옳은 사람을 알아줄 줄 아는 인격을 갖춘 사람이었다. 그리하여 비록 검사와 죄수의 자리에서 만났지만 후지키 검사는 류영모·김교신·함석헌을 포함하여 '성서조선 사건'에 연루된 여러 인물들을 존경하게 되었다. 그는 이 사람들을 풀어주어야 한다고 생각하였다. 후지키 검사가 증거물로 제시된 〈성서조선〉을 일일이 읽었다는 점에서 그 사실을 알 수 있다. 이만한 인물들은 일본인 중에서도 찾아보기 어려운 훌륭한 사람들인 것을 후지키 검사는 알았던 것이다.

김교신은 후지키 검사에 대해서 이렇게 말하였다. "검사국에 넘어가서는 담당(후지키) 검사가 유리하게 조서를 꾸며주었고, 그뿐 아니라 '이번에 당신들 덕분에 공부 많이 하였소.'라고 말하였다. 종로 경찰서 형사들도 '기독교에 대해서는 김교신과 함석헌에게 물어보면 제일 잘 알 수 있다.'라고 하였다면서 기독교가 이토록 좋은 종교인 줄 처음 알았다고 하였다."

함석헌은 후지키 검사에 관하여 이렇게 말하였다.

"'성서조선 사건'으로 서울에 붙들려 와 서대문 형무소에 한 해 동안 있다가 마지막에 불기소처분을 받아 나오게 되던 때에 일본인 검사의 말이 재미있었다. 젊은이였는데 '만일 조선 역사가 고난의 역사라면 세계 역사도 결국 고난의 역사라고 해야 하지 않소?' 하길래 '그렇소.'라고 한즉 '그런 입장에서 일본 역사를 써보면 어떻소?'라고 하길래 나는 그저 빙긋이 웃었을 뿐이다."

'성서조선 사건'의 류영모·김교신·함석헌·송두용·류달영 등은 간수들에게도 존경을 받았다. 이들의 일거수일투족은 모든 것이 모범적이니 간수들이 이들의 범상한 인품을 느끼지 않을 수 없었다. 그래서 간수들이 "당신들은 사회에 나가면 훌륭한 인물이 되어 사람들로부터 존경을 받겠지만 우리는 아무것도 아니다."라고 자탄의 말을 하기도 하였다. 류달영은 감방 안에서 일본인 간수의 개인 교사가 되어 공부를 가르쳐주어 승진 시험을 치르게 해주었다.

마음에 하느님의 진리를 품고 있는 참사람들은 그 어느 곳에 가든지 진리의 빛을 비추어준다. 마하트마 간디의 제자 비노바 바베는 감옥 안에서 죄수와 간수들에게 《바가바드기타》 강의를 하였을 뿐만 아니라 그 내용을 속기까지 하여 출판하였다. 감옥에서 명상 기도를 하기도 했는데 간수들도 참여하였다.

16세기에 일본이 우리나라를 침략하여 일으킨 임진왜란 때에는 이순신이 거북선으로 왜군을 물리쳐 나라를 건졌다. 20세기에 일본의 침략을 받은 일제 강점기 때에는 김교신이 〈성서조선〉으로 일제로부터 민족 정신을 지켜 나라를 살리는 것을 도왔다. 이순신이 임진왜란 끝날 무렵에 전사하였듯이 김교신도 일제 강점이 끝날 무렵에 병사하였다. 그런데 이순신의 고마움은 사람들이 잘 아는데 김교신의 고마움은 아직 잘 모르는 것 같다. 김교신을 비롯한 〈성서조선〉 집필자들을 칭송하는 말은 아이러니하게도 당시의 일본 경찰이 했던 말이다. "너희놈들은 우리가 지금까지 잡은 조선놈들 가운데 가장 악질이다. 너희들은 종교의 허울을 쓰고 한국의 민족 정신을 깊이깊이 심어서 100년 뒤, 아니 500년 뒤에라도 독립을 이룩할 터전을 마련해 두려는 고약한 놈들이다."

김교신·함석헌·송두용 등은 1년 만에 풀려났고, 류달영과 박동호는 10개월 만에 풀려났다.

감옥에서 느낀 자유

류영모는 '성서조선 사건'으로 연행되어 구속·수감된 지 57일 만인 1942년 5월 25일에 집으로 돌아왔다. 서대문 형무소 미결수 감방에서 저녁을 먹을 시간이 되었는데 간수가 개인 물건을 들고 나오라고 하였다. 그 길로 풀려났다.

류영모가 57일 동안 몸담았던 감방은 위암(韋庵) 장지연이 25일간 몸담았던 곳으로 유서 깊은 감방이었다.

장지연은 1905년 일제에 의하여 을사늑약이 강압으로 체결되자 이를 통분히 여겨 '시일야방성대곡(是日也放聲大哭)'이라는 제목의 신문 사설을 〈황성신문〉에 실어 겨레의 분노와 비통을 대변하였다. 그 죄로 서대문 형무소 미결수 감방에서 25일 동안 감옥살이를 하였던 것이다. 그곳에 있던 죄수들로부터 그 이야기를 듣고는 '나도 25일 만에 풀려날까?' 하는 생각이 들더라고 류영모가 말하였다.

류영모를 존경한 후지키 검사는 일 주일 먼저 풀려나 집에 와 있던 아들 류의상에게 엽서를 띄워 류영모의 석방 날짜를 알려주었다. 서대문 형무소 앞에는 맏아들 류의상을 비롯해 가족들이 맞이하러 나와 있었다. 그런데 집으로 돌아가는 마음이 기쁘지만은 않았다. 그렇다고 감옥이 좋았던 것은 아니다. 사실 류영모는 이미 1년 전부터 하루에 한 끼를 먹어 왔기 때문에 형무소에서 주는 밥이 모자라지 않았다. 또 이미 1년 전부터 해혼(解婚)을 하였으니 아내가 없어 외로운 것도 아니었다. 마하트마 간디의 사탸그라하 운동(진리파지 운동)을 하였다는 이유로 감옥살이를 하였던 비노바 바베는 감옥이 수행하기에는 아슈람보다 낫다고 말하였다.

류영모는 감옥살이를 하면서 오히려 가정에서는 못 느꼈던 자유를 느낄 수 있었다. 가정에서 벗어난 정신적인 자유였다. 예수와 석가가 누리던 자유였다. 다시 집으로 돌아오기는 하였으나 형무소라는 육체적 감옥에서 가정이라는 정신적 감옥으로 옮겨 가는 것에 지나지 아니하였다. 류영모는 처옥자쇄(妻獄子鎖)라는 말도 썼다. 류영모는 가정을 이렇게 말하였다. "우리는 이 세상에서 가정이라는 데서 살림을 하지만 세상을 지나간 뒤에 보면 빈 껍데기 살림을 가지고 실생활로만 여기고 산 것입니다. 물질

생활은 변화하여 지나가는 것뿐입니다. 예수와 석가는 가정에서 갇혀 살지 않고 하느님의 속인 무한대(無限大)에서 살았습니다."

이러한 가정관을 지닌 류영모가 집으로 가는 걸음이 가볍기만 했을 리가 없다. 하느님은 집이 없다. 집을 가지는 것은 몸뚱이를 가진 짐승살이를 하는 것이다. 몸은 수의(囚衣)인 동시에 수의(獸衣)인 것이다. 집으로 돌아가는 류영모의 머리에 "그리고 나서 사람들은 모두 집으로 돌아갔고"(요한 7:53)라는 성경 구절이 떠올랐다. 다음에 생각나는 것은 일본의 서정 시인 이시카와 다쿠보쿠(石川啄木)의 시 한 구절이었다.

> 사람마다 집을 가졌다는 설움이여
> 마치 죽은 사람이 무덤 속으로 들어가듯
> 모두가 자기 집으로 들어간다

류영모에게는 가정도 감옥이요, 나라도 감옥이요, 우주도 감옥이다. 몸은 수의(囚衣)요, 이름은 수번(囚番)이었다. 몸이란 수의는 철가면처럼 마음대로 벗지도 못한다. 철가면이 아닌 육가면이라고나 할 것이다. 류영모는 '성서조선 사건'으로 옥고를 치르고 나온 뒤에 집 뜰에다 돌로 '수(囚)' 자를 만들어 박아놓았다. 사람은 수의인 육가면을 벗어던지고 하느님 아버지께로 솟나 가야 한다는 것이다. 류영모가 말하기를 "육체가 무너지고 정신이 삽니다. 몸은 죽고 얼은 삽니다. 몸의 나는 진선미가 아닙니다. 몸의 나는 고로병사(苦老病死)입니다. 얼의 나가 진선미입니다. 몸은 죽어 썩지만 얼은 살아 빛납니다. 그러므로 몸으로는 죽어야 합니다. '하늘에서 이룬 것같이 땅에서도 이루어지이다.' 하고는 죽는 것입니다. 그것이 아버지의 뜻입니다."라고 하였다.

류영모가 서대문 형무소에서 함께 감방살이를 한 동지들에게 일러준 말이 있다. "오는 이 섭섭히 맞으며 가는 이 반기세." 감방에 앉아서 새로 들어오는 사람에게 잘 오시라고 인사할 수 없다. 감옥에 온 것을 잘 왔다고 말할 수 없기 때문이다. 또 감방을 나가는 사람에게 섭섭하다고 인사할 수는 없다. 섭섭하다면 그에게 감방살이를 더 하라는 말밖에 안 된다. 그런데 이 세상도 큰 감옥에 지나지 않기 때문에 새로 나는 사람들을 보고 반길 수가 없고, 죽어 세상을 떠나는 이들에게 섭섭하다고만 인사할 수 없다는 것이다. "이 세상이 감옥이라 오는 이 섭섭히 맞으며 가는 이 반기세."라야 옳다는 것이다. 생일에 축하하고 상사(喪事)에 애도하는 것은 어떤 뜻에서는 새로 온 이와 떠나간 이에 대한 예의가 아니다. 그러므로 세상의 희로애락을 초월해야 한다는 것이다.

류영모는 수(數)에 아름다움을 느껴 수 다루기를 즐겼다. 류영모는 3·1운동 때 아버지 류명근이 105일 동안 감옥살이를 하였는데, 이번에 '성서조선 사건'으로 류영모 자신과 아들 의상이 감옥살이 한 것을 합하면 똑같이 105일이라는 것을 발견하였다. 류영모 자신이 구속된 날수는 57일이었고 맏아들 의상이 구속된 날수는 48일이었다. 류영모는 우연한 일치에 묘미를 느꼈다. 지긋지긋한 형무소 감방살이임에도 우연한 날수의 일치에 미를 느낀다면 특별한 수 관념임이 틀림없다.

또 아버지 류명근이 옥살이를 하는 동안에 집안에 고모가 돌아갔고, 류영모 부자가 옥살이를 하는 동안에 사촌 형수가 세상을 떠났다. 그러나 류영모는 "사람은 한 번 우연의 일치를 보면 또 그렇게 되지 않을까 하는 생각이 들게 됩니다. 그러나 그것이 지나치면 수주대토(守株待兎)하는 어리석음에 빠지게 됩니다."라고 하였다.

일제에 무릎 꿇지 않은 이들

〈성서조선〉에 연재된 함석헌의 '성서적 입장에서 본 조선역사'에는 이 나라의 지세(地勢)와 역사를 맞추어 말한 것이 있다. 얼른 보면 지리적 결정론 같아 보이지만 수긍이 가는 주장임에 틀림이 없다. 함석헌은 자신의 글에서 미래의 한국을 제주도로 상징하면서 한국이 자주독립하리라는 것을 암시하였다. "이제 우리가 보려는 조선조 5백 년의 역사는 지리산 남(南)의 갈기갈기 갈라지는 소백산계의 작고 약한 산맥들이다. 잔지러지다 잔지러지다 못해 물속에 빠져들고 마는 적고 어지러운 산갈래들의 헤어지고 얼크러지는 모양들이다. 물론 아주 사라져 없어지는 것은 아니요, 아주 흩어져버리는 것은 아니다. 우리는 멀지 않는 바닷속에 제주도가 솟는 것을 본다. 한라산이 백두산 그대로의 재현은 아니더라도 새로운 통일을 표시하는 기호요, 이 한 섬의 크기가 만주 조선의 큰 터에 비할 바는 못 되어도 새 나라의 상징이 분명하다."(함석헌,《뜻으로 본 한국역사》)

류영모는 〈성서조선〉 155호에 '개성당일왕복(開城當日往復)'이라는 제목의 연시조를 기고하였다. 그것은 개성을 당일에 왕복하였다는 뜻이 아니라 성문을 여는 항복은 마땅히 일본에 돌아간다는 뜻이다.

일본인 검사 앞에서 김교신은 거침없이 황국신민서사가 틀림없이 망국신민서사가 될 것이라고 말하였다. 류달영은 한민족도 독립할 날이 꼭 올 것이라고 말하였다. 이러한 민족적인 자긍심이야말로 일본인에게는 무서운 것이 아닐 수 없었다. 태평양전쟁 동안에 많은 한국인이 일제에 무릎을 꿇고 말았지만 류영모·함석헌·김교신·류달영처럼 배달겨레의 지조와 신념을 흔들림 없이 지킨 단군의 후손들이 있었다.

류영모가 쓴 '개성당일왕복'은 이러한 글이다.

開城當日往復(베드로후서 3:8)

(千年 古都를 이제사 보노라고)

아침에 漢山을 두고 낮 못돼 松岳에 대니
즈믄해 거스린 일을 한나절에 보쾌라
갈릴 때 생각으로는 도라봄이 늦었네

아침에 漢山을 두고 낮 못돼 松岳에 대니
꺾인 즈믄 거스린 일이 한나절에 돌아오다
갈릴 때 나는 대로는 역력히도 같고나

아침에 漢山을 두고 松岳의 낯 없어서니
즈믄해 거스린 일은 한나절에 보쾌라
갈릴 때 나는 대로는 한 맘인가 하노라

아 처음 漢山 두고 낯 없이도 松岳의 짝
즈믄해 꺾인 거울이 마주서서 조상이라
갈릴 때 생각으로야 이럴 줄이 있으랴

아 첨의 漢山을 두고 낯 마주 松岳에 대니
즈믄해 거스른 일로 한나절에 보리라
갈릴 때 나는 대라니 마디마디 나노라

해제(解題)로 적은 베드로후서 3장 8절에는 "사랑하는 여러분, 이 한 가지를 잊지 마십시오. 주님께는 하루가 천 년 같고, 천 년이 하루 같습니다."라고 적혀 있다. 1천 년의 세월을 하루로 보라는 것이다. 1천 년을 하루로 보면 고려조 500년이 반나절(오전)이고 조선조 500년이 남은 반나절(오후)이다. 고려 왕조가 멸망할 때 선죽교에서 충신 정몽주(鄭夢周)가 피 흘린 곳에 혈죽(血竹)이 돋았다. 조선 왕조가 멸망할 때 의인 민영환(閔泳煥)이 피 흘린 곳에도 혈죽이 돋았다. 이 사실을 비겼다. 두 왕조의 운명이 어찌 이리도 닮았는가! 이제 서로 마주 보며 조상(弔喪)하니 이러할 줄을 누가 생각이나 하였겠는가? 왕건도 이성계도 몰랐던 일이다. '개성당일왕복'은 나라의 운명이 바뀌고 갈릴 때는 정몽주나 민영환처럼 지조를 대쪽처럼 곧게 간직하자는 뜻을 담은 노래다. 1천 년도 하루인데 일제가 얼마나 갈 것인가? 그 암시하는 뜻이 깊고 놀랍기 그지없는 시조다.

그런데 유식한 일본 검사도 '개성당일왕복'의 숨은 뜻을 눈치채지 못하였다. 〈성서조선〉에 실린 글은 그 행간을 읽으라고 말하던 김교신도 알아채지 못하였다. 그런데 오직 한 사람, 그 숨은 뜻을 헤아린 사람이 있었다. 바로 류영모의 수제자인 함석헌이었다. 함석헌이 스승 류영모에게 "선생님 '개성당일왕복'이란 뜻은 항복은 마땅히 일본에게로 다시 돌아간다는 뜻이 아닌지요?" 하고 물었다. 그 소리를 듣자 류영모는 "과연 함석헌이로구나!" 하면서 기쁨을 금치 못한 채 "그것을 알아냈구려. 개성이란 성문을 연다는 뜻으로 항복하는 것을 뜻해요. 개성을 말하려면 송도(松都)라고 했겠지요."라고 대답하였다. 류영모가 이 사람에게 말하기를 "그때 김교신이 개성에 가 있었지만 나는 한 번도 개성에 간 일이 없어요."라고 하였다.

훌륭한 도자기가 되려면 1,300도가 넘는 높은 온도의 가마 속에서 구위지되 변형은 되지 않아야 한다. 일제의 혹독한 시련을 겪되 본디의 모습을 그대로 지킨 이들은 조국 광복을 맞았을 때 세계적인 대(大)사상가가 되어 있었다. 이들이야말로 단군의 후손이요, 인류의 스승이 아니고 무엇인가.

김교신의 죽음

'성서조선 사건'은 비교적 인격을 갖춘 후지키 검사의 양식(良識) 덕분에 '조선어학회 사건'과는 달리 모두 불기소가 되었다. 그러나 이미 김교신·함석헌·송두용 등은 감옥살이를 1년이나 한 뒤였다.

김교신은 감옥에서는 풀려났으나 송도고등보통학교 교단에 돌아갈 수 없었고, 〈성서조선〉을 복간할 수도 없었다. 김교신에게 학생들을 빼앗고 〈성서조선〉을 빼앗는 것은 그의 아들딸을 빼앗는 것보다 더 참혹한 일이었다. 천직을 잃은 김교신의 마음이 얼마나 쓰리고 아팠겠는가? 그러나 김교신은 위로 사랑할 하느님이 계시고 아래로 사랑할 겨레가 있기에 그대로 주저앉을 수 없었다.

김교신은 1944년에 함경남도 흥남에 있는 일본 질소비료회사 서본궁(西本宮) 공장에서 일하게 되었다. 당시 서본궁 공장에서 일하던 한국인 노무자 5천 명이 사는 사택촌(社宅村)의 후생 계장 일을 맡았다. 그때 그곳에 함께 가 있었던 류달영은 이렇게 말하였다.

"선생은 어떤 인연으로 해방 전해인 1944년에 흥남 서본궁의 일본 질소회사에서 5천 명의 한국인 노동자들이 사는 사택촌의 책임자로 일하게 되었습니다. 궤짝 같은 집들만이 줄을 지어 늘어서 있을 뿐으로 아무런 후생시설도 문화시설도 없는 이곳에서 비참한 5천 명 노동자들의 참 친구가 되어 그들을 위해서 진력했습니다. 일본과 그밖의 위험 지대로 징용당해 가는 청년들을 사방으로 불러 모아 유치원·학교·병원 등을 세우는 한편 난방이나 사식(私食)에 이르는 문제까지 급속도로 개선해 갔습니다. 원체 큰 덩어리인 만큼 노동자들을 직·간접으로 착취하는 경찰 군부의 기생충들이 적지 않았으나 이것들을 단시일에 잘라버렸습니다. 사방으로부터 받은 미움이 심했으나 군(軍)의 직할 공장이라 손을 대지 못했습니다. 선생은 일선에서 몸소 노동자들이 땔 석탄차를 밀고 끌었습니다."
(류달영,《한국의 미래상》)

그런데 청천벽력과 같은 일이 일어났다. 8·15광복을 불과 넉 달도 못 되게 앞두고 1945년 4월 25일 4시 40분에 위대한 스승 김교신은 44살의 나이로 숨을 거두었다. 1901년 4월 18일에 나서 1945년 4월 25일에 가니 산 날수가 1만 6,079일이었다.

김교신은 1945년 4월 18일 44회 생일을 맞아 생일상을 받았으나 배가 아프다면서 수저도 못 든 채 자리에 누웠다. 그러고는 일 주일 만인 4월 25일에 운명하였다. 한국인 의사 안상철(安相哲)과 박춘서(朴春緖)가 자신을 돌보지 않고 정성을 다하여 치료하였지만 차도가 없었다. 병명은 법정전염병인 발진티푸스였다. 김교신은 병석에 누워서 "묘향산 깊은 골짜기의 바위에 걸터앉아 낚시질이나 한 번 해봤으면 좋을 것 같다."고 하였다. 신라의 문무왕이 죽어서 동해의 용이 되어 나라를 지키겠다고 하였거니와 김교신은 죽어서 나라를 지키는 묘향산 신선이 되고 싶었던가 보다. 그렇게도 사랑한 이 나라 이 겨레를 버려 두고 어찌 눈을 감을 수 있었을까? 일본인에게 설움받는 한국인이 가엾어 현해탄 여객선 갑판 위에서 몹쓸 배앓이라도 하는 사람처럼 뒹굴던 김교신이 끝내 민족의 설움을 배앓이로 앓으면서 숨져 갔다.

　김교신이 승천하였다는 부음은 서울의 류영모에게도 전해졌다. 이미 제나(自我)로 죽고 얼나로 사는 거듭남을 체험한 류영모에게도 김교신의 사망 소식은 충격이 아닐 수 없었다. 나이로 보나 신체로 보나 김교신이 류영모의 부음을 듣는 것이 자연스런 일이지 류영모가 김교신의 부음을 듣다니 뜻밖의 일이었다.

　류영모는 김교신의 부음을 듣고 소감을 작은 수첩에 적어놓았다. 그때는 류영모가 일기를 쓰지 않았을 때이다. "1945년 4월 26일 저녁 오류동에서 통지 오기를 '함흥에 있는 김이 별세, 전보 부고'라고. 류 본디 함을 통해 김을 알았다. 류 136달 즉 4천17일 함보다 먼저 났고 함은 36일 김보다 먼저 났다. 그런데 제일 늦게 온 김이 오히려 제일 먼저 갔다. 류 비록 느리나 136달 지난 즈음에 혹시 가까이 따라붙어 돌아가 서로 볼 수 있을지. 하느님께서 이렇게 생각하게 한다. 물론 천기(天機)는 망령되이 단정하는 것은 불가능하다. 이렇게 생각해보는 것이 앞서 어떤 이가 날마다 자기 무덤을 판 뒤 죽는 날을 베푸는 마음 공부는 달리 쓸데없으리라."

　"교신 생각 이제 함은 어디서 쉬오. 오늘 우리 김이 숨진 뒤에는 이어 그 숨이 장식(長息)으로 8천145일" '교신 생각'이란 먼저 간 김교신이 그리워 생각한다는 말이다. 함이란 함석헌을 말한다. 류영모는 함석헌의 소개로 김교신을 만났다. 그리고 함석헌과 김교신 두 사람은 동갑내기다. 1945년에 김교신을 먼저 보내고는 류영모 자신과 함석헌은 22년(8,145일)이나 오래도록 살고 있다는 뜻이다.

　김교신을 빼고 류영모의 삶을 생각할 수 없고 류영모를 빼고 김교신의 삶을 생각할 수 없다. 그런데 1994년에 김정환(金丁煥)이 펴낸 김교신의 전기에는 류영모의 이름이 나오지 않는다. 김교신의 전기에서 우치무라 간조의 이름은 뺄 수 있어도 류영모의 이름은 뺄 수 없을 것이다. 김교신의 연보에는 '류영모와 김교신은 물과 고기의 사귐'이라고 말하고 있다. 자신들이 정통 신앙이고 류영모는 비정통 신앙이라고 의도적으로 류영모의 이름을 뺀 것이라 보지 않을 수 없다. 류영모의 영성 신앙은 예수의 영성 신앙이다. 그러고도 예수의 가르침을 좇는다고 할 수 있을까?

4부

구경각을 얻은 현자

(1943~)

12장

나는 우주인이다

북악산에서 천지인 합일을 깨닫다

　류영모는 어릴 때부터 하늘을 우러러보기를 좋아하였다. 더욱이 별이 빛나는 밤하늘을 바라보기를 기뻐하였다. 이처럼 천문에 관심이 깊은 류영모가 1943년 2월 5일(음력 계미년 설날) 이른 아침에 일식(日蝕)을 보고자 서울 북악(北岳)에 올랐다. 류영모는 오산학교에서 천문학을 가르친 뒤로 천문에 대한 관심이 더욱 깊어졌다. 아직 2월이라 북악 응달에는 희끗희끗 잔설(殘雪)이 보였다. 북악 마루에 이르자 어둑어둑한 저쪽에서도 인기척이 났다. 새벽 등산을 하는 사람들이었다. 산마루 꼭대기에 오르는 것은 몸으로 드리는 기도라 할 것이다. 산마루에 앉아 쉬면 하느님 아버지의 무등을 타기라도 한 듯 마음이 한없이 기쁘다. 류영모는 북악 마루에서 호연(浩然)의 대기(大氣)를 가득히 마시며 동트는 먼 하늘을 바라보았다. 아, 이것이 무엇인가. 서울 상공에는 안개 바다(霧海)가 펼쳐 있었다. 무평선(霧平線)이 저 남쪽 관악산까지 걸쳐 있었다. 뜻밖의 장관이었다.
　지리산 노고단에서 사는 함태식(咸泰式)이라는 이가 자신이 운평선(雲平

線)이라는 말을 36년 전에 만들었다고 하였다. 그가 하는 말이 "수평선과 지평선은 언제나 그 자리에 있으나 운평선은 변화무쌍하다. 어떤 때는 해발 500미터에 걸렸다가 또 어떤 때는 1천 미터에 걸린다. 자연의 오묘함이 좋다."(《동아일보》 1993. 9. 12.)라고 하였다. 요즘은 비행기 여행을 너나없이 하니 이러한 장관을 자주 대할 수 있게 되었다.

류영모는 동녘에 불끈 솟는 아침 해를 맞이하였다. 첫 햇살이 눈 속에 녹아드는 기분이란 설명할 수 없을 만큼 상쾌하다. 그래서 옛 인도 사람들은 아침 해의 첫 햇살을 신격화하여 토야우스 신(神)이라 불렀던 것이다. 자줏빛으로 변하던 안개 바다는 황금 바다로 변하였다. 류영모의 머리 위에는 황금빛 하늘이 덮여 있었고, 류영모의 발 아래는 황금빛 안개 바다가 펼쳐 있었다. 류영모는 황홀하다 못해 신비하였다. 16세기 에스파냐 사람들은 아마존 강 유역에 있다는 황금의 이상향(유토피아)인 엘도라도를 찾아 나섰다. 류영모가 본 그 황금빛 나라는 분명 엘도라도였다. 류영모는 우주 속을 자유자재로 나는 우주인이 되어 황금 빛깔의 하늘 높이 솟구쳐 허공 끝까지 닿고 싶었다. 또 황금 빛깔의 안개 바다 밑으로 빠져 땅 한가운데 중심점까지 닿고 싶었다. 그때 머리에 별똥별처럼 스치는 생각이 있었으니 시구(詩句)가 떠올랐다.

瞻徹天 潛透地(첨철천 잠투지)

申身瞻徹極乾元氣·(신신첨철극건원기·)
沈心潛透止坤軸力·(침심잠투지곤축력·)

뚫어 뵈오니 하느님 뚫어 잠겨 땅 가운데

몸이 하늘 까짓 것 솟구쳐 올라 뵈오니 하느님 아버지 얼님이시오
맘이 사뭇 내리꽂히어 잠기니 땅굴대 중력(重力) 점에 멈춘다.
(박영호 옮김)

류영모는 그날 일식을 본 기억은 없고 이 시 생각이 떠오르던 때의 기억만 남았다고 했다.

'신신(申身)'은 미꾸라지를 벗고 용이 되는 것이다. 육신을 극복하여 정신이 되는 것이다. 예수의 십자가가 바로 '신신'이다. 상대를 초월하여 절대에 통하는 것이 '철극(徹極)'이다. '철(徹)'은 뚫린다(通)는 뜻이다. '극(極)'은 노자의 무극(無極)에서 가져온 것이며 절대를 뜻한다. '건원(乾元)'은 《주역》 건괘에 나오는 말이며 하느님 아버지를 뜻한다. '기주(氣主)'는 성령의 님, 곧 얼님이다. '기(氣)'는 《맹자》의 호연지기(浩然之氣)의 기다. 'ᆞ'는 주(主) 자다. 류영모는 님이라고 하였다. 머리 위에 받들어 일 님이 주이다. 목의 숨이 아닌 얼의 숨이라는 뜻으로 숨님이라고도 하였다.

'침심(沈心)'은 마음이 잠긴다는 뜻이다. '잠투(潛透)'는 잠기어 뚫는다(通)는 뜻이다. '지(止)'는 머물다, '곤축(坤軸)'은 땅의 굴대 곧 지축(地軸)이다. '역점(力ᆞ)'은 지구의 중심점을 뜻한다. 지구 중력의 중심점이다.

이것은 천(天)·지(地)·인(人) 삼재(三才)가 일치하여 하나 되는 것이다. 개체에서 벗어나 우주의 소산이라는 우주 의식을 지니는 것이다. 제나에서 솟아나 천부(天父)의 소산이라는 진리 의식을 얻는 것이다. 류영모는 이렇게 말하였다.

종교나 형이상학은 이 세상을 초월하자는 것입니다. 이 세상만 쳐다보고 있을 수 없으니 이를 생각으로라도 좀 초월해보자는 것입니다. 우리의 생명

이 피어 한없이 넓어지면 빔(空, 절대)에 다다를 것입니다. 빔은 맨 처음으로 생명의 근원이요, 일체의 뿌리입니다. 곧 하느님(乾元)입니다. 나도 인격적인 하느님을 생각합니다. 하느님은 인격적이지만 우리 같은 인격은 아닙니다. 인격적이란 맨 처음과 일체라는 뜻입니다. 유무(有無)를 초월하였습니다. 하느님을 찾는데 물질에 만족하면 안 됩니다. 있는 것에 만족을 못 하니 하느님을 찾습니다. 그래서 하느님은 없이 계십니다.

류영모의 한시에서 첨철천(瞻徹天)과 잠투지(潛透地)가 반대되는 것 같지만 사실은 같은 말이다. 작게 보면 하늘 땅이 다르게 보이지만 크게 보면 다 하늘이다. 지구도 무한 우주 속의 천체이다. 또 반대로 생각하면 무한 우주 속의 모든 천체는 물질이라 다 땅이다. 물질이 아닌 빔(空)이 하늘이다. 땅 속으로 잠긴다는 것은 내 마음속으로 들어가는 것이다. 물질을 초월하는 길은 내 마음속으로 들어가는 것이다. 류영모는 이렇게 말하였다.

"하느님께로 가는 길은 자기 마음속으로 들어가는 길밖에 없습니다. 지성을 다하고 정성을 다하는 것입니다. 깊이 생각해서 자기의 속알(德)이 밝아지고, 자기의 정신이 깨면 아무리 캄캄한 밤중 같은 세상을 걸어갈지라도 길을 잃어버리는 일은 없을 것입니다."

천문학에 남다른 관심이 있었던 류영모는 천문학에 관한 책을 여러 권 읽었으며 일본 동아천문학회에서 발행하는 〈천계(天界)〉라는 천문학 월간지를 구독하였다. 〈천계〉는 일본 오쓰 시에서 야마모토 천문대를 설립한 천문학자 야마모토 잇세(山本一清)가 천문학의 대중화를 꾀하고자 발행한 전문지이며 1920년에 창간되었다. 이 〈천계〉에 나카무라 카나메(中村

要)라는 이가 망원경의 반사경을 갈아서 만드는 방법을 연구하여 발표하였다. 류영모의 둘째 아들 류자상이 그 글을 읽고 망원경에 쓰는 반사경을 직접 만들었다. 두꺼운 유리를 포개놓고 유리 사이에 금강사(金剛砂)를 넣고 간 다음에는 주사(朱砂)를 넣어서 간다. 그러면 훌륭한 반사경이 된다. 스피노자는 대학의 철학 교수로 초빙하는 것도 사양하고 생업으로 렌즈를 갈았다는데 이와 비슷한 작업이 아니었을까 생각한다.

류영모 부자는 직접 만든 반사경으로 망원경도 만들었다. 접안(接眼) 렌즈를 사고, 나무로 망원경 몸통을 만들어 망원경을 맞췄다. 성좌도(星座圖) 받침 삼각대를 만들어 하늘의 별과 성좌도를 일치시켜 별을 쉽게 찾을 수 있게 하였다. 아버지와 아들은 별 관찰하기에 심취하여 날밤을 새웠다. 달에 있는 분화구, 토성의 고리, 목성에 찍히는 목성의 유성 그림자가 인상에 남는다고 말하였다. 그런데 그 자작 망원경은 6·25전쟁 때 집을 비운 동안 아쉽게도 누가 가져갔다.

류영모는 요즘 사람들이 별을 쳐다보기를 게을리하고 하늘 바라보기를 잊어버리는 것을 섭섭하게 생각하였다. 별을 관찰하기에는 달 없는 그믐밤과 하늘이 맑은 겨울밤이 좋다고 말하였다. 류영모는 이렇게 말하였다.

인생은 하늘을 쳐다봐야 합니다. 보통 상식으로도 별자리쯤은 기억할 만큼 하늘을 쳐다봐야 사람입니다. 그저 쳐다보고 올라가는 것이 어렵다고 하여서는 안 됩니다. 하늘을 자꾸 쳐다보고 그 다음에는 눈으로 볼 수 없는 그 위까지 쳐다보아야 합니다. 이와는 달리 짐승은 머리를 숙이고 횡행(橫行)합니다. 확실히 우리가 밤에 별자리를 보면 낮보다 한층 더 큰 우주를 느낍니다. 오늘에는 천문학이 발달해 대단히 큰 우주를 느낄 수 있습니다. 더구나 새로운 별이 나타날 때는 무슨 새로운 영원한 소식이 오는 것 같습니다. 요새는 과학의 발달로 배(船)를 타도 천문을 관측할 필요가 없어졌습니다. 이리하여 자기가 직접 원대한 것을 보지 않게 되었습니다. 이건 매우 섭섭한 일입니다. 점점 영원한 생명에서 멀어져 가는 일입니다.

류영모는 일생 동안 세 번이나 낮에 금성을 육안으로 보았다고 말하였다. 어떻게 별을 낮에 볼 수 있느냐고 물었더니 천문 잡지나 신문에서 미리 예보한다고 하였다. 그래서 낮에 보이는 금성을 태백성(太白星)이라 부른다고 하였다. 금성은 우리말로 샛별인데 계명성(啓明星)이나 장경성(長庚星)이라고도 한다.

류영모의 일기(《다석일지》)에는 별에 관한 이야기가 여러 곳에 적혀 있다. "밝을 녘에 견우좌(牽牛座)의 좀생이별 옳은 쪽으로 목성이 뚜렷이 밝고, 그 아래로 오리온좌가 가로 누어 오르는데 삼태성(三台星)이 가운데로 내리 찍히고 그 왼편으로 A(알파성)가 오른편으로 B(베타성)가 있고 그런데 그 왼편 A의 왼편으로 계명성이 이글이글하게 빛난다. 금 A, 三台, B가 일렬로 간격도 서로 길마질 듯이 보며 날이 샌다."(《다석일지》1964. 8. 13.) 그리고 '첨성유감'이라는 한시도 지었다.

瞻星有感(첨성유감)

太陽口號晤日辰(태양구호오일진)
穹窿宣布億兆文(궁륭선포억조문)
諒闇宿命晦除夕(량암숙면회제석)
虛靈危微恐化石(허령위미공화석)

별을 본 느낌

태양이라는 이름은 해 별을 일컫는 소리요
높은 하늘에는 억조의 별 글을 벌려 폈네
어둔 동안에 말씀을 지키려고 날마다 밤을 지새운다
얼은 간직하기 아슬하고 희미해 돌이 되어
화석될까 두려워
(박영호 옮김)

우리는 지구호를 탄 우주여행자

미확인 비행물체(UFO)를 사진으로 찍었다고 야단스러웠던 적이 있다. 한쪽에서는 대기(大氣)의 광학(光學) 현상이라고 하고 한쪽에서는 우주인이 UFO를 타고 나타났다 사라진 것이라고 한다. UFO의 실재를 믿는 이들은 우주인과 영통(靈通)을 한다면서 여럿이 모여 묵상을 하기도 한다. 우주인을 숭배하는 것은 사자·범·곰·뱀을 신성시하여 신으로 숭배하는 애니미즘의 변형이다. 우주인이 없다는 것이 아니라 나 자신이 우주인이라는 자각이 있어야 한다. 지구도 우주에 있는 천체의 하나다. 그러므로 우리가 우주인인 것이다. 우리는 우주의 주체인 하느님과 교통해야 한다. 우주인과의 교통은 그 다음 일이다. 우주인이 있어도 우리와 다름없이 나고 죽는, 별수 없는 상대적 존재인 것이다.

류영모가 말하기를 "하늘이란 무한한 대우주를 쳐다보면 너무 넓어서 까맣다고 할 수밖에 없습니다. 무한한 허공에 태양처럼 빛나는 광명체(光

名體)가 너무 많아서 그것이 하나의 별구름을 이루었고 그 별구름의 모습이 갖가지 꽃으로 만발한 꽃밭과 같습니다. 우리는 우주의 별구름 꽃밭 속에서 살고 있습니다. 누가 어디에 사느냐고 물으면, 우주에 산다고 하면 그뿐입니다. 도대체 어디에 사느냐고 묻는 것이 우스운 것입니다. 유한 우주는 무한 우주 공간에 태어난 것입니다. 우리는 지구라는 우주선을 타고 우주여행을 하는 중입니다."라고 하였다.

류영모는 우주선을 타고 우주여행을 하면서 우주를 전망할 줄 모르는 것을 안타깝게 생각하였다. 사람들이 도무지 하늘의 별을 쳐다볼 줄 모른다는 것이다. "우리는 생물과 함께 우주선 지구호에 함께 탔습니다. 이것은 세계 일주가 아니고, 태양계를 천주(千周), 만주(萬周)하면서 또 태양계가 소속된 모든 성단(星團)으로서는 은하계로 무수주(無數周)하려는 배포로 자고(自古) 비행이요, 영원 비행입니다. 대괴호(大塊號, 지구)의 직경은 3만 리(1,275만 미터) 초속은 근 30킬로미터나 됩니다. 우리가 우주선 선실 안에서 땅의 것에 정신이 팔려서 저 밖 태허(太虛)의 무한한 천도(天道)에 호호탕탕한 본 여행에 전망할 수 있는 것은 전혀 모르는 척하고 본 여행을 마칠 것입니까? 비행의 흥미는 전망에 있습니다. 전망할 줄을 모르면 항공이 아니요, 공중의 금고(禁錮)입니다."

자연을 사랑한 에머슨도 같은 말을 하였다. "대부분의 사람들이 자연을 볼 줄을 모른다. 기껏해야 그들은 매우 피상적으로 힐끗 바라볼 뿐이다. 밤하늘을 우러러볼 때 별들은 얼마나 아름다운가! 만일 별들이 천 년마다 하룻밤에만 나타난다면 사람들은 별을 얼마나 우러러볼 것인가. 그리고 수많은 세대에 걸쳐 그 모습을 드러냈던 하느님의 도시인 별이 나타난 밤의 기억을 새롭게 하였으리라. 그러나 밤이면 밤마다 아름다움의 사절들은 그 모습을 드러내고 타이르는 듯한 미소로 우주를 밝게 비춰주

고 있다."(에머슨,《수상록》)

시작도 없고 마침도 없는 얼이신 하느님이 계신다. 오직 하느님만이 계신다. 그런데 그 하느님이 몸을 보이게 나타낸 것이 수많은 별구름이다. 하느님은 무(無)의 허공과 유(有)의 천체와 유무를 초월한 성령으로 이루어졌다. 허공은 변하지 않고 천체는 변하고, 성령은 변하면서도 변하지 않는다. 우리는 불생불멸의 허공을 보면서 하느님을 생각하듯이 즉생(卽生) 즉멸(卽滅)의 천체를 보면서도 하느님을 생각해야 한다.

류영모는 말하기를 "우리가 우주의 만물을 하나의 죽은 물질로만 취급하는데 나는 우주가 단순히 죽은 물질이라 푸대접할 수는 없습니다. 내 몸의 세포 하나하나가 살아 있는 것처럼 우주 만물은 하나하나가 살아 있는 것이며, 이 우주에는 절대 의식, 절대 신격이 있으니 그가 하느님입니다. 하느님의 형상은 햇빛보다도 밝은 영광스러운 모습일 것입니다."라고 하였다. 소로는 하느님을 '우주의 얼(The Spirit of Universe)'이라고 하였다.

결국 우리는 하느님의 성령을 받아서 우주인이 될 수 있고 천국인이 될 수 있다. 하느님의 실체는 천체도 허공도 아닌 성령이기 때문이다. 류영모는 이렇게 말하였다.

우주여행자가 되었다고 하더라도 꼭 우주의 주인이 된 것은 아닙니다. 어떻게 생각을 내느냐 하는 생각의 불꽃이 문제입니다. 파스칼의 말대로 사람은 생각하는 갈대인 것에 사람의 사람다운 점이 있습니다. 진리를 깨닫는 생각의 불꽃이 타오를 때에 사람은 우주의 임자가 될 수 있습니다. 칸트는 일생 40리 밖을 나가지 못하였습니다. 그러나 생각의 불꽃이 우주의 주인이 되면 그것으로도 충분히 우주인으로 사는 것입니다. 생각의 불꽃이란 우주를 초월하는 정신을 말합니다. 우리가 이 우주 안에 파묻히면 곡식에 붙은 진딧물과 다름이 없습니다. 우주를 깨고 얼로 빛날 때 우주의 임자이신 하느님을 만나게 됩니다. 하느님을 만나야 내가 하느님의 아들인 것을 알게 됩니다. 그때 하느님을 잘 모시는 효자가 될 수 있습니다.

제나란 아무리 들여다보아도 파리똥보다 나을 것이 없는 존재이다. 그러나 하느님의 일부인 제나는 생각할수록 하늘의 별보다 더 신비한 존재이다. 예수와 석가는 가족인으로 살기를 거부하고 민족인으로 살기를 거부하였다. 그래서 "내 왕국은 이 세상 것이 아니다."라고 하고, "나는 머무는 곳이 없다."라고 하였다. 예수와 석가는 우주인이요, 천국인이었다. 비노바 바베는 "나는 이 세상이 아닌 다른 세계에 속한 사람이다."(칼린디, 《비노바 바베》)라고 하였고, 류영모는 "삶의 목적은 이 세상에 있는 것이 아니고 저 하늘에 있다."라고 말하였다.

류영모가 별을 별나게 좋아한 것은 별이 영원한 존재를 생각하게 하기 때문이다. 밤하늘에 깜박이는 별을 보면 하느님이 생각난다. 류영모는 이렇게 말하였다. "그믐이나 초하룻날 밤에는 하늘에 그득한 밝은 별들을 볼 수 있습니다. 저 멀리서 반짝이는 별빛을 내다보는 우리 마음에는 어떤 정신의 빛이 별빛처럼 쏟아져 옵니다. 그것이 진리의 얼입니다. 석가가 샛별을 보고 진리를 깨달은 것이 그래서입니다."

류영모가 빔(空)을 좋아한 것은 빔이 하느님의 모습이라 믿었기 때문이다. 없는 것이 빈 것이다. 류영모는 이렇게 말하였다. "절대자 하느님, 무한대의 허공 그리고 얼의 마음은 왔다가 가거나, 났다가 죽거나, 있다가 없어지는 상대적 존재가 아니라는 것을 이 사람은 인정합니다. 꽃을 보는데 보통 꽃 테두리 안의 꽃만 보지, 꽃 테두리 곁인 변두리의 허공에는 눈길조차 주려고 안 합니다. 꽃을 있게 하는 것은 허공입니다. 이 사람은 요새 와서는 허공이야말로 가장 다정한 것으로 느껴집니다. 허공을 모르고 하는 것은 모두가 거짓이고 허공은 참입니다."

20세기에 들어와서 아인슈타인을 이어 우주를 가장 많이, 그리고 깊이 생각한다는 이가 영국의 스티븐 호킹(Stephen Hawking)이라고 한다. 그 스티븐 호킹이 하는 어이없는 말을 들어보자. "우주에 시작이 있는 한 우리는 우주의 창조자가 있었다고 상상할 수 있다. 우주라는 시계 장치의 태엽을 감고 그 시작 방식을 선택하는 것은 역시 신(神)에 달려 있는 것이다. 그러나 만약에 우주가 실제로 완전히 자급자족하고 경계나 끝이 없는 것이라면 우주에는 시초도 끝도 없을 것이다. 우주는 그저 존재할 따름이다. 그렇다면 창조자가 존재할 자리는 어디일까?"(스티븐 호킹, 《시간의 역사》)

천체와 허공이 하느님이신데 하느님이 어디에 끼인단 말인가? 허공이 무극이요, 천체와 허공이 합하여 태극(太極)이다. 그래서 주렴계(周濂溪)가 무극은 태극이라고 한 것이다. 천체와 허공과 성령을 합하면 하느님이라고 한다. 천체와 허공은 눈으로 보이지만 성령은 보이지 않는다. 그러나 내 마음속에 하느님의 성령이 샘솟는다. 그래서 하느님은 성령인 것을 안다. 이것을 모르면 우주를 보고도 하느님을 모른다.

영원한 생명을 깨달은 이는 생멸하는 천체보다는 불생불멸의 허공을 더 사랑한다. 불생불멸의 허공보다는 생명이요, 진리인 성령을 더 사랑한다. 그리하여 예수가 이르기를 "하느님은 얼이시다. 그러므로 예배하는 사람들은 깨달은 얼로 참되게 하느님께 예배드려야 한다."(요한 4:24, 박영호 의역)라고 하였다.

천체인 유와 허공인 무와 성령인 영(靈)이 삼위일체인 줄 알아야 한다. 천체를 사랑하다 허공을 사랑할 줄 알아야 하고, 허공을 사랑하다 성령을 사랑할 줄 알아야 한다. 류영모는 천체를 바라보기를 즐거워하였고, 허공을 생각하기를 즐거워하였으며, 성령과 교통하기를 즐거워하였다. 제나는 죽어야지 제나가 신령을 추구하면 악령에 떨어진다. 류영모는 이렇게 말하였다.

"나는 20살 전후에 불경과 《노자》를 읽었습니다. 그러나 무와 공을 즐길 줄은 몰랐습니다. 요새 와서 비로소 공에 친해졌습니다. 불교에서는 백척간두(百尺竿頭)에서 진일보(進一步)해야 허공에 갈 수 있다고 합니다. 간두에 매달려 있는 한 허공에 갈 수 없습니다. 우주를 담은 허공이 실존(實存)입니다. 맨 처음에 무(없음)가 있었다는 것은 옳은 것 같습니다. 무는 엄숙하여 나도 안다며 지내 갈 수 없습니다. 이 우주의 천체는 빔(空)에 혹이 난 것입니다. 혹(지구)이란 무용지물이라 끝내 빔에 돌아갑니다. 혹에 난 물 것이 생물입니다. 나는 빔에 가야 해방된다고 생각합니다. 불교나 노자는 한마디로 빔(空, 無)이라 하면 됩니다. 서양 사람들은 이 빔을 모르고 유만 가지고 제법 효과를 보지만 원대한 것을 모르니 갑갑하기만 합니다. 서양 문명은 벽돌담 안에서 한 일이라 빔에까지 가야 합니다. 빔은 절대자가 아니라 절대자 하느님의 마음입니다. 절대(하느님)의 아들은 빈탕(虛空)을 바라야 합니다."

광견(狂犬)은 물을 두려워한다. 그래서 미친개에 물리면 공수병(恐水病)에 걸린다. 광신(狂信)은 무를 두려워한다. 공무병(空無病)이라 하겠다. 그리하여 없어지지 않는데 죽자고 매달린다. 그러다가 종말론에도 빠진다. 그러나 제나가 죽은 사람은 허공을 즐거워한다.

류영모는 허공에 대하여 이렇게 노래하였다.

맘과 허공

마음이 속에 있다고 좇아 들어 못 봤거늘
허공이 밖에 있대서 찾아 나가 만날 손가
제 안팎 모르는 임자 아릿다운 주인인가

온갖 일에 별별 짓을 다 봐주는 맘이요
모든 것의 가진 꼴을 받아주는 허공인데
아마도 이 두 가지가 하나인 법 싶구면

제 맘이건 쉽게 알고 못되게 안 쓸 것이
없이 보고 빈탕이라 망발을랑 마를 것이
님께서 나드시는 길 가까움직 하구면

다석을 아호로 쓰다

류영모의 아호로는 다석(多夕)이 가장 널리 알려져 있다. 그러나 류영모는 다석 말고도 다른 아호를 썼다. 20대에는 당엄(戇广)을 쓴 적이 있고, 30~40대에는 단단(斷斷)을 썼고, 50대에 다석을 쓰게 되었다. 이 사람이 스승 류영모에게 "다석이란 아호를 언제부터 썼으며 무슨 뜻이 있습니까?"라고 물었을 때 "별 생각 없이 지었어요. 쓴 지는 얼마 안 되지요."라고 대답하였다. 지극히 겸손한 대답이었다.

다석이란 아호가 필명으로 처음 쓰인 것이 〈성서조선〉 1941년 9월호에 실린 류영모의 글 '기별 낙상유감(奇別 落傷有感)'이다. '다석재(多夕齋)'로 되어 있다. 〈성서조선〉의 주필이며 발행인인 김교신은 류영모를 다석재 선생이라 불렀다. 그런데 류영모의 글에서 다석이란 말이 처음으로 나타난 것은 1940년 8월호 〈성서조선〉 통권 139호 '저녁 찬송'에서다. 칼라일처럼 밝은 새날을 찬송하는 글은 있어도 어두운 저녁을 찬송하는 글은 류영모가 처음일 것이다. 노자가 말하기를 "그 흰 것을 알지만 그 어둠을 지킨다(知其白 守其黑)."(《노자》 28장)라고 했다. 이 글은 "낮을 알지만 밤을 지킨다."라고 새길 수 있다. 류영모가 어찌하여 어두운 저녁을 찬송하였는지 알아보자.

어둠을 싫어하기보다 빛에 혹함이 많았던 탓이었다. 무사(無私)만 하고 보면 암흑이나 사망의 두려움이 없다. 빛을 기(忌)함은 사람의 것을 도적질하는 자이지만 어둠을 기함은 하느님의 것을 도적질하는 자(생명을 사유하는 자)이다. 사람들은 흔히 대낮에는 살림을 위해서 다니고, 일하고, 배우고, 놀고, 밤에는 그것을 위해 쉬고, 잠자고, 꿈꾸는 것으로 안다. 이것은 대단히 위험한 생각이다. 밝은 것이 있는 뒤에는 크게 잊혀진 것이 있다는 것을 깨달아야 한다. 그것은 모르는 가운데 얼로 교통하는 통신이다. 밤중에 보이지 않는 빛이 아닌 얼빛으로 태양 광선을 거치지 않고 나타나는 우리의 삶에 가장 중요한 우주의 얼(하느님)과의 통신이다. 우리는 이것을 망각하고 그저 잠이나 자고 있다. 한낮에만 사는 것을 사는 것이라고 하는 것은 정신 없는 소리다. 빛을 가리어 살 줄 아는 사람이 되어야 한다. 대낮에 영원과 사귀겠다는 것은 허영이다. 우리가 정말 밝게 사는 것은 영원과 통신할 수 있는 데로 나아가는 것이요, 영원의 소리를 빨리 들을 수 있는 데로 나아가는 것이 아니겠는가. 한낮의 밝음은 우주의 신비와 영혼의 속삭임을 방해하는 것이다. 낮에 허영에 취해서 날뛰는 것도 모자라 그것을 밤에까지 연장하여 불야성을 만들려는 것은 사실은 점점 어두운 데로 들어가는 것이다. 영원과의 통신이 끊어지기 때문이다. 그건 인생을 몰락시키는 것밖에 아무것도 아니다. 낮보다 더 밝게 하는 길은 바로 이 길이다. 보이는 것이 빛이 아니다. 햇빛, 달빛, 별빛 다 본들 뭐가 시원한가. 우주의 영원한 소식을 받아들이고 숨은 길로 들어서는 것이 정말 우리가 위로 올라가는 길이다. 하느님은 사랑이시나 사랑이 하느님이 될 수 없음같이 하느님은 빛이시나 빛이 하느님은 아니다. 흔한 사랑이 치미(痴迷)를 일으키고 여러 가지 빛은 허영을 꾸미도다. 암흑을 타는 소적(小賊)이 있지만 광색(光色)을 쓰는 대간(大姦)이 많도다. 불을 위하고 해에 절한 일이 있다지만 그것은 잘못이다. ······ 불은 바래진 세상의 한때 자랑이다. 창세기에 "(먼저) 저녁이 있고 아침이 있다."고 하였고, 묵시록에 "새 하늘과 새 땅에는 다시 햇빛이 쓸데없다." 하였으니 처음도 저녁이요, 나중도 저녁이다. 처음과 나중이 한 가지로 저녁이로다. 저녁은 영원하다. 낮이란 만년(萬年)을 깜박거려도 하루살이의 빛이다. 이 영원한 저녁이 그립도소이다. 파동이 아닌 빛 속에서 쉼이 없는 쉼에 살리로다.(1940년 8월 〈성서조선〉 139호)

류영모가 어둠이 빛보다 크다는 생각을 처음으로 남에게 들려준 것이 1922년 류영모가 32살 때이다. 그 이야기를 처음 들은 사람은 오산학교 졸업반 학생이던 21살의 함석헌이었다. 함석헌은 그때의 일을 이렇게 말하였다. "오산학교 교장으로 계시다 물러나시게 되어 마지막 떠나시는 날에 내가 홀로 선생님을 따라 고읍 역으로 나가게 되었습니다. 그때 나로서는 잘 알아듣기 어려운 말씀을 해주셨습니다. 그 시간이 마침 어두컴컴한 초저녁이어서 그러셨는지 '우리가 빛, 빛 하지만 빛보다 어둠이 더 큰 것 아니냐. 삶, 삶 하지만 삶보다 죽음이 더 먼저 아니냐. 깬다, 깬다 하지만 깸보다는 잠이 먼저 아니냐.'라는 말씀을 하셨는데 나는 그저 알 듯 모를 듯 듣고만 있었습니다. 한문으로도 말씀하셨는데 지금은 '사여시생(死餘是生)'이란 한 구절만 생각납니다." 함석헌이 듣고서 잊어버렸다는 한문 구절은 사여시생 외에 적여시광(寂餘是光), 수여시각(睡餘是覺), 일여시다(一餘是多) 등이다. 뜻은 함석헌이 말한 대로다.

기도할 때 눈을 감는 것은 이 세상을 초월하여 하느님께 이르고자 함이다. 그런데 어두운 밤에는 눈을 감지 않아도 눈 감은 효과를 준다. 그러므로 밤에는 잠만 자지 말고 이 세상을 잊어버리고 하느님 아버지께로 나아가자는 것이다. 이것이 류영모의 아호인 다석의 깊은 뜻이다.

류영모는 다석을 순우리말로 '하도 지낸 저녁'이라 옮겨서 쓰기도 하였다. 류영모는 이 세상에 와서 3만 3,200날의 하도 많은 저녁을 보냈다. 그게 다석인 것이다. 류영모가 많은 저녁을 보내면서 그린 것이 영석(永夕)이었다. 류영모에게는 하늘나라가 영원한 저녁이었다. 류영모의 일생은 영석을 그리는 다석이었다.

류영모는 '저녁 찬송'이란 글 끝에 식관(息觀)이라는 제목으로 한시를 지어 덧붙였다.

息觀(식관)

本來安息　無鼻無心　今食叵食　生滅自心
(본래안식　무비무심　금식파식　생멸자심)
究意消息　離鼻卽心　日終夕宿　令終夕休
(구의소식　리비즉심　일종석숙　영종석휴)

世終夕信　誰子遲疑　多夕要息．永夕不息

(세종석신　수자지의　다석요식　영석불식)

숨(쉼) 봄(생각)

본디의 고요한 숨(쉼)은 코 없고 염통 없이

이제 숨(쉼)은 그릇된 숨 나고 꺼지는 코요 염통

마지막 꺼지는 숨 코 떠나고 염통 죽어

하루를 마치면 저녁에 자고

목숨을 마치면 하늘나라(저녁)에 쉰다

세상 끝에 하늘나라(저녁)를 믿으니

어느 누가 더디다고 의심하리까

많은 저녁에는 꼭 쉬어야 하고

영원한 저녁(하늘나라)에는 숨쉬지 않는다

(박영호 옮김)

　류영모가 이때 코로 숨쉬는 많은 저녁(多夕)의 이 세상에서 코로 숨 쉬지 않는 오랜 저녁(永夕)의 하늘나라를 체험하고 있었다는 사실을 알 수 있다. 그러므로 우리는 다석 류영모만 알아서는 다석 류영모를 아는 것이 아니다. 다석 류영모 속에 있는 영석의 하느님 아들을 알아야 한다. 거짓 나인 제나 너머에 있는 참나인 얼나를 알아야 한다.

　류영모는 어머니 배에서 나온 나는 참나가 아니라고 하였다. 류영모라는 거짓나로서 사는 것은 지긋지긋하다고 하였다. "이 생명이 가짜 생명입니다. 우리는 참생명을 찾아야 합니다. 우리의 이 생명은 죽어야 합니다. 어머니 배에서 나온 것은 참나가 아니고 속알의 나, 성령의 나가 참나입니다. 우주와 지구를 통째로 싸고 있는 호연지기의 나가 참나입니다. 죽으면 흙 한 줌, 재 한 줌이 되는 몸뚱이는 참나가 아닙니다." 예수가 "아버지와 나는 하나이다."(요한 10 : 30)라고 말한 '나'는 하느님으로부터 온 성령인 얼나를 말한다. 이 얼나를 받아서 하느님을 알게 된다. 다 같은 사람인데 하느님을 전혀 모르는 사람들이 있다. 이들은 어버이가 낳아준 수성(獸性)의 제나로만 살기 때문에 짐승들이 하느님을 모르듯 하느님을 알지 못한다.

1981년 2월 3일에 죽은 다석 류영모는 거짓 생명이 죽은 것이다. 거짓 생명이 죽는 것은 죽음이 아니라 바뀜이다. 영원한 생명인 얼나는 태어남도 없고 죽어짐도 없다. 비롯도 없고 마침도 없는 하느님의 생명이기 때문이다. 류영모의 저녁 찬송은 해의 빛이 참빛이 아니라고 부정한 것이다. 조상들의 태양 숭배 사상을 뛰어넘은 것이다. 하느님의 얼이 참빛임을 깨달은 것이다.

류영모가 다석을 아호로 쓰기 앞서 '단단(斷斷)'이라는 아호를 썼다는 사실을 아는 이는 제자 함석헌과 아들 류자상뿐이었다. 20대에 아호로 쓴 당엄과 50대에 아호로 쓴 다석은 필명으로 쓴 적이 있어 그 흔적이 보이지만 '단단'은 그렇지 못하다. 그러나 '단단'에 대한 강의를 들은 가까운 사람들에게서 그 영향을 찾아볼 수는 있다. 류영모는 멋이나 격(格)으로 아호를 쓴 것이 아니다. 자신의 사상을 나타내는 방편으로 아호를 썼다. 그러므로 둘레의 사람들에게서 그 영향을 받은 자취를 찾을 수 있다.

〈성서조선〉 동인의 한 사람인 송두용이 광복 뒤에 〈성서조선〉의 맥을 이어 전도지를 내고자 애썼다. 그리하여 송두용의 제자였던 이진구의 노력으로 인쇄된 잡지가 나오게 되었다. 그 잡지의 이름은 〈영단(靈斷)〉이었다. 영단이라는 이름이 색다른데, 류영모에게서 나온 말이다. 하느님이 주시는 성령은 제나의 욕망을 끊는다는 뜻이다. 류영모는 자신이 말한 생각이 송두용의 마음에 살아서 잡지의 이름으로 나타난 것이 기뻤다. 그리하여 잡지 〈영단〉의 탄생을 축하하는 글을 써서 보냈다. 그 글의 일부를 옮긴다.

靈斷 읽고 斷斷

옹글면 옹근 채로 외쪽이면 외쪽대로
성하면 성한 대로 썩으면 썩은 대로
헐었으면 헌 대로 벗어지면 벗은 채로
아버지의 뜻이어만지이다
아바께 돌아가만지이다
아버지 아들이어만지이다 (이하 줄임)

류영모의 제자 김흥호에게서 스승 류영모의 단단 정신의 자취를 찾을 수 있다.

  斷斷無爲自然聲　三位復活靈一體
  (단단무위자연성　삼위부활영일체)
  卽心如龜兎成佛　天圓地方中庸仁
  (즉심여구토성불　천원지방중용인)
  (김흥호 지음)

김흥호는 이화여자대학교에서 철학을 강의하는 데 교재로 쓸 〈사색〉이라는 개인 월간지를 144호까지 냈다. 그 마지막 호의 '끊음'이라는 제목 아래에 이렇게 썼다. "주체적 진리를 도(道)라고 한다. 도란 별것이 아니고 끊는 것이다. 세상을 끊고 세상을 초월하는 것이 도다. 도는 단(斷)이다. 보이지 않는 칼날로 끊어버리는 것이다. 이때 열리는 세계가 실재(實在)의 세계다." 이것이 위의 한시가 담고 있는 뜻이기도 하다.

류영모는 한시의 주제를 '단단 불단 단단기(斷斷 不斷 斷斷己)'라고 하였다. '끊고 끊고 끊임없이 제나(自我)를 끊고 끊다'라는 뜻이다. 끊임없이 끊고 끊어야 할 것은 제나라는 것이다. 제나를 끊는 것은 탐·진·치 삼독의 수욕(獸慾)을 끊는다는 뜻이다. 수욕의 제나를 부정하는 것이 끊는 것이다. 수욕의 제나를 한 번 끊는다고 영원히 끊어지는 것이 아니다. 그리스 신화에 나오는 메두사처럼 목을 쳐도 다시 붙는다. 그러니 끊임없이 끊어야 한다. 류영모는 이렇게 말하였다.

"이 세상은 잘못되었습니다. 삶의 법칙이 잘못되었으니 못되었다는 것입니다. 세상 사람은 삶의 법칙을 식(食)·색(色)으로 생각하고 있습니다. 재물에 대한 애착과 남녀에 대한 애착이 인생이라고 생각하고 있습니다. 이것이 못된 것입니다. 세상은 그것이 못된 것인 줄도 모르고 있습니다. 못된 것을 바로 잡자면 밥도 처자(妻子)도 잊어버려야 합니다. 식색으로 사는 것은 음란이요, 전란입니다. 못된 세상을 바로 살게 하는 것이 구원입니다."

김유신이 기녀 천관녀(天官女)의 집으로 향해 간 애마의 목을 자르듯 수욕의 제나를 끊어야 한다. 그러면 나지 않고 죽지 않는 영원한 생명인 얼나가 동산 위에 아침에 해 돋듯이, 저녁에 달 돋듯이 나타난다. 석가는 "욕심을 끊어야 한다."(《잡아함경》 단욕경)라고 하였다.

류영모는 20대에 당엄이라는 아호를 썼다. 이것은 고집스러운 사람, 어리석은 사람이라는 뜻이다. 김구가 자신의 아호를 백범이라고 한 것과 비슷한 뜻이다. 육당 최남선이 낸 잡지 〈청춘〉 2호에 실린 '나의 1234', 〈청춘〉 6호에 실린 '활발', 〈청춘〉 7호에 실린 '농우'의 필명으로 '당엄'을 썼다. 〈청춘〉 15호에 실린 '무한대'에는 필명이 '화홍(花紅)'으로 되어 있다. 류영모는 '무한대'를 본인이 썼다고 하였는데 '화홍'이라는 필명은 알 수 없다고 하였다. 그리하여 '무한대'가 류영모의 글인지 아닌지를 따지지 않을 수 없다.

"주제넘은 생명, 부질없는 운동 다 쉬고 말아라. 생(生)은 분(分)이요, 사(死)는 합(合)이다. 동(動)은 난(亂)이요, 정(靜)은 화(和)니라."(1918년 9월 〈청춘〉 15호, '무한대' 중에서)

"운동으로 잘 살게도 평안하게도 되는 것이라면 벌써 옛날에 됐을 것. 사람마다 날마다 잘 싸움으로 마침내는 모두 다 잘 죽음으로 말미암은 길 가운데서 무슨 운동을 한답니까. 주제넘은 운동, 부질없는 생명 다 쉬고 말아라. 생(生)은 분(分)이요, 사(死)는 합(合)이다. 동(動)은 난(亂)이요, 정(靜)은 화(和)니라."(1964년 스승 류영모가 필자에게 보낸 편지)

앞의 글과 뒤의 글은 47년이라는 시간 차가 있으나 생명과 운동이라는 단어의 자리가 바뀌었을 뿐 그 내용은 일치한다. 따라서 '무한대'는 류영모의 글이라는 것을 확인할 수 있다. 류영모의 집에 〈청춘〉지의 자료는 하나도 없었다. 그러나 이것만으로도 '무한대'는 류영모의 시임이 분명하다.

1945년, 은평면 자치위원장

사람이 아닌 신이라면서 날마다 백성들로부터 예배를 받던 일왕이 1945년 8월 15일 연합국에 무조건 항복을 하였다. 그리하여 이 겨레는 일본의 인신(人神)이 항복을 말하는 떨리는 목소리를 라디오 방송으로 들을 수 있었다. 류영모는 8·15해방에 관해 말하기를 "안 되는 세상인데 되는 듯한 일이 있으면 복됨을 느낍니다. 내가 8·15해방을 본 것은 복된 일이었습니다."라고 하였다. 일본이 패망하자 시베리아 호랑이가 사는 삼림지대의 이리 떼처럼 설치던 일본 사람들이 이 땅에서 소리 없이 도망쳐버렸다. 일본 우익들의 주장대로 일본인들이 이 땅에 와서 착한 일을 하였다면 인사라도 나누고 가는 것이 36년간 이웃으로 산 정의가 아니겠는가? 그들은 들킨 도둑처럼 줄행랑쳐 달아났다. 이 사실만으로도 그들이 이 땅에 와서 무슨 짓을 했는지 짐작하고도 남는다. 그들이 떠난 이 땅에 남은 것이라고는 빈곤·무력(無力)·상처뿐이었다. 맹자가 말하기를 "그 사람에게 하느님이 큰일을 맡기려 할 때 반드시 먼저 그 말과 뜻을 괴롭게 하고, 그 살과 뼈를 지치게 하고, 그 몸과 가죽을 굶주리게 한다."(《맹자》 고자 하편)라고 하였으니 하느님께서 이 겨레에 특별히 시킬 일이 있었던 것인가?

학정을 일삼던 조선총독부도 행정 기구라고 그것이 없어지니 이 나라에는 고을마다 마을마다 옛 부족사회처럼 주민들이 나서서 자치 기구인 자치위원회를 만들었다.

류영모가 사는 경기도 고양군 은평면민들도 은평면 자치위원회를 구성하기 위해 은평면사무소에 모였다. 류영모도 은평면민의 한 사람으로서 그 자리에 참석했다. 얼마나 이러한 날이 오기를 기다렸던가! 그러니 빠진다는 것은 생각할 수도 없었다. 그런데 은평면민들은 만장일치로 류영모를 은평면 자치위원장으로 뽑았다. 일제의 쇠사슬에서 풀려난 직후여서 일제에 협력하지 않고 시련을 받은 사람이 가장 돋보이던 때라 자연스러운 일이었다. 류영모가 구기리에서 전원살이를 한 지도 어느덧 10년에 이르렀다. 류영모와 면민들이 가까이 사귈 기회는 많지 않으나 류영모가 창씨개명을 하지 않았고 〈성서조선〉 사건으로 옥고를 치른 것을 주민들이 알고 있었다. 류영모가 구기리로 이사 온 지 얼마 안 되어 은평면협의회 의원을 2년 동안 한 일이 있었다. 마을에 글을 아는 이가 없어서 어쩔 수 없이 일을 보지 않을 수 없었다. "시절이 춥고서야 소나무 잣나무가 푸른 것을 안다(歲寒然後知 松栢之後凋)."(《논어》자한편)고 하지 않았는가! 잔악한 일제의 통치 아래에서도 한국 사람의 지조를 지킨 류영모가 은평면 자치위원장에 추대되는 것은 물이 낮은 대로 흐르듯 자연스러운 일이었다.

그러나 류영모는 톨스토이의 정신을 좇아서 농민으로 일생을 지내기로 하였을 때 어떠한 감투도 쓰지 않기로 마음먹었다. 도쿄에서 공부하기를 멈추고 귀국할 때 예수처럼 가장 낮은 자리에서 섬김을 안 받고 섬기는 씨알로 살고자 굳게 다짐한 바 있다. 오직 위로는 하느님 아버지를 받들고, 아래로는 이웃 사람들을 사랑하면서 살기로 하였다. 그러므로 은평면 자치위원장을 하고 싶은 생각이 없었다. 그래서 다른 좋은 사람을 뽑으라고 하였으나 면민의 결의는 한결같았다. 그래도 류영모가 고사하자, 주민들은 아무런 결과도 얻지 못한 채 흩어질 수밖에 없었다. 류영모가 생각하기에 당장 시급한 일은 양식을 배급하는 일과 도둑을 지키는 일이었다. 류영모는 할 수 없이 흩어져 가는 주민들을 불러모으고 은평면 자치위원장의 직책을 수행하기로 면민에게 약속을 하였다.

류영모는 은평면 자치위원장 자리를 맡고서 면민 가운데 젊은이를 모아 양식을 배급하게 하고 자위의 경비를 서게 했다. 젊은이들은 어디선가 일본 군인들이 버린 총을 거두어서 밤에는 그 총을 가지고 순찰을 돌았다.

'성서조선 사건'으로 일제에 의해 옥고를 치른 함석헌, 송두용, 류달영 등도 해방을 맞아서 모두가 류영모와 같은 처지가 되었다.

함석헌은 평안북도 용암포 자치위원장에 추대되었다. 함석헌도 창씨개명을 거부하였으며 일본어 사용을 기피했다. '계우회(鷄友會) 사건'(동경농업대학의 조선인 유학생 모임 '계우회'가 민족주의 비밀결사를 조직했다는 이유로 체포된 사건)에 연루되어 1년, '성서조선 사건'으로 1년, 두 차례나 일제에 의해 구속되어 옥고를 겪었다. 온갖 희생과 고통 속에서도 정정당당하게 한국인으로 살아온 함석헌에 대한 신임이요, 대접이었다. 함석헌은 용천군 자치위원장에 이어서 평안북도 자치위원회의 학무부장(교육감) 자리를 맡아야 했다.

송두용은 경인선 오류역지구 자치위원장에 추대되었다. 1년 뒤에는 오류지구 자위대장을 겸임하지 않을 수 없었다. 송두용은 훗날 국회의원에 출마하라는 권유를 받고 뿌리치느라 어려움을 겪었다.

김교신도 살아서 광복을 맞았다면 개성시 자치위원장에 추대되었을 것임에 틀림없다. 김교신 대신에 류달영이 개성시 자치위원으로 활동했다. 하루는 류달영이 개성시 시장실에서 집무를 보고 있는데 어떤 사람이 찾아왔다. 대면하고 보니 바로 일제 강점기 시절에 서울 서대문 경찰서 고등계 형사로 근무하던 악명 높은 마쓰모토(松本, 朴) 형사였다. 자기가 취조한 적이 있는 류달영을 알아보고는 깜짝 놀라 눈이 휘둥그레졌다. 인사를 하고는 '걸음아, 날 살려라' 달아났다. 마쓰모토 형사도 자신이 못되게 굴었던 것을 아는지라 서울에 있다가는 어떤 봉변을 당할지 몰라

피신하여 개성으로 온 것이었다. 그런데 외나무다리에서 원수를 만난 격이었다. 그러나 류달영은 그를 붙잡아 보복할 생각을 하지 않았다.

류영모는 시골에서 살아보았기 때문에 시골에서는 동네일을 맡아보는 사람이 귀하다는 것을 알았다. 그래서 이렇게 말하였다. "나라의 장관 자리만 맡으려 할 것이 아니라, 동네일을 볼 마을 이장감이 많아야 나라가 바로 됩니다. 온 나라 이장들이 다 훌륭하면 나라 걱정 안 해도 됩니다. 자꾸 나라의 대들보감만 되라고 하는데, 서까래도 있어야 합니다. 대들보감만 기르다가 서까래감이 없으면 무엇으로 지붕을 덮습니까? 대들보 쪼개 쓰는 어리석음을 범하게 됩니다."

그런데 은평면 자치위원회를 구성한 지 며칠이 안 되어 일본인 경찰관이 권총을 빼 들고 은평면사무소로 들이닥쳤다. 그리고 가진 무기를 내놓으라고 위협하였다. 한국인들이 가진 무기로 일본인을 습격할지 모른다는 소문을 듣고 온 것이었다. 젊은이들은 사색이 되었다. 류영모가 나서서 "왜 함부로 권총을 뽑아 들고 무례한 행동을 하시오. 우리는 지금 치안을 확립하여 일본인인 당신들까지도 무사히 돌아가게 보호하려는 것이오. 헛된 일에 마음 쓰지 말고 속히 당신네 나라로 돌아가시오."라고 하자 일본인 경찰은 권총을 옷 속에 숨기며 미안하다고 말한 후 물러갔다.

은평면 관할 안에는 일본군 7사단의 육군 창고가 있었다. 1945년 8월 25일에 미군이 일본군을 무장 해제시키려고 인천에 상륙했다. 그리고 9월 7일부터 미군 24단이 서울 용산에 주둔했다. 미군 중대 병력이 수색에 있는 육군 창고를 지키기 위해 배치되었다. 미군들이 은평면사무소를 찾아왔으나 영어를 할 줄 아는 사람이 없으니 미군들은 답답하기 그지없었다. 그때 아버지 류영모를 도와 사무를 보던 류의상이 나서서 회화를 시도하였다. 미국인과 영어로 말하는 것은 처음이었다. 류의상은 서울 제2고등보통학교를 졸업한 뒤에 집에서 농사를 도왔다. 류의상은 일제 5년제 중학교에 다닐 때 영어에 상당한 취미와 소질을 보였다. 그리고 말이 없는 둘째 아들 류자상과는 달리 말하기를 좋아하였다. 처음 만난 미군들과 대화가 이루어졌다. 류의상과 영어로 대화할 수 있게 되자 미군들은 기뻐서 어쩔 줄을 몰랐다. 그러고는 류의상에게 용산에 있는 자기네 부대 본부에 함께 가자고 하였다. 거기서도 통역할 사람이 없어 어려움을 겪고 있었다. 용산에 있는 미군 부대에서 이틀 동안 미군들과 지내고서 3일 만에 미군들의 지프를 타고 집으로 돌아왔다. 그 이틀 동안에 류의상의 일본식 영어 발음이 온전히 고쳐졌고, 어느 정도 자유롭게 그들과 대화할 수 있게 되었다. 그리하여 류의상은 미군에 발탁되어 미군의 군속으로 일하게 되었으며 나중에는 미국 대사관에서 오랫동안 근무하였다.

그 후 류의상은 황순원(黃順元)이 쓴 소설 〈소나기〉를 영어로 번역하여 영국 잡지 〈인카운터(Encounter)〉에 응모하였고, 인도인과 함께 공동 최우수상을 받았다. 류의상은 함석헌의 《뜻으로 본 한국역사》도 영역하여 미국에서 출판했다. 현대 영어로는 우리나라에서 류의상을 능가할 만한 사람이 드물 것이다.

류영모는 은평면 자치위원장이 되어 은평면장 직무를 수행하고 있었다. 그 어려운 여건 가운데 최선을 다해 면민에게 봉사하였다. 정부가 없으니 보수가 있을 리 없었다.

얼마 안 되어 상급 자치기관이 될 고양군 자치위원회를 구성한다는 연락이 와서 류영모는 은평면 자치위원장의 자격으로 참석했다. 그런데 그 자리에서 벌어지는 일이 뜻밖이었다. 군 자치위원회가 군 인민위원회로 바뀌는가 하면 '동무' 소리를 하는 공산당원들이 설치고 있었다. 이것 큰 일이다 싶어서 그날로 은평면 자치위원장을 물러나고 말았다.

일본이 항복하게 될 것을 안 조선총독부는 일본인의 안전을 위하여 고하(古下) 송진우에게 조선총독부를 맡아 달라고 요구했으나 송진우가 거절하였다. 조선총독부로부터는 실오라기 하나라도 물려받을 까닭이 없었다. 그러자 조선총독부는 몽양(夢陽) 여운형에게 그 일을 부탁하였다. 여운형은 그 일을 인수받아 8월 15일 12시 일본 천황의 항복 방송이 있은 직후부터 행동을 개시하였다. 그리하여 조선건국준비위원회(약칭 건준)를 발족하고 여운형 자신이 위원장이 되어 민세(民世) 안재홍을 부위원장에 앉혔다.

여운형은 사회주의 사상에 관심이 있어 공산주의자들과 친밀하게 지냈으며 1922년 1월 22일에 모스크바에서 열린 극동인민대표대회에 참석한 적도 있다. 친공(親共)적이었던 러셀과 앙드레 지드(André Gide)는 소련을 한 번 방문하고는 '이것은 아니다'라면서 반공으로 돌아섰다. 그런데 네루와 여운형은 소련을 다녀오고도 여전히 친공산주의적이었다.

여운형의 둘레에는 남조선노동당 당수 박헌영의 지령을 받고 움직이는 이강국·최용달·김세용 같은 공산당 위원들이 참모로 있었다. 그러니 그들이 무엇을 꾀했을지는 묻지 않아도 알 일이다. 그들은 미군이 서울에 진주하는 9월 7일보다 하루 앞선 9월 6일 밤, 경기고등여학교 강당에서 전국인민대표자대회를 열고서 조선인민공화국의 수립을 선포하였다. 그리고 9월 14일에 소위 인민공화국 벽보내각이라 불려지는 조각이 발표되었다. 한 나라가 세워지는데 이렇게 밤중에 도둑질하듯 한다는 것은 그들의 양식(良識) 수준을 헤아리게 한다.

그들은 공산당 정권을 수립하기 위하여 수단과 방법을 가리지 않았다.

그리하여 전국 각지의 도·군·면에 인민위원회가 갑자기 구성되었다. 류영모가 목격한 것이 바로 이 고양군 인민위원회 구성이었다. 류영모가 자치위원장에서 물러나자 은평면에도 인민위원회가 구성되었다. 그런데 미군정이 들어서자 인민위원회를 몰아내고 공산당원들을 체포하였다. 자치위원회 시절에 류영모 밑에서 일하다가 그대로 이어 인민위원회에서 일하던 사람들이 여러 명 구속되었는데, 경찰이 류영모에게 와서 공산당원이 아닌 사람을 일러 달라고 하여 그들은 곧 풀려났다.

공산주의에 반대하는 이유

예수가 하느님의 말씀인 진리와 사탄(自我)의 말인 비진리(非眞理)를 곡식과 가라지(볏과의 한해살이풀)로 비유하였다. "하늘나라는 어떤 사람이 밭에 좋은 씨를 뿌린 것에 비길 수 있다. 사람들이 잠을 자고 있는 동안에 원수가 와서 밀밭에 가라지를 뿌리고 갔다. 밀이 자라서 이삭이 팼을 때 가라지도 드러났다. 종들이 주인에게 와서 '주인님, 밭에 뿌리신 것은 좋은 씨가 아니었습니까? 그런데 가라지는 어디서 생겼습니까?' 하고 묻자 주인의 대답이 '원수가 그랬구나!' 하였다. '그러면 저희가 가서 그것을 뽑아 버릴까요?' 하고 종들이 다시 묻자 주인은 '가만두어라. 가라지를 뽑다가 밀까지 뽑으면 어떻게 하겠느냐? 추수 때까지 둘 다 함께 자라도록 내버려두어라. 추수 때에 내가 추수꾼에게 일러서 가라지를 먼저 뽑아서 단으로 묶어 불에 태워버리게 하고 밀은 내 곳간에 거두어들이게 하겠다.' 하고 대답하였다."(마태오 13 : 24~30)라고 하였다.

예수의 말씀이 곡식이라면 마르크스의 공산주의 이론은 가라지이다.

그런데 자랄 때는 곡식과 가라지의 생김이 비슷하여 가려내기가 어렵다. 류영모는 이렇게 말하였다. "《마르크스와 예수》라는 책이 있다고 합니다. 여기 무엇이 공통되는 것이 있을 것입니다. 예수의 이름을 부르는 사람이 하느님이 일러주신 말씀 그대로 하면, 공산주의가 어디 있겠습니까? 공산주의가 나올 수 없습니다. 원형대로의 불교 사상이 빈틈없이 발달되었다면, 어디 동양에 공산주의 같은 사상이 얼씬 하겠습니까?"

옛날의 예수와 석가, 오늘의 톨스토이와 마하트마 간디는 사유재산을 부인하고 모든 것은 하느님의 것이므로 인류가 함께 나누어 써야 한다고 하였다. 그래서 될수록 아무것도 안 가지려 하거나 적게 가지려고 하였다. 이러한 자율적인 공산(共産)이 진짜 공산이다. 그런데 마르크스와 엥겔스의 타율적인 공산주의는 거짓 공산주의다. 그 사실을 실증한 것이 소련을 비롯한 공산국가들의 실상이다. 루마니아의 차우셰스쿠(Nicolae Ceaușescu)가 세운 7천 개 방이 있는 부쿠레슈티 궁전이 거짓 공산주의의 실상을 잘 웅변해준다. 공산주의는 결국 지배자들이 부유하게 살고 피지배자들이 가난하게 사는 군주 국가와 다를 것이 없었다. 소비에트연방의 붉은 귀족(노멘클라투라)이 러시아제국의 백색 귀족과 무엇이 다르단 말인가?

러시아에서 볼셰비키혁명이 일어나기 7년 전인 1910년에 죽은 톨스토이는 이미 공산주의가 가짜 사랑임을 알았다. 톨스토이가 말하기를 "사회주의자에게는 사실상 사랑이 없다. 다만 지배자에 대하여 미움만 느끼고 있으며 유복한 사람의 달콤한 생활을 넌지시 부러워하고 있다. 그들은 배설물에 모여드는 파리 떼와 같은 욕망을 품고 있다. 만일 사회주의가 승리한다면 세상은 살벌해질 것이다. 유럽의 군중은 그 기세를 타고 약소한 후진국의 국민을 내리밀어 그들을 노예로 삼고, 오늘의 유럽 프

롤레타리아는 마치 로마 사람들처럼 사치와 한가로움의 방종에 빠져 타락하게 될 것이다."(《톨스토이 단편집》)라고 하였다. 톨스토이의 판단은 정확했다.

류영모는 공산주의가 동물적인 생존에만 치중하는 것에 부정적이었다. "빵을 해결하는 것이 종교라 해서 미신(迷信)이 나오는 줄 압니다. 미신의 '미(迷)' 자가 쌀(米)을 찾아 달려간다(走)는 뜻의 회의문자입니다. 그러니 빵(쌀) 타령을 하면 그게 미신입니다. 공산주의 천하가 되면 먹고 사는 데 많은 발전이 된다고 합니다. 옛날 제왕(帝王) 때에도 잘 입고 잘 먹게 된다고 내세운 것인데, 잘 입고 잘 산다는 것은 그것이 미신이 아니고 무엇이겠어요? 사람이 어리석어서 공산주의 같은 데 빠지는 것입니다. ……우리에게는 빵 이상의 것이 있어요. 인생에는 반드시 뜻이 있습니다. 진리가 그것이고, 하느님이 그것입니다."

예수는 "어떤 탐욕에도 빠져들지 않도록 조심하여라. 사람이 제아무리 부유하다 하더라도 그의 재산이 생명을 보장해주지는 못한다."(루가 12:15)라고 하였다.

석가는 말하기를 "만일 물질에 대하여 탐심을 버리고, 욕심을 버리고, 집착을 버리고, 미련을 버리고, 애탐을 버렸는데, 그것들이 변하거나 혹은 달라진다고 해서 근심·슬픔·번민·괴로움이 생기겠는가?"(《잡아함경》 지사경)라고 하였다.

마하트마 간디는 "많이 얻으면 얻을수록 욕망도 점점 더 커질 것이며, 언제까지나 불만족스러운 상태에 머물 것이다. 문명이란 욕망을 늘이는 데 있는 것이 아니라, 욕구를 줄여 나가는 데 있다."(간디, 《힌두 스와라지(Hindu Swarāj)》)라고 하였다.

톨스토이가 말하기를 "가난뱅이가 된다는 것, 거지가 된다는 것, 순례자가 된다는 이 모든 것이 예수의 가르침이다."(톨스토이,《나의 신앙》)라고 하였다. 류영모는 "물질을 모으는 것을 그만두고 마음을 비워 두자. 그래야 하느님이 들어오신다."라고 하였다.

13장
스승과 제자

정신의 아들 함석헌

류영모는 이런 말을 하였다. "말 듣기처럼 싫은 게 없습니다. 그러나 우리는 말을 참고 들어야 합니다. 잘못 듣기에 자꾸 듣고 또 듣지, 귀마다 말을 잘 들으면 말도 많지 않을 것입니다. 말을 안 들으니 말이 많을 것입니다. 로고스의 세계는 말이 많습니다. 이게 말이 이 세상을 심판하는 것이요 이게 말의 계시(啓示)입니다."

그런데 함석헌은 20살 학생 때부터 60살 노옹(老翁)이 되어서까지 스승 류영모의 말을 성심으로 귀 기울여 들었다. 40년 동안 스승 류영모의 말을 들은 사람은 함석헌밖에 없다.

류영모가 31살에 오산학교 교장으로 갔을 때 20살의 함석헌이 오산학교 졸업반에 있었다. 류영모는 교장으로서 수신(도덕) 시간을 맡아 가르쳤다. 함석헌은 류영모의 말씀에 이끌림을 받았다. 그리하여 류영모를 따로 만나고 싶어서 교장 류영모가 묵고 있는 방문 앞에 가서 문고리를 잡고서도 열지 못하고 돌아선 일이 있다. 함석헌은 수줍음이 많은 내성적인 성격이었다.

 1923년에 함석헌이 일본 도쿄로 유학을 갔다. 입시 준비를 하느라 정칙학교에 다니던 해에 관동 대지진이 일어났다. 일본 사람들은 남의 나라를 빼앗는 극악무도한 짓을 한지라 혼란을 틈타 한국 사람들이 복수할까 두려워서 한국 사람들이 일본 사람을 해치려 한다는 헛소문을 퍼뜨렸다. 그러자 일본 사람들이 갑자기 선불을 맞은 멧돼지처럼 죽창으로 한국 사람들을 마구잡이로 찔러 죽였다. 집단으로 지나가는 사람을 마구 죽인 도쿄 시민들은 불경에 나오는 살인마 앙굴리말라가 된 것이다. 함석헌은 일본 순경에 체포되어 유치장에 감금되었기에 오히려 죽음의 화를 면했다.

 함석헌은 죽을 고비를 넘기고 나자 류영모 스승에게 편지할 생각이 났다. 함석헌은 그때 주고받았던 편지 사연을 일부 기억했다.

 "원래 오산학교 있을 때 선생님께 자세한 말씀을 드리고 가르침을 받았어야 하는데 이렇게 늦게야 글월을 올리게 되었습니다."라고 쓴 편지를 올렸습니다. 선생님께서 회답하시기를 "원래(元來)라고 말하지만 이 땅 위에서 원래가 어디 있느냐? 그저 지금 이 순간이 있을 뿐이다."라고 하였습니다. 그때 경북 영천에 대홍수가 나서 수재로 여러 사람들이 물에 빠져 죽었고, 미국 대통령은 음식을 잘못 먹고 죽었습니다. 루가복음에 써 있기를 실로암에서 망루가 무너져 열여덟 사람이 깔려 죽었을 때 예수가 "그들이 예루살렘에 사는 다른 모든 사람보다 더 죄가 많은 사람들인 줄 아느냐? 아니다. 잘 들어라. 너희도 회개하지 않으면 모두 그렇게 망할 것이다."(루가 13:4~5)라고 말했는데, 선생님께서는 그 성경 구절을 적어보냈습니다.

1940년 3월에 함석헌은 오산학교 교단을 떠나 김두혁(金斗爀)이 세운 송산(松山) 농사학원을 인수하였다. 덴마크를 부흥시킨 원동력이 되었던 국민고등학교를 본받아 피폐할 대로 피폐한 한국 농촌을 살리는 농민 교육을 해보고자 하였다. 그런데 그해 8월에 일본 도쿄에서 터진 계우회 사건으로 처음에 송산 농사학원을 세운 김두혁이 체포되면서 연루자로 함석헌도 구속되었다. 함석헌은 계우회 사건으로 1년 동안 옥고를 치렀다. 당시 양정고등보통학교 출신인 박동호가 송산학원에 머무르며 함석헌을 도왔는데, 함석헌이 평양 대동 경찰서 고등계 형사들에게 연행되어 가자 박동호 혼자서는 학원을 운영할 수 없어 서울에 올라와 김교신의 집에 머물면서 구기리에 살던 류영모를 찾았다. 류영모는 박동호에게 "함석헌이 구속되어 옥고를 겪는다는 소식을 듣고서 그 동안 그만두었던 말로 하는 기도를 다시 하게 되었어요. 하느님께는 영원한 생명만 구해야지 세상의 일은 어찌해 달라는 것은 참 기도가 못 되지요. 그래서 말로 하는 기도는 안 했는데 함석헌이 일제에 의해 투옥되고서는 하느님께 함석헌을 도와 달라고 기도 안 할 수 없어서 다시 시작했어요."라고 말하였다.

　박동호로부터 류영모가 한 이야기를 전해 듣고 김교신은 그의 일기에 이렇게 적어놓았다. "수십 년간 교회식 기도를 폐하였던 류영모 선생이 경애하는 함석헌 형이 일을 당한 뒤로 매일 몇 차례 함 형을 위하여 기도를 시작했다는 이야기를 듣고 놀랐다. 그 기도 부활의 이유에 가로되 '기도 안 할 수 없으니 하노라.'고 하였다는 것이다."

　사람이 하느님을 만나는 길은 세 가지가 있다. 무한 우주의 허공을 보는 것이요, 무한 우주에 무수한 성운을 보는 것이요, 내 마음속으로 오는 성령을 만나는 것이다. 내가 성령을 직접 맞이할 때까지는 스승의 입에서 나오는 말씀을 들어야 한다.

류영모의 입에서는 예수와 석가처럼 성령의 말씀이 나왔다. 그 말씀을 먹고 함석헌의 정신이 자랐다. 그러나 환갑이 되도록 류영모의 말씀을 들은 함석헌이 스승인 류영모의 가르침을 거슬렀다. 예수가 제자들에게 "너희도 떠나가겠느냐?" 하고 묻자, 시몬 베드로가 이르기를 "주님, 주님께서 영원한 생명을 주는 말씀을 가지셨는데 우리가 주님을 두고 누구를 찾아가겠습니까?"(요한 6:68)라고 하였다. 그러나 주님을 위해 목숨을 바치겠다던 베드로도 새벽 닭이 울기 전에 세 번이나 예수를 모른다고 하였다.

공자는 이렇게 말하였다. "내가 말을 하여도 싫증을 내지 않은 이는 안회였도다(子曰 語之而 不惰者 其回也與)."(《논어》 자한편) 그 안회(顔回)가 "스승님을 두고 어찌 먼저 죽을 수 있겠습니까?" 하고서 스승인 공자보다 먼저 죽었다.

류영모는 말하기를 "말씀은 하늘에서 옵니다. 말씀이 사람을 만드는 것이지 사람이 말씀을 만들어내는 것이 도무지 아닙니다. 내게도 얼이 통합니다. 내가 생각을 했는데 나는 모르는 것을 보면 내 생각도 우로부터 오는 것 같습니다. 나오기는 나에게서 나오는데 오기는 하늘에서 옵니다."라고 하였다.

예수는 사람들에게 멸망의 몸생명 밖에 영생하는 얼생명을 가르치는 공생활을 시작하기 앞서 요르단 강에 나아가 몸을 담그는, 이른바 세례를 받았다. 그때 예수는 세례자 요한에게 이렇게 말하였다. "지금은 내가 하자는 대로 하여라. 우리가 이렇게 해야 하느님께서 원하시는 모든 일이 이루어진다."(마태오 3:15) 모든 씨는 물이 있어야 싹이 튼다. 볍씨는 일 주일 가까이 물에 담가야 싹이 잘 튼다. 하느님이 우리에게 준 하느님의 씨도 요르단 강물처럼 흐르는 진리의 사상에 담겨야 싹이 튼다. 그 진

오산학교 1학년 담임 시절의 함석헌과 학생들(1936년).

리의 강물은 스승의 말이나 글로 만날 수 있다. 함석헌의 마음속에 있는 하느님의 씨는 류영모와 우치무라를 만남으로써 싹텄다.

함석헌의 마음속에서 싹튼 하느님의 씨는 잘 자라 이미 33살 때 《성서조건》에 '성서적 입장에서 본 조선역사'를 연재하였다. 뒤에 《뜻으로 본 한국역사》로 이름을 바꾸었다. 류달영은 이 나라 현대의 고전이라고 극찬하였다. 이것은 우리나라 역사 속에 숨겨진 하느님의 뜻을 헤아린 것이다. 함석헌의 책을 읽고 가장 기뻐한 사람은 함석헌을 가르친 류영모였다. 이때 함석헌은 모교 오산학교에서 후배들을 가르치면서 스승 류영모처럼 오산학교의 신화를 엮고 있었다. 오산학교가 함석헌을 빛나게 하였듯이 함석헌이 오산학교를 빛냈다.

이때도 함석헌은 스승 류영모와 서신 교환을 했으며, 서울에 오면 스승 류영모를 찾았다. 함석헌은 교회에 나가지 않고 자신이 거처하는 하숙방에서 최태사를 비롯한 몇몇 학생들과 함께 성경 공부를 하였다. 그 자리에 남강 이승훈도 참석했다. 함석헌은 예배 시간에 류영모 스승으로부터 받은 편지를 읽고 편지 내용을 설명하면서 류 선생님은 생각하는 것이 나보다 더 깊다고 말했다. 그때 스승과 제자 사이에 오고 간 편지 가운데 이러한 내용이 있었다. 한때 김교신이 양정고보의 제자 박동호를 데리고 만주 토문(土門)에 있는 무교회 교우인 김봉국(金鳳國)의 목장에 가 있던 적이 있다. 그때 김교신이 류영모와 함석헌에게도 함께하기를 바라는 뜻을 비쳤다. 류영모도 가볼 생각을 하고 있었으나 뜻대로 되지 않았다. 함석헌이 그 문제를 가지고 류영모에게 어떻게 했으면 좋겠는지를 물었다. 류영모는 그 물음에 대답하기를 "갈 수 있으면 가도 좋지만 사람은 수처위주(隨處爲主) 입처위진(立處爲眞)하면 되는 것이지 꼭 어디라야 한다는 것은 없다."라고 하였다.

함석헌이 방학이 되어 서울에 오면 김교신의 집에 묵거나 스승 류영모의 집에 머물렀다. 류영모는 제자 함석헌이 온다면 스스로 집안 청소를 할 만큼 귀한 손님으로 맞았다. 함석헌은 류영모에게 육친의 자녀보다 더 귀한 정신의 아들이었다.

짐승인 제나의 사람들에게는 피를 잇는 자녀가 소중하지만 하느님의 아들인 얼나의 사람에게는 얼을 잇는 제자가 귀중하다. 류영모는 성령으로 거듭난 얼나를 주체로 하는 정신인이다. 그러므로 류영모는 이렇게 말하였다. "아이 아버지가 되어도 좋으나 정신의 아들(제자)을 많이 두는 것이 역시 육신의 아들보다 더 귀한 것이 아니겠습니까?"

함석헌은 스승 류영모에게만 사랑을 받은 것이 아니다. 동갑 나이의 김교신에게도 경애함을 받았다. 〈성서조선〉의 동인인 송두용은 "김교신이 왜 그렇게 함석헌을 받드는지 알 수 없다."는 말을 하였다.

1934년 동계 성서연구회에서 본 함석헌의 모습을 류달영은 이렇게 그렸다. "함 선생의 세계 역사 연구의 강의가 시작되다. 함 선생의 역사는 독보(獨步)로서 산 역사를 들려주심은 〈성서조선〉지에 실린 한국 역사를 통하여 이미 아는 바이다. 오랫동안 사모하던 선생을 처음 뵈오니 기쁜 마음이 가슴에 충만함을 느낀다. 초면이면서도 오랫동안 아침저녁으로 만나던 분같이 여겨짐은 기이하다. 그 빡빡 깎은 머리에 거친 수염과 찢어진 눈은 위엄 속에도 인자함이 가득하여 누구나 다 선생에게 친숙함을 느꼈다. 평안도 사투리가 간간이 섞인 세계 역사의 서언(緒言)이 약 1시간 반에 걸쳐 우리를 놀라게 하였다."(1935년 2월 〈성서조선〉 73호)

예수·석가·공자처럼 몸생명에서 얼생명으로 거듭난 이는 몸의 어버이보다 얼의 스승을 더 귀하게 여기며, 몸의 자녀보다 얼의 제자를 더 귀하게 여긴다. 이것이 얼나로 거듭난 사람의 실증이다.

어베(어버이)

사람의 참 어버이는 누구
낳아준─진물 같은 피만 이어준─인가?
안 낳아준 얼만 이어준 인가

어머니 되고 아버지 된 이는
그 속을 태우고 우리를 가르치게 되기 앞서
그 눈의 불이 나게 아프며 우리를 낳는 날이 되기 앞서

맨 먼저 낳는 삯(孝)을 받았지요?!
─눈물이 고일만치 좋아라고 즐거움이라─
이제 우리더러도 이 즐거움을 먼저 받고 보라 보란드시

그와 같겠지요.

또 한가지 어버이 된 이들은
우리를 가르쳐도 그 속을 태우지 않고
우리를 기르되 그 힘을 다하지 않고
눈의 물이 나는 아픔도 보지 않고
일찍부터 이제껏 삯이라고는 받은 일도 없고

오직 얼만 읽을 런 님들도 계셔요
예수 석가 늙은이(老子)—이 새도 톨스토이 간디 슈바이처 같은 이들
많이 낳아서 치잘 것이 아니고 넓히 거두어 가르쳐 보잠
이 담은 낳지는 않고 돌보아 거두어 가르치는 어버이
(류영모)

십자가 신앙을 버린 함석헌

 일제의 혹독한 탄압에서 풀려난 이 나라는 순리대로라면 깨끗한 선거로 공정한 인물을 뽑아 나라의 지도자로 세워야 했다. 그러나 현실은 그렇지 않았다. 스탈린이 이 땅에 그들의 허수아비 국가를 세워 그들의 세력을 넓히려고 하였다. 그리하여 김일성을 북한의 지도자로 만드는 공작을 벌였다. 이른바 소련에서 화차(貨車)에 실어 보낸 탁송 공산당 정부의 수립이었다. 그러니 올바른 통일 민주주의 정부를 수립하고자 했던 조만식을 비롯한 자유 인사는 그들에게 눈엣가시 같은 미운 존재였다. 대중의

지지를 얻지 못한 그들은 소련 주둔군의 무력을 배경으로 자유 인사들을 탄압하였다.

그리하여 북한 곳곳에는 소련군과 공산당에 저항하는 자유 운동이 벌어졌다. 그 가운데 가장 큰 규모의 시위가 바로 1945년 11월 23일에 일어난 '신의주학생사건'이다. 평안북도 학무부장(교육감) 자리에 있던 함석헌은 신의주학생사건의 주모자 혐의를 받고 소련 주둔군 사령부에 의해 구속·수감되었다. 일제의 탄압에서 해방된 조국에서도 다시 영어의 몸이 된 함석헌은 그 비분강개한 마음을 시로 나타냈다. 그때 쓴 시들이 진리의 향기가 그윽하게 풍기는 시집 《수평선 너머》에 담겨 있다. 풀려난 함석헌은 다시 피검되어 1개월 동안의 옥고를 겪었다. 함석헌은 주변 사람들의 권유와 주선으로 마침내 1947년 3월 17일에 목숨 걸고 38선을 넘어 북한을 탈출하여 서울에 왔다.

류영모는 공산당에 대해서 이렇게 말하였다. "공산당이 정치하는 것은 영웅주의로서 호강(豪强)을 합니다. 호(豪)는 멧돼지가 무모하게 뛸 때에 온 산이 흔들리고 돌들이 와르르 흩어지는 것을 뜻하는 표현입니다. 권력으로나 금력으로나 억눌러보자는 것입니다. 거짓말 잘하고 사람 죽이기를 좋아하는 공산주의는 미끄러질 것입니다. 하느님을 받들기 싫어하는 이들이 사람을 짓이기는 일은 살판난 듯 잘합니다."

생사조차 알 수 없었던 함석헌이 살아서 서울에 오자 가장 반가워한 이는 류영모였다. 공자는 안회가 40살에 요절하자 "하느님이 나를 죽였다(天喪予 天喪予)."(《논어》 선진편)라고 탄식하면서 슬퍼하였다. 류영모는 함석헌이 살아서 오자 하늘이 나를 살렸다면서 기뻐하였다. 이 세상에서 류영모를 알아주고자 가장 애쓴 김교신이 세상을 떠나 허전하기 그지없었는데 류영모를 알아줌이 가장 깊은 함석헌이 살아왔으니 그 얼마나 반가웠겠는가. 마하트마 간디가 말하기를 "그대는 자녀를 가지기보다는 제자를 길러라. 제자들에 의해 그대의 진리는 세상에 전해질 것이다. 그밖에는 누구도 할 수 없다. 이것이 영혼에 의한 정신적인 결혼이다. 참 자녀는 제자이다. 이것이야말로 하느님이 낳은 것이다."《간디 문집》)라고 하였다.

이리하여 스승 류영모와 제자 함석헌 사이에 정신적인 밀월 시대가 열렸다. 함석헌은 류영모의 YMCA 연경반 모임에 빠지지 않고 나와 스승의 강의를 들었다. 함석헌은 일 주일에 선생님만큼 정신적인 생산을 많이 하는 이는 못 보았다고 말하였다. 《노자》와 《중용》을 배울 때는 구기동 류영모의 집으로 갔다. 그때 함께한 이가 김흥호·이철우 등이었다. 교통수단이라고는 없는 때라 걸어서 다녔는데 함석헌은 오류동에서, 김흥호는 서대문에서 출발하여 오전 7시에는 구기동에 닿았다. 그리하여 정오가 가까워서야 강의가 끝났다.

함석헌이 류영모의 금요 강좌를 듣는 일은 그가 이 나라의 종교 사상가로, 민주 투사로, 인권 운동가로 명성을 떨칠 때에도 다름이 없었다. 그때는 택시 기사들이 함석헌을 먼저 알아보고 택시 요금을 받지 않는 일도 많았다.

서영훈이 적십자사 사무총장으로 있을 때 서울 원효로에 있는 집으로 함석헌을 찾아갔다가 류영모를 만나게 된 이야기를 이렇게 말하였다. "함석헌 선생을 집으로 찾아갔더니 선생님은 안 계시고, 사모님 말씀이 함 선생님께서는 선생님 모임에 갔다고 했습니다. 나는 그때까지 함 선생님의 선생님이 누구신지 몰랐습니다. 그래서 '함 선생님의 선생님이 누구십니까?'라고 사모님에게 물었습니다. '아니 류영모 선생님을 모르십니까?'라고 하였습니다. '저는 모릅니다.'라고 하자 'YMCA에서 오랫동안 강좌를 해 오시는데 선생님의 강의를 들으러 갔습니다.' 사모님의 그 말에 함 선생님께서 강의를 듣는 그런 선생님이 계시는구나 하고 놀랐습니다. 그 길로 YMCA로 갔습니다. 그때 6·25전쟁에서 수복한 뒤라 가건물인 조그마한 판잣집 방에 한 10여 명이 앉아 있었습니다. 그 가운데 앞에서 말씀하시는 선생님보다 더 긴 흰 수염을 기른 제자 함석헌 선생이 류영모 선생님의 강의를 듣고 있었습니다. 나는 함 선생님 옆자리에 앉고서 류영모 선생님의 말씀을 들었습니다. 첫 인상에 류영모 선생님의 말씀은 지식이 아니라 영감에서 오는 소리인 것을 직감했습니다. 높은 경지에 이르신 것을 느낄 수 있었습니다. 선생님의 선생님이 되실 만하다고 생각했습니다."

1948년부터 시작한 함석헌의 YMCA 일요 모임에 스승인 류영모가 지원 강연을 하였다. 사제가 함께 하는 모임은 쉽지 않은 것인데 제자 함석헌의 영광이요, 스승 류영모의 기쁨이었다. 참으로 아름답고 흐뭇한 광경이었다.

함석헌은 정주에 있는 오산학교를 졸업한 뒤 1923년 3월에 일본으로 갔다. 정칙학교를 다니며 1년 동안 시험을 준비하여 다음 해인 1924년 봄에 동경고등사범학교에 입학하였다. 1928년에 동경고등사범학교를 졸업한 후 모교인 오산학교 교단에 섰다. 이때가 27살이었다. 22살에서 27살 사이를 일본에서 보냈는데 함석헌은 동경고등사범학교를 다닐 때의 정신 상태를 이렇게 말하였다.

"일본에 가기 전 오산학교에 있을 무렵부터 나는 사물을 생각하는 눈이 뜨이기 시작했습니다. 그것은 류영모 선생의 영향입니다. 선생은 깊이 사색하는 분입니다. 선생의 대표적인 말씀은 '진실'입니다만 생명을 강조하여 그 이야기를 많이 하셨습니다. 그리하여 나도 늦게나마 '나'를 들여다 보게 되었습니다. 다른 한편으로는 사회 문제가 차차 머리에 들기 시작했습니다. …… 일본에서는 관동 대지진, 거기에 한국인 학살 사건까지 일어나 경제 불황을 타고 공산주의가 맹렬한 기세로 일어났기 때문에 일본에 가 있던 한국인 학생들도 많이 공산주의자가 되었습니다. 그 무렵 동경고등사범학교에 한국인 학생이 50명 정도 있었는데 크리스천인 우리들은 상당히 따돌림을 당했습니다. 그리하여 어릴 때부터 기독교 신앙으로 자란 나이지만 번민하지 않을 수 없었습니다. …… 그러던 중 우치무라 선생의 강의를 듣는 동안에 이 문제가 해결이 되어 확신에 차게 되었고, 앞으로 어떠한 일이 있어도 신앙을 버리지 않겠노라고 하느님 앞에 맹세했습니다."

이리하여 함석헌은 공산주의의 유혹을 물리치고 유물사관(唯物史觀)이 아닌 기독교사관으로 우리나라 역사와 세계 역사를 바라보게 된 것이다. 함석헌은 우치무라의 성서연구회에 나갈 때의 정신 상태를 이렇게 말하였다. "나는 어려서부터 교회에서 자랐고 류영모 선생님에게서 여러 가지 말씀도 들었지만 무교회라는 말을 들어본 적이 없었습니다. 그래서 가시와키에 가서 제일 인상에 남았던 것이 무교회라는 말이었습니다. 또한 성경에 연구라는 이름을 붙인 것을 보고 참으로 놀랐습니다. 성경에 대한 태도는 이래야 하는구나, 그저 하느님의 말씀이라며 무조건 받아들일 것이 아니라 연구해야 하는 것임을 알고 성경에 대한 태도가 달라지게 되었습니다."

함석헌은 〈성서조선〉 86호, 87호에 '무교회'라는 글을 발표하였다. 거기서 이렇게 말하였다. "나는 신절대중심주의자(神絶對中心主義者)다. 인간주의를 배척함도 하느님 절대중심이기 위해서요, 교권(敎權)을 반대함도 그것이 하느님에 대해 귀족주의이기 때문이다. 나는 하느님의 절대 통치하에 성립되는 신앙의 데모크라시(民主)를 주장한다. 모든 사람이 다 같이 하느님의 자녀요, 다 같이 제사(祭司)요, 1마리의 가치가 99마리의 가치에서 가볍지 않다는 성서의 데모크라시는 하늘에서 온 복음이다."(1936년 4월 〈성서조선〉 87호)

함석헌은 교회 조직을 반대하면서도 십자가 신앙은 그대로 지니고 있었다. 〈성서조선〉 85호(1936년 2월호)에 실린 글이다. "무교회 신자라는 명칭을 듣는 우리는 하느님을 믿고, 그리스도를 믿고, 그의 십자가를 믿습니다." 그러고는 두 번이나 십자가라는 말이 나온다.

그런데 1955년에 이르러서는 십자가 신앙을 부인하고 있다. "시비하는 사람이 있어 말하기를 너는 왜 십자가의 속죄를 말하지 않느냐고 한다. 사실 나는 십자가 소리를 많이 하지 않는다. 왜 아니 하나? 나도 십자가를 주장한 때가 있었다. 처음으로 신앙을 증거하던 때는 그러했다. 그러나 내 믿음이 남의 신앙 증거에 감격하고 동의하며 그것을 옮겨 남에게 전하던 정도에서 좀 자랐다. 나로서 보는 것이 있고 붙잡은 것이 있으며 애를 써보게 되는 때부터 달라지기 시작하였다. …… 그리하여 나는 나로서 성경을 고쳐 읽고, 인생을 고쳐 씹고, 역사를 고쳐 보기로 하였다. 그런 결과 앞서 내가 말한 것은 남의 말을 전하였을 뿐이지 내가 참으로 지내 본 것이 아님을 알았다. 이제 그런 일은 다시 할 수 없다. 그리하여 문제는 나다. 내가 나로서 사는 것이 문제다." 이 말은 함석헌이 북에서 넘어온 지 9년째에 한 말이다. 이것은 틀림없이 류영모의 사상에 영향을 받아 자신의 신앙을 새로 세운 것이다.

1983년 12월에 《우치무라 간조 전집》 월보 39호에 함석헌이 기고한 글에 이렇게 써 있다. "마사이케 진(政池仁) 선생은 내가 십자가 신앙에서 떠났다고 합니다. 그 말은 맞습니다. 하지만 나 자신의 생각으로는 떠난 것이 아닙니다. 십자가 없이 어떤 그리스도교가 있을 수 있겠습니까? 십자가에서 떠나간 것이 아니라 십자가의 해석을 나에게 맞도록 제 나름대로 달리한 것뿐입니다. 나는 우러러보는 십자가보다는 내가 지자는 십자가 편에 섭니다. 그 점에서 나는 류영모 선생이나 마하트마 간디 쪽에 가깝습니다."(1995년 10월호 〈씨알마당〉 6호 '내가 아는 우치무라 간조 선생')

함석헌은 십자가 신앙을 떠난 뒤로 옛날에 자신이 가르쳤던 이찬갑(李贊甲)·최태사·장기려 들로부터 걱정하는 소리를 듣게 되었다. 또 송두용·박석현·노평구로부터는 비난의 소리를 들었다.

무교회 지도자의 오해

김교신을 이어 무교회 신앙을 지도해 온 이가 노평구라는 사실은 자타가 공인할 것으로 믿는다. 노평구가 1995년 11월호 〈성서연구〉에 '김교신·류영모·함석헌 선생에 대한 나의 신앙 증언'이라는 제목으로 몇 가지 중요한 사실을 공개하였다.

"김교신이 말하기를 '어제 너희들과 자하문 밖 류영모 선생 댁에 가서 들은 이야기는 기독교는 아니고 인생 교훈, 처세훈인 것을 알아야 한다.'고 했다. 이때 나는 속으로 류영모 선생이란 고명(高名)하신 어른이구나 했던 것이다."

대속 신앙만을 기독교라고 한다면 류영모는 스스로 밝힌 대로 크리스천이 될 수 없다. 그러므로 5년이나 다니던 교회에 나가기를 그만두었다. 류영모 자신도 남들이 알아듣기 쉽게 예수 믿는다고 하고 싶지만, "내가 하는 말을 듣고는 '저렇게 말하는 사람이 무슨 기독교도인가' 할 터이니 차라리 무종교라고 하는 것이 마음 가볍다."고 하였다. 류영모가 말하기를 "이 사람은 예수 믿는 집회는 안 가집니다. 예수 믿는 이들이 한 자리에 모이면 기도에 대해서나 성경 공부를 말하고 싶어 합니다. 나도 기도·찬송·성경 해석은 안 합니다. 나는 그럴 자격도 없습니다. 요새는 선생도 많으니까 자기가 배울 생각만 하면 얼마든지 배울 수가 있습니다. 그러니 나는 안 합니다."라고 하였다. 류영모는 기독교와 관계를 맺으려고 하지 않았다. 그러나 분명히 밝혀야 할 것은 예수가 오늘날에는 기독교를 이루는 한 요소가 되어 있지만, 교회의 교의(dogma)는 예수의 사상과는 아무런 관계가 없다고 류영모는 생각하였다. 류영모는 사상적으로 교회와는 달라도 예수와는 일치한다고 생각하였다.

노평구는 이렇게 말하였다. "한번은 YMCA에 있었던 류영모 선생의 요한복음 강의에 나갔는데 그것은 김교신 선생이 존경하는 분이고 함석헌 선생의 은사라고 들었기 때문이었다. 그런데 내용은 석가·공자·노자·예수 등의 말씀으로 하시는 인생 철학 같기도 하고 신앙적으로는 싱크리티즘 혼합 종교로구나 하고 다시는 나가지 않았다." 노평구는 류영모가 자기들이 믿는 바울로의 대속 신앙이 아닌 것을 간파한 것이다.

그러나 류영모는 이렇게 말하였다. "사람을 숭배하여서는 안 됩니다. 그 앞에 절을 할 것은 참되신 하느님뿐입니다. 종교는 사람 숭배하는 것이 아닙니다. 하느님을 하느님으로 깨닫지 못하니까 사람더러 하느님 되어 달라는 게 사람을 숭배하는 이유입니다. 예수를 하느님 자리에 올려놓은 것도 이 때문이고 가톨릭이 마리아를 숭배하는 것도 이 까닭입니다."

류영모가 석가·공자·노자·예수를 말한 것은 그들을 하느님으로 숭배하자는 것이 아니다. 그들이 깨달은 하느님에 대한 진리의 말씀을 참고하려는 것이다. 하느님 한 분만 예배하자는 류영모가 어떻게 혼합 종교인이란 말인가? 이슬람의 지적대로 삼위일체가 혼합 신앙일지는 몰라도 류영모는 혼합 신앙인이 아니다. 그리스도는 예수의 몸이 아니라 얼이다. 얼의 나로는 너와 나가 없다. 그러므로 얼로는 예수·석가·공자·노자의 구별이 없다. 혼합 종교란 육체에 붙잡힌 착각에서 나온 소리다. 외적으로 보면 성경도 여러 종교의 여러 사람의 생각이 모인 복합이요, 혼합이다.

노평구는 이렇게 말하였다. "나의 졸지(拙誌) 창간호를 가지고 류영모 선생을 찾았는데 그때 선생은 자신의 뒷골을 만져보라고 하시며 이렇게 뒷골이 나온 사람은 색골이라고 하였다. 그래서 나(류영모)는 금욕주의의 톨스토이를 존경한다고 하셨다. 나는 돌아오면서 생각하기를 '역시 선생은 불교적인 금욕 사상가이시구나.'라고 했다. 기독교는 가톨릭이면 몰라도 금욕주의는 아닌데 하기도 했던 것이다." 류영모가 금욕적이라서 기독교적 사상가가 아니고 불교적이라면 예수는 어떻게 되는가. 예수는 그의 말대로 혼인을 하지 않고 하늘나라를 위하여 스스로 고자가 되었다. 그러나 류영모는 혼인을 하였고 3남 1녀의 아버지다. 다만 51살에 해혼을 하고 금욕 생활에 들어갔다. 예수에게는 훨씬 못 미치는 금욕이었다.

노평구는 말하였다. "김교신 선생 추억집 개판(改版)을 앞두고 류영모 선생께 부탁한 글을 받으러 갔을 때다. 선생은 오늘 그대에게 '영(靈)' 자 풀이를 하겠는데 기독교의 성령과 어떻게 다른가 들어보라고 하였다. 벽의 종이에 써 가면서 두 시간 가까이 영(靈) 자를 풀었다. 나는 들으며 한 자를 지음에 그런 깊은 의를 담았나 했다. 젊은 여자가 접신(接神)하여 무당이 되는 것을 본 적이 있던 나는, 영(靈) 자가 그 비슷한 것이 아닐까 했던 것이다. 그것은 분명히 기독교의 보혜사로서 나에게 거룩한 창조주 유일신 하느님과 인간의 죄를 알게 하고, 예수의 교훈과 그를 하느님이 보낸 자로 믿고 속죄 부활주로서 그의 본질과 진리를 깨닫게 한 삼위일체의 사랑의 영인 성령과는 아주 다른 것이라고 느꼈다."

노평구가 말하는 기독교 교리는 예수조차 모른다. 그러면 예수의 영도 사이비의 영이란 말인가? 성령은 그러한 교리를 만들지 않는다. 성령이 하느님 아들이요, 영원한 생명이요, 불변의 진리다. 예수는 우리에게 "멸망의 육체를 버리고 성령으로 거듭나라."고 하였다.

류영모는 말하기를 "'성령'은 영원한 생명으로 하느님의 아들이 됩니다. 우리가 루가복음 15장에 탕자처럼 아버지께로 돌아가는 것입니다. 돌아가기만 하면 아버지께서 아버지의 생명인 성령을 넉넉히 부어주십니다. 우리의 정신을 깨치고 나서면 그때에 하느님의 생명인 성령을 받습니다."라고 하였다. 제나(ego)로 죽지 못하고 성령을 찾으면 누구나 샤먼(무당)인 것이다.

맨발의 성자 이현필

류영모의 일기(《다석일지》)에 이러한 한시가 있다.

前後來逝之十四　降昇三月二五木
(전후래서지십사　강승삼월이오목)
北李南李交柳際　三合參與玄啓明
(북이남이교류제　삼합참여현계명)
(《다석일지》 1972. 10. 22.)

남강 이승훈은 1864년 3월 25일에 태어났다. 그런데 이현필(李鉉弼)은

맨발의 성자라 불린 이현필(왼쪽)과 광주 YMCA 총무 정인세(오른쪽).

1964년 3월 18일에 세상을 떠났다. 100년의 차이가 있지만 탄생과 죽음이 똑같이 64년에 일어난 것이 공통점이다. 이승훈은 3월에 났고 이현필은 3월에 죽었다. 이것도 공통점이다. 류영모는 북쪽의 이승훈, 남쪽의 이현필과 사귀었다. 이현필·류영모·현동완은 벽제 계명산 자락의 오지에 자리 잡은 수녀 마을 기도실에서 함께 지낸 일이 있다. 물론 수의 일치성 때문에 연결이 되었지만 북쪽의 이승훈과 남쪽의 이현필을 짝지을 만큼 이현필은 류영모에게 귀중한 사람이었다.

류영모와 이현필의 만남에 오작교 구실을 한 사람은 창주 현동완이다. 원자(原子)에는 양자와 전자 사이에 중성자가 있듯이 류영모와 이현필 사이에는 현동완이 늘 끼어 있었다. 그래서 '삼합참여현(三合參與玄)'이라 한 것이다.

류영모와 이현필이 만난 것은 1946년 봄이었다. 일제가 물러가고 광복을 맞은 조국에는 강산에도 겨레에도 새 희망이 싹텄다. 광주 YMCA에도 일제 말기에 강원도 산막으로 피신했던 임원들이 돌아왔다. 이사회 회장에 최흥종(崔興琮)이 추대되고, 총무에 정인세, 간사에 김천배가 임명되었다.

그때 이세종(李世鍾)에게 토착적이고 금욕적이고 실천적인 기독교 신앙을 지도받은 이현필은 그를 따르는 제자들을 데리고 광주 YMCA에 머무르게 되었다. 광주 YMCA 총무인 정인세는, 왜소하고 깡마르고 병약해 보이는 보잘것없는 외모와 달리 조용하고 자애롭고 진실된 이현필의 마음씨에 끌려 이현필을 적극 도왔다.

정인세는 서울에 와서 현동완에게 이현필에 관한 이야기를 하였다. 이 나라에 성자가 나기를 고대하는 현동완은 기인(奇人)만 보아도 성자의 가능성으로 보고 반겼다. 현동완은 류영모에게 이현필에 관한 이야기를 하고는 광주에 가서 강연도 하고 이현필도 만나자고 하였다. 이리하여 1946년 봄, 광주 YMCA에서 류영모와 현동완의 공개 강연이 열리게 되었다. 현동완은 류영모를 모시고 호남선 열차를 이용하여 빛고을 기차역에 도착하였다.

광주역에는 정인세와 이현필이 마중을 나와 있었다. 첫 만남의 정중한 인사를 조용히 주고받았다. 그러나 레이저광선 같은 두 사람의 눈빛은 공중에서 부딪쳐 오로라(光)가 되어 무등산 공중에 걸렸다. 이를 옛사람이 목격도존(目擊道存)이라 하였다. 참사람은 깨달음을 얻은 사람을 찾는다. 류영모는 이렇게 말하였다. "죽은 사람 앞에서 통곡할 것은 이 사람도 아무도 못 만나고 갔구나, 나도 누구 하나 못 만나고 갈 건가 하는 생각입니다." 이 얼마나 간절하게 참된 사람을 찾는 것인가? 그러므로 이현필을 대하는 류영모의 눈이 빛나지 않을 수 있었겠는가? 류영모를 대하는 이현필의 눈이 빛나지 않을 수 있었겠는가? 서로의 마음속에 있는 참나인 얼나를 감지하고 싶기 때문이다. 이러한 엄숙한 순간에 쉽게 말이 나올 수 없었다. 광주 YMCA에서 열리는 강연 시간에 맞추기 위하여 바로 충장로에 있는 YMCA로 향하였다. 류영모와 이현필이 나란히 걷고 현동완·정인세·김천배·오복환 등이 뒤따랐다.

류영모와 이현필은 말없이 나란히 걷기만 하였다. 양림동에 있는 양림교회 옆을 지날 때 류영모가 혼자 소리로 "이이아……"라는 소리를 계속하였다. 그러자 이현필이 "'이'보다는 '아'가 먼저지요."라고 했고 류영모는 "'아'보다는 '이'가 먼저지요."라고 했다. 이것이 두 사람의 첫 대화였다.

류영모의 막대기(ㅣ) 철학을 처음 만난 이현필이 알 리가 없었다. 류영모의 막대기(ㅣ) 철학은 1942년 〈성서조선〉이 폐간된 뒤에 얻어진 것이다. 짐작하건대 1943년 2월 5일에 북악산 마루에서 겪은 천지인 합일의 체험에서 얻어진 것으로 생각된다. 일제 때에 쓰던 작은 수첩에 다음과 같이 적혀 있다.

ㅣ (이) 소리

ㅣㅣㅣㅣ ㅣㅣㅣㅣ ㅣㅔㅣㅓ ㅣㅔㅣㅓ
ㅔㅣㅔㅣ ㅔㅣㅔㅣ ㅣㅣㅣㅣ ㅣㅣㅣㅣ
ㅣㅔㅣ ㅣㅔㅣ_ㄹㅣ ㅔㅣㅕ ㅣㅔㅕ ㅣㅕ라

이어여라 어이 이어라 비키여라 저리 가라
어이 나를 슬미시나 어인 말씀 이여라시나
아니다 이여 이여라 어이이여 이렴아

어이 어이 난 싫어요 난 나대로 좋아요
어이 걱정 마시랑게 내 걱정은 마시랑게
가만 써 에미 부르지 우리 아이 소리야
(류영모)

류영모는 ㅣ를 이렇게 풀이하였다. "나는 몸이 아닙니다. 생각하는 정신입니다. 정신은 밖에서 보이지 않지만 정신은 영원합니다. 정신은 머리를 하늘에 두고 있는 존재이기에 나는 막대기를 세워 영어로 아이(I)하듯이 우리는 이(ㅣ)라고 합니다. 이이 저이라고 하는 이지요. ㅣ긋이 태초에 맨 첫 긋과 맨 마지막 맞긋이 한통이 되어 영원한 생명이 됩니다."

이현필은 하룻강아지 범 무서운 줄 모르고 '아'가 '이'보다 먼저라고 우긴 것이다. 하느님의 아들인 ㅣ를 먼저 깨달아야 하느님 아버지인 '아'를 알게 된다. 그러므로 '아'보다 '이'가 먼저다.

무학의 성인 이세종

이현필을 알자면 그의 믿음의 스승인 이세종부터 먼저 살펴야 한다. 이세종과 이현필은 전남 화순군 도암면 사람들이다. 류영모는 이현필을 한시로 읊을 때 '도암서기무등등 현필이공계명치(道岩瑞氣無等騰 賢弼李公啓明致)'라 하였다. "도암의 상서로운 기운이 무등산에 오르고 이현필 공이 벽제 계명산에서 마치다."라는 뜻이다.

이세종은 류영모보다 10년이 앞선 1880년에 태어나서 1942년에 62살의 나이로 세상을 떠났다. 그러니 류영모는 이세종을 만나지 못하였다. 이세종은 무척 가난한 집에 태어나서 청소년기부터 남의 집 머슴살이를 해야만 했다. 그러니 글을 배운다는 것은 생각도 못하였다. 그래도 동냥글로 어찌어찌 한글을 깨쳐 성경을 읽을 수 있었다.

머슴살이를 하여 받은 새경으로 식구들을 먹여 살리며, 농토를 마련하여 형을 장가들게 해주었다. 그러고는 머슴살이를 계속하여 자신의 집과 땅을 사고 나니, 이미 나이 40살이 넘은 노총각이 되었다. 늙은 신랑에게 시집오겠다는 규수가 없어 어려운 집의 나이 어린 처녀를 아내로 맞이하였다. 옛말에도 작은 부자는 부지런한 데 있다고 하였다. 이세종은 부지런하고 성실하여 수십 마지기의 논밭을 마련하였다. 그리하여 살림살이는 남부럽지 않았으나 슬하에 자녀를 얻지 못하였다.

남의 집 머슴살이를 하던 이세종이 부자가 되자 동네 사람들이 돈이나 쌀을 꾸어 갔다. 그들은 그 빚을 가을에 추수하여 갚았다. 그런데 어느 해는 몹시 가물어 흉년이 들었다. 도암면민 가운데도 굶주리는 사람이 많았다. 이세종은 자신의 곳간을 열어 면민의 구황에 앞장섰다. 그리고 자기에게 빚진 이들을 불러 모아 빚진 사람들 보는 앞에서 빚 문서를 불태워 빚을 몽땅 탕감해주었다. 채무자들은 너무도 감동하고 감격하여 엉엉 소리 내어 울었다. 그의 덕행(德行)에 감사하여 면민들이 자진하여 송덕비를 세웠다. 그러나 이세종이 굳이 사양하여 그 송덕비를 땅속에 묻어야만 했다.

이세종은 물질에 대한 욕심은 버릴 수 있었으나 자식에 대한 욕망은 버릴 수 없었다. 독신으로 수도한 성자 프란체스코가 어느 눈 오는 날 밤에 너무도 처자식이 그리워 자다가 일어나 밖에 나와서 눈으로 아내와 아들과 딸을 만들었다는 이야기가 있다. 사람에게 있는 종족 보존의 본능은 이렇게 무서운 것이다. 이세종은 자녀를 못 가진 시름에서 헤어날 수 없었다. 그리하여 자식을 낳을 수 있다는 것은 무엇이든지 다 해보았으나 아무런 효험을 보지 못하였다.

기자(祈子)를 위한 미속(迷俗)에 골몰하던 어느 날 친지의 집에서 우연히 성경전서를 보게 되었다. 이세종은 그 성경을 빌려다가 읽기 시작하였다. 구약전서를 읽을 즈음에는 옛 이스라엘 사람들처럼 제단을 쌓고 짐승을 희생 제물로 바치며 자식을 빌었으나 영험이 없었다. 그러다가 어느덧 신약전서까지 읽게 되었다. 예수와 바울로는 혼인도 않고 하느님께서 계심을 사람들에게 깨우치고자 자신의 목숨조차 기쁘게 바친 것을 알게 되었다. 이제까지 자신은 밤낮으로 아기를 낳을 생각만 한 것이 부끄럽기 그지없게 느껴졌다. 그러고는 자신도 예수나 바울로처럼 금욕 생활을 하면서 하느님의 말씀을 증거하기로 하였다.

이세종의 젊은 아내는 남편 이세종이 아내를 멀리하고 성경 읽기에만 골몰하는 것이 한없이 원망스러웠다. 늙은 남편이 자식이 없어 저렇게 되었거니 이해를 하다가도 부아가 치밀었다. 단 두 내외가 사는데 남편이 아내를 멀리하고 상대를 안 해주니 도무지 사는 재미가 없었다. 그저 하루에 밥 세 끼니만 지어다 갖다주는 것이 고작이었다. 참다 참다 못 견딘 이세종의 아내는 그만 입은 옷 그대로 집을 나갔다. 어느 낯선 마을에 들어가서 자신은 오갈 데 없는 과부라며 밥을 빌어먹으며 다니다가 어떤 홀아비를 만나 함께 살게 되었다.

아내가 없어진 이세종은 손수 음식을 끓여 먹으면서도 신앙 생활에 빠져서 불편도 모르고 지냈다. 한참 후에 집을 나간 아내가 어느 마을에 살고 있다는 소문을 듣게 되었다. 그는 아내가 맨손으로 나갔으니 입던 옷이나 쓰던 물건이 얼마나 아쉬울까 생각하여 사람을 시켜서 그 집으로 갖다주었다. 그 물건을 받고 놀란 것은 이세종의 아내와 살던 홀아비였다. 과부라고 속인 것을 나무라며 얼른 본남편에게 돌아가라며 야단을 쳤다. 이세종의 아내는 어쩔 수 없이 다시 그에게로 돌아오게 되었다. 여느 사람이면 무단 가출하여 다른 남자와 살던 아내를 집안에 들이지 않을 것이다. 그러나 이세종은 돌아온 아내를 시집갔다 근친하러 온 딸을 반기듯 맞이하였다. 그런데 아내를 멀리하는 것은 전과 다름이 없었다. 그러자 아내는 또 집을 뛰쳐나갔다.

이세종의 아내는 이번에도 낯선 곳으로 가서 먼젓번처럼 어떤 홀아비를 만나 살게 되었다. 그 홀아비는 몹시 가난하여 끼니도 잇기가 어려웠다. 이세종은 또 집을 나간 아내가 남편을 얻어 사는데 무척 어렵게 산다는 소문을 들었다. 그는 손수 쌀가마니를 지고 그 집을 찾았다. 사립문 밖에서 사람 찾는 소리를 듣고 나온 아내가 이세종을 보고는 도로 들어가더니 물을 한 바가지 들고 와서 그에게 퍼부었다. 소박맞은 여인의 한풀이였다. 이세종은 물벼락을 맞고도 당신을 생각해 쌀을 가지고 왔으니 받으라고 하였다.

구약성경에 이른바 소예언서로 분류되는 호세아가 있다. 예수보다 약 750년 전에 살았던 이스라엘의 예언자이다.

호세아는 부정(不貞)한 아내 때문에 속을 썩이다가 하느님의 말씀을 받았다. 호세아는 디블라임의 딸, 바람기 있는 여인 고멜을 아내로 맞았다. 고멜의 바람기 탓에 호세아의 아이인지 아닌지는 모르지만, 두 사람은 세 자녀를 얻었다. 아들 이즈르엘과 로암미, 딸 로루하마를 낳았다. 옛말에 부모 죽인 원수는 용서할 수 있어도 아내를 빼앗은 원수는 용서할 수 없다고 한다. 그러나 호세아는 신라 시대의 처용처럼 아내의 부정을 관용하였으나 고멜은 결국 연인을 쫓아 집을 나가버렸다.

류영모는 이렇게 말하였다. "여자는 땅과 같습니다. 땅은 굳은 것이 특징입니다. 굳은 땅에 물이 고이고 굳은 땅에 초목이 무성합니다. 여자에게 있어서 정조는 생명입니다. 그런데 사막이 되어 바람에 휩쓸리면 그것이야말로 불모(不毛)의 사각지대입니다. 땅이 사막이 되면 하늘은 비를 잃고 오곡은 말라 죽습니다. 노자는 아껴야 한다고 하였는데 땅은 아끼는 것입니다. 성경 아가서에 보면 닫힌 동산이요, 덮은 우물이라고 하였습니다. 우물은 덮어 두어야 합니다. 우물이 언제나 열려 있고 동산이 언제나 열려 있으면, 그 우물은 먹을 수 없이 더러워집니다. 창녀가 더럽다는 것은 열린 우물이 되어서 그렇습니다. 여자의 정조는 집의 터요, 나라의 터라 여성 자신들이 이 나라의 터임을 알아야 합니다."

그런데 호세아는 남편을 배신한 아내 고멜을 용서하고 다시 받아들인다. 하느님의 음성을 들었기 때문이다. "호세아야, 너를 배신한 아내로 인하여 분하겠지. 네가 아내를 진심으로 사랑하기에 분할 것이다. 그러나 너는 아내를 사랑해야 한다. 아내가 이제 네게로 돌아올 것이다. 그러면 받아들여라. 내가 나를 배신한 이스라엘 백성을 받아들이는 것처럼 너도 배신한 아내를 용서하고 받아들여야 한다."

우리의 호세아, 이세종은 자기를 버리고 집을 나간 아내에게 쌀을 져다 주고 새 남편이 된 사람에게 예수를 믿으라고 전도를 하였다. 이세종에게는 이미 나를 버린 아내가 아니라 하느님의 딸인 내 누이였다. 이세종은 아내를 찾아오려고도 하지 않았고, 아내도 이세종을 따라오려고 하지 않았다.

이세종은 오로지 혼자 성경을 읽고 체득한 바를 실천하였다. 이세종의 신앙 사상의 알맹이는 금욕·절제의 순결과 생명·외경의 사랑이었다. 그리고 그가 깨달은 자신의 신앙 사상을 사람들에게 가르치고자 애썼다. 이

세종은 겨우 한글을 해독하는 학식밖에는 없었다. 신앙 생활에는 많은 학식이 필요 없다는 것을 이세종이 우리에게 보여준다. 많이 아는 지식이 걸림돌이 되어 하느님을 모르는 석사·박사들이 얼마나 많은가! 하느님을 모르면 유식하다고 할 수 없는 것이다.

무학(無學)의 성자 이세종을 흠모하여 신앙의 지혜를 배우고자 한 사람, 두 사람씩 모여들었다. 꾸준히 가르침을 받은 이가 이상복·이현필·이복희·박복만·백영흠 다섯 사람이다. 이 가운데 믿음과 재능이 뛰어난 이현필이 이세종의 뜻을 이어 독신 수도 단체를 만들었으니, 그것이 동광원(東光園)이다. 백영흠은 뒤에 목사가 되었다.

이세종은 1942년에 62살의 나이로 세상을 떠나기 앞서 자신의 재산을 사람들에게 모두 나누어주었다. 그런데 자기를 버리고 집을 나간 옛 아내의 몫도 있었다. 아내는 다른 곳에 가서도 아이를 낳지 못하였다. 함께 지내던 남편이 죽자 다시 오갈 데가 없었다. 그러자 이세종이 자기 앞으로 남겨준 논밭이 있는 곳으로 오게 되었다. "정부들을 찾아다녀 보아야 만나지도 못하고 허탕만 치리라. 그제야 제 정신이 들어 '남편에게 돌아가야겠다. 그때의 내 신세가 지금보다 나았지.' 하리라."(호세아 2:9) 아내는 이세종이 남겨준 유산으로 살다가, 세상을 떠날 때 이세종이 살아 있는 예수인 것을 모르고 배신하는 큰 잘못을 저질렀다면서 참회의 눈물을 흘렸다.

류영모는 이세종의 아내가 작고하였다는 이야기를 듣고 일기장에 이렇게 적었다. "1971년 2월 11일 이세종 님의 마나님이 돌아가셨다는 말씀 듣다. 듣건대 거듭거듭 많이도 거듭 나시어서 돌아가시었고나 느껴진다."(《다석일지》 1971. 3. 29.) 류영모는 이 이야기를 1971년 광화문 모임(문정길 사무실)에서 이야기하였다.

이세종의 초(超)상식적인 언행이 처음에는 사람들에게 바보처럼 보였으나 세월이 흐르자 차차 거룩하게 느껴져 사람들이 이세종을 성자로 받들게 되었다. 류영모도 이현필과 함께 이세종이 살던 화순군 도암면 등광리를 둘러보았다. 류영모는 이세종을 성자라 부르기에 서슴지 않았다.

성인(聖人)은 다른 이가 아니다. 깨달은 얼나로 제나의 수성인 탐·진·치의 삼독을 끊은 사람이다. 이세종은 삼독의 수성을 온전히 끊은 사람이라 성인인 것이다. 류영모는 이렇게 말하였다.

"성인이 무엇이냐? 물질에 빠지고 미끄러지는 나를, 물질을 차버리고 깨끗해보라는 사람이 아니겠습니까? 위에서 내려온 얼을 생명으로 잡아 윗자리와 같이 거룩해보자는 것이 성인이 아니겠습니까? 내 위에 누가 있으랴 하는 자는 지각이 없기로, 마치 철없는 사람과 같습니다. 자기 머리가 가장 위인 줄 알고 일을 저지르니 못된 짓이 될 수밖에 없습니다."

토착 수도 공동체 동광원

자신의 재산을 어려운 이웃에 나누어주는 것은 탐욕을 버리지 않고는 불가능하다. 두 번이나 집을 나가 남의 계집이 되어 있는 아내에게 꾸중 한마디 않은 것은 진에(瞋恚)를 버리지 않고는 불가능하다. 자기의 젊은 아내가 성적인 불만으로 집을 나가도록 아내를 멀리한 것은 치정(癡情)을 버리지 않고는 불가능하다. 이렇게 극기(克己)할 수 있었던 것은 성령의 은혜 덕분이다. 이세종의 마음에는 산속 옹달샘처럼 성령의 생수가 샘솟았다. 그리하여 진리에 목마른 이들이 이세종을 찾아왔다. 그 가운데 한 사람이 이현필이다.

이현필이 이세종을 처음 찾은 것은 1934년이었는데, 당시 이현필이 21살이고 이세종은 54살이었다. 이현필은 이미 12살에 기독교 신자가 되었으며, 16살에 서울 YMCA학관에서 영어와 성경을 공부하였고 20살에 교회 전도사가 된 경력을 지녔다. 그러나 삶의 나아갈 방향을 결정하는 사상적인 영향은 이세종에게서 받았다.

그런데 이현필은 22살 때 스승 이세종의 반대에도 불구하고 황씨 처녀와 혼인하였다. 이현필이 혼인했다는 소식을 들은 스승 이세종은 실망하면서 "참 좋은 인재를 놓쳤구나." 하고 탄식하였다.

그런데 이세종의 가르침의 효력이 한 발 늦게야 이현필에게 나타나기 시작하였다. 이현필은 신혼 생활의 단꿈을 깨자마자 신부에게 이제부터 남매로 살자면서 누이라 부르기 시작하였다. 백년해로하겠다는 서약의 결혼식을 올린 지 두 돌도 안 되었다. 신부에게는 마른 하늘에 벼락 맞는 일이었다. 어느 아내가 남편을 놓치려 하겠는가? 아내는 아직 종교 사상에 대해서는 아무것도 몰랐다. 톨스토이가 가출했을 때 톨스토이 부인은 거의 70살이 되었는데도 인사불성이 되도록 소란을 피웠다.

아내가 앞문을 열고 침실에 들어오면 남편은 뒷문을 열고 달아났다. 여러 번 이러한 수모를 겪자 아내는 치미는 분노를 참지 못하여 부끄러움도 잊고 칼을 들고 남편 뒤를 쫓으며 "너 죽고 나 죽자."라며 목이 찢어져라 소리쳤다. 사실 아내는 남편을 죽이고 자신도 죽고 싶었다. 그래도 아내는 남편과 금슬 좋게 지낸 2년 가까운 지난날을 그리며 남편이 다시 돌아오기를 기다렸다. 그러나 한 번 나간 남편은 함흥차사인 양 종무소식이기 일쑤였다. 오랜만에 돌아와서도 아내를 전갈 보듯 피하니 사람으로서 못 참을 일이었다. 그러기를 5~6년, 이현필의 아내 황 여인은 소박맞은 한을 품고 스스로 집을 떠났다.

이세종과 이현필이 가르친 신앙 사상의 핵심은 남녀가 혼인하여 이루는 가정 생활을 부인하는 것이다. 부인하는 정도가 아니라 죄악시하였다. 그들을 따르는 제자인 수녀와 수사들에게 결혼이 나쁘다는 것을 세뇌하는 것이 으뜸 되는 가르침이었다. 이현필도 이 점을 알고 있었기에 죽기 전에 이러한 말을 하였다. "제가 오늘 이대로 죽으면 나는 천국에서 예수님에게 역적 같은 놈이 되리라 느낍니다. 그 동안 제가 절대 선행을 강조해 왔던 까닭에 나를 따르는 이들을 온통 철저한 율법주의자로 만들어버렸습니다."

예수는 가정을 초월하였다. 가정은 수성의 소산이지 영성의 소산이 아닌 것이다. 예수가 그의 어머니에게 "여자여 나와 무슨 상관이 있나이까."(요한 2:4 개역한글)라고 하고 "이 세상 누구를 보고도 아버지라 부르지 마라."(마태오 23:9)라고 한 것은 가정을 초월하라는 것이다. 이는 초월한 이만이 할 수 있는 말이다. 그러나 예수는 아직 깨달음을 얻지 못한 사람들의 가정은 인정하였다. "하느님께서 짝지어주신 것을 사람이 갈라놓아서는 안 된다."(마태오 19:6)라고 한 것이 바로 가정을 인정한다는 말이다. 류영모는 물론 예수와 생각이 같았다. 류영모는 가정을 초월하려고 애썼지만 가정을 버리지는 아니하였다.

우리는 이현필이 숨을 거두면서도 마음이 흔들린 처녀에게 순결을 지키며 살겠다는 맹세를 시키려고 한 것을 이해해야 한다. 아직도 깨달음이 옅어 영성이 모자라는 그들에게 삼독의 수성을 이기게 하는 일은 지난한 일인 것이다.

그 당시 이현필은 놀라운 성령의 바람을 일으켰다. 이현필은 별로 배운 것도 가진 것도 없었으며 체구가 건장하거나 얼굴이 잘생긴 것도 아니었다. 그런데 이현필이 지나는 마을에는 집집마다 부인과 처녀들이 가정을 버리고 이현필을 따라나섰다. 어떤 가정은 온 가족이 이현필을 따라나서기도 하였다. 기성 교회에서는 교인들을 빼앗아 간다고 싫어하고 가정에서는 가정을 파괴한다며 미워하였다. 이현필의 수도 단체에는 아내를 찾아, 연인을 찾아, 아버지와 어머니를 찾아오는 이들이 끊이지 아니하였다. 그들은 행패를 부리기도 하고 관청에 진정을 하기도 하였다.

그러면 이현필이 어떤 마력이나 매력으로 사람들을 끈 것일까? 이현필의 전기를 쓴 엄두섭은 이렇게 말하였다. "이현필에게는 인격의 진동력이 있었다. 말이 적은 분이나 어디선가 흘러나오는 놀라운 감화력이 있었다. 그 감화력 때문에 그를 한두 번 대한 사람은 주저 없이 부모도, 남편도, 아내도, 재산도 팽개치고 그를 따랐다. 그는 선풍적인 존재였다. 그의 말 한마디 한마디에는 사람들의 마음을 끌고 깊은 감동을 주는 신비스러운 힘이 있었다. 누구나 그의 이야기를 한 번 들은 이는 그를 잊지 못했다."
(엄두섭,《맨발의 성자》)

이현필을 좇아 가정을 버리고 나선 이들이 많았으나, 경치 좋은 곳에 아담한 수도원이 마련돼 있는 것이 아니었다. 도무지 수도 생활에 전념할 수 있는 상황이 아니었다. 초창기에는 먹을 것이 없어서 집집마다 돌아다니며 탁발을 하여 굶주림을 면하기도 하고 잠자리가 없어 다리 밑에 가마니를 깔고 한뎃잠을 자기도 하였다. 그래도 그들은 스승 이현필과 함께 있는 것이 그저 기쁘고 즐거웠다. 얼마나 이현필이 인간적으로 매력이 있었으면 평양신학교 출신인 정인세가 광주 YMCA 총무를 그만두고 나이도 한두 살 아래인 이현필을 따라다니며 거지 노릇을 하였을까?

그들은 나라 땅(國有地)을 차지하여 말집(斗屋)을 짓고 땅을 일구어 농사를 지었다. 그들의 믿음과 선행에 감동한 이들이 스스로 후원을 해 오

다석은 1946년에 이현필과 만난 뒤 자주 광주 동광원에 내려와 강연을 했다. 왼쪽부터 엄두섭 목사, 류영모, 정인세 원장(사진은 1960년대).

기도 하였다. 또한 그들은 여수·순천사건이 일어났을 때와 한국전쟁이 일어났을 때 앞장서서 환자들과 고아들을 모아 사랑의 손길로 구호하였다. 그들의 손길에 의하여 아픔이 낫고, 그들의 맘씨에 의하여 슬픔이 가신 이들이 무수히 많다. 그들이 헌신한 거룩한 사랑의 탑은 눈에는 보이지 않지만 무등산보다 더 높을 것이다. 후에 수도원은 사회복지 사단법인 '귀일원(歸一園)'이 되었다. 여기에는 오른손이 하는 것을 왼손이 모르게 도운 이가 있으니 서울 YMCA 총무였던 창주 현동완이 바로 그 사람이다.

그때 동광원 본원은 광주 방림동(남구 봉선동)에 있었다. 곡선·함평·진도·완주·벽제·능곡 등 여러 곳에 동광원 분원이 있었다. 분원 가운데는 벽제 옷골에 자리한 속칭 수녀촌(修女村)이 규모로 보나 인원으로 보나 가장 잘되어 있었다. 계명산 들머리에 언뜻 보기에는 소규모의 민속촌처럼 옛 고향 냄새가 물씬 풍기는 작은 마을이 있다. 필자는 1971년 9월, 스승 류영모를 따라 그곳에 갔는데 지금은 돌아가신 한나 할머니의 지도 아래 30여 명의 수녀들이 집단 생활을 하고 있었다. 여자들의 손으로 돌산을 일구어 높은 데는 밭을 만들고 낮은 데는 논을 만들었다. 밭농사와 논농사를 손수 지어서 자급자족하였으며, 디딜방아를 사용하였다. 계명산에서 나는 산나물·딸기·도토리·머루·다래·버섯도 좋은 먹거리였다.

수녀들은 류영모를 진달래 할아버지라 불렀다. 류영모가 지은 시 '진달래'를 이현필이 특별히 좋아하여 진달래 강의만 2~3년에 한 번씩 청하여 무려 5번이나 하였다. 이현필은 제자인 수녀들을 진달래꽃으로 보았다. 꽃은 피어서 아름다움을 보이고자 하는 것인데, 진달래꽃은 지는 데 보람을 두는 듯 이름이 진달래다. 여인도 아름다움을 꽃피워 자식을 낳자는 것이 아니라, 진달래꽃처럼 조용히 지자는 것이다. 이현필은 류영모의 진달래꽃 정신이 수녀의 정신이 되어야 한다고 생각하였다. 홍난파가 지은 '봉선화' 가락에 류영모의 '진달래꽃' 노랫말을 붙여 수녀들 특유의 애애절절(哀哀切切)한 고운 목소리로 노래하면 그렇게 훌륭한 찬송가가 없었다. 인생의 십자가를 내가 지자는 진달내, 진대레꽃이 지듯 내 삶을 지게 하자는 진달래라는 것이었다.

진달래야

진달내야 진달래야 어느 꽃이 진달레지
내 사랑의 진달네게 홀로 너만 진달내랴
진달내 나는 진달내 임의 짐은 내질래

진달래에 앉은 나비 봄 보기에 날 다지니
안질 나비 갈데 없슴 지는 꽃도 웃는고야
안진 꿈 늦게 깨니 어제 진 달내 돋아

진달래서 핀 꽃인데 안 질랴고 피운다 맘
피울 덴 아니 울고 질데 바 웃음 한가지니
님 땜에 한갓 진달 낼 봄 앞 차질하이셔

(류영모)

본디 이 시는 류영모가 일제 강점기에 지은 것이었는데, 나비는 일본을 비유하고 진달래는 이 겨레를 상징한다.

류영모는 독신 수도 생활을 하는 동광원 사람들을 몹시 경애하였다. '석가야소과정견(釋迦耶蘇果正見) 출가사회결안전(出家社會結安全)'이라고 하였다. 예수와 석가는 과연 바로 보았다. 집을 나와 두레 모임을 맺어 이루는 것이 안전하다는 뜻이다. 이현필의 수도 생활이 예수와 석가의 생활 태도 그대로라고 본 것이다. 그러므로 류영모가 동광원을 중요하게 생각하지 않을 수 없었다. 어떤 의미에서는 류영모가 못 이룬 것을 이현필이 이룬 것이다.

류영모는 그들에게 "이곳에 와 있으니 집 생각이 안 납니다. 집 생각을 하여도 아이들이나 아내의 낯은 안 보입니다. 아버지, 어머니의 중년 모습이 떠오릅니다. 고아들에게 40대의 어머니상(像)을 마음에 심어주어야 합니다."라고 하였다. 그때 김춘자·김은자 자매를 비롯하여 많은 수녀들이 이미 40대의 나이였다. 이 사람이 갔을 때도 정인세 원장이 나이 많은 몇몇 수녀들과 만나게 해주었다. 그들은 류영모가 그곳에서 강의한 시구를 그대로 외웠다. 김은자 수녀가 말하기를 "선생님께서는 이곳에서도 저녁 한 끼만 잡수셨어요. 음식을 드리면 뱃속에 들어가서도 섞이게 마련이라면서 비벼서 잡수셨어요."라고 들려주었다. 김은자 수녀는 뒤에 류영모가 기증한 땅에 세운 '소화 진달네집'(장애인 요양원) 초대 원장을 맡아 보았다.

이현필이 떠난 후

류영모는 전남대 교수로 있으면서 무등산에서 목장을 하던 김정호(金正鎬)를 아꼈다. 김정호가 그만큼 류영모를 따른 것이다. 빛고을에 가면 동광원은 물론이고 김정호의 무등산 목장에서도 반드시 묵었다. 류영모는 목장에서 묵는 동안 경전이나 자작(自作)한 글을 가르쳤다. 이현필의 제자 김준호(金俊鎬)가 와서 함께 듣기도 하였다. 이름자만 보면 김정호와 형제 같지만 혈연의 관계는 없다. 김준호와 김정호가 무등산 목장에서 류영모의 가르침을 듣는다는 것을 알게 된 이현필은 김준호를 불러서 이렇게 말했다. "준호 귀가 내 귀보다 클까, 내 귀가 준호 귀보다 작을까? 왜 류영모 선생님 말씀을 혼자서만 들어요. 선생님을 모시고 와서 다 함께 들어요." 그리하여 김준호가 무등산 목장에 가서 류영모 스승을 방림

광주 동광원에서 강연하는 다석의 모습.

동 동광원으로 모셔 와 전체 집회를 열었다. 이현필도 류영모의 시 가운데 마음에 드는 것을 곧잘 외웠다.

한번은 류영모가 이현필을 비롯한 동광원 사람들에게 공개적으로 물어보았다. "나도 이곳이 좋으니 와서 여러분과 함께해도 좋을까요?" 그러자 이현필이 대답하기를 "선생님을 맞을 준비는 언제나 해놓고 있습니다. 저희들은 대환영입니다."라고 하였다. 이현필은 김준호·정인세·오복환 등 여러 제자들이 듣는 데서 "류영모 선생님은 인도에서 태어났다면 부처님이 되었을 것입니다."라고 말하였다. 인도에서 성불할 사람이라면 한국에서 성불하지 못할 리 없다. 이현필의 말은 인도에서는 성자를 알아주는 사람이 있는데 한국에는 류영모 같은 성자를 알아주는 사람이 없다는 뜻이었다. 그것은 사실이었다.

류영모는 동광원의 땀 흘리는 근로 정신, 밑바닥의 서민 정신, 가정을 부인하는 금욕 정신, 어려운 이를 돕는 인애 정신, 목숨도 버리는 희생 정

13장 스승과 제자 **469**

신을 높이 샀다. 그래서 그들과 함께하고 싶었다. 1957년 9월 6일 YMCA 연경반에서 한 말이다.

"이번 남쪽에 가서 꼭 한 달 동안 다녀보았습니다. 다니며 지내는 동안 다른 이야기는 그만두더라도 오늘 이 사람이 마음에 얻은 생각은 이 세상 가운데 가장 마음으로 하느님이 주신 일용할 양식을 받아먹었다는 생각으로 한 달을 지냈다는 것입니다. 내 자신이 무슨 일을 한 것은 아닙니다. 집에서 지어준 밥보다 더 깨끗이 먹었습니다. 나로서는 먹을 자격이 없으나 일생 중 달갑게 먹을 것을 먹어보았습니다.

이번에 내가 다닌 곳의 사람들은 보통 사람과 다른 이들입니다. 될 수 있으면 장가 안 가려는 경향을 보입니다. 그저 일하고 기도하면서 독신자들이 모여서 함께 살자는 것입니다. 전라남도에 가면 이러한 동네가 많습니다. 10명, 20명이 군데군데 있는데 몇 달 뒤에 가도 늘 그들이 그들입니다. 자작(自作)·자강(自强)·자급(自給)하여 먹고 기도하는 생활을 꾸준히 하고 있습니다. 이들 마을은 수십 리, 수백 리씩 떨어져 있지만, 서로 찾아 만나보는 것은 마치 친척을 찾아다니는 것이나 다름이 없습니다. 우리나라가 현재로는 도무지 살아갈 희망이 없다가도 이들과 같이 있을 때에는 살아갈 희망이 절로 생깁니다.

이 사람들의 생활이라야 도와줄 수 있으면 있는 대로 도와주고 싶은 형편인데 그러한 형편의 그 사람들이 나를 무척 대접하려고 애쓰는 것을 보았습니다. 보리쌀·감자·고구마 이런 것들을 사발에 수북이 담아 대접해줍니다. 될 수 있는 대로 내가 좋아하는 감자를 알아서 줍니다. 바닷가에 있는 곳에서는 물고기도 먹는가 봅니다. 전에는 배·대추·호두·잣·복숭아 같은 과일이 더 풍부했는데 언제부터인지는 몰라도 점점 없어지는 것 같습니다. 식혜를 내놓는데 서울 사람은 빛깔을 좋아하니까 하얀 찹쌀로 식혜를 만드는데, 거기서는 보리쌀로 하는지 찌꺼기가 있고 검은색이라 보기에는 나쁘지만 먹어보면 구수한 맛과 단 맛이 아주 훌륭했습니다. 이들의 생활을 보면 우리가 속히 자급자족해야겠다는 이 마당에 참고되는 일이 많습니다.

단 한 가지 모기와 벼룩이 많다는 것입니다. 낮에는 일을 하고 밤이라야 서로가 만나보는데 모깃불을 피워도 모기에 물립니다. 우리 생활은 너무 눈이 높아서는 안 됩니다. 입이 높아서는 안 됩니다. 체면과 거만으로 우리가 살 수 있습니까? 아무리 양반 나라라 해도 겸손할 줄 알아야 합니다. 간이(簡易)생활 운동을 우리는 해야 합니다.

다시 금요일이 되어서 여러분을 만나보니 감개가 아주 없는 것은 아닙니다. 그러나 이 사람은 이번 지방에 가서 아주 앉을 자리가 있으면 그냥 눌러 있으려고 했습니다. 그러나 아직은 내가 정말 좋아해서 앉을 만한 자리가 없음을 알고 있습니다. 아직은 한집에 있는 자식이 해다주는 밥처럼 편한 곳은 없는 것 같습니다. 후일은 모르겠습니다. 사실은 이번에도 몇 달 더 지방에 앉아 있으려고 했습니다."

이것은 동광원 본원 수도원만을 말하는 것이 아니라 여러 곳에 흩어져 있는 남자 수도사들의 단체나 친동광원 사람들의 가정을 둘러본 소감이다. 1959년 1월 27일 《다석일지》에 류영모가 다닌 호남 곳곳의 지명으로 한시를 지은 것이 있다.

그러나 류영모는 끝내 동광원에 몸을 담지 않았다. 류영모가 가정에 애착이 많아서가 아니었다. 핏줄로 이어진 사이가 아닐 때에는 뜻으로 맺어져야 한다. 그러므로 생각이 다르면 하나로 살지 못한다. 류영모의 영성 신앙을 용납하기에는 이현필의 토착 수도원 집단에 자리 잡은 대속 신앙의 뿌리가 너무나 깊었다.

이 같은 동광원 정신은 뒤에 이 나라를 부흥시킨 새마을운동의 정신이 되었다. 새마을 연수원장 김준은 이현필의 영향을 받은 사람이며 류영모를 여러 번 찾았다. 전남 장성에 사는 심상국(沈相國)은 동광원 집회가 끝나면 류영모를 집으로 모셔 극진히 받들면서 그의 말씀을 들었다. 때로는 온 마을 사람을 마당에 모아놓고 류영모의 강연을 듣게 하였다. 30년이 넘도록 오랫동안 사귐을 이었으며 심상국이 류영모로부터 받은 편지만도 17통이나 된다. 류영모의 편지를 가장 많이 받은 사람이다. 이 사람은 12통을 가지고 있다. 심상국이 받은 류영모의 편지를 그의 아들 심복섭이 이 사람에게 건네주었다.

세상 사람들은 누구나 어렵고, 더럽고, 위험한 일은 하지 않으려고 한다. 그런데 이현필의 사상은 어렵고, 더럽고, 위험한 일을 맡아서 하자는 것이었다. 중환자나 장애인 수발은 가까운 가족조차 싫어한다. 이현필과 그를 따르는 사람들은 오히려 그 일을 하려고 요양원을 만들었다. 결핵 환자는 병을 옮길까 봐 따로 요양소를 설치하였다. 버려지는 헌 옷이나 가구가 있으면 그것들을 주워 재활용하였다. 농사는 힘들고 수입이 적어 농부조차 농사를 짓지 않으려고 한다. 그런데 그들은 노는 땅이 있으면 개간하여 농사를 지었다. 이런 정신이야말로 십자가를 지고 예수의 뒤를 따르겠다는 십자가 정신이 없으면 할 수 없다.

세상 사람은 자신의 입신과 출세를 도모하여 어느 정도 재산을 모으고 지위에 오르면 성공하였다며 으스댄다. 그러나 개인의 성공이란 있을 수 없다. 하느님의 뜻이 이루어져야 할 뿐이다. 개인의 성공이란 지나고 나면 물거품이요, 잠꼬대다. 오직 하느님의 뜻을 이루는 것이 사람인 우리의 성공인 것이다. 이현필은 하느님의 계심을 삶으로 증거함으로써 하느님의 뜻을 이루었다. 그래서 우리는 이현필이야말로 성공적인 삶을 살았다고 말하지 않을 수 없다.

제나의 수성을 좇아 탐·진·치를 저지르는 것은 악업(惡業)을 짓는 일이다. 얼나의 영성을 좇아 진·선·미를 이루는 것은 성업(聖業)을 짓는 일이다. 이현필은 악업을 멀리하고 성업을 실천한 성자이다.

이현필은 그 자신이 먼저 실천하지 않고는 제자들에게 시키지 아니하였다. 그리하여 몸소 결핵 환자를 간호하다가 자신도 폐결핵에 걸렸다. 여생 동안 투병이 아닌 반병(伴病)을 하다가 1964년 3월 18일 새벽 3시에 "기쁘다 기쁘다."라고 하며 숨졌다. 51년 2개월의 길지 않은 일생이었으나 성 프란체스코보다는 7년을 더 살았다.

류영모는 이현필의 장례에 다녀온 이야기를 그의 일기에 적어놓았다.

직경 3만 리 흙구슬(지구)에 높이 고이어 물로 뒤덮은 넓은 위로 쌓아 올린 김구슬(大氣圈)과 밀김(呼)과 썰김(吸)으로 목숨 쉬 잔치를 그만 마치신가 임자(壬子, 1912)에 나서 갑진(甲辰, 1964)년에 마치다. 인제는 쓰지 않게 되어 두고 가신 몸은 흙 속에 돌려 묻었다. 두덩으로 올라 묻고, 넓은 흙 위에 떼풀만 보니 떼(잔디)는 잘 살겠구나. 그러나 떼도 살고 죽어야 마치지, 이제 제도 예 마치면 제 가면 하는 것이다. 현필 이(李)언의 마치신 토우(土寓)는 고 현창주(玄滄柱)언이 짓고 일고 누시던 방이다. 나도 앞서 자 보던 방인데 이 저녁에도 예서 김(金)·김(金)·이(李)·류(柳)가 한밤 쉬자고 눕다. 늙으신 능주 한나 주인이 말씀. 이 선생 현필언께서는 16일 중 괴로워하심을 나타내시다가 17일 중 돌아갈 뜻의 말씀과 하느님께 빎으로 빎으로 하시다 고요하며 잠잠한 속으로 아모 기침이나 담 끓는 일도 없다가 새벽에 끝.

이현필은 12살 때부터 교회를 다녔으며 20살에는 교회에서 전도사 일을 보았다. 거기에 이세종으로부터 생명 외경 사상의 영향을 받아 여색과 육식을 일절 금하였다. 이현필은 이미 기독교회의 속죄 교리에 젖어 있어 류영모의 영성 신앙에 당혹하였다. 그리하여 스스로 류영모의 신앙 사상을 감당하기 어렵다며 몇 년 동안은 류영모를 광주로 초청하는 것을 망설인 적도 있었다. 그러나 이현필은 대단히 총명한 사람이라 류영모의 말을 되새김질하는 가운데 이해의 눈을 뜨기 시작하였다. 거기에 두 사람은 예수·석가와 같은 철저한 금욕 사상에서 바다의 수평선처럼 분명한 공통 노선을 가지고 있었다. 그리하여 이현필은 1964년에 떠날 때까지 류영모를 스승으로 깍듯이 받들었고 류영모는 이현필을 경애하는 도반(道伴)으로 아꼈다.

그런데 이현필을 따르는 사람들은 그와 같은 상근기(上根機)를 가진 것도 아니요, 대속 교리를 회의해본 적도 없는 사람들이었다. 그들이 따르는 스승이 류영모를 지성으로 받드니 훌륭한 분으로 알았다. 그러나 평양신학교 출신인 정인세를 비롯한 몇 사람은 류영모의 영성 신앙에 불만을 드러냈다. 한번은 이러한 일이 있었다. 그들의 아침 예배 시간에 류영모도 함께하였는데 사회를 맡은 김준호가 류영모에게 공기도를 청하였다. 그러나 류영모는 공기도 대신에 일어나서 공기도는 거짓되기 쉽다며 공기도 무용론을 주장하였다. 그리하여 그날 예배는 예정대로 진행할 수 없었다. 이러한 것을 정인세는 드러내놓고 싫어하였다. 하긴 그들의 신성한 예배 의식이 뒤틀렸으니 불만스러웠을 것이다. 그러나 류영모는 참다운 예배는 하느님과 성령으로 통해야지 의식은 쓸데없는 것이라고 여겼으므로 시키는 대로 거짓되기 쉬운 공기도를 할 수는 없었던 것이다.

나중에 류영모는 전북 완주군에 있는 임야 4만여 평과 300여 평의 대지가 있는 절터(용흥사)를 사서 동광원에 기증하였다. 김준호가 전주에 동광원 분원을 세우겠다고 해서 사준 것이다. 맏아들(의상)이 미국으로 이민 갈 때 구기동에 있는 임야 한 필지를 팔았는데, 거기서 생긴 돈 일부를 의상에게 주고 남은 돈으로 사주었다. 그 집에 '진달네집'이라는 친필 현판을 달기도 했다. 그런데 김준호는 무슨 까닭인지 모르겠으나 진달네집과 수녀들을 전주 교구에 넘겨버렸다. 지금은 전주 교구에서 임야 4만 평의 냇가 조경지에 요양 시설을 지어 지적장애인들을 수용하여 수녀들이 돌보고 있다. 용흥사 절터에는 정승현 신부가 농사를 지으며 살고 있다. 그곳에 다석 류영모 기념실을 마련해놓았다. 광주가톨릭대학 총장까지 지낸 정승현 신부가 이 사람에게 말하기를 "다석 선생님 은덕으로 제가 여기서 농사하며 잘 지내고 있습니다."라고 하였다.

14장

우리 말글 속의 하느님

말 한마디 속에 진리가 숨어 있다

류영모는 말(言語)에 대해서 이렇게 말하였다. "우리가 이상한 게 아무 것도 없지만 말을 가진 게 이상합니다. 성경에는 천지 만물도 말씀으로 지었다고 하고 말씀만이 남는다고 하였습니다. 말씀은 존재이며, 말 가운데 으뜸가는 말이 말씨입니다. 내가 66년 동안 인생에 참여하면서 본 것이 있다면 그것은 말씀을 알아야 한다는 것입니다. 사람을 알려면 그 사람의 말을 들어야 하고 반대로 그 사람의 말을 알면 그 사람을 알게 됩니다. '사람으로서 꼭 들어야 할 말을 들으면 죽어도 좋다(朝聞道夕死可矣).'(《논어》)는 것입니다. 말을 알자는 인생이고 말을 듣고 끝내자는 게 인생입니다. 인생의 총결산은 그 사람이 한 말로써 한다는 것입니다. 마지막 날에 너희들이 한 말이 너희를 판단한다고 하였습니다. 많은 말을 가지고 우리의 인격을 판단하는 것이 아니고 우리가 쓰는 한두 마디의 말이 우리의 인격을 훌륭하게 판단합니다."

말을 보이게 하면 글이고, 글을 들리게 하면 말이다. 말과 글은 하느님의 뜻을 담는 신기(神器)요, 제기(祭器)이다. 류영모는 일기를 쓰는 것이 나의 기도라고 말하였다. 《주역》에서는 '군자(君子)의 일은 수사입기성(修辭立其誠)'이라고 자주 말하였다. 하느님의 마루뜻(宗旨)을 나타내자는 말이요, 하느님을 그리는 뜻(思慕)을 나타내자는 글이다. 류영모는 이 사람에게 한자에 관해서 이렇게 말하였다. "이렇게 몇 자가 분열식을 하면 이 속에 갖출 것 다 갖춘 것 같아요. 말이란 정말 이상한 것입니다. 우리말도 정말 이렇게 되어야 좋은 문학, 좋은 철학이 나오지 지금같이 남에게 얻어온 것(외국어) 가지고는 아무것도 안 돼요. 글자 한 자에 철학개론 한 권이 들어 있고 말 한마디에 영원한 진리가 숨겨져 있어요."

류영모가 한문으로 자유롭게 생각을 나타낼 수 있던 것은 어릴 때부터 한문으로 생각을 나타내는 것이 습관이 되었기 때문이다. 영국인인 아널드 토인비는 어릴 때부터 그리스어를 배웠기 때문에 생각이 그리스어로 떠오른다고 하였다. 류영모의 유일한 저서라 할 《다석일지》에는 한시가 1,300수 가량이고, 우리말 시조가 1,700수 가량이다. 퇴계 이황의 한시가 1,500수가 되고, 다산 정약용의 한시가 2,500수가 된다. 그런데 우리말로 된 시조형의 글 1,700수는 류영모의 특색 있는 보배로운 글이라 아니 할 수 없다. 말하자면 시조형 선시(禪詩)라 하겠다.

류영모는 자신의 시조에 대하여 이렇게 말하였다. "나는 여러 말을 시조형으로 글자를 묶어놓습니다. 누가 보면 시조가 아니라 할지 모르겠으나 나는 나대로 시조가 될 수 있습니다. 내 말을 갖다가 운(韻)으로 하고 조금 느낌을 통하게 하여 이러한 시가 되었습니다."

말씀에서 말슴을

말아 말 물어보자 나 타고 갈 말 네게 맸으니
내 풀어내 내가 타고 나갈 말을 네게 탈나
고르로 된 말슴이기 가려봄은 되리라
(류영모)

류영모는 말(言)과 말(馬)의 음이 같은 것을 조화시켜 시를 이루어냈다. 그리하여 말이 말(言)인지 말(馬)인지 알쏭달쏭하지만 잘 살펴보면 깊은 묘미가 숨어 있다.

옛 부여에서 유리가 말을 타고 아버지 고주몽(동명왕)을 찾아 고구려로 달려가듯이, 우리는 말(言)을 타고 하늘나라 하느님 아버지께로 가야 한다. 기차를 철마(鐵馬)라고 불렀지만, 하늘로 치솟는 로켓이야말로 용마(龍馬)일 것이다. 우리는 예수·석가가 준 하늘말(天馬)을 타고 하느님께로 솟나자는 것이다. 하느님의 말씀이 천마(天馬)이다. 천마를 타고 상대 세계를 뛰어넘어야 하느님의 나라에 들어간다. "발 없는 말이 천 리 간다."는 속담의 그 말은 세상 사람이 서로가 흥보는 이야기가 그렇다는 것이다. 참으로 발 없는 말(하느님의 말씀)은 천 리(千里)가 아니라 천리(天理)에 이른다.

유화 부인이 아들 고주몽을 위하여 명마를 고르듯 말(言)도 고르고 골라야 한다. 우리가 경전을 읽고 명상을 하는 것도 내가 타고 하늘나라로 갈 말을 고르는 것이다.

말(馬)을 골랐으면 말을 매어놓은 고삐를 풀어야 하듯 말(言)을 골랐으면 말의 뜻을 풀어야 한다. 말의 뜻이 풀릴 때 말을 탈 수 있다. 예수가 무엇 때문에 나귀를 타고 예루살렘으로 입성하였는지 모르지만 우리는 하느님의 말씀인 천마를 타고 하늘나라로 들이쳐야 한다.

예수가 이렇게 말하였다. "세례자 요한 때부터 지금까지 하늘나라는 들이침을 받아 왔다. 그리하여 힘센 이가 하늘나라를 얻게 된다."(마태오 11:12, 박영호 의역) 이러한 생각을 깔고 '말씀에서 말슴을'을 다시 한 번 읽어보면 밝음을 주는 뜻이 있고 기쁨을 주는 맛이 있다.

말 막음

말 말라는 말 막음이 말막음이 될 말이며
맘에 맞게 먹은 맘을 맘대로 마는 맘도 있나
바른 맘 속속 들린 뜻 들러봄만 아쉽건
(류영모)

한글은 씨알을 위한 글자다

인도의 경전은 산스크리트어 곧, 범어(梵語)로 쓰여 있다. 인도인들은 하느님을 브라흐마(梵)라 한다. 범어란 하느님이 만든 글이요, 하느님 나라의 말로, 완성된 글이라는 뜻이다. 일본의 영문학자 사이토 타케시(齋藤勇)는 영어를 하느님의 글이라고 하였다. 류영모는 우리의 한글은 하느님의 계시로 이루어진 글이라고 하였다. 사람이 만들어낸 말과 글은 어느 말이나 하느님의 계시로 이루어지지 않은 것이 없다고 보아야 한다. 이 땅 위에 4천 개가 넘는 말이 있는데 그 말이 생긴 것은 하느님을 향해 나아가려는 사람의 기도에서 얻은 산물이다.

류영모는 "창힐(蒼頡)이 처음으로 새의 발자국을 보고 글을 만들었을 때 성신(聖神)은 기뻐서 좁쌀비(栗雨)를 뿌려주고 마귀들은 통분하여 목을 놓아 울었다고 합니다. 글은 하느님의 뜻을 세상에 알리는 도구입니다. 그러므로 글은 진리를 통해야 합니다."라고 말하였다. 류영모는 한글을 귀중하게 알았으며 소중하게 썼다.

류영모는 사람들로부터 한학(漢學)의 대가라는 말을 들을 정도로 동양 사상에 있어서는 남이 따르지 못할 만큼의 실력을 쌓은 권위자이다. 동양 사상에 조예가 깊은 최남선·이광수·문일평·정인보·김정설·김진호 등이 류영모의 실력을 알아주었다.

그러나 류영모는 한시보다 시조를 훨씬 많이 지었다. 이것만 보아도 한글을 사랑하는 마음을 헤아릴 수 있다. 한문으로 된 낱말보다 순 우리말을 찾으려고 애쓰고 한문으로 된 경전을 우리말로 옮겼다. 류영모가 말하기를 "우리말 중 감정에까지 그 권위를 잃지 않고 지킨 것은 아버지, 어머니란 낱말이에요. 사람들이 너의 아버지, 너의 어머니라고 하면 싫어하지 않지만, 너의 부(父), 너의 모(母)라 하면 멸시하는 것으로 알고 싫어합니다."라고 하였다. 그런데 류영모는 주시경(周時經)이 지은 한글이란 말보다는 세종(世宗)이 지은 '훈민정음(訓民正音)' 그대로가 더 낫다고 하였다. "씨알 가르칠(訓民) 바른 소리(正音) 그대로가 좋지, 한글이란 말을 무엇 때문에 지었는지 모르겠어요."라고 하였다. 류영모는 해마다 10월 9일 한글날에는 일기에 한글에 대한 소감을 적었다.

바른 소리 옳은 소리(正音)

우리·사리사리 똑 바른 말소리 : 우리글씨
할우(하루) 짓음 맨듬 오랜 우린 앞틸람 참잘
암은요 우리 씨알이 터낸 소리 아름답

오으이 오이 부르신 가장 바른소리 세종(世宗)
ㅡㅣ·나투신 낡에 달린 사람은 믿은 이 : 예수
등걸(檀君) 우리 나라님 한울나라 거룩함

　우리는 하느님 아버지께 자꾸 말씀을 사뢰어야 한다. 무슨 말을 사뢰나. 하느님 아버지를 나의 희망으로, 목적으로, 생명으로 사랑한다고 사뢰어야 한다. 우리는 하느님을 사랑할 때 사는 것이요, 생각할 때 사는 것이다. 하느님께 사뢰는 소리는 바른 소리로 해야 한다. 그 바른 소리가 우리 글씨의 이름이요, 사명이다. 사람은 삼만 날을 사는데 하루하루 사는 하루살이다. 하루란 뜻은 하느님을 위하여 일할 오늘을 말한다. 할우(上)다. '할'은 일함이요, '우'는 하느님이다. 하느님을 위하여 일거리를 받아 할 우(위)의 오늘이다. 하느님을 위하여 만들고 이루면 오랜 역사를 지닌 우리의 앞이 훤히 트일 것이며 참 밝아질 것이다. 아무렴, 우리 씨알(民)들이 하느님과 얼로 뚫려 얻은 진선미한 말씀을 세상에 내어놓고 알려야 한다.
　한글의 모음 '아야 어여 오요 우유 으이'는 '아가야 어서 오너라, 위(하느님 아버지께)로'라는 뜻이라고 류영모는 말하였다. 이것을 줄여서 '오으이'로 나타냈다. 'ㅡㅣ·(으이아)'는 ┼로 나타나며 십자가를 뜻한다. 예수가 달린 십자가이다. 하느님 아버지를 사랑하다가 십자가에 못 박힌 예수는 믿음의 사람이다. 우리가 본받을 참사람이다.

단군은 우리의 나라님(國祖)이다. 단군은 우리말 둥글(朴), 등걸(樸)을 사음한 것이다. 단군은 우리 겨레의 근원인 온통(등걸, 나무의 밑둥)이시다. 우리 겨레를 식색만 아는 짐승살이에서 벗어나 하느님을 우러르는 사람이 되게 하였다. 겨레로 하여금 수성을 버리고 영성으로 거룩하게 살게 하였고 거룩한 나라를 이루게 하였다. 이것이 홍익인간(弘益人間)이요, 이화세계(理化世界)다. 사람 사이를 아주 참답게 하는 것이 홍익인간이요, 사람 누리를 올되게 하는 것이 이화세계이다.

씨알 글씨(訓民)

우리는 우리 뜻을 낸 소리로 쓴 우리글씨
아소리 : 뜻소리 : 가장 바른소리=쓰면글씨
소리글 우리 속 솟는 씨알 글씨

한글은 씨알을 위한 글씨다. 그래서 씨알 글씨다. 사제를 위한 라틴어도 아니요, 양반을 위한 한자도 아니다. 오로지 씨알들이 쉬 배워 잘 쓰라는 글이 한글이다. 아니 훈민정음이다. 훈민정음으로 하느님의 뜻을 헤아려 나타내야 한다. 훈민정음으로 하느님의 뜻을 헤아려내어 하느님의 글이 되어야 한다. 그러면 훈민정음을 무시하고 천대하는 이가 없어질 것이다. 우리글로 경전을 쓰고 철학을 쓰고 문학을 써야 한다. 그것만이 세종에게 보답하는 길이요, 겨레를 사랑하는 길이요, 하느님을 받드는 길이다. 이것이 시로 나타낸 류영모의 생각이다.

류영모는 오늘의 한글 맞춤법을 모르는 옛날 사람이었다. 스스로도 "나는 공부를 안 해서 한글 맞춤법을 모릅니다."라고 말하였다. 그러나 류영모는 훈민정음에 관심이 많아 《훈민정음의 역학적 연구》라는 논문집과 《훈민정음의 구조원리》 등의 저서를 낸 국어학자 이정호(李正浩)와 함께 훈민정음을 연구한 바 있다. 서울대 전신인 경성제국대학 조선어문학부 출신인 이정호는 나라를 다시 찾아 우리말과 우리글을 쓰게 되었으나 한글 구조에 대한 연구가 전혀 없는 것을 안타깝게 생각하였다. 이화여자대학교 교수였던 이정호는 류영모의 집으로 찾아가 '훈민정음제자해(訓民正音制字解)'의 강해(講解)를 청하였다. 류영모는 그 청을 받아들여 이정호와 마주 앉아 훈민정음 제자해를 풀이하였다.

류영모는 이렇게 말하였다. "이정호 그분과 함께 훈민정음제자해를 같이 읽었지요." 모두가 한자는 뜻글자이지만 한글은 소리글자라고 알고 있다. 그러나 류영모는 한글도 한자와 다름없는 뜻글자의 구실을 한다고 말하였다. 세종 임금이 한글을 지을 때 자연의 원리에 입각하여 만들었기 때문에 모음과 자음이 그 나름대로 뜻을 지니고 있다는 것이다. 한글의 자음은 입(목구멍·입천장·혀·입술·이)의 모양을 본떠 만들고 음의 강도에 따라 세 단계로 나누었다. 한글의 모음은 ·(天), ㅡ(地), ㅣ(人)를 으뜸으로 하여 만들었다. 류영모는 한글 모음의 으뜸 모음인 ·(아래 아)를 안 쓰게 된 것은 잘못이라고 하였다.

한글 학자 한힘샘 주시경이 19살 나이로 배재학당에 입학하던 해에 ·의 모음이 합음(合音)임을 알아내고서 사용에 불필요함을 주장하여 쓰지 않게 되었다. ·음은 아오(AU, AO)로 읽는다. 본디는 원음(原音)으로 아기가 옹알이할 때 처음 내는 소리이다. 벙어리가 분화되지 못한 소리를 내는 것도 ·음이다. 원음이 수직으로 내려 사람인 ㅣ가 되고, 원음이 수평으로 건너가 땅인 ㅡ가 되었다. 원음이 사람(ㅣ) 뒤에 가서 ㅏ(아)가 되고, 원음 ㆍ가 사람(ㅣ) 앞에 와 ㅓ(어)가 된다. ㆍ가 땅인 ㅡ 위에 가서 ㅗ(오)가 되고, ㅡ 아래에 와 ㅜ(우)가 된다. 아는 길게 발음하고 ㆍ는 짧게 발음한다. 류영모는 ㆆ이라 쓰고 가온이라 읽었다. ㆍ를 없애면 한글의 철학적인 뜻이 줄어들기 때문에 류영모는 다시 써야 한다고 주장하였다.

주시경 선생은 왜 '하', 'ㆆ'가 둘이냐 하고 'ㆆ' 자를 버렸지만 훈민정음은 이치에 꼭 맞게 된 글자인데 처음부터 그렇게 한 데는 까닭이 있습니다. 주시경 선생은 한글 연구에 공이 많지만 이것은 잘못한 것입니다. ㆍ 자는 꼭 다시 나와야 합니다. 꼭 나올 것입니다. 이 세상 모든 것이 하늘을 으뜸으로 삼아 비롯하고 돌아가 없어지는 원만(圓滿)으로 법(法)받아 권점(圈點)으로 ㆍ(AU)를 찍는 것입니다. 먼저 하늘을 O으로 정하지 아니하였느냐는 물음이 나오는 것이 마땅한데, 그것은 우리글의 독특성입니다. 하늘에 대하여 아들 된 우리의 발전 대원만(大圓滿)을 그려 지시하는 데 쓸 필요로 자음에 쓰인 것입니다. 하늘을 둥글게 그려보인데도 아주 크게 그릴 수는 없습니다. 하늘은 처음이라는 뜻을 보이는데 차라리 점으로 하고 원만의 뜻을 권점(ㆍ)이라는 데 둔 것입니다. 권점은 우리의 것이요, 배씨점은 한자의 것이요, 풀싹형(芽形)의 요드는 히브리의 것임도 재미있습니다. 자음의 O은 공위(空位)를 표시하는 것이라는 학설을 취하지 않습니다. 우리는 후음(喉音) ㅇㆆㅎ 3층단은 분명 또 필요한 것입니다. ㅡ는 우리 눈 앞에 벌어진 평지로 세상을 보이며, 으 음(音)을 낼 때는 조금 틈만 벌린 입의 꼴 그대로 된 것입니다. ㅣ는 최근칭(最近稱)으로 글자의 꼴은 사람이 꼿꼿이 선 꼴을 법받은 것입니다. 인칭·물칭 명형격(名形格)을 보이는 소리이며 세계적으로 쓰입니다. 한어(漢語)로 伊, 일어로 人, 영어에서는 ㅣ를 보면 '아이'로 발음하고 나(自

我)라고 합니다.

류영모는 재야의 한글학자 서상덕(徐商德)이 우리말과 우리글에 보이는 관심과 연구를 높이 평가하였다. 류영모는 서상덕을 서울 YMCA에서 만났으며 그가 구기동 류영모의 집으로 찾아오면 한글에 관한 이야기를 나누었다. 서상덕이 오랫동안 해 온 한글 연구에 대해서는 출판을 하라고 비용을 대주었다. 그런데 서상덕은 상권《국문철자법》을 출판한 뒤에 세상을 떠났다. 그리하여 하권《국문문법》은 출판하지 못하였다. 그는《국문철자법》상권 서문에 류영모에 대하여 이렇게 언급하였다.

"천우신조하시와 이번에 자하문 밖에 계신 류 옹(柳翁)께서 땅을 팔아 출판비를 만들어주셔서 다행히 이《국문철자법》의 책자를 내놓게 되오니, 여러 동포들과 함께 기뻐하며 열 번 절하고 지성으로 류 옹께 감사합니다."

《국문철자법》에 실린 내용을 소개하면 이러하다.

역음으로 된 말과 용법

모음과 모음이 합한 중모음이 다시 모음과 화합할 때에는 자연 역리(逆理)로 전도음이 이루어지는 것이니, 곧 도야지가 돼지로 되는 예와 같은 것이다. 야는 ㅣㅏ의 화음인데, 역으로 보면 ㅏㅣ가 ㅐ로 되는 것이다.

물이 괘(괴아)서 넘는다(괘는 괴아의 역음)
소가 내(뇌아)서 풀을 먹으로(내는 뇌아의 역음)
일이 돼(되아)서 좋다(돼는 되아의 역음)

사람은 첫눈에 잘 봬(뵈아)야지(봬는 뵈아의 역음)

고사리가 쇄(쇠아)서 못 먹겠네(쇄는 쇠아의 역음)

글을 많이 왜(외아)서 두게(왜는 외아의 역음)

털도 끓는 물에 퇘(퇴아)야 잘 씻기오(퇘는 퇴아의 역음)

남의 돈을 자꾸 채(최아)서 쓰면 어떻가나(채는 최아의 역음)

한글 놀이, 한글 철학

류달영은 이러한 말을 하였다. "내가 다석에게 농학(農學)을 공부하면서도 아직껏 농업이란 말의 우리말을 모른다고 하였더니, 다석의 대답이 '나도 아직 순수한 우리말을 찾아내지 못하였는데 '여름질'이라고 한다면 어떨까?'라고 하였다. 모든 것이 열매를 열게 하는 것이 농업의 본질이라는 뜻인데, 나로서는 더 좋은 말을 아직도 생각해내지 못했다."(류달영, 《하루를 일생처럼》)

류영모는 말이나 글자를 함부로 자꾸 만들어서는 안 된다고 하였다. 그러나 꼭 있어야 할 말이 없으면 만들어서라도 쓰지 않을 수 없다. 더구나 옛사람들이 쓰던 것을 잊어버린 것이 많은데 그런 것은 도로 찾아서 써야 한다고 하였다. 국어학자들이야 고전적인 전거(典據)가 있느니 없느니 할 수 있겠지만, 말이란 우리 생활 속에 살아 있다. 잘 닦아서 하느님의 뜻을 담는 제기로 쓰면 훌륭한 말이나 글이 될 수 있다.

류영모가 말을 찾아내거나 만들어낸 말은 다음과 같다.

하이금(使命), 맨참(순수), 글월(文章), 알맞이(철학), 마침보람(졸업), 알짬

(精), 짓수(예술), 빈탕(허공), 살알(細胞), 환빛(榮光), 제계(天國), 힘입(은혜), 그이(군자), 바탈(天性), 바람울림(風樂), 몬(物), 고디(정조), 느지름(음란), 짬쨈(조직), 맞긋(종말), 덛(시간), 덜(악마), 굿(점), 조임살(罪), 속알(德), 읊이(詩), 예(여기, 상대 세계), 숨줄(생명), 다세움(民主), 외누리(독재), 님(主), 종싫(好惡), 옳음(義), 올(理), 굳잊이(건망), 누리(세상), 사람새(人間), 나위힘(능력), 땅구슬(지구), 몬돌(坤), 성큼(乾), 김(氣), 가온쓸(中庸), 얼(靈), 여름질(농사), 씨알(民), 냇감(제도), 뭉킴(협동), 밑일(기초공사), 굵고뱀(고학), 떼몸(조합), 맨듬(創造), 빛골(光州), 잎글(엽서), 씨볼맞이(인연), 키임(긴장), 뫼신살이(侍下), 등걸(檀君), 그늠(無漏), 가라치킴(교육), 잘몬(萬物), 싶뜻(욕심), 푸른나이(청년), 우리오리(倫理), 늙은이(老子), 말씀마루(宗敎), 조히(無故), 한늘(우주), 맘줄(心經), 다섯 꾸럼이(五蘊), 꼴위(形而上), 꼴아래(形而下), 맨지(접촉), 엉큼(마하트마), 씻어난이(聖人), 딱아난이(眞人), 없긋(無極), 어둠맺이(혼인), 같이늙(偕老), 맘아들(弟子), 여름아비(農夫)

또 류영모는 전해 오는 순우리말 가운데 그 낱말의 뜻이 무엇인지 알 수 없는 경우 그 뜻을 살려내고자 애썼다. 그것이 실제로 그런 어원이 있는지 없는지 확인할 수 없는 것도 있지만, 알맞고 뜻있는 풀이에 공감이 가고 말뜻이 살아난다.

사나이(산 아이), 고맙다(고만하다), 깨끗(끝까지 깨다), 모름지기(모름은 꼭 지키는), 더욱(더 위로), 실어금(실어갈 금), 하여금(할금), 끈이(끊었다 이음), 사람(사리는 이), 엉큼(얼이 큰), 말미암아(그만하고 말아서), 성큼(성하고 큼), 어버이(업을 이), 이튿날(이어트인 날), 아침(아 처음), 칼(갈고 갈은), 여덟(열에 둘 없는), 아홉(아 없는), 열(열리는), 얼굴(얼이 든 골자구니)

류영모의 이러한 낱말 살리기 때문에 류영모의 글이 알기 어렵다고 하는 이도 없지 않다. 그것은 낱말이 차원 높은 진리의 개념을 지니기 때문일 것이다. 그러나 우리가 진리를 알겠다고 하면 그 정도의 난삽은 극복해내야 한다. 정양모는 이를 두고 류영모의 '한글 놀이'라고 말하였다.

채수일은 류영모가 우리말을 개발하는 것을 크게 환영하는 말을 하였다. "나는 오랫동안 독일에 있으면서 왜 우리가 라틴어나 독일어로는 신학을 하면서 같은 소리글인 우리글과 말로는 신학을 할 수 없다고 생각해 왔는지 스스로 물었다. 그것은 물론 지금까지 우리 신학이 지나치게 유럽 지향적이었기 때문이거나 어려운 중국 문자의 개념을 빌려 와야 비로소 그것이 학문적이라고 생각했기 때문일 것이다. 나에게 부딪혀 온 류영모의 충격은 무엇보다 말의 뜻풀이에 있다. 어렵고 추상적인 개념을 그는 누구나 알고 있는 그러나 미처 그 뜻을 곱씹어 생각하지 못한 생활 언어로 풀어낸다. 은혜를 '힘입어'로, 시간을 '덧'으로 풀어내는 것이나 우리말의 뿌리를 찾아내 얼굴을 '얼이든 골짜구니' 등으로 풀어내는 것이다. 더욱 놀라운 것은 깨달음에 대한 그의 통찰이다. 우리는 진리를 깨닫는다고 흔히 말한다. 그런데 깨달음은 '깨다'에서 온 것이다. 깨달음은 잠에서 깨어나는 것과 보는 것에 관계되고 그것은 한자 풀이에서도 확인할 수 있다. 그러나 깨달음이 깨는(破) 것과 관계된다는 류영모의 통찰은 놀랍다. 진리를 깨닫기 위해서는 무엇인가 깨져야 한다는 것이리라. 그것은 선입관이거나 편견일 수도, 진리를 깨닫는 자기 자신일 수도, 진리 그 자체일 수도 있을 것이다. 이로써 류영모는 흔히 학문적 언어라고 말하는 이른바 주객 도식을 극복했고, 또한 진리를 깨닫는 것이 언제나 깨지고 깨지는 과정임을 가르친 것이다."

류영모는 우리말에서 깊은 진리의 개념을 끌어내기도 하고 반대로 우

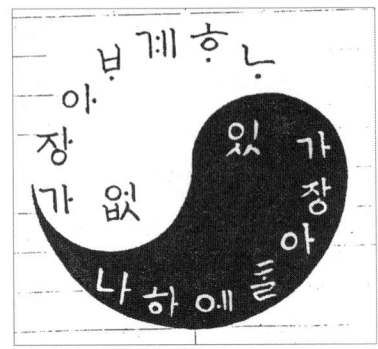

다석의 한글 철학이 담긴 친필(《다석일지》에서).

리말에 집어넣기도 하였다. 류영모는 긋(點)을 두고 이렇게 말하였다. "우리의 숨줄은 하늘에서부터 내려온 나다. 성령의 나다. 그래서 제일 중요한 것이 있다면 우리의 숨줄인 영원한 생명줄을 붙잡는 것이다. 붙잡은 생명줄이 긋이다. 긋은 숨줄 긋이다. 이 숨줄 긋을 붙잡는 것이 가온찍기(ㄱ.ㄴ)이다. 가온찍기야말로 진리를 깨닫는 순간이요, 찰나 속에 영원을 보는 것이다. 가온찍기는 자각(自覺)이다."

류영모는 한글을 가지고 여러 가지 변형된 글씨를 만들어 한글에서 아름다움을 추구했고 아울러 참된 뜻을 심화시켰다. 류영모가 날마다 쓴 일기에서 찾아볼 수 있다. 이것은 류영모의 독창성을 잘 보여주는 또 하나의 사례다. 2005년 홍익대 대학원생 황준필은 류영모의 독창적인 한글 도형에 관한 논문('다석 류영모의 한글 타이포그래피에 대하여')을 썼다.

류영모는 우리글과 우리말로 다른 사람이 생각할 수 없는 시문을 지었다. 류영모의 글은 색달라서 류영모의 필명이 없어도 알 수 있다. 함석헌이 〈사상계〉에 '진리에의 향수'라는 글을 실었는데 그 글에 류영모의 시를 인용하였다. '참'이라는 제목의 시이다.

참

참 찾아 예는 길에
한참 두참 쉬잘 참가
참참이 참아 깨새
하늘 끝 참 밝힐거니
참 든 맘
참 빈 한 아 참
사뭇 찬 참 찾으리

삶이란 참(眞)되시는 하느님을 찾아 나아가는 도정이다. 길이 멀어 잠시 머무를 야영장이 가정이라는 것이다. 가정이란 그 이상의 뜻은 없다. 그런데 가정에 붙잡혀 하느님께로 찾아가는 인생 본래의 목적을 잊어버려서야 되겠는가? 한참 쉬었으면 가정인 야영장은 정리하고 또 나아가야 한다. 가정은 야영이자 잠시 쉬어 가는 참(站)이다. 아픈 고비, 어려운 고비마다 참고 참으면서 하느님 아버지의 존재를 깨달아야 한다. 참이 아닌 생멸(生滅)하는 모든 상대적 존재를 끝까지 깨뜨리면 하늘 끝이 밝혀진다. 상대적 존재를 덜 깨뜨리면 하느님 아버지의 모습을 볼 수가 없다. 상대 세계를 다 깨뜨리고 나면 내 마음의 눈에 그늘 지우던 것이 없어진다. 그러면 무(無)요 공(空)이신 하느님 아버지께서 내 마음속에 들어오신다. 그 하느님을 생각으로 붙잡는 진리파지를 해야 한다. 이것이 마음의 눈으로 하느님을 보는 것이다. 하느님은 제나의 자리에서는 빈탕이나 얼나의 자리에서는 충만이다. 제나로는 살아서나 죽어서나 줄곧 하느님만 찾아야 한다. 그러한 뜻이 45글자 속에 들어 있다. 그러므로 글을 잘 쓴다는 말을 듣는 함석헌도 스승의 글을 빌려서 썼다.

류영모의 산문도 시문 못지않게 우리말의 아기자기하고 묘한 맛과 알 듯 말 듯한 깊은 뜻을 잘 보여준다.

빛 들어가서 비뚤어져 빚어지는 세상, 이것은 영원에서 보면 아주 못된 것이다. 사람이 사람 구실을 못하는 세상이다. 사람이 사람 구실을 못하면 책망을 받는다. 책망은 사람이 책임을 못한 데서 생긴다. 책임을 못하면 그것은 빚이다. 빛 들어 빚어진 빚 세상이다. 이 빚을 벗어나야 한다. 머리빗으로 머리에 묻은 때나 먼지를 빗어내는 것처럼 빛 들어가 빚어진 빚진 세상은 빗으로 빗어내야 한다. 빗으로 빗어 모든 빚이 없어지고 또다시 빛나는 세상이 될 때 빛드러진(삐뚤어진) 세상은 바른 세상이 된다. 그러기 위해서는 빚을 빗어 낼 수 있는 참빗이 필요하다. 이것이 생명의 빗인 진리의 참빛이다. 가는 서캐까지도 빗을 수 있는 참빗(빛)이 필요하다. 빛에서 빛(창조)이 나오고 빛에서 빗(雨, 성령)이 나온다. 빗이 있는데 빚을 덜게 되고 빚을 덜게 될 때 빛이 비친다.

또한 류영모는 '기니디리미비시이지치키티피히'를 '기니 디리미 비시이지 치키티 피히'로 나누어서 신앙 사상을 드러내었다. 마음 머리를 하느님께로 세운 기(그이)가 하느님을 머리에 이니 님이시다. 그리하여 '기니'라 하였다. 하느님 아버지의 뜻을 좇아 나를 바치는 것이 '디리미'이다. '비시이지'는 하느님의 영광이 '보이시지'고, 하느님 아버지를 향하여 치솟는 것이 '치키티'다. 그 길은 십자가를 지고 예수를 따르는 피의 길이다. 그래서 '피히'이다.

이것이야말로 맹물로 포도주를 만드는 이상의 기적이라 아니할 수 없다. 류영모는 농부들이 소를 몰 때 쓰는 말인 '와(가자)', '워(서라)'를 거룩한 말로 만들었다. '와'는 '오아로 오너라', '워'는 '우어로', 즉 '위'로 풀었다. '와워'는 하느님께서 아들을 보고 '위로, 아버지에게로 오너라'라고 하는 뜻이 담겨 있다고 하였다. 류영모는 이 말을 하면서 우리는 '와워' 하는 소 대접을 받아야 한다고 말하였다.

가나다

가나 나가마. 다라 나가마. 맘밥 밤바살알 자라 차자 살

(풀이) 가려나 내가 나가마 뛰어 나가마 엄마의 젖 압바의 밥으로
몸이 자라 진리 되시는 하느님 아버지를 찾아 참되게 살리라
(박영호 옮김)

큰 가을과 얼 글월

일 배운 이 일을 잃고 글 배운이 그릇치는 날에
글 배운 인 위서 일 배운 인 아래서 나랄 못할 텀
다 함께 나라랄 내면 읽어 읽을 얼 글월†

스승들까지 여름† 뭉킴†없이 갈†만 보잡나
떼모움†만 되면 나랄 살릴 글 가르쳐 놓겠소
맨 먼저 여름일 살려 큰 가을†을 거듭세

집안 일은 같이 여름은 집안일 같이 할거

여름일 마을일 밑받침† 없인 다 들뜬† 일과 말
다 함께 나라랄라면 읽어 읽을 얼 글월

굶고 배움도 잘 먹고 가르칠람도 아닙니다
같이 여름 땀 흘리고 글 좀 느려 배워압니다
맨 먼저 여름일 살려 큰 가을을 거듭세†

얼 글월 경전(하느님 말씀)   여름 농사   뭉킴 협동
갈 가을·추수   떼모움 조직   큰 가을 큰 수확
밑받침 실천·실행   들뜬 허황된   가을을 거듭세 추수

여러 경전을 우리말로 옮기다

　류영모는 여러 종교의 경전을 가리지 않고 다 읽어본 뒤에 이렇게 말하였다. "이렇게 유교·불교·기독교를 서로 비춰보아야 서로서로가 뭔가 좀 알 수 있게 됩니다. 나는 적어도 구약과 신약은 성경으로서 오래 가도 버릴 수 없는 정신이 담겨 있다고 봅니다. 그러나 기독교인은 신약성경을 위주해서 말하는데 신약의 말씀도 구약을 이해해야 하는 것처럼 다른 종교의 경전도 다 구약성경과 같이 보아야 한다는 것은 조금도 틀린 말이 아닙니다. 사실상 성경만 먹고 사느냐 하면 그렇지가 않습니다. 유교의 경전도 불경도 먹습니다. 살림이 구차하니까 제대로 먹지 못해서 여기저기서 빌어먹고 있습니다. 그래서 희랍의 것이나 인도의 것이나 다 먹고 다니는데, 그렇게 했다고 해서 내 맷감량(飽和量)으로 소화가 안 되는 것이

아니고 내 건강이 상한 적은 거의 없습니다."

어느 종교나 구경에 가서는 진리 되시는 하느님을 나의 참생명으로 믿고 받들며 따르는 것은 같다. 그밖의 것은 따질 것이 없다. 그런데 사람들은 엉뚱한 교리를 저희 임의로 만들어놓고는 그것을 믿고 따르지 않는 사람은 상종할 수 없다고 한다. 자신들의 교리만이 하느님의 성령으로 이루어졌으며 다른 것은 모두가 사람의 머리로 생각해낸 것이라 틀렸다고 한다. 자신이 믿는 교리가 성령으로 이루어진 것이라 주장한다고 해서 그것이 성령인 것은 아니다.

퇴계 이황은 유학자이면서 불교에도 조예가 깊었던 고운 최치원을 싫어하였다. 최치원이 부처를 너무 좋아하였다는 것이다. "우리나라의 종사(從祀)의 법에는 이해할 수 없는 것이 많이 있으니 저 최고운 같은 이들은 문장만 숭상하고, 더욱이 부처에게 몹시 아첨했다. 그의 문집 가운데 있는 불소(佛疏) 따위의 작품을 볼 때마다 몹시 싫어서 일찍이 통탄하여 끊어버리고 싶었는데, 그를 문묘(文廟)에 두어 제사를 받게 하니 어찌 선성(先聖)을 욕되게 함이 심하지 않는가?"《퇴계 문집》)

노평구는 류영모가 성경을 동양 사상적으로 해석하고 기독교의 속죄 교리를 믿지 않는다고 싫어하였다. 그러면서 동양에는 사상이 없다고 하였다. "사실 저는 동양 고전에는 별로 흥미가 없습니다. 동양 고전은 인생 자체에 대한 본질 추구가 약합니다. 일본의 우치무라는 동양에는 사고(思考)는 있어도 엄밀한 의미의 사상은 없다고 했습니다. 즉 학문성·사상성·철학성·도덕성 등이 빈약합니다." 종파적인 선입관을 지니고서는 다른 종교의 경전은 옳게 한 번 읽어보지도 않은 채 다 아는 듯이 나쁘다고 심판을 내린다. 이러한 한두 마디의 말이 그 자신의 정신적인 성숙도를 나타낸다. 이와는 달리 류영모와 같은 생각을 지닌 이가 있으니, 헤르만 헤세·로맹 롤랑·토인비 같은 이들이다.

헤르만 헤세는 이렇게 말하였다. "나는 종교를 두 가지 형태로 체험하게 되었다. 하나는 경건하고도 정직한 신교도의 자손으로서, 다른 하나는 인도인들의 계시(啓示)의 독자(讀者)로서다. 인도의 계시 가운데서도 나는 《우파니샤드》와 《바가바드기타》, 그리고 부처의 설법을 가장 위대하다고 여긴다. 나는 인도의 정신 세계보다 더 늦게 중국의 정신 세계를 알게 되었으며 또 새로운 발전이 전개되었다. 나는 공자와 소크라테스가 마치 형제처럼 보이게 하는 덕(德)에 대한 개념과 신비로운 힘을 지닌 노자의 은밀한 지혜에 아주 열중했다. 나의 종교 생활에서 기독교가 유일한 역할을 한 것은 아니지만, 지배적인 역할을 했다. 나는 결코 종교 없이는 살지 않았고, 종교 없이는 하루도 살 수가 없을 것이다. 그러나 나는 내 일생 동안을 교회 없이 살아왔다."

로맹 롤랑은 "기독교나 불교나 희랍 사상이나 인도 사상에 깊은 동조 의식을 느낀다."라고 하였다. 토인비는 "부처가 가르친 것이나, 예수가 가르친 것도 먼저 자기 자신을 헤아리라는 것이다. 부처·예수와 함께 중국의 공자와 노자도 듣고 싶다. 세계의 정신적 천재들은 다 같다."라고 말하였다. 기독교의 본고장이라고 할 유럽의 기독교가 사양길에 들어선 지 이미 오래인데 서양의 저명한 신학자들은 죽어 가는 기독교를 살릴 수 있는 유일한 길은 동양 사상을 받아들이는 일이라고 말하고 있다. 오강남이 신학을 배우러 서양에 갔을 때 서양학자들이 동양 사상을 공부하는 데 열중하는 것을 보고 깜짝 놀랐다고 한다. 그래서 오강남은 서양에 가서 동양 사상을 새로 공부하여 《노자》와 《장자》 풀이를 내놓았다. 이 나라의 크리스천들은 우물 안 개구리가 되어 세상 돌아가는 것을 모르고 있는 것 같다.

류영모는 여러 종교의 경전을 두루 읽었을 뿐 아니라 중요한 경전은 우리말로 옮겼다. 이것도 커다란 법보시(法布施)인 것이다. 1959년에 《노자》를 우리말로 완역하였으며, 1968년에는 《중용》을 우리말로 완역하였다. 그밖에 《장자》《논어》《맹자》《주역》《서경》 등은 부분적으로 우리말로 번역하였고, 주렴계의 《태극도설(太極圖說)》과 장횡거의 《서명》을 완역하였다. 요한복음에 나오는 '결별의 기도'도 새로 번역하였다.

류영모는 우리가 살아가는 데 있어서 꼭 알아두어야 할 경전은 누구나 쉽게 읽을 수 있게 쉬운 우리나라 말로 옮겨야 한다고 하였다. 중세 가톨릭에서 일반인들이 성경을 가까이 하지 못하도록 일부러 그리스어로 된 성경을 자기 나라 말로 번역하지 못하게 한 것은 있을 수 없는 일이다. 16세기 마르틴 루터(Martin Luther)의 종교 개혁은 겉껍질 개혁에 지나지 않지만 그의 성경 번역은 불후의 공적이라 아니할 수가 없다.

류영모가 《장자》에 깊이 관심을 두게 된 것은 40살이 되어서다. 1941년 〈성서조선〉 11월호에 《장자》 소요유편의 '대붕'을 옮겨 풀이하였다. 류영모가 《장자》 가운데서 그 구절을 좋아해 우리말로 옮긴 것은 목철위명(目徹爲明), 호접몽(胡蝶夢), 지인지용심약경(至人之用心若鏡), 부대괴재아이형(夫大塊載我以形) 등이 있는데, 여기에는 고지진인(古之眞人)을 옮긴다.

옛날의 참사람은 그 자 꿈 안 꾸고 그 깨어 걱정 없다. 그 먹음 달갑 않고 그 숨 깊이깊이, 참사랑의 숨은 발뒤꿈치로 쉬고 뭇 사람의 숨은 목구멍으로 쉬는 임내. 쭈그러지면 그 목소리 지저븐스리 그 칠곱음(嗜欲)이 깊은 이 그가 하늘틀(天機)엔 옅으리라. 옛날의 참사람은 살어 좋음 모르고 죽어 싫음을 몰라. 그 나온 것을 깃다 않고 그 들길 싫다 않고 프르르 갔다가

14장 우리 말글 속의 하느님 **497**

프르르 왔다가 할 뿐, 그 비롯은 걸 잊지 않고 그 마칠 바를 찾잖고 받고 회희 잊고 감. 이 일러 맘으로 길(道)을 덜잖고 사람으로 하늘을 돕잖기다 이 일러 참사람.(古之眞人 其寢不夢其覺無憂 其食不甘 其息深深 眞人之息以踵 衆人之息以喉 屈服者其嗌言若哇 其耆欲深者 其天機淺 古之眞人 不知說生 不知惡死 其出不訢 其入不距 翛然而往 翛然而來而已矣 不忘其所始 不求其所終 受而喜之 忘而復之 是之謂不以心損道 不以人助天 是之謂眞人)《장자》대종사편)

류영모는 《논어》《맹자》《대학》《서경》《역경》을 발췌하여 우리말로 옮겼다. 그 가운데 《서경》과 《역경》에서 일부만 옮긴다.

옛님 마루ㅎ대길 살필 것 같으면 매운 불을 놓았달 것이니 우러러 밝아 깨쳐 환한 생각에 가라앉아 손에 손이 잘 가고 줄 데 줌도 잘 되어 빛이 네 밖 멀리 위 알로 크게 뒤덮어 사무치니라.(曰若稽古帝堯 曰放勳 欽明文思安安 允恭克讓 光被四表 格于上下)《서경》우서 요전)

성큼(乾)은 으뜸(元), 뚫림(享), 풀림(利), 곧이(貞), 끊말(彖曰) : 크다 성큼 으뜸데 잘몬 비롯졌으니 예 하늘의 그늘름이로다. 구름이 가고 비가 온데 낱몬이 흘러나 꼴을 짓었음이여, 크게 밝히면 비롯은 여섯 자리, 때로 이루노니, 여섯 미리(龍) 틈을 내 타야만 하는대로써 타리로다. 성큼 길은 갈러 되나니 바탈 뚫림이 바르끔 : 크게 고르로 맞아 맞인데, 이엔 풀리고 곧으리로다. 뭇 몬에 머리 솟으면 잘 나라 다 좋으리라.(彖曰 大哉乾元 萬物資始 乃統天 雲行雨施 品物流形 大明終始 六位時成 時乘六龍 以御天 乾道變化 各正性命 保合大和 乃利貞 首出庶物 萬國咸寧)《역경》건괘)

류영모는 송나라 성리학의 시초를 연 주렴계의 《태극도설》을 완역하였다. 류영모는 유교도 태극·무극에 이르러서는 노장이나 불교에 못 미칠 것이 없다고 말하였다. 그리고 장횡거의 《동명(東銘)》과 《서명》을 우리말로 완역하였다. 류영모는 횡거 장재의 대동(大同) 사상을 좋아하였다. 그 대동 사상이 잘 나타난 것이 《서명》이다. 류영모는 《서명》은 꼭 읽어봐야 한다고 말하였다. "장횡거의 《서명》을 안 본 이는 꼭 봐야 할 것입니다. 이것은 복음 말씀과 꼭 같아요. 세상의 모든 것은 친구요, 모든 사람은 하느님의 아들이라 사람은 서로 형제입니다. 효(孝)하는 걸로 하느님을 섬겨야 합니다. 모든 사람의 아버지는 하느님이라 하느님의 일을 함이 효도입니다. 모든 것은 하느님의 일이라 아버지의 뜻으로 되는 일이니 걱정 말고 하라고 하였습니다."

여기에는 류영모가 옮긴 《서명》 가운데 일부를 옮겨 싣는다.

성큼(乾)을 아바라 하고, 못돌(坤)을 어미라 한다. 나 예 조그만 것이 까만 데 서니 하늘 땅 그득히 내 몸뚱이요 하늘 땅 올곧이 내 바탈이옵. 씨알을 내 한배 살몸. 몬(物)이란 나 함께 더블음. 큰 임금이란 내 어베의 큰 집 마루 아들, 그 큰 섬기는 마루집 일보기, 높은 나이 우러름은 어른을 어른키요, 외어림을 가엽음은 내 어린걸 얼름이옵, 씻어난이는 속알이 듬숙, 닦아난 이는 빼어났음.(乾稱父 坤稱母 予玆藐焉 乃混然中處 故 天地之塞 吾其體 天地之帥 吾其性 民吾同胞 物吾與也 大君者 吾父母宗子 其大臣 宗子之家相也 尊高年 所以長其長 慈孤弱 所以幼吾幼 聖其合德 賢其秀者也)

류영모는 구약성경에 있는 시편 119장 등도 직접 원어의 뜻을 밝히고 외국어 성경을 참고하여 옮겼다. 다음은 1960년에 옮긴 시편 90장이다.

14장 우리 말글 속의 하느님 **499**

1) 님이여 님은 우리가 내리내리 사는 뎁니다.

2) 산도 없고 땅도 없고 아무것도 없는 앞서서 하늘에서 하늘까지 님은 하느님이시다.

3) 님께서 사람을 없애시므로 돌아오라 너희 사람들은 돌아오라 하셨사오니.

4) 님은 따라 본다면 천년(千年)이 지나간 어제 같으며 밤을 보는 번참(番站) 같으니이다.

5) 님께서 저희를 물밀 듯 쓸어가시나이다. 저희는 조금 잠자는 것 같으며 아침에 돋는 풀 같으니이다.

6) 아침에 꽃이 피어 자라다가 저녁에 베인 바 되어 마르나이다.

7) 우리는 님의 결(勢力) 때문에 없어지오니 님의 결내이심을 놀라나이다.

8) 님께서 우리를 조임삶(죄악=모짐 모짋)에 놓으시고 우리 속의 속알을 님의 얼굴 얼빛 가운데 두셨사오니

9) 우리 모든 날이 님의 결 속으로 지내가며 우리 해마닥이 몇 살 먹단 소리로 사라집니다.

10) 우리 나이가 일흔이요 세차면 여든이라도 그 나이의 내어놓은 것은 쓰라림과 슬픔뿐 그래도 빠르다고는 여겨지며 날아가는 듯합니다. ……

《노자》와 《중용》을 완역하다

류영모는 20살 때부터 《노자》를 읽었다. 그리고 1959년 69살에 우리말로 옮겼다. 그때 YMCA 연경반에서 《노자》를 강의하고 있었는데, 류영모는 등사본을 만들어 연경반에 나온 사람들에게 나누어주었다. 뒤에 1968

년에 빛고을에서 머무는 동안에 번역한 것을 다듬어 대학 노트에 정서하였다. 그것을 광주 YMCA 총무를 지낸 김천배가 복사·제본해 배포했다.

류영모의 《노자》 우리말 옮김을 보면 눈이 번쩍 뜨이면서 이렇게도 옮길 수 있구나 하고 놀라게 된다. 《노자》 번역을 보면 한 글자도 군더더기가 없다. 정곡을 찌르는 올바른 뜻풀이로 빈틈이 없다. 순우리말만 써서 한자 낱말은 거의 없다. 노장(老莊)을 연구하는 성균관대학교의 송항용이 말하기를 우리말로 번역된 《노자》 가운데는 류영모의 번역이 가장 잘되었다고 말하였다. 도올 김용옥은 그의 책 《노자와 21세기》에서 다석 류영모 선생을 만나지 못한 것이 천추의 한이 된다고 말했다. 내 스승이라서 하는 말이 아니라 노자 이래 으뜸가는 번역(풀이)이라고 생각한다. 올바른 번역은 곧 올바른 해설을 겸한다. 중국의 왕필(王弼)이 다시 살아난다 해도 류영모의 해설에 경탄하지 않을 수 없을 것이다.

노자는 위학(爲學)의 학자가 아니라 위도(爲道)의 도인이다. 그러므로 제나를 넘어선 얼나의 도인이라야 노자를 바로 알지 고문헌 연구만 한 학자는 바로 알 수 없다.

《노자》 20장에 '이귀식모(而貴食母)'라는 글귀가 있다. 우리나라에서 손꼽히는 한학자 김경탁(金敬琢)이 우리말로 옮기기를 "밥을 주는 어머니인 자연을 사랑한다."라고 하였다. 또 신형중(愼弦重)은 "어미의 품속이 그립다."라고 옮겼다. 그러나 류영모는 "어머니 (젖) 먹기를 높이노라."고 옮겼다. 어머니의 젖은 하느님의 생명인 얼이다. 사람은 하느님의 얼(말씀) 먹기를 높여야 한다. 글자 새김으로나 뜻풀이로나 류영모의 옮김이 얼마나 월등한지 한눈에 알 수 있다. 새김에 따라서 얼마나 뜻이 달라지는지를 헤아리면 깜짝 놀라지 않을 수 없다. 여기에서 말하는 어머니가 도(道)임은 말할 것도 없다. 예수는 하느님을 아버지로 비겼지만 노자는 어머니에 비긴 것이다. 도인 하느님은 남녀의 상대성을 초월했기에 아버지도 아니고 어머니도 아니다. 그러므로 또한 아버지로 비길 수도 있고 어머니로 비겨도 된다.

어머니를 먹는다는 말은 어머니인 도(道)를 먹는다는 뜻이다. 도는 무소부재(無所不在)한 성령이다. 노자는 "대도범혜(大道氾兮)"(《노자》 35장)라고 하였다. "도는 두루 퍼졌다." 또는 "두루 뚫렸다."라는 의미를 담고 있으며, 무소부재와 같은 뜻이다. 그 성령인 도를 숨쉬는 것이 어머니를 먹는 것이다. 몸의 코로 대기(大氣)를 마시듯이, 마음으로 대도(大道)를 숨쉬는 것이 어머니인 도를 먹는 것이다. 《노자》 41장에도 "그저 도(道)만이 잘 빌려주고 또 이루도다(夫唯道善貸且成)."라고 하였다. 예수는 "사람이 빵으로만 사는 것이 아니라 하느님의 입에서 나오는 모든 말씀으로 살리라."(마태오 4:4)고 하였다. 이 말을 노자는 이귀식모(而貴食母)라고 나타낸 것이다. 이처럼 그 뜻이 하늘과 땅처럼 다르게 된다. 그러므로 도를 깨닫지 못한 학자들이 도의 경전을 풀이한다는 것은 맹인이 지도를 그리는 것과 다름이 없다. 《노자》를 풀이하는 데 도를 잘못 알고서 어떻게 풀이가 바로 될 수 있단 말인가? 노자를 배우려면 노자의 없이 계시는 하느님의 무극(無極) 사상부터 배워야 한다. 지엽 말단에 매달려서 어떻게 노자를 안다고 하겠는가?

노자가 이르기를 "몸은 한창이 지나면 늙는다. 이 일러 도가 아니라 하니 도 아니면 일찍 그만두라(物壯則老 是謂不道 不道早已)."(《노자》 30장)라고 하였다. 물질로 된 것은 하루살이에서 사람에 이르기까지, 분자에서 우주에 이르기까지 시간 차는 있어도 모든 것이 늙어 없어진다. 이것은 비롯도 없고 마침도 없는 도가 아니고, 비롯도 있고 마침도 있는 부도(不道)이기 때문이다. 부도는 고집도 집착도 말고 일찍 그만두라는 것이다.

도가 아닌 것에 집착하는 것이 미혹이요, 방황이다.

도 아닌 것에 집착하지 않고 고집하지 않는 것을 노자는 무위(無爲)라고 하였다. 제나를 죽이고 세상을 버리고 하느님(天道)의 뜻을 좇는 것이 무위다. 하느님의 뜻만 따르면 이루어지지 않는 것이 없다.

류영모는 이렇게 말하였다. "도는 세상을 초월한 진리를 말합니다. 도는 아무것도 바라는 마음 없이 언제나 주인을 섬기는 종의 마음을 지닐 때 이루어집니다. 참으로 진리를 찾으려면 생명을 내걸고 실천해보아야 합니다. 도는 참나입니다." 이게 노자가 말하는 도의 무위다.

예수는 노자가 말한 무위의 도를 이렇게 말하였다. "내가 가르치는 것은 내 것이 아니라 나를 보내신 분의 가르침이다. 하느님의 뜻을 실천하려는 사람이면 이것이 하느님으로부터 나온 가르침인지 또는 내 생각에서 나온 가르침인지를 알 것이다."(요한 7 : 16~17) "아들은 아버지께서 하시는 일을 보고 그대로 할 뿐이지 무슨 일이나 마음대로 할 수는 없다. 아버지께서 하시는 일을 아들도 할 따름이다."(요한 5 : 19)

류영모는 삶의 목적이 이 세상에 없다고 하였다. 삶의 목적은 하늘 위에 있다고 하였다. 그것은 영원한 생명을 얻는 것이 인생의 궁극적인 목적이란 말이다. 노자는 영원한 생명을 도(道)라 하고 석가는 법(法)이라 하고 예수는 영(靈)이라고 하였다. 순우리말로는 얼나이다. 노자·석가·예수의 말씀을 읽고도 영원한 생명인 얼나를 깨닫지 못하였다면 잘못 읽은 것이다.

류영모는 1968년에 빛고을 무등산에 있는 김정호의 목장에 1년 동안 묵으면서 《중용》을 우리말로 완역하였다. 류영모가 유교의 경전 가운데 오직 《중용》을 우리말로 완역한 것은 우연한 일이 아니다. 《중용》이 부피가 적어서 고른 것이 아니다. 《중용》은 글자 수로는 《맹자》의 10분의 1, 《논어》의 5분의 1에 지나지 않지만 《대학》의 2배이다. 《중용》은 3,568자이고 《대학》은 1,753자이다.

류영모가 유교의 경전인 사서오경 가운데 오직 《중용》만을 우리말로 옮긴 것은 《중용》을 가장 귀한 경전으로 보았다는 증거이다. 류영모가 《중용》을 가장 귀하게 본 데는 까닭이 있다. 유교 경전에는 비교적 형이상학이 모자라는 것이 사실인데, 《중용》에는 형이상학적인 요소가 들어 있다. 《중용》에서는 《노자》의 구절을 찾을 수 있고 반야심경의 구절을 만날 수 있고 요한복음의 구절을 고를 수 있다. 《주역》에 유교의 우주관이 들어 있다면, 《중용》에는 유교의 인성관이 들어 있다. 《중용》 앞부분에 있는 고(古)중용과 《중용》 뒷부분에 있는 신(新)중용에 들어 있는 형이상학은 하늘 문을 활짝 열었다. 송나라의 경학자(經學者)이며 정치가, 교육자로 이름이 높았던 범중엄(范仲淹)이 노장과 불경을 탐독하는 젊은 장횡거에게 《중용》을 소개하면서 읽도록 하였다. 《중용》이 사문(沙門)에 들어설 뻔한 횡거 장재(張載)의 손목을 잡은 셈이다. 이것으로 류영모가 《중용》을 골라 우리말로 옮긴 까닭을 알고도 남는다.

류영모는 중용(中庸)이라는 말을 좋아하였다. '줄곧 뚫림'이라 옮기기도 하고 '가온 쓸'이라고도 옮겼다. 류영모는 중(中)을 두고 이렇게 말하였다. "참나란 속의 속입니다. 속의 속이 참나인 것 같습니다. 속의 속이 중(中)인데 중이 참나입니다. 참나가 어디에 있는가? 내 속의 속에 있는 것 같습니다." 참나는 하느님으로부터 오는 성령인 얼나이다. 류영모가 《중용》을 '줄곧 뚫림'이라고 한 것은 성령이 예수의 말처럼 마음속에서 생수처럼 줄곧 뿜어져 나온다는 뜻이다. 중(中)이라는 글자가 구멍이 뚫린 것을 상형화한 것이다. 사람은 짐승인데, 마음이 하느님과 이어지는 구멍이 뚫리면 얼을 받아서 짐승이 짐승 노릇을 그만두고 하느님의 뜻을 받드는 하느님의 아들이 된다. '가온 쯹'도 마음 가운데서 나오는 성령을 수돗물이나 연료가스처럼 받아서 쓴다는 뜻이다. 용(庸) 자는 쓸 용(用) 자와 같은 뜻이다.

류영모는 이렇게 말하였다. "우리는 이미 정신 세계에서 하느님과 연락이 끊어진 지 오래입니다. 그리하여 사람들이 이승의 짐승이 되었습니다. 우리들이 산다는 것은 혈육의 짐승으로 살고 있는 것입니다. 지저분하게 먹고 싸기만 하는 짐승이지만 하느님으로부터 성령을 받을 때 사람이 회복됩니다." 류영모는 중용을 하느님으로부터 성령을 받는 것임을 분명히 밝혔다. 공자가 "하느님이 내게 속나를 낳으셨다(天生德於子)."(《논어》 술이편)라고 한 것도 공자가 하느님으로부터 얼을 받은 것을 말한 것이다.

중용이란 말은 공자가 처음으로 말하였다. "공자가 말하기를 중용의 속알 됨이여 지극하도다. (중용의) 사람이 드문 지 오래도다(子曰 中庸之爲德也 其至矣乎 民鮮久矣)."(《논어》 옹야편) '얼로 뚫려 속알 됨이 지극하다. 얼로 뚫린 사람이 적은 지 오래다.' 이러한 풀이는 류영모 이전에는 없었다.

류영모가 처음으로 중용의 참뜻을 밝혔다. 이제까지는 아리스토텔레스가 지은 《니코마코스 윤리학》에 나오는 중용처럼 풀이하였다. 《니코마코스 윤리학》에 나오는 중(中)은 지나치지도(過) 않고, 못 미치지(不及)도 않는 중도였다. 아리스토텔레스는 "공포와 태연에 관해서는 용감이 그 중용이다. 쾌락과 고통에 관해서는 그 중용은 절제이며 그 지나침은 방종이다. 재화를 주는 것과 얻음에 있어서 그 중용은 관후(寬厚)이다. 그 지나침과 모자람은 방만과 인색이다. 명예와 불명예에 관해서는 그 중용은 긍지이며, 그 지나침은 거만이고 그 모자람은 비굴이다."(《니코마코스 윤리학》 7장)라고 하였다.

중용의 철학을 밝힌 것이《중용》첫머리에 나오는 "천명지위성 솔성지위도(天命之謂性 率性之謂道)."(《중용》1장)이다. "하늘 뚫린 줄을 바탈이라 하고(天命之謂性)"가 중(中)이다. "속나를 좇는 것을 도라 한다(率性之謂道)."가 용(庸)이다. 중용의 사람은 얼나가 제나를 다스리고 제나가 얼나를 받드는 자율(自律)의 사람이다. "넓고 두루 넓어 깊이 깊이 샘이 솟아 나오나니라(溥博淵泉 而時出之)."(《중용》31장) 이것이 하느님의 성령이 샘솟는 자율의 중용이다.

류영모는 하느님과 영통(靈通)하기를 주장한다. 영통, 신통이 중용이다. "안다는 것은 하느님과 교통이 되어서 아는 것입니다. 성령과 통하는 것이 있어야 바르게 옳게 발달이 됩니다. 무슨 신앙이 아니더라도 자주 하느님과 통하여야 합니다. 성경에서도 자연에는 성령이 풍만하다고 이른 것이 있습니다. 동양에도 기상천외(奇想天外)라는 말이 있습니다. 참으로 발전시키는 것은 하느님이 일러주는 것을 안다는 말입니다."

반야심경을 외우다

류영모는 예수를 잘 알려면 석가도 알아야 하고, 석가를 잘 알려면 예수도 알아야 한다고 말하였다. "알긴 무엇을 압니까? 우리는 아는 것이 없습니다. 예수교 믿는 사람은 유교를 이단시하고 불교를 우상 숭배라고 합니다. 불교를 좇는 이는 예수를 비난하고 유교를 나쁘다고 합니다. 유교를 높이는 이는 불교를 손가락질하고 예수교를 천시하면서 무엇을 안다고들 하는지 모르겠습니다. 남을 모르면 자기도 모릅니다. 자기가 그

이(君子)가 되려면 다른 그이도 알아야 합니다. 지금은 모두가 참 멍텅구리 시대입니다."

류영모는 하느님이라는 말을 늘 사용하였으니 기독교나 유교 쪽에 가깝다고 할 수 있다. 톨스토이나 간디와 마찬가지로 류영모도 불교가 하느님을 모르는 종교라고 생각하지 아니하였다.

불교에서는 우리가 난 것부터가 괴롬(苦)이라고 합니다. 그러나 사람이 지닌 진리의 본성(다르마)은 불생불멸한다고 합니다. 이 말의 뜻은 불교를 믿지 않으면 모릅니다. 불교를 믿는다는 것은 사람의 본성인 불성(다르마)이 내 속에 있는 것을 믿는 것입니다. 기독교와 불교의 차이는 로고스(말씀)와 다르마(法)인데 둘 모두 진리라는 뜻입니다. 진리는 그 이상 더 없으니 이를 믿습니다. 하느님이 진리의 근원이라는 것을 알면 삶의 맛을 참으로 알고, 삶의 맛을 참으로 알면 진리의 생명인 얼나로 영생합니다. '우리가 좀 더 길게 넓게 살 수 없는가' 하는 문제가 이 사람이 말하는 것입니다. 우리의 몸으로는 그렇게 할 수 없지만 정신적으로 할 수 있습니다. 예수·석가·노자는 정신적으로 영생합니다. 나도 그렇게 되고 싶어 그들의 말을 듣지, 그렇지 않으면 그들하고 상관이 없습니다. 이 세상에서 가장 훌륭한 이는 누구보다도 석가·예수·톨스토이·간디 등입니다. 석가의 사상을 두고 무신론이라거나 유리론(唯理論)이라고 말하는 이들도 있지만 하느님 사상과 무관한 것이라고 할 수 없습니다.

1959년 9월 17일에 류영모는 중국 당나라의 승려 현장(玄奘)이 한역(漢譯)한 '반야바라밀다심경'을 우리말로 옮긴 후 그것을 가지고 '반야심경' 강의를 하였다. 그때 류영모는 '반야심경'에 대하여 이렇게 말하였다. "성경에서 마태오복음에 나오는 산상수훈만 가지고 성경을 대표한다고 할 수 없지만 '반야바라밀다심경'을 자세히 알면 불교 일반을 알 수 있습니다. 생명을 생각하는 이나, 정신을 생각하는 이는 누구든지 이 '반야바라밀다심경'을 분명히 알아야 합니다. 생각하는 사람이 이쯤 갔다는 것은 고귀한 재산임에 틀림없습니다. 불교는 2,500년에 이르는 역사적인 사상이요, 동·서양 할 것 없이 온 세계에 알려진 세계적인 사상입니다. 우리가 사람 노릇을 바로 하려면 불교를 알아야 합니다. 우리가 불교를 모르고는 이 세상을 바로 살 수 없습니다. '아뇩다라삼먁삼보리(阿耨多羅三藐三菩提)'라는 말은 불경에 많이 쓰입니다. 영원한 생명인 불성(다르마)을 꼭 잡는 것이 아뇩다라삼먁삼보리입니다."

류영모는 불교의 공(空) 사상에 관심을 기울였다. 류영모는 노자와 장자가 말한 '없(無)'을 알아야 하고, 불교가 말한 '빔(空)'에 이르러야 진리를 알았다고 할 수 있다고 말하였다. 류영모는 무(無)에 관하여 말하기를 "있다는 것도 참으로 있는 것이 아니고, 없다는 것도 참으로 없는 것이 아닙니다. 생사에 빠진 미혹과 환상에서 유(有)니 무(無)니 야단입니다. 있느니 없느니를 아는 사람은 없습니다. 다만 우리의 감각이 '있다, 없다'라고 하는 것일 뿐입니다."

류영모는 공(空)을 이렇게 말하였다. "허공(虛空)의 공상(空相)은 장엄합니다. 이 우주는 허공을 나타낸 것입니다. 이 만물이 전부 동원되어서 겨우 허공의 존재를 드러내고 있습니다. 우리가 꽃을 볼 때 보통 꽃 테두리 안의 꽃만 보지 꽃 테두리 곁인 허공에는 눈길조차 주지 않습니다. 꽃을 있게 하는 것은 허공입니다. 우리가 붓 끝 같은 물체만 보고 허공을 못 보다니, 제가 좀팽이 같은 것이라서 물체밖에 못 봅니다. 우리가 말하는 절대자 하느님이나 무한대의 허공이나 마음속의 얼은 '왔다·갔다·났다·죽었다' 하는 상대적 존재가 아니라는 것을 이 사람은 인정합니다. 나는 요새 와서는 허공이야말로 가장 다정(多情)한 것으로 느껴집니다. 허공을 모르고 하는 것은 모두가 거짓입니다. 허공이 참이기 때문입니다."

류영모가 1천억 개가 넘는 성운단(星雲團)의 우주를 담고 있는 물리적인 우주만을 생각한 것은 아니다. 하느님의 마음이라 표현한 살아 있는 허공, 얼로 충만한 허공을 하느님으로 생각하였다. 허공의 하느님은 신격(神格)의 하느님, 영격(靈格)의 하느님이며, 생각하는 하느님, 사랑하는 하느님임을 알고 믿었다. 탐·진·치의 거짓나가 있는 것이 진선미한 하느님의 '나'가 계시다는 증거라는 것이다. 하느님이신 참나가 있어서 거짓나가 생긴 것이다. 거짓나가 있어서 참나가 생기는 것이 아니다. 났다가 죽는 거짓나가 있는 것은 나지 않고 죽지 않는 참나가 있다는 증거인 것이다. 진짜보다 가짜가 먼저 생기는 일은 있을 수 없다.

류영모는 석가의 사상을 알면 알수록 하느님을 부인하는 사상이 아닌 것이 분명한데 하느님에 대한 언급이 불분명한 데 불만족이었다. 그래서 불교는 사고무친(四顧無親)이라고 말하였다. 그러나 빈 맘에 하느님 나라, 나르바나님 나라가 가득 차면 불만족이 없다고 말하였다. 그리하여 이 사람이 팔만대장경을 여러 번 정독하고 보니 석가가 말한 니르바나가 하느님과 같은 낱말임을 알아냈다. 이미 톨스토이와 마하트마 간디도 니르바님이 하느님인 것을 확신하고 있었다.

천부경의 수수께끼를 풀다

류영모는 15살 때부터 기독교 신도가 되어 서울 연동교회를 5년 동안 다녔다. 그밖에는 어느 종파에도 이름을 얹은 적이 없다. 그러나 여러 종교의 경전을 읽으면서 여러 종교의 신자들과 두루 접촉하였다. 그 가운데 대종교(大倧敎) 제3대 교주였던 단애(檀崖) 윤세복(尹世復)과도 잘 아는 사이였다. 친우 육당 최남선을 통해서 사귄 것으로 짐작된다. 윤세복은 단군의 홍익 사상을 드높이는 것으로 일제의 침략에 정면으로 맞섰다. 한때는 일제의 탄압을 피하여 만주에서 망명 생활을 하였다. 기어이 일제의 마수에 붙잡혀 옥고를 겪는 가운데 광복의 그날을 맞았다. 광복한 뒤에도 류영모는 윤세복과 여러 번 만났다.

류영모가 윤세복의 영향을 어느 정도 받았는지는 알 수 없으나 류영모는 단군에 대한 생각과 사랑을 가지고 있었다. 단군에 대한 생각이란 단군(檀君)이 등걸(樸)이나 둥글(朴)이라는 것이다. 단군의 어원을 텡그리(몽고어)라고 주장한 문우 육당 최남선의 의견을 받아들인 것으로 여겨진다. 선조를 모시는 사당을 단골집이라고 불렀다고 하였고, 박(朴)씨는 단군의 후손이라고 말하였다. 텡그리는 하느님이란 뜻의 몽고어이다.

류영모는 시월 상달이면 개천(開天) 건국(建國)한 단군에 대해서 꼭 한 마디의 말을 하거나 글을 써서 단군에 대한 사랑을 나타냈다. 류영모는 '하늘을 열었다'는 뜻의 개천이라는 말을 좋아하였다. 하늘을 열고 하느님과 만나자는 것이 우리 삶의 목적이요, 사명이라고 하였다.

개천 사천삼백륙 년 우리 님금 등걸(檀君)님. 시월 상달로 개천 강림. 해(日) 아주 짧게 보는 달이래 맨 꼭대기로 침. 오르오 저 제대로리 모시오리.

아버지나라 계(天國) 모시러 상달로 시월이라. 이어 트인 날 보니 이제가 예서(此世) 계(天國) 갑니다. 옐(此世) 예문(離) 제겔(天國) 감직, 예 옐다 예문 솟나가 참이오리. 아버지 모시오리 저 제대로리.(《다석일지》1973. 10. 3.)

하늘나라를 열어 하늘나라로 솟나 영원한 생명인 얼나의 제 모습으로 돌아가 사는 것이 참이라는 뜻이다. 시월(10월)이 상달이 된 것은 음력 시월이 해의 길이가 가장 짧아지는 달이기 때문으로 보았다.

하느님(桓因)께서 그의 생명이신 환웅(桓雄)을 세상에 보내어 사납기가 범이요, 미련하기 곰 같은 짐승인 사람에게 내리어, 사납고 미련한 짐승의 성질(獸性)을 버리고 사람이 되었다. 그가 단군인 등걸이다. 등걸은 하느님의 얼(한웅)을 받은 하느님의 아들이다. 하느님의 아들이라 언제나 검(神)님을 머리에 이고 사는 님검(임금)이다. 왕검(王儉)이 님검이다. 단군은 하느님 아버지를 깨달아 하느님 아들이 되었다. 임금도 뒤에 왕의 호칭이 된 것이지 처음에는 검님(하느님)을 머리에 이고 받든다는 뜻이었다는 것이다. 스승 류영모가 하느님을 검님이라고 하는 것이 어떻겠느냐고 이 사람에게 동의를 구한 적도 있었다.

고조선의 연대를 늘리기 위해서인지 하느님인 환인과 환웅조차 임금으로 만든 것은 말도 안 되는 소리다. 역사가 오래라고 좋은 것이 아니다. 유인원의 역사는 3백만 년이 된다고 한다. 그러면 침팬지들이 더 오랜 역사를 가진 것이 된다. 역사가 오랜 것이 문제가 아니다. 하느님을 받들었는가가 문제인 것이다. 단군 국조가 자랑스러운 것은 하느님을 받든 데 있다. 사람이 나이를 먹은 것을 자랑할 게 아니라, 몇 살 때부터 하느님을 받들었는지가 중요하다. 삼독의 수성으로 사는 이는 나이가 많아도 어른이 못 된다고 석가가 말하였다.

류영모는 이러한 말도 하였다. "단군 할아버지의 생신 날에 우리는 무엇을 하는가? 개천의 날은 하늘이 열린 날인데 그이의 뜻은 곧 하느님의 뜻이었다. 하늘을 열어놓고 살림을 하자는 그 일을 우리는 해야지 다른 일이 또 무엇이 있어요? 하느님의 말씀에 순명(順命)해야 할 것이 아니에요?"

류영모가 천부경을 우리말로 옮긴 것은 1963년 12월이었다. 천부경에 특히 문제가 된 것은 '운삼사성환오칠일묘연(運三四成環五七一妙衍)'이다. 이것은 아무도 바로 풀지 못하는 민족적인 숙제였다. 그런데 류영모가 이것이 바로 오늘날 '마방진(魔方陣)'이라고 하는 낙서(洛書)임을 밝혀냈다. 단군이 나라를 세울 때 가지고 있었던 천부인(天符印)이 바로 낙서임이 밝혀진 것이다. 마방진은 정사각형에 우물 정(井) 자를 그려 1부터 9까지의 수를 채우고 가로, 세로, 대각선으로 배열된 수의 합이 모두 15가 되도록 만드는 것이다. 기묘한 수의 기적이라 아니할 수 없다. 옛사람들은 하늘의 구성이 낙서처럼 생긴 줄 알았다. 그것을 똑같이 만든 것이 천부인인 것이다. 천부인 셋은 천·지·인의 3재를 대표하기 때문에 3개를 만든 것 같다. 소설 《단군》의 저자 김태영은 그의 소설에서 이렇게 말하였다. "이 인용문을 읽어보면 천부경은 역시 참나를 깨달은 사람이 아니고는 제대로 파악할 수 없다는 것을 새삼 일깨워줍니다. 지금까지 나는 수많은 천부경 해설서를 읽어봤지만 다석 선생만큼 그 핵심을 제대로 찌른 해설서는 만나보지 못했습니다."

예수가 가르친 것은 멸망의 제나 밖에 있는 영원한 생명인 얼나이다. 석가는 나지 않고(不生), 죽지 않는(不滅), 영원한 생명인 법성(法性)인 얼나를 가르쳐준 것이다. 단군은 비롯도 없고(無始) 마침도 없는(無終) 영원한 생명인 본심(本心)을 가르쳐준 것이다.

우리는 이스라엘 민족처럼 민족의 선택이나 우월을 내세워서는 안 된다. 이스라엘 민족의 잘못은 거기에 있다. 기독교인들이 예수를 신격화하고 불교도들이 부처를 신격화하듯이 단군을 신격화해서 예배의 대상으로 삼아서는 안 된다. 사람을 하느님으로 우상화하는 것처럼 잘못된 미신은 없다. 우리가 받들 것은 하느님뿐이다. 아무리 훌륭한 사람도 하느님은 될 수 없다. 하느님은 온통인 허공이기 때문에 우리는 단국 국조처럼 하늘나라를 열어서 하느님께로 돌아가야 한다.

결별의 기도를 다시 옮기다

류영모는 1959년 3월 22일부터 《노자》 번역을 시작하여 21일 만인 4월 11일에 《노자》를 완역하였다. 《노자》를 우리말로 옮기기 시작하기 13일 전에 이미 '결별의 기도'를 옮겼으며 《노자》를 다 옮긴 5개월 뒤에는 '반야바라밀다심경'을 우리말로 옮겼다. 류영모는 이미 1943년에 예수의 기도를 번안하여 〈성서조선〉 마지막 호에 실은 바 있다. 류영모는 주기도문과 함께 결별의 기도를 특히 좋아하여 그리스어로 된 예수의 결별의 기도를 스스로 옮겼을 뿐 아니라 자신이 번역한 것을 틈틈이 외웠다.

요한복음 17장에 있는 결별의 기도를 '옛다시 가온 보입'이라 옮겼다. '옛다시 가온'이란 석가의 10개의 존칭 가운데 하나인 '잘 간다'는 뜻의 '선서(善逝)'를 우리말로 옮긴 것이다. 여래(如來)를 '있다시 온'이라 하였다. '있다시 온'은 하늘에 있는 본디의 나가 그대로 왔다는 뜻이다. '옛다시 가온'은 예(여기)의 것을 다 잘 여의고 하느님께로 돌아간다는 뜻이다. '보입'은 하느님을 뵈옵고 말씀 올리는 것을 뜻한다. 사실은 여래가 선서요,

선서가 여래이다. 류영모는 하느님 아버지께로 돌아가는 데 삶의 목적이 있다고 하였다. "이 세상에는 '절대 진리'라는 것이 없습니다. 절대 진리는 하늘 위에 있습니다. 우리는 절대의 하느님께로 올라가야 합니다. 절대가 아닌 것은 생각지 말고 땅 위에 있는 것을 훨훨 벗어버리고 '하나'의 님을 생각해야 합니다. 하느님을 찾아가는 것이 우리 사람의 일입니다. 절대 진리를 위해서는 내버릴 것을 죄다 버려야 합니다. 우리는 하느님 아버지의 영광을 드러내기 위해 있습니다."

류영모는 기도를 하려면 예수가 한 '결별의 기도'처럼 해야 한다고 말하였다. "원래 기도는 이러해야 합니다. 무슨 감동을 주기 위해 고개를 숙이게 하고 강연식으로 기도하는 것은 기도가 아닙니다. 판에 박은 듯한 기도와 예수가 한 이 기도를 자세히 비교해보면서 요한복음 17장을 수없이 읽어보아야 합니다. 우리는 공연한 거짓된 기도, 허식된 기도는 하지 말아야 합니다. 기도할 때에 이 세상이 너무나 괴로우니 빨리 데려가 달라고 하는 기도는 하면 안 됩니다. 오직 악에 빠지지 않게 보전해 달라고 해야 합니다. 그리고 자기 사명을 다 해야 합니다."

류영모는 놀라운 지적을 하였다. "영생은 곧 유일하신 참 하느님과 그의 보내신 자 예수 그리스도를 아는 것이니이다."(요한 17 : 3, 개역한글)라고 말한 것은 예수 그리스도의 말이 될 수 없다고 하였다. 자기 자신을 그렇게 말할 예수가 아니라는 것이다. 이것은 요한복음 기자의 주관이 들어갔거나 교회의 주관이 들어간 것이라고 하였다. 공관복음을 양식사적으로 분석하고 연구한 독일의 신학자 루돌프 볼트만(Rudolf Bultmann)도 말하기를 교회에 의해 부가되고 편집된 내용이 많다고 하였다. 류영모는 예수 그리스도 대신에 "영생은 곧 유일하신 하느님과 그의 보내시는 얼나를 아는(깨닫는) 것이니이다."가 되어야 한다고 하였다. 그렇지 않으면 예수를 빼고 그리스도라고 해야 한다는 것이다. 류영모는 그리스도가 줄곧 오는 성령(얼나)이라고 하였다.

"기독교를 믿는 이는 예수만이 그리스도라 하지만, 그리스도는 예수만이 아닙니다. 그리스도는 영원한 생명인 하느님으로부터 오는 성령입니다. 그리스도는 어떤 시대, 어떤 인물의 것이 아닙니다. 보내신 그리스도란 영원한 생명입니다. 우리에게 산소가 공급되듯 성령이 공급되는 것이 그리스도입니다. 그리스도는 줄곧 오는 영원한 생명입니다." 예수의 마음속에 온 성령은 예수 이전의 사람에게도 왔으며 예수 이후의 사람에게도 오는 영원한 생명인 것이다. 그러므로 예수는 몸으로는 50살도 못 살았지만 성령인 얼의 나로는 "나는 아브라함이 태어나기 전부터 있었다."(요한 8 : 58)고 하였고, 제자들에게도 "아직도 나는 할 말이 많지만 지금은 너희가 그 말을 알아들을 수 없을 것이다. 그러나 진리의 성령이 오시면 너희를 이끌어 진리를 온전히 깨닫게 하여주실 것이다."(요한 16 : 12~13)라고 한 것이다.

류영모 자신도 하느님이 보내시는 성령을 받았기에 이렇게 말하였다. "우리는 이 껍질(몸)을 쓰기 전, 또 벗어버린 뒤에 어찌 될 줄은 모릅니다. 이것을 안다면 나도 거만할 수 있을 겁니다. 그러나 영원한 생명이 있는 것은 틀림없습니다. 예수·석가에게 나타났던 영원한 생명(얼나)이 나에게도 나타났으니 영원한 생명이 시간·공간을 초월하여 존재하는 것만은 틀림없습니다."

류영모는 결별의 기도에서 "아들을 영화롭게 하사 아들로 아버지를 영화롭게 하옵소서."(요한 17 : 1 개역한글)의 '영화롭게'를 '뚜렷하게'로 옮겼다. 그리스어로 '도크사'인데 영어로 '글로리(Glory)'이다. 영광을 순우리말로 '뚜렷'이라 옮겼다. 류영모는 세상에서는 인간 저희끼리 주고받는 헛된 영광이 너무도 많아 영광이란 말을 그대로 쓰기가 싫어 뚜렷으로 옮겼다고 말하였다. "아버지여 때가 이르렀사오니 아들을 뚜렷하게 하사 아들로 아버지를 뚜렷하게 하옵소서."

우리가 이 세상에 태어난 것은 하느님의 존재를 뚜렷하게 하기 위해서이다. 그밖에 개인적인 행복이니 성공이란 부질없는 생각이요, 허황된 소리에 지나지 않는다. 집행유예의 처지에 놓인 사형수가 무슨 행복을 찾고 성공을 한단 말인가? 개인적인 행복이나 성공이란 잠꼬대에 지나지 않는다. 사람에게 행복이 있고 성공이 있다면 하느님의 존재를 뚜렷이 하는 일밖에 없다. 하느님의 존재를 가장 뚜렷하게 한 삶을 산 이는 예수와 석가이다. 개인적으로 행복했느니, 성공했느니 한 그들은 일장춘몽을 꾸다가 사라진 것이다.

결별의 기도는 예수가 제자들과 몸으로는 결별함에는 틀림없으나 그보다는 제자들을 하느님에게 맡기는 앙탁(仰託)의 기도이다. 목회자들은 예수의 이런 정신을 알아서 본받아야 한다. 류영모는 이를 실천하였다. 타율적인 신앙 생활을 하는 이들로 하여금 얼나를 깨달아 자율적인 신앙 생활을 하도록 하는 것이 예수의 진리 정신이었다.

결별의 기도

(요한복음 17장, 류영모 옮김)

1. 아버지여 때가 이르렀사오니 아들을 뚜렷하게 하사 아들로 아버지를 뚜렷하게 하옵소서.

2. 아버지께서 저에게 주신 모든 살팽이(肉身)에게 늘삶(永生)을 주게 하시려고 거느리는(率) 지팽이(能力)를 저에게 주셨음이로소이다.

3. 늘삶은 곧 오직 하나이신 참 한웃님과 그의 보내시는 얼나를 아는 것

이니이다.

4. 아버지께서 내게 하라고 주신 일을 내가 이루어 아버지를 이 누리(세상)에서 뚜렷하게 하였사오니,

5. 아버지여 맨 첨부터 내가 아버지와 함께 가졌던 뚜렷함으로써 이제도 아버지와 함께 나를 뚜렷이 하옵소서.

6. 누리 가운데서 내게 주신 사람들에게 내가 아버지의 이름을 나타내었나이다. 저희는 아버지 것이었는데 내게 맡기셨으며 저희는 아버지 말씀을 지니었나이다.

9. 내가 저희를 위하여 비옵나니 내가 비옵는 것은 누리를 위함이 아니요 내게 주신 이들을 위함이니이다. 저희는 아버지의 것이로소이다.

10. 내 것은 다 아버지의 것이요 아버지의 것은 내 것이온데 내가 저희로 말미암아 뚜렷함을 받았나이다.

13. 이제 내가 아버지께로 가오니 내가 누리에게 이 말을 하옵는 것은 저희로 내 기쁨을 저희 안에 그득히 가지게 하려 함이니이다.

14. 내가 아버지의 말씀을 저희에게 주었사오매 누리가 저희를 미워하였사오니 이는 내가 누리에 붙지 아니함같이 저희도 누리에 붙지 아니한 탓이니이다.

15. 내가 비옵는 것은 저희를 누리에게 데려가시기를 바람이 아니요 오직 못된 데 빠지지 않게 돌보시기를 위함이니이다.

16. 내가 누리에 붙지 아니함같이 저희도 누리에 붙지 아니하였삽나이다.

17. 저희를 참으로 거룩하게 하옵소서. 아버지 말씀은 참이니이다.

18. 아버지께서 나를 누리에 보내신 것같이 나도 저희를 보냈고

19. 또 저희를 위하여 내가 나를 거룩하게 하오니 이는 저희도 참으로 거룩함을 얻게 하려 함이니이다.

20. 내가 비옵는 것은 이 사람들만 위함이 아니요 또 저희 말로 하여 나를 믿는 사람들도 위함이니

21. 아버지께서 내 안에, 내가 아버지 안에 있는 것같이 저희도 다 하나가 되어 우리 안에 있게 하사 누리로 아버지께서 나를 보내신 것을 믿게 하옵소서.

22. 내게 주신 뚜렷함을 내가 저희께 주었사오니 이는 우리가 하나가 된 것같이 저희도 하나되게 하려 함이니이다.

15장
동족상잔의 포화 속에서

2만 2천 일 기념식

"우리 모든 날이 님의 결(흐름) 속으로 지내가며 우리의 해마닥(평생)이 몇 살 먹단 소리로 사라집니다. 우리 나이가 일흔이요, 세차면 여든이라도 그 나이의 내어놓은 것은 쓰라림과 슬픔뿐 그래도 빠르다고는 여겨지며 날라가는 듯합니다. 누가 님의 결의 무서운 힘을 알며 누가 님을 두려워 할대로 님의 결 떨침을 알까. 우리에게 남 우리 산 날 세기를 가르치사 슬기로운 맘을 얻게 하소서."(시편 90 : 9~11, 류영모 옮김)

류영모는 28살 때부터 산 날수를 세어 왔다. 그리하여 환갑 나이 60살이 되니 2만 2천 날이 되었다. 산 날을 세는 것은 시편에 나오는 성구대로 "우리 산 날 세기를 가르치사 슬기로운 맘을 얻고자" 함이다. 슬기로운 맘이란 하느님의 존재를 느끼는 마음이다. 변하여 생멸하는 상대적 존재를 보면서 변하지 않는 불생·불멸의 절대적 존재를 느끼는 마음이다.

류영모는 1960년에 70살이 되었을 때 이렇게 말하였다. "70년을 살면 2만 5천 번(밤)이나 쉬는 걸 복습을 했을 터인데 영 쉬는 게 제일 안식이라는 걸 가르쳐주었는데도 몰라요. 여기 있는 분들은 30년, 40년 뒤에는 이 말이 소용될 것입니다. 40년이 그리 긴 게 아닙니다." 류영모는 말하기를 "어쩌다 보니 나도 환갑이 되었다."고 하게 되는 덧없는 것이 인생이라고 하였다.

노자는 이 우주를 끊임없이 바람이 불어 나오는 풀무인 탁약(橐籥)이라고 하였다. 오늘날 병원에 있는 산소호흡기와 같아 잠든 얼을 일깨운다. 장자는 이 우주를 끊임없이 불타오르는 용광로인 대로(大爐)라고 하였다. 오늘날 제철소에 있는 용광로와 같다. 이 대로에서 연단하여 불순물인 제나(自我)를 없앤다고 하였다. 영원한 생명인 도(道)로서는 제나란 버릴 찌꺼기에 지나지 않는다.

그런데 이 우주는 시공(時空)의 폭포이다. 공간이란 폭포에 시간이란 폭포수가 떨어지고 있다. 끊임없이 떨어진다. 이 시간의 폭포수는 심연(深淵)에서 흘러나와 심연으로 흘러든다. 그 심연을 가리켜 "깊고 깊은 그 연못이여, 넓고 넓은 그 하늘이여(淵淵其淵 浩浩其天)."《중용》 32장)라고 한 것이다. 한마디로 천연(天淵)이다. 관광객들이 나이아가라 폭포를 바라보면 정신이 몽롱하고, 천문학자들은 별이 눈처럼 쏟아지는 유성우를 보면 황홀하다고 한다. 그런데 우주의 시간 폭포를 본다면 어떠할까? 시간의 폭포수가 쏟아지는 가운데 거품이 일어난 것이 우주의 천체(별)인 것이다. 거품이 조만간 꺼지듯이 천체도 조만간 모두 꺼진다. 인도의 타고르가 18살에 하느님에 대한 체험을 처음 하고서 쓴 시의 제목이 '폭포의 눈뜸'이었다. 타고르는 우주의 폭포를 느낀 것 같다. 《역경》의 역(易) 사상도 결국 우주의 시간 폭포에 대한 체험을 두고 바뀐다는 뜻인 역 자로 나타낸 것이다.

사람들이 시간이 지루하다고 하여 일각여삼추(一刻如三秋)라 하고, 시간이 빠르다 하여 백마과극(白馬過隙)이라고 한다. 시간이 귀하다 하여 촌음불가경(寸陰不可輕)이라 하고 쇠털처럼 많다 하여 구우일모(九牛一毛)라 하지만, 그것은 변덕스런 사람들의 건방진 소리다. 우주의 다른 표현인 시간 폭포의 대장관을 본다면 시간의 신비에 망연자실할 뿐일 것이다. 시간이란 하느님의 마음이 살아 움직이는 것이다. 류영모는 시자명야(時者命也)라 하였다. 시간이 하느님의 생명이요, 말씀이라는 뜻이다.

류영모는 산 날수를 세는 것도 만족할 수 없어 숨쉬는 호흡을 세었다. "사람은 일생 동안 9억 번을 숨쉽니다. 숨을 들이쉬는 것이 사는 것이요 숨을 내쉬는 것이 죽는 것입니다. 그러니 한 번 들이마시고 한 번 내쉬는 것이 한 번 났다가 한 번 죽는 것이나 다를 것이 없습니다. 결국 9억 번을 숨쉰다 해도 들이쉬었다 내쉬는 것이지 그밖에 아무것도 아닙니다. 한 번 쉬는 데도 삶의 덧없음과 숨(命)의 보통 아님을 볼 수 있습니다."

류영모는 지금 이 순간에 하느님의 얼을 받아 하느님의 아들로 거듭나야 한다고 하였다. "나와 무한하고 영원한 하느님의 관계를 생각하면 이상한 느낌이 들면서 내가 얼나의 사람이라는 것을 깨닫게 됩니다. 얼나를 깨닫고 보면 어버이가 낳아준 제나(몸나)가 보잘것없고 하잘것없는 것을 알게 됩니다. 우리가 하느님에게서 떨어져 나온 이상은 오직 원대하신 하느님께서 보내주신 얼나를 생각하고 우로 올라갈 것을 일편단심 해야 합니다. 하느님 아버지를 닮지 않은 제나에게 하느님 아버지와 하나인 얼나를 붙잡고 줄곧 올라가는 것입니다."

류영모는 이렇게 말하였다. "자꾸 변역(變易)하고 자꾸 교역(交易)하는 가운데 바뀌지 않는 불역(不易)을 가져야 합니다. 바뀌는 것은 상대 세계요 바뀌지 않는 것은 절대 세계입니다. 바뀌는 것은 거짓된 겉나요, 바뀌지 않는 것은 참된 속나입니다. 절대 세계는 상대 세계를 내포하기 때문에 바뀌면서 바뀌지 않는 것이라고 해야 합니다. 변화하는 겉나(몸)에서 변화하지 않는 속나(얼)로 솟나면 무상(無常)한 세상을 한결같이 여상(如常)하게 살 수 있습니다. 얼의 나는 무상한 세상을 여상하게 살 수 있는 평상항(平常恒)입니다."

몸나는 늙지만 얼나는 늙지 않는다. 몸나는 죽지만 얼나는 죽지 않는다. 몸나는 얼나를 받드는 데서 삶의 보람을 찾을 수가 있다. 얼나가 불변영생하는 것이지 몸나가 불변영생하기를 바라는 것은 어리석은 생각이다.

석가가 진리의 생명을 깨닫기 전에는 여느 사람(凡夫)과 다름없이 장가 들어 아내와 자식 낳고 짐승살이를 하였다. 류영모도 52살(1942. 1. 4.)이 될 때까지는 여느 사람처럼 짐승살이를 해 왔다. 그러나 영원한 생명인 얼나로 거듭난 52살 때부터는 짐승살이에서 즐거움을 찾는 일은 없어졌다. 짐승의 나로서 행복이나 성공을 추구하는 일은 모조리 버렸다. 오직 하느님의 말씀을 기뻐하며 하느님의 뜻을 받드는 것을 삶의 보람으로 알았다.

류영모는 큰 깨달음에 이르기 앞서 이러한 참회의 말을 하였다.

나도 착실·근면의 종이었으나, 50년 착실·근면은 파산(破産)이다. 나는 50 평생에 시간·공간을 마음대로 쓰는 줄로만 여겼다. 나라는 것이 얼마만큼 능한 존재거니 여겼었다. 시간에 공(功)을 쌓고 공간에 덕(德)을 편 줄 여겼었다. 영원한 시간과 원대한 공간을 그대로 주관하실 이는 하느님이시다. 빈자리(位而無)뿐인 내가 임자(主)가 되면 시간은 이제란 칼날로 닿고, 공간은 여기란 이빨로 물어 넘긴다. 이제라는 날에 깎이고 여기라는 이빨에 씹히는 인생이다. 영원한 시간, 원대한 공간 그대로 님 앞에서 활주하는 대괴(大塊, 지구 또는 우주)의 승객으로 시간을 아껴서 따로 할 일이 무엇이며 무슨 공간이 좁다 하겠는가?(1941년 11월 〈성서조선〉 154호)

류영모는 어버이·부부·자녀로 뱀처럼 땅에 붙어사는, 땅에 속한 존재인 짐승살이를 박차고 하늘로 솟았다. 스승에게로 나아가고 하느님께로 나아갔다. 류영모에게 스승이 되어준 이는 예수였다. 그리하여 스승이 가르쳐준 대로 제나를 죽이고 얼나로 거듭나서 하느님에 속한 영원한 생명이 되었다. 류영모는 사람은 누구나 60살이 되면 하느님의 말씀인 존재의 소리를 들어야 한다고 하였다.

공자는 60을 이순(耳順)이라고 하였습니다. 60살이 되면 영원한 존재의 소리를 듣고 말할 수 있는 것이 사람의 특징입니다. 사람은 짐승처럼 몸을 바치자는 것이 아니라 말씀을 바치자는 것입니다. 하느님께서는 고요히 사람의 귀를 여시고 인치듯 교훈하십니다. 존재의 소리가 들려옵니다. 하느님의 말씀을 막을 길이 없습니다. 생각할 때, 기도할 때, 잠잘 때 꿈속에서도 말씀하십니다. 존재의 소리를 들어야 합니다. 존재의 소리가 나를 멸망에서 영생으로 구원합니다. 하느님의 말씀은 공상이 아니라 진실입니다. 하늘에 비가 내려 그릇에 차도 그릇에 따라 받은 물이 다르듯이, 사람은 마음의 정도에 따라서 존재의 소리를 듣는 내용이 다를지도 모릅니다.

류영모는 생일 잔치를 하지 않았으니 환갑 잔치라고 할 리가 없었다. 류영모는 이렇게 말하였다. "나는 통히 잔치라는 예식을 싫어합니다. 크리스마스는 으레 싫어하나 어린이들은 즐겁게 자라도록 해줘야 합니다. 군것질에 버릇 들지 않을 정도로 맛있는 걸 먹어야 합니다. 군것질이나 게으름은 악이라 그런 버릇이 들지 못하게 해야 합니다."

류영모는 아버지 어머니가 낳아준 나는 참나가 아니라 죄악 된 거짓나라고 하였다. 그러니 자기 생일을 축하하는 잔치를 벌일 까닭이 없다. 그러나 욥처럼 자기가 난 날을 저주하는 일은 없었다. 나의 몸뚱이가 죄악과 괴롬의 덩어리지만 또한 나의 것이 아닌 하느님께서 주신 하느님의 은총과 기적이 덩어리인 것도 알았다. 류영모가 말하기를 "우리 목숨을 위하여 마련한 자(資)와 제(制)의 성대(盛大), 풍후(豊厚), 장려(莊麗), 엄정(嚴淨), 기이(奇異)함이여, 무엇으로 다 감격·감사함을 들어 말할까."라고 하였다.

류영모는 1971년 3월 13일에 류영모의 81회 생신날에 찾아간 김흥호와 이 사람에게 《좌전(左傳)》에 있는 잔치에 대한 구절을 가르쳐준 일이 있다. "술이 얼큰하니 푸근하고 즐거워하지만 잔치로 흐뭇함은 독약이라. …… 아예 생각하지도 마라(酖酖然安且樂也 …… 宴安酖毒 不可懷也)." 류영모는 환갑 잔치에 관하여 말하기를 "음식상을 차려놓고 절을 하는 것은 산 이 대접이 아니라 죽은 이 대접입니다."라고 하였다.

류영모의 환갑날은 1950년 3월 13일(음력 2월 23일)이었다. 류영모는 자신이 집에 있으면 친척들이 찾아오게 될 것이고, 그러다 보면 잔치가 벌어질 수 있으므로 그 전날 천안군 광덕면 보산원리에 있는 개천골로 내려갔다. 그곳은 류영모가 일제 말기에 서울에 소개령이 내렸을 때 피난지 삼아 제2의 출애굽을 하고자 땅을 사놓은 곳이다. 임야가 약 6만 평, 논 1,500평, 밭 1,500평이 있는 대지 600평의 농가였다.

일제 말기에 태평양전쟁의 전세가 일제에 불리하게 되자 모든 물자와 교통이 군수물자 조달에 총동원되었다. 그리하여 지방에서 재배된 채소나 과일이 서울로 반입이 안 되면서 서울에서 생산한 채소와 과일이 제값을 받게 되어 얼마간 돈을 모을 수 있었다. 그 돈으로 광덕에 땅을 샀다. 피난지로 뽑힌 곳이라면 산간 오지임에 틀림없다. 천안의 명산물인 호두의 산지가 바로 광덕이다. 고려 충렬왕 때 류청신이라는 이가 원나라로부터 호두를 가지고 와서 처음으로 재배한 곳이 광덕이다. 류영모 소유의 임야에서도 1년에 호두를 수십 가마씩 거두었다. 그곳의 농토는 이상웅(李相雄, 1913~1988)에게 관리하게 하였으며, 셋째 아들 각상이 그곳 광덕 초등학교 교사로 있었다. 내 집이지만 관리자 이상웅의 집에 기숙하는 것이 되었다. 류영모는 그곳에 땅과 집을 살 때부터 이상웅과 같이 다녔다.

이미 광덕을 드나든 지가 7~8년이 되어 마을 사람들과는 친숙하였다. 그때의 교통 사정으로는 천안역에서 50리를 걸어서 가야 했다. 마을 사람들이 서울 손님 류영모를 초대했다. 그러나 류영모는 일일일식(一日一食)으로 저녁만 먹었다. 마침 마을 주민 이형국의 집에서 저녁으로 떡국을 대접받았다. 그때는 떡국이면 귀한 음식이었다. 류영모가 그 떡국을 맛있게 먹으면서 인사말로 "이만하면 환갑 땜은 되었습니다."라고 말하였다. 그리하여 마을 사람들이 류영모가 환갑 잔치를 하지 않으려고 일부러 광덕에 내려온 것을 알게 되었다.

그런 지 11년 뒤인 1961년에 함석헌이 환갑 잔치를 하지 않으려고 광덕을 찾았다. 그때 함석헌의 셋째 딸 함은화(咸恩和)가 광덕에 살고 있었고 함은화의 남편인 서완근이 그곳 충일중학교 교사로 있었다. 류영모와 함석헌이 같은 날에 나고, 거의 같은 날에 죽고, 환갑 잔치를 피하여 한곳을 찾았다니 기이한 인연인 것만은 틀림없다.

류영모의 환갑 잔치는 그가 천안 광덕으로 내려와 그냥 지나갔는데 뒤늦게 서울 YMCA 총무 현동완이 그 사실을 알고 그저 지날 수 없다 하여 억지로 류영모의 2만 2천 날 기념행사를 열었다. 그날이 1950년 6월 6일이었는데 6·25전쟁이 일어나기 19일 전이었다. 6·25전쟁 때 타버린 구 YMCA 건물 강당에서 서울 YMCA가 주최한 기념 강연식이 열렸다. 그리고 중국집 아서원에서 회식을 했다. 현동완이 마련한 괴목 식탁과 중절모

서울 YMCA에서 주최한 다석 2만 2천일 기념 강연회(1950년 6월 6일). 맨 아랫줄 가운데 다석과 왼쪽에서 네 번째 함석헌의 모습이 보인다.

를 기념 선물로 받았다.

이 2만 2천 일 기념 행사에 대하여 그 자리에 참석하였던 송두용은 이렇게 말하였다. "어떤 분의 성의와 열심으로 반강제로 기어이 류영모 선생님의 2만 2천일 기념의식을 마련하였다. 1950년 6월 6일에 서울기독청년회에서 거행하였다." 뒤에 류영모의 사위가 된 최원극은 이렇게 말하였다. "1950년 6월 6일 환갑 축하를 대신하여 선생님 생후 2만 2천일 기념식이 서울 종로YMCA에서 개최되었다. 그때 대중적이 아닌 선생님의 존재에 대하여 신문 기자가 어떤 인물이냐고 물었다."

그날 찍은 기념사진에는 함석헌, 김흥호, 염락준, 김우현, 배선표, 홍병선, 이정호, 이철우 등 54명의 얼굴이 보인다. 뒷벽에 '참'이라는 글자를 써 붙여놓은 것이 이색적이다.

"상웅이, 자네는 내 아들이야."

류영모가 북한산 비봉 아래 옮겨 왔을 때 이상웅은 이미 구기리 구드랑골에서 살고 있었다. 이상웅의 고향은 안성인데 19살에 서울에 올라와서 닥치는 대로 막일을 하면서 지내다가 땅을 소개한 인연으로 구기리에 와서 살게 되었다. 과일과 꽃을 남대문 시장에 내다 팔면서 품팔이도 하였다. 체격이 큰 편이 아닌데 완력이 세고 담력이 크고 구변이 좋은 의협(義俠)의 사나이였다.

류영모가 1935년 구기리에 이사를 와서 집수리를 하는데 이웃에 사는 이상웅의 품을 사게 되었다. 기와를 손질하는데 이상웅이 진흙을 지붕 위로 던져주는 일을 맡았다. 그런데 그 기사가 흙을 제대로 던져주지 못한다면서 작은 흙덩이를 이상웅의 얼굴에 던졌다. 22살의 청년 이상웅은 화가 머리끝까지 나서 기와 기사에게 마구 대들었다. 이를 본 류영모는 이상웅을 달랬다. 세상에 두려운 것이 없는 이상웅인데 류영모는 어려워하고 따랐다. 류영모는 이를 기특하게 생각하여 품삯도 낫게 주었다. 그 뒤로 류영모는 과수원에 손이 모자라면 이상웅을 불러 썼다.

이상웅은 남대문 시장에서 과일 장사를 했는데 남대문 시장 폭력 조직의 두목에게 번번이 돈을 뜯겼다. 이상웅은 억울함을 참다 못하여 죽기로 달려들어 조직의 두목을 굴복시켰다. 이상웅에게 그 이야기를 들은 류영모는 이상웅을 칭찬했다. "과연 자네는 이름처럼 영웅이야. 자네가 어떻게 그런 불한당을 이겼는가? 참으로 장하네."

류영모가 이상웅을 아들처럼 생각하게 된 것은 이상웅이 천안 광덕면 보산원리에 마련한 농토의 관리인이 되었기 때문이다. 류영모가 이상웅에게 개천골에 가서 농사하며 살 생각이 없느냐고 물었을 때 이상웅은 선뜻 가겠다고 나섰다. 이상웅은 류영모가 자신을 인간적으로 너그럽게 대해주는 것이 고마워 류영모의 뜻이라면 모두 받들고자 하였다. 그러나 타고난 호방한 성품은 쉽게 고치지를 못했다. 이상웅이 광덕에서 농사를 하면서도 농한기에 노름을 하여 적잖은 돈을 잃었다. 그 일을 알게 된 류영모가 이상웅을 타일렀다. "노름이란 것도 한번 해보았으면 이제 그만하도록 해요." 그 뒤로 이상웅은 노름을 끊었다.

이상웅은 서울 노동판에서 막일을 할 때부터 술을 마셨다. 류영모는 이상웅이 술을 좋아하는 것을 보고는 그에게 이렇게 말하였다. "자네는 술도 먹을 만큼 먹어보았으니 이제 그만 끊어요." 이상웅은 류영모의 뜻을 따르고자 몇 번이나 술을 끊으려 했으나 번번이 실패했다. 이미 이상웅은 술에 중독이 되어 있어 끊을 수 없었다. 단주(斷酒)의 결심은 번번이 3일을 넘기지 못하였다. 이상웅도 자신이 술을 끊지 못하는 것이 분하여 자신의 세 아들을 불러놓고 이렇게 유언처럼 말했다. "나는 어려서부터 노동판을 돌아다니느라 술을 마시게 되고 말씨가 거칠어졌다. 류영모 선생님의 말씀에 따라 술을 끊고자 했으나 뜻을 이루지 못하여 몹시 괴롭다. 술 끊기에 실패한 것이 내 인생의 실패가 될는지도 모르겠다. 내가 너희들의 몫까지 마셨으니 너희들은 술을 먹지 말아라. 내가 술을 먹었더니 좋은 것보다 나쁜 것이 더 많았다." 3형제는 아버지의 가르침에 따라 술을 멀리하였다.

류영모는 이상웅의 모자라는 점을 잘 알았고 그가 신앙적으로 발전할 가능성이 없다는 것도 알았다. 그런데도 《수호지》에 나오는 지진장로가 노지심을 감싸듯 포용하였다. 이상웅이 개천골에서 농사하는 것만으로도 크게 기뻐하였다. "이 사람 상웅이, 자네는 내 아들이야. 자네가 내 말을 듣고 이렇게 고생하며 농사일을 이겨내니 자네야말로 내 아들이야."

류영모가 말로만 아들이라고 한 것이 아니다. 이상웅에게 농경지에 대한 임대료(소작료)를 요구한 일이 없었다. 다만 각상이 광덕초등학교 교사로 근무한 8년 동안 한 식구로 지냈다.

이상웅은 산에 있는 호두나무에서 딴 호두와 농사지어 거둔 콩으로 만든 메주를 등에 지고 해마다 서울 류영모의 집으로 왔다. 말하자면 소작료인 셈이다. 그러나 어디까지나 아버지와 아들 사이의 예의였다. 류영모가 요구하지도 않았으며 이상웅의 자율적인 의사였다. 류영모는 땀 흘려 이룩한 것이라 값어치가 많고 적고를 떠나 진심으로 고맙게 받았다. 그것도 뒤에 와서는 류영모가 이상웅에게 이렇게 말하였다. "이 사람아, 이제는 그만 가지고 오게. 자네도 이제는 늙었으니 가지고 오기도 힘들 터인데 그만 가지고 와요. 나도 이제는 이가 없어서 호두를 먹지도 못해요."

이승만 정권이 들어서고 토지개혁을 실시하였으나 이상웅은 자신을 생각하는 류영모의 마음을 잘 알기 때문에 광덕리 땅을 신고하지 않았다. 이상웅의 처남이 그에게 토지개혁 대상의 농토로 신고하라고 권하였다. 그러나 이상웅은 펄쩍 뛰면서 그런 소리를 한 번만 더하면 의절하겠다며 꾸짖었다.

류영모가 77살이 된 1967년에 이상웅이 류영모를 찾아가 어렵게 입을 열었다. 자기를 아들처럼 아껴주는 류영모가 살아 있을 때 개천골 농토에 대한 문제를 매듭지어야겠다고 생각했을 것이다. 이상웅은 개천골에서 농사하며 살다 보니 먹고 살기가 바빠 모아놓은 돈이 없다는 것과 또 시골에서 농사하며 가난하게 살다 보니 자식 3형제를 제대로 학교 공부를 못 시켜 그들이 살아가자면 농토가 꼭 필요하다는 것과 그러니 옛날에 농토를 살 때의 값으로 소유권을 넘겨 달라고 하였다. 23년 전 일제 말기에 구입한 값으로 달라는 말은 거저 달라는 말과 다름이 없었다. 류영모는 이상웅의 말을 듣고서 머뭇거리지도 않고 시원스럽게 대답하였다. "좋아, 자네 소원대로 해요." 류영모는 이미 개천골 농토를 그곳에서 20여 년간 농사지은 이상웅의 것이라고 생각하고 있었다. 그러니 더 생각할 것도 없었다.

그러나 류영모의 가족들 생각은 류영모와 같지 않았다. 누구보다 류영모의 부인 김효정이 반대하였다. 내 아들(류자상)도 땅이 없어 강원도 평창에 가서 화전민의 땅을 사서 감자와 옥수수 농사로 연명을 하고 있는데 어찌 이상웅은 자기 자식 걱정만 하느냐고 하였다. 그러자 이상웅은 개천골에 가서 농사짓느라 고생한 이야기를 하기 시작했다. 류영모는 이상웅에게 사랑방으로 나가서 이야기하자며 이렇게 말하였다. "상웅이 자네하고 나하고 상관된 일인데 내 가족들하고 다투면 뭘 해요. 이리 나와요." 그러고는 소유권을 넘겨주었다. 류영모의 자비에 감격한 이상웅도 논밭 3천 평과 대지 600평은 평당 쌀 1되씩 값을 쳐서 류영모에게 내놓았다. 평당 쌀 1되 값이면 시가 절반 수준이라고 이상웅의 아들 이충희가 말하였다.

류영모가 말하기를 "사람 사이를 계산하고 따지는 것은 사람의 운명을 캄캄하게 합니다. 사람 사이는 따지는 것이 아닙니다. 씨알(民)을 위함이 하느님을 위함이라 씨알을 모른다면서 하느님만 섬긴다 함도, 하느님을 모른다면서 씨알만 위한다 함도 거짓입니다."라고 하였다.

사람들이 자유와 평등을 부르짖지만 객관적인 자유와 평등이란 없다. 내가 하느님을 내 본디의 생명으로 사랑할 때 내 마음이 자유를 느끼며, 내가 인류를 하느님의 자녀로 사랑할 때 내 마음이 평등을 느낀다. 마음은 하느님이 계시는 저 높은 곳을 향해야 하고, 몸은 어려운 형제가 사는 저 낮은 곳에 두어야 한다. 예수는 이렇게 말하였다. "너희는 내가 굶주렸을 때에 먹을 것을 주었고 목말랐을 때에 마실 것을 주었으며 나그네 되었을 때에 따뜻하게 맞이하였다. 또 헐벗었을 때에 입을 것을 주었으며 병들었을 때에 돌보아주었고 감옥에 갇혔을 때에 찾아주었다. …… 분명히 말한다. 너희가 여기 있는 형제 중에 가장 보잘것없는 사람 하나에게 해준 것이 바로 나에게 해준 것이다."(마태오 25 : 35~36, 40) 하느님께서는 사람에게서 동전 한 푼, 쌀 한 톨을 받아 간 일이 없으시다. 다만 어려운 이웃에게 베푸는 사랑이 하느님에게 드림이 된다.

지극히 청빈한 삶

류영모는 몸의 살림살이를 이렇게 말하였다. "짐승을 기를 때는 우리가 쓸 만큼만 사랑하고 길러야지 그 이상 사랑할 필요가 없습니다. 나를 위해 내 몸뚱이를 길러야지 짐승인 이 몸을 지나치게 사랑하고 여기에다 전(全) 목적을 두어서는 안 됩니다. 하느님의 얼이 어째서 이런 짐승 속에 있는지 알 수 없습니다. 하느님의 얼을 기르기 위한 한도 안에서 몸을 건강하게 해야지 몸을 전 목적으로 해서는 안 됩니다. 적당히 쓰기 위해서 적당히 길러야 합니다. 그리하여 잡을 때 짐승을 잡아야 합니다. 항상 영원한 생명인 얼은 위에서 왔다는 것을 잊지 말아야 합니다."

몸은 얼나가 쓸 도구로서 관리하여야 하다는 것이다. 도구의 관리를 소홀히 하여 도구가 도구 노릇을 잘 못하게 만들어서는 안 된다.

예수와 석가는 출가 생활을, 간디와 류영모는 재가 생활을 하는 모범을 보여주었다. 몸이 건강을 유지할 만큼 아주 적은 물자를 쓰자는 것이며, 필요 이상의 재물을 쓰거나 가지는 것은 도둑질과 다름이 없다는 것이다.

류영모는 한복의 불편함을 모르는 것은 아니었으나 무명 한복만을 입었다. 비단옷을 입거나 신사복에 넥타이를 맨 적이 없다. 하루에 저녁 한 끼만 먹었으니 굶고 산 것이나 같다. 하루에 소찬의 저녁 한 끼니만 먹었다. 일생 보신을 하거나 보약을 먹은 일이 없고 약국이나 병원에 드나들기를 싫어하였다. 집은 남이 살던 낡은 한옥 기와집을 개조하여 살았다. 집에 호화로운 가구란 없었으며 집에서 직접 만든 낮은 책상을 썼다. 천가방을 들고 다니고 가죽 가방을 산 적도 없다. 혼인 때 예물로 받은 시계만 차고 그 뒤로는 손목시계를 갖지 않았다. 머리는 집에서 삭발하여 이발소를 몰랐고, 냉수 마찰을 하니 목욕탕을 몰랐다. 류영모는 하인들에게 잔심부름 시키는 양반들을 언짢게 생각해 남에게 심부름을 시키지 않고 손수 하였다. 외출을 하여도 시내는 물론 웬만한 먼 곳도 늘 걸어 다녔다. 자녀의 혼인 예식도 집안에서 간소하게 했으며 생일 잔치, 환갑 잔치는 안 했다. 언제나 국산을 쓰고 수입품을 쓰지 않았다. "사람 다스리고 하느님 섬김에는 아낌만 한 것이 없다."(《노자》 59장)라는 노자의 가르침을 좇았다.

류영모는 이러한 말을 하였다. "오늘 아침 라디오 방송을 들었는데 그냥 넘길 수 없는 말이 있었습니다. '소비를 넉넉하게 하여야 사는 데 진보가 있다.'는 말인데, 이런 생각은 하지 말아야 합니다. 물자를 소비하면서 산다는 생각을 하면 안 됩니다. 하느님께 나아가는 것이 사는 것입니다. 우리가 못사는 것은 정신이 삼독으로 후퇴해서 못사는 것이지 결코 소비가 적어서 못사는 것이 아닙니다. 다시 말하면 소비를 많이 하는 나라가 잘사는 나라라는 생각으로는 이 세상이 안 된다는 것입니다. 신앙적으로 정신을 향상시키는 것이 잘사는 것입니다. 소비가 삶의 목적이 될 수는 없습니다. 내일을 더 잘산다는 것은 더 많은 물자를 쓴다는 것이 아니라, 내가 하느님께 나아가는 것이 오늘보다 내일이 나아져야 하는 것입니다. 그리고 요새처럼 외제를 찾으면 나라는 망합니다. 나라는 국민이 국산품으로 살아야 흥합니다. 이것은 쉬운 이치인데 소갈머리 없는 사람들은 이것을 모릅니다. 외제보다 국산으로 살아야 하고, 인위보다 자연으로 살아야 합니다."

류영모 자신은 공자처럼 안빈이낙도(安貧而樂道)의 정신으로 살고 이웃에 대해서는 주급불계부(周急不繼富)의 정신으로 살았다. 안빈이낙도란 멸망의 생명인 몸나는 겨우 살면 되고 영원한 생명인 얼나를 기뻐하는 것이다. 주급불계부란 "급한 사람에게는 돌려주지만 잘사는 이에게는 더 이어주지 않는다."는 뜻이다. 류영모는 그의 서민 정신을 이렇게 말하였다.

부귀공명이란 세상이 병들었다는 증세입니다. 모두가 언제 죽을지 모르는 사형수의 처지인데 서로 잘났다고 다투다니, 요놈의 인간의 혼이 무슨 도깨비 같은 존재인지 모르겠습니다. 사람의 수는 점점 많아지는데 물욕은 격증하고 그리하여 서로 더 많이 가지려고 앙탈하는데 그것을 채우지 못해서 자살까지 하는 인생이 많은 것을 보면 이 세상, 이 사회는 유기체로서 그 기능을 잃어버린 지 오래되었다는 생각이 듭니다. 모으는 데 힘써 물질은 잔뜩 쌓아 자기 혼자만이 잘살려는 약은 수단과 어리석은 짓은 싹 치워버려야 합니다. 나도 한번 모아보자 그래서 떵떵거리고 잘살아보자 하게 됩니다. 이따위 우상 숭배는 사라져야 합니다. 돈을 모으면 자유가 있는 줄 아나, 그것은 어리석은 생각입니다. 돈을 모을수록 더욱 매입니다. 사람은 자유로워야 합니다. 지옥이 따로 없고 주지육림(酒池肉林)이 지옥입니다. 같은 세상, 같은 사회 속에 살아도 그 관(觀)이 다르면 다른 세계에 살고 있습니다. 나는 지금 노동자 복장을 하고 밖에 나가라고 하면 나가겠지만 부자의 차림을 하고는 밖에 못 나가겠습니다. 다 관이 다르니까 그렇습니다.

류영모는 개인의 부귀영화는 생각조차 하지 않았다. 이 세상에서는 하느님의 뜻이 이루어져야 할 뿐이다. 개인의 부귀영화를 추구하는 것은 하느님에 대한 불경(不敬)이요, 죄악이다. 류영모는 스스로 부귀영화를 버리고 두메산골에서 농사지으며 살았다. 자녀들을 구(舊)제도의 중학교만 졸업시킨 것은 고등교육을 받아 지배층이 되어 하느님의 미움을 사기를 바라지 않아서이다. 사람이 참되게 살려면 가난한 서민으로 겨우겨우 살아야 한다는 것이다. 예수는 말하였다. "사람들에게 떠받들리는 것이 하느님께는 가증스럽게 보이는 것이다."(루가 16 : 15)

짐승들은 자기 종족의 보존을 위해 다른 종족과 싸워 이겨야 한다. 이러한 생존경쟁의 결과로 적자(適者)만이 생존하게 되는데 이것을 탐·진·치의 짐승 성질이라고 한다. 영원한 생명인 얼나를 위해 짐승의 성질을 죽이자는 것이 모든 종교 사상의 알맹이 생각이다. 공자가 "나를 이겨라(克己).", 노자가 "나를 뒤로 하라(後其身).", 예수가 "나를 미워하라."라고 할 때의 '나'는 이 짐승의 나를 말한다. 류영모는 말하기를 "남을 이기는 것은 나와 남을 죽이는 일이요, 나를 이기는 것은 승리요 생명입니다. 참을 찾아 올라가는 길이 나를 이기는 승리의 길입니다. 사람이 이 세상을 평생을 두고 지나가는데 마침내 참나를 찾아 서로 사랑하는 것으로 끝을 맺게 될 것입니다. 본디 하느님께서 내게 찾아준 분량을 영글게 노력하면 반드시 사랑에 이르게 될 것입니다. 우리가 이 땅에 있는 동안에 몸을 가졌으면 서로 도와서 살아가야 합니다. 우리의 몸은 통히 남의 도움을 받아 이렇게 삽니다."라고 하였다.

일찍이 불교에서는 재물만 보시하는 것이 아니라, 몸의 눈이나 간이나 허파나 콩팥을 준다는 말을 했는데 오늘에 와서는 그말이 현실로 되었다. 피를 뽑아주고 안구를 기증하고 장기를 내주는 세상이 되었다. 죽으면 썩을 것인데 필요한 사람이 있다면 주어야 한다. 류영모는 말하기를 "사람의 몸뚱이는 벗어버릴 허물이요, 옷이지 별것이 아닙니다. 결국 사람의 주인은 얼입니다. 얼이 주인이니까 얼을 자꾸 졸라 붙잡아야 합니다. 얼을 붙잡으려고 하는 게 우리의 일입니다. 어디까지 가든 얼을 붙잡자는 게 우리의 일입니다."라고 하였다.

YMCA 연경반 금요 강좌 초기에 출석한 이상호(李相湖)는 선린상업학교를 졸업하고서 은행원이 되었다. 뒤에 은행 지점장이 되었을 때 이웃 사랑을 실천해보고자 하였다. 이상호의 생각은 이러했다. 한 사람이 10만 원씩 내어 백 사람의 돈을 모으면 천만 원이 된다. 천만 원의 목돈을 저축하여놓고 그 돈의 금리로 어려운 이를 돕자는 것이었다. 금융인다운 발상이었다. 그러나 백 사람의 회원을 모으는 것이 문제였다. 이상호는 청년기에 존경하여 따르던 류영모를 찾아가 자기의 생각을 이야기하였다. 류영모는 그 뜻이 좋다면서 한번 해보라고 격려하였다. 그러고는 선뜻 10만 원을 내놓았다. 1955년 당시의 10만 원이란 돈은 적은 돈이 아니었다. 그 모임에 '밑돈 모임'이라는 이름까지 지어주었다. '밑돈'이란 '밑뿌리를 북돋아준다'는 뜻이다.

이상호의 말이 그때 자기가 다니던 제일은행의 은행장 정규항도 그 취지에 찬성하여 10만 원을 내놓았는데, 한 번에 다 주지 못하고 세 번으로 나누어 내놓았다고 한다. 은행장도 한꺼번에 내놓지 못하는 10만 원을 농사로 살면서 큰 수입도 없는 류영모가 한목에 선뜻 내놓는 것을 보고 놀라지 않을 수 없었다고 하였다.

　이상호가 계획한 '밑돌 모임' 회원 수는 100명이었으나 겨우 12명에 그쳤다. 그러나 그때 돈으로는 120만 원도 적은 돈이 아니라 거기서 나오는 금리로 고학생에게 장학금을, 영세 농가에 농자금을, 영세 상인에게 사업 자금을 지원하는 등의 도움을 주었다. 그런데 이 돈을 관리하는 이상호에게 고민이 생겼다. 그때만 해도 돈의 인플레이션이 심해 120만 원의 가치를 유지하는 것이 문제였다. 돈의 가치가 떨어지니 이웃 돕기가 어렵게 되었다. 남의 돈을 맡은 이상호는 책임감을 느끼지 않을 수 없었다. 돈의 가치를 유지하기 위해 그 돈으로 주식을 샀다. 그것으로 돈의 가치는 어느 정도 유지되었으나 본 목적인 이웃 돕기를 제대로 할 수 없었다. 이상호는 그 돈을 내놓은 이들에게 돌려주고 '밑돌 모임'을 해산하기로 했다. 주식을 몽땅 팔아 금액으로는 처음보다 10만 원이 늘었으나 가치로는 오히려 줄어든 것을 12명에게 돌려주었다. 결국 통화가치가 안정되지 못하여 '밑돌 모임'은 뜻을 이루지 못하였다.

　1973년에 조경묵(조세장)은 농촌의 영세 농가를 돕고자 송아지 사주기 운동을 벌였다. 이름하여 '주는 운동'이라 하였다. 1973년 7월 23일에 안양 관악산 계곡에서 '주는 운동' 창립 모임이 있었다. 이 모임에 초대받은 류영모는 83살의 나이에도 그곳에 참석하였고, 초대 회장에 추대되었다. 그때 일을 조경묵은 이렇게 회고했다. "'주는 운동'을 발기하여 창립총회를 할 적에 류영모 선생님께서 그 자리에 오셨습니다. 그때 한 해의 회비로 500원, 1천 원, 2천 원으로 지내던 때인데 선생님께서 1만 원을 내시며 '나는 우체국에 갈 수 없으니 평생 회비로 해주시오.'라고 웃으시면서 겸손해하셨습니다. 그때 송아지가 4만 원 정도 되었으니 오늘날 얼마만 한 돈인지 알 수 있습니다. 그렇게 정신적으로 높으신 분이 어떻게 지극히 작은 일에도 성의를 다하시는지, 선생님의 그 점을 감사합니다."

'주는 운동'의 결산보고에 따르면 1980년 12월 31일에는 농가에 송아지 41마리와 농기구를 사주었다고 한다. '주는 운동'의 목표는 땅이 없는 농부들에게 땅을 사주는 일이라고 하였다.

이처럼 남을 돕는 류영모의 생활을 보면 "자기를 위해서는 항상 궁핍하고, 남을 위해서는 언제든지 원조할 자금을 항상 마련해놓고 있음이 선생님 생활의 특색이다."라고 한 김교신의 말이 거짓이 아님을 엿볼 수 있다. 류영모는 이런 말을 하였다. "돈을 둥글게 만든 것은 잘 돌아가라고 한 것입니다. 처음에 돈을 생각한 것은 경제가 잘 돌아가라고 한 좋은 생각입니다. 그러나 이게 잘 돌아갔으면 은혜가 되었을 터인데 돌아가다가 걸리기도 잘 합니다. 돈을 잘 돌아가게 해야 합니다. '도'에 'ㄴ'을 붙여서 이미 돌았다는 과거형이 되는 바람에 돈이 잘 안 도는 것이 아닌가 생각됩니다. 'ㄹ'을 붙여 '돌'이라고 했으면 미래형이 되어서 돈이 잘 돌지 않았을까 생각해봅니다."라고 하면서 웃었다.

서울에서 6·25를 겪다

1950년 6월 25일은 일요일이었다. 서울 궁정동에 있는 최원극의 집에서 류영모의 일요 모임이 었있다. 류영모는 YMCA에서 하는 연경반 모임 외에 가정집에서도 모임을 여러 번 열었다. 그날 모임에는 김흥호·염낙준·최원극·이철우·전병호(全炳浩)·이동화 등 10여 명이 참석했다. 모임은 아침 7시부터 시작되었다. 그때는 그날 새벽에 38선 이북의 북한 공산당 정권의 인민군이 남침한 사실을 전혀 몰랐다. 모임 도중에 최원극이 전화

1950년대 다석 류영모와 제자들의 모습. 사진 왼쪽부터 방수원, 현동완, 류영모, 김흥호, 함석헌.

를 받고는 지금 38선에서 대규모 전쟁이 벌어진 것 같다는 정보를 알렸다. 그때 최원극은 경찰대학교 교수로 있었다. 류영모의 말씀은 11시쯤에 끝났다.

벌써 거리에는 북한 인민군의 전면 남침을 알리는 거리 방송이 울려 퍼지고 있었다. 나라의 긴급을 알리는 거리 방송을 듣는 시민들의 마음은 착잡하였다. 류영모는 모임을 마치고 궁정동에서 효자동으로 모임을 왔던 사람들과 함께 걸어 나왔다. 청와대(당시는 경무대) 입구에서 경비하는 경찰이 검문을 하고 있었다. 이제까지는 없었던 일이었다. 앞으로 3년 동안 이 나라가 존망의 위기에 처한다는 사실은 짐작도 못한 채 모임에 참석했던 사람들은 효자동에서 스승 류영모와 헤어져 각자의 집으로 돌아갔다.

그때 이 나라 사람들은 민(民)이나 관(官)이나 할 것 없이 세계 최강국인 미국이 대한민국의 뒤에 버티고 있는데 감히 북한이 어쩔 것인가 하는 생각을 하고 있었다. 아직 스스로 나라를 지킬 힘이 없었으니 그럴 수밖에 없었다.

정부는 미국의 지원만 믿고 자체 방어 능력도 없으면서 서울을 사수하겠다고 대통령 이승만의 육성으로 방송을 하였다. 그러나 그렇게 장담하던 대통령의 말과는 달리 인민군은 곧 서울을 장악해버렸다.

그 당시 상황이 얼마나 급박하였나 하면, 미국 대사관에 근무하던 류영모의 장남 류의상은 집에 알리지도 못한 채 일본 도쿄에 있는 맥아더 사령부로 징발되어 갔다. 류의상은 한국전쟁이 발발한 지 3일째 되던 날 일본으로 가게 된 것이다. 그는 맥아더 사령부에서 영어로 된 공문을 한국어로 번역하기도 하고, 한국어로 된 공문을 영어로 옮기기도 하면서 한국 국민에게 보내는 우리말 미군 방송을 하였다. 류의상의 영어 실력은 위급한 나라를 구하는 데 크게 공헌하였다. 류의상은 휴전 회담을 할 때에도, 비록 미국 쪽 요원으로 참여하였지만, 한국인으로는 유일하게 참여하였다. 그것 또한 그의 영어 실력이 뛰어났기 때문에 발탁되었던 것이다.

6·25전쟁 당시에 류영모의 가족은 모두 다섯 사람이었다. 어머니(金完全), 부인(金孝貞), 둘째 아들(自相), 외동딸(月相)이 류영모와 함께 있었다. 셋째 아들 각상(覺相)은 국내에 없었다. 가족들은 6·25전쟁이 일어난 해에 31살인 자상과 24살인 월상이 인민군에게 끌려가게 될 것을 걱정하지 않을 수 없었다. 며칠 만에 자유 민주주의 대한민국이 사라지고 공산당의 인민공화국 세상이 되었다. 사람들은 너무나 어이가 없어 실감할 수 없었다. 류영모의 모임에 나오던 염낙준은 피난을 가지 못했는데 그래도 스승이 걱정되어 구기동으로 찾아가보았다. 스승 류영모 일가도 피난을 못 떠난 채 그대로 서울에 남아 있는 것을 보고 돌아왔다.

류영모는 한국전쟁이 나기 19일 전인 1950년 6월 6일에 YMCA 주관으로 환갑 잔치까지 하였다. 그 자신의 죽고 사는 것은 아무런 문제가 아니었다. 그러나 온 나라의 씨알들이 겪을 환난을 생각하니 인수봉이라도 삼킨 듯 가슴이 답답하고 마음이 무거웠다. 류영모는 하느님께 이 겨레를 위하여 빌었다. "하느님 아버지시여, 좋으시다면 이 쓴잔을 이 배달겨레로부터 지나가게 하옵소서. 그러나 사람의 뜻대로 마옵시고, 아버지의 뜻대로 이루소서."

류영모는 이번이 죽을 때인지도 모른다고 생각하면서 얼나를 꼭 붙잡는 데에 마음과 뜻과 힘을 다하였다. "이 세상에 죽기 위해 나온 건데 그걸 뻔히 알면서 '죽긴 왜 죽어' 하고는 잡아떼지만 그게 말이 되는가? 나는 죽음의 맛을 보고 싶다. 그런데 그 죽음 맛을 보기 싫다는 게 뭔가? 이 몸은 내던지고 얼은 하늘로 들려야 한다. 하느님으로부터 온 얼(성령)은 들리어 하늘에 올리우고, 땅에서 온 몸은 땅에 떨어지는 것이다. 얼로는 죽음이란 없다. 몸의 죽음은 아무것도 아니다. 얼의 나로는 죽음이 없다는 것을 깨달아야 한다."라고 스스로를 깨우쳤다.

북한산 비봉 아래에서 농민이 되어 사는 류영모에게 공산당들은 시비할 것이 없었다. 그러나 둘째 아들 류자상의 신변에는 날이 갈수록 위험이 다가왔다. 공산당은 인민군 병력을 보충하기 위하여 의용군을 강제로 동원했다. 자상은 자구(自救)의 수단을 찾지 않을 수 없었다. 북한산에 비기면 여섯 자의 사람은 개미보다 작지만 막상 숨으려니 북한산보다 더 큰 거인이나 된 듯이 숨을 곳이 없었다. 혼자서 자신에게 닥친 위기를 극복할 묘책을 찾는 가운데 머리에 스치는 생각이 있었다. 아버지 류영모가 단식을 할 때에 아픈 사람처럼 수척해지던 모습이 떠올랐다.

류자상은 죽지 않을 만큼 굶기로 했다. 그때가 9월인데 과수원에 잘 익은 복숭아를 하루에 두 개씩만 먹고 다른 음식은 전혀 먹지 않았다. 그렇게 여러 날을 지나자 몸무게는 줄고 얼굴은 수척해져 누가 보아도 중환자로 보였다. 그런 모습으로 낮에는 골방에 누워 있었다. 어느 날 공산당원들이 비봉산 기슭 류영모의 집으로 들이닥쳤다. 그들은 의용군에 동원할 장정을 찾았지만 골방에 누워 있는 자상의 모습을 보고는 못마땅한 눈초리로 안됐다는 듯이 노려보다가는 돌아가곤 했다.

자상은 밤에는 몰래 라디오로 대한민국의 방송과 유엔군의 방송을 단파로 들었다. 9월 15일에는 드디어 기다리고 기다리던 일양내복(一陽來復)의 기쁜 소식이 날아왔다. 맥아더 유엔군 사령관이 직접 진두지휘했던 인천 상륙 작전이 역사적으로 성공하였다는 반가운 소식이었다. 인민군이 남침한 뒤로 국군·미군 할 것 없이 일패도지(一敗塗地)하여 국민들은 대구와 부산에 몰려 있기를 가뭄에 깊은 논바닥에 올챙이가 몰려 있는 듯하였다.

음(陰)이 다하면 양(陽)으로 돌아서고, 양이 다하면 음으로 돌아서는 음양의 이치를 보여주기라도 하듯이 부산까지 밀고 갔던 인민군이 거꾸로 압록강까지 밀려가게 되었다. 음이 양으로 바뀌는 특이점이 바로 인천 상륙 작전이었다. 류자상은 인천 상륙 작전이 성공했으며 그 여세로 국군·유엔군이 인천을 수복하고 수도 서울을 탈환코자 경인가도로 진격하고 있다는 라디오 방송을 들었다. 그야말로 구원의 복음이었다. 이제는 살았다는 안도감이 들자 그 동안에 굶주린 시장기가 일시에 몰려왔다. 류자상은 가족들에게 인천 상륙 작전이 성공하여 국군과 유엔군이 서울을 향하여 진격하고 있다는 소식을 알리며, 이제는 죽을 조금씩 먹겠다고 했다. 어머니가 자상에게 미음을 끓여주었다. 자상은 차차 식사량을 조금씩 늘렸다. 그러자 자상의 몸은 하루가 다르게 체중이 늘고 혈색이 살아났다. 몸의 사지에도 힘이 돌아왔다. 그 동안 머리와 수염을 깎지 않아 삼손이나 타잔처럼 보였다. 그때가 바로 9·28수복 직전이었다. 삼천리 강산은 골육상쟁(骨肉相爭)으로 아수라장이 되었는데 그래도 류영모의 집 앞뜰에 있는 감나무에는 감이 붉은 노을 색을 띠며 탐스럽게 익었다.

하루는 류자상이 감나무에 올라가 익은 감을 따고 있었다. 그때 느닷없이 무장한 인민군 세 사람이 들이닥쳤다. 자상은 그들을 피할 겨를도 없이 마주쳤다. 인민군 세 사람은 감나무 위에 있는 자상을 보고 양식을 달라고 했다. 군인이 민가에 와서 먹거리를 구걸하게 되었다면 정상적인 보급이 끊겼다는 증거다. 류자상은 어쩔 수 없이 부엌에 들어가서 얼마의 보리쌀을 가져다주었다. 그들은 영수증을 써주며 다시 올 때 갚아주겠다고 말했다. 그것은 인민군의 체면을 세워보려는 연극에 지나지 않았다. 그들이 떠나가자 자상은 저승사자들을 무사히 보낸 듯 안도의 한숨을 쉬었다. 그러나 일은 그것으로 끝난 것이 아니었다.

이튿날 이른 아침에 인민군 장교 한 사람이 권총을 뽑아 들고 대문 안으로 달려들면서 소리치기를 "다 알고 왔으니 악질 반동 경찰은 나오라."고 하였다. 자상은 자기를 두고 하는 말이라는 것을 퍼뜩 눈치채고는 "나는 경찰이 아니오."라고 마주 소리쳤다. 그러나 그 인민군 장교는 독기 오른 목소리로 "거짓말 말라우. 이 새끼, 밖으로 나가."라고 말하며 권총으로 자상의 가슴을 겨누었다. 방아쇠만 당기면 자상의 일생은 허망하게 끝나게 되는 위기일발의 찰나였다. 자상은 예민하고 내성적이라 어릴 때부터 대인공포증이 있었다. 농업학교에 응시했는데 구두시험에서 한 마디 답변도 하지 못하여 불합격한 일도 있었다.

이미 두려움에 질린 자상은 꼼짝할 수 없었다. 인민군 장교는 자상이 자신의 명령을 거부하자 권총 방아쇠를 당기려 하였다. 이제 탕 하고 실탄이 발사되고 자상이 퍽 쓰러지면 그만인 것이다. 그들은 퇴각 준비를 완료해놓고 바삐 떠나야 할 급박한 처지였다. 그래도 적개심이 남아 어제 보리쌀을 얻으러 온 인민군들이 경찰을 보았다니까 즉결처분하고 후퇴하려는 것이었다. 옆에서 이 아슬아슬한 장면을 보고 있던 아버지 류영모가 번개처럼 뛰어들어 아들 자상의 몸을 감싸며 총알을 대신 맞으려고 하였다. 그러자 인민군 장교는 차마 부자를 한꺼번에 쏘지 못하였다. 발사의 순간을 넘기자 아버지는 아들에게 "나가자면 나가야지."라고 하면서 아들 자상을 대문 밖으로 이끌었다. 대문 밖에는 인민군 병사 두 사람이 장총을 겨누고 있었다. 자기의 상관인 인민군 장교가 위태로워지면 엄호하려는 것이었다.

아버지 류영모가 보여준 죽음을 넘어선 부성애에 감동한 인민군 장교는 이성을 찾았다. 그리하여 류자상에게 경찰 여부를 확인하는 심문을 하였다. 류자상에게 직업이 무엇이냐고 물었다. 류자상은 세검정초등학교 교사이며 그 사실은 마을 사람들에게 확인해보면 알 수 있다고 대답했다. 그들은 류자상이 경찰이 아닌 것이 확인되자 미안하다고 사과했다. 경찰이 은신하고 있다는 정보가 있었는데 류자상이 바로 그 경찰인 줄로 알았다고 말했다. 류영모의 겸손하면서 의젓한 자세에 그들의 태도가 온전하게 되었다. 아들 자상은 이렇게 말했다. "그때 아버님이 아니었다면 나는 살아남지 못했을 것입니다."

딸 류월상을 보호하는 데는 어머니 김효정이 발벗고 나섰다. 여자들을 부를 때는 어머니가 나섰다. 인근 주민들에게 평소에 인심을 잃지 않았기에 웬만한 일은 서로가 도와 말썽이 생기지 않았다.

류영모의 친우들인 이광수·정인보·윤기섭·현상윤 등 유명 인사들은 한국전쟁 동안에 공산당에게 납치되어 북한으로 끌려갔다. 류영모는 위낙 이름이 알려지지 않았기 때문에 납치 대상에 들지 않고 무사할 수 있었다.

장자가 말하기를 "진리에 이른 이는 나가 없고, 하늘에 뚫린 이는 자랑이 없고, 거룩한 사람은 이름이 없다(至人無己 神人無功 聖人無名)."라고 하였다. 류영모는 영원한 생명으로 거듭난 사람은 이름이 필요 없다고 하였다. 영원한 생명은 전체의 생명이지 개체의 생명이 아니기 때문이다.

부산에서 피난살이를 하다

드디어 국군은 서울을 수복한 뒤에 파죽의 기세로 나라의 허리를 끊은 북위 38도선을 넘어 북으로 진격하였다. 이제 사람들은 꿈에도 소원이던 통일된 조국을 보게 되는구나 하고 기뻐하였다. 조국이 통일이 된다면 그 동안에 겪은 전쟁의 고통을 잊을 수 있을 것만 같았다. 국군 선봉대가 압록강에 다다라 푸른 압록강의 맑은 물을 손으로 움켜 마시고는 "대한민국 만세"를 목청이 터져라 외치는 소리가 만주 벌판에 메아리쳤다는 반가운 소식이 날아들었다. 그런데 그 기쁨도 잠시 중공군(中共軍)이 장마에 홍수처럼 밀려와 국군도 유엔군도 후퇴하기에 바쁘다는 무거운 소식이 곧바로 날아들었다. 이른바 중공군의 인해전술(人海戰術)은 모골이 송연할 정도로 야만스러운 짓이었다. 류영모는 중공군의 인해전술을 신랄하게 비판하였다.

공자의 말씀에도 백성을 가르치지 않고 전쟁을 하면 범죄 행위로 인정하였습니다. 바로 가르쳐서 윤리가 무엇이고, 도덕이 무엇인가를 가르쳐주어야 합니다. 이것을 알지 못하고는 전쟁을 하면 안 됩니다. 차라리 모르면 그냥 있다가 손해를 볼지라도 참고 참다가 싸움을 하지 않으면 안 됩니다. 백성들도 더는 참을 수가 없으니 싸움을 해야겠다고 해서 국민이 궐기하여 전쟁이 이뤄져야 잘 되는 것이지, 소위 독전대(督戰隊)라는 것이 있어서 몰아가지고 나가는 것은 백성을 내버리는 것입니다. 중공의 인해전술이 바로 그것이 아니겠습니까? 백성을 전쟁에 몰아넣고 독전대가 뒤에서 기관총을 대고 독전을 한다면 백성을 죄다 내버리는 것입니다. 그러니 중공의 국방상(國防相) 펑더화이(彭德懷)가 4억 명을 내버려서라도 원자탄·수소탄에 대항하겠다는 것입니다. 4억이 죽어도 2억이 남으니 이긴다. 그에게는 백 억의 백성이 있어도 소용이 없습니다. 그따위 정신으로 이기려 든다면 하나 무서워할 것이 없습니다. 무엇을 가르쳐서 백성을 받드는 자리에 있는지 나는 그 목적을 알 수 없습니다. 그렇게 하는 것이 다 인민주의(人民主義)라고 합니다.

중공군의 인해전술 때문에 어렵게 수복한 서울을 다시 적에게 내주고 남쪽으로 밀린 것이 이른바 1951년 1·4후퇴이다. 1·4후퇴 때는 류영모도 제자 최원극의 설득과 주선으로 기차를 타고 부산으로 피난하기에 이르렀다. 부산에 도착한 류영모 일가는 부산시 수정동에 있는 옥씨 집에 셋방을 들었다. 제2국민병에 동원된 염낙준은 부산까지 내려왔다. 국가적인 치욕이었던 국민방위군 사건(1.4후퇴 당시 국민방위군 간부들이 방위군 예산을 착복해 철수 도중 많은 병사들이 아사하거나 병사한 사건)으로 방위군이 해산되어 자유의 몸이 된 염낙준은 부산으로 피난 온 스승 류영모를 찾아보고 싶었다. 어떻게 만날 수 있을까 생각하던 끝에 부산 YMCA를 찾았다. 예상은 들어맞아 거기서 현동완 YMCA 총무를 만났다. 사선(死線)을 넘어온 처지라 반갑지 않을 수 없었다. 현동완이 안내해주어 수정동

언덕 마루에 있는 옥씨 집에서 스승 류영모를 오랜만에 뵈었다.

류영모는 《다석일지》를 1955년부터 쓰기 시작하였다. 그러므로 1951년 도의 사정을 기록으로는 찾아볼 수 없다. 그런데 류영모가 지니고 다니던 작은 수첩에서 1951년 6월 23일에 피난지였던 부산 수정동 옥씨 집에서 있었던 일을 적어놓은 것을 찾았다. 부산에서 돌아가신 어머니에 대한 이야기다. "70살·60살·50살·30살·20살 안팎 되는 여인들이 일고여덟 사람이 있었는데 매듭 단추를 맺을 줄 아는 이가 없었다. 처음부터 모르는 사람도 있지만 알던 것을 잊어버렸다는 것이다. 89살 되신 우리 어머니께서는 맺을 줄 알 뿐이신가. 단추를 야물게 맺으시는 솜씨다. 그러나 귀가 어두우시므로 이런 말썽이 일어난 줄도 모르고 계시다가 집의 딸이 할머니께 여쭈어본 뒤에야 '옳지 알겠다.' 하면서 단추를 맺었다. '나도 어려서 어머니께 한 번 배웠는데 이제는 잊어버린 축에 들게 되었나.' 하고 솜씨를 잇는 뜻을 다시 배웠다."

어머니 김완전은 이렇게 젊은 사람들에게 단추 매듭 맺는 차례를 가르쳐준 지 넉 달이 못 된 1951년 10월 10일에 피난지인 부산에서 일생을 마쳤다. 류영모는 자신이 평소 가장 이상적인 장례법이라고 말했던 화장(火葬)을 하였다.

류영모는 화장에 관해서 이렇게 말하였다. "반드시 화장을 지내야 합니다. 흙에서 와서 흙으로 돌아가는 데는, 없는 데서 생겨나서 없어지는 데는 다 마찬가지입니다. 혈육의 근본은 흙이고 정신은 하늘에 근본을 두고 있습니다. 정신은 하늘에 돌아가고 몸은 빨리 흙으로 돌아가게, 죽으면 재로 만들어버리면 그만인 것입니다. 무슨 흔적을 남기려고 할 것 없습니다. 영원한 것은 진리의 생명뿐입니다. 인도 사람들은 3천 년 전에 화장을 지냈다고 하니 그들은 전 인류의 선배입니다. 불교에서는 여자들까지 머리를 빡빡 깎는데, 이것도 역시 인류의 선배입니다. 선각자(先覺者)들이지요."

류영모는 돌아가신 아버지와 어머니를 생각하는 흔적을 일기에 적어 두었다. 그 내용은 돌아가신 지 몇 날째라는 죽은 날 세기다. 천안 풍산공원 묘지에는 아버지 류명근의 묘만 있고 부산에서 화장한 어머니 김완전의 묘는 없다.

서울 중앙YMCA 총무인 현동완은 임시 수도가 된 피난지 부산에서 나라를 위해 자신을 돌보지 않은 채 동분서주 눈부신 활동을 하였다. 현동완은 언제나 나라를 위해 자신이 무엇을 할 수 있을지를 생각하였다.

사람에게는 의·식·주가 생활의 필수조건이다. 의식주 가운데서는 식(食)이 앞선다. 그래서 북한에서는 아예 순서를 바꾸어 식의주(食衣住)라고 한다지 않는가? 피난민 가운데 굶주리는 사람이 적지 않았다. 현동완은 피난민을 굶어 죽게 할 수는 없다면서 구호 활동에 앞장섰다. 곳곳에 큰 가마솥을 여러 개 걸어놓고 정부에서 지원받은 양곡으로 죽을 쑤어 굶주리는 이들을 대접하였다.

공자도 백성을 먹인 다음에는 가르쳐야 한다고 하였다. 현동완은 배의 굶주림 못지않게 마음의 굶주림이 심각하다는 것을 알고서는 부산 광복동에 자리한 부산 YMCA 회관에서 류영모의 공개 강연 모임을 여러 번 가졌다. 이 모임에 참석했던 고봉수(高鳳壽)는 이렇게 회고했다. "부산 피난지에서 어렵고 고달픈 피난살이 가운데서도 부산 YMCA에서 류영모 선생님의 말씀을 듣고 삶의 용기를 얻었습니다." 부산 YMCA에서 한 말씀의 내용은 알 길이 없다. 고봉수도 기억하지 못하였다. 그때는 아직 일기도 쓰지 않았던 때다. 그때 쓰던 작은 수첩에는 맹자초·장자초 등의 글귀가 보인다. 다음은 4년 뒤인 1955년에 한 말이지만 6·25전쟁과 관련이 있다.

"제가 몇십 년 동안 인생에 참여하면서 본 것이 있다면 그것, 말씀(진리)을 알아야 한다는 사실입니다. 이것은 6·25동란을 겪으면서 거듭 알게 된 중요한 교훈이기도 합니다. 말을 알자는 인생이라 공자는 아침에 말을 듣고 저녁에 끝내도 좋다고 하였습니다. 죽이기를 좋아하고 거짓말을 잘하는 것은 악마입니다. 공산주의가 아무리 좋은 이상을 내걸어도 죽이기를 좋아하고 거짓말을 떡 먹듯이 한다면 그것은 악마의 짓입니다. 사람은 이해타산으로 싸우기를 좋아하는데 싸울 대상은 나(自我)이지 남이 아닙니다. 나를 이겨야지 남을 이기면 무얼 해요? 그런데 세상에는 남 위에 올라서려고 하는 사람이 많습니다. 온 세상을 깔고 앉아보아도 짐승의 나를 이기지 못하면 무슨 유익이 있겠습니까? 나를 이기지 못하면 참생명(얼나)은 없습니다. 세상에 예수처럼 내가 십자가를 지겠다고 하는 이는 하나도 없고 남에게 십자가를 지우겠다는 놈만 가득 찼으니 우리가 다 김일성(金日成)이지 무엇입니까? 걸핏하면 유물사관(唯物史觀)이라는 걸 들고 나오면서 만족할 만한 물질과 좋은 환경이 있어야 한다고 합니다. 물질에 만족을 느끼면 짐승처럼 하느님을 찾을 줄 모릅니다. 그러나 우리는 물질에 만족할 것이 없습니다. 눈에 보이는 물건들을 가져보았지만 보이는 물건만으로 만족을 느끼지 못합니다. 불가불 형이상의 참을 찾게 됩니다. 그리하여 석가는 모든 것을 버리고 집을 나와 눈에 보이지 않는 무엇을 찾고자 고행을 했습니다. 그리하여 드디어 찾았습니다. 우리도 그 무엇을 찾자는 것입니다. 지금 공산주의자들은 입으로는 민주주의를 부르는 자들이지만 이집트의 피라미드를 쌓은 바로 왕 같은 임종을 해보겠다는 자들이 아니겠습니까? 유물 사상이 철저하다는 소련에서도 레닌이라는 자의 송장을 늘 곱게 단장시키고 썩지 않게 유리관에 넣어 두었습니다. 그이는 그만한 지위에 그만한 인격이니 그리하는 것이 마땅하다고 국민들이 생각하는지는 모르나 어리석은 국민이라 아니할 수 없습니다. 공산국가에서는 죽어서 송장이 유리관에 속에 들어가고 싶어서 못된 짓을 그같이 많이 하는지 모르겠습니다. '영원히 사는 것은 얼이니 몸나는 쓸데없다.'(요한 6 : 63, 박영호 의역)

'무(武)' 자는 '창 과(戈)' 밑에 '그칠 지(止)' 자를 써 싸움을 막는다는 뜻입니다. 본래 무력(武力)은 싸움을 못하게 하기 위해서 만든 것입니다. 나라의 무력이 개인의 싸움을 막아내듯이, 본래 무력은 평화를 위한 수단이지 전쟁을 위한 수단이 아닙니다. 정말 무력을 싫어한 이는 마하트마 간디입니다. 간디같이 내가 짐을 지고 내가 죽겠다는 사람만이 어진 사람입니다. 간디 같은 생각만이 영원히 세상을 구할 수 있습니다. 그리스도 정신도 마찬가지입니다. 인류의 역사를 돌에 새기고 쇠에 녹여 부어 수천, 수만 년을 남겨 왔어도 결국 싸움하고 물어뜯는 기록들이요, 자랑할 만한 것은 아무것도 없습니다. 인류의 역사는 죄악의 역사이지 그밖에 아무것도 아닙니다.

개인의 생애도 마찬가지지요. 지나간 과거는 모두 죄악뿐이요, 후회뿐이지 누가 감히 자기의 과거를 자랑할 수 있겠어요? 아우구스티누스만《참회록》을 쓰고, 루소만《참회록》을 쓸 것이 아닙니다. 누구나 자기의 과거를 돌이키면 다 후회요, 참회입니다. 지나간다는 뜻의 '과(過)' 자가 본디 '허물 과' 자입니다. 뱀은 허물을 벗어버릴 것이지 영원히 보존할 것이 못 됩니다. 하느님의 뜻은 영원합니다. 영원히 사는 것은 참뜻뿐입니다. 물에 용이 뛰듯이 참말 속에는 참뜻이 뛰어오릅니다. 참뜻만 가지고 가야 합니다. 아버지의 참뜻, 그것이 나의 본체인 참나입니다. 참뜻은 우주의 뿌리가 영원히 죽지 않습니다. 참말이 영원한 생명입니다. 하느님의 뜻과 나의 뜻이 하나가 되어 영원한 참뜻이 이루어집니다. 아버지 하느님의 뜻이 나의 참뜻입니다."

그러나 류영모는 현실을 직시할 줄도 알았다. 그래서 이와 같이 말했다. "공산주의가 아니면 자본주의의 횡포를 막지 못합니다. 자본주의가 아니면 공산주의의 맹위를 누를 수 없습니다. 공산주의가 있는 것이나 자본주의가 있는 것이나 다 하느님의 섭리로 이루어지고 있습니다. 공산주의 자본주의 모두 쓸데없는 소리입니다. 자본(資本) 유물(唯物) 사상을 가지고 앉아서는 죄다 빨아먹고, 나중에는 그것으로 만족이 안 되어 백성을 잡아 먹게 됩니다. 자기 일을 하지 않고 시켜 먹겠다는 놈은 다 김일성이 되어보겠다는 것입니다"

현동완은 일요일에는 자신의 피난살이 단칸방에 류영모를 모시고 모임을 열었다. 그럴 때면 현동완의 아내 권봉겸(權奉謙)은 추울 때나 더울 때나 문 밖에 있었다. 이승만 대통령이 현동완의 구호 사업을 높이 평가하여 보건사회부 장관 자리를 맡으라고 하였으나 굳이 사양하였다. 현동완은 권력보다 진리와 사랑이 더 귀중한 것을 알았던 보기 드문 사람이었다.

나라를 구할 것인가, 평화를 지킬 것인가

류영모와 함석헌의 제자들은 동족상잔의 한국전쟁에서 병역 의무를 수행할 것인지, 거부할 것인지의 문제를 두고 고뇌하였다. 이것은 물론 톨스토이와 마하트마 간디의 아힘사(不傷害) 정신에서 연유한 것이다. 톨스토이와 마하트마 간디는 무조건적인 절대 평화주의를 주장하였다. 일반적으로 평화주의자들은 살인은 죄악이라고 하여 전쟁을 기피한다. 그러나 톨스토이와 간디는 한 걸음 더 나아가 스스로 죽음을 당하겠다고 하였다. 철저한 무저항 속에서 순사하겠다는 것이다. 이것이 톨스토이와 간디의 평화주의다. 또한 예수의 하느님 아들 정신이요, 석가의 붓다 정신이다.

톨스토이가 71살에 소설 《부활》을 쓴 데는 까닭이 있었다. 그 원고료로 러시아에 있는 두호보르파 기독교도들을 캐나다로 이주시키려 한 것이다. 두호보르파는 18세기 중엽 러시아에서 생긴 기독교의 한 교파인데, 원시 기독교의 교의를 엄수하고자 하여 철저한 무저항주의와 사해동포주의(四海同胞主義)를 실천하려 하였다. 더욱이 그들은 하느님의 나라만을 인정하고 인간이 다스리는 국가, 법률, 병역 등을 부정하고 거부하였다. 그래서 그들은 러시아 정부로터 반역의 무리로 몰려 모진 탄압을 받아 러시아에서는 멸절하게 되었다. 톨스토이는 그들의 사상을 적극 지지하여 그들을 신천지인 안전한 캐나다로 이주시켰다. 톨스토이도 하느님의 진리와 사랑이 넘치는 무정부주의를 이상으로 삼았다. 그러나 톨스토이는 아나키스트를 자처하지는 않았다. 톨스토이는 예수처럼 하느님 나라를 이루고자 하였지 무정부가 목적이 아니었던 것이다.

마하트마 간디는 인도가 군대를 두는 데 반대했다. 묵과할 수 있는 폭력이란 도적이나 폭력범을 체포하는 경찰의 역할 정도였다. 간디는 인류가 존속할 수 있도록 하는 데 필요하다면 지구상에 있는 모든 국가가 없어져도 좋다고 하였다. 여기에 민족적인 증오 따위가 있을 수 없다.

류영모는 톨스토이·간디·소로와 같이 적게 다스리는 정부, 나아가 안 다스리는 정부를 이상으로 여겼다. 류영모는 이렇게 말하였다. "국민이 주권자인 만큼 국민이 알 건 알아야 합니다. 온 국민이 모든 것을 알게 된다면 정부는 필요 없게 됩니다. 아는 국민이 자치적으로 잘 처리할 것입니다. 참으로 온 국민이 알 때는 정부가 필요 없게 됩니다. 이 땅 위에서 정부가 없어지지 않더라도 정부가 없어질 수 있다는 이상을 버려서는 안 됩니다. 적게 다스리는 정부, 안 다스리는 정부에 대한 바람은 이 땅 위에 사는 사람들의 가장 높은 이상입니다."

함석헌의 제자 홍명순(洪命淳)은 평화 정신을 지키기 위해 병역 의무를 거부하였다. 그리하여 병역법 위반으로 1년 2개월 징역형을 선고받고 대전 교도소에서 수감 생활을 하였다. 함석헌은 홍명순의 반전(反戰)의 평화 정신을 높이 샀다. 재판정에도 참석하고 면회도 하러 갔다. 함석헌은 이렇게 말하였다. "서로가 동포라고 하면서 아들이 아버지에게 칼을 겨누고, 형이 동생에게 총을 내미는 싸움인 줄은 알면서도 쳐들어온다니 정말 대적으로 알고 같이 총칼을 들었지 어느 한 사람도 팔을 벌려 '들어오너라, 너를 대항해 죽이기보다는 나는 차라리 네 칼에 죽는 것이 마음이 편하다. 땅이 소원이면 가져라. 물자가 목적이면 맘대로 해라. 정권이 쥐고 싶어 그런다면 그대로 하려무나. 내가 그것을 너와야 바꾸겠느냐, 참과야 바꾸겠느냐.'라고 한 사람은 없었다. 대항하지 않으면 그저 살겠다고 도망을 쳤을 뿐이다."(함석헌, '생각하는 백성이라야 산다')

서완근은 입대 통지서를 받고 고민을 하였다. 그러나 인민군과 싸우기 위해 전장으로 갈 것인지, 평화 정신을 드높이기 위해 감옥으로 갈 것인지 도무지 결정할 수가 없었다. 그리하여 스승 류영모를 찾아가 어찌하면 좋을지 물어보았다. 류영모는 서슴없이 이렇게 말하였다. "6·25전쟁으로 많은 젊은이들이 나라를 지키고자 목숨을 바친 그 은혜를 몰라서는 안 돼요. 나라를 위해 목숨을 바치는 것이 평화 정신 못지않게 중요해요. 전선에 나가 싸우다가 전사할 줄도 알아야 해요." 서완근은 스승의 말씀대로 충성을 다해 국방의 의무를 다했다.

"역사적으로 의전(義戰)은 한 번도 없었다."라고 말한 토인비도 나라를 지키는 전쟁은 정당하다고 말했다. "1969년 현재 내가 서 있는 지점에서 과거로 거슬러 올라가 전쟁을 일으킨 것이 옳은 일이었다고 생각하지 않게 되었다. 그러나 침략에 저항하는 것은 정당한 것이며, 어떤 경우에는 윤리적인 의무라고 믿는다. 그 적당한 실례는 제2차 세계대전에서 연합군이 독일·일본·이탈리아의 침략에 대항한 것이다."(토인비,《회고록》)

원수를 사랑하는 살신성인(殺身成仁)은 성현(聖賢)들에게도 쉽지 않았다. 예수가 겟세마네 동산에서 피땀 흘리며 기도한 것이 그 사실을 뒷받침해준다. 그러므로 자신의 정신적인 실력에 따라 참나를 구현해야 한다. 맹자가 한 잔의 물로 한 수레의 장작불을 끄려는 것은 어리석다고 하였다. 예수나 마하트마 간디처럼 내 목숨을 원수들에게 기꺼이 맡길 수 있는 정신적인 실력이 안 되면 총칼을 들고 정정당당하게 싸우는 것이 떳떳하다. 그러나 류영모는 이렇게 말하였다. "대자대비(大慈大悲)의 세계는 곱다, 밉다라는 애증의 세계를 넘어서야 합니다. 그리고 남의 슬픔을 내 슬픔으로 가질 때에만 나와 남이 하나가 될 수 있습니다."

정치는 비뚤어진 것을 바로잡는 것

1958년에 함석헌이 20일 동안 서대문 형무소에서 옥고를 치러야 했던 필화(筆禍) 사건이 일어났다. 문제의 글은 〈사상계〉에 실렸던 '생각하는 백성이라야 산다'인데 '6·25싸움이 주는 역사적 교훈'이라는 부제가 붙어 있었다. 함석헌은 6·25전쟁이 일어난 까닭을 이렇게 말했다. 미국과 소련이

38도 선을 그어 나라를 동강낸 데 있고, 그렇게 된 것은 우리가 35년 동안 일제의 식민지였기 때문이며, 그렇게 된 것은 조선 왕조가 백성을 지나치게 수탈하였기 때문이라고 했다. 남과 북으로 나뉜 이 나라가 하나 되자면 자주(自主)하려는 정신이 있어야 한다. 자주하는 정신을 새기려면 깊은 종교를 낳아야 한다. 깊은 종교를 낳으려면 생각하는 사람이 되어야 한다고 하였다. "일찍이 역사상에 위대한 종교 없이 위대한 나라를 세운 민족이 없다. 종교가 잘못되고 망하지 않은 나라가 없다."(함석헌, 《새 시대의 신앙》)라고 하였다.

그런데 함석헌은 직접 전쟁을 도발한 김일성의 전쟁 책임에 대해서는 아무런 말도 없었다. 그러면서 오히려 이성계(李成桂)의 책임을 강조하였다. 김일성의 난을 홍경래의 난과 비슷한 시각으로 본 것은 아닐 것이다. 함석헌 자신도 공산당에 의해 수난을 겪다가 결사적으로 탈출했기 때문이다. 그렇다고 북한에 있는 딸의 가족과 동생 가족들의 안전을 바랐기 때문도 아닐 것이다. 《뜻으로 본 한국역사》를 쓸 만큼 밝은 사관(史觀)을 지닌 함석헌이 김일성의 책임을 모를 리가 없다.

성선설(性善說)을 말한 맹자조차도 이렇게 말하였다. "굳이 전쟁을 일으켜 싸워서 땅을 빼앗으려고 사람을 죽여 송장을 들에 그득하게 하고, 싸워서 성(城)을 빼앗으려고 사람을 죽여 송장을 성 안에 그득하게 한다면 이는 이른바 땅으로 하여금 사람의 고기를 먹이는 것이니 그 잘못은 죽어도 남는다. 까닭에 싸움을 좋아하는 이는 극형을 내려야 한다."(《맹자》 이루 상편)

전쟁이란 제나의 수성인 삼독이 집단적으로 폭발한 것이다. 한국전쟁뿐 아니라 모든 전쟁의 원인은 사람의 마음속에 있는 탐·진·치인 삼독이다. 그 독심(毒心)을 제국주의가 부채질하다가 공산주의가 부채질한 것이다. 아직도 민족주의가 부채질하고 종파주의가 부채질하여 세계 곳곳에서 분쟁이 끊일 날이 없다. 이 인류가 삼독의 제나를 죽이기 전에는 싸움은 그치지 않는다. 류영모는 이렇게 말하였다.

우리 아버지의 정자와 우리 어머니의 난자가 무슨 인격을 가진 것은 아닙니다. 그것이 서로 활동하고 경쟁을 하여서 나온 나(自我)입니다. 진(瞋)이 움직여서 나온 나(自我)도 진이라 진이 생길 수밖에 없습니다. 그렇게 시작도 경쟁이니 일생 동안 진이 내게서 떠날 리가 없습니다. 그러니 인류 역사가 예수나 간디를 잡아먹어야지 안 잡아먹을 수 있겠습니까? 상대 세계에선 못 쓸 삼독을 우리에게서부터 뽑아내야 합니다. 삼독은 우리의 원수입니다. 이 삼독이 없으면 이 세상은 없습니다. 어리석은 치정(痴情)이 없으면 분명히 이 세상은 계속하지 못합니다. 이 세상이 계속하는 것은 어리석은 치정이 발동하기 때문입니다. 이러한 사회를 버릴 만한 곳이 없어서 걱정하는 게 아닙니다. 이러한 세상은 없어져도 조금도 아까울것이 없습니다.

6·25전쟁을 보면서 실감할 수 있었던 것은 예수가 한 말 "내 나라는 이 땅에 속한 것이 아니다."라는 이 한마디였다. 이 땅에 목적을 두고 희망을 걸고 사는 것이 얼마나 어리석었는지를 깨달은 것이다. 그러니 한가지 남은 길은 하느님의 말씀에 매달리는 것이었다.

하느님이 이 겨레에게 전쟁을 통해 내린 교훈은 무엇인가? 영원한 생명인 하느님의 말씀을 받아야 한다는 것이다. 하느님의 말씀을 받아야 6·25전쟁을 보상받을 수 있다. 하느님의 말씀은 생각하는 사람만이 받을 수 있다. 함석헌이 한국전쟁을 말하면서 "생각하는 백성이라야 산다."고 한 것은 이것을 가르친 것이다. 그러므로 류영모는 이렇게 말하였다.

"6·25전쟁을 겪으면서 말씀이 중요한 것을 깨달았습니다. 말씀의 임자가 누구인가? 성령이 말씀의 주인공입니다. 마태복음 10장 20절에서 말하는 이는 성령이라고 하였습니다. 우리의 마음속에서 말하는 이는 성령입니다. 우리가 말하는 것이 아니라 성령이 말합니다. 성령의 말씀이 참말씀입니다. 또 '하늘에서 오신 분은 모든 사람 위에 계시며 친히 보고 들으신 것을 증언하신다. 그러나 아무도 그분의 증언을 받아들이지 않는다.'(요한 3 : 31~32)고 하였습니다. 참말을 듣는 이가 많아야 나라가 바로 되어 흥하게 됩니다. 인생에서 말씀을 빼면 재 한 줌밖에 될 것이 없습니다. 결국 사는 길은 말씀뿐입니다."

하느님께서는 우리 눈앞에서 모든 것이 오유(烏有)로 돌아간 전쟁을 보이시며, 네가 이것을 보고도 이 세상에 미련을 두겠느냐고 물은 것이다. '너희가 살 길은 저 높은 곳에 있나니'라고 가르친 것이다. 하느님의 말씀을 받아 전쟁의 회오리 속에서도 죽지 않는 얼생명으로 거듭나라는 것이다. "내 말을 듣고 나를 보내신 분을 믿는 사람은 영원한 생명을 얻을 것이다. 그 사람은 심판을 받지 않을 뿐만 아니라 이미 죽음의 세계에서 벗어나 생명의 세계로 들어섰다."(요한 5 : 24)

신앙이란 생각하는 나위(능력)가 자라는 것이요, 살아가는 몸짓(행동)이 달라지는 것이다. 이 사실을 시적으로 나타낸 이가 중국 당나라의 스님인 행사(行思)이다. "참선하기 전에는 산은 청산(靑山)이오, 물은 녹수(綠水)였다. 깨달음에 들어서니 산은 산이 아니요, 물은 물이 아니었다. 마침내 깨달으니 산은 그대로 산이요, 물은 그대로 물이다."라고 말하였다. 선(禪)을 하는 스님들은 알면 아는 대로 모르면 모르는 대로 알쏭달쏭하게 말한다. 시원하게 말을 하지 않는다.

"산은 산이요, 물은 물이다."라는 것은 상대와 절대를 가려보지 못할 때의 일을 말한 것이다. "산은 산이 아니요, 물은 물이 아니다."라는 것은 상대적 존재를 부정하고 절대적 존재를 알게 되었다는 말이다. 다시 "산은 산이요, 물은 물이더라."고 하는 것은 상대적 존재도 절대 존재의 구현이더라는 뜻이다.

우리는 모든 존재의 뜻인 하느님을 만날 때까지 모든 상대적 존재를 부정해야 한다. 류영모는 이렇게 말하였다. "세상을 사랑하는 사람은 하느님을 모릅니다. 세상을 미워하는 사람에게만 하느님이 걸어옵니다. 하느님은 우리들에게 하느님을 알고 싶어 하는 생각을 일으켜줍니다." 상대 세계에서 만족하거나 상대 세계에 한눈을 팔면 하느님을 알 수 없다. 하느님을 알고는 모든 상대적 존재에서 하느님의 향내를 맡고, 하느님의 숨결을 느끼고, 하느님의 맥박을 들어야 한다. 그리고 하느님의 뜻을 이 누리에 드러내야 한다. 하느님의 말씀을 밝히는 것이 하느님의 뜻을 드러내는 것이다. 류영모는 이렇게 말하였다.

"처음부터 생명의 말씀 줄을 이어 오기를 온전히 했더라면 지금쯤은 이상 국가가 이루어졌을지도 모를 것입니다. 그러나 잘 이어 오지를 못해 토막 난 시대가 되고 말았습니다. 부처가 나타난다느니, 예수가 다시 온다느니 하지만 그런 분이 나타났다고 해서 사람들이 잘살았다는 것은 아닙니다. 한 줄기 이어 내려오는 영원한 생명줄을 올바르게 이어 온 시대가 좋은 시대이고 그 시대를 올바르게 지도한 이가 부처가 되고 예수가 되었던 것입니다."

이 땅에서 이상을 실현하는 가장 좋은 방법은 한 사람도 빠짐없이 모든 사람이 얼의 나를 깨달아 하느님을 아버지로 받들며 모든 인류가 쌍둥이 형제처럼 서로 사랑하는 것이다. 그 다음 방법은 적은 수라도 얼나를 깨달은 사람들이 나가서 사람들에게 하느님의 말씀을 알게 하여 사람들이 참나를 알도록 깨우치는 것이다. 예수와 석가가 바로 이 일을 하였다. 그런데도 세상 사람들은 예수와 석가의 말을 잘 알아듣지 못하거나 잘 들으려고 하지 않았다. 그 다음에는 민주주의라도 잘 되어 좀 더 올바른 사람이 나랏일을 맡아보기를 바라는 것이다.

류영모는 이렇게 말하였다. "우리가 민주주의 시대에 사는데 그 민주주의라는 것은 참 귀한 것입니다. 대중이 옳은 것을 구별하는 데 민주의 무게가 있습니다. 다스리는 자리에 옳은 사람이 앉았는가, 옳지 않은 사람이 앉았는가 구별할 줄 알아야 합니다. 원칙이 틀어지면 헛된 이름만의 민주가 됩니다. 그렇게 되면 세상에는 마귀가 참여해서 세상을 더럽힙니다. 이렇게 되면 높은 자리에 있는 사람은 자만이 심해지고 부끄러운 것이 없어집니다. 그야말로 세기말의 마귀들입니다. 좋은 세상에 그따위 마귀들 때문에 귀중한 것을 놓쳐버리다니 억울하지 않습니까? 장난으로 나라가 망하다니 말이 됩니까?"

류영모는 이승만 정권이 자멸의 길을 재촉하며 달려갈 때 노여워하였다.

예수를 정말로 믿고 염불을 정말로 하는 사람은 씨알님(民主)을 머리에 인 자입니다. 참은 마음을 비워야 합니다. 자기가 참이거니 하는 것처럼 거짓은 없습니다. 자기가 선하거니 하는 것처럼 추한 것은 없습니다. 자랑하지 않는 덕이 가장 어진 덕입니다. 내가 제법 무던하거니 생각하는 것이 병입니다. 정치한다고 대통령이니 총리니 하여 자리에 앉게 되었다고 영광이니 축하니 한다고 하는데 이게 무슨 놈의 일입니까? 정치는 아파하는 민중을 위해서 의사 노릇을 하는 것입니다. 민중이 아무 일 없으면 의사가 필요 없습니다. 축하는 마치 병자가 의사를 불러놓고서 축하하는 것과 같습니다. 이게 무슨 일입니까? 병이나 다 낫게 해놓으면 축하요 영광이지만, 성가신 의사가 무슨 영광입니까? 정치라는 것은 다른 것이 아닙니다. 비뚤어진 것을 바로잡자는 것입니다. 몇천 년을 두고 바로잡겠다고 한 것은 모두 헛소리였습니다. 실제로 바로잡은 것이 무엇이 있습니까? 우리나라 지도자 가운데 몇 사람이나 정신적으로 거듭났는지 모르겠습니다. 거듭난 사람이 없으면 안 됩니다. 거듭나 하느님과 이어지지 않으면 몸의 욕망에서 헤어날 수가 없습니다. 나라의 지도자들이 엄청난 욕심만 있기 때문에 이 나라가 아직도 이렇습니다.

탐·진·치 삼독의 수성을 극복하고서 나라를 다스리는 자리에 올라야 한다. 그러지 않으면 공복(公僕)도 민주도 다 함께 어렵게 된다.

5부

얼을 가르치는 스승

(1955~1981)

16장
죽음 연습

"나는 1년 뒤 오늘 죽을 것이다."

예수는 하느님으로부터 오는 얼(성령)을 받아서 영원한 생명인 얼나로 거듭나라고 하였다. 석가는 니르바나로부터 오는 불성을 받아 영원한 생명인 얼나(Dharma)를 깨달으라고 하였다. 예수와 석가의 말은 같은 말이다. 예수와 석가는 멸망하는 제나를 버리고 영생하는 얼나를 붙잡은 사람이다. 류영모도 예수와 석가처럼 영원한 생명인 얼나를 깨달은 사람이다. 류영모는 이렇게 말하였다.

영원히 갈 것은 오직 생각 하나만입니다. 사람이 영원을 아는 것은 생각 때문입니다. 생각이 없었다면 말도 없었을 것이고, 그러면 이렇다 저렇다 할 아무런 문제가 없을 것입니다. 이런 물질(몸) 말고 오직 생각뿐인 데가 있을 것이라 해서 하느님이니 니르바나님이니 하는 것입니다. 위로 올라가는 게 생명이지 그렇지 않으면 생명이 아닙니다. 영원히 가는 것은 생각하는 이것뿐입니다. 다르마(얼나)·프뉴마(얼나)라 하는 게 이것입니다. 우리가 좀 더

길고 넓게 살 수 없는가 하는 문제가 이 사람이 말하는 것입니다. 정신적인 생명으로 말이지 육체적으로는 그렇게 안 됩니다. 예수·석가·노자가 깨달은 얼나의 생명은 영원한 생명입니다. 나도 영원한 진리의 생명을 깨닫고 싶어 그들의 말을 듣지 그렇지 않으면 그들하고 상관이 없습니다. 예수·석가에게 나타났던 영원한 생명이 나에게도 나타났으니 영원한 생명이 시간·공간을 초월하여 존재하는 것은 틀림없습니다.

진짜가 없을 때에는 진짜를 대신하여 모조도 쓸모가 있다. 그러나 진짜가 있을 때는 모조가 쓸데없다. 영원한 생명으로 참나인 얼나를 깨달은 이는 가짜 생명으로 멸망할 제나는 필요가 없다. 류영모는 이렇게 말하였다. "이 몸생명은 가짜 생명입니다. 우리는 참생명을 찾아야 합니다. 우리의 삶은 참나를 찾는 것입니다. 하늘나라에는 참나가 들어갑니다. 가짜 생명은 죽어야 합니다. 그런데도 사람들은 이 세상에서 가짜 생명을 연명하는 데만 궁리하고 골몰하고 있습니다. 사람의 몸은 벗어버릴 허물이요 옷이지, 별것 아닙니다. 결국 사람의 주인은 얼나입니다."

영원한 생명인 얼나를 깨달은 사람은 몸의 죽음을 걱정할 필요가 없다. 제나가 죽는 것이야말로 가장 환영할 일이요, 축하할 일이다. 류영모는 이렇게 말하였다. "나는 모름지기 이 세상을 떠나도 좋다고 생각합니다. 나는 일흔 살에 가깝습니다. 일흔이라는 것은 인생을 잊는(忘)다는 뜻이라고 봅니다. 그래서 내게는 이 세상에 좀 더 살았으면 하는 생각은 없습니다. 이 세상에서 바로 살 줄 알고 말씀을 아는 사람은 사는 것이 좋은 것인지 나쁜 것인지, 그리고 기쁜 것인지 슬픈 것인지 잘 모르고 삽니다. 죽는 것이야말로 축하할 일인지 모른다고 생각하면서 삽니다."

이 세상 사람들은 온갖 맛을 찾아 헤매 다니며 맛에 붙잡혀 산다. 맛을 찾아다닌다 하여 취미(趣味)라 한다. 요리 맛에 빠진 이가 있는가 하면 도박 맛에 미친 이가 있다. 주초(酒草, 술과 담배) 맛에 매인 이가 있는가 하면 여색(女色) 맛에 홀린 이가 있다. 그런데 류영모는 죽음 맛을 한 번 보고 싶다고 하였다.

나는 죽음 맛을 좀 보고 싶어 그러는데 그 죽음 맛을 보기 싫다는 게 무엇입니까? 이 몸은 내던지고 얼을 높이 받들어야 합니다. 하늘에서 온 얼은 들리어 하늘에 올리우고 땅에서 온 몸은 땅에 떨어지는 것입니다. 영생이란 죽음을 부정하는 것입니다. 죽음이란 없습니다. 이 껍데기 몸이 죽는 거지 죽는 게 아닙니다. 죽음을 무서워하고 싫어할 까닭이 없습니다. 보통 죽음이라고 하는 것은 이 껍데기 몸이 픽 쓰러져서 못 일어나는 것밖에 더 있습니까? 이 껍데기 몸이 그렇게 되면 어떻습니까? 진리의 생명인 얼나는 영원합니다.

그런데 이 세상 사람들은 짐승인 몸나의 살림에 빠져서 탐·진·치의 죄업만 저지르면서도 잘살 거니 착각을 하고 있다. 그러다가 죽게 되면 인생이 허망하다고 탄식을 한다. 그게 어리석은 생각이다. 20살을 못 살아도 인생이란 허망한 것임을 알게 된다. 허망한 인생에 희망을 걸고 사는 일이 이만저만 어리석은 일이 아니다.

류영모는 이렇게 말하였다. "참으로 사람이란 우스운 것입니다. 잘 먹고 빨래는 잘 내놓습니다. 그러면서 제가 잘살 거니 합니다. 이게 다 꿈지럭거리며 벌레 노릇·짐승 노릇 하는 것입니다. 나는 몸의 일은 부정(否定)합니다. 모든 것이 몸을 위해 일하다가 죽어 그만두게 된다면 정말 서운한 일인 것입니다. 나는 이를 부정합니다. 그저 남 먹는 것, 남 입는 것에 빠지지 않겠다는 것이 몸살(육신 생활)입니다. 요새 사람들은 육체의 건강, 수명의 연장에만 신경을 씁니다."

예수는 "몸나는 부질없지만 얼나는 영원한 생명이다."(요한 6 : 63, 박영호 의역)라고 하였고, 석가는 "괴론 몸 모인 맘인 제나를 없앰이 참나에 이르는 길이다(苦集滅道)."라고 하였다.

사람들은 건강하다가 무거운 병을 앓게 되면 죽기가 두려워 평소에는 찾지 않던 하느님께 매달린다. "사람은 가끔 이번만 살려 달라고 기도를 합니다. 아직 씨가 영글지 않아서 그렇습니다. 빈 쭉정이가 된 것입니다. '쭉정이 가지에 삼 년'이란 말이 있습니다. 가지에 붙어만 있으면 무얼 해요. 모양은 꼴사납습니다. 나는 이번만 살려 달라는 쭉정이 인생들의 남은 여생이 문제라고 생각합니다. 마치 전과자들처럼 용서해주면 또 죄를 범합니다."

잘 영근 씨는 임자가 씨를 거두려고 오는 것을 두려워하지 않고 오히려 거두어주기를 바란다. 류영모가 그러하였다. 그리하여 1955년 4월 26일에 365일 뒤인 1956년 4월 26일에 죽는다고 YMCA 연경반 모임에서 선언하였다. 사람이 임신한 지 270일 만에 아이를 낳는다는 것을 알지만 실제로 낳는 일시를 정확하게 알아맞히지 못한다. 하물며 65살이지만 무병 건강한 사람의 죽는 날을 알아맞힌다는 것은 터무니없는 일이다. 류영모의 사망 가정일 선언은 죽음의 예행 연습이면서 성숙을 완성하였다는 선언이었다.

류영모의 사망 가정일에는 김교신을 추모하는 뜻이 숨어 있다. 본디 1956년 4월 26일을 사망 가정일로 삼게 된 것은 김교신의 급서에서 말미암는다. 류영모보다 11살이나 아래인 김교신의 갑작스런 죽음은 생사를 초월한 류영모에게도 충격이 아닐 수 없었다. 류영모가 55살 때 김교신이 44살의 나이로 떠났다. 류영모는 김교신의 죽음을 자신의 죽음으로 받아들여서 죽는 날을 받았다.

류(柳), 135달 곧 4천17일 함(咸)보다 먼저 났다. 그런데 제일 늦게 온 김(金)이 오히려 제일 먼저 갔다. 류(柳), 비록 느리나 136달 지난 즈음에 혹 가히 따라 붙어 돌아가볼 수 있을지 하늘이 이렇게 생각하게 한다. 물론 천기(天機)는 망령되이 단정하는 것이 불가하다. 이렇게 생각해보는 것이 앞서 어떤 이가 날마다 자기 무덤을 판 뒤 죽는 날을 베푸는 마음 공부는 불용(不用)하리라.

55살(1945년)부터 136달이면 1956년이 된다. 김교신의 부음을 받은 날이 4월 26일이다. 그리하여 1956년 4월 26일로 죽음을 가정한 것이다. 136달이란 류영모가 김교신보다 11년 4개월을 먼저 난 달수이다.

다른 식으로도 1956년에 사망이 예견되었다. 1939년 6월 25일, 류영모가 난 지 1만 8,001일이던 날에 김교신이 '서울성서연구회' 사람들을 데리고 구기리 집으로 류영모를 찾아와서 류영모에게 1만 8천일 맞은 소감을 듣고자 하였다. 그때 김교신은 문세영이 펴낸 《조선어사전》을 기념물로 준비하였는데, 그 책에다 '1939년 6월 25일 서울성서연구회'라고 써서 류영모에게 선물하였다. 그 뒤 1947년 9월 10일에 류영모는 《조선어사전》에 씌어 있는 김교신의 친필을 보며 그를 생각하였다. 그리고 《조선어사전》을 받은 날로부터 3천 날이 지난 것을 알았다. 그러니 류영모가 산날 수가 2만 1천 날이 된 것이다. 그러고는 류영모 자신이 앞으로 3천 날을 더 살 수 있을까 하여 셈하니 2만 4천 날이 되었고 묘하게도 그 연도가

1956년이었다.

그 주시던 손이 그 뒤 2천 날밖에 못 쓰시리라고는 덧없는 생각을 늘 하는 이라도 생각할 수 없는 일이다. 1천 날 더한 3천 날이나 쓴 내 손인데 이 손 임자 욕심일까 앞으로 3천 날 더 쓰게 하시나 하는 꿍꿍이 속셈이 있다. 제2만 4천 일. 1956년 4월 26일이면 잔고 3천151일(450주간).

류영모와 김교신은 살아서도 밀접한 사이였는데 죽어서도 밀접한 사이였다. 육친 이상으로 도반을 사랑한 것이다. 류영모는 평생을 두고 김교신을 잊지 아니하였다. 김교신은 비록 아깝게 44살에 요절하였지만 어떤 의미에서는 행복한 사람이라 아니할 수 없다. 그렇게도 못 잊어 하는 류영모가 있었기 때문이다. 아마 김교신의 친족들도 류영모처럼 알뜰살뜰 추모하지는 못하였을 것이다.

그런데 기묘한 것은 류영모가 죽기로 한 날에 죽는다면 남강 이승훈의 산 날수와 꼭 같다는 것이었다. 나이가 같을 수야 있겠지만 산 날수까지 일치한다는 것은 드문 일이 아닐 수 없다. 그 사실을 발견한 류영모는 깜짝 놀랐다. "내가 억측한 수가 우연히 돌아가신 스승님(이승훈)과 같으니 이것이 어찌 사람의 일이랴. 하느님이 열어 보이심이 아닐까."

柳永模 一生

1890. 3. 13. 목요일 67세(만 66세)
庚寅 2. 23. 818月
1956. 4. 26. 목요일 3450週

丙申 3. 16. 24151日

南崗先師 一生

1864. 3. 25. 금요일 67세(만 66세)
甲子 2. 18. 818月
1930. 6. 9. 금요일 3450週
庚午 4. 16. 24151日

이러한 사실은 수를 좋아하는 류영모가 셈을 한 덕분에 발견한 것이다. 그러지 않았다면 모르는 채 그저 지나갔을 일이다. 류영모가 남이 보기에는 번거로운 셈을 일삼아서 하는 데는 이러한 즐거움을 맛볼 수 있기 때문이었다. 류영모는 여느 사람들이 모르는 수의 세계라는 별천지를 혼자 구경하였다. 그리스의 피타고라스에게 우주가 수로 이루어진 것처럼 보였듯이 한국의 류영모에게는 삶이 수로 이루어진 것처럼 보인 것이다.

일기를 쓰기 시작하다

류영모는 사망 가정일을 11년 전에 정해놓고 1년 전에 선언하였다. 사망 가정일을 선언한 1955년 4월 26일부터 '이 하루 때문'이라며 일기를 쓰기 시작하였다. 죽게 되면 쓰던 일기도 그만둘 터인데 오히려 처음으로 쓰기 시작하였다. 이것은 일기를 쓰는 것이 아니라 사람들에게 신앙 고백을 하는 유언인 셈이다. 이 일기가 류영모의 유일한 저서가 되었다. 형식은 일기지만 내용은 날마다 쓴 명상록이다. 류영모는 일기를 쓰는 것이 자신의 기도라고 말하였다. 몇 글자를 나란히 분열시키면 거기서 하느님의 뜻이 살아 움직이게 된다고 하였다. 류영모는 일기를 저녁에 쓰지 않고 새벽에 썼다. 3시에 일어나 냉수 마찰과 맨손 체조를 하고서는 일기를 썼다. 글이 잘 되면 일찍 끝내고 다른 경서를 읽었다. 사람들은 류영모의 정신적인 생산을 닭이 날마다 달걀을 낳는 데 비기기도 하였다.

일기의 형식이라 연·월·일과 요일·날씨까지 적었다. 그리고 다른 사람들의 일기에서는 찾아볼 수 없는 것이 있다. 바로 율리우스일과 류영모 자신이 살아온 날수와 그리고 죽는 날까지 남은 날수이다. 쓸거리가 없을 때도 이것만은 반드시 적었다.

일기에 쓴 명상록은 파스칼의 《명상록》과 같이 종교적·철학적인 사색이 주류를 이루고 있다. 다만 파스칼은 산문인 데 비하여 류영모는 시의 형식을 갖추었으며 한시와 우리말 시조로 되어 있다. 우리말 시조가 1,700수, 한시가 1,300수로 모두 3천 수 정도가 된다. 류영모의 시는 자연을 읊는 풍월시나 사회를 비판하는 풍자시는 극히 적고 주로 종교적인 진리를 밝히려는 신앙시가 주류를 이룬다. 그러므로 류영모의 시를 풀이하려면 그의 사상을 전체적으로 개관하고 나서 해야 한다. 어느 누구의 글이라도 마찬가지지만 류영모의 글은 더욱 그렇다는 말이다. 그래서 류영모의 사상을 연구하려는 이들은 차츰 늘어 가는데 일기를 온전히 해독할 수 없어 고심하게 되었다. 《다석일지》 해독을 위한 낱말 사전이 필요하다는 의견이 나왔다.

그런 가운데 김흥호가 1994년에서 1995년에 걸쳐서 《다석일지》 전체를 간략하나마 풀이하였다. 성천문화재단에서 출판을 기획하여 1998년에 3권으로 축소판이 나오고 뒤에 솔 출판사에서 완간판이 나왔다. 《다석일지》 영인본은 제1차로 1979년에 김홍호가 출판하였다. 이용한(李勇漢)의 경제적인 도움이 있었다. 제2차로는 1990년에 홍익재 출판사에서 출간하였다. 《다석일지》는 1955년 4월 26일부터 1975년 1월 1일까지 19년 동안의 기록이다.

 김홍호는 스승 류영모가 1년 뒤에 돌아간다고 하자, 그 말을 사실로 믿었다. 다행히 스승은 그 날짜에 돌아가시지 않았으나 돌아가시면 선생님의 말씀을 더는 들을 수 없으므로 1년 동안의 말씀이라도 속기를 해놓고 싶었다. 그때는 우리나라에 아직 녹음기가 제대로 보급되지 않았을 때다. 그리하여 속기사 최용식의 힘을 빌려 류영모의 강의를 속기하였다. 속기록을 작성하는 데 드는 비용은 인천에서 염전을 하던 사업가 이상기(李相磯)가 도움을 주었다. 류영모의 사상과 여러 경전에 정통하지 못한 속기사가 속기를 하여 잘못 쓴 것이 많았다. 그래도 그 속기록이 보석보다 더 값지다. 속기할 계획을 세운 김홍호, 비용을 희사한 이상기, 속기를 직접 한 최용식에게 감사하지 않을 수 없다. 김홍호는 스승의 말씀을 기록한 그 속기록을 이 사람에게 넘겨주었다. 속기록 원본에서 발췌하여 《다석어록》을 만들어 1993년에 출간하였다. 그러자 대학교수들이 다석 사상을 연구하기에 이르렀다. 〈다석 류영모 선생의 신앙〉(서강대 정양모, 1993년), 〈다석 류영모의 종교 다원 사상과 토착 신앙〉(강남대 심일섭, 1993년), 〈다석 류영모의 그리스도 이해〉(서울신학대학 최인식, 1995년), 〈다석 류영모의 종교관〉(정신문화연구원 김선보, 1995년), 〈다석 사상의 철학사적 의미〉(한국외국어대 이기상, 1999년), 그밖에 박명우(에든버러대학)와 윤정현(버킹엄대학)의 박사 학위 논문을 포함한 여러 논문들이 있다. 《다석일지》는 류영모가 직접 쓴 것이라 귀중하듯이 《다석어록》은 류영모가 직접 말한 것이라 소중하다. 속기록 전문(全文)은 2006년에 현암사에서 《다석강의》라는 이름으로 출판되었다. 이에는 정양모와 김원호의 공로가 크다.

사람들이 말하기를 죽을 때가 되면 마음이 달라진다고 한다. 그래서 옛말에도 "새가 앞으로 죽으려 할 때 그 울음이 슬프고, 사람이 앞으로 죽으려 할 때 그 하는 말이 착하다(鳥之將死 其鳴也哀 人之將死 其言也善)."(《논어》 태백편)라고 하였다. 그러므로 사람이 생리적으로 죽게 되었을 때 비로소 죽음을 의식하면 이미 늦다. 젊고 건강할 때 죽음을 의식하여 생각을 바꾸는 것이 신앙이다. 류영모는 '죽음 공부'가 삶의 최고의 공부요, 마지막 공부라고 말하였다.

로맹 롤랑은 이렇게 말하였다. "산속 뇌우(雷雨) 치는 밤중에 번갯불은 번쩍이고 벼락 치는 소리 요란하고 비바람은 사나운데 죽은 이들과 머잖아 죽어 갈 이 지구 전체를 나는 생각한다. 죽을 운명을 타고난 모든 이에게 죽을 운명을 타고난 이 책을 바친다. 이 책의 목소리는 이와 같이 말하려 한다. 형제들이여 우리 서로 가깝게 지내자. 우리를 떼어놓은 원인을 잊자. 우리들 전부의 고통과 비참함만을 생각하자. 적도 없고 악인도 없고, 있는 것이라곤 불쌍한 사람들뿐이다. 그리고 영속적인 유일한 행복은 우리들이 서로 이해함으로써 우리가 서로 사랑하는 것이다. 예지와 사랑, 오직 이것만이 삶의 앞뒤에 있는 두 개의 심연 사이에서 우리의 암흑을 비춰주는 유일한 광명이다."(로맹 롤랑,《장 크리스토프》서문) 로맹 롤랑이야말로 철난 사람이다. 근사지심(近死之心)을 가진 이가 철난 사람이다. 세상이 시끄러운 것은 철 안 난 사람들이 많기 때문이다.

몸은 비눗방울 같은 것

류영모가 말하기를 몸은 비눗방울이라 언제 터져서 없어져버릴지 모른다고 하였다. "제법 이 거죽(몸)이 70년, 80년 가는데 비눗방울 같은 것입니다. 불경에서 몸이란 거품이라고 하였습니다. 이게(몸) 70년, 80년 간다 하여도 형편없는 것입니다."

류영모가 죽을 날을 받은 것은 이 세상을 떠날 때가 되었으니 떠나도 좋다는 생각 때문이었다. 죽음을 준비하는 것은 일찍부터 할수록 좋다. 사람은 누구나 언제 죽을지 모르기 때문이다. 죽음은 도둑같이 오므로 언제 올지 모르는데 죽을 생각(준비)을 하지 않는 것이야말로 어리석음이요, 게으름이다. 죽음이 닥쳤을 때 죽지 못하겠다고 앙탈을 부리는 것은 유치함이요, 용렬함이다. 류영모는 이렇게 말하였다.

이 세상 떠날 때는 마음이 시원해야 합니다. 그렇지 못하면 아직 준비가 못 된 것입니다. 하지 않을 것에다 삶을 의지했기 때문에 죽을 때 시원하지 못합니다. 죽인다 하면 살고자 하고, 살리고자 하면 빨리 죽었으면 하는 것이 미혹(迷惑)이 아니고 무엇입니까? 죽는 게 나쁘고 사는 것이 좋고, 오니 좋고 가니 나쁘다는 것은 사람이 미혹해서 그런 것입니다. 언짢고 좋고가 없는데 모두가 이 시험에서 헤어날 줄을 모르고 있습니다. 살기는 좋고 죽음은 생각도 하지 않겠다는 것은 두 번 미혹입니다. 또 죽으려고(自殺) 하는 것은 어림없는 미혹입니다. 한 10년 더 살았다고 늙은이 행세를 하고 오래 산 것을 자랑하는데 얼마 더 산 것이 길게 산 것일까요? 어림없는 생각입니다. 뜰 때 떠야 하므로 준비가 있어야 합니다. 남은 떠날 준비를 다하여 떠나는데 자기만 남아서 무엇을 자랑해요? 늙은이 주책만 남습니다.

류영모가 자신이 죽기로 받은 날인 1956년 4월 26일에 꼭 죽으려 했다면 자연사가 안 될 때는 자살을 할 수도 있었을 것이다. 자살을 하되 자연사와 다름없게 굶어서 죽을 수도 있고 숨을 쉬지 않을(止息) 수도 있다. 그러나 류영모는 그런 짓은 반대하였다. 예정업(死亡假定)은 할 수 있으나 자발작(自發作, 자살)을 해서는 안 된다고 하였다. 예수나 간디처럼 닥친 죽음을 피하지 말아야 하지만, 자발작을 해서는 안 된다고 하였다. 류영모는 소크라테스, 예수, 간디처럼 진리를 증거하기 위해 죽음을 피하지 않는 것을 올바른 죽음이라고 하였다.

> 사람으로 돼 난 이들이시여
> 예정업만은 절앙(切仰)하시라
> 그러면 온갖 것이 늑 하오리다.
> 그리스도 ㅣ(이) 지시게 된 나무들은
> 로마제국이 만들어 드리게 됨 아닙니까.
> 므로 아주 무겁게 든든하게 만들었고
> 구레네 시몬조차 품을 낸 것입니다.
> 자발작(自發作)처럼 구차한 것은 없습니다.
> 가롯 유다가 제 목을 매라고 제 손으로 주워온 줄이
> 구차하게도 썩은 줄 모른 썩은 줄이든가.
> 올가매여 끊어져서
> 더러운 밸까지 내 쏟아
> 보이고 말았다는 것이 아닙니까.
> 이렇게도 구차한 지경이 어대 있었으리까
> 절앙절앙(切仰切仰) 예정업만은 절앙

주의주의 자발작만은 아이에 말 것이니라.

(류영모)

류영모가 사망 가정일을 세어 덜어 가는 동안에 죽을 뻔한 일이 있었다. 1955년 7월 23일, 죽을 날을 277일 앞둔 날이었다. 류영모가 밖에 나갔다가 집으로 돌아와 신을 벗고 마루에 올라서는데 방 안에서 지붕이 무너지는 소리가 크게 들렸다. 방문을 열어보니 류영모가 쓰는 책상 위에 큰 돌이 떨어져 《서경》을 곰보로 만들어놓았고, 그 돌은 다시 방바닥으로 떨어져 구들까지 뚫었다. 류영모가 그 돌을 끄집어내어 저울에 달아보니 4.7킬로그램이나 되었다. 류영모가 밖에 나가지 않고 《서경》을 읽고 있었다면 그 돌에 맞아 죽었을 것이다.

죽는 날을 192일 앞서 마주잡이 거적 송장을 본 일을 일기에 적어놓았다. "삼각산원에 김산(金山) 형을 보러 갔다. 좁은 길에 그대로 가마니 거적으로만 동그랗게 한 번 말아 싼 반백(頒白)의 머리칼 밑으로 죽은 빛깔 그대로 질린 이마 한 점 인생이였었고나! 역시 가마니 거적으로 만든 마주잡이 들것이 내던져놓여 있다. 조금 더 가노라니 궤짝 가게 앞에 두어 젊은이가 감을 사 먹는 것이 보인다. 아마 그들이 매어 오던(가던) 것 같다. '마주잡이 거적 송장'이란 말만 들어 왔더니 오늘 첨 보았다. 누구일까. 허물이 아주 적게 산 끝일까? 고생을 너무 많이 한 끝일까?"

죽을 날을 받아놓은 류영모에게는 그 '마주잡이 거적 송장'이 남으로 여겨지지 않았을 것이다. 운명이란 자로 재면 너가 나요, 나가 너인 것이다. 사람들이 싫어하는 죽음이야말로 알고 보면 가장 기뻐해야 할 일이요, 축하할 일일 것이다. 없어지는 것이 거룩해지는 것이기 때문이다.

류영모는 삶의 목적을 얼나로 거듭나 아버지 하느님에게 다다르는 것이라고 하였다. "하느님을 찾으라고 우리를 내놓으셨습니다. 한 시간을 주는 것도 그 시간 동안에 당신을 찾으라고 주신 것입니다. 하느님이 나의 나인 참나라 찾지 않을 수 없습니다. 우리는 하느님께서 우리를 이 세상에서 살리시는 동안에 아버지 하느님에게 다다라야 합니다." 류영모는 얼나로 거듭나 아버지 하느님께 이르렀다. 그러면 사람으로서 인생의 목적을 완성한 것이다. 인생의 목적을 완성한 사람으로서 그 소감이 없을 수 없다.

날더러 느낀 걸 말하라면

나가자빠지는 몸, 이 고깃덩이는 시름 뭉텅이라는 것이다. 그러나 한때나마 그 고깃덩이가 그 시름을 잊을 만큼 일어나 우리 머리를 들고 일어나, 우(上, 하느님) 그리운 생각을 피어 올리게, 하느님 그리운 생각 그것이라 할 것이지요. 아버지 하느님을 이 고깃덩이 속에서 뵙게 됨이 부끄럽습니다. 마침내는 이 부끄럼 아버지께 환빛(榮光) 돌리어 드리오리까.(류영모)

이 고깃덩이 몸 속에서 하느님을 그리게 되었음이 부끄럽다고 하였다. 부끄러운 까닭은 이 몸이 탐·진·치인 수성에 끌려다니기 일쑤이기 때문이다. 그래서 류영모가 말하기를 "우리는 삼독이라는 벌레와 날마다 싸워야 한다."라고 하였다. 류영모는 51살 때부터 부부 사이에 금욕 생활을 하였다. 금욕 생활을 한 지 15년이 된 66살에, 그것도 사망 가정일을 67일 앞둔 때에 이러한 사실을 고백하였다. "66살의 첨지 새벽에 아버지(하느님)를 살핌이(기도) 몇 날이나 더하려는지. 아직 꿈에 부부 생활을 다시

하고 싶은 꿈을 꾸니 영원한 생명은 기약할 수 없는 것인가(六十六歲翁 晨省何期日 尙夢昏續絃 無其永生然)."(류영모, 《다석일지》 1956. 2. 19.) 이는 글자 그대로 꿈속에 부부 생활하는 꿈을 꾸었다는 말이다. 아직도 짐승 성질의 뿌리가 남아 있었다는 고백이다. 이것이 몸뚱이의 실상이다.

마하트마 간디는 37살부터 부부가 남매가 되어 성 생활을 그만두었다. 그런데 간디가 67살이 되던 해에 이른바 '애욕의 꿈'이라는 사건이 있었음을 고백하였다. "2~3개월 전 봄베이에 있을 무렵이 나에겐 가장 어두운 암흑의 시기였다. 내가 유혹을 느낀 시기였다. 자는 동안에 갑자기 여인의 얼굴이 보고 싶어졌다. 약 40년 동안이나 성욕을 극복하려고 애써 온 나는 이 무서운 경험에 몹시 괴로워하지 않을 수 없었다. 이 감정을 이겨내기는 하였지만, 그것은 너무나 어두운 기간이었다. 내가 만일 그 감정에 굴복하였더라면 완전히 파멸되고 말았을 것이다." 류영모는 이렇게 말하였다. "정신이 물질에 휘감겨서는 못 씁니다. 언제든지 정신이 물질을 부려 써야 합니다. 안(眼)·이(耳)·비(鼻)·설(舌)·신(身)·의(意)의 육근(六根)은 심부름꾼이지 나가 아닙니다. 여기에 내가 팔려선 안 됩니다. 아들이 종의 심부름을 해서는 안 됩니다. 아들이 종에게 끌려다녀서는 안 됩니다. 이게 뒤집히면 실성(失性)이요, 멸망입니다."

1956년 4월 27일은 YMCA 금요 강좌가 있던 날이다. 자신의 말대로면 류영모는 그 앞날인 4월 26일에 죽었어야 했다. 그러나 그는 그날도 전과 다름없이 쑥스러운 기색도 없이 태연하게 연경반 강의를 시작하였다. 그런데 그날의 말씀은 기록된 것이 없고 그 1년 뒤 기념날의 말씀은 다음과 같다.

"1956년 4월 26일은 내가 죽기를 기원한 날인데 죽는 날로 정한 지 오늘이 1년이 되는 날입니다. 오늘은 내 자신의 장례를 내가 치르고 내 소상(小祥)을 내가 치르는 날입니다. 내 대상(大祥)을 내가 치르게 될지 모릅니다. 그러나 그런 것이 문제가 아닙니다. 요는 하느님을 알고, 하느님을 믿고, 하느님에 사는 것입니다. 그러면 인생은 단순해집니다. 하나를 알고 살면 다른 것은 몰라도 괜찮습니다. 하나(天) 아옵(知)이면 그것으로 족합니다.

있다(有)는 것도 진짜 있는 것이 아니고, 없다(無)는 것도 진짜 없는 것이 아닙니다. 생사에 빠진 미혹과 환상에서 있느니 없느니 야단입니다. 있음·없음을 아는 사람은 없습니다. 다만 우리 감각이 있다·없다 하는 것뿐입니다. 있다·없다 하는 것이 마음인데 이것은 영원한 것인가 하면 그렇지도 않습니다. 마음은 생사에 제한을 받습니다. 상대적인 것은 일체 믿을 것이 못 됩니다. 믿을 것은 '하나'뿐입니다. 그런데 '하나' 밖에 무엇이 많습니다. 복잡합니다. 그러니까 존재(하나) 하나만 믿고 갈 수밖에 길이 없습니다. 하나(절대)를 잡으러 올라가는 것뿐입니다. 그러기 위해서 탐·진·치를 이기고 올라가야 합니다.

절대(하나)에 서야 상대가 끊어집니다. 상대(세상)에 빠져 헤매지 말고 절대(하나)에 깨어나야 합니다. 자기가 무지임을 알아야 합니다. 아무리 상대지(相對知)가 많아도 절대지(絶對知)에 비기면 없는 것이나 마찬가지입니다. 진리는 하나이기 때문에 하나밖에 없습니다. 하나(하느님)로 돌아가야 합니다. 우리의 생각의 머리가 있는 곳이 하느님께서 계시는 곳입니다. 내가 주장하는 것은 하나(절대)를 알고, 하나(절대)로 들어가자는 것입니다.

이 지구 위의 잔치에 다녀가는 것은 너, 나 다름없이 미련을 두지 말아야 합니다. 자꾸 더 살자고 애쓰지 말아야 합니다. 이것이 자연입니다. 이것을 잊지 말고 있어야 합니다. 그러면 죽을 기회를 놓치지 않습니다. 그저 사는 게 좋다고, 죽는 게 싫다고 하는 것은 말이 안 됩니다. 여기는 잠간 잔치에 참여할 곳이지 본디 여기서 살아온 것도 아니요, 늘 여기서 살 것도 아닙니다. 그래서 이 세상을 생각으로라도 초월하자는 것입니다."

죽음의 종이 되지 마라

류영모는 이미 죽음의 몸생명에서 영생의 얼생명으로 거듭난 사람이다. 그러니 몸의 죽음이란 헌 옷을 벗어버리는 것과 같다. 류영모가 말하기를 "참사람(眞人)은 제 속에 영원한 생명의 긋(點)이 있습니다. 죽어도 죽지 않는 영원과 연결된 긋을 지니고 있습니다. 바꾸어 말하면 생각을 가지고 있고 정신을 가지고 있습니다. 속알을 가지고 있고 영혼을 가지고 있습니다."라고 하였다. 영원한 생명으로 사는 류영모가 몸의 생사에 초연할 수 있는 것은 자연스러운 일이다. 몸은 살든 죽든 죽은 생명인 것이다. 그래서 예수도 짐승처럼 탐·진·치의 삼독으로만 사는 사람을 죽은 자라고 하였다. "죽을 자들의 장례는 죽은 자들에게 맡겨 두고 너는 나를 따르라."(마태오 8 : 22)라고 하였다.

류영모가 사망 가정일을 1년 앞서 선언한 것은 다 같이 죽음을 실감 나게 체험하여 참나를 깨닫는 기회로 삼고자 함이었다.

마음은 항상 하느님을 좇아가는 궁신(窮神)하는 자리에 있어야 합니다. 하느님을 알려는 것이 궁신입니다. 신(神)이 다른 것이 아니라 우리가 바로 신입니다. 지금은 신의 능력을 나타내지 못할망정 이 다음에 하느님으로 돌아가는 것만은 사실입니다. 궁극에는 내가 하느님이 되겠다는 것이 아닙니까? 하느님의 자리에 간다는 말입니다. 정신이란 곧 궁신하겠다는 것입니다.

거짓나인 제나로는 죽고 참나인 하느님으로 솟아나는 것입니다. 하느님이란 없다면 어떻습니까? 하느님은 없이 계신 분입니다. 그래서 하느님은 언제나 시원합니다. 하느님은 육체가 아니라 얼(靈)입니다. 얼은 없이 계심으로 얼생명으로는 죽음이 없습니다. 그런데 죽음이 있는 줄로 알고 무서워합니다. 죽음을 무서워하는 육체적인 생각을 내던져야 합니다. 죽기를 무서워하여 육체에 매여 종노릇하는 모든 이를 놓아주려 하는 것이 하느님의 말씀입니다. 왜 밥을 못 잊을까? 죽을까 봐 그런 것입니다.

류영모가 사망 가정일을 선언한 바른 뜻을 그때 제자들은 분명히 알지 못하였다. 그래도 스승을 가장 가까이서 좇았다고 할 수 있는 세 사람은 이렇게 이야기하였다.

"내 병이 좀 회복되어 선생님 모임에 나갔으나 그때 류영모 선생님이 돌아가신다고 야단들이었다. 그 앞서도 고별 강연을 여러 번 하였다. 목요 강좌라고 신문에 광고도 내어 그때 백여 명의 청중이 모이기도 하였다. 나도 그때에는 선생님의 마지막 강의를 보존하기 위해 한 1년 동안 속기사에게 의뢰하여 선생의 강의를 속기하였다. 1956년 4월 26일이 되었다. 돌아가신다는 그날은 선생님께서 자기 집에 오지 말라고 하여 나는 초조하게 집에 있었다. 정성을 다해 가르쳐주신 선생님께서 오늘 세상을 떠나신다고 생각하니 기가 막혔다. 나는 그 동안 선생님께 배운 것이 무엇인가를 생각해 선생님처럼 한시로 적어보았다. 다음 날인 4월 27일 선생님의 장례를 치러야 할 것 같아 자하문 고갯길을 터벅터벅 올라갔다. 자하문에 이르렀을 때 선생님께서 책보를 들고 이쪽으로 걸어오고 계셨다. 그날이 금요일이었다. YMCA 모임에 나오고 계셨다. 나는 돌아가셨던 선생님께서 살아오신 듯하여 너무도 반가웠다. 인사를 하면서 '선생님께서 돌아가신 줄 알고.'라고, 말씀드리자 '누가 죽어요. 밥이 죽어요.'라고 대답하였다. 나는 선생님과 함께 YMCA로 걸어왔다. 나는 청년회의 어두운 방에서 어제 내가 적은 한시를 선생님께 보였다. 선생님은 무언가 긍정해주셨다. 나는 무언가 4월 26일은 선생님이 죽은 날이 아니라 내가 죽은 것 같은 느낌을 받았다."(김흥호)

"선생님이 한번은 자신이 돌아가실 날짜를 말씀하였던 일이 있습니다. 그래서 여러 사람들이 선생님은 자신이 돌아가실 날을 미리 아신다고 하여 놀란 마음으로 그날을 기다렸습니다. 그런데 정작 그날이 되어서도 돌아가시지 않았습니다. 그러자 어떤 사람들은 미리 아신다더니 못 맞혔다고 웃었습니다. 선생님께서는 그 말을 들으시고 이렇게 대답했습니다. '돈을 쓸 때는 예산을 세워야 하지 않느냐? 예산을 세웠다고 꼭 그대로 되는 것은 아니지만 남으면 남기고 모자라면 추가해서 쓰면 그만이지만, 그래도 일단 예산을 세워야 하지 않는가? 사는 것도 마찬가지다.' 다른 말은 잊더라도 이것만은 꼭 잊지 말고 지켜보시기 바랍니다."(함석헌)

"선생님은 이 세상에서 남은 생애의 날수를 여러 번 예언하였다. 처음에는 선생님의 그 말씀이 너무도 태연자약했고, 남은 시일도 많아서 제자로서 관심이 없을 수 없었다. 선생님은 자신이 이 세상을 떠날 날을 영감으로 예지했는지 아니면 우연히 가정했는지 알 수 없으나 우리에게 중요한 일도 아니다. 다만 선생님께서는 몸은 죽지만 얼은 산다는 선생님의 믿음에서 그러시는 것이다. 우리는 선생님의 예정이 맞아도 좋고 안 맞아도 좋다. 다만 선생님께서 죽음의 순간을 바라보며 태연자약하게 나아가시는

것이 놀라울 뿐이다."(최원극)

거짓말을 안 하는 류영모가 사망 가정일을 선언한 것이 거짓말을 한 셈이 되었으나, 류영모는 일일일생(一日一生)주의로 살았다. 날마다 새로 나고 날마다 죽는데 거짓말일 리가 없다.

17장
진리의 스승

스승을 닮으려 한 함석헌

진리의 길인 좁은 문으로 들어가는 이는 예수·석가 때나, 톨스토이·류영모 때나 그 수가 적기는 마찬가지다. 예수가 말하기를 "우리가 피리를 불어도 너희는 춤추지 않았고 우리가 곡을 하여도 가슴을 치지 않았다."(마태오 11 : 17)라고 하였거니와 류영모도 "세상 사람들의 마음을 보니 진리를 따르는 이는 없고 다 가짜 문명이라는 빛에 홀려 정신이 나간 것 같습니다. 이에 참으로 진실한 한 점(點) 마음으로 하느님께 기도드리고 싶은 것은, 모든 인류가 하느님의 은혜로 다 마음속의 진리의 한 점을 깨치고 나오기를 빌 뿐입니다."라고 말하였다.

그런데 류영모를 본받아 따르는 한 사람이 있었으니 바로 제자 함석헌이다. 함석헌은 1947년 3월, 46살의 나이에 북한 공산당의 탄압을 피하여 월남한 뒤로 하루가 다르게 맘살림으로나 몸살림으로 스승 류영모를 닮아 갔다. 스승을 가까이 하고, 스승을 닮고, 스승과 하나 되는 제자가 훌륭한 제자다. 류달영이 말하기를 "함석헌 선생님은 발끝에서 머리끝까지 류영모 선생님을 닮으려고 했습니다."라고 하였다. 함석헌이 몸살림으로는 한복을 입고, 하루 한 끼를 먹고, 걸어다니고 하는 것이 모두 류영모의 삶을 본받는 것이었다. 그리하여 무교회 신앙인인 이찬갑(李贊甲)은 "어찌하여 함석헌은 류영모를 닮아 가는가?"라고 불만을 털어놓았다.

류영모는 사제의 만남에 대하여 이렇게 말하였다. "몸은 만나나 마음은 영원히 만나지 못하는 고독한 세상살이이기도 합니다. 그러나 선생도 깊이 생각하고 학생도 깊이 생각해서 서로 아무 말도 없지만 서로 마음 속에 깊이 통한 곳에서 얼이라는 한 점의 참나에서 만납니다. 벗은 얼을 사귀는 것이라 옛날 사람을 자기의 벗으로 사귈 수도 있습니다." 류영모는 만나기 어려운 영재(英才) 함석헌을 만났고, 함석헌은 만나기 어려운 덕사(德師) 류영모를 만났다. 함석헌은 "선생님만큼 정신적인 생산을 하는 분은 없습니다."라고 말하였고, 류영모는 "신앙을 바로 배우려면 함석헌에게로 가시오."라고 말하였다. 부부 사이가 '몸을 허락한 사이'라고 한다면 사제는 '마음을 허락한 사이'라고 하겠다.

류영모는 "사람이 나이 먹고 시집·장가간다고 어른이 되는 것이 아니라 하느님이 주시는 성령으로 얼과 얼이 얼려야 어른입니다."라고 하였다. 류영모와 함석헌은 얼과 얼이 얼린 어른이었다. 류영모는 이렇게 말하였다. "얼이 얼려야 어른입니다. 정신과 정신이 단단히 얼려야 정말 어른입니다. 성령이 충만한 어른이 돼야 합니다. 얼을 빠뜨리라고 얼을 넣어준 게 아닙니다. 어른이 되라고 얼을 넣어준 것입니다. 우리가 서로 사귄다는 게 낯바닥 익히는 데서 그치고 깊이 얼을 알려고 안 하니 이게 기가 막힙니다."

사람이 마음을 열고 얼을 사귀는 일이 쉽지 않다. 두 사람이 다 하느님을 참나로 아는 가장 높은 얼나의 깨달음에 이르지 않으면 곧 이견이 나오게 마련이다. 이견이 나오면 멀어지게 된다. 류영모는 일생 동안 많

만년의 함석헌. 함석헌은 20살 학생 시절부터 40여 년 동안 류영모를 하늘 같은 스승으로 섬겼고, 류영모는 그를 '정신의 아들'로서 목숨처럼 아꼈다.

은 사람을 사귀면서 이러한 경험을 자주 하였다. 류영모가 말하기를 "사람은 좀 친해져야 할 것 같고, 사람이 많이 모이면 일이 잘될 것 같고, 또 그것이 소위 인격의 역량이라고 할 수 있을 것 같지만 실상은 기대일 뿐 그렇게 쉽게 되는 것이 아닙니다. 속의 속은 사상인데 사람이 사상이 같다고 하더라도 친숙해지면 이내 서로 달라집니다. 달라지면 이견이 나옵니다. 이러한 세상에 득의(得意)가 이루어지지 않습니다."라고 하였다.

그런데 류영모와 함석헌 사이에는 이견이 거의 없었다. 함석헌이 류영모를 고스란히 본받으려 하는데 이견이 있을 수 없었다. 사람이 핏줄(血肉)의 가족을 초월하여 스승을 따르고 제자를 아끼는 것을 두고 맹자는 '인야자인야(人也者仁也)'라고 하였다. 인(人)이 곧 인(仁)이라는 말이다. 예수와 석가는 다른 이가 아니라 진리 되시는 하느님을 사랑하고자 가족과 세상을 초월하였던 사람이다. 함석헌은 금요일에는 스승 류영모의 모임에 빠짐없이 나가 스승의 말씀을 듣고 일요일에는 스승을 모시고 함께 일요 집회를 하였다. 누가 보아도 이 세상에서 가장 모범적인 스승과 제자였다.

 류영모는 제자 함석헌에게서 스승을 앞서는 청출어람(靑出於藍)의 가능성을 보고 기뻐하였다. 그리하여 이렇게 말하였다. "'내 뒤에 오는 자가 나보다 앞선 자라.'는 것은 이즈음 진리의 발달이 그러합니다. 내가 아무리 예수를 믿는 척하더라도 내 말들 듣고 뒤좇아오는 사람은 언젠가는 나를 앞설 것입니다. 나 역시 미완고(未完稿)를 완결 짓기를 바라나 내 손으로는 할 수 없습니다. 내 뒤에 오는 이가 할 것입니다. 인(仁)을 보고 선생은 하지 못하더라도 제자는 할 수 있습니다."

 그런데 스승 류영모와 제자 함석헌 사이의 사제의 도(道)에 파경(破鏡)이 오는 일이 일어났다. 류영모는 이렇게 말하였다. "얼굴빛을 보아 마음을 아는 수밖에 없지만, 그것 갖고는 안 됩니다. 어지간히 알아지는 것 같아 10~20년 동안 그 사람의 말과 행동이 같아 그래 믿었더니 그 사람이 그럴 수 있느냐고 할 일이 일어납니다. 이런 게 인생입니다." 함석헌에 대한 류영모의 섭섭한 마음은 오래 지속되었다.

 공자는 40살에 불혹(不惑)하기에 이르렀다고 한다. 그리고 맹자는 40살에 부동심(不動心)을 얻었다고 하였다. 그런데 함석헌이 잘못되기 시작한 것은 40대에 들어서였다. 류영모는 이렇게 말하였다. "천연두는 우두를 맞으면 면역성이 생깁니다. 자기는 면역성이 있다고 생각하다가 병에 걸리면 참 분할 것입니다. 마찬가지로 자기는 세상에 대해서 면역성이 없는데도 면역성이 있다고 스스로 생각하면 참으로 위험한 일입니다. 공자·맹자는 40살에 불혹이라 했지만 그것은 큰 이의 일이고 보통은 오히려 더욱 혹합니다. 20~30대에 정욕이 가장 성한데 그 정욕이 쇠하면 마음이 풀어져버립니다. 기운이 풀어져서 오래 사는 것보다 젊어서 죽는 게 좋습니다. 예수가 젊어서 죽은 데는 큰 뜻이 있을 것입니다. 젊을 때는 단순해서 좋습니다. 진리에, 종교에, 운동에, 학문에 열중하게 됩니다. 정욕이 강할 때는 냉정하다가 늦게 엉뚱하게 여색에 빠져버리게 됩니다."

함석헌의 성격은 어릴 때부터 내성적이라 수줍음이 많았다. 30대까지도 친척 여인들을 바로 쳐다보지도 못했다. 그런데 46살에 공산당 치하의 북한을 탈출해 남한으로 넘어온 뒤부터 여인에 대한 소문이 나기 시작했다. 그러나 사람들은 잘못된 소문이라 생각하여 흘려버렸으나 세월이 흐를수록 염문은 점점 더 짙어만 갔다. 그리하여 마침내 1960년대에 와서는 소문이 아니라 사실로 드러나기 시작하였다. 류영모는 이렇게 말하였다.

우리의 혈육(몸)이란 이런 것입니다. 이건 짐승입니다. 사람이 관 뚜껑을 덮고 나서야 그 사람에 대해서 말할 수 있습니다. 기운이 풀어질 때에는 진리에, 종교에 열중하던 사람도 그만 혹하기 쉽습니다. 그런데 입은 살아서 여전히 똑같은 말을 할 수 있습니다. 사람과는 가까워질수록 졸라매야 합니다. 고쳐 말하면 조심을 해야 합니다. 물질(몸)을 뒤집어쓰고 사는 인생이란 이런 것입니다. 혼인 전에는 널리 생각하고 혼인 뒤에는 바짝 졸라매야 합니다. 더욱 조심해야 합니다. 이제는 됐다 하고 방자하면 못씁니다. 하느님에게 괴임(사랑)받아야 참 괴임이지 사람에게 괴임받는 것은 꾀임받는 것입니다. 그러다가 뒤집히면 그게 치욕이 됩니다.

류영모에게 함석헌은 예수에게 베드로요, 공자에게 안회 같은 존재였다. 그런 함석헌의 인격에 파탄이 왔으니 류영모의 마음이 얼마나 아팠겠는가? 류영모는 제자 함석헌의 허물을 자신의 허물로 알고 뉘우치는 뜻으로 8일 동안 혼자 단식을 하였다. 함석헌은 스승이 자기로 인하여 단식하고 있다는 말을 전해 듣고 구기동으로 스승을 찾았다. 함석헌은 자신의 실덕(失德)을 스승 류영모 앞에 고백하고 용서를 구했다. 참회하는 함석헌에게 어쩌다가 그렇게 되었느냐고 조용히 물었다. 그런데 뜻밖의 대답이 나왔다. "그 동안에 톨스토이를 두고 괴테를 읽어보았습니다." 이 말이 류영모에게 충격적으로 들렸다. 함석헌의 실덕이 본의 아닌 실족이 아니라, 습관적인 사도(邪道)인 것을 간파하였기 때문이다. 하늘에 가득한 허물도 '뉘우칠 회(悔)' 자 한 글자를 당하지 못한다고 하였던가? 이미 저질러진 일이라 어쩔 수 없었다. 일찍이 공자가 이르기를 "다 이룬 일은 말하지 않으며, 저질러진 일은 충고하지 않으며, 이미 지난 일은 나무라지 않는다(成事不說 遂事不諫 既往不咎)."《논어》팔일편)라고 하였다.

류영모는《논어》자장(子張)편에 나오는 자공의 말을 인용하면서 훈계하였다. "군자의 허물은 일식·월식과 같아 잘못하였을 때는 사람들이 다 보게 되고 고쳤을 때는 사람들이 다 우러른다고 하였으니 다시는 그런 일이 없도록 하시오."라고 하고서 돌려보냈다. 그때 함석헌은 존재의 소리를 들어야 하는 이순의 나이였다. 그런데 존재의 소리를 뒤로 하고 여인의 소리에 귀를 기울이다니 참으로 애석하고도 안타까운 일이 아닐 수 없었다. "노래 기생이 늦게나마 한 지아비를 잘 좇으면 지난날의 모든 허물이 거리낄 것이 없어지지만 정절의 부인이 흰머리가 되어서 정절을 잃으면 반평생의 청정함이 다 헛것이 된다."《채근담》) 함석헌이 차라리 젊어서 바람을 피우다 늦게 철이 났다면 오히려 좋았을 것이다.

류영모는 이렇게 말하였다. "오늘날은 남녀유별이 아니라 남녀무별이 된 세상이지만 마음속에라도 만리장성 같은 남녀유별의 선이 그어져 있어야 합니다. 그 선이 분명치 않으면 개인이고, 나라고, 세계고 다 망합니다. 도덕을 벗어나면 부력(浮力)을 잃은 배와 같아 침몰할 수밖에 없습니다.

어쩔 수 없는 외적 조건으로 남녀가 한방에 머물러야 할 경우에는 절대로 잠을 자서는 안 됩니다. 뜬눈으로 밤을 새워야 합니다. 자기 이름을 자기가 소리 내어 부르며 잡념을 쫓아야 합니다."

70살 제자를 꾸짖다

김교신은 함흥에 있는 영생고등여학교에서 교사로 있을 때 일본인 여선생과 염문이 떠돌아 그 학교를 떠나 서울 양정고등보통학교로 옮기게 되었다. 그러나 그 뒤에는 여자 관계가 깨끗하였다. 그러므로 그 누구도 김교신이 26살 때 범한 실덕을 탓하지 않는다.

함석헌도 스승 류영모 앞에서 회개했으면 그때부터라도 애욕의 심두(心頭)를 자르고 삼독에서 벗어났어야 했다. 그런데 함석헌은 그렇게 하지 못했다. 류영모가 말하기를 "색광(色狂)을 가리지 않고 번쩍 하는 맛에 홀리면 그만 헤어날 수 없게 됩니다. 속살을 가려야 하는데 그러지 못하면 역사까지도 그르치게 됩니다. 속살을 못 가리면 사람은 금수만도 못한 인충류(人蟲類)가 되고 맙니다. 금수는 암수가 서로 만나 새끼를 낳으면 끝냅니다. 그런데 인류라는 것은 주인이 있는 여자건 없는 여자건 색에 미치면 그만 일을 저지르고 맙니다. 사람은 맛으로 살아서는 안 됩니다. 산다는 것은 순전히 시험인데 맛을 좇아 살면 금수만 못하게 됩니다. 고기 맛을 보면 더 합니다. 고기 맛을 살맛(肉味)이라고 해도 좋습니다. 어떻게 하면 속살을 만져보나, 어떻게 하면 속살에 닿아보나 하고 무척 동경합니다."라고 하였다.

1971년에 《거짓 예언자》를 쓴 조순명(趙淳明)에게서 류영모는 제자 함석헌의 아름답지 못한 이야기를 또 듣게 되었다. 그때는 류영모가 크게 노하여 이제까지 함석헌의 잘못을 덮어주고자 하였던 것과 반대로 류영모가 앞장서서 함석헌을 꾸짖었다. 제갈량이 나라를 위해 자신이 매우 아끼던 마속의 머리를 자르지 않을 수 없었듯이 류영모는 진리를 위해 함석헌을 질책하지 않을 수 없었다.

류영모의 입에서는 계속 함석헌을 질책하는 말이 쏟아져 나왔다. "오늘 함석헌의 선생 노릇을 해야겠습니다. 한국의 간디라고 씨알의 소리에 맞아야 될 놈이 씨알의 소리를 해요. 씨알을 속이는데 하느님도 속이려나 등걸(檀君) 나라 불쌍하고나. (젊을 땐 안 그랬는데 지금은 발전한 것이라고) 이제도 발전하고 있나. 그럼 《성서적 입장에서 본 한국역사》도 새로 써야지요."

류영모는 함석헌이 톨스토이와 마하트마 간디처럼 좁은 문으로 들어가는 줄 알았다. 류영모는 톨스토이의 길을 걸어가는데 함석헌은 괴테의 길을 걸어가고 있었다. 그런데 묘하게도 함석헌과 류영모는 생일이 3월 13일로 같은데, 톨스토이와 괴테도 생일이 8월 28일로 같다.

흔히 사람들은 괴테의 여인 편력을 미화하여, 그의 일생을 구원(久遠)의 여성에 대한 순례라고 말한다. 구원의 여성은 어머니(아버지) 되시는 하느님뿐이다. 상대적 존재인 사람에게 절대성의 님을 추구한다는 것은 그야말로 연목구어의 어리석음이다. 제나를 초극할 때에만 영원한 님을 만나게 된다. 그것을 가르쳐준 이가 예수요, 석가다.

류영모는 남녀 사이의 쾌락이라고 하는 것은 간질이는 일이라고 하였다. "이 세상에서 좋아하는 것은 간질이는 것입니다. 웃으면서도 죽을 지경입니다. 간질이는 게 싫으면서도 웃지 않을 수 없는 게 이 세상입니다. 참 기가 막힙니다. 견딜 수 없는 것, 가려워서 긁어버리지 않을 수 없는 것을 꾹 참는 게 있어야 합니다. 아니할 수 없는 것을 아니하고, 꾹 참고 지내는 게 필요합니다. 이 인생을 이 세상은 그렇게 해야 하는 데입니다. 죽도록 참아야 하는 길이 우리가 지나가는 길입니다."

함석헌의 소문을 믿지 않던 이들도 류영모의 태도를 보고는 믿지 않을 수 없었다. 사교(邪敎) 연구가로 자처한 탁명환(卓明煥)이 함석헌의 불미스러운 소문을 듣고는 류영모를 찾아가 확인하고자 하였다. 그러자 류영모는 탁명환에게 "아니 땐 굴뚝에 연기 나는 것 봤소?"라고 하늘이 찢어지게 소리쳤다. 탁명환이 그만 질려서 더 묻지 못하고 물러갔다.

전병호가 류영모에게 "선생님, 함석헌 선생님이 그렇다면 그런대로 내버려두시지 어찌하여 선생님께서 상심하시고 분노하십니까? 함 선생은 함 선생이시고 선생님은 선생님이시지 않습니까?"라고 하였다. 전병호는 함석헌의 비행에 관대한 편이어서 류영모가 함석헌을 나무라는 소리를 그만했으면 싶었던 것이다. 그러자 류영모가 대답하기를 "나와 그(함석헌)의 사이는 '너는 너고 나는 나다.' 하고 모르는 체할 수 없는 사이입니다. 나만 그런 것이 아니라 그도 그럴 것입니다." 이 말을 전해 들은 사람들은 잘못했을 때 저렇게 꾸짖는 선생님을 스승으로 둔 함석헌은 행복한 사람이라고 말했다.

요즘에 와서 아인슈타인이 바람둥이였다는 사실이 세상에 알려졌다. 그러나 세상 사람들은 그렇게 놀라지 않는다. 아인슈타인은 물리학자이다. 그러나 함석헌은 그의 말대로 하느님의 말씀을 전하는 종교인이다. 함석헌이 한 사람의 사학자이거나 시인이었다면 그의 과실도 그저 가볍게 여겨 지나갈 수 있었을 것이다.

그러나 함석헌은 간디의 말대로 온전을 요구하는 인생의 스승 자리에 있었다. 사람이라 과오가 있었다면 사회에 공개로 사죄하고 근신을 하는 것이 취해야 할 도리였다. 그러나 함석헌은 여전히 모임도 갖고, 강연도 하고, 기고도 하고, 저서도 펴냈다. 거기에 〈씨알의 소리〉 잡지까지 펴냈다. 이러한 함석헌의 언행을 류영모는 이해할 수가 없었다. 마하트마 간디는 말하기를 "구루(Guru, 스승)는 완전해야 한다. 하느님만이 온전한 구루이다."(간디,《날마다 한 명상》)라고 하였다.

류영모는 함석헌에게 참회록이나 쓰면서 근신하며 조용히 지내라고 권고하였다. 원효로 집으로 몇 번이나 찾아갔고, 쪽지도 몇 차례 보냈고, 연경반 모임에서도 귀에 들어갈 만큼 이야기하였다. 함석헌은 그럴수록 웬일인지 사회 활동을 더 활발히 하였다. 하긴 군사정권이 등장하면서 제대로 뿌리를 내리지 못한 한국의 민주주의가 군화에 깡그리 짓밟혀, 나라의 처지가 민주 투사의 총수격인 함석헌을 조용히 쉬게 둘 상황이 아니었다. 그야말로 이 나라 민주주의의 존망이 백척간두에 놓여 있는데 함석헌의 추문이 문제가 아니었다. 그러한 시국이라 이 나라 언론은 합의 아래 함석헌의 스캔들을 알면서도 단 한 줄도 쓰지 않았다. 함석헌을 위해서라기보다는 민주주의의 회복을 바라서였다. 민주화 운동의 정신적인 지주였던 함석헌을 차마 신문이 앞장서서 죽일 수는 없었던 것이다.

그러나 류영모의 생각은 달랐다. 공자의 말대로 썩은 나무에 조각을 할 수 없고, 똥 흙으로 벽을 바를 수 없다는 것이었다. 조순명이 함석헌의 잘못을 세상에 알리겠다며 북을 두드리고 나섰다. 그것은 조순명이 자의로 한 것이지 류영모의 뜻은 아니었다. 그러나 세상은 함석헌의 편이었고 조순명의 말에 귀를 기울이는 사람이 없었다. 오직 진실을 다 알고 있는 류영모만이 그의 말을 들어주었다. 조순명은 자신이 사랑한 여인을 함석헌에게 빼앗겼던 것이다. 더구나 조순명의 새어머니가 함석헌의 6

촌 누이동생이었다. 조순명은 사면초가(四面楚歌)로 외로운 싸움을 하는데 류영모가 자기의 말을 들어주자 이야깃거리만 있으면 구기동으로 찾아왔다. 1971년 벚꽃이 지는 5월의 첫 일요일이었다. 조순명은 아침에 류영모의 집을 방문하였다. 류영모는 집 정원을 거닐고 있었다. 류영모는 인사를 받고 조순명에게 물었다. "함(咸)이 아직 모임을 한다지요? 무슨 말을 한답니까?" 조순명이 대답하기를 "요한복음 강의를 한다고 들었습니다." 류영모는 "함이 아직 성경을 말해요? 우리 어디 가봅시다." 조순명의 안내로 당시 세운상가 4층에 있던 중앙신학대학 강의실에서 열리는 함석헌의 일요 모임에 예고 없이 들어섰다.

함석헌은 강의실에 뜻밖에 이 세상에서 가장 어려운 사람이라 할 수 있는 스승 류영모가 들어오자 하던 말을 멈추고 류영모를 모인 사람들에게 소개하였다. 함석헌이 소개말을 하기를 "아시는 분은 아시겠지만 모르시는 분은 모르실 줄 알고 말씀드립니다. 제가 정주 오산학교 학생일 때 저를 가르쳐주신 은사님이신 류영모 선생님께서 방금 이곳에 오셨습니다. 제가 잘못한 것이 많아 한 서울에 있으면서도 찾아뵙지 못하였는데, 오늘 여기까지 오신 것은 저의 잘못을 용서하시는 것으로 알고 감사하게 생각합니다." 그때 함석헌이 발행하는 잡지 〈씨알의 소리〉 편집장으로 있는 문대골이 자리에서 일어나 류영모를 환영한다는 인사말을 하였다. 문대골은 일찍 어버이를 잃은 사람이라 언제나 함석헌을 정신적인 아버지로 생각하였다. "이 자리에 선생님의 선생님께서 오신 것을 감사하게 생각합니다. 오늘처럼 사진기를 갖지 못한 것을 후회해본 적이 없습니다. 두 분 선생님께서 한 자리에 계신 모습을 사진에 담고 싶어서입니다. 선생님의 선생님께서도 한 말씀 하여주시기를 바랍니다. 저는 구원이란 사랑과 죄악이 뒤범벅된 것이라 믿습니다."라고 하였다.

문대골의 인사말을 듣고 있던 류영모가 자리에서 벌떡 일어서며 소리쳤다. "이제 구원은 사랑과 죄악이 뒤범벅된 것이라고 말한 이는 밖으로 썩 나가시오. 사랑과 죄악으로 뒤범벅된 것이 어찌 구원이 된단 말이요. 구원이란 탐·진·치의 삼독의 욕심에서 벗어나 진리로 자유(해탈)하는 것이 구원일 것이오. 그래서 예수도 '진리가 너희를 자유케 하리라.'고 하셨어요. 일찍이 석가는 말하기를 '온갖 걸림에서 벗어나라.'고 했습니다. 온갖 유혹에서 벗어나 헤매지 않으려면 자각을 해야 합니다. 스스로 진리의 나를 깨달으려면 먼저 모든 욕심을 절제해야 합니다. 절제하는 데 제일 힘드는 것이 식색(食色)입니다. 색이 강한 듯하지만 사실은 더 강한 것이 식입니다. 색욕은 60살이 지나면 저절로 물러서지만, 식욕은 숨질 때까지 끌고 갑니다. 그래서 더 어려운 것입니다. 그런데 함은 60이 지났는데도 그렇지 않는 모양입니다. 아직도 젊은 여자를 찾아다니는 모양이니 어찌 그렇소. 함은 죄가 많은 사람이오. 그렇게 큰 잘못을 저지르고도 이렇게 오늘까지 사람 앞에 나서서 말을 하고, 글을 쓰고, 성경까지 가르치다니 어떤 의미에서는 함은 참 축복받은 사람이오. 함은 허리가 아프지 않소······." 다윗을 향한 나단의 직언이 무색할 지경이었다. 이것이야말로 바로 《노자》의 총욕약경(寵辱若驚)의 경우일 것이다.

제자 함석헌을 향한 천둥 같은 스승 류영모의 노호는 바로 더없는 은총이면서 모욕이었다. 70살의 제자 함석헌은 81살의 늙은 은사의 추상 같은 질책에 사색이 되어 진땀을 흘리고 있었다. 그 위엄과 성숙을 나타내던 함석헌의 흰 머리칼과 흰 수염은 더욱 무안스러웠다. 모인 사람들은 어리둥절하여 무슨 말인지 갈피를 잡지도 못하였다. 공자는 군자만이 사람을 사랑할 수 있고 미워할 수 있다고 하였다. 류영모가 함석헌에게 한 책선(責善)은 지극한 사랑이 없이는 할 수 없는 일이었다. 함석헌도 그것을 잘 알기에 스승 류영모의 냉엄한 질책에도 아무런 원망이 없었을 뿐 아니라 송구함뿐이었다.

벗이여, 아주 갔는가

공자는 안회가 40대에 죽자 "하느님이 나를 죽였다. 하느님이 나를 죽였다."라고 하면서 몸부림치며 울었다. 류영모는 함석헌이 실덕하여 인격적으로 자멸하자 가슴을 치며 통탄하였다. 그때 하는 말이 "사람은 가르쳐서 되는 게 아닌가 봐요."라는 혼잣소리였다.

류영모의 가르침의 핵심을 한마디로 말하라고 한다면 이렇게 말할 수 있다.

식색의 물신(物神)을 초월하지 못하면 우리의 정신 생명이 자라지 못한다. 언제나 먹을 것을 삼가고 남녀를 조심해야 한다. 하룻밤을 자도 남녀유별하여 만리장성을 쌓아놓고 자야 오랑캐의 침입을 받지 않는다. 색마는 오랑캐의 말보다 더 무섭다. 포악하고, 음흉하고, 잔인한 것이 성으로 인해 빚어지는 범죄다. 언제나 자기의 몸을 공경하여 일평생 시험에 빠지는 일 없이 건강과 정결을 지켜야 한다. 음식과 남녀에 지면 곧 병신이 되고 등신이 되어 죽게 됨이, 마치 서리가 내리면 얼음이 어는 것과 같다. 음식과 남녀에 이긴 사람만이 건강한 정신과 육체를 가지고 새벽에서 저녁까지 살아갈 수 있다. 식욕과 색욕에 끌려다니면 인생은 무의미하고 신세를 망치게 된다. 식색을 삼가면 자신이 행복해지고 나라가 행복해진다.

함석헌은 《뜻으로 본 한국역사》《수평선 넘어》《새 시대의 전망》 등 주옥같은 저서로 젊은 지성인들을 감동하게 하고 황홀케 하였다. 일제와 싸우고 독재와 싸워 옥고를 치른 영광의 수난이 그의 후광이 되었다. 그리하여 많은 사람들이 그를 스승으로 받들었다. 그런데 그렇게 믿음을 주던 그가 여자 문제로 실망을 주게 될 줄 누가 알았겠는가? 그를 따르던 이들은 그를 버리기에는 그의 공이 너무 훌륭하고, 그를 따르기에는 그가 저지른 과(過)가 너무 지나쳐 이러지도 저러지도 못했다. 때로는 찬사를 보내고 때로는 혹평을 하지 않을 수 없었다.

류영모는 그의 일기에 이렇게 써놓았다. "우리 언니(함석헌)는 큰 그믐이 될수록 위로 티울 줄은 모르고 밑으로 빠져들어 들임으로 뵈오니 나는 모르겠어요. 영결(永訣)인지도. 그가 헤맬 사람으로 보지 않았는데. 벗이여 갔는가. 오랜 벗이여 아주 갔는가. 다시 돌아올 길은 없는가. 나는 허전하구나. 한 사람 봤구나 터니 본 처음이 잘못이던가." 류영모는 "가는 길이 다르니 오고 가고 할 필요가 없다(道不同毋去來)."를 선언한 뒤에도 이렇게 혼자서 떠나간 함석헌을 생각하며 탄식하였다.

1972년 9월 18일에 이현필이 창설한 금욕 수도 집단인 동광원 벽제 분원에 필자가 스승 류영모를 모시고 원생들의 수련 모임에 참석한 일이 있다. 류영모가 강사로 초청되었다. 류영모는 밤 10시부터 코를 골면서 잠이 들었다. 그러고는 새벽 3시에 일어났다. 필자도 따라 일어났다. 함께 맨손 체조를 하고는 손바닥으로 몸의 살갗을 문질렀다. 냉수 마찰 대신에 살갗을 문질러 피돌리기를 하는 것이다. 다 마치고 방을 거닐던 스승이 털썩 주저앉았다. 이 사람은 스승이 뇌빈혈을 일으켜 쓰러지는 줄 알았다. 픽 쓰러지듯이 주저앉으면서 하는 말이 "그도 지금쯤은 일어났을 터인데 그는 무슨 생각을 하고 있는지, 내 생전에 돌아오려는지." 류영모가 '그'라고 한 이는 물을 것도 없이 제자 함석헌을 가리킨 것이다. 새벽에 일어나자마자 함석헌을 생각한 것이다. 얼마나 높고 깊은 사랑인지 말을 보탤 필요가 없다.

프랑스 문학가 사르트르는 절친하던 카뮈와 절교를 하였다. 그리고 사르트르가 말하기를, "우리는 절교했다. 절교 같은 것은 아무것도 아니다. 기껏해야 우리에게 주어진 이 조그만 세계에서 서로 눈을 떼지 않고 함께 사는 한 방식일 뿐이다. 그렇지만 읽고 있는 책의 페이지 위에서, 또 신문에서 그의 시선을 느끼게 되는 것은 어쩔 수 없었다. 그는 이걸 보고 뭐라고 할까?"라고 했다.

류영모는 영원한 생명인 성령의 나를 깨달으면 소금에 세균이 꼼짝 못하듯 삼독의 벌레가 꼼짝 못한다고 하였다. 그러면 함석헌은 성령의 나를 깨닫지 못한 것이 아닌가? 깨달음을 얻기는 얻었는데 깔딱 고개에 멈춰 구경각을 이루지 못한 것이 아닌가 하는 생각이 든다. 참으로 정각(正覺)을 이루었다면 삼독에 끌려다닐 까닭이 없다. 그것을 예수와 석가가 보여주었다. 톨스토이와 류영모가 보여주었다.

함석헌은 돌아가기 얼마 전에 이러한 말을 하였다. "확실히 내 안에도 영계(靈界)가 있어요. 아마 나는 이런 정도에서 이러다가 죽을런지 모르겠소마는, 내가 노력이 부족해서 모르는 건 아닌가? 참을성이 없어서 그러는 것은 아닌가? 그런 것으로 반성할 수 있지만, 그런 것만 반성한다고 되는 게 아니예요. …… 그런 무슨 영(靈)의 세계가 있어요. …… 새로 한다고 새로울 수도 있고 낡을 수도 있으면 그것이 진리겠어요? 그게 하느님이 될 수 없거든. 하느님은 시간이니 공간이니 무슨 이따위 작용이 들어갈 데가 없는 데가 하느님, 초월한 절대의 자리지. 그런 것을 사람들이 들을 수 있는 말로 해줘야지. 그 소리, 직접 자세한 걸 말하기도 어렵지만,

말로는 표시가 안 되는 것이니까 그 자리를 체험해야 돼요. 큰 무슨 경계 같은 게 있나 봐요."(1989년 2월 〈씨알의 소리〉 98호)

함석헌은 모르는 것은 아닌데 나지 않고 죽지 않는 영원한 생명에 대한 확신의 체험이 결여된 것을 엿볼 수 있다.

류영모는 사람들의 마음속에 오는 성령인 얼나를 그리스도인 독생자(하느님 아들)라고 하였다. 그 독생자인 얼나를 깨닫는 것이 영원한 생명을 얻는 것이다. 류영모는 함석헌이 얼나의 독생자를 버린 것으로 보았다.

"함 선생도 그 동안 회개가 있었는지 모르지만 그이는 독생자(얼나)를 내버린 것입니다. 믿다가 버렸는지는 몰라도 믿지 않는 겁니다. 함 선생의 영혼은 병들었어요. 그 영혼은 결딴난 영혼이에요. 인생이란 불행한 것입니다. 내가 이 자리에서 이런 말을 하는 것도 불행입니다. 이전에는 누구에게나 천거했지만 나는 지금 그의 말을 막아야 합니다. 이렇게 되면 함과 내가 이 세상에서 만난 게 불행입니다. 이렇게 말하는 게 내 속이 괴로운데, 왜 하는가? 안 할 수 없어 하는 것입니다. 함도 한 10년 전부터 빠지기 시작한 모양인데 이렇게 되면 남을 이야기한 것 같지만 모두 내 이야기입니다. 우리 속에 이런 게 있습니다. 이 고기 덩어리가 온통 죄악입니다. 깜박 정신 못 차리면 독생자를 내쫓고 이 죄악의 몸뚱이가 차지합니다. 깨지 않으면 멸망합니다. 이 몸뚱이는 멸망하고 맙니다. 그런데 죽지 않는 독생자의 씨가 있어 영생에 들어갑니다. 영원한 생명은 제나(自我)와는 상관없습니다. 하느님을 그리워하는 얼나가 영생하는 것이지요. 정말 나도 세상에 안 나오고 이런 말도 안 했으면 좋겠습니다. 자기는 날더러 선생이라 부르지만, 나를 선생으로 안다면 나는 함을 출교(出敎)하겠어요. 나는 함석헌의 선생이 될 수 없습니다. 10년, 20년 동안 그 사람의 말과 행동이 같아 그래서 믿었더니, 그 사람이 그럴 수 있느냐고 할 일이 일어나요. 이런 게 인생인가 봅니다. 내가 30, 40년 오랫동안 사귄 이가 있다면 남강이요, 함인데 서로 안다고 해 왔는데 근자에 이르러 모르게 되었습니다. 어떻게 된 것인지 그렇게 돼버렸습니다."

류영모가 우리에게 형산(荊山)의 박옥(璞玉)이라면, 함석헌은 타산지석(他山之石)이 되었다. 류영모를 보며 스승으로 좇아 정진하고 함석헌을 보며 자기를 졸라 경계해야 한다.

함석헌은 훗날 퀘이커교 신자가 되었다. 류영모는 "종교는 자유인데 자기가 어떻게 믿든 자기가 분명한 것을 믿으면 됩니다. 남의 말 듣고 믿으면 그게 무엇입니까? 한 마리의 개가 의심이 나서 짖는데 다른 개들이 따라 짖는 것과 무엇이 다릅니까?"라고 하였다. 함석헌이 어떠한 종교를 믿든 그것은 함석헌의 자유다. 그것을 탓할 류영모가 아니다.

그러나 예수가 말하기를 "하느님 나라는 바로 너희 가운데 있다."(루가 17:21)라고 하였다. 예수가 말하는 하느님의 나라는 영원한 생명인 하느님의 성령을 말한 것이다. 제 마음속에 하느님의 성령인 참나를 깨달은 이는 이 종교, 저 종교를 찾아다닐 필요가 없는 자율적인 신앙인이다. 아직 영원한 생명을 깨닫지 못한 이들이 마음이 목말라 이 사람, 저 사람을 찾아다니고, 이 종교, 저 종교를 기웃거린다. 류영모는 함석헌을 진리를 자득(自得)하여 헤매고 다닐 사람으로 보지 않았다. 그러나 그렇지 못했다.

류영모가 오산학교에서 우치무라 간조 이야기를 한 것을 듣고 함석헌은 일본에 가서 무교회 신자가 되었다. 류영모가 YMCA 연경반에서 퀘이커교 창시자 조지 폭스(George Fox, 1624~1691)에 관해 이야기한 것을 들은 함석헌은 미국에 가서 퀘이커 교도가 되었다. 참으로 묘한 일이다. 함석헌이 퀘이커 교도가 되기 6년 전인 1956년에 류영모는 YMCA 연경반에서 이러한 말을 한 적이 있다. "1647년 퀘이커교를 창시한 조지 폭스의 말인데, 참 좋아서 적어놓았다. '나는 사람이 예수 그리스도를 받아들이게, 곧 그들이 어둠에서 빛으로 마주 가게 하기 위하여 온 것이다. 예수는 빛을 가지고 받는 사람에게 하느님 아들인 힘을 주신다. 이 힘은 내가 그리스도를 믿음으로 얻는다. 인생에 가장 소중한 것은 빛과 힘을 얻는 것이다.'"

내 마음속에서 얼나를 깨달으면 밖에 있는 스승에게서는 떠나야 한다. 밖에 있는 스승이 류영모가 아니라 예수라 해도 떠나야 한다. 예수도 땅에 있는 스승이 스승이 아니라 하느님이 스승님이라고 말하였다.(마태 23:8 참조) 그런데 다시 조지 폭스를 스승으로 삼다니 그것은 온전히 마음속에 있는 하느님의 씨(얼)가 덜 영글었다는 것을 말해주는 것이다. 1983년 2월 3일에 열린 류영모 스승의 2주기 추모 모임에서 이 사람이 함석헌에게 물어보았다. "함 선생님께서는 퀘이커 신자로 세상을 떠나시겠습니까?" 함석헌은 이렇게 대답하였다. "나도 모르겠어요." 나도 모르겠다는 그 대답을 도무지 이해할 수 없었다.

믿음이란 하느님 아버지께로 나아가려는 의지다. 내 몸이 숨지는 시간을 알아맞추는 것과는 다르다. 참으로 안타까운 대답이었다. 구경각(究竟覺)에 이르지 못한 것을 보는 안타까움이었다. 류영모는 "가르치기를 어디에 매이려 하지 말고 무엇을 모으려 하지 마라."라고 말하였다.

참회의 눈물 흘린 함석헌

인도의 시인 타고르는 그의 시 〈기탄잘리〉에서 이렇게 읊었다.

만일 불사(不死)가 죽음의 핵심 속에 살지 않는다면

만일 기쁨의 지혜가 슬픔의 칼집을 찢고 꽃피지 않는다면

죄가 스스로 폭로함으로써 죽지 않는다면

교만이 그 허식의 집에 눌려 깨어지지 않는다면

그렇다면

이 사람들을 집으로부터 몰아내어 별과 같이 해를 맞이하여 죽음으로 달려가게 하는 희망이 어디서 온단 말입니까.

사람은 몸나에서 얼나로 거듭나면 죽음에서도, 슬픔에서도, 죄악에서도 벗어난다. 몸은 멸망이요, 비통이요, 죄악이다. 몸나가 이렇게 참혹한 것은 거짓나이기 때문이다. 거짓나에 집착하지 말라고 하느님이 그렇게 만든 것이다. 얼나로 거듭나지 않고는 영생도, 기쁨도, 속죄도 있을 수 없다.

류영모는 죽음은 없다고 말하였다. "죽음은 없습니다. 그런데 죽음이 있는 줄 알고 무서워합니다. 죽음을 무서워하여 육체에 매여 종노릇하는 모든 이를 놓아주려는 것이 하늘의 말씀입니다. 몸은 죽어도 얼은 삽니다."

류영모는 생각을 기쁨이라고 말하였다. "목숨은 기쁨입니다. 진리로 사는 것은 기쁜 것입니다. 진리를 생각하는 것은 기쁨입니다. 생각하는 것이 하느님께로 올라가는 것입니다. 생각하는 것이 기도입니다. 기도는 하느님께로 올라가는 것입니다. 참으로 하느님의 뜻을 좇아 하느님께로 올라간다는 것은 그렇게 기쁘고 즐거울 수가 없습니다. 인생은 허무한 것이 아닙니다."

류영모는 생명은 새롭게 창조되어야 한다고 말하였다. "마음이란 언제나 뒤돌아보면 후회가 됩니다. 회개·후회는 한 번만 하고 당장 하늘에

올라가는 것이 아닙니다. 후회는 일생 동안 줄곧 따라다녀야 합니다. 자꾸 창조되어야 합니다. 옛 껍질을 벗고 새로운 삶을 사는 창조적 지성이 올라가는 생명입니다. 깊이 생각하고 높게 살아가는 것이 생명입니다."

함석헌은 1982년 2월 3일에 있었던 류영모 1주기 추모 모임에 와서 여러 사람 앞에서 "무조건 잘못하였으니 용서하시기 바랍니다. …… 이 사람은 잘못이 많으나 그래도 이만큼 된 것도 선생님을 만난 덕분이라고 솔직히 말할 수 있습니다."라고 말하였다. 그 뒤로도 1988년 3월 11일에 여성전도회관에서 열린 함석헌의 88살(米壽)을 기념하는 모임에서 자신이 지난날에 잘못한 것을 시인하고 용서를 구하였다. 그리고 1988년 3월 13일 서울 혜화동에 있는 도산기념회관 강당에서 열린 류영모 추모 모임에서 3백여 명의 청중들 앞에서 눈물을 보이면서 참회의 말을 하였다. 이날 최원극은 지난 학창 시절 오산학교 은사인 함석헌을 향하여 분노와 원망을 터뜨렸다. 존경할 스승을 잃은 데에 대한 분노요, 원망이었다.

마지막에 가면 결국 나 자신이 문제다. 내가 몸의 탐·진·치에 끌려다니며 사느냐, 하느님이 주신 얼의 진·선·미를 드러내며 사느냐가 문제인 것이다. 류영모는 이렇게 말하였다.

사람의 마음같이 싱거운 것이 없습니다. 마음은 허공과 같습니다. 또한 굳은 게 있다면 마음은 굳은 것입니다. 불교에서는 마음을 금강심(金剛心)이라 하는데 이런 마음을 싱겁게 가지니까 굳은 마음 가진 사람이 없습니다. 마음은 몸이 시키는 대로 하면 완고심(頑固心)이 됩니다. 완고한 마음이란 마음이 몸을 위해서 끌려다니는 것입니다. 그러나 몸이 마음에 순종하면 정고신(貞固身)이 됩니다. 사람은 가진 정고(貞固)를 잃어서는 안 됩니다. 정고를 지키는 것이 해탈이요, 구원입니다.

다른 이는 우리에게 희망도 주지 못하였으니 실망시킬 일도 없었다. 그러나 함석헌은 우리에게 희망을 주었으니 실망도 시킬 수 있었다. 실망시키지 못한 사람들보다는 실망시킨 함석헌이 낫다. 필자는 이미 스승 류영모는 가고 없지만 류영모와 함석헌의 사제의 의(義)를 조금이라도 살리고 싶었다. 그래서 이 사람이 《다석일지》에서 고른 한시 16수를 풀이한 《씨알의 말씀》의 서문을 함석헌에게 부탁하였다. 함석헌은 "내가 글도 읽어보고 서문도 쓰지요."라고 하면서 그렇게 기뻐할 수가 없었다. 그러나 서문도 쓰지 못한 채 서울대학병원에 입원하였다. 병원으로 문병을 가면 잊지도 않고 서문을 쓰겠다고 말했다.

그러나 결국 서문을 쓰지 못한 채 1989년 2월 4일 5시 25분에 숨을 거두었다. 류영모와 함석헌은 생일이 3월 13일로 월과 일이 같다. 그런데 세상을 떠난 날도 2월 3일과 2월 4일로 하루가 틀리다. 함석헌이 산소호흡기를 쓰지 않았다면 2월 3일에 돌아갔을 게 틀림없다. 영원한 시간에 사람들이 토막낸 월·일에 무슨 의미가 있느냐고 한다면 그만이지만, 류영모와 함석헌은 예사로운 인연이 아닌 듯이 여겨진다.

따지고 보면 류영모도 함석헌도 모두가 하느님의 작품이기도 하다. 우리가 머리맡에 걸어 두고 볼 작품이다. 그 작품을 보면서 우리의 나아갈 길을 바로잡아야 한다. 류영모가 말하기를 "얼로는 예수도, 나도 하느님의 씨입니다. 얼의 생명으로는 한 생명입니다. 얼나를 믿는 것이 예수를 믿는 것이요, 하느님을 믿는 것입니다. 예수와 나는 얼로는 하느님으로부터 온 같은 얼입니다."라고 말하였다.

무등산에서 살고 싶다

1964년 10월 3일 개천절에 필자는 공휴일이라는 핑계로 스승 류영모를 찾았다. 그날 류영모는 이러한 말을 하였다. "조직이란 자꾸 끌어 붙이잔 것인데, 실은 헤치는(分散) 것처럼 시원한 것은 없어요. 우리는 시원한 자리에 가자는 것입니다. 거래(去來)란 귀찮은 것이지요. 다 헤치는 것입니다. 다 흩어져 제 노릇을 하는 것이지요. 단사(斷辭)를 해야 해요. 만나고 싶은 생각도 편지할 생각도 안 나야 합니다." 이것이 류영모가 제자들을 가르치는 마음가짐이었다. 그리하여 30여 년 동안 YMCA 연경반 모임을 가졌지만 주소록 한번 만든 일이 없었다. 서로 소개시켜주는 일도 없었다.

그런데 류영모는 80살이 되자 생각이 좀 바뀌었다. 자신의 정신을 이어주고 자신의 사상을 펼쳐줄 사람을 찾았다. 본디 류영모는 함석헌이 보현(普賢)이 되고, 김흥호가 문수(文殊)가 되어주리라 믿고 있었다. 그런데 그 일이 틀어진 것이다. 함석헌은 늦바람을 일으켜 야단을 맞더니, 아담과 하와가 동산의 나무 사이에 숨듯이 평화 정신이 철저하다는 퀘이커교로 숨어버렸다. 김흥호는 늦깎이로 신학 공부를 한다면서 미국으로 유학을 떠났다. 차라리 이화여대에서 가르치던 철학을 공부하러 갔다면 어느 정도 이해가 되었을 터인데 신학을 공부하러 가다니, 류영모로서는 어이없는 일이 아닐 수 없었다. 신학을 하면 목사가 되겠다는 것인데 사도신경에 입각한 정통 신앙을 버린 류영모가 의아해하는 것은 당연한 일이었다. 보현도, 문수도 다 떠나갔으니 류영모의 정신 사상을 이어줄 이가 없어진 셈이었다.

그때 전남대학교 교수를 그만두게 된 김정호가 류영모를 찾아왔다. 김정호는 서울대학교 철학과에 다닐 때부터 지도교수 박종홍보다 류영모를 더 따랐다. 김정호는 미국으로 이민을 가겠다고 했다. 박종홍의 추천으로 하버드대학교에서 장학금도 받게 될 것 같다고 했다. 류영모는 김정호에게 공부를 더 하게 되었다니 그렇게 하라고 했다. 그런데 자고 난 이튿날 아침에 류영모가 하는 말이 미국에 이민 가지 말고 무등산에서 목장을 해보는 것이 어떻겠느냐고 물었다. 김정호는 목장을 하려면 자금이 있어야 한다고 말하였다. 그러자 류영모가 말하기를 이 집터를 담보물로 내놓을 테니 은행에서 융자를 받아서 무등산에 목장을 해보라고 하였다. 그러고는 가지고 있던 돈을 내주었다. 류영모는 책도 많이 사서 김정호의 무등산 목장으로 보냈다. 제자가 불확실한 사업을 하도록 하고자 자기가 살고 있는 집을 은행 담보물로 내놓는다는 것은 여느 사람에게는 있을 수 없을 일이다. 류영모의 가족들은 황당하였으나 아무 말도 할 수 없었다.

이때 김정호가 소유하고 있던 무등산 목장의 규모는 이러하였다. 무등산 높이는 해발 1,187미터이다. "해발 400미터의 무등 중턱의 산양 떼, 목동 겸 주인이기도 한 김정호(41, 전남대 교수) 씨는 손짓을 하며 양 떼를 모은다. 간판도 없는 무등 목장은 능선이 연접한 초원 9만 평에 산양 170마리를 기르고 있다. 70마리 재래종은 육종으로 쓰이고 자넨종 100마리는 유용(乳用)이다. 김정호 씨의 산양 목장은 13년 전 아버지의 유업을 이어받은 것이 인연이었다. 임야 42정보를 사들이고 국유 임야 100정보를 대여받아 그 가운데 완경사를 초원으로 일구었다. 산양 수는 10여 년간 170마리 선을 유지하고 있다. 더 많아도 기르기가 힘들다는 것. 해마다 새끼는 140마리쯤 낳지만 50마리는 농촌진흥원에 분양해주고 몇 마리는 도둑 맞고 나머지 50마리 정도는 시장에 판다. 1년에 도둑 맞는 것이 40~50마리는 된다고 김씨는 안타까워한다."(1971년 〈조선일보〉 신춘화보

해설 기사)

류영모의 맏아들 의상은 미국으로 이민을 갔고, 둘째 아들 자상은 평창에 농사지으러 갔고, 셋째 아들 각상은 일본에 있었다. 류영모는 구기동의 집을 판 후 광주로 내려가 김정호와 이웃해서 살고자 하였다. 전병호를 보고도 "겨레의 살 길이 빛고을에 있는 듯하니 그곳에 내려가서 같이 사는 것이 어때요?"라고 말하기도 하였다. 그러나 부인 김효정의 반대로 뜻을 이루지 못하였다.

그러나 대학에서 강의나 하던 김정호가 목장을 잘 경영해 나가기는 어려웠다. 류영모가 물심으로 밀어주었으나 목장은 경제적으로 수지가 맞지 않았다. 그리하여 김정호는 다른 사람에게 무등산 목장을 넘겨주고서 목포대학교에 교수로 갔다. 류영모는 1년 동안 김정호의 무등산 목장에 있으면서 《중용》을 우리말로 옮겼다.

그때 이 사람은 류영모의 가르침에 따라 단사를 이루고자 5년 동안 스승을 찾지 않았다. 그런데 1970년 4월에 전병호가 필자를 찾아왔다. 스승 류영모가 3년 동안이나 이 사람을 찾았으나 이사를 하여 찾지 못하자 자기에게 부탁해 여러 사람들에게 물어보아서 찾아왔다고 말했다. 스승 류영모가 하는 말이 "여러 해 동안 소식이 없으니 박영호가 죽었는지 살았는지 한번 찾아보시오."라고 했다는 것이다. 그러니 류영모 선생님을 찾아가보라고 말했다.

단사를 말씀하던 스승이 필자를 3년 동안이나 찾았다니 당혹스러우면서도 송구스럽기 그지없었다. 류영모는 자신의 뒤를 이어줄 거라고 믿었던 제자들에게 기대를 할 수 없게 되자, 못난 필자까지 아쉽게 생각했던 것이다. 그러나 필자가 5년 만에 찾아가서 한 말은 "이제는 선생님의 곁을 떠나겠습니다."였다.

빛고을 광주와의 인연

빛고을이란 말이 이제는 광주라는 말보다 더 애용되고 있다. 1995년 가을에 열린 광주비엔날레 주제가에서도 빛고을이라 노래하였다. 그 후렴은 이렇다. "비엔날레 예술의 축제, 평화의 땅 빛고을 거리마다 비엔날레 세계의 축제 너와 내가 친구가 되어 빛을 향해 나가네. 빛의 나라로 가네."

이 빛고을이란 말을 맨 처음 쓴 사람이 류영모이다. 빛고을이라고 하면 넓고을 경기도 광주(廣州)와 혼동도 되지 않고 좋다. 또 마을 이름을 비단고을(羅州)·온고을(全州)이라는 순우리말로 부르면 훨씬 정감이 가고 듣기에도 아름답다. 류영모는 한학자라는 말을 많이 듣지만 사실은 우리의 것을 더 사랑하였다. 단군의 이름조차 단군이라 하지 않고 순우리말인 등걸님이라 부르기를 좋아하였다. 광주가 빛고을이 아니라고 주장하는 이가 있는데 모르는 소리다. 일제 초에 고을 이름을 지을 때, 한자로 음역한 데도 없지 않았으나 거의 의역하여 이름을 지었다. 판문점의 본 이름이 널문리라는 것이 대표적인 예이다. 광주는 빛고을이 아니면 밝고을이었을 것이다.

류영모는 무등산을 좋아하였다. 없등뫼라 불렀다. 빛고을에 들어서면 무등산이 빛고을의 어머니처럼 다가온다. 무등산은 웅장하면서도 부드럽고 가까우면서도 높은 빛고을의 어머니 뫼이다.

류영모는 김정호의 무등산 목장에서 지내면서 무등산에 관한 시를 지었다.

無等 晨咏(무등 신영)

금도 헤져 날려드난 동안: 몬지 복데기 불 맡아 썩잖 숯돌되면
: 돌숯옥(금강석) 된 굳센 구슬 아버지 이스라엘을 저희 눈앞에 보오며.

일찍이 일찍이 무등 좋은 산에 왔었습니다. 오늘은 이 땅에도 젖과 꿀이 흐릅랍니다. 아버지 이스라엘을 저의 눈앞에 보오며.
(《다석일지》 1968. 8. 27.)

無等 雪景(무등 설경)

雪杜山門往來絶(설두산문왕래절)
空瞰市街乾坤隔(공감시가건곤격)
敬直靜安自若處(경직정안자약처)
會離不二致格物(회리불이치격물)

내린 눈이 뫼문을 막아 오감이 끊겼다
공중에서 시가를 굽어보니 하늘과 땅처럼 멀다
공경하여 바르고 조용하여 평안키로 넉근하니
만나고 헤어짐이 둘 아님을 알았도다

望雲(망운)

無等上半被天雲(무등상반피천운)

其像恰似羊且牛(기상흡사양차우)
羊乎牛乎千也萬(양호우호천야만)
人子牧之氣運元(인자목지기운원)

무등산 위를 반쯤이나 하늘 구름이 덮었다
그 모양이 마치 양 떼들 소 떼들 같고나
양이란 소란 천 마리요 만 마리로구나
사람아들이 기르니 원기가 넘치누나

光州(광주)

朝朝霧騰無等山(조조무등무등산)
夜夜曠注光州市(야야광주광주시)

아침마다 안개 피어오르는 무등산
밤마다 밝음을 쏘는 빛 고을 저자
(류영모의 시를 박영호가 옮김)

류영모는 빛고을에 사는 세 사람을 잘 알았다. 이공(二空) 이현필, 오방(五放) 최흥종, 의제(毅齊) 허백련이 그 세 사람이다. 토착적인 금욕 수도 단체 동광원을 창설한 이현필에 대해서는 앞에서 자세하게 언급하였다. 허백련은 산수화의 2대 화풍 가운데 하나인 남종화의 대가이며, 그의 그림이 높은 값으로 팔리고 있어 널리 알려진 인물이다. 최흥종은 목사로서보다 나환자들의 아버지로 알려진 이다.

류영모로부터 들은 최흥종에 관한 이야기는 다음과 같다. 최흥종은 29살 때 선교사 포사이드(Wiley Hamilton Forsythe)와 함께 길을 가다가 길에 쓰러져 죽어 가는 나환자를 보았다. 선교사는 타고 있던 말에서 내려 그 나환자를 말에 태웠다. 그때 그 나환자가 쥐고 있던 지팡이가 땅에 떨어졌다. 선교사가 최흥종에게 그 지팡이를 집어서 나환자에게 주라고 하였다. 최흥종은 선뜻 집을 수 없었다. 머뭇거리며 선교사를 보니 선교사는 말에 태운 나환자를 붙잡고 있었다. 그때 최흥종은 비겁하기 그지없는 자신을 발견하였다. 그의 눈에 선교사가 그렇게 거룩해 보일 수가 없었다. 그는 자신이 나병에 걸려 죽어도 좋다는 결심을 하고는 그 지팡이를 집어서 나환자에게 주었다. 그리고 나니 그의 몸에 어떤 알 수 없는 힘이 뻗쳐 왔다. 이제까지 느껴보지 못한 기쁨이었다. 그 체험으로 최흥종은 믿음에 정진하여 목사가 되었다. 모세의 지팡이만 기적을 일으키는 것이 아니라 나환자의 지팡이도 기적을 일으킨다. 최흥종은 일생 나환자를 위하여 일했다. 나환자들은 최흥종을 아버지라 불렀다. 최흥종은 나환자에게 관심을 보인 김교신과도 문통(文通)이 있었다. 그 발자취가 〈성서조선〉에 남아 있다.

1962년의 일이다. 빛고을 무등산 등심사 계곡에 자리한 허백련의 춘설헌(春雪軒)에서 다석, 오방, 의제 세 사람이 만났다. 그때 이현필은 후두결핵이 악화되어 제중병원에 입원하고 있었다. 류영모는 이현필을 문병하기 위해 빛고을에 내려갔다. 세 사람은 도심(道心)에 동심(童心)까지 살아나 무등산에 산울림이 퍼지도록 재담과 웃음을 꽃피웠다. 중국 동진 때 스님 혜원, 도사 육정수, 선비 도연명이 여산에서 우정을 나눈 호계삼소(虎溪三笑)에 비길 만하다. 공자의 말처럼 절절시시(切切偲偲)의 무등삼소(無等三笑) 삼걸이 무등산의 천·지·인 세 봉우리가 되어 서로 바라보고 있는 것만 같다. 마이산이 어머니의 젖가슴이라면 무등산은 아버지 등허리다.

제자 김홍호, 서영훈

공자가 말하기를 "덕사(德師)를 좋아하기를 미인만큼 좋아하는 이를 내 아직 보지 못하였다(吾未見好德如好色者也)."(《논어》 자한편)라고 하였다. 그러므로 여색을 좇아가던 마음을 바꾸어 어진 스승을 좇아가면(賢賢易色) 군자가 된다. 김홍호는 현현역색한 군자이다. 그에게는 인천에 사는 약혼녀가 있었다. 일요일이면 만나서 함께 지내다가 류영모·함석헌의 일요 모임 시간이 되면 헤어져 모임에 가곤 하였다. 그러자 그만 약혼녀가 파혼을 하였다.

애인보다 스승을 더 좋아하지 않으면 진리 의식이 자라지 못한다. 가정을 사랑하는 것은 곧 짐승인 제나를 사랑하는 것이다. 제나를 사랑하는 사람이 참나인 얼나를 깨닫기 어렵다. 예수는 "아무도 두 주인을 섬길 수는 없다. 한 편을 미워하고 다른 편을 사랑하거나 한 편을 존중하고 다른 편을 업신여기게 된다."(마태오 6 : 24)고 말했다.

김홍호는 안병욱(安秉煜)과 한 고향 출신이어서 일제 강점기에 같은 중학을 다녔고 일본의 와세다대학교에 함께 다녔다. 안병욱은 철학을 전공하고 김홍호는 법학을 전공하였다. 김홍호는 광복이 되자 정인보가 세운 국학대학의 철학 교수가 되었다. 그런데 《주역》을 줄줄 외우는 학생들이 있는 것을 보고는 서양 철학뿐만 아니라 동양 사상도 알아야겠다고 생각하게 되었다. 그리하여 정인보와 이광수에게 추천받은 류영모를 사사(師事)하게 되었다. 1946년 일식이 있던 날에 서울역 철도 관사 현동완의 집에서 열린 류영모의 모임에 처음 참석하였다. 모임이 끝나고 "선생님, 하나 둘 셋이 무엇입니까?"라고 물었다. 노자의 '도생일'을 물은 것 같다. 대학 교수가 '하나 둘 셋'을 물었다는 것은 참으로 의미심장한 일이다. 유치원 어린이도 '하나 둘 셋'은 안다. 그런데 대학 교수가 '하나 둘 셋'을 물은 것이다. 사실은 '하나 둘 셋'만 바로 알면 이 우주와 인생을 다 아는 것이다.

참나인 진리를 깨달으려면 스승을 만나야 하고, 또한 죽음을 만나야 한다. 김흥호는 위대한 정신을 지닌 스승 류영모를 만났고, 사람들이 장례식 준비를 할 정도의 죽음도 만났다. 그 뒤 김흥호의 정신은 일취월장하였다. 류영모는 김흥호가 지은 한시를 YMCA 모임에서 설명하면서 극찬을 하였다. 제자로서는 그 이상의 기쁨이 없다. 사람에게 부모보다 더 귀한 것이 스승이다. 스승에게는 자녀보다 더 중한 것이 제자이다. 혈연의 부모와 자식 사이에는 짐승으로서 종족의 보존이 이루어지지만, 성연(聖緣)의 스승과 제자 사이에서는 하느님의 아들로서 진리의 영원한 생명이 이어진다.

류영모가 기대하고 촉망하던 김흥호가 목사가 되고자 신학을 공부하러 미국에 가다니, 어미 닭이 오리 새끼를 깬 것과 같이 어이가 없었다. 류영모는 교회를 떠난 뒤 온갖 비난과 욕설을 들으면서 대속 신앙이 아닌 독자적인 영성 신앙의 길을 걸어왔다. 신앙은 다르면서 같다고 말하였고, 또 예수는 나의 유일한 스승이라고 말하였다. 그러나 류영모는 이렇게 말하기를 서슴지 않았다. "이 사람은 예수 믿는 집회는 안 가집니다. 나는 기도·찬송·성경 해석은 안 합니다. 그런데 요새는 참선 기도를 합니다. 참선 기도하는 게 내가 기울어지는 데입니다." 이것은 엄연히 기성 정통 기독교와 다른 점이다. 그러니 비록 이화여자대학교의 교목이었으나 목사라는 호칭을 듣게 된 김흥호에게 어찌 서운한 생각이 없었겠는가? 그러나 류영모는 아무런 말도 하지 않았다.

그리고 김흥호는 비록 교목이 되어 목사라는 호칭으로 불렸으나 그 사상에는 아무런 달라짐이 없었다. 오히려 미국에 갔다 온 뒤로는 불교에 관심이 더 깊어져 원오극근(圜悟克勤) 선사의 《벽암록》을 풀이한 《푸른 바위에 새긴 글》을 내어놓았다. 김흥호도 이렇게 말하였다. "내가 미국에서 신학을 공부할 때도 도서관에서 스즈키 다이세쓰(鈴木大拙)의 선(禪)에 관한 책 몇 권을 읽은 경험이 있다. 그 매력에 푹 빠졌다. 그 뒤 불교는 줄곧 하느님 가르침을 따르는 내 생활 가까이에 있었다. 그래서 이화여대 강단에 서던 시절에는 여러 스님들을 초청해 강연을 마련한 일도 있었다." 김흥호가 미국의 버클리 연합신학대학원에서 공부할 때 대학원 원장은 김흥호의 다원주의적인 사상에 매혹되었다. 그리하여 김흥호는 버클리대학에서 배운 것이 아니라 가르치고 왔다. 이것은 류영모의 종교 사상이 미국의 종교 다원주의보다 70년 앞섰다는 정양모의 말에서도 잘 알 수 있다.

김흥호의 일요 모임에 나가서 그의 강의를 듣는 김동연(金東然)이 이런 말을 하였다. "요즘 나는 《전습록》과 요한복음을 김흥호 선생님께 배운다. 일요일에 가르침을 받으면 평일 동안 근무에 시달린 피곤함을 잊는다. 헌신적인 가르침을 통해 동양의 도교·불교·기독교의 교리를 접하면서 진리를 깨닫는 한없는 기쁨을 맛본다. 어느 해 말에 수학하는 사람들이 촌지를 모아 김흥호 선생님께 드렸다가 혼이 난 적이 있다. '스승과 제자 사이에 물질이 가로놓이면 사제 간에 열린 도(道)가 막힌다.'고 하였다." 김흥호의 인품을 짐작케 하는 말이다.

류영모를 알아서 함석헌을 알게 된 사람들이 있는가 하면, 함석헌을 알아서 류영모를 알게 된 사람들도 있다. 김흥호와 서완근은 류영모를 알고서 함석헌을 알게 되었다. 서영훈과 박영호는 함석헌을 알고서 류영모를 알게 되었다. 이성범(李晟範)과 염락준은 류영모와 함석헌을 함께 알게 되었다. 류달영과 송두용은 김교신을 알고서 류영모를 알게 되었다. 이것이 하느님이 맺어준 인연일 것이다. 사람이 덕사(德師)를 알아서 자기 둘레의 사람들에게 알게 한다면 그것은 재보시(財布施)보다 귀한 법(法)보시가 된다.

서영훈은 류영모를 처음 만난 때를 이렇게 말하였다. "1956년으로 생각되는데 하루는 함석헌 선생님을 만나고자 원효로에 있는 집을 찾았습니다. 사모님께서 함 선생님은 선생님 강의를 들으러 갔다고 하였습니다. 나는 의아하여 함 선생님께서 강의를 들으러 갔다는 그 선생님이 누구냐고 물었습니다. 류영모 선생님을 모르느냐고 하면서 류 선생님이 종로에 있는 YMCA에서 매주 금요 강좌를 하신다고 하였습니다. 그 모임에 함 선생님께서 빠짐없이 나가신다는 것이었습니다."

서영훈은 적십자사 사무총장이 되기 전에 청년 부장 일을 보았다. 그때 청년 대학생들에게 윤리 정신에 입각한 봉사 정신을 길러주고자 모임을 만들었다. 그 모임에 외래 강사로 함석헌을 자주 초빙하였다. 1960년대에 군사정권이 들어서자 함석헌은 목숨을 걸고 이 나라 민주화 운동에 앞장섰다. 적십자사에 몸담고 있던 탓에 옛날처럼 함석헌을 자유롭게 접촉할 수 없게 되자 서영훈은 함석헌 대신 류영모를 자주 찾았다. 서영훈은 이렇게 말했다. "함 선생이 사회 참여를 본격적으로 하게 되어 정면으로 군사독재 정치에 항거하였다. 나는 적십자사에 있어 함 선생님과 접촉하는 기회가 적어졌다. 그리하여 류영모 선생님을 자주 찾아뵙게 되었다. 1963년 여름부터 내가 사는 적십자사 사택에서 젊은 교수, 그리고 대학생들 20여 명이 매주 한 차례씩(처음에는 수요일 저녁, 뒤에는 일요일 아침) 류영모 선생님 말씀을 듣는 모임을 마련했다. 이 모임은 3년 동안 이어졌다. 그때 선생님께서는 구기동에서 출발하여 남산동까지 오셨는데, 항상 아침 8시 정각에 도착하였다."

이 모임에 나온 사람들은 황종건·박윤호·이호진·이애선·고순영·김신일·이병호·정태기·곽일훈·오인문·이종우·조영선·노공근·박한식·서정각 등이었다. YMCA 모임에 나오는 전병호·염낙준·류승국(柳承國)·김홍호 등도 이따금 나왔다. 이밖에도 가정에서 일요 모임을 가진 적이 있다. 현동완·최원극·문설·고봉수·김종호(金鐘浩)의 집에서 모였으나 오래 이어지지는 못하였다.

서영훈은 초동교회 장로였는데, 류영모의 가르침을 받고서도 속죄 신앙을 버릴 수 없다고 말하였다. 그런데 1995년 성천아카데미 특강 시간에 "내 마음속에 아브라함 나기 전부터 있는 영원한 생명의 나가 있음을 느낀다."라고 말하였다. 깜짝 놀랄 말이 아닐 수 없다. 류영모의 제자 자격을 얻은 것이다. 마음속에서 그리스도의 씨가 자란다는 말이기 때문이다.

서영훈은 일생 동안 몇 번인가 영험한 꿈을 꾼 경험이 있다고 하였다. 그 가운데 류영모의 죽음에 관한 꿈 이야기를 이렇게 말하였다. "류영모 선생님께서 돌아가실 때 나는 인도네시아의 수도 자카르타에서 열린 국제적십자사연맹 총회에 참석하느라 한국에 없었다. 자카르타에 간 지 이틀째 밤에 호텔에서 잠을 자다가 이상한 꿈을 꾸었다. 집에 있는 아내가 하얀 소복을 입고서 허공에 대고 절을 하는 것이었다. 꿈이 하도 이상하여 새벽에 한국 집에 전화를 걸어 무슨 일이 없는지 물었다. 아내의 대답이 류영모 선생님께서 간밤에 돌아가셨다는 연락이 왔다는 것이었다. 나는 여러 번의 체험으로 꿈의 영험을 믿게 되었는데, 이번에도 그러하였다."

서영훈이 흥사단 이사장으로 있을 때 도산기념관 강당을 빌려서 류영모 스승의 추모 모임을 열었다. 그때 신문사에 광고를 의뢰하자니 개인 명의로 할 수가 없어 '다석사상연구회'라는 최소한의 조직을 구성하기로 하였다. 김홍호에게 회장을 맡도록 권하였으나 고사하여 서영훈이 회장직을 맡게 되었다. 그때의 이야기를 서영훈은 이렇게 말하였다. "선생님께서 돌아가신 뒤에 해마다 선생님 집에서 김홍호 선생이 주관하여 추모 모임을 열게 되었다. 그 3년 뒤에 유족들이 구기동에서 경기도 고양군으로 이사를 가서 교통 관계로 흥사단 강당에서 추모 모임을 열게 되었다. 1988년 추모 모임에서는 함석헌 선생께서 추모의 말씀을 하시다가 눈물을 흘리시기까지 했는데, 함 선생은 그 다음 해에 돌아가시었다."

서영훈은 다석사상연구회에서 낸 다석 류영모 귀천 30주기 추모 문집 《하루를 일생처럼》 서문에서 류영모 스승을 이렇게 말하였다. "류영모는 예수·석가·공자를 받들어 그 가르침을 소중하게 배우고 가르쳤다. 소강절(邵康節)·장횡거·톨스토이·마하트마 간디를 특히 좋아하였다. 그밖에도 참을 찾고 참에 나아간 이는 누구라도 귀하게 받들었다. 류영모 님은 이와 같이 동서고금에 걸친 성현들의 종교·철학 사상을 널리 섭렵하여, 그 진수와 요강을 스스로 체득하고 밝힘에 따라 사람이 다다를 수 있는 정신의 최고 경지에 이르렀다. 삼독을 이겨내어 마음의 자유와 평화를 얻은 이다."

재건국민운동에 참여하다

1961년 5월 16일에 박정희(朴正熙)가 쿠데타를 일으켜 민주 헌정을 무너뜨리고 군사독재 정권을 수립하였다. 스승 류영모는 그 무렵 찾아간 이 사람에게 "정권을 도둑질한 것도 도둑이지."라고 하면서 도적(盜賊)이라고는 하지 않고 도득(圖得)이라는 말을 썼다.

4·19혁명으로 이승만이 하야하자 서울의 거리는 하루 종일 시위하는 사람들로 덮여버렸다. 그때 류영모는 혼란스러운 나라를 걱정하였다. "오늘 오면서 학생들의 시가 행진을 보았는데 그 구경을 하자고 많이 모인 것을 보고 나는 생각해보았습니다. 사람들은 이런 때는 빠지지 않고 구경을 하려고 하는데, 그것은 사람들이 시가 행진하는 시위 학생들의 겉모습이라도 뭔가 일치하는 것을 보려고 합니다. 겉으로 제복이 일치한 여럿이 모인 것을 보기가 좋다는 것이지요. 그러나 나는 그런 일에 흥미가 없습니다. 그게 뭐란 말입니까? 공연히 하루를 헛되이 보내고 맙니다. 거죽이 일치하면 뭘 해요? 속이 일치해야지. 속이 일치하면 천국일는지 모르지요. 이 때문에 교통이 얼마나 불편하게 됩니까? 그런다고 무슨 재건이 되겠습니까?"

4·19 뒤의 사회적인 혼란을 빌미로 삼아 일부 군인들이 군사 쿠데타를 일으켜 정권을 빼앗았다. 하루아침에 민주 정부가 무너지고 군사독재가 벌어지자 민심은 위축되고 이반되었다. 나라를 이끌어야 하는 박정희는 대중의 신뢰와 존경을 받는 정신적인 지도자가 필요하였다. 그리하여 세운 것이 재건국민운동 본부였다. 먼저 함석헌에게 본부장을 맡아주기를 제의하였으나 거절당했고, 유진오를 세웠으나 만족스럽지 못하자 박정희는 류달영을 적임자로 생각하였다. 그때 일을 류달영은 이렇게 회고하였다.

"1961년에 이 나라에는 불행하게도 군사 쿠데타가 일어났다. 군사정권은 국민들의 정신 개혁, 생활 혁신을 목표로 삼아 재건국민운동이라는 사회 운동을 폈다. 유진오가 초대 재건운동 본부장을 2달 동안 맡고 내가 2대 본부장으로 위촉되었다. 직위는 총리와 동급이었다. 내가 그 직책을 맡기까지는 적지 않은 사연이 있다. 하루는 박정희 장군이 나를 불러 본부장 자리를 맡아 달라고 요청하였다. 나는 즉석에서 거절하였다. 대학에서 학구의 생활로 일생을 보내려는 것이 나의 소신이라고 하였다. 두 번째 만나서는 거절하면서 적절한 인물을 추천하기로 약속하고 헤어졌다. 며칠 뒤에 추천자 명단을 내놓았더니 웃으면서 모두 검토가 끝난 인물들이라는 것이었다. 그 뒤에도 인편으로 서너 차례 교섭이 왔으나 번번이 거절하였다. 여섯 번째의 면담에서 그의 간곡한 요청을 받고는 수락하지 못할 만한 조건을 3가지를 제시하였다. 그런데 뜻밖에도 그것을 다 들어주겠다는 것이었다." 그 3가지 요구 조건 가운데 가장 중요한 것이 군사정부는 일체 간섭을 안 한다는 것이었다. 그때 군사정권이 얼마나 초조해하였는지를 보여준다.

류달영은 군사정권의 간섭을 받지 않는 자유로운 처지에서, 덴마크의 종교 운동가 그룬트비(Nikolai Grundtvig)처럼 위기에 놓인 이 나라에 정신 운동을 일으켜 하루라도 빨리 군정을 종식시키는 데 이바지하고 싶었다. 그래서 취임사에서 "나는 군사정권을 싫어한다. 국민운동의 첫째 목적은 군정을 단축시키는 데 있다."고 말하였다. 그때 그 한마디가 국민들에게 얼마나 시원하였는지 모른다.

류달영은 국민운동 중앙위원에 류영모·함석헌·이관구·고재욱·김팔봉·김재준·김활란 등 이 나라에서 덕망 있기로 손꼽히는 이들을 위촉하였다. 그들은 군사정권을 돕자는 것이 아니라, 나라를 걱정하여 국민운동을 전개하는 류달영을 돕자는 생각으로 응낙하였던 것이다.

류영모는 재건국민운동 중앙위원회 위촉장을 받고서 YMCA 연경반에서 그 사실을 공개하면서 이렇게 말하였다. "하느님께서 나에게 재건에 대

왼쪽부터 류달영, 함석헌, 류영모(1950년대). 류영모와 함석헌은 류달영의 위촉으로 5·16 후 재건국민운동에 참여하였다.

해서 생각해보라는 것 같습니다. 새삼스레 재건이 뭡니까? 우주 혁명이라고 하는데 우주 재건이라고 해야 합니다. 석가·예수는 우주 재건을 가르친 것입니다. 이 우주 자체는 자연이라 내버려두고 이 나부터 혁명해야 합니다. 우주 혁명이란 인간 혁명입니다. 우리는 분명히 하느님의 아들이라는 자각이 뚜렷해야 합니다. 불경 보는 이는 내 속에 불성(佛性)이 뚜렷하다고 느낍니다. 내 속에 아들(얼)인 불성이 뚜렷할 것 같으면 인간 혁명이 됩니다. 내 속에 하느님이 보낸 성령인 얼이 뚜렷하면 됩니다."

류영모는 재건국민운동 중앙위원으로서 회의에도 참석하였다. 그러나 류달영이 본부장 자리를 물러나자 곧바로 그만두었다. 처음부터 류달영의 간청을 뿌리치지 못하여 받아들인 것이었다.

류달영이 본부장 자리를 물러난 데 대하여 이렇게 말하였다. "그러나 1년쯤 지난 뒤에 내가 보는 바로는 정계의 움직임이 심상치 않았다. 그리고 육사 8기 출신 군인들의 행패도 적지 않아 1년 8개월 만에 스스로 물러 났다. 다석의 뜻도 별로 살리지 못하여 지금 생각하여도 송구스럽기 짝이 없다. 우리가 분명히 알아 두어야 할 것은 그때 국민운동은 민간인이 주도한 민주적 향토 건설 운동이었다는 것이다. 그러나 그 뒤를 이은 새마을운동은 박정희에 의한 관 주도의 운동이었다. 국민운동의 방법은 덴마크 부흥의 핵심이었던 연수원 교육의 실천이었다. 서울에 중앙 연수원을 비롯하여 각 시도에 시도 연수원 그리고 시군에 시군 연수원을 세운 뒤 향토 건설을 위하여 온 정열을 쏟도록 청년 교육을 실시하였다."

35년 만에 끝난 연경반 강의

1897년 7월 19일에 난 창주 현동완이 1963년 10월 25일에 숨을 거두었다. 66살의 나이에 2만 3,474일을 살았다. 류영모보다 7년 4개월 늦게 나서 17년 4개월 먼저 떠났다.

사람들에게 봉사하는 YMCA 총무 자리가 더 영광스러워 농림부 장관·사회부 장관도 사양한 큰 사람이다. 목사요, 아동 문학가인 황광은(黃光恩)은 현동완을 기리는 추모사에서 이렇게 말하였다. "창주가 커피를 안 마신 것은 나라를 위함이요, 고기를 안 먹은 것은 세계 평화를 위함이었다. 하루에 한 끼씩 안 먹은 것은 불행한 고아를 위함이요, 사과를 안 먹은 것은 병자를 생각함에서였다. 창주는 두 벌 옷이 없었다. 그는 불우한 형제에게 나누어주느라 두 벌 옷이 없었다. 창주는 머리 둘 집이 없었다. 보육원인 난지도 소년촌 단칸방을 병실로 쓰다가 그곳에서 숨졌다. 창주는 피난민 구호 사업에 제일 먼저 나섰으며 해방 후 가난한 농민들에게 집과 땅을 마련해주고자 브라질 이민을 가장 앞서 추진하였다."

현동완은 고혈압으로 쓰러져 여러 해 동안 병상에 누워 있었다. 류영모는 난지도에 있는 소년촌 보육원에서 와병 중인 현동완을 문병하였다. 그리고 다녀온 소감을 일기에 적었다.

삼가

언님 이제 아무 일도 못보심 만큼 싸흐심!
벽새에 앉은 이 아운 한우님 계로만 생각
한님 계 이기신 님계 이길 싸움만 봅소사!

(풀이) 현동완 형은 이제는 아무 일도 못 하시고 투병만 하시는구나. 문병을 와서 방안에 앉아 있는 이 아우는 아버지 하느님이 계시는 하늘나라만 생각한다. 예수가 십자가에 달려서 몸의 죽음을 믿음으로 이겼듯이 현동완 형도 믿음으로 이기는 것을 보고 싶다.(박영호 옮김)

현동완은 류영모의 마음속에 빛나는 진리의 등불을 누리에 비치게 하고자 YMCA를 류영모를 받치는 등잔 노릇을 하게 하였다. 현동완이 간사와 총무로 있었던 한 세대 동안 YMCA에서는 한결같이 류영모를 받들었다. 그리하여 많은 사람들이 YMCA에서 쉽게 류영모의 말씀을 들을 수 있었다. 류영모는 이러한 말을 하였다.

"요새 나는 유혹을 종종 받는데, 어제도 어떤 젊은 사람을 만났습니다. '저는 전에 청년회에서 선생님 말씀을 종종 들었는데 다른 말씀은 다 잊어버렸어도 그 가운데 몇 말씀은 지금도 기억해서 생각하고 있습니다.'

라고 하였어요. 그때 나는 '내가 한 말이 쓸데 있는 말이구나.' 하는 유혹을 받았습니다. 말이라고 다 말이 아닙니다. 참말씀이 말씀이지. 금세기에 몇 마디나 맨 처음의 말씀이 사람들 사이에 주고받는지 모릅니다. 류승국도 한 1년쯤 모임에 나온 뒤 스스로 공부하는 방법이 달라졌다고 말하는 것을 들었습니다."

류영모의 YMCA 연경반 강의는 현동완이 숨진 1963년에 끝이 났다. 죽은 제갈공명의 수레를 타고 가는 상이 살아 있는 사마중달(司馬仲達)의 군사를 물리쳤다는 말이 있다. 비록 자리에 누워 앓고 있어도 현동완이 살아 있을 때는 류영모의 모임을 없앨 수 없었으나 현동완이 죽자 YMCA는 류영모의 강의를 없앴다. 후임 YMCA 총무인 전택부는 기독교회 장로라 류영모의 사상을 좋아할 까닭이 없었다. 1964년 10월 21일 필자가 류영모를 찾아갔을 때 이렇게 말하였다.

"전택부 총무가 YMCA 회관도 새로 짓고 했으니 다시 강의를 시작하자는 말은 있었으나 그 뒤에 아무 말도 없어요. 그 모임은 내 본의는 아닌데 어떻게 그렇게 30여 년을 해 왔습니다. 오는 10월 25일 현동완 씨 추도식이 있다고 날 보고 나오라고 하는데, 그것도 전택부 총무가 하든지 그보다 더 가까운 이들이 하겠지요. 전택부 총무가 잘한다는 이도 있고 잘못한다는 이도 있는데 나는 잘 모르겠어요. 오후 4시니 요즘 해가 짧은데 4시에 시작해서 어떻게 하는지 모르겠어요." 아호가 오리(五里)인 전택부의 강의를 다시 하자는 제의는 끝내 오리무중(五里霧中)이 되었다. 1928년부터 월남 이상재의 뒤를 이어 태평양전쟁 동안에도 계속되었던 연경반 강의는 35년 만에 흐지부지 끝이 났다. 현동완이 살아 있었다면 은퇴의 마지막 종강 모임을 반드시 마련했을 것이다.

류영모는 현동완이 외국 여행을 할 동안 임시로 총무 대리를 맡기도

하였다. 6·25전쟁 때 타버린 YMCA회관을 다시 세우고자 기독청년회관 재건추진위원장 직책을 맡기도 하였다. 현동완의 조사(弔辭)를 할 때에도 눈물을 보이지 않았던 류영모는 이철우가 구기동을 찾아갔을 때 현동완의 이야기를 하면서 눈물을 보였다.

양력 7월 19일은 류영모의 아버지 류명근과 현동완의 생일이다. 류영모는 현동완과 아버님을 함께 추모한 사실을 일기에 적어놓았다.

하력(夏曆) 계묘년 9월 15일 밤. 집 아버지 돌아가신 지 30돌. 음력 날이며 회갑 전후로 퍽 여러 번 생신 6월 8일 더위를 피하시어 9월 보름날에 기념하시다. 돌아가신 1933년 11월 2일 또 계유년 9월 15일 가시었음. 올 계묘년 9월 9일로 가신 창주(滄柱) 달밤에 달 안 보고는 못 쉬신다더니 이 밤에 달은 목성과 남중야반(南中夜半)하니 오늘 목요일. 달 밝은 밤. 아버지 나신 1866년 7월 19일. 창주 나신 1897년 7월 19일. 창주와 아주 갈릴 마당인데 사진(寫眞)밖에 못 보오니 진영(眞影)에다 말씀사르오리까. 창주도 이젠 우리 인생 만났다던 것이 바람꽃만이었던 것을.

류영모가 YMCA 연경반에 강의하러 나올 때의 모습은 이러하였다. 여름에는 한복 베옷을 입고 고무신을 신었다. 덜 더울 때는 광목으로 지은 무명 바지저고리를 입었다. 봄·가을로 날씨가 싸늘하면 고름 대신 단추를 단 두루마기를 덧입었다. 고당 조만식 식의 옷차림이다. 몹시 추울 때는 짧은 구두를 신고 털모자를 썼다. 광복한 뒤에 꼭 한 번 국민복 모양의 양복을 지어 입은 적이 있다. 거기에 천으로 지은 책 꾸러미를 들고 다녔다. 슈바이처는 고물 장수 차림이라는 말을 들었는데 류영모는 관상(觀相) 보러 다니냐는 말을 들은 적이 있었다. 그때 류영모는 "나는 하늘 관

국민복 모양으로 지은 양복을 입은 류영모의 모습. 왼쪽은 전병호, 오른쪽은 함석헌.

상을 봅니다."라고 대답하였다.

류영모는 자신의 말에 대해서 이렇게 말하였다. "내 말은 항상 같은 말입니다. 그 말이 그 말이지 새 말이 없습니다. 10년 전이나 20년 전이나 같은 밑동이지만 속생명이 자람에 따라 말이 좀 달라집니다. 기억이란 자꾸 희미해지지만 자기가 스스로 깨달은 것은 잊혀지지 않습니다. 힘이 없는 것은 잊혀집니다. 금언(金言)들 가운데 씹어보면 훌륭한 것이 있습니다. 그 가운데 힘이 있는 것은 잊혀지지 않습니다."

염낙준은 자신이 처음 류영모의 강의를 듣기 시작한 때인 광복 직후부터 한국전쟁 전까지가 류영모의 정신 활동이 가장 왕성했던 시기라고 말하였다. 그 자신 광복 전에는 류영모의 말을 들어보지 못하였으니 온전한 비교라 할 수 없다. 그러나 심리학자의 말에 따르면 민족적으로 억압을 당하다가 자유로워질 때 창작의 영감이 가장 왕성해진다니 염낙준의 그 말을 뒷받침해준다. 그때 류영모의 나이가 55살에서 60살에 이르니 정신적으로 가장 완숙한 때임에 틀림없다. 김흥호의 말에 의하면 얼마 동안은 정신적인 침체기가 있었다고 한다. 창의적인 새로운 말씀보다 되풀이되는 말씀이 많으면 정식적인 침체라고 할 수 있다.

류영모는 정신적인 향상이 없으면 모임은 아무런 뜻이 없다고 말하였다.

한 달 만에 우리가 만났는데 그저 만나서는 싱거운 일입니다. 우리가 서로 만나서 해결된 어떤 문제가 있으면 이를 증거하거나 또는 의심이 생겼으면 그것을 서로 주고받는 데 의의가 있고 만나서 반갑습니다. 그렇지 않으면 아무것도 아닙니다. 새것을 서로 주고받아야지 하던 말 그대로 평생 가야 도무지 새것이 하나 없으면 그게 무엇입니까? 그래서 만나 무얼합니까? 여러분이 여기 온 것도 무슨 말씀을 들으러 오셨는데 나는 내가 말하는 가운데 새 말씀을 얻어 듣습니다. 내가 느낀 것을 남에게 어떻게 잘 들려줄까 하고 애쓰는 가운데 내 입에서 나도 몰랐던 새 말이 나와 나는 전보다 더 풍부한 말을 듣습니다. 이렇게 우리가 모이는 것도 유한(有閑)입니다. 유한을 잘못 쓰면 죄악입니다. 유한한 시간을 팽팽한 긴장으로 보낸다면 영구히 후회하지 않습니다. 게으르게 멍청하게 있다가 어디 가서 말 한마디 하려면 머리가 멍해 말도 못 하는 그런 지경에 가서는 안 됩니다. 그야말로 죄악입니다.

35년 동안 YMCA 연경반 강의를 거쳐 간 이가 수천 명은 될 것이나, 주소록을 만든 일이 없었으니 파악할 수 없다. 그러나 류영모가 좀처럼 안 하는 말을 한 적이 있는데 그때가 그의 나이 80살이었다. "나무가 많으면 그 속에는 반드시 재목으로 쓸 수 있는 낢(才)이 있습니다. 그런데 산 사람은 많으나 재목으로 쓸 만한 사낢(거듭난 이)은 없을까? 내가 여든을 살면서 아직껏 저 사람이면 사낢이라고 할 만한 사람을 찾지 못했습니다." 여든 살이면 이미 만날 사람을 다 만난 때이다. 그때까지 한 사람의 인재도 만나지 못했다니 기가 막히는 말이 아닐 수 없다.

필자는 류영모가 몇 사람에 대해 칭찬의 말을 하는 것을 직접 들었다. 류영모를 크게 실망시킨 함석헌은 빼놓는다. 김홍호가 모임에 나오느라 약혼녀에게 파혼당한 일, 류승국이 석가·공자·예수 같은 성현들이 다 간 죽음의 길인데 저도 기꺼이 죽음의 길을 갈 수 있을 것 같다고 말한 일, 아들 류자상이 강원도 평창으로 농사하러 간 일, 서완근이 천안 광덕에서 농촌 운동을 한 일, 염낙준이 결혼을 미루다 만혼한 일, 류달영이 《새 역사를 위하여》라는 책을 쓴 일 등이다.

류영모에게 스승과 제자가 함께 찾아와 배운 이가 이정호와 류승국이다. 아버지와 아들이 함께 찾은 이가 이정호와 이동준(李東俊)이다. 형제 간에 함께 류영모를 찾은 이는 김종호·김홍호 형제와 박인호(朴寅浩)·박영호 형제이다. 어머니와 아들이 함께 류영모를 찾은 이는 이성범·손영규(孫永奎) 모자이다.

류영모의 이름을 듣고 전국에서 여러 사람들이 찾아왔다. 그러나 다 깊은 관계가 있었던 것은 아니다. 그 사람들의 이름을 다 알 수도 없거니와 다 쓸 수도 없다. 영남의 한학자 범부(凡夫) 김정설, 군장교 출신의 도인 대오(大悟) 석종섭, 《논어》를 영역하였으며 아령 총리라는 별명을 들은 변영태, 가나안농군학교를 세운 김용기, 신도안의 정도령이라 한 양도천, 술 주정으로 유명한 괴짜 시인 김관식(金冠植), 양잿물에 식도가 타 관을 통해 식사를 하던 변찬린 등이 있다.

미국인 카워트와 함께. 다석은 카워트에게 고특(高特)이라는 한국 이름을 지어주었다.

류영모가 마지막으로 나간 모임은 광화문에 자리한 문정길(文正吉)의 사무실에서 있었던 모임이다. 마지막으로 초빙되어 간 외부 모임은 최인화 목사가 세운 산칠교회에서 있었다. 류영모를 방문한 사람들의 이름이 《다석일지》에 적혀 있다. 자필로 쓰인 것도 많다. 미국인 카워트(Cowart, 高特)를 비롯하여 외국인들도 류영모를 찾아왔다.

아들 자상의 귀거래

1960년에 둘째 아들 자상이 41살의 나이로 만혼을 하였다. 그러고는 젖양 2마리, 벌꿀 15통, 그밖에 농기구를 가지고 강원도 평창군 방림면 계촌 2리로 들어갔다. 횡성군 쪽에 있는 백덕산(1,350미터)과 마주 서 있는 대미산(1,232미터) 속에 지름이 4킬로미터나 되는 사발 모양의 분지가 있는데, 그곳에 자리를 잡았다. 자상은 그곳에 뫼갓(林野) 5정보와 밭 1천여 평을 샀다. 그리고 옛날에 화전민이 한나절 동안에 지었다는 통나무 귀틀집을 샀다.

세상의 어버이는 자녀들이 이른바 입신양명(立身揚名)으로 출세하고 성공하기를 바란다. 그러한 마음으로 본다면 자녀가 강원도에서 가장 산골이라는 평창, 평창에서도 가장 산골이라는 계촌 두메산골의 귀틀집에 산다면 통곡할 일이 아닐 수 없다. 그러나 류영모는 이것을 누구보다도 기쁘게 생각하였다. 이 기쁨은 땅에서 오는 기쁨이 아니라 하늘에서 오는 기쁨이다. 류영모는 자신에 대해서나 가족에 대해서도 별로 말이 없었다. 그런데 자상에 대해서는 한마디의 말과 한 수의 시를 남겼다.

"우리집 둘째 자식은 괴상한 사람입니다. 말이 뜬 사람입니다. 인사성이 없습니다. 자식들 가운데 내 뜻에 가장 맞게 가는 사람이 그 자식뿐이라고 할 수 있습니다. 그는 음식에도 소금을 먹지 않습니다. 농사짓는 아들이 참 내 아들입니다."

大安萬康(대안만강)

大美山庄柳考盤(대미산장류고반)
桂村洞庭自强植(계촌동정자강식)
昇恩降忠永遠理(승은강충영원리)
漢城江原太平安(한성강원태평안)

강원도 평창 대미산 농장에 류고반(학문을 닦는 이)

방림면 계촌동 뜰에 스스로 농사일하기에 힘쓴다

은혜의 기도는 올리고 하느님의 얼은 내리는 게 영원한 이치

서울에서나 강원도에서나 온가족이 크게 평안하다

류자상이 41살에 강원도 평창으로 농사하러 간 것은 류영모가 45살에 경기도 고양군 은평면 구기리로 농사하러 간 것과 같은 출애굽이다. 1935년에 농사하려고 구기리로 사는 곳을 옮긴 것도 낙향(落鄕)이라는 말에 손색이 없었다. 그런데 구기리가 1949년에 서대문구에 편입이 되고 1975년에 종로구에 편입되어 서울 도심으로 바뀌었다. 그런데 둘째 아들이 25년 전 자신의 출애굽을 재현하였으니 대견스러웠다. 류영모는 여름 8월 한 달 동안 YMCA 강의가 쉬는 때면 꼭 평창에 갔다. 그때 이미 70살이 넘은 나이였는데도 불편한 교통을 무릅쓰고 갔다. 대미산 분지에는 드문드문 바위들이 장기판에 장기알처럼 놓여 있었는데 류영모는 그 바위 위에 올라앉아 자연제일(自然齊一)의 명상에 들어 호연지기를 숨쉬었다. 도시에서는 늙은이가 버려진 쓰레기에 지나지 않지만 자연 속에서는 하느님의 사자인 신선(神仙)의 모습이다.

자연을 사랑한 에머슨은 이렇게 말하였다. "자연은 즐거울 때나 슬플 때에도 똑같이 썩 잘 어울리는 배경이다. 숲 속에서 사람은 뱀이 허물을 벗듯이 나이를 까맣게 잊게 되어 아무리 나이를 많이 먹었다 해도 어린이로 돌아간다. 숲 속에서는 오래도록 젊은이다. 이러한 하느님이 임재하는 곳에는 단정과 청정이 다스리는 상록의 축제가 베풀어진다. 나의 머리는 상쾌한 미풍에 씻은 듯이 맑아지고 무한한 공간으로 둥실 떠오른다. 모든 천박한 이기심은 사라지고 만다."(에머슨,《수상록》)

에머슨의 자연 사랑에 공감한 헨리 소로는 어느 날 아침 한 자루의 도

끼만을 어깨에 메고 콩코드에 있는 월든 호숫가 숲 속에 들어가서 혼자서 살았다. 그때 지은 시가 있다. "겉모습을 꾸미는 것이 나의 꿈이 아니다. 월든 호수에 살던 때보다 하느님과 하늘나라에 더 가까이 간 적이 없다. 나는 호안(湖岸) 자갈밭에 있다. 산들바람이 스쳐 간다. 우묵한 내 손바닥에는 호수의 물과 모래가 담겨 있다. 호수 가장 깊은 곳은 내 생각 속 그윽한 곳에 있다."(소로, 《월든》)

이는 중국의 도연명이 《귀거래사(歸去來辭)》를 읊고는 관직을 떠나 집으로 돌아온 후에 지은 《전원거사(田園居辭)》와 맞먹는다. 류영모는 말하였다. "서울로 도시로 모이는 것은 빛깔(色)을 따라오는 것입니다. 산촌·어촌으로 가는 것은 빔(空, 하느님) 쪽으로 가는 것입니다. 빔처럼 높고, 밝고, 거룩한 것은 없습니다. 허공 같은 마음이 제일 좋습니다. 허공은 깨끗하고 아름답습니다. 건덕지는 더러운 것입니다. 사람은 더러운 것, 자연은 청정한 것입니다." 하느님을 그리는 이는 자연으로 돌아가고자 한다. 예수와 석가도 그러하였다.

류자상은 그의 경제적인 생활을 이렇게 말하였다. "젖양 2마리가 몇 해 안 되어 50여 마리로 늘어났다. 벌통 15통도 얼마 안 되어 50여 통으로 늘어나 그야말로 말 그대로 젖과 꿀이 흐르는 가나안 복지가 되었다. 벌통 1통이면 꿀 5되를 거두는데 이는 팔아서 현금 수요에 충당하였다." 지금은 그곳에 고랭지 채소를 심어서 온 마을이 부농이 되었다. 류영모를 기억하고 있는 사람들은 그 노인이 그렇게 훌륭한 분인 줄은 몰랐다고 말하였다.

18장

얼나로 솟나다

70살, 죽음을 실습하다

1961년 11월 24일, 금요 강좌를 듣고자 YMCA 연경반에 약 20여 명이 모였다. 강의가 시작되는 오후 2시가 되었는데도 스승 류영모가 나타나지 않았다. 이제까지 일찍 왔으면 왔지 단 1분도 늦은 적이 없었다. 아무리 시계 바늘처럼 정확하다지만 사람인지라 한 10분 정도는 늦을 수도 있겠지 하고 모두가 기다렸다. 그러기를 30분. 그제야 불길한 예감이 들었다. 걸어오다가 교통사고를 당하신 것이 틀림없다는 생각이 들었다. 그때는 구기동 집에 전화도 없을 때라 집으로 가보는 수밖에 없었다. 그때 YMCA 본관을 신축한다고 굴착기가 땅을 파고 있었다. 그날 온 사람들이 모여서 의논을 하였다. 이제까지 이러한 일이 없었으므로 틀림없이 선생님의 신상에 이상이 생긴 것 같으니 몇몇이 집으로 가서 확인을 하는 것이 좋겠다고 결론지었다. 주규식과 이름이 기억나지 않는 한 사람과 그리고 필자까지 세 사람이 가기로 하고 다른 이들은 흩어지기로 하였다.

그때는 세검정 삼거리의 검문소 자리까지 버스가 들어갔다. 거기서 버스를 내려 북한산 비봉(碑峯)을 바라보며 구기동 집을 향해 걸었다. 비봉에 진흥왕 순수비가 사람의 몸에 나는 사마귀만 하게 보였다. 부인 김효정은 우리 세 사람을 맞으며 미안하여 어쩔 줄을 몰랐다. 선생님은 옥상으로 오르는 층계에서 떨어져서 크게 다치는 바람에 서울대병원에 입원하였다고 말하였다. 알려야 하는 것을 경황이 없어 오늘이 금요일인 줄도 모르고 있었다며 거듭 미안하다고 말하였다.

경위는 이러하였다. 1961년 11월 21일, 딸 월상이 김장하는 것을 도우려고 친정에 오면서 맏딸 최은화(崔恩和)를 데리고 왔다. 류영모는 외손녀 은화를 데리고 옥상에 올랐다. 옥상에는 천문(天文)을 관측하려고 2평쯤 되는 유리집을 지어놓았다. 본디 설계도면에 없는 것을 지었기 때문에 현관에서 옥상으로 오르는 층계가 가파르게 되었다. 류영모는 그 계단을 외손녀 은화와 내려오다가 외손녀가 떨어질 뻔하자 외손녀를 껴안은 채 3미터 높이에서 현관 시멘트 바닥에 거꾸로 떨어졌다. 그리하여 온몸에 타박상을 입었는데 특히 왼쪽 눈과 그 주변 얼굴에 심한 상처를 입었다. 왼쪽 눈동자는 심하게 충혈되어 한동안 왼쪽 눈이 보이지 않았다.

외손녀 은화는 함께 떨어졌는데도 털끝 하나 다치지 아니하였다. 외할아버지가 감싸안았기 때문이다. 류영모는 떨어져 의식을 잃은 채 피를 흘리고 있었다. 깜짝 놀란 가족들이 급히 서울대병원으로 옮겨 응급실에 입원을 시켰다. 중환자실로 옮겨 산소호흡기를 달고 일 주일 동안 지켜보았으나 의식이 돌아오지 않았다. 다친 지 8일 만인 11월 29일이 되어서야 주사를 놓을 때 아픈 것을 느끼는지 손짓을 하였다. 그 동안에 깨어나지 않아 돌아가시는 것으로 알았다. 위기를 넘겨 일단 중환자실에서 일반실로 옮겼다.

서울대 법대 학생이던 주규식이 종강한 때라 병원에서 여러 날 간병을 하였다. 주규식이 쓴 '간병 일기' 덕분에 병상의 동정을 엿볼 수 있게 되었다. 류영모는 1956년에 사망 가정일을 잡는 일이 있었지만 1961년의 낙상은 사망 실습이라 하겠다.

사람이 한 살이를 살자면 여러 차례 어려운 고비도 겪고 죽을 고비도 맞는다. 고비를 못 넘기면 죽는다. 류영모는 나라 망하는 것을 보았고, 동족이 전쟁을 치르는 것을 보았고, 나라에 군사 쿠데타가 일어나는 것을 보았다. 류영모 스스로는 비교적 순탄한 일생을 보냈다고 말하였지만 어려서 콜레라에 걸렸고, 장년 때에는 사다리에서 떨어져 허리를 다쳤고, '성서조선 사건'으로 옥살이를 하였고, 불두덩(陰部)에 혹이 생겨 암이 아닌가 하기도 하였다.

1961년으로부터 꼭 20년 전인 1941년에 사다리에서 떨어져 허리가 비뚤어지도록 크게 다쳤을 때 쓴 글이 있다.

苦樂(고락)

脊髓有症頗辛酸(척수유증파신산)

如在口中可一味(여재구중가일미)

腰不要味只叫苦(요불요미지규고)

人間以痛吾亦痿(인간이통오역위)

經難雖苦則快癒(경난수고즉쾌유)

搔痒且樂連是瘁(소양차락연시췌)

時期痛快時快癒(시기통쾌시쾌유)

快與痛是本不二(쾌여통시본불이)

18장 얼나로 솟나다 633

등뼈가 아픈데 자못 맵고 시다
마치 입 속에 좋은 한 맛이 있는 듯
허리는 맛 따위 쓸 데 없고 아프다고만
사람인 나 또한 아픔으로 자지러진다
어렴 만나 비록 괴로워도 나으면 시원
가려움 긁으면 시원치만 이어 긁으면 헌디돼
때맞아 아픔이 시원할 때 낫는다
시원하고 아픈 것이 본디 둘이 아니다
(박영호 옮김)

류영모는 "내가 다친 것은 우리가 모르고 있지만 하느님께서 무슨 뜻이 있어서일 것입니다."라고 말하였다. 이 사람이 병원으로 찾아갔을 때에는 사람을 알아보았으나, 왼쪽 눈이 상처를 입어 보기에 끔찍하였다.
다음은 주규식의 '간병 일기'이다.

1961년 11월 30일
"죽는 것은 아무것도 아니다." (의식은 회복하지 못한 채 잠꼬대 같은 소리로)

1961년 12월 2일
"사람은 점잖은 사람이 돼야 해." (무의식 상태에서 혼잣소리로, 입원한 지 12일째)

1961년 12월 5일

"인생은 모르겠는데 인생 또한 알기 쉽거든 그대로 살면 괜찮아." (무의식 상태에서 혼잣소리로, 입원한 지 15일째)

1961년 12월 6일

(류영모는 다친 지 16일 만에 의식을 회복하였다. 오줌을 받아내는 것을 보고 이렇게 말하였다.)

"그저 사람은 똥 싸고 오줌 누는 일이야. 그것밖에 없다. 내가 아프고부터는 오줌을 잘 가누지 못해요. 그게 걱정이요. 아버지!(하느님 아버지를 부르는 소리) 괴로운 게, 즐거운 게 따로 있는 게 아니야. 다 하나지. 철학이 제일이야. 그저 생각하는 거지. 활달한 도(道)처럼 좋은 게 어디 있어. 예수와 석가는 참 비슷해요. 매우 가까워요. 죽으면 평안할 거야. 무엇을 믿거나 죽으면 모두 평안할 거야."

주규식과의 대화

(주규식) 제가 누구인지 아시겠습니까?

(류영모) 왜 몰라.

(주규식) 누구예요?

(류영모) 그 바른 도(道)를 일으켜 세우기를 좋아하는 데 서 있지 않아요.

(주규식) 누가 그렇단 말입니까?

(류영모) 여러 형제들이 다 그렇지. 원도(元道)를 깨닫는 하이심(使命)에 계시는…….

18장 얼나로 솟나다 635

1961년 12월 10일

(선생님의 눈이 몹시 충혈된 것을 걱정하자)

"눈이 충혈되는 것도, 아니 되는 것도 다 우스운 일이야. 그까짓 것 충혈이 되어도 안 되어도 그만이지."

1961년 12월 10일

(함석헌 선생님이 문병을 오다.)

(류영모) "나에게 요새 더 똑똑히 생각되는 것은 요한복음 17장 21절 그리고 13장 31절, 이건 두 가지가 꼭 같은 말씀이야. 17장에는 13장에 있는 것을 상세히 써놓은 것이에요. 예수가 한 일은 모두가 이겁니다. 이 세상에 다른 게 없어요. 오직 이걸 위해 예수가 오신 거야. 13장 31절에 말미암아(인하여)라고 썼는데 이게 못마땅해요. 바른 번역이 있어야 해요. 그 동안에 (병원에서) 내가 잘못 살았어. 지금도 한 끼씩 먹어야 해요. 빔(空)이 맘 안에, 맘이 빔 안에 있어. 이것뿐이야. 나는 23살부터 이렇게 생각해요. 이것처럼 확실한 것은 없어요. 빔이 맘 안에, 맘이 빔 안에 있음이 석가가 꼭 깨달은 거요. 내가 아버지 안에, 아버지가 내 안에 있다는 것을 예수는 분명히 깨달았을 거야. 예수를 아는 사람이 대단히 적은 것 같아요. 석가 이외에 석가를 아는 이는 없는 것 같아요. 죽은 뒤에 향불 피워놓고 촛불 켜놓고 해서 불교도 기독교도 없어졌어요. 어쨌든 나도 괴상한 물건이고, 서로서로 괴상한 물건이야. (자신과 함석헌을 번갈아 가리키며) 어쨌든 둘 사이에 필요가 있어서 내가 이렇게 된 거야."

(함석헌) "예. 저도 그렇게 생각했습니다."

1961년 12월 12일

(병원에서 주는 식사를 받고서)

"나는 하루 한 끼씩 먹는 재미를 알고 있는데 불교에서 모르니 우습지. 살기 위해 한 끼씩 먹는데 참 좋은 거야. 나는 먹는 데는 급하지 않는 사람이야. 어떤 점에서는 아직 늙지 않았어요. 이 팔 힘은 20대보다 더 있어요. 나는 하초에 힘은 그대로 있어요. 그러나 정욕은 조금도 일지 않아요. 나는 이대로 퍽 평안하고 아무 일 없어요. 성한 것처럼 좋은 게 어디 있어요."

주규식의 '간병 일기'에 나타난 대로 류영모는 입원한 지 16일째인 1961년 12월 6일부터는 의식을 회복하여 함석헌을 비롯한 병문안 온 사람들과 신앙 및 성경 이야기까지 나누었다. 그런데 25일째인 1961년 12월 15일에 와서는 지난 24일 동안의 일을 전혀 기억하지 못한다고 하였다. 그렇다면 혼수 상태에 있었던 15일 동안은 내놓고 그 뒤의 9일 동안의 삶은 어떻게 설명해야 할지 모를 일이다. 류영모는 자신이 낙상하였던 11월 21일자에 이렇게 써넣었다. "낮 뒤에 떨어져 다쳐서 대학병원으로 들어가졌다. 24일쯤 지난 일은 내게 남아 생각나는 것이 없다."

류영모가 낙상한 지 25일 만에 쓴 일기는 이러하다.

1961. 12. 15. 金. 26210. 낮 내 정신은 내 집이 아닌 곳에, 밤 아닌 낮에 내가 왜 누워 있느냐고 보인 집사람에게 물어보다. 이야기를 듣고야 다쳐서 치료받고 있다는 것을 알다. 일찍 내가 알아보신 늙으신 분들과 젊으신 벗이 많이 오시어 보아주셨다는데, 오늘 되기 전에 찾아주신 분들께는 내 누구시라고 알아뵙는 것 같았고 또 말씀을 주고받았다고 하는 젊은 벗의 말을 듣고 내 생각하여보아도 나는 모르겠다. 24일 동안은 내가 살지도 않았다 할

것이니, 누구를 맞았거나 무슨 말을 한 지도 생각나는 것이 하나도 없다.

류영모는 낙상으로 입원한 지 29일째인 1961년 12월 19일에 병원에서 퇴원하였다. 류영모는 살아오는 동안 도무지 약국이나 병원을 모르고 지내 왔다. 스스로 건강 관리를 잘해 왔기 때문에 약국이나 병원 신세질 일이 없었다. 더구나 보약이나 보식을 몰랐다. 오직 냉수 마찰과 걷기로 혈액 순환 운동에 마음을 썼다. 그런데 뜻밖에 낙상으로 병원 신세를 단단히 진 셈이 되었다. 병원에서도 하루 한 끼씩만 먹겠다고 하자 의사들이 안 된다고 하였다. 완전히 회복되거든 일식을 하라고 하였다. 류영모는 아직 화장실도 혼자 다니지 못하는데도 병원 분위기가 내 집만 못하다고 하면서 퇴원을 하였다.

사람이 아프면 가장 먼저 다리에 힘이 빠져 걸어다니기가 어려워진다. 류영모는 혼자 화장실에 못 가, 딸 월상의 부축을 받았다. 좀 더 나아서는 지팡이를 짚었다. 힘을 얻으려면 입맛을 찾아야 했는데, 마음을 먹다가 팥죽과 고구마를 먹으니 입맛이 돌아왔다. 음식 맛을 다시 붙일 때 더 먹지 않고 끝냈으면 하는 생각이 들더라고 하였다. 먹은 음식이 소화되지 못하고 숨질 것을 안다면 먹지 않은 채 죽겠다고 말하였다. 상처가 난 류영모의 충혈된 왼쪽 눈은 시력이 회복되지 않았다. 의사가 수술을 받으라고 하는 것을 싫다고 하였다. 그 왼쪽 눈이 거무스레하여 여명이라고 하였다. 오랫동안 지팡이를 짚고서 한쪽 눈을 보완하였다. 1년이 지나자 저절로 시력이 온전히 회복되었다. 한쪽 시력을 잃은 동안 《다석일지》에는 맹인을 위하여 점자를 연구한 박두성의 이름을 적어놓았다.

그리하여 1962년 3월 2일 금요일에 다시 금요 강좌를 시작하였다. 류영모는 지팡이를 짚고서 100일 만에 다시 YMCA에 나왔다. 1962년 5월

비오는 날이었다. 밖에 나오려고 한 손으로는 우산을 들고 한 손으로는 지팡이 짚으려니 어려웠다. 그래서 지팡이를 던진 것이 지팡이 없이 다니게 된 계기였다.

그런 류영모는 보고랄까 고백이랄까 한 가지 이야기를 하였다. 식욕이 성욕보다 더 질기다는 것이었다. 류영모는 이렇게 말하였다. "흔히들 식욕보다 성욕을 이기기 어렵다고 생각하지만 그렇지 않은 것을 이번에 알았습니다. 낳은 지 첫돌만 되는 아기도 숟가락질로 밥 먹을 줄 안다고 하는데 환갑·진갑 다 지낸 내가 밥 먹을 줄 모른다고 하면 모두 웃겠지만, 생각해보면 밥 먹을 줄 안다고 할 수 있을지 모르겠습니다. 배 안에 밥통(위)은 하느님이 주신 도시락인데 우리가 다 쓸 때까지 상하지 않도록 잘 쓰는 것이 지혜로운 일입니다. 지금 약국에 소화제가 약의 반을 차지하다시피 하는 것은 이 도시락(위)을 함부로 쓰기 때문입니다. 회갑이 되도록 밥 먹을 줄 모르는 이가 많습니다. 옛날부터 겨울에는 한 끼 빼고 두 끼만 먹는 것이 내려오는 습관입니다. 일하는 이는 하루 두 끼만 먹으면 됩니다. 주림을 면하기 위하여 먹어야 합니다. 나는 밥 한 그릇을 찬 없이도 곧잘 먹습니다."

류영모가 우리의 살림에서 강조하는 것은 3가지다. 첫째, '몸성히', 둘째 '맘놓이', 셋째 '뜻태우'이다. 류영모는 이렇게 말하였다.

몸성히를 위해서 탐욕을 버려야 합니다. 자꾸 먹고 싶은 욕심을 경계하고 많이 먹지 않도록 하는 것입니다. 이를 점심(點心)이라고 합니다. 석가는 대낮에 한 번 먹었다고 해서 일중식(日中食) 혹은 24시간에 한 번 먹는다고 해서 점심이라고 합니다. 내가 하루 한 끼를 먹어보니 몸성히의 비결이 점심에 있습니다. 하루 한 끼만 먹으면 온갖 병이 없어집니다. 모든 병은 입으로 들어갑니다. 감당 못할 음식을 너무 집어넣기 때문에 병이 납니다.

맘놓이를 하려면 치정(癡情)을 끊는 것입니다. 정조(貞操)라고 하지만 참으로 정조를 지키는 것은 아주 치정을 끊어버리는 것입니다. 석가의 출가는 맘놓이를 하는 가장 곧은 길입니다. 세상에 마음을 가장 잘 움직이는 것은 남녀 관계입니다. 남녀 관계를 끊으면 마음은 저절로 가라앉습니다. 석가가 앉아 있는 것을 선정(禪定)이라고 합니다. 석가가 언제나 곧이 곧장 앉아 있는 것도 치정을 끊었기 때문입니다.

뜻태우는 지혜의 빛입니다. 광명이란 직관력을 말합니다. 만물을 직관하여 볼 수 있는 힘입니다. 정신의 광명으로 만물을 비춰보는 세계가 지혜의 세계입니다. 마치 등잔불을 계속 태워 만물을 비추듯이 뜻을 태워 지혜의 광명으로 세상 만물을 비추게 합니다. 이 지혜의 빛을 사방에 비추는 것이 설법입니다. 이 정신의 광명을 흐리게 하는 것이 진에(瞋恚)입니다. 불만의 성냄이 있을 수 없습니다. 성현이 머무는 세계는 성령이 충만하고 광명이 넘치는 얼의 세계입니다. 샘물이 차별 없이 만물을 살려 가듯이 성현의 지혜는 일체를 살려내는 생명의 불입니다. 뜻을 태워(연소) 만인을 살리는데 성을 낸다는 것은 말이 안 됩니다. 탐욕을 버리고 치정을 버리고 진에를 버려야 합니다.

류영모는 무의식 가운데 산 24일 동안에 잠재의식까지 뿌리내린 그의 확고한 하느님에 대한 신앙심을 보여주었다. 예수와 석가는 아주 가깝게 비슷하다는 진리관과 살고 죽는 것은 아무것도 아니라는 생명관을 보여주었다. 이것만으로도 우리는 류영모의 진면목을 볼 수 있다.

3만 일을 살다

류영모는 젊음(靑年)을 두고 이율배반(二律背反)의 말을 하였다. 젊음은 좋다고 하면서 젊었을 때 깨달았다는 것은 껍데기라고 하였다. "무슨 말인지 모를 테지만 젊었을 때가 좋아요. 신앙 없이 늙으면 주름살과 흰머리만 남을 뿐 아무것도 아닙니다. 젊을 때는 자꾸 자꾸 배워야지 생각만 해서는 안 됩니다. 공자도 밤새도록 생각하는 것이 배우는 것보다 못하다고 하였습니다. 그러나 젊었을 때의 참 신앙은 어렵지, 어려워요. 참 어렵고말고. 젊었을 때 깨달았다는 것도 안다는 것도 다 껍데기지요. 젊었을 때 동서고금의 고전을 읽어야 합니다."

공자도 40살에 가서야 불혹(不惑)에 이르고 50살에 가서야 천명(天命)을 안 것처럼 젊을 때 깨달음을 얻기는 어렵다. 사람은 30살에 천명을 알아야 하는데 그렇게 되지 않는다. 그 대신 사람들은 다른 짐승들보다는 비교적 오래 산다. 그래서 노자는 "큰 그릇은 늦게 이루어진다(大器晚成)."라고 하였다. 장자는 "아름다움은 오래 있어야 이루어진다(美成在久)."라고 하였다. 예수는 "늦게까지 견디는 이가 하늘나라를 얻는다."라고 말하였다. 그러나 80살이 보장되어 있는 것은 아니다. 언제 죽을지 모르는 무상한 존재가 사람이다. 그러므로 머뭇거릴 여유가 없다. 사람의 삶은 언제나 단판에 승부를 내야 하는 촉박한 삶이다. 예수와 석가는 단판에 명승부를 낸 본보기라 하겠다. 목숨을 건 구도의 명상이 필요하다. 예수는 이를 "하느님 나라는 들이치는 이가 얻는다."(마태 11 : 12, 박영호 의역)라고 말하였다. 사람은 잘 살아야 3만 날을 산다. 하느님 아버지 찾아가는 3만 날이 인생의 결산이다.

3만 날을 살자면 82살 생일에서 50일을 더 살아야 한다. 40살이 못 되어 죽은 예수는 말할 것도 없고, 73살을 산 공자와 80살을 산 석가도 3만 날을 채우지 못하였다. 82살을 산 톨스토이가 3만 34일을 살았고, 91살을 산 류영모는 3만 3,200일을 살았다. 공자가 말한 지우학(志于學)의 나이인 15살이 5,480일이고, 입지(立志)의 나이인 30살이 1만 960일이다. 불혹의 나이인 40살이 1만 4,600일이고, 지천명의 나이인 50살이 1만 8,250일이다. 이순(耳順)의 나이인 60살이 2만 1,920일이고, 종심소욕불유구(從心所欲不踰矩)의 나이인 70살이 2만 5,550일이다.

　류영모가 3만 날을 맞은 날은 1972년 5월 1일이다. 1972년 1월 24일에 찾아갔을 때 3만 날에 100일을 앞두고 있다면서 어릴 때 백날을 맞을 때의 그런 마음이 든다면서 웃었다. 3만 날이라고 사람을 초대하거나 잔치를 벌이지는 않았다. 류영모는 이러한 말을 하였다. "사람이 물과 불로 사는데 물과 불의 근원이 어디일까요? 물이 샘솟는 것을 생수라 그것을 물의 근원이라 하고 또는 우물에 파서 물의 근원을 찾았다고 하지만 어림없어요. 물의 근원은 오히려 바다지요. 아니 김이 되어 올라가고 떨어지고 빙글빙글 돌지요. 샘도 돌아가는 한 형태입니다. 불도 조그마한 불은 타올라 위로 솟는 것 같지만 아니지요. 불의 근원은 태양인데 거기서 내려옵니다. 여기 (두 손으로 머리를 감싸면서 구부렸다) 갇혀서는 아무것도 안 되지요. 저 위로 (만세 부르듯 두 손을 번쩍 들어 하늘을 가리키면서) 솟고 솟고 솟나야 합니다." 한마디로 몸으로는 죽어야 얼로 자유한다는 말이었다.

　이 말은 필자가 3만 일 기념하여 지은 시에 대한 대답이기도 하였다. 필자가 지은 시는 이것이다.

"삼만일 삼만일신시공원 희귀년고성경전 존심고경이풍속 양성원만합천부(參萬日 參萬日新始公元 稀貴年古成經典 存心牯硬異風俗 養性圓滿合天父)"

집 앞 골목에서 제자 박인호와 함께(1973년).

"삼만 날을 살면서 날마다 새롭게 태어나 새로운 시대를 열 사상의 기원이 되었다. 나이는 70살의 희년을 지나 80살 귀년(貴年)을 맞이하였는데 그의 생애와 사상은 경전을 이루리라. 마음에는 오직 하느님을 그리는 마음을 품어 세상 사람들과는 다르게 살아 괴팍하고 까다롭다는 말을 듣기도 하였다. 하느님의 씨인 얼나를 길러 원만히 완숙하여 아버지 하느님과 하나가 되었다."는 뜻이다.

류영모는 필자가 보는 앞에서 시구(詩句)를 고쳤다. 작은 글씨로 그 옆에 쓰기를 '심여일 조풍속 양성원만참기천(心如一 調風俗 養性圓滿參氣天)'이라 썼다. '심여일 조풍속'은 "마음은 한결 같았고 세상의 시속에 조화하여 따랐다."는 뜻이고 '양성원만참기천'은 "하느님의 씨(아들)를 원만히 길러 하느님의 영기(靈氣)에 참여하였다."는 뜻이다. 그것은 류영모의 겸손을 나타낸 것이다.

다석 사상의 알맹이는 이렇다.

이 땅 위에서 몸으로 영생한다는 것은 미신이다. 이것은 지나친 욕심이다. 절대 유일의 하느님을 아버지로 알고 하느님에게 붙잡히는 것이 영생이다. 예수를 믿는다는 것은 십자가를 믿는다는 말이 아니다. 성경에 내 말을 믿겠느냐는 말은 내 말을 알아듣겠느냐는 말이다. 믿는다는 것은 예수나 선지자를 믿는 게 아니다. 하느님 아버지께서 내 속에 보내신 이(얼나)를 믿는 것이다. 불교를 믿는다는 것은 불성이 자기에게 있음을 믿는 것이다. 하느님을 믿는 것은 내 속에 하느님의 아들(얼나)이 와 있음을 믿는 것이다. 내 속에 오신 하느님밖에 예수나 미륵불을 기다리지 마라. 그것은 헛일이다. 그리스도는 영원히 오시는 분이다. 마침내 생명의 원체인 절대를 이루는 것이다. 우리는 석가나 예수보다 작다. 그러나 그들의 말과 우리의 말이 과히 다르지 않다. 우리는 작지만 큰 것과 다른 게 아니다. 예수하고 우리하고 차원이 다른 게 아니다. 예수·석가는 우리와 똑같다. 얼나를 깨달으면 예수·석가와 한 생명이다.

87살에 톨스토이처럼 가출하다

류영모는 인생을 이렇게 보았다. "우리는 생명(진리)의 불을 태우느냐 못 태우느냐를 늘 생각해야 합니다. 그것이 생각을 불사르는 것이고 그것으로 정신이 높아지는 것이고 그래서 말이 자꾸 터지게 됩니다. 내가 말을 자꾸 하는 이유도 여기에 있습니다. 사람은 몸을 쓰고 있다가 마음으로 바뀌고, 마음을 쓰고 있다가 정신으로 바뀌고, 정신을 쓰고 있다가 얼로 바뀌어야 합니다. 이것이 아래서 위로 오르는 삶입니다."

사람은 결국 몸나에서 얼나로 솟나야 한다. 몸나는 멸망하는 상대적 생명이다. 얼나는 영생하는 절대적 생명이다. 이 세상(가정과 국가)이란 짐승인 몸삶의 터전이다. 얼나는 성령으로 된 하늘나라에 속한다. 그러므로 예수가 이르기를 "내 나라는 땅에 속한 나라가 아니다."라고 말하였다. 얼나로 거듭난 사람은 가정과 국가를 초월하려고 한다. 그래서 예수는 가정을 이루지 않았고, 석가는 가정을 떠났으며, 톨스토이는 가정을 버렸다. 류영모는 이렇게 말하였다. 여기서 아버지란 아버지 하느님을 말한다.

"나는 하느님과 나의 관계가 부자유친(父子有親)이 되지 않으면 부부유별(夫婦有別)이 되지 않을 줄 생각합니다. 요새는 부자유별(父子有別)이 되고 부부유친(夫婦有親)이 되었습니다. 하늘(하느님)은 내버리고 땅(아내)만 움켜잡으려고 합니다. 올라가는 것은 집어치우고 가로로만 가려고 합니다. 그래서 땅에 붙어서 누워 사는 세상이 되고 말았습니다. 가장 이상적인 살림은 결혼을 안 하는 것이 제일 좋다고 생각합니다. 인간이 완전에 도달하면 결혼할 필요가 없기 때문입니다. 인격의 온전함이 능히 독신을 가능케 합니다."

1977년 봄을 지나면서 류영모의 몸가짐이 여느 때와 달라졌다. 여느 때도 말이 적고, 움직임이 조용하여 근엄하게 느껴지지만 손녀들과 눈싸움을 할 만큼 따뜻하고 자상한 점도 있었다. 그런데 쌀쌀할 만큼 냉정해졌다. 가족들을 낯선 사람들처럼 대하였다. 그때의 류영모 마음을 알려주는 에머슨의 말이 있다. "나는 투명한 눈동자(얼나)가 되었다. 제나(自我)는 없어졌다. 나는 전체(하느님)의 기운이 나를 통하여 순환되었다. 나는 하느님의 긋(부분)이 되었다. 가장 가까운 벗들의 이름이 낯설거나 아무렇지 않게 들리었다. 그때 형제니 아는 이니 하는 것이 시시하고 귀찮아졌다. 나는 순수하고 영원한 아름다움(하느님)을 사랑하는 사람이 되었다."
(에머슨,《수상록》'자연')

하느님을 참으로 사랑하게 되자 가깝다는 사람들이 멀게만 느껴진다는 말이다. 사실 이 땅에서 가깝다는 살붙이도 알고 보면 모두 비누 거품과 같아 언제 꺼져 사라질지 모른다. 그런데 사람들은 어리석게도 그것을 모르고 있다.

1977년 6월 19일에 류영모가 독립문 가까이 영천동에 살며 손재주가 많아 평소에 집안일을 잘보아주던 전병호를 만나고 싶다고 하여 아들 자상이 안내하였다. 류영모는 전병호와 마주 앉아서 무슨 말을 할 듯하다가는 끝내 입을 열지 않고 한참 있다가 전병호의 집을 나섰다. 그길로 남대문 쪽으로 가고 싶다고 하여 그곳으로 안내하였다. 류영모는 남대문 근처에서 태어나 어릴 때 남대문을 보면서 자랐다. 그러고는 집으로 돌아왔다. 돌아보면 이 세상을 떠나기 위한 수순을 밟고 있었음을 짐작할 수 있다.

다음 날 6월 20일에는 류영모 혼자서 아침부터 집 근처에 있는 매바위 안골에 들어가 온종일 기도하였다. 6월 21일, 아침 해 뜰 때쯤 한복에 두루마기까지 입고서 "나 어디 좀 간다." 하고는 집을 나섰다. 이미 87살이어서 혼자서는 시내에 나가지 못할 나이였다. 그래서 가족들은 혼자 나가시면 길을 잃게 된다면서 어디를 가는지 모시고 가겠다고 하였다. 류영모는 싫다고 하면서 차갑게 뿌리쳤다. 그래서 어쩔 수 없이 혼자 나가게 두었다. 며느리 유윤용이 용돈을 손수건에 싸서 주자 그것은 받았다. 6월 21일은 바로 한 해 동안에 해가 가장 길다는 하지(夏至)였다.

긴 하루가 다 지나고 저녁이 되어도 집을 나간 류영모는 돌아오지 않았다. 가족들은 걱정을 하면서 현관에서 노가장(老家長)이 들어서기만을 기다리면서 밤을 새웠다. 다음 날 가족들이 류영모가 갈 만한 곳을 찾아다녔으나 찾지 못하였다. 할 수 없이 경찰서에 가출인 신고를 하였다. 그

오산학교(현재는 오산중·고등학교) 개교 기념 행사에 초빙되어 가면서 집 앞에서 찍은 사진(1970년대).

래도 아무런 소식 없이 2일이 지나갔다. 6월 23일에도 하루 종일 아무런 소식이 없었다.

그런데 밤 10시 반이 되어서 성북 경찰서 소속 방범대원이 집으로 찾아왔다. 그때는 전화가 없어 사람이 직접 오고 가면서 소식을 알릴 수밖에 없었다. 방범대원의 말이 성북 경찰서 관할인 북악산에 한 노인이 의식을 잃고 쓰러져 있다는 주민 신고가 들어왔는데 인상착의가 신고된 할아버지 같다는 것이었다. 경찰관이 현장으로 출동하였으니 데려올 것이라고 하였다. 23일 밤 12시가 지났을 때 성북 경찰서 소속 순경이 의식을 잃은 류영모를 업고 집으로 들어왔다. 의식은 없었으나 심장은 뛰고 있었다. 불빛에 보니 얼굴은 하지의 햇볕에 타서 새빨갛고, 옷은 때가 묻어 꾀죄죄하였다. 떠날 때 준 돈은 손수건에 그대로 들어 있었다.

집에 돌아온 지 3일이 지나서야 의식이 돌아왔다. 그리고 10일이 지난 후에 자리에서 일어났다. 그런데 겨우 걸을 만하게 회복되자 또 집을 나갔다. 그때는 가족이 멀리서 뒤를 따랐다. 구기동 변전소 앞에 이르자 힘이 없어서 더 걷지 못하고 주저앉았다. 그러기를 두 번이나 더 하였다.

인도인들은 늙으면 화장할 때 쓸 장작을 살 만큼의 돈을 챙겨서 성지인 바라나시의 강가로 죽기 위해 떠난다. 류영모가 가출한 이유는 가족들의 시중을 받으며 방안에서 똥오줌을 싸면서 죽는 것이 너무 호사스럽다고 생각했기 때문이다. 톨스토이가 82살에 귀족적인 생활이 싫어서 집을 나간 것과 같다.

그러나 톨스토이와 다른 점이 있다. 류영모는 톨스토이처럼 귀족 생활을 한 일도 없고 아내와 갈등이 있던 것도 아니다. 그리고 톨스토이는 친구인 의사를 비롯하여 몇 사람의 도움을 받았으나 류영모는 혼자였다. 톨스토이는 82살 때였지만 류영모는 87살이었다. 톨스토이는 아내 몰래 이른 새벽에 떠났지만 류영모는 아침에 가족이 보는 데서 떠났다. 톨스토이는 기차 여행 도중에 급성폐렴에 걸려 아스타포보(지금의 톨스토이역) 기차역장의 집에서 죽었지만 류영모는 의식불명으로 경찰에게 구조되어 집으로 돌아왔다.

톨스토이는 57살 때 이미 집을 떠날 생각을 하였다. 톨스토이는 이렇게 말하였다. "미련이 무엇이며 낡은 인연 무엇하리. 영원한 생명을 후세에 전하려고 나는 말없이 떠나겠노라. 향기로운 고통 속에서 희망을 찾으려 애써 온 발자국도, 아아 나의 고백을 그 누가 알리오."

류영모는 얼나를 깨닫는 거듭남을 경험하고 금욕 생활에 들어간 52살 때 이러한 글을 썼다. "모든 타성과 미련을 빚어내어 살 길보다 죽을 길로 통하게 되기 쉬운 데가 집이다. '여우도 굴이 있고, 하늘의 새도 보금자리가 있지만 사람의 아들은 머리 둘 곳조차 없다.'(마태오 8 : 20) 하신 예수께서 세상에 계실 때에 저문 날 혼자 산으로 가셨다 함이 두렵고 그립삽나이다."(1942년 〈성서조선〉)

류영모는 "나 어디 좀 간다." 하고 나갔지만 톨스토이는 아내에게 이러한 편지를 남겼다. "…… 나는 오래 전부터 내가 하고자 생각했던 일을 하려고 결심하였소. 그것은 집을 나가는 일이오. 인도 사람은 나이 60이 되면 숲 속으로 가버리거니와 그와 마찬가지로 종교를 가진 노인은 누구나 만년에는 농담이나, 화투치기나, 영화나, 공치기 등이 아니고 하느님에게 바치고 싶다고 생각하는 것이오. ……" 그런데 류영모도 일기에는 가정을 부인하는 글을 써놓았다. 1973년 7월 7일에 쓴 '집놓고'라는 글과 1974년 3월 13일에 쓴 '그만 둬 소라 복음'이라는 글이 있다. 여인을 맞아 가정을 꾸며 아들 딸 낳는 일은 에구머니 소리가 절로 나온다고 하였다.

필자는 그해 7월이 돼서야 류영모 스승의 가출 사건을 알게 되었다. 집으로 온 지 아직 10여 일밖에 안 돼 스승 류영모는 무척 수척하였다. "선생님께서 이번에 어떤 생각으로 집을 나가셨습니까?" 이렇게 물어보았다. 오랜 침묵 끝에 "나 전과 같아요."라고 대답하였다. 그러자 부인 김효정이 "무엇이 같아요?"라고 물었다. 류영모가 대답하기를 "똑같은 만큼 같지요."라고 하였다. 불문에서 하는 선문답이었다.

떠나는 인사를 올리고 물러가는 필자에게 류영모는 이렇게 말하였다. "자주 올 생각 말아요. 바쁠 터인데 이 길 저 길 갈릴 때나 오면 되지 그 전에는 안 와보아도 그저그저 짐작이 가는 것 아니오. 잘 가시오." 어떤 이는 스승 류영모가 망령이 난 것이 아니냐고 하는 이도 있었지만 작별 인사로 보아 전혀 망령이 아니었다. 죽고자 집을 나간 것이 분명하였다. 류영모의 사생관(死生觀)에서 류영모의 신앙 깊이가 뚜렷이 드러난다.

빛나려면 깨(覺)야지, 깨(破)져야지, 죽어야지. "하늘에서 이룬 것 같이 땅에서 이루어지이다." 하고 죽는 거야. 그것이 아버지 하느님의 뜻입니다. 밀알 한 알이 땅에 떨어져 죽으러 온 것입니다. 나는 죽으러 온 줄 알아야 합니다. 이 세상에 죽기 위해 나온 건데 그걸 뻔히 알면서 "죽긴 왜 죽어." 하고는 잡아떼지만 그게 말이 됩니까? 안 죽는 것은 하느님뿐입니다. 하느님의 말씀뿐입니다. '목숨은 끊이 말씀 깨끗' 이것이 인생입니다. 목숨은 한 번은 끊어져야 다시 이어집니다. 말씀은 깨끗 끝까지 깨는 것입니다. 인생의 의미란 내가 하느님의 아들이란 것을 깨닫는 것입니다. 내가 하느님의 아들이라는 것을 깨달으면 아무 때나 죽어도 좋습니다. 내 속에 벌써 영원한 생명이 깃들여 있기 때문입니다. 하느님의 아들(얼나)은 죽지 않는 생명이기에 이 몸은 아무 때 죽어도 좋은 것입니다. 밥 먹고, 똥 누고 하는 이 일을 얼마 더 보고자 애쓰는 것은 참 우스운 일입니다.

집을 나가 죽으려던 뜻이 이루어지지 않자 다른 길로 죽으려 하였다. 류영모는 "주고주고 다 주어버리는 것이 죽음"이라고 하였다. 정신적인 진리의 말씀은 이미 다 주었고, 남은 것은 맏아들 의상을 미국에 이민 보낼 때 땅을 팔아서 이민 비용을 주고 남은 돈뿐이었다. 그 돈을 구걸하러 온 거지에게 돈다발로 쥐어주며 이걸로 노점상이라도 해서 구걸을 그만두라고 하였다. 이 일이 소문나 거지들이 자꾸만 찾아왔다. 자비를 바라는 혈서를 써 오기도 하였다. 낯선 거지들이 자꾸 와 손녀들이 무서워하였다. 그러자 둘째 아들이 아버지께 말하였다. 걸인들에게 돈을 주더라도 아이들이 낯선 거지들을 무서워하니 오지 않도록 해 달라고 하였다. 류영모는 "그렇기도 하군." 하고는 남은 돈을 아들에게 주며 살림에 보태 쓰라고 하였다.

죽음을 기다리다

1975년에 류영모와 김효정은 혼인한 지 60주년 회혼(回婚)을 맞게 되었다. 60년 전인 1915년에 25살과 22살이었던 신랑·신부가 이제 85살의 할아버지와 82살의 할머니가 되었으니 문자 그대로 백년해로를 하였다. 회혼을 지나고도 5년을 더 함께하였다. 참으로 노환(老患)조차도 서로가 앞서거니 뒤서거니 하면서 일생을 마친 길동무이자 반려자였다.

류영모의 마음에는 언제나 짐승인 제나를 부정하는 의식이 흐르고 있었다. 그리하여 가정을 초월하려고 안간힘을 썼다. 그것이 없다면 신앙생활을 하였다고 할 수 없다. 가정은 수성의 소산이요 수성의 아성(牙城)이기 때문이다. 그러나 아내 김효정을 소박하거나 박대한 일은 없었다. 류영모는 아내 김효정에게 호의호식을 시킨다거나, 금은보석을 사준다거나, 함께 명승고적을 관광한다거나, 연극·영화를 관람한다거나 한 일은 없었다. 그러나 마음으로는 끔찍이 아꼈다.

65년을 해로한 류영모와 부인 김효정(1970년대). 왼쪽은 필자 박영호.

　1960년에 혼인한 지 45주년이 된다면서 '같이 늙(偕老)'이란 시조를 써 와서 YMCA 연경반 강의에서 이렇게 말하였다. "나는 혼인한 지 45해가 되었습니다. 나는 아랫목에서는 더워서 못 자요. 글 속의 '네 살 먹이'는 손녀예요. 내 손자로는 맨 첨 본 아이예요. 이 글은 내가 그 모양을 스케치한 겁니다. 내 내자는 68살인데(만 67세) 40살 이전에 폐경한 이예요. 이렇게 약한데 그 마른 젖을 손녀가 빨아요. 이것을 잘 씹어보아요. 이건 정말 철학입니다. 왜 철학이냐 하면 이렇게 쓴 것과 비슷한 생활(금욕 생활)을 하는 사람도 있고 다른 생활(애욕 생활)을 하는 사람도 있으니 철학이라는 겁니다. 서로서로가 말은 하지 않아도 상대방의 몸과 마음이 성하기를 빕니다. 이 글은 혼인 자축의 말입니다. 결혼 45주년 기념에 이런 걸 썼는데 먹을 걸 차려놓은 것보다 더 훌륭하지요. 이것보다 더 차릴 수 있어요?"

같이 늙(偕老)

일흔 늙정 한 지아비 웃목 널위 자다 일면
아랫목에 네 살 먹이 잠고대로 할매 젖야
할매 젖 할매 손 놓고 자도 깨도 못된 말

한 방 다른 자리에 스무 해 늙은 지압 제미
오래간만 만남 남같이 손잡은 일도 없이
든든코도 스스로며 맞 성키만 맘에 맘

류영모는 부인 김효정에게 돌샘(石泉)이란 아호를 지어주었다. 《다석일지》에 석천이란 이름이 여러 차례 나오는데 누구인지 알 수가 없었다. 그리하여 스승 류영모에게 "석천이 누구입니까?"라고 물었더니 "안사람인데 내가 지었지요."라고 웃으며 대답하였다. 부인 김효정은 남편이 하루에 저녁 한 끼만 먹자 안쓰러워 음식을 더 권하다가 사탄이란 말을 들었다. 부인 김효정이 견비통으로 오랫동안 고생을 하자 류영모는 아내에게 요가 체조를 가르쳐 견비통을 낫게 하였다. 하루는 부인 김효정이 류영모에게 죽은 뒤의 일을 묻는 것을 이 사람이 직접 들었다.

(김효정) "우리가 죽으면 어디로 가지요?"
(류영모) "하늘나라로 가지요."
(김효정) "하늘나라가 어디지요?"
(류영모) "우리가 이 세상에 나기 전에 있던 곳이지요."

한번은 류영모가 부인의 머리칼을 가리키며 "이 사람은 이 나이에도 아직 흰머리가 없어요."라고 하면서 크게 웃었다. 부인의 머리칼은 약간 노란색을 띠었으나 흰머리는 없었다. 류영모는 부부가 회혼을 맞도록 해로하는 것을 고맙게 생각해 그것을 한시로 나타내었다.

感恩詞(감은사)

握固峻作赤子翁(악고최작적자옹)
知止自足悽碧山(지지자족서벽산)
石泉猶列恒左右(석천유렬항좌우)
多夕惕若枏安閑(다석척약이안한)

손아귀 힘 굳세고 고추 이는 갓난이 같은 늙은이
멈출 줄 알아 스스로 모자람 없이 푸른 산에 산다
돌샘(부인) 아직 내 둘레에 언제나 함께 하고
다석(본인)은 버섯처럼 오뚝 앉아 삼가 조용하다
(박영호 옮김)

류영모는 약국과 병원을 모르고 91살을 살았으니 건강하게 장수한 것이다. 류영모는 자신의 건강에 대해서 이렇게 말하였다. "이 몸은 멸망할 물질이지만 건강하면 영원한 생명 비슷합니다. 이 몸도 영원한 생명(얼나)하고 만나면 꽤 부지해 갑니다. 어쨌든 우(하느님)에서 쓴다면 이렇게 나처럼 오래 갑니다. 이게 내가 잘해서 된 것이 아닙니다. 나는 어떤 게 잘한 건지 못한 건지 분간을 못합니다. 어디까지가 우에서 하는 것인지, 어디까지가 내가 하는 것인지 나는 모릅니다. 이 몸은 가짜 생명의 탈을 쓴 것이라 이 몸을 버리고 아버지께로 가는 게 영생입니다. 아버지께로 간다는 것은 몸으로는 죽는다는 뜻입니다. 이것은 이 세상만 들여다보고 있는 사람들에게는 들을 수 있는 게 아닙니다."

류영모는 1975년 1월 1일부터는 일기를 쓰지 못할 만큼 건강이 나빠졌다. 하루에 한 끼만 먹어 변비가 있을 때는 설탕물을 마시기도 하였다. 늙으면 똥오줌이 나오는 감각이 둔해지는데 류영모는 설사가 나오는 것을 모르고 속옷을 버리기도 했다. 류영모는 버린 속옷을 며느리에게 내놓지 못하고 집 앞 냇가의 돌 밑에 감추었다. 그때 부인 김효정은 허리디스크로 거동조차 어려워 남편을 보살필 수 없었다. 두 노인을 간병하는 데 둘째 며느리 유윤용의 애씀이 컸으니 말없이 착하고 부지런한 효부였다.

류영모는 염세주의자들처럼 삶을 싫어하지도 않았고 향락주의자들처럼 삶에 집착하지도 아니하였다. 류영모가 말하기를 "이 세상에서 바로 살 줄 알고 말씀을 아는 사람은, 사는 것이 좋은 것인지 나쁜 것인지 그리고 기쁜 것인지 슬픈 것인지 잘 모르고 삽니다. 살려준다고 해서 좋아할 것도 없고, 죽이겠다고 해서 흔들릴 것 없습니다. 죽는 것이야말로 축하할 일인지 모른다고 생각하면서 삽니다."라고 하였다. 류영모는 만년에 죽을 날을 기다리기를 나이 찬 처녀가 시집가는 날을 기다리는 것과 같이 호기심과 설렘과 벅찬 마음으로 기다렸다.

1972년에 스승 류영모를 찾아갔을 때의 일이다. 그때 이미 류영모의 나이는 82살이었다. 류영모는 이 사람에게 붓글씨로 의알단(宜乑旦)이라 써 보이면서 이렇게 말하였다. "내 호를 새로 지어보았어요. 의알단이라 하면 어떨지. '마땅 의(宜)'는 집(宀) 밑에 많을 다(多)와 땅(一)이 있는 그림이지요. 다석(多夕)이 집 안 땅 위에 살아 있다는 뜻입니다. '뼈 앍(歹)'은 죽을 사(死)의 왼쪽 몸으로 땅속에 저녁(夕)이 들어간 것입니다. 그러니 죽어 땅속에 들어간 다석이지요. '아침 단(旦)'은 죽은 뒤 아버지 나라에서 대신정(大新正)을 만난다는 뜻입니다."

류영모는 죽음보다 죽기 전에 똥오줌을 가리지 못하는 것을 걱정하였다. 류영모는 이렇게 말하였다. "사람에게 별명을 붙인다면 뭐라고 붙이겠어요? 똥싸개라고 붙여야 할 것이오. 똥을 눈다는 것은 좋은 말인데 똥을 누어야 할 곳에 누지 못하면 싼다고 하지요. 사람도 싸는 일을 면하게 해주시려고 하는 모양인데, 아기를 배고 낳고 하는 일을 바르게 하지 못하면 그것도 큰 똥싸개지요. 꽤 효자 소리를 듣는 집안의 어른들도 똥오줌을 깨끗이 가리지 못한 가운데 간 이들을 많이 보았습니다. 죽을 때 깨끗이 죽을 수 있도록 해 달라고 기도하는 이가 있는데 그럴 수 있습니다. '그뉘 제게 듬이' 요즘 내가 생각하는 기도입니다. 그뉘는 마르(乾)다는 뜻입니다. 제게는 하늘나라입니다. 듬은 죽어서 들어가는 것입니다. '그뉘 제게 듬이' 내가 바라는 것입니다."

'그뉘 제게 듬'이 어찌 류영모 혼자만의 바람이겠는가? 몸을 가진 모든 사람의 바람일 것이다. 모리 슈워츠(Morrie Schwartz)가 남의 손에 의해 내 몸의 뒤를 닦이게 되는 것이 가장 두려운 일이라고 한 마음을 헤아리게 된다. 어버이는 아기가 자랄 때 3~4살까지는 똥오줌을 가려준다. 자녀도 어버이가 돌아갈 때 3~4년은 똥오줌을 가려드려야 품앗이를 갚는 것이 된다. 효도는 못 하더라도 품앗이는 해야 하지 않겠는가?

80살에 죽은 시인 타고르는 똥오줌 싸는 일에 대하여 이렇게 읊었다. "이제 노쇠하고 병약하여 출입도 못하고 혼자 일어나지도 눕지도 못하는데, 그리고 다 갓난아기 때처럼 다시 똥오줌을 혼자서 못 가리게 되었는데 이제 무엇을 보람으로 사오리까. 여러 젊은이들이여 몸의 마지막 길은 이러하니라. 이제 병상에 누운 나를 보라. 나는 어제까지는 육신으로 자유롭게 거저 출입을 하였느니라. 이제 나는 하늘나라 문전에서 그대들과 이별의 말을 나누고자 하노라."(타고르, 《기탄잘리》)

류영모는 아들과 며느리가 아무리 효자, 효부일지라도 똥오줌 싸는 일만은 미안하여 마음을 쓰지 않을 수 없었다. 그러나 죽음에 대해서는 자신이요, 환희였다. "몸은 죽지만 얼은 삽니다. 몸은 죽어 썩지만 얼은 살아 빛납니다. 사람의 몸이 죽으면 어때요? 죽을 때 좀 고통스러우면 어때요? 하느님 아버지께 가기만 하면 되지요. 우리가 왜 죽을 것을 겁내요? 빚(몸)이 있어서 그렇습니다. 빚이란 죄입니다. 빚은 갚아버리고 원대한 하나(絶對)에 참여하면 군색할 것 하나도 없어요. 원대한 하나에 합쳐야 해요. 못 합쳐지니까 문제가 생기지요. 원대한 하나에 합쳐지는 게 온전하게 되는 것입니다."

16살 때 이미 하느님을 체험하였다는 타고르는 죽음을 조용히 맞는데까지는 이르렀으나 영원한 생명에 대한 뚜렷한 말이 모자란다.

"님의 종인 죽음이 이 몸의 문 앞에 있나이다. 그는 미지의 바다를 건너 님의 부르심을 저의 집으로 전하여 왔나이다. 밤은 어둡고 이 내 가슴은 무섭나이다. 저의 문 앞에 서 있는 분은 님의 전갈이니까요. 이 몸은 양손을 맞잡고 눈물로써 그를 공경하겠나이다. 이 내 가슴의 보화를 그의 발 아래 놓고 우러러 뵙겠나이다. 그는 볼 일을 다 보면 아침에 검은 그림자를 남기고 돌아가겠지요. 그러면 쓸쓸한 이 내 집에는 오직 몸의 나만이 고독하게 님께 드릴 마지막 제물로 남아 있으리."(타고르, 《기탄잘리》)

류영모가 3만 날을 맞는 날 필자와 함께 간 이가 류영모에게 인사말로 "이제 오늘로 3만 날을 사셨는데 슈바이처럼 90살을 사시기 바랍니다."

라고 하였다. 그 말을 받아서 류영모는 "여덟 나라 말을 한다는 애산(愛山) 김진호(金鎭浩) 씨가 말하기를 류영모는 90살 산다고 한 일이 있어요. 그런데 나는 자신이 없어요. 그러나 그때 가서도 누구 만날 이가 있다면 살게 해주시겠지요. 내가 세상 떠나는 날은 하느님께서 다 정해놓았어요. 걱정할 것 없습니다."라고 말하였다.

1875년 류영모보다 15년 앞서 온 슈바이처는 1965년 류영모보다 16년 앞서 갔다. 그러니 류영모가 1년 더 오래 살았다. 슈바이처나 류영모는 결코 자기 자신을 위하여 호의호식을 하거나 고급 주택에 살지 않았다. 슈바이처는 더구나 자연 환경이 나쁜 아프리카에서 살았다. 그런데 90살을 산 것은 신앙으로 산 정신인이기 때문이라 생각한다.

꺼져 가는 의식의 촛불

류영모가 말하기를 "나라고 하는 것은 하늘나라 방송의 수신기입니다."라고 하였다. 그런데 그 수신기가 수명을 다하여 수신기의 기능을 잃어 가고 있었다. 류영모는 "나도 죽어서 좀팽이 별이 되라고 그러나 보아요."라고 하였다. 별처럼 총명하던 류영모의 얼이 하늘에 올라 별이 되느라 먼저 떠나고 의식이 흐려졌다.

1975년 1월 1일에 일기 쓰기를 멈추었다. 마지막 무렵의 일기를 살펴보니 1974년 9월 30일 통일(通日)이 2,442,321이라 써놓고 1974년 10월 2일에는 2,448,324일로 썼다. 2일의 차이가 있어야 하는데 6,003일이 차이 나도록 잘못 셈한 것이다. 일기를 쓸 수 없게 된 까닭을 알 수 있다. 정신 활동이 극도로 쇠약해진 것이다.

전도 잡지인 〈성서신애〉(206호) 1975년 10월호에 주필 송두용이 이런 글을 실었다. "어느 날 류영모 선생님을 방문하였더니 선생님은 생시에 꿈을 꾸셨다면서 이런 이야기를 하였다. 어느 날 버스를 타고 신문회관을 찾아가다가 차중에서 갑자기 생각이 바뀌어 원효로 종점에서 내렸다. 어찌된 일인지 몰라 다시 버스를 타고 돌아오다가 무슨 생각이었는지 남대문에서 내려 걸어서 구기동 집까지 오니 거의 하루해가 소비되었다. '나는 분명히 깨어 있으면서 꿈을 꾸었어요. 이것이 꿈 아닌 꿈이 아니고 무엇이오.'"

이는 그야말로 백일몽(白日夢)이라고 할 정도로 의식이 혼미했음을 보여준다. 그 해에 어느 스님이 집으로 찾아왔을 때 "너무 늦었습니다."라는 한마디 말로 그대로 돌려보냈다.

뉴턴의 묘비에는 이렇게 쒸어 있다. "경은 신통한 정신력을 가지고 달의 운행, 혜성의 궤도, 바다의 간만을 경 자신이 발견한 수학으로 처음 밝혀주었으며 여러 가지 빛깔의 차이, 빛의 본성 등 과거에는 아무도 의심치 않았던 자연의 비밀을 보여주었다. ……" 이렇게 총명했던 뉴턴도 세상 떠날 즈음인 84살에는 의식이 혼미해져 친구들에게 엉뚱한 편지를 보냈다.

1976년 8월 30일, 필자는 류영모의 마지막 법언(法言)이라고 할 수 있는 말을 들었다. "나는 나라 하고, 하느님을 너라고 하였을 때 나를 하느님 너 속에 바쳐서 넣으면 하느님께서 너가 나아지리라고 하십니다. 그래 '나너 너나'입니다. 나와 너는 나녀(나누어)지는 것인데 여기서는 나너가 하나가 될 수 있습니다." 사람의 삶의 목적은 얼나를 깨달아 얼로 하느님과 하나되는 것이다. 하느님과의 생명 통일·생명 귀일을 '나너 너나'의 단네 글자로 나타낸 것이다. 류영모만이 할 수 있는 생각이다.

1977년 여름에 안병무(安炳茂)가 내는 잡지 〈현존(現存)〉의 주간 송기득(宋基得)이 87살의 류영모를 탐방하였다. 그러나 겨우 세 마디의 말을 듣는 데 그쳤다.

(송기득) "선생님 말씀 한마디 들려주세요."
(류영모) "말씀 그쯤 쉬어."
(송기득) "세상이 어찌 이 꼴입니까?"
(류영모) "두어 둬요."
(송기득) "사는 게 무엇입니까?"
(류영모) "이밖에 별 게 있을 리가 있나 모를 일이야."

1978년 5월 10일에 있었던 함석헌의 부인 황득순(黃得順)의 장례식에 류영모가 참석하였다. 그 자리에서 사회자가 추도의 말씀을 해 달라고 말하자 300자 미만의 간소한 말을 하였다. 지능이 아주 떨어졌으니 말을 이을 수 없었다. 이 정도라도 말한 것이 기적이었다.

여기 서서 말씀 한마디 하라고 합니다. 무슨 말씀을 하겠습니까? 말씀이란 건 사람이 하느님께 얻어서 하느님 뜻에 맞는 뜻으로 말씀을 하자는 것입니다. 1978년을 이 사람이 마침 지나다가 여기 이 엄숙한 자리에서 하느님의 뜻에 맞는 말씀을 한마디 이 앞에 해드리고 지나가자는 이 자리 이 순간입니다. 그걸 어떻게 해야 옳습니까? 대단히 어렵습니다. 몸은 죽지만 얼은 죽지 않습니다. 이렇게 말씀해서 우리 아버지 말씀을 한마디 드린다는 생각을 하면서 지내고자 하는 것이 말씀입니다. 이랬든 저랬든 여기서 지낼 동안에 하느님이 들으시면 어떠하실까? 하느님께서 들으시기에 마땅한 말씀을

"이 사람이 얻어서 드리는 말씀으로 되어지이다." 하고 지내고자 하는 바입니다. 아멘.

이것은 지난날에 류영모가 하던 말씀이 아니다. 사람과 자리에 알맞은 말을 하는 류영모의 순발력은 누구도 따르지 못하였다. 그런데 이것은 조사(弔辭)라 할 수 없는 조사이다. 그저 말씀은 하느님으로부터 받아서 하느님의 뜻을 나타내야 한다는 말씀의 원론을 말하다 만 것이다. 다만 그렇게라도 말씀을 이어 갔고 다른 횡설수설이 없었던 것으로도 고맙게 생각된다. 우리는 류영모의 조사에서 공자가 죽기 이레 전에 하였다는 말이 생각난다. "태산은 무너지려 하고, 기둥은 쓰러지려 하고, 철인은 세상을 떠나려 한다." 다석 류영모가 세상을 떠날 때가 온 것을 직감할 수 있었다.

1979년이 되자 류영모는 더욱 말이 없어졌다. 찾아가 인사를 올리면 가볍게 미소를 지을 뿐이었다. 부인 김효정은 누워 있긴 했어도 류영모보다 의식이 맑아 필자 어머니의 안부를 묻기도 하였다. 그리고 김홍호·서영훈·홍일중 등이 다녀간 것을 일러주기도 하였다.

그런데 1980년에 들어서는 부인 김효정조차 의식이 흐려졌다. 남편 류영모를 보고 저 노인네는 누구 집 노인인데 여기 와 있느냐고 하였다. 그러고는 낮을 밤 삼아 잠을 잤다. 노환이 무거워져 밤낮의 구별이 없어진 것이다. 갓난아기에게 밤낮이 없는 것과 같다. 이것이 밤낮이 미분(未分)된 혼돈이다.

1980년 3월 13일이 되었다. 스승 류영모가 만 90살이 되는 날이다. 그래도 류영모는 널판 위에 꿇어앉아 있었다. 생불처럼 움직이지 않고 앉아 있었다. 곧 쓰러질 것 같아 보이는데도 넘어지지 않고 앉아 있었다. 스승은 널판 위에 꿇어앉았고 필자는 방바닥에 방석을 깔고 꿇어앉았다. 서로 마주 보면서 앉아 있을 뿐 한마디 말도 없었다. 선(禪)을 하는 것과 같았다. 일어나서 떠나기 전에 한마디 말을 하기로 하였다. "오늘이 선생님 90회 생신날입니다."라고 말하자 귀가 어두운지라 귀를 대며 들으려고 하였다. 부인 김효정은 중태여서 사람이 온 줄도 모른 채 깊이 잠들어 있었다. 필자가 말을 걸어도 아무 대답이 없자 옆에서 듣던 둘째 며느리 유윤용이 "온종일 가도 말씀이 없으십니다."라고 하였다. 이 사람이 물러나려고 일어서려는데 뜻밖에도 스승 류영모가 입을 열었다. "어떻게 이렇게 꼭 막히었는지 나고 드는 것을 도무지 몰라. 알 수 없어요. 저 얼굴이나 (부인을 가리키며) 이 얼굴이나 (필자를 가리키며) 많이 낯익은 얼굴인데 도무지 시작을 알 수 없어요. 모를 일이야, 참 알 수 없어."

그때 가서야 스승 류영모가 말이 없는 까닭을 알게 되었다. 기억력 상실로 전혀 사람을 알아보지 못하는 것이었다. 칸트도 운명하려 할 때 찾아온 친구를 알아보지 못하였다. 그것은 흔히 있는 일이다. 그런데 류영모는 숨지기 3년 전부터 인생의 반려자였던 아내조차 알아보지 못하였다. 이것이 몸나 살림살이의 종말상이다.

류영모는 일찍이 이런 말을 하였다. "이 우주가 불편하니까 평안하게 해주려는 뜻이 있어서 말을 하는 것입니다. 이 우주가 평안하게 된다면 내 말도 그칠 겁니다. 이 우주가 평안치 못한 한, 나도 말을 계속했으면 좋겠어요. 내가 지금 죽으면 말을 못할 것이 섭섭합니다." 그런데 류영모는 숨도 지기 전에 말을 그쳤다. 훌륭한 칼잡이가 칼을 버리고 훌륭한 총잡이가 총을 버리듯 훌륭한 설교자 류영모가 말씀을 버렸다.

류영모가 기억력을 잃어버린 것은 함석헌 때문인지도 모른다. 옛 중국

집 앞마당을 거니는 만년의 다석.

의 명금(名琴) 백아(伯牙)는 그의 거문고 소리를 잘 들어준 종자기(鍾子期)가 죽자 스스로 그의 거문고 줄을 끊어버렸다. 류영모는 그의 말씀을 잘 들어준 함석헌이 떠나자 스스로 의식의 줄을 끊어버렸는지 모른다. 그가 스스로 오래 사는 것을 욕되게 생각한 것은 함석헌 때문이었다. 함석헌 때문에 오랫동안 여러 번 다수즉욕(多壽則辱)이라 하면서 통탄해 마지않았다.

"세상 사람이 나를 함석헌의 선생으로 아는 모양인데 나는 함의 스승이 될 수 없어요. 함도 나를 안다고 하는 모양인데 나는 함을 점점 모르게 돼요. 류승국도 헤퍼서 나를 안다고 하는 모양이오. 류승국이 고마운 것은 나를 알고부터 공부하는 법, 책 보는 법이 달라졌다고 했어요. 류승국의 아버지가 5형제를 두었는데 맨 끝이 류승국이라오. 그 아버지가 맏아들을 잃었다오. 이를 참척(慘慽)이라 하는데 참척을 당한 뒤 그 아버지가 시력을 잃고 장님이 되었다오. 다수(多壽)는 욕(辱)이란 말이 있지만, 못 볼 것을 보게 되니 눈이 안 보이게 된 것이지요. 나도 너무 오래 산 것 같아요." 류영모가 함석헌을 사랑하는 마음은 결코 공자가 안회를 사랑한 것 못지않았다.

류영모의 기억 상실을 의사들은 노인성 치매라 하겠지만 기억력만 없을 뿐, 그밖의 언행은 정상에 가까웠다. 실을 다 뽑아 고치 집을 다 지은 누에는 그 고치 속에서 번데기가 된다. 류영모는 그의 입으로 말씀의 실(絲)을 뽑아 사상의 고치 집을 다 짓고는 사람 번데기가 된 것이다.

하루는 류영모가 집 골목 끝 길가에 앉아 있었다. 승가사 절에 다녀오던 여신도가 길가 돌 위에 앉아 있는 류영모의 손에 동전 200원을 쥐어주었다. 류영모는 쥐어주는 대로 있었다. 그때 둘째 며느리 유윤용이 뛰어와서 "이 어른은 그 돈 안 받아도 괜찮으니 가지고 가십시오."라고 하였다. 그 여인은 "좋은 일 하고 싶었는데요."라고 하면서 쑥스럽게 되었다는 표정으로 200원을 도로 가지고 갔다. 류영모는 아무 말 없이 그 여인과 며느리의 얼굴을 번갈아 쳐다보았다. 의식이 맑았다면 "고맙소. 그러나 나는 괜찮으니 당신 이웃에 어려운 이를 도우시오."라고 하였을 것이다.

91년의 몸옷을 벗다

1980년 7월 31일에 류영모의 부인 김효정이 87살의 나이로 먼저 세상을 떠났다. 김효정은 1893년 5월 17일생으로 류영모보다 3년 늦게 나서 3달 먼저 갔다. 토인비는 배우자가 사별(死別)의 슬픔을 맛보지 않도록 동시에 죽는 것이 행복하다고 하였다. "길이 서로 사랑하는 부부에 있어서 가장 행복한 결말은 비행기 사고가 일어나는 것처럼 동시에 죽는 일이다."(토인비,《회고록》) 그런데 류영모는 아내를 못 알아보니 사별의 슬픔을 느낄 수도 없었다. 마루에서 밤을 지키는 우리를 보고 "왜 돌아가지 않으시오?"라고 물었다. 그러고는 더는 말이 없었다.

류영모는 기억력을 잃지 않았어도 아내의 죽음에 지나치게 상심할 정도로 인격이 미숙한 사람은 아니었다. 공자도 말하기를 "마음으로 슬퍼하되 마음을 상하지 않는다(哀而不傷)."(《논어》 팔일편)라고 하였다. 얼나의 영생을 믿는 이는 비록 사랑하는 사람과 사별했다 하여도 삶의 의욕을 잃을 정도로 상심하지 않는다. 하느님을 위해서 일하는 것이 삶의 목적이기 때문이다. 류영모는 이렇게 말하였다.

사람이 말씀을 믿지 않으면 종당은 손잡고 입 맞추고 얼싸안던 것을 마지막 거두어 씻기어 널에 넣어 흙 속에 던지는 것뿐입니다. 이렇게 세운 오리목에 글자 몇 자 쓰다가 불사르면 재 한 줌이나 될까. 그 무슨 노릇이야. 인생에서 말씀(진리)을 빼면 재 한 줌밖에 될 것이 없습니다. 결국 사는 길은 하느님의 말씀뿐입니다. 흙 한 줌, 재 한 줌이 참나가 아닙니다. 우주를 통째로 싸고 있는 호연지기가 참나입니다. 그것은 지강지대(至剛至大)하여 아무도 헤아릴 수 없고 무엇도 견줄 수가 없습니다. 그것이 참나입니다.

김효정의 장례는 함석헌이 와서 주재한 셈인데 함석헌은 스승 류영모가 형식적인 의식(儀式)을 싫어한다는 것을 잘 알고 있었다. 그러므로 외형적인 의식을 배제하였다. 기도는 묵념으로 하였다. 함석헌은 발인 시간이 될 때를 기다리는 동안 스승 류영모에게 《티벳 사자(死者)의 서(書)》에 대해서 열심히 이야기하였다. 류영모는 귀를 기울여 열심히 듣는 것 같았다. 그러나 한마디의 말도 하지 않았다.

　함석헌은 홍일중의 승용차로 스승 류영모를 장흥에 있는 신세계 공원 묘지에까지 모시고 갔다. 올 때는 필자가 모시고 구기동 집으로 돌아왔다. 오는 동안에도 아무 말이 없었다. 집에 간다고 하자 "가시겠소? 잘 가시오."라고 인사말을 하였다. 아내의 죽음을 구체적으로 아는 것 같지는 않은데 무엇인가 변했다는 것은 느끼고 있는 것 같았다.

　돌샘(石泉) 부인이 세상을 떠난 지 187일(6개월) 뒤인 1981년 2월 3일 오후 6시 30분에 다석 류영모는 91년 동안 입었던 몸옷을 시원스레 벗었다. 90년 10개월 21일, 날수로 3만 3,200날을 살았다. 약 9억 번의 숨을 쉬고 멈추었다. 류영모는 살아서 이러한 말을 하였다. "우리의 혈육이란 이런 것입니다. 이건 짐승입니다. 사람이 몸을 쓰고 있는 한은 별수 없이 이런 것입니다. 사람은 관 뚜껑을 덮고 나서야 그 사람에 대해 말할 수 있습니다." 사람의 인격을 나타내는 언어와 행동이 언제나 가변적이기 때문에 나온 말이다. 그러나 류영모는 10살 미만에 이르는 지능적인 퇴행에도 불구하고 일생의 신념을 무너뜨리는 언행은 전혀 없었다.

　토인비는 기독교 전통 교의의 핵심이라 할 수 있는 사도신경의 내용인 예수의 처녀 탄생과 육체 부활의 역사성을 부인하였다. 그리고 자신의 그리스도론을 밝혔다. "그리스도론에 있어서 아버지와 아들의 관계를 육체적인 것이라고 생각하지 않는다는 것은 확실하다. 예수와 하느님의 관계는 정신적인 관계라고 생각한다. 예수는 우리가 알고 있는 어느 사람보다 훨씬 완전하게 사랑의 영감(靈感)을 받고 있었다는 의미에 있어서, 하느님의 아들이었다는 것은 믿을 수가 있다. 이러한 의미에서 하느님의 아들이란 정도의 문제일 것이다."(토인비《회고록》)

기독교의 전통 교의에 대한 불신이 토인비의 고정된 확신인데, 나중에 고문을 받거나 노망들거나 지력(智力)을 잃었거나, 겁을 집어먹거나 하게 되었을 때 자기의 확신을 자기의 입으로 부인하지 않는다고는 보증할 수 없다. 그래서 이렇게 다짐하였다. "아직 죽음의 문턱에 서 있지 않은 지금 내가 정말로 확신하고 있는 것은 과거 61년간 품고 있었던 것이라고 증언해 둔다. 장래 언젠가 내가 이미 정말 내가 아니게 되었을 때, 이러한 확신을 취소하는 일이 있을는지도 모르니까 나는 미리 그와 같은 철회를 부인해 둔다."

아니할 말로 류영모가 죽기 전에 신부를 불러서 고해성사를 하겠다든지, 목사를 불러서 기도를 시켰다든지, 스님을 불러 목탁을 치게 하였다면 류영모의 공든 탑이 무너질 수도 있는 것이다. 그러나 그러한 일은 전혀 없었다. 오직 기억력을 잃은 가운데도 널판 위에 무릎을 꿇고 앉아 간헐적으로 "아버지! 아버지!" 하고 하느님만 불렀다.

류영모가 말하기를 "마지막을 거룩하게 끝내야 끝이 힘을 줍니다. 끝이 힘을 준다는 말은 결단하는 데서 힘이 생긴다는 말입니다. 끝이란 끊어버리는 것인데 몸과 마음으로 된 나는 거짓이라고 부정하는 것입니다. 끊어버리는(부정) 데서 정신이 자랍니다. 전광석화(電光石火)처럼 생명의 찰나 끝에 생명의 꽃이 핍니다. 마지막 숨 끝 그것이 꽃입니다. 그래서 유종지미(有終之美)라 합니다. 마지막을 꽃처럼 아름답게 끝내는 것입니다. 그러기 위해서는 마지막을 기다릴 것이 아니라 순간순간이 마지막 끝을 내어야 합니다. 그렇기 때문에 언제나 끝이 꽃입니다. 인생의 끝은 죽음인데 죽음이 끝이요 꽃입니다. 죽음이야말로 엄숙하고 거룩한 것입니다."라고 하였다.

사람에게 죽음이란 하느님과 얼로 하나된 마지막 마무리다. 거룩한 얼의 나라에는 더러운 몸이 들어가지 못한다. 그래서 핏덩어리요, 똥덩어리요, 흙덩어리인 몸은 버리고 간다. 류영모는 이것을 이렇게 나타냈다.

> 속은 넓어지며 우리 꺼풀은 얇아지니
> 바탈 타고난 마음 그대로 왼통 올려
> 속알 굴러 깨쳐 솟아 날아 오르리로다
> (류영모)

류영모는 얼을 태운 말인 몸을 잘 관리하여 91년 동안 별로 성가시지 않고 잘 부릴 수 있었다. 그것이 삶의 슬기다. 류영모는 "하느님의 얼이 어째서 이런 짐승을 의지하게 되었는지 알 수 없습니다. 하느님의 얼을 기르기 위한 한도 안에서 몸을 건강하게 해야지, 몸을 전 목적으로 해서는 안 됩니다. 적당히 쓰기 위해서 적당히 길러야지 그리하여 잡을 때 짐승을 잡아야 합니다. 항상 얼생명은 위에서 왔다는 것을 잊지 말아야 합니다."라고 했다. 그런데 거의 모든 사람은 참나인 얼을 자각하지 못하여 몸이 나인 줄 알고 몸생명에 매달린다. 그리하여 짐승의 성질을 다스리지 못하고 오히려 수성에 끌려다니고 보니 저지르느니 탐욕이요, 진에요, 치정이다. 류영모는 이렇게 말하였다.

참나인 얼나를 깨달아야 하늘나라를 알아서 들어갈 수 있을 것입니다. 이 몸생명은 가짜 생명입니다. 우리는 참 생명을 찾는 것입니다. 이 세상 사람들은 통히 몸생명으로 좀 더 오래 살 수 없을까 하고 궁리합니다. 잠도 안 잤으면, 죽지도 않았으면 하고 바라지만 나는 그렇지 않습니다. 죽음도 있어야 하고 밤도 있어야 합니다. 숨은 목숨인데 이렇게 할딱할딱 숨을 쉬어야 사는 몸은 참 생명이 아닙니다. 이 할딱거리는 숨 너머 영원한 숨이 있습니다. 누에는 죽어야 고치가 됩니다. 죽지 않으려는 생각은 어리석은 일입니다. 실을 뽑았으면 죽는 것입니다. 생각의 실을 다 뽑기까지는 살아야 하고 실을 다 뽑으면 죽어야 합니다. 죽지 않으려는 마음은 버려야 합니다. 무(無)에서 와서 무(無)로 가는 것 같아서 허무를 느끼는데 무가 무가 아닙니다. 신정(新正)의 새 시대입니다.

얼을 나로 아는 사람과 몸을 나로 아는 사람은 주검을 치우는 데서도 생각이 다를 수밖에 없다. 류영모는 화장을 해야 한다고 하였다. 화장이야말로 대번제(大燔祭)라고 하였다. 필자가 일부러 물어보았다. "선생님께서는 돌아가셨을 때 어떤 장례를 바라십니까?" "화장을 해야지요." "화장을 한 뒤에 남는 재를 어디에 버리는 것이 좋겠습니까? 북한산에 뿌리는 것이 어떻겠습니까? 몇 해 전에 인도의 네루가 죽었을 때는 그 재를 비행기로 인도의 산과 들에 뿌렸다고 하였습니다만." "그것은 돈 있는 이들의 일이고 일부러 뿌릴 것 뭐 있어요. 화장한 이들에게 치워 달라면 잘 치워 줍니다. 부산 피난 가서 어머님이 돌아갔을 때 그렇게 했습니다."

그러나 본인의 바람과는 달리 유족의 뜻에 따라 이미 장흥 신세계 공원묘지에 묻힌 부인 김효정과 합장을 하게 되었다. 아들 류자상이 아버님의 사상은 제자들이 이어받더라도 아버님의 유해만은 자식들에게 맡기라고 하였다. 그러나 류영모는 자신의 주검을 화장하기를 바랐다.

반드시 화장을 지내야 합니다. 흙에서 와서 흙으로 돌아가는 데는, 없는 데서 생겨나 없어지는 데는 다 마찬가지입니다. 혈육의 근본은 흙이고 정신은 하늘에 근본을 두고 있는 것입니다. 정신은 하늘에 돌아가고 몸은 빨리 흙으로 돌아가게 죽으면 재로 만들어버리면 그만인 것입니다. 무슨 흔적을 남기려고 할 것 없습니다. 영원한 것은 진리의 생명뿐입니다. 화장은 대번제입니다. 인도 사람들은 3천 년 전에 화장을 지냈다니 그들은 전 인류의 선각자입니다. 제가 묻힌 무덤을 오래도록 보전하여 후손들에게 제사나 받아먹겠다는 쭈그러진 생각을 버려야 합니다. 그런 생각 가지고는 사람 노릇 하기 틀렸습니다. 공산당들이 송장을 유리관에 넣어 보존하고, 이집트 왕들이 미라를 만들어 피라미드 속에 보관해서 무엇하자는 것입니까? 어리석은 짓들입니다.

류영모와 김효정의 묘는 1998년 9월 17일 천안 병천에 있는 풍산 공원묘지로 옮겼다. 신세계 공원묘지는 1998년 장흥 지구에 있었던 대홍수로 산사태가 일어나 분묘가 유실되어 유가족이 이장을 하였다.

없이 계신 하느님에게로

우리가 놓여 있는 전체의 환경을 우주라 부른다. 우주는 변화에 변화를 거듭하는 천체(天體)와 변화는 없이 항상(恒常)한 허공으로 되어 있다. 변화하는 물질계를 태극(太極)이라 하고, 변화하지 않는 허공을 무극(無

류영모의 제자들이 모여 류영모를 기렸다(1988년). 류달영, 류승국, 박영인, 이동준, 박영호, 김정호, 유현재 등.

極)이라고 한다. 대통령을 5년마다 선출하는 민주(民主)가 대통령보다 오래고 크듯이, 변화하는 태극보다는 변화하게 하는 무극이 더 크다. 물질보다는 허공이 더 크다는 말이다. 태극이 무극이라 태극과 무극은 둘이 아니다. 태극을 포용하는 무극이라 무극을 떠난 태극이 있을 수 없기 때문이다. 그러나 태극에 속하는 우리는 무극을 아버지(어머니)라 받들지 않을 수 없다. 짐승의 눈으로 예수를 보면 예수는 다른 사람과 다르지 않은, 사람이라는 동물에 지나지 않을 것이다. 그러나 정신인이 보면 예수는 최고의 깨달음을 얻은 정신이다. 그처럼 사람들은 전체를 우주라 하지만 신앙인은 전체를 하느님(無極)이라고 한다. 류영모는 이렇게 말하였다.

형이하(形而下)의 물건을 느끼기를 고유한 것과 같이 확실하다고 느끼는 것과 허공(우주 공간)을 허무하다고 느끼는 것을 하나로 합하면 하느님입니다. 하느님은 변화하고 생멸하는 태극의 상대 세계를 포용한 전체(온통)

요, 절대(하나)인 불변영생하는 없이 계시는 무극입니다. 하느님은 상대·절대가 합해서 된 것이지 둘은 아닙니다. 절대가 상대화한 것인데, 절대 따로 있고 상대 따로 있는 것뿐입니다. 우리 몸의 감각기관이 상대 세계를 고유한 것으로, 절대 세계를 허무하게 착각한 것일 뿐입니다. 허무는 무극이요, 고유는 태극입니다. 태극과 무극은 하나이고, 하나는 하느님입니다. 유(有)의 태극을 생각하면 무(無)의 무극을 생각하지 않을 수 없습니다. 그래서 하나입니다.

우주란(宇宙卵)이 대폭발을 하기 전에도 영원 무한의 하느님이 홀로 계셨고 지금도 홀로 계시고 영원히 홀로 계신다. 그래서 하느님 나라에는 죽음이란 없다. 물질의 상대적 존재는 있으되 없는 것이다. 모든 물질계는 하느님의 속물에 지나지 않는다. 사람도 하느님의 속물이지 독자적인 존재가 아니다. 이렇게 생각할 때 우리가 절대 유일신을 아는 것이 된다.

물리학자들이 보는 허공은 죽은 허공이지만 신앙인이 보는 허공은 성령으로 살아 있는 허공이다. 이를 활공(活空)이라, 영공(靈空)이라 한다. 이성적인 동물인 사람을 낸 영공·활공은 사람보다 헤아릴 수 없이 월등한 신격·영격의 존재이다. 그러므로 하느님의 성령이 조금만 와도 짐승인 사람이 성인이나 부처로 바뀐다.

예수는 무극의 하느님을 '아버지'라 하였다. 류영모는 그 앞에 '없이 계시는'을 더 붙여서 '없이 계시는 아버지'라 하였다. 예수가 언제 무극의 하느님을 아버지라 하였느냐고 할 이도 있을 것이다. 예수가 "하느님 아버지는 만유(萬有)보다 크시다."(요한 10 : 29)라고 한 것은 분명히 무극의 하느님을 말한 것이다.

류영모는 이렇게 말하였다. "하느님이 없다면 어떻습니까? 하느님은 없이 계십니다. 그래서 하느님은 언제나 시원합니다. 하느님은 몸이 아니라 얼입니다. 얼은 없이 계십니다. 절대 큰 것을 우리는 못 봅니다. 아직 더할 수 없이 온전하고 끝없이 큰 것을 무(無)라고 합니다. 나는 없는 것을 믿습니다. 인생의 구경(究竟)은 없이 계시는 하느님 아버지를 모시자는 것입니다."

류영모의 말과 글을 어렵다고 한다. 그러나 류영모의 말과 글처럼 쉬운 것은 없다. 류영모의 말과 글의 초점은 '아버디(아버지)' 세 글자에 있다. 아버디처럼 쉬운 것이 어디 있는가. 돌 나이 아이도 아버디(어머니)는 안다. 다만 몸의 아버디가 아니라 하느님 아버디를 알자는 것이다. 류영모는 이렇게 말하였다.

이 세상은 떳떳치 못한 세상입니다. 영원히 가는 세상이 못 됩니다. 이것을 모르면 미혹됩니다. 미혹은 세상에 끌려다니는 것입니다. 이것을 스스로 깨달아야 합니다. 참 자유는 자각하는 것입니다. 세상에 끌려다니지 않는 것이 자유하는 것입니다. 예수는 생명의 아버지인 하느님을 깨달았습니다. 살다 죽는 아버지가 아닙니다. 영원히 계시는 아버지입니다. 하느님 아버지의 아들이 되는 것이 영생하는 것입니다. 아버지의 성령을 받아 얼생명으로 거듭나야 하느님 아들이 됩니다. 영원한 생명의 아버지를 알면 영원히 삽니다.

아들이란 아버지 앞에서는 없는 것이다. 아버지의 한 부분일 뿐이다. 아들은 아버지의 한 부분으로 존재하는 것이다. 예수가 "아버지와 나는 하나이다."(요한 10 : 30)라고 하면서 "아버지께서는 나보다 훌륭하신(크신) 분."(요한 14 : 28)이라고 한 것은 이를 말함이다. 류영모는 이렇게 말하였다.

아버지 아버지, 아버지 하느님을 내가 부릅니다. 아버지의 얼굴이 이승에는 없지만 부르는 내 마음에, 아무것도 없는 내 속에 있습니다. 과대망상이 아닙니다. 아버지는 생각하여서 찾아야 합니다. 믿는 이는 이것을 계속 믿습니다. 아버지 하느님을 생각하는 것이 사는 것입니다. 생각은 나만이 하는 것이 아니라 하느님 아버지께서도 생각하고 계십니다. 내 속에 하느님 아버지를 생각하는 성령이 끊임없이 오는 것은 아버지께서 나를 생각하시기 때문입니다. 큰 성령(하느님)이 계셔 깊은 생각을 내 속에 들게 하여주십니다.

예수가 "나를 보내신 분은 나와 함께 계시고 나를 혼자 버려두시지는 않는다."(요한 8:29)라고 말한 것은 하느님이 보내신 성령의 나를 말한다. 성령의 나를 보내주어 예수가 얼나로 거듭날 수 있었던 것이다. 우리도 예수처럼 하느님이 보내주는 성령의 나로 거듭나 영원한 생명을 얻어야 한다. 우리가 하느님 아버지를 부르는 것은 이 때문이다. 류영모는 말하기를 "영생을 믿음에는 몸은 상관없다는 말을 받아들일 수 있을 것입니다. 영원한 생명에는 개인이란 없기 때문에 이름이 소용없습니다. 얼나로 아들이 되면 아버지와 같습니다."라고 하였다. 얼은 하느님의 생명이기 때문이다. 류영모가 이 세상에 왔다 가면서 하고 간 것이 있다면 한 말씀 하고 간 것이다. 그것이 무슨 말인고 하면 죽음이란 없다는 것이다.

하느님 나라에는 죽음은 없다. 하느님께서 비롯도 없고, 마침도 없이 영원 무한한데 죽음 따위가 있을 리 없다. 하느님께서 안고 계시는 상대적 존재들이 변화할 뿐이다. 그런데 그 변화를 보고 죽음이 있는 줄 알고 무서워한다. 죽음을 무서워하는 육체적인 생각을 내던져야 한다. 죽음을 두려워하는 죽음의 종이 되지 말아야 한다. 죽음이 무서워 몸에 매여 종노릇하는 모든 이를 놓아주려는 것이 하느님의 말씀이다.

하느님 한 분만 계시고 다른 것은 아무것도 없다. 있어도 없는 것이다. 영원히 하느님 한 분만이 계시는데 어떻게 죽음이 있는가? 하느님 밖에 무엇이 있다는 것은 착각이요, 환상에 지나지 않는다. 상대적 존재인 내가 나고 죽는 것이란 아무것도 아닌 것이다.

| 다석 류영모 연보 |

1890년(0세)   1890년 3월 13일(경인년 2월 23일) 서울 남대문 수각다리 가까운 곳에서 아버지 류명근과 어머니 김완전 사이에서 태어나다.
1896년(6세)   서울 홍문서골 한문서당에 다니며 《자치통감》을 배우다. 천자문은 아버지께 배워 4세 때 외웠다.
1900년(10세)   서울 수하동소학교에 입학하여 수학하다. 당시 3년제인데 2년만 다니고 다시 서당에 다니다.
1902년(12세)   자하문 밖 부암동 큰집 사랑에 차린 서당에 약 3년간 다니며 《맹자》를 배우다.
1905년(15세)   YMCA 한국인 초대 총무인 김정식의 인도로 기독교를 받아들이고, 봄부터 서울 연동교회에 나가다. 여름에 서당을 그만두고 11월부터 경성일어학당에 입학하여 약 2년간 일본어를 배우다.
1907년(17세)   서울 경신학교에 입학하여 2년간 공부하다.(나중에 졸업장을 받다.)
1909년(19세)   경기 양평에 정원모가 세운 양평학교에서 1년 동안 교사로 있다.
1910년(20세)   남강 이승훈의 초빙을 받아 평북 정주에 있는 오산학교에서 교사로 약 2년간 봉직하다. 이때 오산학교에 기독교 신앙을 처음 전파하여 남강 이승훈이 기독교에 입신하는 계기가 되다.
1912년(22세)   오산학교에서 톨스토이를 읽다. 거기에 노자, 불경 등을 읽고 깨달은 바가 있어 교회에 나가지 않게 되었다. 일본 도쿄에 유학을 가서 동경물리학교에 입학하여 1912년 9월부터 1913년 6월까지 공부하다. 재일본 YMCA에서 우치무라 간조의 강연을 듣다.
1914년(24세)   최남선과 가까이 지내며 잡지 〈청춘〉에 '농우', '오늘' 등 여러 편의 글을 기고하다.

1915년(25세)	김효정(22세)을 아내로 맞이하다.
1918년(28세)	산 날수를 헤아리기 시작하다.
1919년(29세)	이승훈으로부터 3·1운동 거사 자금으로 모금한 돈 6천 원을 맡아 아버지가 경영하는 경성피혁 상점에 보관하다. 이 일로 아버지 류명근이 옥고를 치르다.
1921년(31세)	조만식 후임으로 정주 오산학교 교장에 취임하여 1년간 재직하다. 이때 졸업반 학생이던 20세의 함석헌을 만나 사제지간이 되다. 6개월은 평교사로 재직하다.
1927년(37세)	김교신 등 〈성서조선〉지 동인들로부터 함께 잡지를 만들자는 권유를 받았으나 사양하다. 김교신과 뒤에 각별한 친교에 이르다.
1928년(38세)	중앙YMCA 간사 현동완의 간청으로 YMCA 연경반 모임을 지도하다. 1963년 현동완이 사망할 때까지 약 35년간 계속하다.
1935년(45세)	서울 종로 적선동에서 경기도 고양군 은평면 구기리로 농사하러 들어가다.
1941년(51세)	마음의 전기(轉機)를 맞아 예수 정신을 신앙의 기조로 삼다. 일일일식(一日一食)과 금욕 생활을 실천하다. 이른바 해혼 선언을 하다. 잣나무 널판 위에서 자기 시작하다.
1942년(52세)	금욕을 실천한 지 1년 만에 깊은 깨달음을 얻어 중생(重生)의 체험을 하다(1월 4일). '성서조선 사건'으로 3월 30일 일제 종로 경찰서에 구금되다. 불기소되어 57일 만에 서대문 형무소에서 풀려나다.
1943년(53세)	2월 5일 새벽 북악 산마루에서 하늘과 땅과 '나'가 하나로 뚫리는 천지인 합일의 경험을 하다.
1945년(55세)	해방된 뒤 행정 공백기에 주민들로부터 은평면 자치위원장으로 추대되다.
1948년(58세)	함석헌의 YMCA 일요 집회에 찬조 강의를 하다.
1950년(60세)	현동완이 추진하여 다석 2만 2천 일 기념식을 서울 YMCA회관에서 거행하다.
1955년(65세)	1년 뒤 1956년 4월 26일에 죽는다는 사망 가정일을 선포하고, 그날부터 일기(《다석일지》)를 쓰기 시작하다.
1959년(69세)	《노자》를 우리말로 완역하다. 그밖에 경전의 중요 부분을 우리말로

	옮기다.
1961년(71세)	11월 21일 외손녀와 함께 현관 옥상에 올라갔다가 현관 바닥에 낙상하여 서울대학교병원에 28일 동안 입원하다.
1972년(82세)	5월 1일 산 날수 3만 일을 맞이하다.
1977년(87세)	결사의 각오로 방랑길을 떠나 3일 만에 산송장이 되어 경찰관에게 업혀 오다. 3일간 혼수 상태에 있다가 10일 만에 일어나다.
1981년(91세)	2월 3일 18시 30분. 90년 10개월 21일(33,200일) 만에 숨지다.

다석 전기 — 류영모와 그의 시대

2012년 11월 20일 초판 1쇄 발행

- 지은이 ─────── 박영호
- 펴낸이 ─────── 한예원
- 편집 ───────── 이승희, 임정은, 조은영
- 본문 조판 ───── 성인기획
- 펴낸곳 **교양인**
  우 121-888 서울 마포구 합정동 438-23 신성빌딩 202호
  전화 : 02)2266-2776 팩스 : 02)2266-2771
  e-mail : gyoyangin@naver.com
  출판등록 : 2003년 10월 13일 제2003-0060

ⓒ 박영호, 2012
ISBN 978-89-91799-76-9 03100

* 잘못 만들어진 책은 바꾸어드립니다.
* 값은 뒤표지에 있습니다.